Sommaire

GW00371275

Les arrondissements de Berlin

1 PRENZLAUER BERG
2 FRIEDRICHSHAIN
3 KREUZBERG
4 SCHÖNEBERG
5 TIERGARTEN
6 MITTE

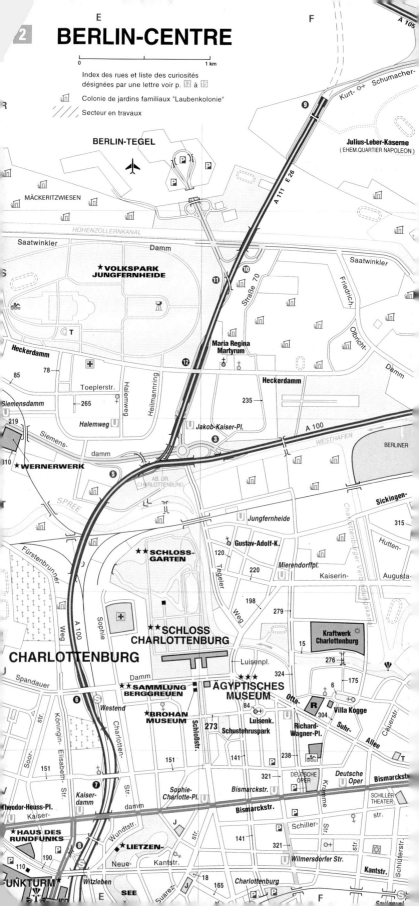

BERLIN-CENTRE

E

F

A 105

2

0   1 km

Index des rues et liste des curiosités
désignées par une lettre voir p. 12 à 15

Colonie de jardins familiaux "Laubenkolonie"

Secteur en travaux

9

Kurt- Schumacher-

Julius-Leber-Kaserne
(EHEM. QUARTIER NAPOLEON)

BERLIN-TEGEL

P

P

P

MÄCKERITZWIESEN

HOHENZOLLERNKANAL

Saatwinkler   Damm

Saatwinkler

★ VOLKSPARK
JUNGFERNHEIDE

10

Straße 70

11

Friedrich-

Olbricht-

T

Maria Regina
Martyrum

Damm

Heckerdamm

85   78

12

Heckerdamm

A 111 E 26

Toeplerstr.

Halemring

235

Hellmannring

Siemensdamm

265

Halemweg

Jakob-Kaiser-Pl.

A 100

WESTHAFEN

BERLINER

U

219

Siemens-

3

310 ★ WERNERWERK

damm

5

AB. DR.
CHARLOTTENBURG

Sickingen-

SPREE

U Jungfernheide

315

Charlottenburger Verbindungskanal

Hutten-

Fürstenbrunner

★★ SCHLOSS-
GARTEN

Gustav-Adolf-K.

120

Mierendorffpl.

Kaiserin-

Augusta

Tegeler

220

198

Weg

279

Sophie

A 100

★★ SCHLOSS
CHARLOTTENBURG

15

Kraftwerk
Charlottenburg

276

CHARLOTTENBURG

Luisenpl.

324

175

Damm

6

Spandauer

★★ SAMMLUNG
BERGGRUEN

ÄGYPTISCHES
MUSEUM

Otto-

R

Villa Kogge

Calauer-

Königin-

Westend

★ BROHAN
MUSEUM

84

Luisenk.

304

Richard-
Wagner-Pl.

Suhr-

Allee

Schloßstr.

273

Schustehruspark

Elisabeth-

Charlotten-

141

238

T

Soor-

151

151

321

DEUTSCHE
OPER

Deutsche
Oper

U

Bismarckstr

7

Kaiser-
damm

Sophie-
Charlotte-Pl. U

Bismarckstr. U

SCHILLER
THEATER

str.

str.

Theodor-Heuss-Pl.

damm

Bismarckstr.

P

Kaiser-

Schiller-   Str.

str.

★ HAUS DES
RUNDFUNKS

Wundtstr.

J

141

Schiller-

8

★ LIETZEN-

321

U Wilmersdorfer Str.

Kantstr.

190

Neue-   Kantstr.

Suarezstr.

Wilmersdorferstr.

110

Witzleben

18

FUNKTURM ★

SEE

165

Charlottenburg

P P P

E

F

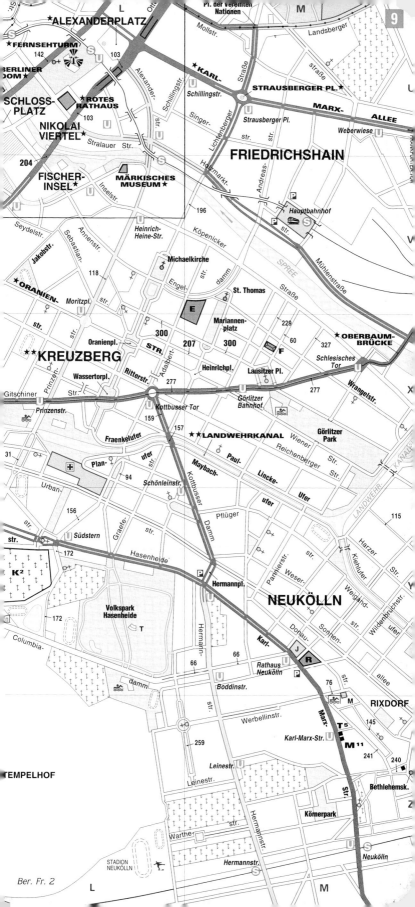

BERLIN – AGGLOMÉRATION

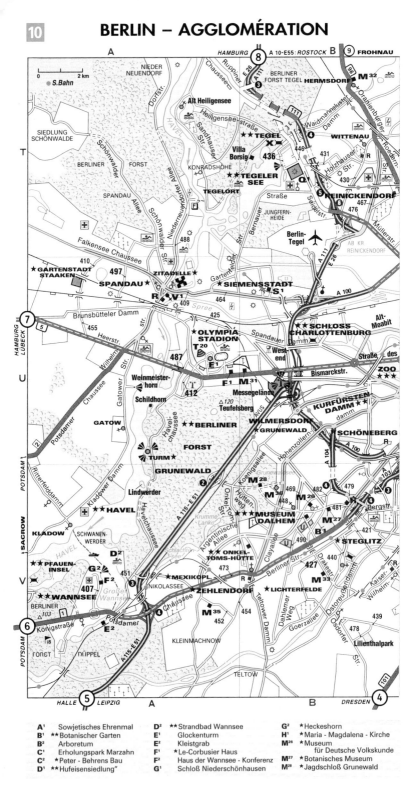

A¹	Sowjetisches Ehrenmal	**D²**	★★ Strandbad Wannsee	**G²**	★ Heckeshorn
B¹	★★ Botanischer Garten	**E¹**	Glockenturm	**H¹**	★ Maria - Magdalena - Kirche
B²	Arboretum	**E²**	Kleistgrab	**M²⁶**	★ Museum
C¹	Erholungspark Marzahn	**F¹**	★ Le-Corbusier Haus		für Deutsche Volkskunde
C²	★ Peter - Behrens Bau	**F²**	Haus der Wannsee - Konferenz	**M²⁷**	★ Botanisches Museum
D¹	★★ Hufeisensiedlung"	**G¹**	Schloß Niederschönhausen	**M²⁸**	★ Jagdschloß Grunewald

Index des rues des plans voir p. 12 à 15

Le tracé des voies de traversée et d'accès
apparaît en rouge ou en jaune sur nos plans de villes.

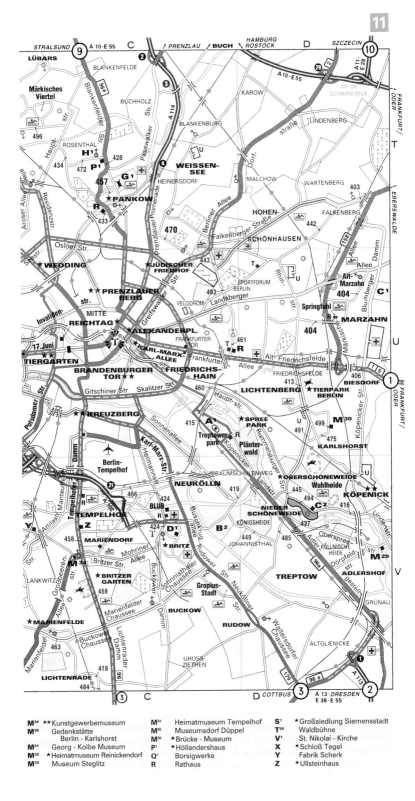

M²⁹	★★Kunstgewerbemuseum	**M³⁴**	Heimatmuseum Tempelhof	**S¹**	★Großsiedlung Siemensstadt
M³⁰	Gedenkstätte	**M³⁵**	Museumsdorf Düppel	**T²⁰**	Waldbühne
	Berlin - Karlshorst	**M³⁶**	★Brücke - Museum	**V¹**	St. Nikolai - Kirche
M³¹	Georg - Kolbe Museum	**P¹**	★Höllandershaus	**X**	★Schloß Tegel
M³²	★Heimatmuseum Reinickendorf	**Q¹**	Borsigwerke	**Y**	Fabrik Scherk
M³³	Museum Steglitz	**R**	Rathaus	**Z**	★Ullsteinhaus

Sur un plan de ville, les curiosités apparaissent en orange.
Elles sont identifiées soit par leur nom propre,
soit par une lettre repère
reprise en légende dans un encadré vert.

Curiosités du plan pages **2** à **9**

A	Charlottenburger Tor	**M¹¹**	Puppentheatermuseum
B	Reste des Anhalter Bahnhofs	**M¹²**	★Berliner Post- und Fernmeldemuseum
C	Mossehaus	**M¹³**	Polizeihistorische Sammlung
D	St. Bonifatius	**M¹⁴**	Zuckermuseum
E	Kunstamt Kreuzberg Bethanien	**M¹⁵**	Heimatmuseum Wedding
	(ehem. Krankenhaus Bethanien)	**P**	Abgeordnetenhaus von Berlin
F	Eisenbahnmarktalle		(ehem. Preußischer Landtag)
G	Stiftung Preußischer Kulturbesitz	**Q**	Akademie der Künste
J	Gerichtsgebäude	**R**	Rathaus
K¹, K²	★Kirchhöfe	**S**	Prinz-Albrecht-Gelände - „Topographie
M¹	Postmuseum		des Terrors"
M²	Haus am Checkpoint Charlie	**T¹**	Renaissance-Theater
M³	Berlin-Museum	**T²**	Hebbeltheater
M⁴	★Musikinstrumentenmuseum	**T³**	★★★Philharmonie, Kammermusiksaal
M⁵	★★Kunstgewerbemuseum	**T⁴**	Neuköllner Oper
M⁶	Museum für Europäische Kunst	**T⁵**	Metropol
M⁷	★Neue Nationalgalerie	**T⁷**	Musical Theater Berlin
M⁸	★Staatsbibliothek Preußischer	**T⁸**	Theater des Westens
	Kulturbesitz	**V**	★Haus der Kulturen der Welt
M⁹	Gedenkstätte Deutscher Widerstand		(ehem. Kongreßhalle)
M¹⁰	★Käthe-Kollwitz-Museum	**W**	Abspannwerk Scharnhorst

Index des rues des plans pages **2** à **11**

Index des rues des plans de BERLIN `15`

Pour les enfants

Domäne Dahlem – *Voir DAHLEM.*

Museumdorf Düppel – *Voir ZEHLENDORF.*

Museum für Verkehr und Technik – *Voir KREUZBERG, partie Ouest.*

Museum für Völkerkunde – *Voir DAHLEM.*

Tierpark Berlin-Friedrichfelde – *Voir LICHTENBERG.*

Berlin Zoologischer Garten und Aquarium – *Voir ZOOLOGISCHER GARTEN.*

BLUB (Berliner Luft und Badeparadies) – *Voir NEUKÖLN.*

La sculpture *Berlin*, près de l'église du Souvenir, a été créée pour le 750ᵉ anniversaire de la ville

16

Introduction

Berlin, ville verte

Situé dans la grande plaine de l'Allemagne du Nord, à 35 m au-dessus du niveau de la mer, Berlin bénéficie d'un environnement très particulier.

UNE TERRE PAUVRE

Les terres, sur lesquelles s'est implanté Berlin, sont composées de forêts, de sable, de marais. Le paysage du Brandebourg et de la région de Berlin s'est fixé à la fin du dernier âge glaciaire, il y a 20 000 ans. La grande plaine du Nord, qui s'étend de part et d'autre de l'Elbe, doit aux glaciers scandinaves qui la recouvraient un drainage insuffisant et des sols trop sablonneux ; entre Berlin et la Baltique, le plateau du Mecklembourg est parsemé de lacs peu profonds et entrecoupés de dépôts morainiques, témoins de la présence prolongée du front glaciaire. La Spree et la Havel, qui sinuent dans des régions déprimées, alimentent des zones d'expansion lacustres (*Spreewald* et région de Potsdam).

La vallée de la Spree est bordée par deux plateaux composés de terrains argileux et marneux : le **Barnim** (50-60 m), au Nord-Est, et le **Teltow** (45-55 m), au Sud-Ouest. Le développement urbain a atteint ces plateaux, englobant les anciens villages. La dénivellation des rues permet de lire encore le paysage : Hauptstraße à Schöneberg ; Humboldthain à Wedding, Spandauer Damm à Spandau ; Schönhauser Allee et Prenzlauer Allee à Prenzlauer Berg. Outre le Teufelsberg qui culmine à 115 m, le site de Berlin compte quelques éminences naturelles : le Havelberg (97 m) et le Schäferberg (103 m) à l'Ouest, le Kreuzberg (66 m), qui reste un « *Berliner Pickel* » (une « protubérance » berlinoise), les Müggelberge (114,7 m) à l'Est. Toutefois, plus que le relief, le site de Berlin est remarquable par son complexe lacustre : Müggelsee à l'Est, lacs de la Havel à l'Ouest qui sont les plus grands lacs fluviaux d'Allemagne.

La Havel

LACS ET RIVIÈRES

« Berlin » vient de la racine *brl* qui désigne un lieu humide. Trois vallées fluviales orientées Est-Ouest, dont celle de la **Spree**, relient la capitale à Varsovie. Ces vallées sont liées par un réseau de vallées secondaires très dense. Les plus profondes ont formé la chaîne des lacs de la **Havel** et de la **Dahme** ; les plus modestes sont à l'origine de la chaîne des lacs de forme allongée qui bordent la forêt de Grunewald (Schlachtensee, Krumme Lanke, Grunewald See, Halensee, Lietzensee) ; les **lacs ronds** du Nord-Est de Berlin (Weisser See) proviennent de masses de glace qui ont fondu tardivement.

Fleuve lent, la **Spree** traverse le **Müggelsee**, le plus grand lac de Berlin (740 ha, pour 8 m maximum de profondeur), reçoit la Dahme et la Wuhle à côté de Köpenick, la Panke à la hauteur de la gare Friedrischstraße et se jette dans la Havel, affluent de l'Elbe, à Spandau. Les hauteurs du Barnim et du Teltow sont parcourues de multiples cours d'eau, comme la **Panke**, qui a été canalisée, et le **Tegeler Fließ**, dont le cours sauvage est une réserve naturelle. Potsdam était autrefois une île séparée des lieux avoisinants par une région marécageuse, un lac et un canal situés au Nord.

LA POLITIQUE DES ESPACES VERTS

Les espaces verts occcupent près du tiers (28,4 %) de la superficie du Grand Berlin, dont 17,5 % de forêts. Les pins et les feuillus ont remplacé depuis longtemps la forêt originelle.

Des possibilités infinies de promenades – Le vert se décline à Berlin de multiples façons : la forêt ; les parcs, petits ou grands (voir la carte *Nature et Loisirs*), qu'ils soient anciens et situés au centre de la ville (Tiergarten, Friedrichshain, Humboldthain, Hasenheide), modernes (Jungfernheide, Rehberge) ou contemporains (Britzer Garten) ; les berges de lacs et de canaux comme le long du Landwehrkanal à Kreuzberg ; les réserves naturelles le long de cours d'eau ou autour des dépressions morainiques (Obersee, Fauler See). Il faut aussi compter les colonies de jardins familiaux, les petites places de villages où se dressent l'église ancestrale et les jardins royaux qui se poursuivent jusqu'à Potsdam. De nombreuses fermes entourées de pâturages subsistent dans le périmètre urbain (les exploitations agricoles occupent 6,7 % du territoire). Les villages de Lübars, dans la partie Nord-Est de Reinickendorf, et de Blankenfelde, dans l'arrondissement voisin de Pankow, ont gardé leur empreinte rurale ; Köpenick et Spandau réintègrent le paysage du Brandebourg avec ses lacs et ses forêts. Ce formidable atout rend la visite de Berlin encore plus agréable.

La politique des espaces verts – Jusqu'à la fin du 19e s., une loi interdisait le déboisement des bords de la Havel. Karl Friedrich Schinkel et **Peter Josef Lenné** créèrent un nouvel art du paysage en aménageant les parcs du Nouveau Jardin, de Babelsberg, Klein-Glienicke, Sacrow, l'île aux Paons selon des principes pittoresques et en mettant en rapport des sites éloignés. La Havel ne prend un aspect industriel qu'en approchant de Spandau, puis redevient verdoyante sur les bords du lac de Tegel.
Rudolf Virchow, qui était médecin et membre du conseil municipal de Berlin, fit planter des arbres le long des rues afin d'y assainir l'air. Ils sont aujourd'hui près de 400 000 qui s'alignent dans presque toutes les rues de la ville. Jean Giraudoux fut frappé par le caractère idyllique des banlieues berlinoises : « Berlin n'est pas une ville de jardins, c'est un jardin. » Les problèmes apparaissent à partir de 1900 : des surfaces boisées sont sacrifiées sur l'autel de la spéculation. Un débat a lieu à la Chambre de Prusse sur la conservation des forêts. L'assemblée élue par le groupement intercommunal du Grand Berlin se préoccupe, sous l'influence de **Martin Wagner**, de la conservation du patrimoine forestier berlinois, préservant de la fièvre immobilière les forêts de Grunewald, Tegel, Potsdam, Köpenick.
Aujourd'hui, l'association *Grüne Berlin* milite pour redonner vie aux terrains vagues du cœur de la ville, créer des promenades vertes le long de l'ancien Mur ou faire revenir à l'air libre la rivière Panke. L'extension de la ville après l'unification se fait dans le respect de l'environnement et procède à une augmentation circonspecte de la densité des zones habitées (la ceinture verte sera complétée par d'autres parcs urbains).

La capitale de l'Allemagne unie

PHYSIONOMIE DE L'AGGLOMÉRATION BERLINOISE

Une métropole au cœur de l'Europe – Avec 889 km^2 (8 fois Paris), une longueur de 45 km d'Ouest en Est et une largeur de 38 km du Nord au Sud, Berlin est la seconde agglomération urbaine d'Allemagne après la Ruhr, mais elle ne bénéficie pas encore des mêmes avantages que cette dernière. Avant-guerre, accusé de concentrer les forces vives du pays, Berlin régnait sur un arrière-pays conquis à l'Est. Elle est aujourd'hui une métropole relativement isolée, à 70 km de la frontière polonaise, et la capitale d'un pays largement décentralisé, équilibré par de puissants centres secondaires. La crainte des habitants du Brandebourg d'être écrasés par le poids de Berlin, dont la population compte un million d'habitants en plus (l'agglomération s'achemine vers les 4,5 millions d'habitants), explique l'échec du référendum du 5 mai 1996 qui prévoyait la fusion des deux *Länder* pour former une région comparable à l'Ile-de-France, au bassin de Londres, à la région milanaise.

> ### Comment devient-on berlinois ?
>
> Pendant deux siècles, jusqu'en 1945, la population berlinoise s'est nourrie de l'immigration en provenance de Silésie et de Prusse occidentale. Du temps de la RDA s'installèrent Thuringeois et Saxons (qui composent une grande partie de la population de Prenzlauer Berg, le plus « berlinois » des quartiers de Berlin). Aujourd'hui, sur 3,6 millions d'habitants (2,4 à l'Ouest ; 1,2 à l'Est) figurent 250 000 étrangers. Les Turcs, au nombre de 150 000, arrivent en tête. Ils habitent principalement Kreuzberg, où ils constituent 25 % de la population, Wedding et Neukölln. Viennent ensuite Yougoslaves, Polonais, Russes, Italiens, Grecs, Vietnamiens et chinois. L'arrivée en masse de « réfugiés économiques » et d'*Aussiedler*, populations d'origine allemande originaires des pays de l'Est, a parfois créé des tensions. Le quartier le plus peuplé est Neukölln (312 000 habitants), le moins peuplé Weissensee (52 000 habitants).

« Un archipel de petites villes » (Franz Hessel, *Promenade dans Berlin*) – La fascination qu'exerce Berlin vient en partie de la multiplicité des centres urbains, bien différenciés, mais inscrits dans une ensemble. L'agglomération berlinoise a grandi par incorporation de villages grossis en villes et s'organise en forme d'**étoile**. Les quartiers extérieurs sont des quartiers de villas (Dahlem, Grunewald, Pankow) ou des quartiers industriels (Charlottenbourg/Spandau, Köpenick, Tempelhof) dont les cités ouvrières sont autant de cités modèles. L'intégration des districts de **Marzahn** (1979), Hohenschönhausen (1985), Hellersdorf (1986), où se sont construites des villes nouvelles à l'époque de la RDA, marque la dernière extension de la ville qui n'a pu se développer à l'Ouest. L'unification a entraîné de nombreux bouleversements : des arrondissements périphériques sont devenus centraux (Kreuzberg) ; la Potsdamer Platz et la Leipziger Platz établissent de nouveau la jonction entre le vieux centre-ville et l'Ouest. Les espaces libres sont encore relativement nombreux à l'intérieur de la ville. La conservation de la structure multipolaire de la ville prévaut toujours, dans le respect de l'environnement, et s'appuie sur un service commun d'aménagement du territoire Berlin-Brandebourg. Le développement de noyaux périphériques crée une couronne régionale de pôles urbains secondaires (Königs-Wusterhausen, Oranienbourg), reliés à Berlin par des liaisons ferroviaires rapides.

LES TRANSPORTS

Les transports, une « spécialité » berlinoise, sont le principal atout pour l'avenir de la ville qui sera parcourue de tunnels routiers et de voies ferroviaires aériennes ou enterrées. Le schéma en est déjà arrêté et il rendra la ville particulièrement attractive pour les investisseurs. Un réseau de transports rayonnant sur le centre et l'Est de l'Europe permettra à Berlin de retrouver son rôle de plaque tournante.

Les ancêtres des transports en commun – Les chaises à porteurs ont été introduites par les huguenots. Un autre Français d'origine piémontaise, Philippe de la Chieze *(voir POTSDAM)*, invente la **berline**. Les premières voitures attelées apparaîtront cinquante ans plus tard. La première compagnie d'omnibus apparaît en 1846. Berlin devient un important carrefour ferroviaire, avec des gares monumentales comme celle d'Anhalt, mais les transports en commun se développent surtout à partir de 1870 pour desservir les communes périphériques, en pleine expansion, où s'établissent les classes moyennes et aisées. La voie de la petite ceinture *(Ringbahn)*, qui dessert toutes les gares berlinoises, est achevée en 1877.

S-Bahn et U-Bahn – La première liaison Est-Ouest du **Stadtbahn** *(S-Bahn)* est inaugurée en 1882. La liaison Nord-Sud sera construite en 1939. Avec le *Ringbahn*, la circulation est facilitée entre la ville et sa banlieue. A la fin du siècle, les promeneurs du dimanche se rendent dans les bois de Grunewald. **Siemens** propose, dès 1880, la construction d'un métro électrifié. L'omnibus l'est en 1896. Les travaux du métro, aérien et souterrain, commencent en **1902** sur le trajet « Porte de Stralau *(Stralauer Tor)* – Place de Potsdam *(Potsdamer Platz)* ». Les six lignes qui existent en 1914 privilégient les quartiers chic et les banlieues résidentielles. Le prix élevé du ticket limite l'utilisation de l'« **Untergrundbahn** » (U-Bahn) aux classes aisées.

L'électrification du S-Bahn, en 1922, entraîne des frais considérables. Tramway, métro et autobus fusionnent en 1929 en une « **Régie communale des Transports** » *(Berliner Verkehrs Gesellschaft* ou BVG), la plus grande entreprise municipale du monde ; **Ernst Reuter** *(voir ERNST-REUTER-PLATZ)* est à la tête de son conseil d'administration.

Une ville unie, des transports repensés – En 1989, 100 km de S-Bahn sont à l'abandon ; des stations de métro sont murées, les voies ferrées en très mauvais état, de nombreux ponts détériorés. L'unification signifie la remise en service de lignes et le remplacement des véhicules, la restauration du métro aérien, la réhabilitation des gares. Les investissements sont énormes.

Les édiles donnent la priorité aux transports en commun (qui doivent absorber 80 % du trafic) et au rail sur la route. Le **tramway** devrait s'étendre dans la partie Ouest de la ville. Un système d'interconnexion des transports régionaux entre Berlin et le Brandebourg est en usage depuis le 1er janvier 1997. La **gare de la Potsdamer Platz**, accessible directement avec le siège des grandes sociétés et qui pourra accueillir 50 000 personnes par jour, sera un important nœud de communication pour les lignes de U-Bahn, S-Bahn et le réseau régional (R-Bahn).

Berlin est aujourd'hui desservi par des trains à grande vitesse **ICE**. Le modèle de développement retenu est dit **« en champignon »** (« *Pilzkonzept* ») : un axe Nord-Sud sera emprunté par les voies des trains à grande vitesse (vers Dresde et Leipzig), le métro, les voies de circulation automobile sous le « coude » de la Spree, le Tiergarten, la Potsdamer Platz I. croisera l'axe Est-Ouest reliant la gare principale *(Hauptbahnhof)* de Lichtenberg aux gares de Lehrte, Zoo et Spandau.

Le futur **aéroport de Berlin-Brandebourg**, sur le site de celui de Schönefeld, ancien aéroport de Berlin-Est, remplacera vers 2010 en majeure partie les trois aéroports existants.

Ph. Gajic/MICHELIN

Station de métro « Mexikoplatz »

LES ACTIVITÉS

Deux économies séparées – Berlin-Ouest est resté la première métropole industrielle de RFA dans les domaines traditionnels de l'électrotechnique, l'automobile (Daimler-Benz), la construction mécanique, mais elle n'a gardé que les ateliers de montage des entreprises qui ont transféré leurs sièges en RFA (Munich pour Siemens) après l'érection du Mur. La perte d'emplois industriels a été compensée par l'implantation d'administrations fédérales, l'accueil de foires et d'expositions, d'industries de transformation. La politique économique des années 80 visait à transformer la ville en centre de technologies de pointe : biotechnologie, micro-électronique, informatique (Siemens-Nixdorf), « miracle » impossible sans l'aide massive de la RFA et l'appel à de la main-d'œuvre immigrée. Aujourd'hui, le principal secteur d'activité de la ville est, en termes de chiffre d'affaires, l'industrie agro-alimentaire et celle du tabac et, en termes d'emplois, l'électrotechnique (Siemens est le premier employeur industriel de Berlin), la mécanique de précision et la chimie. L'économie de Berlin-Est, capitale industrielle de la RDA qui avait accueilli dix-huit combinats, a été bouleversée par l'unification.

Le passage à l'économie de marché – L'entrée brutale de l'économie est-allemande dans le jeu de la concurrence et l'unification monétaire ont entraîné une crise structurelle douloureuse. Un organisme, la **Treuhand**, a été chargé de privatiser l'industrie d'État. La restructuration s'est accompagnée de licenciements massifs qui ont donné lieu à des mouvements de grève. 32 000 emplois industriels ont été conservés sur les 187 000 de Berlin-Est. L'effondrement de l'économie de l'ex-RDA a été aggravé par la disparition des débouchés traditionnels du COMECON (le « Marché commun » des pays de l'Est).

A l'Ouest, la crise a coïncidé avec la disparition progressive des allégements fiscaux et de l'aide fédérale supprimés à partir de 1995 (Berlin-Ouest ne subvenait qu'au quart de ses dépenses).

Rénovation et perspectives d'avenir – La reconstruction économique de Berlin-Est est aidée par les transferts financiers en provenance des *Länder* occidentaux (environ 120 milliards de francs seraient investis chaque année uniquement à Berlin). Le premier travail a été invisible : il a fallu renouer le fil des égouts, rétablir les réseaux de distribution d'eau et d'électricité. Les équipements collectifs (écoles, administrations, universités, hôpitaux), insuffisants à l'Est, ont dû être rénovés ; le chauffage au charbon a été aboli. Mais la hausse des impôts nécessitée par ces transferts ne suffit pas : il faut recourir à des emprunts et à une politique générale d'austérité entraînant des suppressions d'emplois dans le service public, le report des investissements d'infrastructures, des efforts revus à la baisse, voire la fermeture annoncée de certains équipements culturels et sociaux.

Le secteur tertiaire proche de l'industrie, un réseau de 100 000 PME et de nombreuses entreprises artisanales, le secteur du bâtiment (Berlin est le plus grand chantier d'Europe) restent dynamiques. 300 gros projets d'investissement totalisent 150 000 emplois. Des firmes étrangères comme Samsung, BICC et Coca-Cola s'installeront dans la partie orientale ; ABB, Sony, Daimler-Benz sur la Potsdamer Platz, suivis par IBM-Allemagne, Deutsche Bahn AG et la Direction des techniques ferroviaires de Siemens dans la partie occidentale.

LES INSTITUTIONS

Le **3 octobre 1990**, jour de l'unification de l'Allemagne, Berlin est redevenu de droit la capitale. Elle l'est devenue de fait, une fois votée la résolution du Bundestag du 20 juin 1991, scrutin au cours duquel le parti de Berlin l'a emporté d'une courte majorité sur celui de Bonn. L'ancienne capitale fédérale conserve les ministères de l'Éducation, de l'Environnement, de la Santé, de l'Agriculture, de la Coopération économique.

L'« hôtel de ville rouge », siège du Sénat de Berlin

Les armes de Berlin

Parce qu'il était chassé dans les forêts aux alentours de Berlin, l'**ours** apparaît dès le 13e s. dans les armoiries de la ville, allié à l'aigle de Brandebourg, puis de Prusse qui figure sur les armes du prince. Au moment de la prise du pouvoir par les Hohenzollern, et jusqu'en 1790, l'aigle saisit l'ours dans ses serres.

Actuellement, cet animal se dresse sur fond argent. Le blason est surmonté d'une couronne que seul le Sénat de Berlin peut utiliser.

Le **quartier gouvernemental**, dans le coude de la Spree (« *Spreebogen* »), accueillera les institutions centrales : Assemblée nationale *(Bundestag)*, Chambre des *Länder (Bundesrat)*, Chancellerie, Présidence. Le déménagement est prévu vers l'**an 2000**. Les autres fonctions gouvernementales seront logées dans des bâtiments déjà existants, près de l'île de la Spree (Affaires étrangères, Justice), le long de la Wilhelmstraße et de la Leipziger Straße (Intérieur, Famille, Finances ; l'ancienne Diète de Prusse accueillant les antennes des ministères restés à Bonn) ; au Sud de l'ancien quartier diplomatique, aux environs de la Stauffenbergstraße (Travail et Défense) ; au Nord du quartier gouvernemental, autour de l'Invalidenstraße (Économie, Transports).

Le Sénat de Berlin – Berlin, l'un des 16 **États** *(Länder)* de la RFA, dispose à ce titre d'une Chambre des députés régionale de 150 membres, élus pour 4 ans, et d'un gouvernement représenté par le **Sénat**. Les députés élisent le **bourgmestre régnant** *(Riegierender Bürgermeister)*, maire de la commune et ministre-président du Land, ainsi que les sénateurs sur la proposition de celui-ci. A la tête du Sénat, le bourgmestre-régnant veille sur le respect des orientations de la politique gouvernementale. Les sénateurs sont ministres du Land et conseillers municipaux. L'administration des **23 arrondissements** *(Bezirke)* est contrôlée par le Sénat, mais les responsables d'arrondissement forment des conseils municipaux et désignent un maire. Ils bénéficient d'une autonomie budgétaire locale (depuis 1995), politique et administrative. La réduction de leur nombre est prévue.

Le poids de l'histoire

PREMIERS PEUPLEMENTS ET COLONISATION GERMANIQUE

9e millénaire av. J.-C. – Premières traces de présence humaine à la fin du Paléolithique inférieur.

6e-8e s. – Installation des **Slaves** (ou **Wendes**) dans l'Ouest et le Sud de l'Europe. Ils pénètrent de Bohême en Brandebourg par l'Elbe. La Panke et la Spree sont sur les routes de ces migrations. Le peuplement slave est clairsemé : les Havellanes *(Haveller)* s'installent sur le pourtour de la Havel (la forteresse de **Branibor** est leur capitale), les Spreewanes *(Spreewanen)* le long de la Spree. Des châteaux forts en bois et en terre, aux murs arrondis, sont aménagés sur des positions défensives : gué, île, confluent. Les deux principaux *Burgen* sont **Spandau** et **Köpenick**, mais l'on compte aussi Blankenbourg (sur la Panke) et Stralau. La vie dans les villages slaves se partage entre l'agriculture et l'élevage, un artisanat prospère (tissage, poterie, forge, travail du bois et de l'os ; la pêche et la chasse comptent moins) ; le commerce utilise des poids en argent *(Hacksilber)*. Un petit groupe de Germains est resté sur le Teltow et s'est fondu dans les nouveaux courants migratoires slaves : *Spree, Havel* et *Dahme* sont des noms de racines germaniques.

10e s. – La région entre l'Elbe et l'Oder est convoitée par les princes germaniques. La lutte interminable menée par Henri l'Oiseleur, fondateur de la dynastie saxonne (hiver 928-29 : conquête de la région entourant Branibor qui devient **Brandebourg**), est poursuivie, avec l'aide de l'église, par son fils **Otton Ier le Grand**. Les centres d'évangélisation sont les points d'appui de la christianisation et de la colonisation de la « Germania slavica » : l'évêché de Brandebourg est fondé.

12 février 962 – Le pape Jean XII sacre Otton Ier premier empereur du **Saint Empire romain germanique**. Magdebourg devient un archevêché.

991 – Reconquête de Brandebourg par le jeune Otton III qui offre à sa tante, l'abbesse de Quedlinbourg, dans le but d'évangéliser le pays havellane, les lieux dits de « Potzupimi » (Potsdam) et « Geleti » (Geltow). Deux ans plus tard est rédigé le premier document officiel mentionnant **Potsdam**. L'autorité germanique s'impose progressivement, mais elle est limitée par les principautés slaves et l'État polonais en formation.

11e-13e s. – La colonisation va durer trois siècles : Les Allemands s'installent durablement au 12e s. après les conquêtes militaires des débuts du Moyen Âge ; un puissant flot migratoire accompagne l'essor démographique. La région entre l'Elbe et l'Oder, christianisée et intégrée au Saint Empire, est éloignée des vieux centres de civilisation allemande de Rhénanie. La dynastie ascanienne va donner une dimension politique à l'importance économique de la Marche du Nord, voie de passage.

LA DYNASTIE ASCANIENNE

1108 – Le conte ascanien (du château d'Ascanie, en Saxe) Albert Ier de Ballenstädt, surnommé **« Albert l'Ours »**, est nommé comte de la Marche du Nord par le duc de Saxe, puis par l'empereur. Albert noue des liens de confiance avec le prince havellane Pribislav de Brandebourg qui fait des ascaniens ses héritiers. Albert prend le titre officiel de margrave de Brandebourg (1157).

1180 – Fondation du premier monastère cistercien de la Marche à Lehnin, entre Brandebourg et Potsdam.

A partir de 1220 – Seconde phase de colonisation. Les plateaux du Barnim et du Teltow sont cultivés. Les templiers installent une commanderie à **Tempelhof**, l'un des premiers établissements allemands du Teltow. Religieux et grands commerçants fondent Treptow, Stralau, Boxhagen, Wedding. L'urbanisation du Brandebourg s'effectue par un vaste réseau de bourgs, comme **Spandau**, englobant les *Kietze* slaves (le mot *Kietz* désigne par la suite un quartier populaire d'une grande ville).

1237 – Cölln, sur l'île de la Spree, est mentionnée pour la première fois dans un contrat. Cölln vient du latin *Colonia* ou du slave *Kolia* (« pilotis »).

1240 – Prise de Köpenick. Le pouvoir slave est brisé, mais la population n'est entièrement assimilée qu'au 14e s. Certains noms ont une origine slave : Spandau, Köpenick, Steglitz, Gatow, Glienicke, Lübars, Britz, Stolpe, Marzahn et Berlin.

1244 – Aucune charte ne fait état de la fondation de **Berlin** qui est mentionné pour la première fois dans un acte margravial. La ville (en fait l'actuel quartier St-Nicolas) est citée en tant que telle en 1251, Cölln en 1261 ; le plus ancien sceau de Berlin date de 1253. Née de la colonisation germanique, la ville double de **Berlin** et de **Cölln** est un comptoir commercial où s'échangent le bois et les fourrures des chasseurs slaves contre les céréales des premiers colons allemands. De part et d'autre de la Spree, les deux cités contrôlent le trafic fluvial et le gué. Elles prennent pour patrons de leurs églises respectives : saint Nicolas, patron des marchands et des navigateurs, et saint Pierre, patron des pêcheurs. Des Flamands travaillent à la régulation de l'eau et produisent des draps de bonne facture.

13e-14e s. – Délaissant Köpenick, la principale route (reliant la plaine de Pologne à la mer du Nord) passe désormais par la ville double. Il s'y ajoute, au 13e s., un axe Nord-Sud reliant la Saxe à la Baltique. Les deux artères drainent l'essentiel du trafic Elbe-Oder. Le commerce du poisson (harengs), des céréales et du bois donne naissance à la batellerie berlinoise. Par Hambourg (vers laquelle elle exporte son bois), Berlin entre dans l'espace de la Hanse.

1295 – La présence des juifs est attestée en Brandebourg. Ils subissent des contraintes et résident dans un ghetto fermé par des grilles gardées. En tant qu'usuriers, fonction interdite aux chrétiens, ils sont lourdement imposés. Spandau possède un cimetière juif, situé à l'extérieur de l'enceinte.

1280-1300 – Berlin est une cité bourgeoise de 3 000 à 4 000 habitants plus importante que Spandau, Köpenick et Cölln. Son importance économique est confirmée par le droit de battre monnaie (1280), qu'elle est la première ville à l'Est de l'Elbe à recevoir. Ses foires rayonnent dans l'Allemagne orientale. La ville possède plusieurs villages des environs et commence à exploiter sa campagne. Les ordres multiplient leurs établissements : bénédictins à Lankwitz, Lübars, Tegel, cisterciens sur le Teltow et à Zehlendorf, franciscains qui fondent le **« cloître gris »** *(voir NIKOLAIVIERTEL)*. Cette forte présence religieuse favorise l'essor culturel.

20 mars 1307 – Union de Berlin et Cölln qui bâtissent, vers 1345, un hôtel de ville commun sur le pont qui les sépare. Les marchands s'associent dans une guilde. Mais chaque cité demeure autonome et garde son conseil, son budget, son sceau. L'introduction du droit brandebourgeois, copié sur celui de Magdebourg, impose de solides structures juridiques et municipales. La commune est affranchie du pouvoir du margrave qui réside à Spandau.

1308 – Alliance défensive de Berlin-Cölln avec plusieurs villes de la Marche. Depuis 1254, l'anarchie règne en Allemagne. Privé d'empereur (« grand interrègne »), le pays se morcelle et les princes s'attribuent des pouvoirs régaliens.

1319 – Les villes renforcent leur autonomie. Le 30 septembre, Berlin et Cölln reçoivent de nouveaux privilèges, dont celui de créer une armée territoriale *(Landwehr)* qui donnera son nom au *Landwehrkanal*. Il s'ensuit un siècle de troubles politiques pendant lequel les épidémies succèdent aux incursions des chevaliers-brigands.

LA COMMUNE LIBRE

Au 14e s., Berlin devient la principale cité de la Marche de Brandebourg et profite de la faiblesse du pouvoir central. Elle compte 8 000 habitants.

1321 – Berlin-Cölln propose une nouvelle alliance défensive pour combattre les bandes de pilleurs, contrecarrer les visées des nobles et protéger les routes commerciales. Cette entente préserve l'unité de la Marche de Brandebourg.

1323 – Louis Ier de Wittelsbach, fils du roi de Bavière, est reconnu par les villes comme le nouveau margrave. Les Wittelsbach, gibelins (partisans de l'empereur), luttent pour le titre impérial et contre la papauté (parti guelfe). La tension monte entre la population et le clergé ; des incidents éclatent et l'interdit est jeté sur les villes jumelles pendant vingt ans, de 1325 à 1347.

1345-1346 – Les artisans, qui réclament une participation aux affaires, refusent de s'engager dans la lutte contre le margrave. Le conseil municipal doit céder. Les dettes du prince sont annulées. Louis envisage de bâtir un château au bord de la Spree, mais le projet ne sera réalisé qu'un siècle plus tard.

1348 – Le Brandebourg est moins touché par la peste noire que d'autres régions d'Allemagne. Un imposteur se présente comme le dernier margrave ascanien qui aurait simulé sa mort et effectué pendant trente ans un pèlerinage en Terre Sainte. Jouant le Messie, il est reconnu par les deux villes qui cherchent à se débarrasser de la tutelle de Louis. L'usurpateur rend à Berlin-Cölln ses privilèges et en accorde d'autres. Les juifs sont accusés de tous les maux et subissent des pogroms (1349).

1349 – 35 villes d'Allemagne orientale se liguent contre Louis. En 1355, les États obtiennent de nommer un conseiller permanent auprès du margrave.

1359 – Entrée de Berlin et Cölln dans la Hanse.

1363-1373 – Occupation du Brandebourg par Charles IV de Luxembourg. L'état de sa nouvelle possession est consigné dans le **Grand livre foncier** (*Landbuch Kaiser Karls IV*, 1375) qui décrit le Brandebourg comme « une terre inculte et déserte », ravagée par la peste et les bandes de pillards.

1376 et 1380 – Deux incendies ravagent respectivement Cölln et Berlin. Le sinistre permet d'élargir les rues et d'en paver quelques-unes. Le margrave Sigismond de Luxembourg pressure la Marche et aliène les biens au profit des seigneurs féodaux. Le banditisme nobiliaire prospère. Les villes s'allient, sans succès, pour faire face aux pressions du margrave et aux exactions des seigneurs qui perturbent les échanges commerciaux.

1402 – La Nouvelle Marche *(Neumark)* est cédée à l'**ordre teutonique**. Les territoires restants tombent entre les mains des chevaliers-brigands, en particulier le clan des **Quitzow** *(voir TEGEL)*. Berlin, plutôt que de subir le pillage, décide de pactiser. Une sorte de police territoriale est confiée à **Dietrich von Quitzow**.

1410 – Les villes sont incapables d'assurer leur défense et les Quitzow se retournent contre elles.

1411 – Sigismond est élu empereur. Le siège margravial reste vacant pendant quatre ans. La Marche est administrée par un neveu, **Frédéric VI de Hohenzollern**, burgrave de Nuremberg, qui a aidé Sigismond à ceindre la couronne impériale. Originaire du Jura Souabe, les comtes de Zollern se sont ramifiés en plusieurs branches. Les Hohenzollern de Franconie règnent sur le burgraviat de Nuremberg depuis la fin du 13e s. et sur le margraviat d'Ansbach depuis 1397.

1412-1414 – Frédéric est un capitaine énergique et courageux. Il défait les chevaliers poméraniens, part à la reconquête de Köpenick, capture les Quitzow. Il est également le créancier de l'empereur Sigismond qui ne peut rembourser ses dettes que par l'octroi de titres et de terres.

30 avril 1415 – Sigismond confère au burgrave Frédéric la double dignité héréditaire de margrave et d'Électeur du Brandebourg. Avec **Frédéric Ier de Brandebourg**, la dynastie des Hohenzollern s'installe pour cinq siècles. Politique habile, il ne remet pas en cause les privilèges acquis par les villes pour reconstituer l'unité de la principauté.

LA RÉSIDENCE DE L'ÉLECTEUR DU BRANDEBOURG

Les princes allemands reprennent les choses en main et parmi eux, Jean l'Alchimiste, fils de Frédéric. Les villes refusent la pression fiscale et renforcent leur cohésion interne.

1432 – Pour préserver les libertés bourgeoises, Berlin et Cölln s'unissent plus étroitement dans un conseil unique de 15 membres. Mais le patriciat se cramponne au pouvoir au détriment des corporations, ferment de division qui sert les intérêts du prince. Les premiers Hohenzollern reviennent sur le traité d'union. Ils s'appuient sur la petite noblesse locale à laquelle ils soumettent les paysans libres, phénomène général en Europe centrale qui crée d'immenses propriétés terriennes aux mains d'aristocrates liés à l'armée, les « **Junkers** ».

1442 – A la suite d'une révolte urbaine, **Frédéric II « Dent de fer »** abroge l'union entre Berlin et Cölln : c'est la fin de l'indépendance municipale. Le 29 août, les états sont convoqués et contraints de prêter serment de fidélité et d'obéissance au margrave et à ses descendants. Celui-ci se réserve un terrain au Nord de l'île de Cölln sur lequel il envisage de bâtir un château.

1443 – Berlin se ligue avec d'autres villes de la Hanse pour résister à la politique de Frédéric. Celui-ci attend et renforce son pouvoir, autorisant les juifs, qu'il avait expulsés, contre de coûteuses « lettres de protection », à se réinstaller dans la Marche.

1448 – « Mécontentement berlinois » *(« Berliner Unwille »)*. Toute la ville se soulève contre la soif de puissance de Frédéric II. Celui-ci assiège la ville qui, privée de secours, abandonne la lutte. Les bourgeois vont à Spandau pour reconnaître définitivement la férule princière et s'engager à respecter le « traité inégal » de 1442. L'indépendance berlinoise a vécu.

12 mars 1451 – Inauguration du château *(voir SCHLOSSPLATZ)*. Le nouveau sceau municipal représente l'aigle princier écrasant l'ours berlinois tirant la langue.

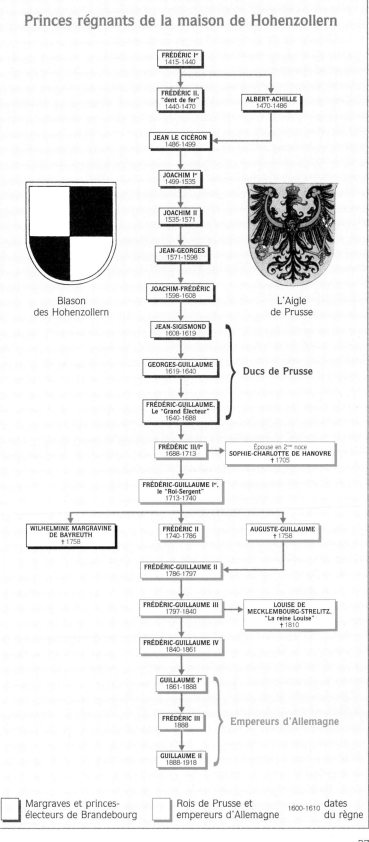

Princes régnants de la maison de Hohenzollern

FRÉDÉRIC Ier
1415-1440

FRÉDÉRIC II, "dent de fer"
1440-1470

ALBERT-ACHILLE
1470-1486

JEAN LE CICÉRON
1486-1499

JOACHIM Ier
1499-1535

JOACHIM II
1535-1571

JEAN-GEORGES
1571-1598

JOACHIM-FRÉDÉRIC
1598-1608

JEAN-SIGISMOND
1608-1619

GEORGES-GUILLAUME
1619-1640

FRÉDÉRIC-GUILLAUME, Le "Grand Électeur"
1640-1688

Ducs de Prusse

FRÉDÉRIC III/Ier
1688-1713

Épouse en 2nde noce
SOPHIE-CHARLOTTE DE HANOVRE
† 1705

FRÉDÉRIC-GUILLAUME Ier, le "Roi-Sergent"
1713-1740

WILHELMINE MARGRAVINE DE BAYREUTH
† 1758

FRÉDÉRIC II
1740-1786

AUGUSTE-GUILLAUME
† 1758

FRÉDÉRIC-GUILLAUME II
1786-1797

FRÉDÉRIC-GUILLAUME III
1797-1840

LOUISE DE MECKLEMBOURG-STRELITZ, "La reine Louise"
† 1810

FRÉDÉRIC-GUILLAUME IV
1840-1861

GUILLAUME Ier
1861-1888

FRÉDÉRIC III
1888

Empereurs d'Allemagne

GUILLAUME II
1888-1918

Blason des Hohenzollern

L'Aigle de Prusse

Margraves et princes-électeurs de Brandebourg

Rois de Prusse et empereurs d'Allemagne

1600-1610 dates du règne

1452-1470 – De 1454, année ou la Nouvelle Marche est rachetée aux Teutoniques, à 1470, année de son abdication, Frédéric II reconstitue l'unité du Brandebourg. En 1452, il contraint Berlin, suivi par toutes les villes du Brandebourg, à se retirer de la Hanse en déclin. La stagnation économique est compensée en partie, dans la capitale, par l'installation de la cour dont les besoins créent de nouveaux métiers.

1484 – Incendie accidentel de l'hôtel de ville, rasé en 1514. Le conseil se transforme en organe princier.

1486 – Jean, fils d'Albert III est le premier Hohenzollern à faire de Berlin-Cölln sa résidence permanente et donc la capitale de l'Électorat le plus pauvre d'Allemagne.

1506 – Fondation d'une université à Francfort-sur-l'Oder de crainte de créer à Berlin une élite cultivée hostile. Le principal établissement d'éducation à Berlin est le lycée du « cloître gris » *(voir NIKOLAIVIERTEL)*.

1511 – Le grand maître des Teutoniques, Albert de Brandebourg-Ansbach, se convertit à la Réforme, sécularise les biens de l'ordre en Prusse et la gouverne en prince laïc.

1re moitié du 16e s. – Les 95 thèses de **Martin Luther**, écrites en allemand, connaissent un rapide succès en Brandebourg, terre non romanisée et tardivement christianisée. Joachim Ier lutte contre la nouvelle religion, mais sa femme, une princesse danoise, se convertit au protestantisme. Refusant de renier sa foi, elle s'enfuit. Joachim Ier restera ferme sur ses positions.

1539 – Joachim II se convertit. La Réforme réussit en Brandebourg, car elle repose sur une adhésion populaire. Les finances du prince en profitent largement grâce à la sécularisation des biens du clergé catholique et à la mainmise sur les biens des juifs qui sont expulsés. Au cours du siècle éclateront aussi d'autres scandales, montés de toutes pièces, liés au personnage nouveau du « juif de cour », parvenu à de hautes charges, serviteur zélé et souvent honnête du prince, mais éminence grise haïe par la population et la noblesse.

Fin du 16e s. – Berlin, qui compte trois fois moins d'habitants que Lübeck, est une ville de résidence tranquille. La ville ne s'accroîtra, en un siècle, que de un millier d'habitants, principalement des officiers de cour auxquels s'ajoutent des marchands et des artisans saxons. **Joachim II** attire à sa cour des artistes et des savants, favorise le théâtre, fait agrandir le château de Cölln et reconstruire les châteaux de Köpenick et de Grunewald *(voir ces noms)*.

Le grand blason du royaume de Prusse orne l'entrée de la citadelle de Spandau

1618 – Les Hohenzollern agrandissent patiemment leur domaine. En 1569, Joachim II achète les droits de succession du **duché de Prusse**. Le second duc de Prusse étant dément, Joachim II administre le duché. Les Électeurs de Brandebourg en héritent officiellement en 1618.

1618-1648 : Trente ans de malheur

Durant la guerre de Trente Ans, les princes protestants s'allient avec la France, pourtant catholique, et la Suède de **Gustave II Adolphe** (1594-1632), qui dispose de l'armée la plus moderne d'Europe. Le Brandebourg, coincé entre la Poméranie suédoise, la Silésie et la Bohême autrichiennes, devient, comme toute l'Allemagne, un champ de bataille : les Suédois descendent jusqu'en Bavière ; les Français ravagent la région du Rhin supérieur ; les Impériaux sont à Stralsund. A Berlin et à Cölln, plus du tiers des maisons sont abandonnées. La ville doit payer rançon à la Suède dont elle héberge les troupes ainsi que celles de l'empereur ; son économie sombre. Elle perd sa fonction de résidence en 1627, lorsque l'Électeur transfère la cour à Königsberg, capitale moins exposée. L'armistice avec la Suède est signé en 1641. La **paix de Westphalie**, signée à Münster, consacre l'émiettement de l'Allemagne. Certaines régions ont perdu plus de 60 % de leur population ; le Brandebourg en a perdu la moitié.

L'ASCENSION DE LA PRUSSE : 1648-1815

1643 – Lors de sa première visite, le jeune prince Frédéric-Guillaume découvre une ville au bord de la ruine.

1648 – Traité de Westphalie. Le Brandebourg s'agrandit de la Poméranie orientale et de quelques évêchés. Le Prince Électeur va s'attacher à panser les plaies de l'Électorat dévasté et de le transformer en un puissant État centralisé. La création de manufactures, les commandes de la cour, l'aménagement d'un remarquable réseau de canaux et l'établissement de barrières douanières concourra au redressement de l'économie sous l'égide de l'État qui fait appel à de nombreux étrangers : artisans et commerçants hollandais (l'influence néerlandaise est forte et le prince héritier est élevé aux Pays-Bas), quelques riches juifs viennois et les premiers calvinistes français.

1650 – Premier plan connu de Berlin. La ville s'étend à l'Ouest : l'avenue **Unter den Linden** est tracée et traverse le quartier aristocratique de **Dorotheenstadt** qui obtient privilège urbain en 1674 ; aménagement du Tiergarten.

1658-1683 – Berlin, place forte et ville de garnison, se fortifie. Les nouveaux remparts englobent l'île marécageuse de Werder. Asséchée, celle-ci devient un nouveau quartier : **Friedrichswerder**.

28 juin 1675 – Victoire de **Fehrbellin**, plaine située au Nord-Ouest de Berlin, sur les Suédois. Frédéric-Guillaume devient le « Grand Électeur » et le Brandebourg une puissance respectée.

Ph. Gajic/MICHELIN

1685 – Révocation de l'édit de Nantes par Louis XIV. Les huguenots arrivent massivement en Brandebourg. Ils représentent le quart de la population berlinoise et contribuent à l'essor démographique (Berlin passe de 6 000 à 56 000 habitants de 1650 à 1709). L'essor urbain nécessite la création d'une ville nouvelle : **Friedrichstadt** (*voir GENDARMENMARKT*).

1696 – Fondation de l'Académie des Arts.

1701 – Frédéric III soutient l'empereur Léopold Ier dans la guerre de Succession d'Espagne et obtient en échange que le duché de Prusse (situé en dehors du Saint Empire) soit érigé en royaume. **Frédéric Ier**, roi « en » Prusse, est couronné à Königsberg le 18 janvier.

Andreas Schlüter – Statue équestre du « Grand Électeur »

1702 – Fondation de l'Académie des Sciences.

Début du 18e s. – Les cinq communes : Berlin, Cölln, Friedrichswerder, Dorotheenstadt, Friedrichstadt fusionnent. La nouvelle constitution annule les dernières libertés et réduit le nombre des conseillers du *Magistrat* (conseil municipal).

1713 – A la mort de Frédéric Ier, les dettes de la Prusse sont évaluées à 20 millions de thalers. Le pays est au bord de la ruine et une pancarte anonyme proclame la location du château et la vente de Berlin.

1721 – Ouverture de la première « maison de café » au Lustgarten.

Les pages consacrées à l'art offrent une vision générale des créations artistiques de la ville, et permettent de replacer dans son contexte un monument ou une œuvre au moment de sa découverte.
Ce chapitre peut, en outre, donner des idées d'itinéraires de visite.
Parcourez-le avant de partir !

1713-1740 – **Frédéric-Guillaume Ier** veut consolider l'État prussien. Il recherche l'équilibre budgétaire. Le train de vie de la cour et celui du roi sont sérieusement réduits ; les lions et les tigres de la ménagerie de Charlottenbourg sont offerts à la Saxe. Des mesures protectionnistes, la lutte contre les monopoles et les corporations, l'appel à des étrangers favorisent la diversification de l'économie : des protestants de Bohême, travailleurs appréciés dans les premières manufactures de textiles, s'installent à Friedrichstadt puis à **Rixdorf** *(voir NEUKÖLLN)*. Berlin est une ville qui « renferme beaucoup de champs et de jardins » et « des quartiers où on ne voit personne » (comte Guibert, 1771).

Antoine Pesne
Le prince héritier, futur Frédéric II (1739)

J.P. Anders/GEMÄLDEGALERIE – PREUSSISCHER KULTURBESITZ

1740-1742 – Début du règne de **Frédéric II** qui utilise avec audace l'instrument militaire forgé par son père pour diminuer l'influence autrichienne en Allemagne. Profitant de la faiblesse de la jeune **Marie-Thérèse** (1717-1780), dont le titre impérial est contesté, il s'empare de la Silésie, la plus riche province des Habsbourg (qui, depuis 1945, appartient à la Pologne). La seconde guerre de Silésie (1748) lui vaut le surnom de « Frédéric le Grand ». La France, entraînée par un préjugé largement répandu dans l'opinion contre « l'ennemi héréditaire », « travaille pour le roi de Prusse ».

1746-1756 – Despote éclairé, Frédéric fonde les rapports entre l'État et l'individu sur la raison. Mais il reste un souverain absolu qui se sent proche de la noblesse. La portée de ses réformes sociales s'en est trouvée limitée. La décennie de paix en favorisa d'autres : corvée remplacée par une redevance fixe en argent (mais les paysans restent soumis à la justice seigneuriale), instruction obligatoire qui s'accompagne de la fondation de nombreuses écoles, simplification de l'appareil judiciaire, abolition de la torture (dès 1742), codification du droit prussien achevée après la mort du monarque. Celui-ci, qui avait exposé, dès 1739, ses conceptions du gouvernement dans l'*Anti-Machiavel*, déclare que le prince est « le premier serviteur de l'État », mais « ne doit consulter que son intérêt ». Tous les moyens sont mis en œuvre : l'armée est portée à 180 000 hommes, chiffre supérieur à celui de toutes les armées d'Europe. La première caserne est bâtie en 1753 (elles apparaîtront à Paris en 1770).

Soldats des armées de Frédéric le Grand

Un «grand gars»
du 6e régiment d'infanterie

Porte-étendard
du 7e régiment
d'infanterie

Charge d'un officier du 2e régiment de hussards

Illustrations P. Boussard/MICHELIN

31

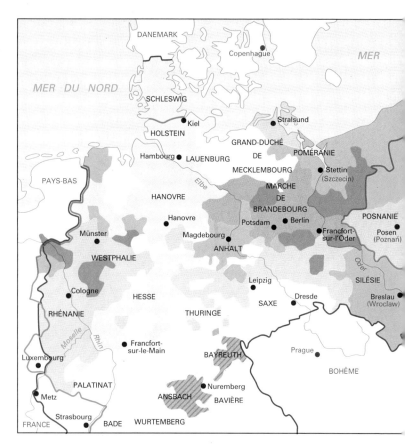

1756-1763 – France, Saxe et Autriche finissent par s'entendre pour contrer la puissance montante de Frédéric. Celui-ci s'allie à l'Angleterre. C'est le **renversement des alliances**, résultat des intrigues du Premier ministre de Saxe Brühl, de l'abbé de Bernis, ministre des Affaires étrangères de Louis XV et de « sa majesté Cotillon III », comme Frédéric appelle Mme de Pompadour qui lui porte les mêmes sentiments. Le résultat est la **guerre de Sept Ans**, la dernière et la plus dure des guerres engagées à la suite de la conquête de la Silésie. Frédéric envahit la Saxe sans crier gare, vainc les Français à Rochbach, mais subit une cuisante défaite à Künersdorf. Berlin est occupé par les Russes en 1760, mais la tsarine Élisabeth Petrovna, ennemie mortelle de Frédéric II, meurt subitement et son fils admire le roi de Prusse. La paix est signée dans le château d'Hubertusbourg. La Prusse est une grande puissance, épuisée économiquement, mais dont les droits sur la Silésie sont définitivement reconnus.

Le « vieux Fritz »

Marquée par ses années de campagne (il ne voit pas Berlin pendant pratiquement toute la guerre de Sept Ans), Frédéric II passa les dernières années de sa vie en tenue militaire et devint l'avare *vieux Fritz*, surnom donné affectueusement par ses sujets. Stratège et despote éclairé, amoureux des arts et de la musique, le roi, dont Voltaire disait qu'il vivait à Sans-Souci « sans cour, sans conseil et sans culte » eut une vieillesse triste. Il perdit toutes ses dents et dut renoncer à jouer de la flûte. Son hygiène laissait à désirer et sa chambre à Sans-Souci était malpropre du fait des nombreux chiens qu'il soignait avec lui, mais il conduisit toujours les affaires de l'État avec habileté.

1765 – Fondation de la banque royale. L'État prend en main le relèvement économique. Berlin commence à devenir une cité industrielle. En 1784, elle abrite 5 000 métiers à tisser et 6 000 ouvriers travaillent dans les manufactures textiles. Les machines anglaises arrivent dès 1781. Cette mutation se fait aux dépens de l'agriculture et de l'artisanat, entraînant l'émergence d'un prolétariat urbain.

1772 – Premier partage de la Pologne à l'initiative de Frédéric II qui entraîne l'Autriche et la Russie. La vieille rivalité entre l'État prussien et le royaume de Pologne, en pleine déliquescence, se conclut par l'effacement de ce dernier. La constitution par la Prusse d'un vaste domaine à l'Est, aspiration ancienne qui emboîte le pas à la colonisation germanique du Moyen Âge, crée une situation qui aura des effets jusqu'en 1945.

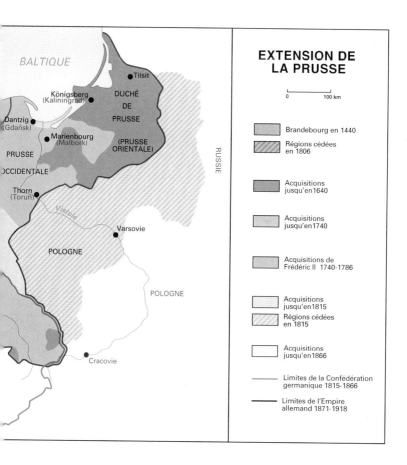

EXTENSION DE LA PRUSSE

0   100 km

Brandebourg en 1440

Régions cédées en 1806

Acquisitions jusqu'en 1640

Acquisitions jusqu'en 1740

Acquisitions de Frédéric II 1740-1786

Acquisitions jusqu'en 1815

Régions cédées en 1815

Acquisitions jusqu'en 1866

Limites de la Confédération germanique 1815-1866

Limites de l'Empire allemand 1871-1918

1775-1786 – La situation sociale se dégrade, alors que la population approche les 150 000 habitants. La « maison des pauvres » de Berlin voit le jour en 1774. Le règne de Frédéric II s'achève dans l'incertitude ; **Moses Mendelssohn** meurt la même année.

1786-1797 – L'héritage de Frédéric II est dilapidé par son neveu et successeur, **Frédéric-Guillaume II** qui s'entoure de favoris et de maîtresses. En dépit de quelques améliorations dans le domaine juridique et fiscal, les cadres de la société frédéricienne éclatent sous la pression démographique et économique. De 1750 à 1800, la population de la capitale double ; le revenu ouvrier et paysan baisse constamment. Dans cette atmosphère délétère, la vie sociale et culturelle connaît un nouvel épanouissement : la première vague du romantisme apparaît ; le souverain est mélomane et promeut le théâtre en langue allemande. La Prusse se heurte militairement à la France révolutionnaire.

1792 – Première route pavée Berlin-Potsdam. Une « journalière » dépose chaque jour, à 18 h, à l'Octogone, les passagers embarqués à midi à Potsdam. La seconde chaussée pavée couvrira le trajet Berlin-Charlottenbourg. Les services sont assurés par la poste royale.

1797 – Avènement de Frédéric-Guillaume III, souverain terne, mais qui forme un couple exemplaire avec la ravissante **reine Louise**.

Vers 1800 – Berlin s'industrialise. L'*Entrepôt (Königliche Lagerhaus)*, qui emploie 5 000 personnes, est la plus grosse manufacture de draps d'Europe. La main-d'œuvre, adulte et enfantine, est abondante et travaille à la maison ou en atelier. L'État contrôle les entreprises modèles : La Manufacture royale de Porcelaines *(KPM)*, qui met en service, en 1800, la 2ᵉ machine à vapeur, et la **Fonderie royale** *(« Königliche Eisengießerei », voir CHARITÉ)*. Berlin est une ville jeune et surpeuplée qui occupe le 6ᵉ rang européen. La misère et l'alcoolisme y font des ravages. Les travailleurs berlinois consacrent les 3/4 de leurs revenus à acheter du pain. L'espérance de vie moyenne d'un enfant de salarié n'excède pas 19 ans ; un nourrisson sur quatre n'atteint pas un an.

1797-1806 – Les « **années de silence** », pendant lesquelles la Prusse adopte une neutralité bienveillante à l'égard de la France, constituent, en fait, un signe de faiblesse que la reine Louise, partisane de l'affrontement, accepte mal. Les salons fleurissent.

Le nationalisme caché sous le charme

L'histoire de la **reine Louise** (1776-1810), « la noble Muse » selon le poète romantique Jean-Paul, commence par un double mariage : le 22 décembre 1793, alors que les troupes françaises campent sur le Rhin, la jeune princesse de Mecklembourg-Strelitz, tout juste âgée de 17 ans, épouse le prince héritier, futur Frédéric-Guillaume III. Christian-Daniel Rauch fut son premier précepteur. Elle est déjà célèbre dans toute l'Europe pour sa beauté. Sa sœur, Frédérique, épouse le même jour le prince Louis de Prusse. Louise et Frédérique sont les sujets de la fameuse sculpture de **Johann Gottfried Schadow** conservée à la Vieille Galerie nationale *(voir MUSEUMSINSEL)*. La jeune princesse est vive, enjouée et déroge à l'étiquette ; elle adore la danse. Sa générosité, la facilité qu'elle a de s'entretenir avec ses sujets lui conquièrent Berlin. Son mari est attentionné, mais terne. En novembre 1797, Louise est reine et veille personnellement à l'éducation de ses enfants. Elle s'intéresse aux poètes et aux écrivains d'avant-garde, aime les contes que les romantiques remettent à la mode et n'hésite pas à faire l'ascension du plus haut sommet des monts des Géants *(Riesengebirge)*. En 1802, elle rencontre le jeune tsar **Alexandre Ier**, dont elle tombe amoureuse. Comprenant le danger que représente Napoléon au lendemain de la victoire d'Austerlitz, elle prend la tête du parti de la guerre. La Prusse resserre ses liens avec la Russie, mais elle est défaite à Iéna, Auerstaedt, Eylau ; Berlin est occupé. La reine et le gouvernement se réfugient à Königsberg et à Memel. A l'entrevue de Tilsit, entre le tsar et Napoléon Ier, le roi de Prusse est humilié. Elle lui recommande : « Tous pour un, un pour tous », mot d'ordre de 1813 et des guerres de Libération. Elle rencontre Napoléon le 6 juillet 1807. Celui-ci est impressionné par le charme et la détermination de la souveraine qui ne manque pas d'aplomb. Quand, à la fin d'un banquet, il lui tend par courtoisie une rose, la reine réplique en l'acceptant : « seulement avec Magdebourg », demandant implicitement que cette ville reste prussienne. Mais Napoléon ne se laisse pas fléchir : la Prusse perd toutes ses provinces à l'Ouest de l'Elbe et une partie de la Pologne conquise à la suite du partage de ce pays à la fin du 18ᵉ s. La reine fait preuve d'une soumission apparente, mais, animée par un mysticisme patriotique, elle s'entoure de conseillers qui songent à relever la Prusse : Gneisenau, Scharnhorst, vom Stein, Schill, Wilhelm von Humboldt. Elle lit et relit *La Pucelle d'Orléans* de Schiller, tandis que son mari n'est plus que le « roi de Königsberg ». Le couple rentre à Berlin, sur ordre de Napoléon, le 23 décembre 1809. La reine meurt dans sa demeure familiale du duché de Mecklembourg-Strelitz le **19 juillet 1810**. Soixante ans plus tard, jour pour jour, la France de Napoléon III, neveu du vainqueur d'Iéna et d'Eylau, déclare imprudemment la guerre à la Prusse. Guillaume Ier, fils cadet de la reine Louise, sera proclamé empereur d'Allemagne à Versailles.

La reine Louise,
portrait de Joseph Grassi

1802 – Construction d'un nouveau mur d'octroi. Seules trois portes sont décorées, dont la porte de Brandebourg.

1805 Le tsar Alexandre Ier, en visite à Berlin, donne son nom à l'Alexanderplatz.

1805-1806 – La Prusse, qui a rejoint la coalition anti-napoléonienne, est défaite à **Iéna** et **Auerstaedt**. Le 27 octobre 1806, **Napoléon** entre à Berlin et y reste un mois, résidant au château de Cölln ; il y signera le décret du blocus continental contre l'Angleterre. La tenue dépenaillée des soldats français surprend les Berlinois.

1806-1808 – L'occupation napoléonienne est durement ressentie : des œuvres d'art, dont le *Quadrige* de la porte de Brandebourg, sont saisies ; les énormes contributions, l'hébergement chez l'habitant des troupes françaises, la baisse, suite au blocus, de l'activité industrielle et commerciale conduisent Berlin au bord de la ruine. Le remboursement des emprunts effectués à cette période prendra fin en 1861.

« Le calme est le premier devoir du citoyen... »

Une milice bourgeoise est constituée, mais les membres les plus riches de la bourgeoisie se dispensent de ce devoir en en rachetant le droit. Dans l'appel au calme du 17 octobre 1806, le comte von Schulenburg déclarait :
« Le roi a perdu une bataille. Le calme est désormais le premier devoir du citoyen... »
La plaisanterie est alors colportée qu'un membre de la milice, retrouvé endormi à son poste, répondit à l'officier qui le réprimandait :
« Le calme est le premier devoir du citoyen ; je ne fais qu'obéir. »
Après le départ des Français en 1808, l'extension de cette milice bourgeoise permit de contourner la limitation imposée des troupes.

1807 – L'abolition du servage libère une main-d'œuvre considérable pour les usines et marque le début d'un fort exode rural qui explique l'essor industriel de la Prusse et l'urbanisation effrénée de Berlin.

1808 – Rapidement la tension monte, notamment à propos du contrôle de la presse. A partir du printemps, Berlin finance la construction du camp militaire de **Napoléonbourg** (*voir Schloß CHARLOTTENBURG*). La ville souffre de l'absence du roi qui demeure à Königsberg.

1809-1810 – L'occupation française suscite une puissante réaction patriotique accompagnée d'une volonté de moderniser l'État et de libéraliser la société (l'absence du roi, qui ne revient qu'en décembre 1809, favorisant les tendances réformatrices). Ce mouvement prend des formes littéraires, artistiques, sportives. La Prusse prépare son redressement. Les généraux **Scharnhorst** et **Gneisenau** ont modernisé l'armée ; le ministre **vom Stein** et le chancelier de l'État **Hardenberg** réforment les structures de l'État et, pour aider à sa reconstruction, rétablissent une certaine autonomie municipale. En 1810, l'édit sur la liberté professionnelle supprime les corporations. Ces mesures de libéralisation favorisent l'activité d'entrepreneurs juifs. L'**université**, foyer du nationalisme naissant et couronnement d'un système éducatif rénové, est fondée la même année grâce à l'action de **Wilhelm von Humboldt**.

19 juillet 1810 – Mort de la reine Louise, dans l'affliction générale.

1813 – Les Russes pénètrent dans Berlin le 4 mars en infligeant de lourdes pertes à l'arrière-garde napoléonienne. Le **17 mars**, Frédéric-Guillaume III lance à Breslau (*Wroclaw*, en Silésie), la campagne dite « de délivrance », dans un discours à la jeunesse allemande et à son peuple, et déclare la guerre à la France après avoir créé la **Croix de Fer**, réalisée par Schinkel. La croisade contre Napoléon Ier mobilise une armée de volontaires (corps franc du général berlinois von Lützow) réunissant toutes les classes sociales. Les troupes de Napoléon, qui tentent un retour sur Berlin, sont battues au village de **Großbeeren**.

1814 – Introduction du service militaire à Berlin. Le *Quadrige*, ramené de Paris par le général Blücher, retrouve sa place.

1815 – L'intervention inopinée de **Blücher** renverse le cours de la bataille de Waterloo. La Prusse sort ulcérée du **Congrès de Vienne** : elle ne récupère pas les terres polonaises du partage de 1795 et ne conquiert pas la totalité de la Saxe, alliée de Napoléon, même si elle lui enlève les deux tiers de son territoire. Mais, avec la Rhénanie et la Westphalie qu'on lui attribue pour monter « la garde sur le Rhin » *(« Wacht am Rhein »)* et prévenir une nouvelle agression française, elle dispose des terres les plus riches d'Allemagne, bases de son expansion industrielle. La **Confédération germanique**, composée de 39 États dont la Prusse, remplace le Saint Empire, l'Autriche s'oppose à la constitution d'une Allemagne unifiée. Au lieu d'instaurer une monarchie constitutionnelle moderne, souhaitée par les artisans du renouveau national, Frédéric-Guillaume III restaure l'ancien régime.

L'INDUSTRIALISATION ET LA MARCHE VERS L'UNITÉ

Contrairement à l'Est et au Sud berlinois, qui demeurent des zones agricoles, les manufactures de textiles et les premières usines sidérurgiques (Borsig, Siemens & Halske) se développent dans les faubourgs du Nord de Berlin (faubourg d'Oranienbourg ou de Rosenthal), le long de la Spree à l'Est (Luisenstadt, Stralau), en aval de Charlottenbourg (Moabit). L'État continue d'aider au démarrage des entreprises pionnières.

1816-1847 – La période **Biedermeier** est caractérisée par une formidable croissance économique et démographique. Berlin passe de 197 000 à 409 000 habitants.

1817 – Au château de la **Wartburg** (près d'Eisenach en Thuringe), le mouvement estudiantin popularise les couleurs nationales : noir-rouge-or. La campagne de répression s'abat peu après.

1830 – Écho des **Trois Glorieuses** de Paris, les manifestations de masse sur la place du château sont dispersées. Le fossé s'élargit entre le roi et son peuple. La presse est muselée, l'université placée sous haute surveillance ; les associations et les réunions politiques sont interdites. Une nouvelle révolte éclate en 1835 à l'occasion de l'anniversaire du roi.

1831 – Épidémie de choléra. L'hygiène urbaine reste archaïque jusqu'en 1873.

1834 – La Prusse favorise le « **Zollverein** », union douanière des États allemands à l'exclusion de l'Autriche.

1838 – Première ligne de chemin de fer Berlin-Potsdam. Berlin occupe une position centrale dans le réseau ferroviaire en pleine extension. La firme de locomotives d'**August Borsig** *(voir CHARITÉ)* acquiert une place prépondérante.

1844 – La première exposition industrielle réunissant tous les pays du *Zollverein* est un triomphe pour l'industrie berlinoise et accueille 260 000 visiteurs. Le clou de l'exposition, c'est la locomotive *Beuth* qui atteint la vitesse inimaginable de 35 km/h.

1844-1847 – Récession générale en Europe. la Prusse est l'État allemand le plus touché car le plus industrialisé. Le quart de la population vit dans la misère. Pour subvenir aux besoins des nécessiteux, la municipalité entreprend de grands travaux comme le creusement du **Landwehrkanal**, de 1830 à 1850.

Le « chancelier de fer »

Né à Schönhausen, dans l'Ouest du Brandebourg, **Otto von Bismarck** (1815-1898) est un Prussien dans l'âme. C'est en retournant sur ses terres pour les mettre en valeur qu'il commence sa carrière politique, comme député au *Landtag* convoqué par Frédéric-Guillaume IV. Conservateur, Bismarck désapprouve la révolution de 1848 et les tentatives de réformer la Confédération germanique, mais, représentant la Prusse à la Diète fédérale de Francfort et chargé de rétablir de bonnes relations avec l'Autriche après la « reculade » d'Ollmütz, il acquiert la conviction que « la politique de Vienne avait fait l'Allemagne trop étroite pour que la Prusse et l'Autriche puissent y vivre ensemble ». Ambassadeur à Saint-Pétersbourg et, brièvement, à Paris, il en est rappelé, le 22 septembre 1862, par Guillaume Ier. L'État prussien est en crise. La question des crédits militaires oppose le roi, qui songe à démissionner, et le *Landtag*. Bismarck déclare à la tribune : « Ce n'est pas par des discours et des votes à la majorité que les grandes questions de notre époque seront résolues, comme on le croyait en 1848, mais par le fer et par le sang. » Il obtient, peu de temps après, le portefeuille de ministre-président (c'est-à-dire Premier ministre), poste qu'il occupera quasiment sans interruption jusqu'en 1890, et celui des Affaires étrangères. Gouvernant par décrets, de façon inconstitutionnelle, au milieu de l'opposition générale, Bismarck compte sur les victoires extérieures pour justifier sa politique. Il construit l'unité de l'Allemagne autour de la dynastie des Hohenzollern, agissant avec ruse et réalisme et ne croyant, en définitive, qu'en l'usage de la force.

Bismarck

ROGER-VIOLLET

Mais des émeutes de la faim éclatent en avril 1847. Afin de calmer l'agitation qui, au début, n'est pas politique, le roi convoque un « comité uni » *(Landtag)*, en fait un parlement qui ne satisfait pas les aspirations libérales.

1848 – La révolution berlinoise (**« Vormärz »**) a avant tout une origine économique et, pour la première fois, une dimension ouvrière, mais elle est aussi une étape sur la voie de l'unité. Les citoyens, réunis au Tiergarten, rédigent une *Adresse réclamant les libertés fondamentales* au roi. Celui-ci hésite entre répression et concession. Une manifestation de masse autour du château est réprimée par l'armée. Les rues autour de l'hôtel de ville de Cölln se hérissent de barricades *(voir FISCHERINSEL)*. La troupe se retire, mais, divisé, le mouvement révolutionnaire échoue. Le général **Wrangel** rentre dans Berlin le 10 novembre, sans rencontrer de résistance, et applique l'état de siège.

1848-1870 – La prospérité retrouvée, la Prusse rattrape son retard économique sur la France. A la veille de la création du Reich, les 2/3 des Berlinois travaillent dans l'industrie. La chimie décolle grâce au pharmacien Schering *(voir WEDDING)* ; l'armée, grande consommatrice de médicaments, de désinfectants, de matières de remplacement stimulera ce secteur. Le rapprochement entre la banque et l'industrie donne naissance au grand capitalisme. La *Deutsche Bank* est fondée en 1862. En 1864, la nouvelle **Bourse** néo-Renaissance est construite derrière la cathédrale.

1858-1861 – Atteint d'une crise de folie, Frédéric-Guillaume IV est contraint de laisser la régence à son frère qui accède au trône trois ans plus tard sous le nom de **Guillaume I**er. Celui-ci est plus conciliant et renvoie le cabinet réactionnaire. L'assouplissement de la censure entraîne une floraison de journaux : Berlin accède au rang de grande ville de presse. L'opposition libérale regagne le terrain perdu : le Parti allemand du Progrès, ardent défenseur d'une constitution, remporte la majorité des sièges au parlement prussien en 1861.

1862 – **Otto von Bismarck** est appelé aux affaires. La question nationale passionne l'opinion publique. Un plan de restructuration de la capitale dit **plan Hobrecht**, du nom d'un conseiller à la construction, est élaboré ; les *Mietskasernen* commencent à être construites.

1864 – **Affaire des duchés** du Schleswig, du Holstein et du Lauenbourg, propriétés personnelles du roi du Danemark. Après une courte guerre, la Prusse reçoit l'administration du premier, l'Autriche celle du second. Bismarck tient un *casus belli* tout trouvé contre cette dernière.

1866 – La partie qui se joue contre l'Autriche est la plus risquée pour Bismarck qui doit compter avec une forte opposition intérieure. Mais l'armée est réorganisée par le **maréchal von Moltke** (1800-1891), bien équipée et s'appuie sur le chemin de fer lui permettant des déplacements rapides. L'Autriche est écrasée le 3 juillet à Sadowa (*Königsgrätz*, en Bohême). Une Confédération d'Allemagne du Nord naît en 1867, présidée par la Prusse, mais les États du Sud (Bade, Wurtemberg, Bavière) n'en font pas partie.

1870-1871 – Les progrès de la Prusse inquiètent la France. Sous la pression de l'opinion et de l'état-major, Napoléon III se lance dans une politique aventureuse de compensations territoriales, les « pourboires » dont parle Bismarck avec mépris, faisant l'unanimité contre la France dans les États allemands du Sud. La guerre tourne rapidement au cauchemar pour les armées françaises ; l'empire allemand est proclamé le **18 janvier 1871** dans la galerie des Glaces de Versailles. Au traité de Francfort, la France perd l'Alsace et une partie de la Lorraine qui deviennent « Terres d'Empire » et doit payer une indemnité de 5 milliards de francs-or. Pour Bismarck, c'est une consécration qu'il va tâcher de faire durer en maintenant soigneusement l'isolement diplomatique de la France suspectée de revanche. L'Empire allemand devient la plus grande puissance du continent, mais il est mal unifié. A Berlin, un pouvoir fort impose ses vues à une opposition parlementaire hostile.

Le « Rothschild » de Berlin

Le banquier juif **Bleichröder** passe pour être l'homme le plus riche d'Allemagne. Le soutien financier qu'il est le seul à apporter à Bismarck lors de l'affaire des Duchés et de la guerre contre l'Autriche lui vaut d'être, jusqu'à sa mort, le banquier personnel, l'homme de confiance et l'ami du chancelier. A ce titre, il est particulièrement bien informé, ce qui lui vaut d'être courtisé par diplomates et aristocrates. Mais derrière cette réussite éclatante se cache les humiliations continuelles, les marques d'amitié condescendantes ou hypocrites à l'égard d'un juif en quête d'honorabilité.

Adolf von Menzel – Le laminoir (1872-75)

LA CAPITALE IMPÉRIALE : 1871-1920

En 1871, Berlin a 871 000 habitants et poursuit son expansion. La bourgeoisie s'installe dans les parages verdoyants de l'Ouest et du Sud : Lichterfelde, Friedenau, Grunewald.

1873 – Les années qui ont suivi la victoire, dite **« années de fondation »** *(« Gründerjahre »)* sont des années d'opulence, de scandales financiers et de spéculation folle. Les sociétés par actions prolifèrent. Le krach boursier qui sévit, d'abord à Vienne, puis à Berlin, marque un coup d'arrêt et ouvre une période de récession économique qui perdurera dans toute l'Europe jusqu'en 1890.

1876 – L'hygiène publique s'améliore avec l'entrée en service du système de canalisations conçu par Hobrecht.

1878 – Au **Congrès de Berlin**, Bismarck est l'arbitre de l'Europe. Pour lutter contre ses « ennemis intérieurs » et après avoir engagé le **« combat pour la civilisation »** *(Kulturkampf)* contre les catholiques, Bismarck s'en prend au mouvement socialiste *(voir PRENZ-LAUER BERG)* et aux minorités ethniques (Polonais, Danois, Alsaciens-Lorrains) qui, selon lui, menacent la cohésion du *Reich*.

1888 – « Année des trois empereurs » : mort de Guillaume Ier, court règne de 90 jours de Frédéric III, avènement de Guillaume II.

1890 – Retraite de Bismarck, en désaccord avec le jeune Guillaume II, dans son domaine de Friedrichsruh.

1884-1912 – Tard arrivée dans la conquête coloniale, l'Allemagne revendique sa « place au soleil » et se heurte à la France à propos du Maroc. Elle inquiète l'Angleterre par le développement de sa flotte à l'initiative de l'**amiral von Tirpitz**. La politique étrangère de Guillaume II, soumis à la pression de puissants lobbies industriels et militaires, est très hasardeuse.

1912 – La ville compte 2 millions d'habitants. Le groupement intercommunal est une préfiguration du « Grand Berlin ».

Août 1914 – La mobilisation générale déclenche l'enthousiasme. Le 4 août 1914, l'empereur demande à tous les chefs de parti de lui serrer la main en signe de solidarité nationale. Il quitte Berlin, où il reviendra rarement, pour la ligne du front. Les autorités font la chasse à tout ce qui est étranger.

1915 – La durée inattendue de la guerre sème le trouble. La dégradation de la situation alimentaire, conséquence du blocus maritime anglais, entraîne des mesures de rationnement dès 1915 ; Berlin est la première commune allemande où sont distribuées des cartes de pain. En 1916, tous les produits sont réglementés : c'est l'« hiver des rutabagas ».

1918 – Les conditions de vie deviennent extrêmement précaires. Les marins de la Baltique se mutinent à Kiel ; les usines s'arrêtent. **Guillaume II** abdique et trouve refuge aux Pays-Bas.

Adolf von Menzel – Le souper au bal

LA FIÈVRE DES ANNÉES 20

Berlin se réveille parmi les orphelins, les invalides et 300 000 chômeurs que les extrêmes essaient de gagner. Le rationnement reste en vigueur ; la misère, la malnutrition des enfants et l'épidémie de grippe espagnole font des ravages. Mais les cinémas et les tripots clandestins sont pleins et la ville « regorge de nouveaux riches et de profiteurs de guerre ». Jusqu'en 1920, la rue conquiert temporairement le pouvoir. Malgré ces temps difficiles, les édiles berlinois accomplissent une œuvre considérable.

9 novembre 1918 – **Karl Liebknecht** proclame, depuis un balcon du château, la « République socialiste libre d'Allemagne ».

Janvier 1919 – L'Assemblée nationale, qui vient d'être élue, siège loin des affrontements berlinois, à Weimar, petite ville de Thuringe où sont enterrés Goethe et Schiller. Le gouvernement est dirigé par le chef social-démocrate **Friedrich Ebert**. Les Spartakistes fondent le **parti communiste (KPD)** et passent à l'action. Le gouvernement social-démocrate encourage la création de corps sous les ordres de **Gustav Noske**. Le 15, Karl Liebknecht et Rosa Luxemburg sont assassinés *(voir TIERGARTEN)*.

14 août 1919 – La nouvelle constitution entre en vigueur.

1920 – Le 13 mars, des corps francs menés par les généraux **Kapp** et Ludendorff s'emparent des bâtiments officiels. Le gouvernement s'enfuit, mais le putsch échoue, car la classe ouvrière berlinoise décide la grève totale : plus de gaz, plus d'électricité, plus d'eau ! Les putschistes, n'ayant aucune prise sur les événements, sont contraints de se retirer, faisant, au passage, des centaines de victimes. La loi sur la création du « Grand Berlin » *(Groß Berlin)* entre en vigueur le 1ᵉʳ octobre.

4 juin 1922 – Assassinat du ministre des Affaires étrangères **Walther Rathenau**.

1923 – La **Ruhr** est occupée en janvier par les troupes franco-belges qui réclament des garanties sur le paiement des réparations. L'**inflation** sévit à partir de juillet. Des tensions séparatistes ou révolutionnaires se font jour en Rhénanie, en Saxe, en Bavière, où **Hitler** et Ludendorff tentent le « putch de la brasserie », le 8 novembre, à Munich.

1924 – Le **Plan Dawes** prévoit un crédit de 110 millions de dollars. La modernisation et la rationalisation de l'économie s'accompagne de licenciements massifs et le chômage est endémique. Mais, entre 1924 et 1929, l'économie allemande se stabilise grâce aux capitaux américains. Berlin devient la ville des distractions. L'industrie des loisirs, largement calquée sur le modèle américain, utilise des techniques nouvelles comme le phonogramme, la radio et le cinéma.

1926 – Hitler désigne le jeune Rhénan **Joseph Goebbels** chef de la cellule de la capitale. Le parti nazi s'est implanté l'année précédente à Berlin. Goebbels se lance à l'assaut de la « Babylone rouge » avec force discours et leur cortège de violences. La première réunion publique a lieu en février 1927, à Wedding.

Un enfant de Berlin

Né à Berlin le 10 mai 1878, **Gustav Stresemann** se fait remarquer, comme membre du parti national-libéral, par son éloquence et sa pugnacité. Il entre au Reichstag en février 1907 ; il en est le plus jeune député et en sera membre jusqu'à sa mort (sauf entre 1912-1914). C'est un nationaliste, partisan de la guerre sous-marine à outrance et convaincu de la place primordiale de l'économie. Il se rallie péniblement à la République et fonde, le 22 novembre 1918, le parti populaire allemand (DVP, *Deutsche Volkspartei*).

Le DVP entre au gouvernement en 1920. Stresemann, figure dominante du Reichstag, est nommé, le 13 août 1923, chancelier du Reich. Avec le ministre des Finances, il résout le problème de l'inflation.

Du 23 novembre 1923 jusqu'à sa mort, le 3 octobre 1929, il sera ministre des Affaires étrangères, longévité exceptionnelle qui explique l'importance de Stresemann. Recherchant l'égalité des droits *(Gleichberechtigung)* pour son pays, et déployant une diplomatie efficace et discrète, Stresemann remporte ses plus beaux succès à la conférence de Locarno et par l'obtention, en 1926, d'un siège permanent à la **Société des Nations (SDN)** qui réintègre l'Allemagne dans le jeu diplomatique.

En 1928, des « locaux d'attaque », qui représentent « la position fortifiée dans la zone de combat », s'implantent dans les quartiers prolétaires. Une propagande racoleuse et antisémite se déploie dans le journal *Der Angriff (L'Attaque)* qui fustige Berlin, ville dépravée et demande aux « vrais » Allemands de dénoncer les « insolences de la capitale ».

1929 – Le **scandale Sklarek** éclabousse de nombreuses personnalités de l'administration municipale et du SPD, qui perd son image d'intégrité, mais le camp conservateur n'en profite pas et les extrêmes se renforcent. Le parti nazi (NSDAP) entre à l'assemblée avec 5,8 % des sièges.

En octobre, suite au **krach de Wall Street**, les banques étrangères exigent le paiement immédiat des emprunts à court terme investis à Berlin dans des projets à long terme. C'est l'effondrement, présenté par les démagogues comme le résultat de la politique social-démocrate. Les mesures impopulaires : hausse des tarifs de l'eau, du gaz, de l'électricité, des transports en commun, programme de construction révisé à la baisse voire interrompu, pression fiscale accentuée ne servent qu'à payer les intérêts de la dette. Les communistes et les nazis rivalisent dans l'aide apportée aux victimes de la crise.

1930-1932 – La situation de l'emploi devient dramatique. Le chômage berlinois représente 10 % du chômage allemand. Le spectacle des enfants vagabondant dans toute la ville, des nécessiteux qui hantent les bistrots des quartiers pauvres, et des travailleurs désœuvrés rappelle l'immédiat après-guerre. Les extrémistes profitent du chaos dans lequel se trouvent l'Allemagne et Berlin : les chômeurs grossissent les rangs des formations paramilitaires. « L'atmosphère de la ville est fiévreuse, orageuse, malsaine », constate à son arrivée le nouvel ambassadeur de France, **André François-Poncet** *(voir UNTER DEN LINDEN)*.

Nazis et communistes mènent une lutte acharnée, mais s'entendent parfois, le temps d'une grève dans les transports, car la cible commune est le gouvernement social-démocrate. Le Palais des Sports *(voir SCHÖNEBERG)* est le lieu des grands rassemblements. Le NSDAP progresse, surtout dans les quartiers bourgeois, mais les bastions communistes de Wedding, Friedrichshain, Neukölln, Weißensee, Lichtenberg sont infiltrés. Tout se joue dans la **rue**, à coups de bagarres, raids punitifs, opérations de « nettoyage » dans les *Kneipen* (bistrots). Après les élections législatives de 1930, les 107 députés nazis entrent au Parlement en pardessus qu'ils enlèvent, tous ensemble, laissant apparaître leurs uniformes bruns. A l'extérieur, des manifestants nationaux-socialistes agressent des passants et brisent les vitres du grand magasin *Wertheim*, appartenant à un juif.

1932 – Hitler obtient la nationalité allemande. Les nazis parviennent à obtenir l'interdiction du film antimilitariste *A l'Ouest rien de nouveau*. Une vague de violence déferle dans toute l'Allemagne pour les élections. Hindenburg dissout le gouvernement social-démocrate de Prusse et nomme un commissaire, **Franz von Papen**, qui proclame l'état d'exception à Berlin et en Brandebourg. L'armée prend le contrôle de la capitale. Quelques jours après le coup d'État de von Papen, les nazis devancent tous les autres partis au Reichstag, même s'ils obtiennent nettement moins de suffrages à Berlin que dans le reste de l'Allemagne.

Outre **Ernst Thälmann**, chef du KPD (qui mourra en 1944 à Buchenwald), de futures personnalités de la RDA figurent dans les rangs communistes : Erich Mielke qui deviendra le chef de la Stasi, Walter Ulbricht qui pilote la grève des transports à la tête d'un syndicat.

30 janvier 1933 – Hindenburg appelle **Adolf Hitler** au poste de chancelier. Marche aux flambeaux des Sections d'assaut (SA) de la Porte de Brandebourg à la chancellerie de la Wilhelmstraße.

L'arrivée au pouvoir des nazis marque le triomphe du provincialisme sur l'esprit de la métropole. Berlin était ressentie par les Allemands comme un corps étranger, une excroissance monstrueuse. La capitale « hydrocéphalique » (« *Wasserkopf Berlin* »), foyer d'une culture « corrompue », est un thème privilégié des mouvements d'extrême droite. Mais, paradoxalement, les nazis renforcent la centralisation : les États *(Länder)* disparaissent, accentuant le poids de Berlin.

1933 – Le 27 février, le **Reichstag** est incendié par les nazis ; les partis de gauche entrent dans la clandestinité. La séance inaugurale du nouveau Parlement se tient dans l'église de la Garnison de Potsdam. Deux jours plus tard, le Reichstag, sous haute surveillance, accorde les pleins pouvoirs à Hitler. Le carcan totalitaire se referme très vite. L'administration municipale est purgée, notamment dans les quartiers ouvriers, et la police devient un instrument de la répression. Goebbels devient président du gouvernement de la capitale du Reich. En avril, la **Gestapo** est créée et s'installe dans la Prinz-Albrecht-Straße. Himmler et Heidrich tissent un vaste réseau d'espionnage et de délation qui s'appuie sur les « gardiens de bloc ». L'ancienne école militaire de Tempelhof, la *Columbiahaus*, devient un centre de tortures pour les opposants. SA et SS lancent des raids punitifs, comme à Köpenick. Le lendemain du 1er mai, déclaré « journée du travail national », les syndicats sont supprimés. A Noël, le premier camp de concentration, **Sachsenhausen**, est aménagé dans une brasserie d'Oranienbourg, à 30 km au Nord de Berlin. Il est inauguré avec l'arrivée de 300 prisonniers, membres du KPD et du SPD, et deviendra un laboratoire pour les camps de concentration ultérieurs.

30 juin 1934 – **Nuit des longs couteaux**. Hitler élimine les rivaux internes et, notamment, le compagnon de longue date, **Ernst Röhm**, partisan de la « seconde révolution » et exécuté en Bavière. A Berlin ont lieu des exécutions en série.

1935 – Lois de Nuremberg *(voir WANNSEE)*.

« Du pain et des jeux »

Un calendrier de fêtes idéologiques rythme la vie des Berlinois à partir de 1936 : célébration de la prise du pouvoir, de la fondation du NSDAP, culte des héros, anniversaire de Hitler, fête du Travail, solstice d'été, congrès du parti, fête des moissons, souvenir du putsch de Munich. A la volonté d'embrigader la société et d'exalter le sentiment national s'ajoute le souci de faire oublier aux Allemands les difficultés de la vie quotidienne. L'apogée de ce système est atteint avec les **jeux olympiques** de 1936 *(voir OLYMPIASTADION)*. L'année suivante, Goebbels invente le 700e anniversaire de la ville : une parade militarisée retrace l'histoire de la capitale du Brandebourg dans un sens national-socialiste. Hitler, qui n'aime pas Berlin, n'assiste pas aux festivités.

---

9 novembre 1938 – « Nuit de cristal » *(voir ORANIENBURGER STRASSE)*.

1936-1939 – Marche à la guerre. Les défilés se multiplient, de plus en plus militarisés. La population berlinoise redoute un nouveau conflit et se résigne au moment de l'invasion de la Pologne et de la déclaration de guerre de la France et de la Grande-Bretagne.

1940 – La défaite de la France n'entraîne aucune exaltation. Les habitants visitent le wagon de Rethondes, exposé au *Lustgarten*, avant qu'une bombe ne le détruise. Le 26 août, la RAF lance son premier raid sur Berlin en représailles à une opération contre Londres.

1941-1942 – Les bombardements se succèdent. Les quartiers ouvriers sont moins évacués en raison du mot d'ordre de Goebbels : « Celui qui travaille reste ici ! » Les travailleurs étrangers sont nombreux. Les usines sont délocalisées, mais des difficultés d'approvisionnement apparaissent et la vie quotidienne se dégrade fortement, entraînant l'apparition de produits de substitution. La police traque juifs, tsiganes et les membres des quelques réseaux de résistance.

20 janvier 1942 – Conférence de Wannsee *(voir ce nom)*.

1940-1945 – La défaite de Stalingrad stupéfie les Berlinois. Goebbels annonce la « guerre totale » lors d'un meeting au Palais des Sports. La stratégie du « tapis de bombe » (l'année 1943 est terrible) soude la population.

1944 – Les raids américains prennent le relais, jour et nuit, des attaques britanniques. Les citadins vivent terrés. L'attentat fomenté par des officiers de la Wehrmacht contre Hitler échoue le 20 juillet *(voir KULTURFORUM)*.

Hiver 1945 – Coupé du reste de la ville, chaque quartier survit de manière autonome. Le marché noir et la délinquance sévissent. Le 1er février, les Russes sont sur l'Oder, Berlin devient une place forte divisée en trois zones concentriques.

Avril-mai 1945 – A partir du 20 avril, les armées de Joukov et Koniev investissent la ville encerclée et pilonnée. Les bataillons démunis et inexpérimentés du *Volkssturm* reçoivent l'ordre de se battre « jusqu'au dernier homme, jusqu'à la dernière cartouche ». Les SS pendent les déserteurs avec une pancarte infamante. Hitler et Goebbels se suicident. Le 30 avril, au soir, le drapeau rouge est hissé sur le Reichstag. Les Russes ont perdu 100 000 hommes. La Wehrmacht capitule à Karlshorst, quartier général de l'Armée rouge.

« Berlin année zéro »

A son retour d'exil, en 1948, Brecht découvre un « tas de décombres près de Potsdam ». De 4,3 millions d'habitants en 1939, Berlin en compte 2,8 en mai 1945. La guerre aérienne a fait 50 000 victimes ; le centre-ville est un désert. 75 millions de m³ seront déblayés, entre autres par les « femmes des ruines », et rassemblés en neuf collines *(voir GRUNEWALD, Teufelsberg)*. Il en naîtra le genre spécifique du « film de ruines » du cinéma allemand. Les Occidentaux entrent à Berlin le 8 juillet. la ville se repeuple avec l'arrivée des réfugiés, mais les deux premiers hivers de la paix sont parmi les plus rudes du demi-siècle.

LA GUERRE FROIDE

Berlin est le lieu où naît et finit la guerre froide. La conférence de Potsdam, qui se déroule du 17 juillet au 2 août 1945 au château de Cecilienhof *(voir POTSDAM, Neuer Garten)* entérine les plans d'occupation. L'État de Prusse disparaît. La ville, occupée, divisée en quatre secteurs d'occupation, vit dans une tension permanente. Un Conseil de Contrôle, comprenant les quatre commandants en chef chargés de gouverner le pays, siège à Berlin.

1946 – Réunis à l'*Admiralpalast*, le 21 avril, environ 500 délégués des partis social-démocrate (du secteur soviétique) et communiste votent la fusion de leur formation en un **« Parti socialiste unifié d'Allemagne » (SED)**.

1947 – Trumann jettent les base de la politique de *containment* de l'influence soviétique. L'Allemagne est un rempart consolidé économiquement par le **plan Marshall. Ernst Reuter** est élu bourgmestre, élection invalidée par le représentant soviétique. Les deux administrations municipales se scindent (le **Sénat** à l'Ouest, le **Magistrat** à l'Est) et ne seront réunifiées que le 2 décembre 1991. Mais les liens restent étroits entre les deux parties de la cité : les spectacles sont plus abordables à l'Est, où les marchandises de l'Ouest sont introuvables ; les contrôles n'empêchent ni les échanges ni le travail des frontaliers.

1948 – Une réforme monétaire, dans les secteurs occidentaux de l'Allemagne, introduit le **Deutsche Mark** qui intègre la RFA au système économique occidental.

Les anges meurtriers

Le 3 juin 1949, à la suite d'une fusillade où deux policiers furent grièvement blessés, un jeune homme de 18 ans, **Werner Gladow**, est arrêté à son domicile, au 52 de la Schreinerstraße, dans le quartier de Friedrichshain. Depuis avril 1948, et durant toute la durée du blocus, avec une bande de 78 adolescents, il commet 127 délits, dont deux meurtres, 15 tentatives et 19 coups de main. Son modèle : Al Capone. Il profite du manque de coordination des polices entre les secteurs de Berlin. Le port de la cravate blanche à pois bleus était le signe de reconnaissance. Gladow et deux de ses complices sont jugés en 1950, condamnés à mort et décapités à Francfort-sur-l'Oder.

---

4 juin 1948-12 mai 1949 – Onze mois de blocus *(voir TEMPELHOF)*.

Années 50 – Berlin grouille d'agents secrets. Tandis que le « miracle » économique, accompagné d'une forte hausse du niveau de vie, se dessine à Berlin-Ouest, une émeute éclate à Berlin-Est, à partir du chantier de la Karl-Marx-Allee les **16 et 17 juin 1953**. Les chars soviétiques interviennent. La conférence de Paris (octobre 1954) couronne les efforts du chancelier **Konrad Adenauer** (1876-1967) concernant la fin du régime d'occupation et l'intégration de la RFA dans l'OTAN. En 1957, **Willy Brandt** (1913-1992), qui a pris la tête d'une manifestation contre l'intervention soviétique en Hongrie, est élu bourgmestre à Berlin-Ouest. Khrouchtchev désire ôter la « tumeur cancéreuse » de Berlin-Ouest et obtenir à son profit un règlement global de la question allemande. Les passages à l'Ouest se multiplient : 2,6 millions de personnes « votent avec leurs pieds », selon la formule d'Ernst Reuter, et s'enfuient avant la construction du Mur.

1961 – Dans la nuit du **12 au 13 août**, les différents points de passage entre les deux parties de Berlin sont fermés. Un mur est construit à partir du 15 août.

1965-1968 – **Contestation étudiante**, à partir de l'Université Libre de Dahlem, du conformisme social régnant en RFA et de la politique des États-Unis. Grandes manifestations contre la guerre du Viêt-nam. La RDA profite de cette agitation pour mener des

BERLIN, VILLE DIVISÉE

- Secteur américain
- Secteur britannique
- Mur de Berlin
- Secteur soviétique
- Secteur français

REINICKENDORF
PANKOW
WEISSENSEE
WEDDING
STAAKEN
SPANDAU
Porte de Brandébourg
LICHTENBERG
Prison militaire
CHARLOTTENBURG
Karlshorst
WILMERSDORF
BERLIN-TEMPELHOF
Kommandantur
ZEHLENDORF
STEGLITZ
NEUKÖLLN
TREPTOW
KÖPENICK
Pont de Glienické
TEMPELHOF
BERLIN-SCHÖNEFELD
Havel
Spree

0   10 km

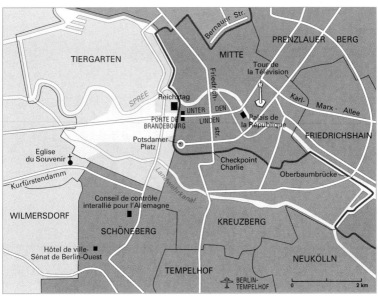

TIERGARTEN
Bernauer Str.
MITTE
PRENZLAUER BERG
Tour de la Télévision
SPREE
Reichstag
UNTER DEN LINDEN
PORTE DE BRANDEBOURG
Friedrich-str.
Karl - Marx - Allee
Palais de la République
FRIEDRICHSHAIN
Potsdamer Platz
Eglise du Souvenir
Checkpoint Charlie
Oberbaumbrücke
Kurfürstendamm
Landwehrkanal
Conseil de contrôle interallié pour l'Allemagne
WILMERSDORF
KREUZBERG
SCHÖNEBERG
Hôtel de ville-Sénat de Berlin-Ouest
NEUKÖLLN
TEMPELHOF
BERLIN-TEMPELHOF

0   2 km

opérations d'intoxication, infiltrer des groupuscules pacifistes ou gauchistes, faciliter le passage de la drogue, accorder un refuge aux terroristes.

Début des années 70 – Les Alliés précisent le statut de Berlin-Ouest qui n'est pas un *Land* et qui est représenté par des députés ne disposant au Bundestag que de voix consultatives. Effet bénéfique de la détente, Berlin cesse d'être un point de friction. Une garde commune surveille le criminel de guerre **Rudolf Hess**. Le chancelier Willy Brandt mène activement l'**Ostpolitik**, fondée sur la reconnaissance mutuelle des deux États allemands (traité fondamental du 21 décembre 1972) qui entrent à l'ONU. La RDA cherche à obtenir la reconnaissance du fait accompli. Le Mur devient plus « perméable » pour les Berlinois de l'Ouest, mais seuls les retraités est-allemands peuvent rendre visite à leurs familles dans les secteurs occidentaux.

1975-1981 – Les deux parties de la capitale allemande se développent de façon autonome. Berlin-Est est la première ville industrielle, le centre politique et culturel de la RDA. A l'Ouest, le Mur se couvre de graffitis et attire les touristes, mais la population diminue et comporte de nombreuses personnes âgées et les jeunes qui échappent au service militaire.

1981-1989 – En 1981, le parti chrétien-démocrate (CDU) met fin à 35 ans de règne socialiste ; Richard von Weizsäcker est élu bourgmestre. La **Liste alternative (AL)** entre à la Chambre des députés. L'héritage prussien est l'objet d'un débat, marqué par une exposition au Martin-Gropius-Bau en 1981 et, à l'Est, par une tentative de récupération qui s'accompagne d'importants travaux de restauration à l'occasion du 750e anniversaire de la ville.

L'UNIFICATION

1987 – Venus écouter un concert de Rock organisé devant le Reichstag, « de l'autre côté », des jeunes de la RDA scandent : « Le Mur doit tomber ! » et sont brutalement dispersés par la police.

1989 – Le SED ignore la *perestroïka* qui fait souffler un vent nouveau à l'Est. En RFA, la position du chancelier **Helmuth Kohl** paraît faible : son parti a déjà perdu les élections à Berlin-Ouest, où les extrêmes se renforcent : les Alternatifs recueillent 11,8 % des voix, score inégalé, et entrent au Sénat ; les Républicains d'extrême droite, 7,5 %. La vente, à un prix excessi-

Willy Brandt

vement bas, d'un vaste terrain jouxtant la Potsdamer Platz à Daimler-Benz provoque un scandale.

Printemps-été 1989 – Le Kremlin invite les autorités d'Allemagne de l'Est à libéraliser le régime. 65 000 Allemands de l'Est, surtout des jeunes, fuient par la Hongrie, dont la frontière s'est ouverte en mai, et la Tchécoslovaquie, où s'entassent dans les ambassades de la RFA à Prague ou Budapest.

25 septembre 1989 – Première grande manifestation organisée par des groupes d'opposition *(Nouveau Forum, Démocratie maintenant)* à **Leipzig**, foyer de la contestation. Berlin-Est est placé sous haute surveillance policière.

7 octobre 1989 – Pour le 40e anniversaire de la RDA, l'accolade de **Gorbatchev** à Honecker est un abandon : « Celui qui réagit trop tard est puni par la vie. » Le président soviétique est accueilli par la population comme un « libérateur ».

Sur le Mur, la nuit de la Saint-Sylvestre 1989

Le 9 octobre, 100 000 manifestants scandent à Leipzig et dans d'autres grandes villes de RDA : « Nous sommes le peuple ! » Honecker quitte le pouvoir le 18 ; son successeur, Egon Krenz n'a pas de prise sur les événements.

4 novembre 1989 – Un million de personnes défilent dans les rues de Berlin-Est.

7 novembre 1989 – Le gouvernement de la RDA démissionne.

11 novembre 1989 – Un porte-parole du gouvernement de Berlin-Est annonce la délivrance, dès le lendemain matin, de « visa de départ définitif ». La rumeur prétend que le point de contrôle de la Bornholmer Straße serait ouvert. Des milliers d'Allemands de l'Est se pressent aux abords du Mur ; les gardes-frontières, désemparés, finissent par lever les barrières. Un raz de marée humain déferle sur Berlin-Ouest, dans l'allégresse générale. A la **Porte de Brandebourg**, le Mur est pris d'assaut par une armée pacifique de jeunes en liesse. Des embouteillages gigantesques paralysent la cité où pétaradent les **Trabants**, petites voitures polluantes. Des « piverts », armés d'un marteau et d'un burin, commencent à grignoter le Mur.

Décembre 1989 – L'État est-allemand est en voie de décomposition. Des slogans unificateurs font leur apparition. Le SED se saborde en décembre ; la Stasi, la police politique, est dissoute. Les quatre puissances occupantes tentent de ralentir un processus irréversible. Les morceaux de Mur se vendent comme souvenirs.

Hiver-été 1990 – Destruction systématique du Mur. Le poste de **Checkpoint Charlie** disparaît avec la frontière. L'**union monétaire** entre en vigueur le 1er juillet. Le traité d'unification (31 août) fixe les modalités d'adhésion à la RFA des cinq *Länder* qui viennent d'être rétablis et tente de régler les problèmes juridiques de propriété.

3 octobre 1990 – L'occupation de la ville prend fin. A minuit, l'Allemagne retrouve son **unité**. Le premier Bundestag de l'Allemagne unie se rassemble au **Reichstag**. Après les élections législatives de décembre, où le parti (CDU) d'Helmuth Kohl triomphe, celui-ci devient le premier chancelier de l'Allemagne unifiée.

20 juin 1991 – Lutte serrée au Bundestag pour déterminer le siège des instances gouvernementales. Berlin l'emporte de justesse. La capitale accueille onze ministères, la chancellerie, le Bundestag ; Bonn garde huit ministères. La Porte de Brandebourg est restaurée à l'occasion de ses 200 ans.

1992-1993 – Erich Honecker finit ses jours au Chili. Les Berlinois peuvent consulter leur dossier dans les archives de la Stasi. L'intégration difficile à l'économie de marché, en période de crise et de chômage, cause un profond malaise. La progression des extrêmes (maintien du PDS, héritier du parti communiste, à l'Est à 1/3 des voix aux élections de 1992) s'accompagne de violences xénophobes. Une « Chaîne humaine lunimeuse » contre le racisme est composée de 200 000 Berlinois à Noël 1992. Willy Brandt, résistant, prix Nobel de la Paix, meurt en octobre ; il est inhumé à Zehlendorf.

1994 – Fin de retrait de l'Armée rouge. Début des travaux du **quartier gouvernemental** (« **Spreebogen** »), des places de Potsdam et de Leipzig.

1995 – Emballage du Reichstag par **Christo** et son épouse Jeanne Claude.

Quelques mots
sur les sciences...

Le développement des sciences a d'abord été un pari sur l'enseignement. L'Académie de Sciences est fondée par **Leibniz** en 1700. L'**Académie royale des Sciences et Belles-Lettres**, refondée sous le règne de Frédéric II, est dirigée par le géophysicien **Maupertuis** (1698-1759) qui déteste Voltaire. Les mémoires sont rédigés en français. Les sciences naturelles sont la matière privilégiée, illustrées par l'astronome bâlois **Bernouilli**, le physicien suisse **Euler**, le chimiste **Achard**. Berlin compte 250 écoles élémentaires, les meilleures de Prusse, dont un quart de françaises, densité exceptionnelle pour l'époque.

L'essor de l'industrie – Entre Moscou et la Ruhr, Berlin est le principal centre de production jusqu'à aujourd'hui. Durant le 19ᵉ s., la moitié des 22 universités allemandes sont situées en Prusse. La ville conforte sa position de premier centre industriel d'Allemagne. Le textile (90 % des manteaux des Allemandes sont fabriqués à Berlin), la métallurgie, la construction mécanique, puis la chimie sont soumis à un processus de concentration. Werner von Siemens et Emil Rathenau lancent l'électro-industrie en 1888 avec la production des premières dynamos et de moteurs électriques. Ces secteurs bénéficient du soutien de banques puissantes qui font de Berlin un centre financier international et d'un réseau d'écoles et d'instituts comme l'École technique supérieure de Charlottenbourg, la plus grosse université technique d'Allemagne *(voir ERNST-REUTER-PLATZ)*.

L'un des fondateurs de l'industrie allemande

Emil Rathenau (1838-1915) incarne, par ses méthodes de rationalisation, le premier « manager » moderne *(voir WEDDING)*. Fils d'un négociant juif prospère, il fait des études brillantes, d'abord au « Cloître gris », puis dans diverses écoles polytechniques. Il acquiert son expérience dans la fabrique de machines de son oncle, en Silésie, et devient ingénieur diplômé chez **Borsig**, puis auprès de John Penn, en Grande-Bretagne. Il acquiert un temps une fonderie Chaussee-straße *(voir CHARITÉ)*. Lors de voyages aux États-Unis, il découvre le téléphone de **Bell** (1876) et le système d'éclairage électrique d'**Edison** (1881). Au bout de longues négociations, il en obtient les droits allemands et entreprend la construction du premier système d'éclairage à Berlin (1882-84). Une centrale est mise en service à côté du Gendarmenmarkt en 1885 permettant l'éclairage urbain et l'illumination des édifices officiels. La *Deutsche Edison Gesellschaft* (DEG) est fondée en 1883 et devient, quatre années plus tard, l'**« Allgemeine Elektrizitäts-Gesellschaft »**, plus connue sous le nom d'*AEG* qui deviendra, en une vingtaine d'années, le premier *Konzern* électrique d'Allemagne. En 1903, il fonde avec **Siemens** une société de télégraphe à l'origine de la société Telefunken.

L'« usine à prix Nobel » – L'université de Berlin reçoit 50 ha à Dahlem *(voir ce nom)* au début du siècle. La liste des prix Nobel de physique qui reviennent à des universitaires berlinois est impressionnante : Max Plank en 1918, **Albert Einstein** en 1921, Gustav Hertz et James Franck en 1925, Werner Heisenberg en 1932, Erwin Schrödinger en 1933. Le prix Nobel de chimie est attribué à Richard Willstätter en 1915, Fritz Haber en 1918, Walther Herrmann Nernst en 1920. La même année est créée la Communauté d'Aide à la Science allemande, fondation dirigée par Carl Friedrich von Siemens, président du Conseil économique de l'Allemagne de 1923 à 1933. Sur les 33 instituts que compte la République de Weimar, 16 sont à Berlin. **Otto Hahn** découvrira, avec Fritz Straßmann, la fission de l'uranium en 1939.

La recherche aujourd'hui – Berlin compte 250 instituts de recherche d'État ou privés et ses trois universités (Université Libre, Université Technique, Université Humboldt) rassemblent 146 000 étudiants, dont 16 000 d'origine étrangère. Quatre parcs d'innovation et de création d'entreprise sont en cours d'aménagement à Wedding (BIG/TIB), Köpenick (en relation étroite avec l'un des plus vieux sites industriels de Berlin), Wuhlheide, **Adlershof** (sur l'ancien aéroport de Johannisthal/Treptow). Ce dernier complexe, où se côtoieront l'économie et les sciences, bénéficiera de la présence de l'accélérateur de particules **BESSY II** qui accroît les capacités de BESSY, actuellement en activité pour la recherche fondamentale.

Le lien entre la recherche et le monde industriel est assuré par 17 instituts dits « rattachés », car liés aux établissements universitaires et destinés à faire aboutir des projets concernant l'environnement, les transports, l'électronique, l'ingénierie, l'informatique, les télécommunications, les médias. Il existe aussi vingt agences de consultants en matière d'innovation et de transfert de technologie.

Les centres hospitaliers universitaires concentrent leurs recherches sur la médecine au laser et la chirurgie invasive minimale. 300 sociétés médico-techniques produisent un large éventail de produits de haute technologie : laser, cœurs artificiels, sans compter le bioréacteur *Tecnomouse* qui remplace toutes les expériences animales.

L'art

ÉLÉMENTS D'ARCHITECTURE

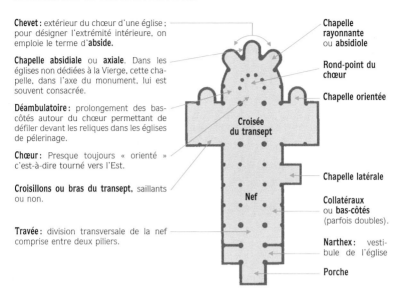

Chevet : extérieur du chœur d'une église ; pour désigner l'extrémité intérieure, on emploie le terme d'**abside.**

Chapelle absidiale ou **axiale**. Dans les églises non dédiées à la Vierge, cette chapelle, dans l'axe du monument, lui est souvent consacrée.

Déambulatoire : prolongement des bas-côtés autour du chœur permettant de défiler devant les reliques dans les églises de pélerinage.

Chœur : Presque toujours « orienté » c'est-à-dire tourné vers l'Est.

Croisillons ou bras du transept, saillants ou non.

Travée : division transversale de la nef comprise entre deux piliers.

Chapelle rayonnante ou **absidiole**

Rond-point du chœur

Chapelle orientée

Croisée du transept

Chapelle latérale

Collatéraux ou **bas-côtés** (parfois doubles).

Nef

Narthex : vestibule de l'église

Porche

Musée de la Marche de Brandebourg (1901-1907, Ludwig Hoffmann)

Ce musée s'inspire de certains monuments célèbres de la Marche de Brandebourg, comme le pignon de la chapelle du Saint-Sang de l'église Ste-Catherine à Brandebourg.

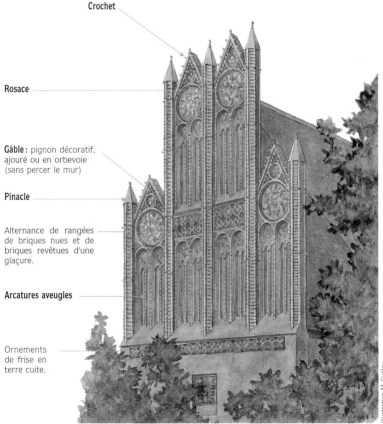

Crochet

Rosace

Gâble : pignon décoratif, ajouré ou en orbevoie (sans percer le mur)

Pinacle

Alternance de rangées de briques nues et de briques revêtues d'une glaçure.

Arcatures aveugles

Ornements de frise en terre cuite.

Illustration M. Guillou

47

Église-halle

Contrairement à la basilique, les collatéraux ont la même hauteur que la nef centrale et sont couverts par le même toit ; leurs fenêtres éclairent l'intérieur de l'édifice.

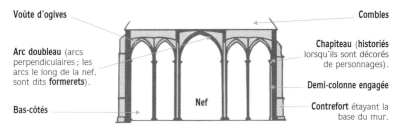

Voûte d'ogives

Combles

Arc doubleau (arcs perpendiculaires ; les arcs le long de la nef sont dits **formerets**).

Chapiteau (historiés lorsqu'ils sont décorés de personnages).

Demi-colonne engagée

Nef

Bas-côtés

Contrefort étayant la base du mur.

Église St-Nicolas de Berlin (Fin du 14e-2e moitié du 15e s.)

Dans le **gothique de briques**, style que l'on rencontre des Pays-Bas à la Finlande, en passant par le rivage méridional de la Baltique et la Marche de Brandebourg, la décoration est simplifiée ou évitée, mais la polychromie des briques peuvent donner de surprenants décors (*voir ci-devant*) ; l'église-halle domine.

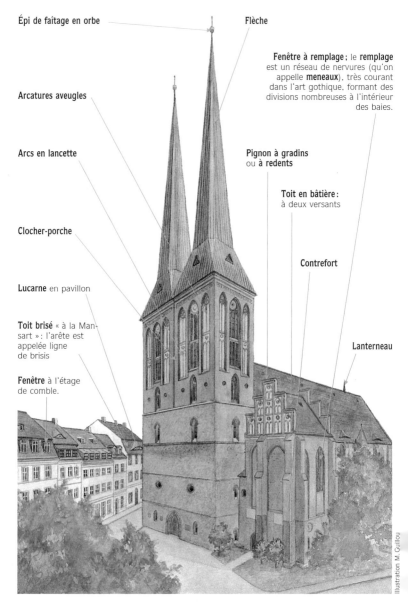

Épi de faîtage en orbe

Flèche

Fenêtre à remplage ; le remplage est un réseau de nervures (qu'on appelle **meneaux**), très courant dans l'art gothique, formant des divisions nombreuses à l'intérieur des baies.

Arcatures aveugles

Arcs en lancette

Pignon à gradins ou **à redents**

Toit en bâtière : à deux versants

Clocher-porche

Contrefort

Lucarne en pavillon

Toit brisé « à la Mansart » : l'arête est appelée ligne de brisis

Lanterneau

Fenêtre à l'étage de comble.

Illustration M. Guillou

Arsenal (Johann Arnold Nering, Martin Grünberg, Andreas Schlüter, Jean de Bodt, 1695-1706)

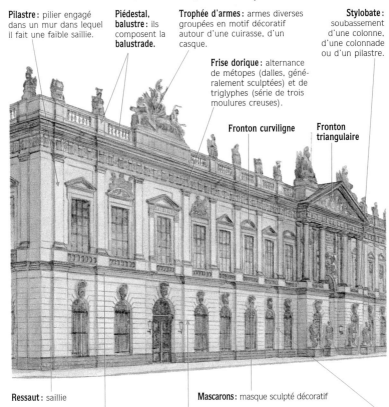

Pilastre : pilier engagé dans un mur dans lequel il fait une faible saillie.

Piédestal, balustre : ils composent la **balustrade.**

Trophée d'armes : armes diverses groupées en motif décoratif autour d'une cuirasse, d'un casque.

Stylobate : soubassement d'une colonne, d'une colonnade ou d'un pilastre.

Frise dorique : alternance de métopes (dalles, généralement sculptées) et de triglyphes (série de trois moulures creuses).

Fronton curviligne

Fronton triangulaire

Ressaut : saillie

Corniche en ressaut : elle se prolonge en profil ininterrompu tout autour d'une avancée d'un mur.

Mascarons : masque sculpté décoratif

Bossage (saillie laissée sur le parement d'une pierre taillée) continu en table.

Trumeau : pan de mur entre deux baies de même niveau.

Postdam, château de Sans-Souci (Georg Wenzeslaus von Knobelsdorff et Frédéric II, 1745-47)

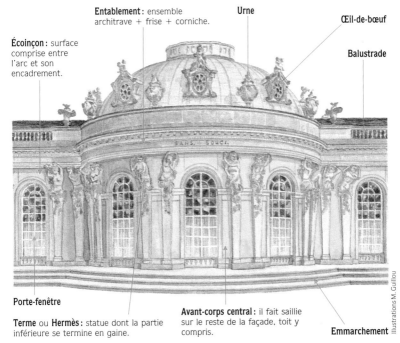

Entablement : ensemble architrave + frise + corniche.

Urne

Œil-de-bœuf

Écoinçon : surface comprise entre l'arc et son encadrement.

Balustrade

Porte-fenêtre

Terme ou **Hermès :** statue dont la partie inférieure se termine en gaine.

Avant-corps central : il fait saillie sur le reste de la façade, toit y compris.

Emmarchement

Illustrations M. Guillou

Église-St-Nicolas de Potsdam (Karl Friedrich Schinkel, Ludwig Persius et Friedrich August Stüler, 1830-1849)

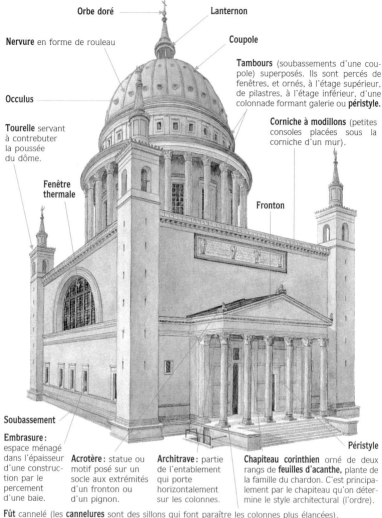

Orbe doré

Lanternon

Nervure en forme de rouleau

Coupole

Tambours (soubassements d'une coupole) superposés. Ils sont percés de fenêtres, et ornés, à l'étage supérieur, de pilastres, à l'étage inférieur, d'une colonnade formant galerie ou **péristyle.**

Occulus

Corniche à modillons (petites consoles placées sous la corniche d'un mur).

Tourelle servant à contrebuter la poussée du dôme.

Fenêtre thermale

Fronton

Soubassement

Embrasure : espace ménagé dans l'épaisseur d'une construction par le percement d'une baie.

Acrotère : statue ou motif posé sur un socle aux extrémités d'un fronton ou d'un pignon.

Architrave : partie de l'entablement qui porte horizontalement sur les colonnes.

Péristyle

Chapiteau corinthien orné de deux rangs de **feuilles d'acanthe,** plante de la famille du chardon. C'est principalement par le chapiteau qu'on détermine le style architectural (l'ordre).

Fût cannelé (les **cannelures** sont des sillons qui font paraître les colonnes plus élancées).

Usine de turbines électriques de l'AEG (Peter Behrens, 1908-1909)

Conseiller artistique de l'AEG depuis 1907, **Behrens** conçoit le sigle de la firme, des objets et les bâtiments. Les éléments classiques ont disparu : la structure est en acier, verre et béton.

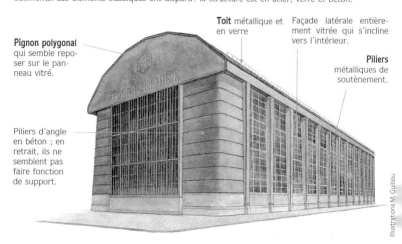

Toit métallique et en verre

Façade latérale entièrement vitrée qui s'incline vers l'intérieur.

Pignon polygonal qui semble reposer sur le panneau vitré.

Piliers métalliques de soutènement.

Piliers d'angle en béton ; en retrait, ils ne semblent pas faire fonction de support.

Lotissement de la « case de l'oncle Tom »
(Bruno Taut, Hugo Häring, Otto Rudolf Salvisberg, 1926-32).

Conçu pour abriter 15 000 personnes, ce lotissement, construit sous la direction de Martin Wagner, ne donne aucune impression de monotonie. Le centre en est la station de U-Bahn, équipée d'un centre commercial et d'un cinéma.

Toutes les maisons sont d'une hauteur modérée

Toit-terrasse

La sobriété des façades et leur revêtement de couleurs vives, d'où le surnom de **« lotissement-perroquet »**, correspond à un plan rationnel de construction et à l'emploi de matériaux standardisés peu coûteux.

L'implantation libre dans la nature est fidèle aux idées, émises au début du siècle, pour le mouvement des **cités-jardins**.

Les maisons individualisées par un décrochement et les hautes fenêtres caractérisent l'art de Salvisberg, responsable des constructions le long de la Riemeisterstraße.

Philharmonie (Hans Scharoun, 1960-63) et Salle de concerts de musique de chambre (Edgar Wisniewski, sur une esquisse de Scharoun, 1984-88)

Lors d'une conférence, en 1957, H. Scharoun envisageait de « donner une forme adéquate à un lieu où l'on joue de la musique et où entendre la musique est une expérience commune. » Les rangs de mélomanes sont disposés autour de l'orchestre, situé au point le plus profond de cette « arène musicale ».

Plaques d'aluminium perforées ajoutées seulement en 1978-81. Auparavant, le béton du toit était peint en ocre.

La structure intérieure et l'aspect extérieur sont étroitement liés. L'emplacement de l'orchestre détermine la première (trois pentagones imbriqués pour la Philharmonie, un hexagone pour la Salle de concert de musique de chambre) ; le toit en forme de tente favorise l'acoustique et donne un aspect dynamique au second.

Philharmonie

Salle de concerts de musique de chambre

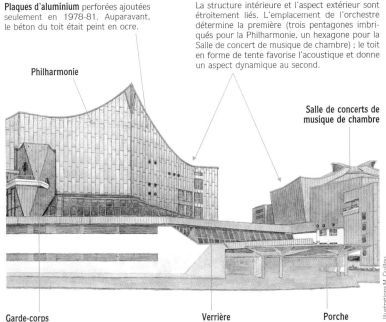

Garde-corps

Verrière

Porche

Illustrations M. Guillou

51

Architecture et urbanisme

Tard arrivée parmi les grandes métropoles, « Berlin cultive une tradition de la non-tradition, de l'expérimentation urbaine, dans laquelle l'identité de la ville est constamment remise en jeu » *(Berlin, Portrait d'une ville*, Rapport de la DATAR, 1992).

La ville a souvent été comparée à Chicago par son côté pionnier et conquérant. La coupure est, dès l'origine, un aspect récurrent de l'urbanisme berlinois : à Berlin et à Cölln se substituent l'Est pauvre et industriel et l'Ouest résidentiel et bourgeois.

LA COLONISATION GERMANIQUE

Les destructions de l'époque industrielle, durant les années 30 et la guerre ont laissé peu de trace du Berlin médiéval. En 1931 disparaît le **« Krögel »**, quartier de petits ateliers et de maisons à colombages, situé derrière l'hôtel de ville, dessiné par Heinrich Zille.

« Angerdorf » – Autour de la ville double, le village de colonisation, variante du village-rue, est appelé **« Angerdorf »**, du nom de la longue place *(Dorfanger)*, en forme d'amande, dessinée par les deux bras de la rue principale. Au milieu, se dresse l'église de granit bordée d'un cimetière, un pâturage pour les volailles et le petit bétail ; aux deux extrémités se trouve une mare aux canards. Ce plan se retrouve au cœur des quartiers périphériques de Berlin dont ils ont servi de noyaux. Certains ont conservé leur environnement rural (Lübars, Marienfelde).

Berlin et Cölln – Le quadrillage plus ou moins régulier des rues, orientées Nord-Ouest/Sud-Est, dans lequel les églises viennent s'inscrirent de biais, caractérise le plan de **Berlin** et de **Cölln**, comme celui des villes de colonie allemandes entre l'Elbe et l'Oder. Un gothique de briques austère déploie des volumes massifs dans les **églises Notre-Dame (Marienkirche)** et **St-Nicolas (Nikolaikirche)**, plusieurs fois transformées du 15e au 19e s. ; l'**église St-Pierre** de Cölln a disparu. Vers 1300, Berlin s'étend, se dote d'un Nouveau Marché *(Neuer Markt)* et possède sa première rue pavée ; ses maisons sont d'inspiration flamande. Une première muraille est construite en commun par les deux villes. Agrandi par l'architecte Caspar Theyss, le **château des Hohenzollern** *(voir SCHLOSSPLATZ)*, sur la partie Nord de l'île de la Spree, appartient plutôt à la Renaissance.

UN DÉVELOPPEMENT RÉCENT

Andreas Schlüter, sculpteur et architecte – Dans le cadre de la reconstruction et de la défense du Brandebourg souhaitées par le **« Grand Électeur »**, de nouvelles fortifications à l'italienne sont construites à partir de 1658 par **Gregor Memhardt**. Elles empêchaient aussi la désertion des soldats. Le chemin des bastions reste lisible dans le tracé irrégulier autour de la Rosenthaler Straße, de la Hausvogteiplatz et du Spittelmarkt.

Profitant du goût pour l'apparat de Frédéric III, **Andreas Schlüter** (vers 1660-1714) est le grand artiste de la fin du 17e s. Directeur de la toute nouvelle Académie des Arts, ses projets pour la place du Château et le centre-ville restent, comme plus tard ceux de Schinkel, dans les cartons. Mais il rebâtit le château dans un style baroque puissant, participe, avec une pléiade d'autres architectes (dont le Néerlandais **Johann Arnold Nering**, 1659-1695), à la construction de l'Arsenal, dans la cour duquel il sculpte, avec ses élèves, des masques de guerriers mourants, exécute la statue équestre du « Grand Électeur ».

Il est disgracié en 1706 et remplacé par le Suédois **Johann Friedrich Eosander von Göthe** (1669-1728) qui agrandit le petit château de Lutzenbourg (qui devient **Charlottenbourg**) à partir de 1695.

L'apport huguenot est aussi favorable à l'architecture : l'ingénieur militaire **Jean de Bodt** (1670-1745) participe à la construction de l'Arsenal ; le château de Ville de Potsdam est construit par le Français d'origine piémontaise **Philippe de la Chieze**.

Avec l'avènement de l'économe Frédéric-Guillaume Ier, l'architecture berlinoise marque le pas au profit de l'urbanisme. A noter, cependant, la construction du petit pavillon de chasse de l'Étoile *(Jagdschloß Stern*, 1730-32), près de Potsdam, et celle du mur d'octroi *(voir ci-après)*.

Le nouveau quartier de **Friedrichstadt**, où s'établissent les familles d'origine française, est quadrillé de « grandes rues droites bien percées » (comte Guibert) et limité, en 1734, à l'intersection des principaux axes et du mur d'octroi, par trois places appelées d'après leurs formes géométriques : le **Rondell** ou Belle-Alliance Platz (actuelle Mehringplatz), d'où partait, en patte d'oie, la Wilhelmstraße, la Friedrichstraße et la Lindenstraße, l'**Oktogon**, qui deviendra la Leipziger Platz et qui s'ouvre sur la porte de Potsdam, le **Quarré**, actuelle Pariser Platz.

Petites églises de village

Lübars

Schöneberg

Wittenau

Marienfelde

Hermsdorf

Dahlem

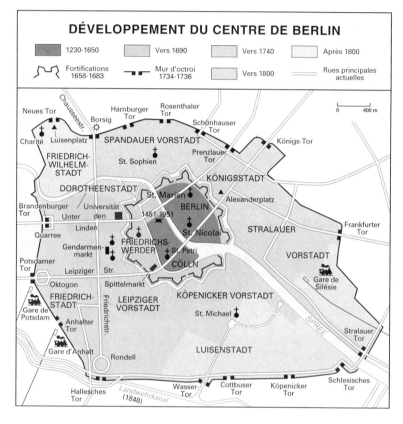

DÉVELOPPEMENT DU CENTRE DE BERLIN

Le rococo frédéricien – « Rococo » dérive de « rocaille », type de décoration à base de pierres cimentées et de coquillages.

En 1734, Frédéric-Guillaume Iᵉʳ achète **Rheinsberg** pour son fils, le futur Frédéric II, et lui donne les moyens financiers pour transformer ce château datant du 16ᵉ s. C'est à Rheinsberg que le jeune Frédéric, reconstituant, avec une petite cour, le monde des « Fêtes galantes » des toiles de Wattceau qu'il collectionnait, demanda à son architecte et ami **Georg Wenzeslaus von Knobelsdorff** (1699-1753), au peintre **Antoine Pesne** et au sculpteur **Friedrich Christian Glume** (1714-1752) de créer un style qui devait connaître son apogée, un peu plus tard, avec la **galerie dorée** du château de Charlottenbourg et le **salon de musique** du château de Sans-Souci. Ce dernier, œuvre de Knobelsdorff, mais où le roi lui-même est intervenu activement, est, précédé de ses terrasses, l'une des plus belles créations du rococo germanique.

La décoration est aérienne, légère et en même temps ostentatoire ; elle ne craint ni les dorures ni les assortiments de couleurs pastel. C'est une fête pour les yeux, pleine de fantaisie. Frédéric II l'affectionnait au point de la réemployer, poussée dans ses limites extrêmes, dans la décoration du **Nouveau Palais**. Celui-ci, construit par quatre architectes : Johann Gottfried Büring, Heinrich Ludwig Manger (1728-1790), Karl von Gontard et Jean Laurent Legeay (1710-1786), exprime la puissance nouvelle de la Prusse. Frédéric voulait aussi faire bâtir des fabriques dans le parc de Potsdam, à côté du Nouveau Palais : une auberge de style gothique et une mosquée. La vogue de l'éclectisme architectural, dont la **Porte de Nauen (Nauener Tor)** est un bon exemple, commençait à se répandre en Europe. Frédéric-Guillaume II la mit en pratique.

54

Galerie dorée du château de Charlottenbourg

La ville néo-classique – La fin du règne de Frédéric II, dans les années 70, coïncide avec un retour à l'antique. La ville, jeune et en pleine expansion, déploie une ordonnance classique avec l'aménagement du « **Forum Fredericianum** », laissé inachevé en bordure de l'Unter den Linden, du palais du prince Henri, future université Humboldt, d'une nouvelle cathédrale et du **Gendarmenmarkt** par **Karl von Gontard** (1731-1791), l'architecte préféré du monarque vieillissant.

Le règne de Frédéric-Guillaume II, souverain prodigue, est favorable aux arts. Grand amateur de jardins pittoresques, le roi connaissait (sa maîtresse, la future comtesse de Lichtenau, était originaire de la ville) le parc paysager du château de **Wörlitz**, près de Dessau, l'une des premières manifestations du style néo-classique en Allemagne. Une architecture publique apparaît à la fin du siècle. **David Gilly** (1748-1808) et son fils Friedrich, **Johann Heinrich Gentz** (1766-1811) adoptent le style architectural de la Révolution avec une prédilection pour le dorique sans base. L'**hôtel de la Monnaie** de Gentz, qui regroupe le Cabinet de Minéralogie et l'Académie d'Architecture, fondée en 1799, est le premier musée de Berlin.

La sculpture trouve dans le néo-classicisme un moyen élégant de s'exprimer : **Johann Gottfried Schadow** (1764-1850) crée le *Quadrige* de la Porte de Brandebourg, bâtie par **Carl Gotthard Langhans** (1732-1808), et le *Double Portrait des princesses Louise et Frédérique de Prusse* ; **Christian Daniel Rauch** (1777-1857) sculpte les statues de généraux des guerres de Libération au nouveau corps de Garde, le tombeau de la reine Louise (1816) et la statue équestre de Frédéric le Grand (1822-1851), sur l'avenue Unter den Linden.

Mais Berlin reste une ville rurale. Vers 1800, selon un observateur, « de jolies façades cachent maintes chaumières », les maisons « sont trop basses pour des rues fort larges », « le mesquin et le grandiose s'y confondent à chaque pas » (général Fantin des Odoards) et Mme de Staël la compare à « une vaste caserne ».

L'impôt sur les chiens

Entre 1676 et 1679, sur ordre du « Grand Électeur », l'éclairage et le pavement des rues sont réalisés aux frais des bourgeois. Les porcs sont bannis après que ces animaux eurent bloqué le cortège de la princesse Dorothée. Le « maître des rues », qui vérifie que les citadins nettoient le seuil de leurs maisons, devient un personnage populaire. En 1830, une ordonnance royale exige que les propriétaires des maisons déposent une plaque de pierre devant leur entrée. Comme ceux-ci se plaignirent de devoir entretenir le pavement des rues alors que leurs maisons ne leur rapportaient pas assez, l'on décréta l'impôt sur les chiens, encore acquitté aujourd'hui. Le pavage des rues s'accélère à partir de 1823 ; les premiers trottoirs apparaissent en 1828, deux ans après l'éclairage urbain au gaz.

KARL FRIEDRICH SCHINKEL ET SON ÉCOLE

L'identité de la Prusse sort renforcée de la victoire sur Napoléon et s'affirme dans le style néo-classique. Frédéric-Guillaume III (1797-1840) est un grand admirateur de l'église parisienne de St-Philippe-du-Roule, œuvre de Chalgrin. Sous son règne, **Karl Friedrich Schinkel** (1781-1841) bâtit en un quart de siècle une multitude d'édifices : palais, pont, église, théâtre, école, porte, musée, aux alentours de l'avenue Unter den Linden, dans les faubourgs (églises paroissiales, entre 1829 et 1833) et à Potsdam.

Un fonctionnaire au service de la Prusse – Né à Neuruppin, au Nord de Berlin, dessinateur de formation, Schinkel prend conscience de sa vocation en visitant une exposition de projets pour un monument à Frédéric le Grand en 1797. Il entre en apprentissage chez les Gilly, père et fils, qui exercent sur lui une grande influence. De 1803 à 1805, il voyage en Italie, jusqu'en Sicile, et s'arrête longtemps à Rome. Il rentre à Berlin par Paris et survit en peignant dioramas et décors de scène. Admis en 1810, sur la recommandation de Wilhelm von Humboldt, à la division supérieure de la Construction, il reste un fonctionnaire qui finira sa carrière directeur, supervisant à ce titre les transformations ou les nouveaux projets de tous les bâtiments de Prusse.

Un génie novateur – Si, par la pureté des lignes et le raffinement dans l'exécution des détails, Schinkel se rattache au néo-classicisme, il s'en éloigne en ouvrant la voie à l'éclectisme et à l'architecture industrielle. En mission en Angleterre avec Christian Beuth *(voir ERNST-REUTER-PLATZ)*, il étudie les premiers ponts métalliques et note, dans son journal : « Il est terrible et effrayant de voir ces masses démesurées exécutées par des entrepreneurs pour le seul besoin, en briques rouges et sans architecture. » Les contraintes économiques lui font utiliser des matériaux peu onéreux : la brique, qu'il plie aux usages les plus divers, et, pour les détails, la fonte, le zinc, la terre cuite. Les bâtiments sont élégants, dépouillés jusqu'à la sécheresse et obéissent à des programmes de plus en plus fonctionnels. Doué d'une vive imagination, Schinkel pratique le mélange des styles et se rapproche de **Viollet-le-Duc**, en maintenant dans une même rigueur rationnelle temple grec, église gothique, petite basilique d'Ombrie, manoir anglais *(Voir SCHLOSSPLATZ, Friedrichswerdersche Kirche)*. De son voyage italien, il retire le goût d'une architecture intégrée au milieu naturel environnant. Dans tous ses projets de châteaux ou de maisons de maître, on retrouve pergolas couvertes de treilles, portiques, vastes escaliers. Il rejoint sur ce point les conceptions de Lenné qui veut lier les paysages embellis par l'architecture.

Le premier « designer » – Schinkel exerce une forte influence sur l'architecture intérieure et les arts décoratifs, car il s'intéresse aux domaines annexes de l'architecture et veille à « l'élaboration la plus complète des détails dans toutes les parties de l'art ». Il s'applique à deux types de meubles : les sièges et l'éclairage (candélabre, girandoles, lustres) qui font l'objet de recueils de modèles pour les artisans et les fabricants berlinois. Les dorures sont rares ; les matériaux se prêtent à la fabrication industrielle.

Schinkel et la postérité – L'architecte laisse une importante œuvre théorique, accompagnée de dessins de ses projets, réalisés ou non (comme le monument de Frédéric II), mais, contrairement à son collègue munichois **Leo von Klenze**, qui travaillera à St-Pétersbourg, l'école de Schinkel reste berlinoise. Georg Heinrich Hitzig (1811-1881), **Ludwig Persius** (1803-1845), **Friedrich August Stüler** (1800-1865), mais aussi **Eduard Knoblauch** (1861-1865), architecte de la nouvelle synagogue de l'Oranienburger Straße, et **Martin Gropius** (1824-1880), celui de l'ancienne École des Arts appliqués (Martin-Gropius-Bau), en sont les représentants.

Le Vieux Musée, chef-d'œuvre de Schinkel

Autre grand artiste, le paysagiste **Peter Josef Lenné** (*voir WANNSEE, parc de Klein-Glienicke*) propose, à partir de 1841, un plan d'aménagement du quartier de « **Luisenstadt** », à Kreuzberg, selon un plan orthogonal : un nouveau canal (comblé dans les années 20) sert à l'acheminement des matériaux de construction ; l'église St-Michel (*Michaelkirche*) est construite et l'Oranienplatz aménagée. Après 1871, le néo-grec cède la place à un style Beaux-Arts : la représentation l'emporte sur la recherche d'un système constructif cohérent.

LE TRIOMPHE DE L'ÉCLECTISME

A l'époque *Biedermeier*, Berlin fait encore figure de petite ville comparée aux autres capitales européennes. L'exode rural provoque une hausse des prix fonciers et des loyers. La spéculation immobilière entraîne la construction de logements humides, malsains, surpeuplés qui contrastent avec les résidences d'été que nobles et riches bourgeois se font construire dans les villages des environs : Charlottenbourg, Pankow, Schönhausen. Les nouveaux venus s'installent aux abords de la ville, dans les faubourgs en cours d'industrialisation ou semi-ruraux. Après l'ouverture de la ligne Berlin-Potsdam (1838), des gares (celles de Potsdam, de Hambourg) sont construites à la limite du mur d'octroi ; seule la gare de Stralau (*Hauptbahnhof* aujourd'hui) se trouve dans un quartier peu dense à l'époque.

L'expansion urbaine

L'incorporation de six quartiers : Friedrichshain, Kreuzberg, Moabit, Prenzlauer Berg, Tiergarten, Wedding augmente la superficie de Berlin de 70 %. Les entreprises se déplacent en lointaine banlieue, sur des terrains abordables et accessibles : **Borsig** à Tegel, le gigantesque complexe des usines **Siemens** entre Charlottenbourg et Spandau, **Schering** et **AEG** à Wedding. L'Est reste le domaine des brasseries et des industries textiles. Le centre-ville se dépeuple au profit de la banlieue. En 1914, Berlin est entouré de sept villes de plus de 100 000 habitants. A l'exception de l'église médiévale et du pré communal, ces localités hypertrophiées perdent leur structure originelle.

« **La plus grande ville de casernes locatives du monde** » (Werner Hegemann) – En 1862, le plan d'extension de l'ingénieur **James Hobrecht** prévoit la restructuration de la capitale à l'exemple du Paris du baron Haussmann, mais il s'inspire de certains principes de *Luisenstadt* : quadrillage de rues, système de **places** aménagées autour d'une église ou d'un square (Kollwitz Platz, Savigny Platz, Steinplatz), ceinture de **boulevards** portant le nom de généraux des guerres de Libération (Hardenberg-, Yorck-, Gneisenaustraße). Pour aérer les nouveaux quartiers, le plan prévoit les premiers grands **parcs** populaires (Friedrichshain, Humboldthain, Alter Treptower Park) qui seront aménagés

par Gustav Meyer et Hermann Mächtig. Il prévoit aussi des immeubles de quatre étages où coexisteraient des personnes à revenus modestes et des bourgeois aisés, mais la spéculation immobilière déforma cette vue.

Le réseau des rues principales ne fut jamais complété par les rues secondaires privées, dont l'îlot du « **Riehmers Hofgarten** », à Kreuzberg, est le seul exemple. Dans les quartiers ouvriers, des immeubles de six à sept étages, en brique et de qualité médiocre, s'alignent le long des rues. Le style de la Renaissance italienne (1880-1890) prédomine, suivi par quelques incursions dans le pittoresque et le pseudo-médiéval (1890-1905 ; *voir WEDDING, Hussitenstraße 4-5*), mais les façades dépourvues d'encorbellements donnent à Berlin un aspect strict et monotone qui en fait une ville « plutôt maussade », aux yeux d'un diplomate américain, où tout est « froid, fade, massif », selon Rosa Luxemburg, originaire de Ruthénie.

W. Otto/SUNSET

La place du Château en 1903. De gauche à droite :

Derrière les ornements en stuc et les appartements cossus de façades, se cache la misère des cours successives, puits de lumière dont les dimensions réduites (28,5 m²) permettent tout juste les mouvements d'une lance à incendie. Le *Meyer's Hof* à Wedding en possédait sept. Autour de ces cours, au fond desquelles se trouvent les ateliers *(Gewerbehöfe)*, une population misérable s'entasse dans des logements insalubres et sombres. De nombreuses personnes vivent dans les combles ou les caves jusque dans les années 20, voire louent leur lit *(« Schlafgänger »)*. En moyenne, une caserne locative héberge 325 personnes ; celle de l'Ackerstraße, entre les arrondissements de Wedding et de Mitte, en abritait 1 000 dans un dénuement extrême. Ces conditions de vie déplorables, aggravées par la faim, la maladie, le chômage, ont inspiré l'œuvre de **Käthe Kollwitz** *(voir KURFÜRSTENDAMM)* et de **Heinrich Zille** qui conclut : « On peut tuer un homme avec un logement aussi facilement qu'avec une hache ! »

L'architecture wilhelmienne – Pour Guillaume II, l'architecture doit être « l'expression symbolique du pouvoir impérial ». Il fait parsemer sa capitale de monuments : la nouvelle cathédrale en bordure du *Lustgarten*, l'Église commémorative de l'empereur Guillaume Ier sur le Kurfürstendamm, le Reichstag. Le gigantisme et l'historicisme monumental triomphent ; maints vestiges médiévaux et bâtiments néo-classiques sont démolis. Les **tribunaux** de quartiers (Moabit, Wedding, Mitte), pour la plupart construits dans le même esprit par Rudolf Mönnich et Paul Thoemer, possèdent de superbes escaliers à plusieurs volées. Avec les **hôtels de ville**, les églises, les lycées, ils constituent le centre monumental des nouveaux quartiers résidentiels (Pankow, Wilmersdorf, Köpenick). Le prolifique **Ludwig Hoffmann**, architecte en chef de Berlin entre 1896 et 1924, décline tous les registres de l'éclectisme. Le musée de Pergame est le dernier grand programme culturel de l'Empire. Pourtant le pouvoir n'aime pas Berlin, « désert de briques et de journaux » pour Bismarck, où « rien ne peut captiver le visiteur étranger, hormis quelques rares musées, des châteaux et des soldats ! » selon Guillaume II.

LA NAISSANCE DE L'ARCHITECTURE MODERNE

La structure bicéphale de la ville perdure : la ville baroque, autour de la **Friedrichstraße** et de l'avenue Unter den Linden, est le centre traditionnel des institutions bancaires (Behrensstraße) et des spectacles ; autour de la gare Zoologischer Garten et le long du **Kurfürstendamm** ouvrent les cafés à la mode fréquentés par les artistes et les grands magasins *(KaDeWe)*. Alors que les peintres expressionnistes exaltent le mouvement et les lumières de la grande ville, les programmes esthétiques et sociaux des années 20 sont définis.

Le renouveau de l'urbanisme – Au tournant du siècle, les grands axes de circulation ignorent les zones fortement peuplées ; les logements pour revenus modestes manquent ; les espaces verts sont sacrifiés. L'Association des architectes berlinois multiplie les initiatives et édite un nouveau **plan d'urbanisme** en 1905. Le plan de Chicago de Daniel Burnham (1909) est présenté lors de l'exposition générale d'urbanisme en mai 1910. **Le Corbusier**, qui travaille à cette époque à Berlin dans l'atelier de Peter Behrens, visite l'exposition et se montre enthousiaste pour les schémas de circulation et la répartition des espaces verts qui inspireront par la suite son œuvre.

le Vieux Musée, la cathédrale, le château

Le « Deutscher Werkbund » – Vers 1900, le *Jugendstil*, ou Art nouveau, encourage la coopération entre créateurs et ingénieurs. Il se confond parfois avec le « Style teutonique » *(« Teutonischer Stil »)* qui utilise les piliers, les lourdes corniches, les fenêtres bombées prisés par Bruno Schmitz (Friedrichstraße 167-168) ou **Oskar Kaufmann** (Hebbeltheater). Le « **Deutscher Werkbund** », mouvement né à Munich en 1907, en se proposant d'« ennoblir le travail artisanal en réalisant la collaboration de l'art, de l'industrie et du travail manuel », fonde l'esthétique industrielle. **Alfred Messel** (1853-1909) et **Peter Behrens** (1868-1940) développent une architecture fonctionnelle, annonciatrice du *Bauhaus*. En 1908, le Viennois Adolf Loos, publie *Ornement et crime*. Les ouvrages d'art comme le métro aérien, le grand magasin *Wertheim* (1904, Alfred Messel) sur la Leipziger Platz, structure très transparente bien que néo-gothique, les deux halles des machines (Huttenstraße, 1908-1909, *voir ABC d'architecture*, et Voltastraße, 1909-1913) construites par Behrens pour la firme **AEG** sont aux sources de la modernité.

Le mouvement des « cités-jardins » – La croisade contre les *Mietskasernen* commence avant la Première Guerre mondiale. L'extension du réseau des transports en banlieue, qui favorise les quartiers aisés (nouvelles stations de S-Bahn à Dahlem, Zehlendorf), permet les premiers lotissements de villas (1860-1870) à Friedenau, Wilmersdorf, Lichterfelde, entrepris par le Hambourgeois **J. A. W. Carstenn**. *La Maison dans le Soleil*, ouvrage du peintre suédois, et maître de l'Art nouveau, Karl Larsson (1853-1919) met à la mode au début du siècle, dans l'aristocratie et à la cour, la maison de campagne inspirée du cottage anglais (la haute bourgeoisie imitant plutôt l'architecture des palais rococo, comme pour la villa Borsig). **Hermann Muthesius** (1861-1927), l'un des fondateurs du « *Deutscher Werkbund* » adapte ce modèle au cadre brandebourgeois.
En 1902, l'**Association allemande des cités-jardins** *(« Gartenstadtbewegung »)* est fondée. La première cité-jardin de Berlin est construite à **Grünau-Flakenberg** (1913) par Bruno Taut et Heinrich Tessenow. L'agencement des maisons dans celle de Zehlendorf (Mabes, Paul Emmerich, 1913-1914), servira de modèles pour les lotissements des années 20.

LES ANNÉES 20

La différence entre les ambitions et les vicissitudes économiques de la République de Weimar font que nombre de projets resteront dans les tiroirs, comme le gratte-ciel en verre et acier de Mies van der Rohe, qui devait s'élever en bordure de la Friedrichstraße, une des images emblèmes de l'architecture moderne. Mais le souci de l'individu est présent dans la conception des habitations et des équipements. La ville continue de s'étendre vers l'Ouest, en direction de Spandau. Au bout de l'axe-Est-Ouest, Hans Poelzig construit la Maison de la Radio (1929-1939) ; de nouvelles zones résidentielles sont aménagées, comme le quartier de Neu-Westend.

Le « Grand Berlin » – Le groupement intercommunal du Grand Berlin naît en 1912. Bien que son action soit limitée, il obtient de nombreux succès dans la protection des espaces verts. L'idée unitaire s'impose durant le conflit pour des raisons de rationalisation de la production et de la distribution. En 1920, sept villes (Charlottenbourg, Köpenick, Spandau, Lichtenberg, Neukölln, Schöneberg et Wilmersdorf), 59 communes et 27 domaines fusionnent avec la capitale pour donner naissance au « **Grand Berlin** » (« **Groß Berlin** »). L'agglomération compte 20 arrondissements sur une superficie de 880 km^2 (soit un peu plus que New York) et 3,8 millions habitants.

Tous les Berlinois élisent une assemblée qui désigne à son tour un Conseil municipal (le *Magistrat*) dirigé par un bourgmestre, véritable chef de gouvernement. **Gustav Böss** régnera sur Berlin de 1920 à 1929, pratiquant une politique sociale et culturelle imaginative. Impliqué dans le scandale Sklarek, il devra démissionner en 1929.

Une modernité agressive – L'architecture expressionniste en brique, plus décorative que fonctionnelle, puise son inspiration dans l'art du Proche-Orient ancien et glorifie l'électricité comme source d'énergie nouvelle. Elle se complaît dans les lignes brisées, les porches en pagode, les zigzags et habille aussi bien les entreprises, les églises (église de la Sainte-Croix de Wilmersdorf, Ste-Marie-Madeleine de Pankow) que les salles de spectacles comme le Grand Théâtre (*Großes Schauspielhaus* 1918-1919), de **Hans Poelzig**, vaste « grotte » hérissée de stalactites.
A partir de 1926, dans un climat plus serein de stabilisation économique, triomphe la vision d'une ville « à l'américaine ». Les premières tours d'Europe sont construites, comme celles de la société Borsig (1922-1924) à Tegel et de l'**imprimerie Ullstein** (1925-1926) à Tempelhof ; le grand magasin *Karstadt*, sur la Hermannplatz (1927-1929), imite les gratte-ciel new-yorkais. L'**Avus**, qui sert aux courses automobiles et traverse la forêt de Grunewald, est le premier tronçon d'autoroute urbaine (1921).

Martin Wagner (1885-1957) – Ingénieur et architecte, membre du parti social-démocrate, **Martin Wagner** milite en faveur du **logement social**. Édile de Schöneberg avant la guerre, il applique ses idées comme directeur au sein du « groupement intercommunal ». En 1926, il est nommé directeur des Services d'urbanisme du « Grand Berlin ». Sa politique de construction est active. La crise ne lui laissera pas le temps de mener à bien ses projets pour les carrefours saturés de l'Alexanderplatz, de la Potsdamerplatz, le projet de ville-satellite à Spandau et celui de Walter Gropius pour une « cité coopérative » au Sud de Berlin. Martin Wagner sera renvoyé en 1933 par les nazis.

« Soleil, air et maison pour tous » – Berlin est, avec Francfort-sur-le-Main, la ville allemande qui accorde le plus de subventions au logement social. Martin Wagner souhaite « concentrer les logements dans de grandes cités offrant une certaine unité et obéissant à des principes modernes de construction ». Une architecture simple et peu coûteuse, utilisant des éléments standardisés, l'implantation des logements en milieu boisé et la présence de services collectifs sont ses principes. Des ensembles, comme le lotissement « Hufeisensiedlung » de Britz (1925-1927), conçu en collaboration avec Bruno Taut, s'élèvent à la périphérie. 134 000 logements sont construits en 9 ans, près de 44 000 pour la seule année 1930. Les bâtiments sont en général à toits plats, dotés de jardins intérieurs ; les balcons sont grands, les cuisines fonctionnelles. Dès 1925, Martin Wagner songe à organiser une grande exposition d'architecture, sur le thème : « Soleil, air et maison pour tous », qui aura lieu en 1931 au parc des Expositions qu'il réaménage. Les principaux architectes du lotissement modèle de **Siemensstadt**, qui vient d'être achevé, y participent et Mies van der Rohe y présente les plans de la « maison contemporaine ».

Quelques lotissements intéressants :

Lotissement Grabeallee 14-26 (Pankow) – 1908-1909, par Paul Mebes. Bon exemple de la réforme du logement avant la Première Guerre mondiale.

Ville-jardin de Frohnau (**Gartenstadt Frohnau**, Reinickendorf), 1909-1910 – Quartiers de villas.

Cité-jardin de Staaken (**Gartenstadt Staaken**, Spandau) – 1913-1917, par Paul Schmitthenner. Construite pour les ouvriers des usines d'armement et inspirée de l'architecture hanséatique.

« Ceciliengärten » (Schöneberg) – 1924-26, par Heinrich Lassen. Le plan d'ensemble est de l'urbaniste en chef de Schöneberg, Paul Wolf.

Lotissement du « Fer à cheval » (**« Hufeisensiedlung »**, Neukölln) – 1925-27, par Bruno Taut et Martin Wagner. Construit en un temps record grâce à l'utilisation expérimentale de procédés préfabriqués.

Lotissement de la « Case de l'Oncle Tom » (Siedlung **« Onkel-Toms-Hütte »**, Zehlendorf) – 1926-1931, par Bruno Taut, Hugo Häring, Otto Rudolf Salvisberg. lotissement à toits en terrasse réalisé pour le compte de la Société de Logements sociaux progressistes.

« Weiße Stadt » (**« Ville blanche »**, Reinickendorf) 1929-1931, par Bruno Ahrends, Wilhelm Büning, Otto Rudolf Salvisberg.

Lotissement de Siemensstadt (Siedlung **Siemensstadt**, Charlottenbourg/Spandau), 1929-1932 – Par Hans Scharoun, Walter Gropius, Hugo Häring, Fred Forbat, Paul Rudolf Henning, Otto Bartning. *Voir SIEMENSTADT.*

Fonctionnalisme et « architecture publicitaire » (Werner Hegemann) – Au milieu des années 20, un nouveau courant apparaît, moins spectaculaire mais plus proche des besoins des habitants : la **Nouvelle Objectivité**. les architectes ne jouent plus sur les détails, mais sur l'abstraction des surfaces planes, des contours nets, l'horizontalité des toits-terrasses. Cette conception abstraite donne naissance à quelques-uns des plus beaux lotissements (Onkel-Toms-Hütte à Zehlendorf, cité Haselhorst à Charlottenbourg, *Weisse Stadt* à Reinickendorf) et sera poussée plus loin par les tenants du *Bauhaus*.

L'accroissement de la circulation automobile dans le centre-ville (les premiers feux de signalisation d'Europe sont installés en 1926 sur la place de Potsdam) influence l'architecture qui épouse les mouvements circulaires du trafic, devient dynamique, horizontale : c'est ainsi que se présente le projet de l'Alexanderplatz, imaginé par les **frères Luckhardt** avant que ne soient réalisés, en définitive, les immeubles de bureaux jumeaux de Peter Behrens, et la *Shell Haus* (1930-1931) d'Emil Fahrenkamp. **Erich Mendelsohn** (1887-1953) est très recherché. Utilisant le procédé industriel du coulage du béton, il se tourne vers des formes simples (cinéma *Universum*, actuelle *Schaubühne* ; *Mossehaus* ; *Einsteinturm*), les surfaces transparentes de vitrines. Sur la Potsdamer Platz, la *Columbus Haus* (1931-1932) inaugure le principe des bandeaux horizontaux, supports des publicités électriques.

Le « Bauhaus » – La collaboration des architectes, des ingénieurs et des artisans est la raison d'être de ce « grand atelier », où tous les arts s'intègrent à l'œuvre globale qui est l'édification du bâtiment (*Bauhaus* signifie littéralement : « maison du bâtiment »). Le *Bauhaus* invente le *design*, création d'objets qui pourront ensuite être manufacturés. Les peintres Lyonel Feininger, Paul Klee, Wassily Kandinsky, l'artiste plasticien Laszlo Moholy-Nagy y enseignent, ainsi que les deux directeurs de l'institution, les architectes **Walter Gropius** (1883-1969), puis **Mies van der Rohe** (1886-1969). Ceux-ci exercent une influence décisive sur le style berlinois, l'orientant vers une architecture claire et abstraite. En 1925, le *Bauhaus* est obligé de quitter **Weimar**, ville où il a été fondé en 1919. Il s'installe à Dessau, mais, une fois encore, il est la cible des conservateurs qui en exigent la fermeture. En 1932, Mies van der Rohe le déplace à Berlin, dans une usine désaffectée de Steglitz, et les nazis l'interdisent en avril 1933. Maîtres et élèves quittent l'Allemagne pour les États-Unis.

« GERMANIA » OU LES RÊVES URBANISTIQUES DU FÜHRER

Hitler n'a jamais caché son admiration pour le *Ring* de Vienne et ses édifices somptueux. Mais il n'aime pas la capitale du Reich qu'il veut transformer en vitrine du régime et en métropole mondiale de dix millions d'habitants. La restructuration signifie d'abord une démolition en règle qu'achèvera la guerre. Les travaux commencent en 1938 avec la **nouvelle chancellerie**, bâtie en un an avec des matériaux somptueux, et reprennent durant l'été 1940 après qu'Hitler eût visité Paris. L'inauguration de la nouvelle capitale est prévue pour 1950, lors d'une exposition universelle. Berlin sera rebaptisé **« Germania »**. Les projets sont pharaoniques et ne correspondent pas aux besoins de la population. Le nombre de logements construits sous le IIIᵉ Reich enregistre une baisse sensible. **Albert Speer** (1905-1981) est nommé Inspecteur général de la Construction en 1937, sous les ordres directs du Führer.

Les seuls aménagements subsistant de Speer sont les rangées de lampadaires de l'actuelle avenue du 17-Juin, mais il subsiste de nombreux bâtiments de cette époque : le centre administratif de la **Fehrbelliner Platz** ; l'ancien **ministère de l'Air** (*Reichsluftfahrtministerium*, 1935-1936), premier grand programme de construction de l'époque nazie ; l'**aéroport de Tempelhof** (1936-1941) de Ernst Sagebiel ; le **complexe sportif**, commencé sous la République de Weimar, des Jeux olympiques de 1936. La vaste rocade autoroutière prévue a été réalisée après la guerre.

EST/OUEST : DEUX VISIONS OPPOSÉES

Après 363 attaques aériennes, 43 % des immeubles d'habitation sont détruits. Les quartiers de Mitte, Tiergarten, Friedrischshain et Kreuzberg sont les plus touchés.

« Märkisches Viertel »

La reconstruction a eu les mêmes effets à l'Est et à l'Ouest : Les lieux d'habitation et de travail sont séparés ; la construction neuve est privilégiée au détriment de la réhabilitation et de nombreux bâtiments du tissu urbain traditionnel, qui avait survécu aux bombardements, notamment les *Mietskasernen*, sont détruits. L'architecture wilhelmienne ne sera revalorisée qu'au début des années 60. De grands ensembles sont édifiés à la périphérie. La ville, quadrillée de voies rapides, est soumise aux contraintes de la circulation automobile.

L'industrie du bâtiment – Les « femmes des ruines » *(Trümmerfrauen)* s'activent pour déblayer les décombres. La reconstruction commence très tôt sous la direction de **Hans Scharoun**, nommé chef des Services de l'Urbanisme en 1946. Au cours des années 50, le secteur privé reconstruit la « vitrine de l'Ouest » autour de la gare Zoologischer Garten et du Kurfürstendamm.

Berlin-Est souffre de la planification urbaine. Le processus trouve son plein développement dans les années 60 et 70. Les entreprises privées du bâtiment font place à un *Baukombinat*. Les matériaux traditionnels disparaissent : des panneaux préfabriqués en usine *(Plattenbau)* composent le paysage gris et triste des grands ensembles dortoirs qui sortent rapidement de terre à **Marzahn**, Hohenschönhausen, **Hellersdorf** et qui regroupent un tiers de la population (on parle de « placards à travailleurs »). Dans le centre-ville, sont bâtis le dernier tronçon de la Karl-Marx-Straße, entre la Strauberger Platz et l'Alexanderplatz, et les immeubles-barres de la Leipziger Straße (1972-1982).

A l'Ouest, les cités-dortoirs de **Gropiusstadt** (1962-1972) et du **Märkisches Viertel** (1963-1974) s'élèvent dans la campagne ; Wedding est la plus grande zone de rénovation urbaine d'Europe au début des années 70.

Berlin, vitrine de l'architecture – Héritière des expositions internationales d'architecture de 1910 et 1931, l'*Interbau* (1957), est l'occasion de construire un nouveau quartier, **Hansaviertel**, qui illustre la conception d'un habitat urbain éparpillé dans la nature, en bordure du Tiergarten, non loin de la **halle des Congrès** offerte par les Américains. La nouvelle unité d'habitation (1956-1959) du **Corbusier** s'élève à côté du stade olympique.

Ces initiatives architecturales s'inscrivent dans le cadre d'une compétition politique avec l'Est qui lance un « concours d'idées sur la transformation socialiste du centre de la capitale de la République démocratique ». La nouvelle ambassade d'URSS est bâtie sur l'avenue Unter den Linden ; mais cette dernière étant barrée par le Mur, les autorités est-allemandes sont obligées de trouver un autre axe de prestige. Architecte en chef de Berlin-Est entre 1953 et 1959, **Hermann Henselmann**, à la tête d'une équipe, conçoit les immeubles d'habitation de 10 étages qui s'étendent sur 1,5 km le long de l'ancienne Frankfurter Allee, rebaptisée **Stalinallee**, puis **Karl-Marx-Allee** (1951-1956). Il conçoit en outre, le plan masse de l'Alexanderplatz.

Réagissant à l'univers bétonné de l'après-guerre et voulant redonner une vocation résidentielle au centre-ville, le Sénat de Berlin-Ouest décide l'organisation d'une quatrième exposition d'architecture en 1978. L'association d'architectes menée par Walther Hämer qui débouche sur l'exposition internationale d'architecture de 1987 (**Internationale Bau-Ausstellung** ou **IBA 1987**) tente de canaliser vers Berlin l'imagination des architectes ouest-européens (le Français Grumbach, le Portugais Siza, l'Italien Rossi) et de faire apparaître la nouvelle génération des architectes berlinois (Kolhoff et Kleihues). Elle conduit un programme de réhabilitation et de construction qui donnait à une population marginale ou composée d'immigrés des conditions de vie décentes en protégeant le patrimoine. Les projets sont de taille relativement modeste.

Berlin a passé jusqu'au début des années 80 pour un laboratoire de l'architecture contemporaine et de l'urbanisme « à visage humain ». Kreuzberg est rénové (Chamissoplatz) avec la participation des habitants, mais dans un climat de luttes urbaines menées par les squatters.

Une ville sous perfusion culturelle – La partie Ouest de la ville trouve de nouveaux points de repère avec le centre commercial de l'**Europa Center** (1963-1965), l'église du Souvenir, aménagée, avec un campanile et un sanctuaire modernes, par **Egon Eiermann** entre 1957 et 1963 et le **Centre international des Congrès** (ICC, 1973-1979).

Les subventions fédérales et les initiatives des Alliés, liées au contexte politique et à la nécessité de maintenir vivante « l'île » de Berlin-Ouest, donnent à la ville les équipements culturels qui lui manquaient : l'Université Libre *(Freie Universität ou FU)*, l'Université Technique *(Technische Universität ou TU)*, le complexe muséographique de Dahlem et, surtout, les bâtiments du **Kulturforum**, qui s'élèvent près du Mur à partir de 1962.

Hans Scharoun et ses élèves conçoivent la **Philharmonie** (1960-1963), la Bibliothèque nationale (1967-78) et la Salle de concerts de musique de chambre (1984-1987). La construction du théâtre Schiller et de l'opéra de la Bismarckstraße *(Deutsche Oper)* viennent compléter ces équipements.

IBA 1987

Schloßstraße 45-47

Fraenkelufer 38-44

Rönnestraße 17

Ph. Gajic/MICHELIN

Quelques réalisations

A Charlottenbourg
– Rönnestraße 17, Schloßstraße 45-47 et 56 (Sporthalle).

A Kreuzberg
– Au Sud et à l'Est du **Martin-Gropius-Bau** : Bernburger Straße 22-23 et 26, Dessauerstraße 9-10, angle de la Kochstraße et de la Wilhelmstraße.
– Dans l'ancien **quartier de la presse** : Kochstraße, Charlottenstraße.
– Près du **Berlin Museum** : Ritterstraße et Alte Jakobstraße.
– Le long du **Landwehrkanal** : Fraenkelufer 38-44.

A Tegel
– Tegeler Hafen.

Au Sud du Tiergarten
– Lützowplatz et Lützowstraße, Rauchstraße.

Berlin-Est, qui a hérité de la majeure partie du centre historique, se relèvera difficilement de ses ruines. Les autorités, **Walter Ullbricht** en tête, s'acharnent à faire disparaître toutes traces du passé prussien. Le château de Berlin et le centre de Potsdam en font les frais. Le réaménagement du centre historique donne une sensation de vide au-dessus duquel se dresse la **tour de la Télévision** à partir de 1965.

Le palais de la République remplace le château en 1976 ; à côté, sont érigés les bâtiments quelconques du Conseil d'État et du ministère des Affaires étrangères, pour lequel on détruit l'Académie d'Architecture *(Bauakademie)* de Schinkel. Par bonheur, les moyens manquent pour la destruction systématique de quartiers entiers, comme Prenzlauer Berg et l'ancien « quartier des Granges » qui se détériorent lentement, mais subsistent.

La prise en compte du patrimoine est plus nette dans les années 80. De part et d'autre du Mur, l'héritage prussien est reconsidéré et la RDA essaie de le récupérer pour conférer au régime communiste une légitimité historique. Un programme de reconstruction du Gendarmenmarkt et du quartier médiéval autour de St-Nicolas est lancé pour le 750e anniversaire de la ville.

LE NOUVEAU VISAGE DE BERLIN

Avec l'unification, Berlin devient le plus grand chantier d'Europe. L'ancien parcellaire est reconstitué, surtout dans le quartier de Mitte. Des projets de grande envergure comme la gare de Lehrte, le **quartier gouvernemental** (*«Spreebogen»*), la Potsdamer Platz et la Leipziger Platz tentent de réduire la fracture laissée par le no man's land, de 20 à 200 m de large, qui bordait le Mur.

Le « **Stadtforum** », institué par le Sénat de Berlin a été le lieu de tous les échanges d'idées sur l'aménagement de la ville. Architectes, urbanistes, élus s'y sont exprimés devant un public libre d'intervenir. Les interventions des groupes alternatifs, des associations de quartier, de la presse quotidienne qui rend compte, dès leur élaboration, des projets d'architecture et d'urbanisme, contribuent au débat. Résultat des consultations auxquelles ont participé des urbanistes et des architectes de la RFA et de l'étranger (800 architectes concourent pour le projet *«Spreebogen»*), le nouveau visage du centre de Berlin sera imposant : façades de verre ou percées de fenêtres carrées, recouvertes de matériaux nobles, strictement alignées selon la tradition prussienne, immeubles peints de couleurs vives. Pour éviter une éventuelle « manhattanisation », on respecte le « format berlinois » qui, avec une hauteur moyenne de 22 m, rappelle le gabarit haussmannien. Les tours sont présentes dans le projet de la **Potsdamer Platz**, un peu plus audacieux pour les investisseurs privés, et celui de l'Alexanderplatz. Tous les projets comptent environ 20 % de logements.

Les architectes français à Berlin

Christophe Girot et son atelier Phusis réaménagent l'Invalidenpark.

Jean Nouvel et son associé Cattani sont les auteurs des Galeries Lafayette sur la Friedrichstraße.

Dominique Perrault, l'architecte de la Bibliothèque nationale de France, a remporté le concours pour le stade de la **Landsberger Allee** : dans un verger d'arbres éparpillés, s'inscriront une piscine *(Schwimmhalle)* rectangulaire et un vélodrome *(Radhalle)* circulaire, enterrés et dissimulés sous un treillis de verre et d'acier. Le projet prévoit également la construction de six tours (bureaux, hôtels, commerces), le long du verger et couvrant une nouvelle gare de S-Bahn, et 400 logements.

Claude Vasconi a conçu les « portes de Spandau », comprenant deux tours, figures de proue de la ville nouvelle de **Wasserstadt Berlin-Oberhavel** qui rassemblera 34 000 habitants (fin des travaux : 2010).

Les **cités-dortoirs** de l'ex-RDA, environnement gris et triste où vivent 700 000 personnes, sont en cours de rénovation. Il faut aussi assainir les *Mietskasernen* des quartiers anciens, qui ont belle allure une fois restaurées, et construire plusieurs centaines de milliers de logements (150 000 sont prévus par décennie). Des villes nouvelles s'élèveront, sur des jachères urbaines, mais au milieu des espaces verts, comme la **cité sur l'eau Oberhavel** (« **Wasserstadt Oberhavel** »), à Spandau, et à **Buch-Karow**, dans le Nord-Est berlinois.

Les guides Rouges, les guides Verts et les cartes Michelin composent un tout.
Ils vont bien ensemble, ne les séparez pas.

La peinture

Le premier éclat de la peinture en Prusse – Il remonte au 18ᵉ s. et au règne de Frédéric le Grand : **Antoine Pesne** (1683-1757), d'origine huguenote et neveu de Charles de Lafosse, est le premier peintre de la cour de Prusse de 1711, sous le règne de Frédéric Iᵉʳ, à sa mort, sous celui de Frédéric II. En 1722, il est directeur de l'Académie des Beaux-Arts. Ses portraits, notamment féminins (nombreux au château de Charlottenbourg), sont de belle facture, mais on peut préférer la veine réaliste de **Daniel Chodowiecki** (1726-1801), délicat dessinateur d'origine franco-polonaise. L'**Académie des Sciences et Belles-Lettres**, refondée en 1744, organise une première exposition d'art en 1786. Un public d'amateurs admire les œuvres de Lesueur, Chodowiecki et Charles Amédée Philippe Vanloo (1719-1795), successeur de Pesne comme peintre de cour. Frédéric II fut toujours un collectionneur passionné. Il se servit de l'art pour affirmer la toute-puissance royale et eut l'idée de construire dans le parc de Sans-Souci l'une des premières galeries de tableaux d'Allemagne.

Daniel Chodowiecki – Scène d'intérieur

J.P. Anders/GEMÄLDEGALERIE – PREUSSISCHER KULTURBEZITZ

L'époque romantique – La peinture berlinoise de l'époque Biedermeier se partage entre le portraitiste et peintre de genre Franz Krüger (1797-1857), le peintre d'architecture **Eduard Gaertner** (1801-1877), le paysagiste **Carl Blechen** (1797-1840) et surtout **Caspar David Friedrich** *(voir Schloß CHARLOTTENBURG, Galerie der Romantik)* qui expose régulièrement à l'Académie et dont les toiles sont achetées par le futur Frédéric-Guillaume IV qui, dès son jeune âge, est un acheteur influent qui a du flair.

Schinkel, l'utopiste – Jeune dessinateur, Schinkel « croque » les vues pittoresques, les ruines, les fabriques, les petits monuments. A partir de 1802, il élabore des projets de décors pour le **Diorama**, un spectacle inventé à Londres et qui parvient autour de 1800 à Berlin : au moment de Noël, des vues d'Italie, des scènes de guerre étaient montrées sur des supports éphémères.

Schinkel est en contact permanent avec le théâtre et l'opéra. En pleine période néo-classique, l'éclectisme est admis pour les décors de théâtre. Influencé par les gravures de Piranèse, les témoignages d'expéditions en Égypte, il élabore, entre 1815 et 1829, une centaine de décors pour une quarantaine de pièces. Outre les projets fameux pour *La Flûte enchantée*, toute l'histoire de l'architecture défile : l'intérieur du temple de Jérusalem dans *Athalie* (1817) ; le palais d'eau gothico-baroque de Kühleborn dans *Ondine* (1816) ; l'intérieur du temple de Vesta, inspiré du Panthéon de Rome, dans *La Vestale* (1818) ; le temple de Diane à Éphèse dans *Olympia* (1821). Cette imagination est disciplinée dans les projets architecturaux. Ceux non réalisés, comme la grande salle de l'Acropole et la résidence d'été **Orianda**, conçue pour la tsarine, sœur de Frédéric-Guillaume IV, sur une falaise dominant la mer Noire en Crimée, allient, dans le raffinement de la décoration et le style grec, la dimension poétique et la rigueur.

Caspar David Friedrich – *L'Arbre solitaire* (1822)

Caspar David Friedrich – *Le Moine sur le rivage* (1808-10)

Karl Friedrich Schinkel – *Rivage de la Spree près de Stralau* (1817)

Caspar David Friedrich – *Lever de lune sur la mer* (1822)

Karl Friedrich Schinkel – *Église gothique sur un rocher face à la mer* (1815)

Caspar David Friedrich – *Abbaye dans une forêt de chênes* (1809-10)

67

Max Liebermann – Autoportrait (1929)

La Sécession berlinoise – En 1898, 65 artistes, conduits par **Walter Leistikow** (1865-1908) et **Max Liebermann** (1847-1935), font « sécession » et choisissent de présenter leurs œuvres en dehors des circuits officiels. Ils prônent la liberté et le réalisme contre les mièvreries patriotiques des artistes de la cour.

Les expositions organisées par la Sécession connaissent un succès foudroyant. Des galeries d'art fleurissent comme celles de **Paul Cassirer** qui défend l'impressionnisme dans sa revue *Art et Artistes (Kunst und Künstler)* et fait découvrir les toiles de **Lowis Corinth** (1858-1925) et Max Slevogt. En 1909, a lieu l'exposition de Hans von Marée. Mais la reconnaissance tarde à venir pour ces artistes, et encore plus pour les impressionnistes français que le directeur de la Galerie nationale, Hans von Tschudi *(voir MUSEUMSINSEL)* expose dans des salles mal éclairées, en butte à l'hostilité de Guillaume II qui parle de « peinture de caniveau ».

L'expressionnisme – Le « miracle » des années 20 est en germe bien avant la guerre. Avant Munich, ville où est fondé le mouvement « **Le Cavalier bleu** » *(Der Blaue Reiter)* en 1911, Dresde se place à l'avant-garde artistique. Le mouvement « **Die Brücke** » *(voir GRUNEWALD, Brückemuseum)* y est fondé en 1905.

Les peintres de *Die Brücke*, **Ernst Ludwig Kirchner** (1880-1938) et **Karl Schmidt Rottluff** (1884-1976) en tête, admirent les toiles de Van Gogh, de Gauguin et les gravures du Norvégien Edward Munch. Ils recherchent la fusion entre l'homme et la nature et étudient le nu en toute liberté en faisant poser leurs amies. La femme a une grande importance dans ce mouvement. Les « nus d'un quart d'heure » obligeait les artistes à aller à l'essentiel pendant les 15 mn de pose. Les couleurs sont violentes, l'érotisme provocateur. La police censura les affiches de la première exposition du mouvement.

En 1909, Kirchner et Schmidt-Rottluff visitent l'exposition Cézanne à Berlin. Une « Nouvelle Sécession » y est fondée en 1911 autour de **Max Pechstein**, Karl-Schmidt-Rottluff, **Emil Nolde**. Le mouvement expressionniste prend une dimension urbaine qui est à l'origine de l'âge d'or des années 20. La vie trépidante de la ville est restituée dans les scènes de rue de Kirchner. Des revues influentes : « **Der Sturm** » (*La Tempête*, 1910-1932), fondée en 1910 par **Herwarth Walden** et « **Die Aktion** » (1911-1933), du journaliste anarchiste Franz Pfemfert, assurent la promotion de toutes les tendances d'avant-garde.

Mais, dès la fin de la Première Guerre mondiale, l'attitude moralisatrice des artistes expressionnistes a été combattue par *Die Weltbühne* de Carl von Ossietzky et les **dadaïstes**, partisans de l'artiste « américain ».

La contestation du mouvement dada – Des tendances cultivant la dérision et la négation de toutes les valeurs apparaissent à la fin de la Première Guerre mondiale.

Né à Zurich en 1915, le mouvement **Dada** acquiert une dimension politique à Berlin. **Georg Groß** (1893-1959) se réfère au mythe des États-Unis dès 1916 et décore son appartement berlinois de trophées et d'affiches américains et, par provocation, anglicise son nom en **George Grosz**. Renvoyé du front en 1917, il est le chef de file d'un groupe d'artistes contestataires qui rassemble le peintre et photographe **Raoul Hausmann** (1886-1971), le poète **Walther Mehring** (Walt Merin), l'éditeur **Wieland Herzfelde**, qui publie les dessins de Grosz, et son frère Helmut, qui devient **John Heartfield**. Les dadaïstes berlinois fondent leur esthétique sur la laideur pour, selon Grosz, « montrer au monde qu'il est laid, malade et menteur ».

Les dadaïstes participent à leur manière à la révolution en fondant à Nikolassee une « république dada ». En avril 1918, **Richard Huelsenbeck** organise une soirée au cours de laquelle il lance le manifeste *Dada* antimilitariste.

Otto Dix –
Flandres (1934-36)

J. P. Anders

George Grosz –
Les Piliers de la société

Lyonel Feininger –
Teltow II (1918)

Nationalgalerie – Preussischer Kulturbesitz

Pendant deux ans, Berlin vit au rythme du mouvement. Seule manifestation, la « Foire internationale Dada », à la galerie *Burckart*, connaît un énorme succès : dans un savant désordre sont présentés des objets de nature triviale. Grosz sera régulièrement condamné par la censure pour ses recueils anticléricaux et antimilitaristes, comme *Dieu avec nous* (*Gott mit uns*, 1920) et *Ecce Homo* (1923).

Une culture de gauche – Alfred Döblin a évoqué les débuts de la République de Weimar dans sa tétralogie romanesque *Novembre 1918*, élaborée de 1939 à 1950. Le grand mot d'ordre de l'époque est de « **porter l'art au peuple** ». La liquidation des Spartakistes par la Social-Démocratie scelle le lien entre avant-garde et extrême gauche. Les artistes retirent de l'échec de la révolution une vision pessimiste, mais ils choisissent le bolchevisme par volonté d'émancipation par rapport au pouvoir de l'argent, de la bourgeoisie, pour échapper aux canaux traditionnels de la reconnaissance de l'artiste. Aux salons et galeries de peinture, symboles de la conception élitiste de l'art propre aux Européens, est préféré un mode de vie plébéien, démocratique.

Réunis, entre autres, dans le **groupe Novembre (Novembergruppe)**, association fondée à la fin 1918 et qui fonctionna jusqu'en 1932, les peintres exposent lors de l'exposition d'art annuelle de Berlin, fondée en 1919, à la galerie *Der Sturm* de Herwath Walden ou *Van Diemen*.

L'avant-garde venue de l'Est – L'Allemagne de Weimar est perméable à l'avant-garde venue de l'Est que l'Europe découvre à Berlin. Peintres, écrivains, metteurs en scène d'Europe centrale et orientale, en particulier russes, viennent y travailler, collaborent avec les artistes allemands et profitent du climat de liberté qui, pour un court moment, suit la révolution d'Octobre.

A partir de 1923, débarquent les émigrés volontaires, désireux de propager la culture soviétique en Europe occidentale. Les artistes en sont connus en Allemagne grâce au peintre suprématiste **El Lissitzky** (1890-1941) qui organise, en octobre 1922, à la galerie *Van Diemen*, sur l'avenue Unter den Linden, la première exposition d'art soviétique.

En 1924, une exposition d'art allemand, à laquelle participent d'autres artistes est-européens, est organisée à Moscou.

Vassili Kandinski deviendra professeur au Bauhaus ; Serge Charchoune s'adonne au cubisme, le sculpteur Alexandre Archipenko côtoie le peintre roumain Arthur Segal et le Hongrois **Làszlo Moholy-Nagy** : il est impossible de « faire dix pas sans rencontrer quelqu'un de célèbre » (Elias Canetti). **Ilya Ehrenbourg** fonde, avec El Lissitzky, la revue *Objet* soutenue, entre 1922 et 1923, par l'État soviétique. Elle propage les conceptions du **constructivisme** qui dégage une conception commune de l'artiste, de l'ingénieur et de l'ouvrier. Au cours de ces quelques années d'échanges fructueux, Russes et Européens de l'Est se rencontrent dans les cafés et les ateliers, comme celui, Kleiststraße, du jeune peintre russe **Ivan Pouni** qui s'installe à Berlin en octobre 1920, point de ralliement des modernistes plus ou moins désargentés.

La « Nouvelle Objectivité » – Jusqu'en 1923, la culture reflète les bouleversements : la guerre, la défaite, la révolution, l'inflation. Les cinq années (1924-1929) de relative stabilisation économique et politique entraînent une vision distanciée de la réalité ; une certaine forme de résignation succède au lyrisme révolutionnaire : c'est la « **Nouvelle Objectivité** ». La grande ville envahit toiles, scènes, écrans. L'art et la réalité du monde moderne s'interpénètrent : Pour George Grosz, qui tient son pinceau comme un « fusil », la ville est un chaos cauchemardesque ; pour Max Beckmann, « c'est le grand orchestre humain » ; **Otto Dix** la stigmatise et en montre les plaies. Un réalisme urbain, contestataire et sensible est illustré par **Käthe Kollwitz** (*voir KURFÜRSTENDAMM*) et **Hans Baluschek**, qui peignent la misère prolétarienne avec acuité. Les galeries d'art Paul Cassirer, Flechtheim, Nierendorf sont implantées solidement.

Le peintre et la guerre

Né en 1891 dans un milieu ouvrier, **Otto Dix** est l'un des rares artistes à avoir eu une expérience prolongée de la guerre. Engagé volontaire, il resta trois ans sur le front. Comme George Grosz, qu'il a connu lors de leurs études communes à Dresde, Dix s'intéresse aux individus. Il peindra, avec une acuité particulière, mutilés et « gueules cassées ». Ses tableaux, qui s'inspirent des premiers maîtres allemands comme Matthias Grunewald, sont une critique sociale que l'on peut rapprocher de certains films, comme *Die Straße* (1923) de Karl Grüne, où un petit bourgeois convoite des prostituées dont les visages se transforment en têtes de mort.

Dix est nommé en 1927 professeur à l'académie des Beaux-Arts de Dresde. De 1928 à 1932, il peint le triptyque *La Guerre*, conservé dans cette ville, et dont *Flandres* pourrait être l'un des panneaux. En 1933, il est limogé par les nazis et s'installe près du lac de Constance.

La montée des périls – L'axe Moscou-Berlin se délite à la fin des années 20. Les orientations léninistes du KPD en matière d'art se font sentir à partir de 1925 : Grosz prend ses distances tout en appelant au vote communiste dans le cadre de la lutte antifasciste. Beaucoup d'artistes refusent les contraintes esthétiques de l'extrême gauche, son refus du cosmopolitisme et se tournent de nouveau vers le mécénat bourgeois. En 1927-1928, les artistes de l'avant-garde soviétique ne sont plus tolérés en URSS. L'emprise culturelle diminue avec la montée de l'académisme stalinien. Dernière manifestation soviétique, la rétrospective du suprématiste **Kasimir Malevitch**, en 1927, a lieu dans la gare de Lehrte. La montée du nazisme obligera bientôt les artistes soviétiques à fuir Berlin.

Les audaces de l'inventeur du photomontage

Helmut Herzfelde, devenu **John Heartfield** (1891-1968), bénéficia toute sa vie de la complicité de son frère cadet, Wieland. Sa haine de la bourgeoisie bien pensante est sans limites. Ayant commencé ses études de peintre à Wiesbaden et à Munich, il se rend à Berlin en 1913 et entre immédiatement en contact avec les cercles expressionnistes des revues *Der Sturm* et *Die Aktion*. Réformé, il forme un groupe pacifiste avec George Grosz. Dans la maison d'édition **Malik Verlag** de son frère, il réalise des couvertures de livres à l'aide du photomontage. Unissant l'art et la politique, John Heartfield recherche l'effet choc avec les moyens les plus simples. Sa collaboration avec **Kurt Tucholsky** ajoute à la violence des photographies les raccourcis destructeurs de ce dernier. Il vit très tôt le danger représenté par les nazis qui constituent sa cible privilégiée. En retour, les nazis lui vouent une haine implacable et John Heartfield dut s'exiler à Prague, puis à Londres.

L'art nazi – George Grosz, exilé dès le 12 janvier 1933 aux États-Unis, est le premier à perdre sa nationalité. Après avoir enseigné à New York, il ne retournera à Berlin qu'en 1959 pour y mourir quelques semaines plus tard. L'Académie prussienne des Arts est épurée. Heinrich Mann, qui préside la section littéraire, et Käthe Kollwitz sont renvoyés. Martin Wagner, Alfred Döblin, Thomas Mann démissionnent. Albert Speer, Arno Brecker, Werner March prennent la place de Oskar Kokoschka, Erich Mendelsohn, Bruno Taut, Otto Dix, Ernst Ludwig Kirchner, Mies van der Rohe, Karl Schmidt-Rottluff. Peu nombreux sont les artistes qui se compromettent : le poète Gottfried Benn, le philosophe Heidegger, le peintre expressionniste Emil Nolde. En juillet 1937, une Maison de l'Art allemand est inaugurée à **Munich**, « capitale du mouvement nazi », à laquelle Hitler est « plus attaché qu'à aucun autre lieu au monde » et qui doit retrouver une importance culturelle qu'elle a perdue au profit de Berlin qui n'a produit qu'un « art dégénéré ». Entre 1933 et 1939, près de 5 000 toiles et sculptures d'avant-garde sont détruites. En 1934, lors du congrès de Nuremberg, Hitler impose l'art reposant « sur le sang et le sol ».

« Si tout le monde émigre, qui restera encore ici pour résister ? »

Ces paroles courageuses d'**Otto Nagel** (1894-1967) ne lui épargnèrent ni l'arrestation en 1935, ni l'internement dans le camp de concentration de Sachsenhausen. Il fut libéré grâce aux efforts de sa femme en avril 1937. Né à Reinickendorf, il vécut à Wedding, ami intime de Heinrich Zille et de Käthe Kollwitz, avec lesquels il partage l'intérêt et la compassion pour les miséreux. En février 1933, son appartement est pillé ; les tableaux sont piétinés, détruits contre les murs et jetés dans la cour, mais on ne trouva pas de « matériel illégal ».

Les « nouveaux Fauves » – La peinture allemande de l'après-guerre s'oriente vers l'abstraction jusqu'au milieu des années 60, puis revient vers la figuration avec des peintres comme Georg Baselitz et **Markus Lüpertz** (né en 1941). Celui-ci fait partie du groupe des « **nouveaux Fauves** » (« Die neuen Wilden »), dont les couleurs agressives s'inspirent de l'expressionnisme. Apparu à la fin des années 70, le mouvement est particulièrement actif à Berlin et à Cologne. Markus Lüpertz utilise des motifs (casques, uniformes) au fort contenu symbolique. Karl Horst Hödicke (né en 1938), Bernd Zimmer (né en 1948), Helmut Middendorf (né en 1953), font également partie du mouvement.

Signatures, pseudonymes, monogrammes *(tag)*, les premiers graffiti apparaissent au début des années 70. Ils trouvent leur consécration dans le métro new-yorkais et commencent à être connus en Europe, notamment avec la parution de l'album *Subway Art*, en Grande-Bretagne, en 1984. Le **Mur de Berlin**, qui était auparavant recouvert de slogans, d'affiches ou de tracts, est un support tout trouvé pour les peintures à la bombe, œuvres d'artistes connus (Keith Haring, qui signe une peinture de 100 m de long en 1986) ou inconnus. Art populaire et spontané, les graffiti déploient leurs couleurs fluo et leurs messages de liberté sur 130 km (à l'Est, le Mur restait blanc). Les peintures bombées les plus intéressantes ont été conservées le long de la Mühlenstraße, constituant la **Mauer-Galerie** *(voir FRIEDRICHSHAIN)*.

Babelsberg, la cité du cinéma

La conjonction favorable entre l'art et l'industrie a permis au cinéma allemand d'atteindre une sorte d'âge d'or dans les années 20. Berlin en était la capitale avec les plus grands studios d'Europe et d'excellentes installations techniques. Les cinéastes utilisèrent la caméra avec une liberté inconnue jusqu'alors. L'acteur expressionniste (donc muet) évolue sous des éclairages très étudiés, dans des décors à la géométrie brisée. Sa gestuelle saccadée correspond à cet environnement scénique. L'essor se poursuivit sous le régime nazi, alors que bien des metteurs en scène et des stars quittaient l'Allemagne pour Hollywood. L'après-guerre, marqué par la fondation du festival de Berlin, dont l'ours d'or est une récompense prisée du monde cinématographique, voit naître des comédies et de très beaux films sur une ville qui reste le symbole d'une histoire mouvementée.

Un autre inventeur du cinéma

Fils d'un forain, **Max Skladanowsky** (1863-1939) pratique un peu tous les métiers : peintre sur verre, photographe, constructeur de machines de théâtre, artificier. Il voyagea à travers toute l'Europe avec son frère, projetant des images fixes et des « images brumeuses », peintures sur verre que l'on animait mécaniquement et dont la mise au point produisait un effet de flou. Max Skladanowsky veut que ses images vivent. Équipé d'un appareil Kodak et d'une bobine de négatif, il invente un coffret à manivelle, ancêtre de la caméra, et demande à son frère d'exécuter des gestes de clown. Les prises datent de 1892, mais ne peuvent être projetées. Max invente alors le *Bioskop*, appareil de projection double. La première représentation publique eut lieu au *Jardin d'Hiver* de la Friedrichstraße. Mais les **frères Lumière**, après la présentation de leurs films au *Grand Café* du boulevard des Capucines, le 28 décembre 1895, en avaient fait la promotion plus rapidement. Le *Bioskop* poursuivit sa carrière lors de tournées aux Pays-Bas et en Scandinavie et servit à la production de films jusqu'en 1930.

Des débuts influencés par le théâtre – Ce sont les metteurs en scène de théâtre qui vont préparer l'essor du cinéma allemand. Celui-ci est, jusqu'à la Première Guerre mondiale, dominé par le cinéma danois. Les pièces du dramaturge **Frank Wedekind** (1864-1918), continuateur de Strindberg, influencent les cinéastes du muet, mais c'est au contact de **Max Reinhardt**, qui tourne lui-même des films, que se forme toute une génération d'acteurs, d'actrices et de metteurs en scène. La liste en est longue : Marlène Dietrich et Emil Jannings, futurs stars de l'écran, Murnau, **Paul Wegener** (1874-1948), qui, après avoir joué dans *L'Étudiant de Prague* (1913) du Danois Stellan Rye, réalise *Le Golem* l'année suivante, et surtout **Ernst Lubitsch** (1892-1947) qui avait appris son métier sur les planches de music-hall. Ses sketches, fondés sur l'observation des travers humains, sont portés à l'écran vers 1913-1914. Un soir de septembre 1919, la salle *Palast am Zoo* est inaugurée avec *Madame Dubarry*, premier film à costumes qui, avec *Le Cabinet du docteur Caligari* de Robert Wiene, connaît une audience internationale (les produits allemands étant alors boycottés par les nations victorieuses). Après la réalisation de *La Poupée* (*Die Puppe*, 1919) et un premier voyage aux États-Unis, Lubitsch s'y fixe définitivement à l'automne 1922 et y réussira dans le domaine de la comédie. Jusqu'en 1924, l'UFA produira un nombre impressionnant d'adaptations d'œuvres théâtrales à l'écran.

« Le style UFA » – Durant l'été 1917, le général Ludendorff demande la création d'un comité cinématographique destiné à filmer les opérations militaires et contrecarrer la propagande britannique. Fondée en novembre de la même année et mise sur pied par le magnat de la presse Alfred Hugenberg, l'**UFA (« Universum Film Aktiengesellschaft »)** est financée par le gouvernement et l'industrie privée. « Usine à rêves », l'UFA saura produire quelques créations ambitieuses.

L'Autrichien **Erich Pommer** en est le directeur de 1923 à 1926. Il avait appris son métier chez Léon Gaumont et fondé, en 1916 à Berlin, la **DECLA** qui, associée à la *Bioskop*, réalise *Le Cabinet du docteur Caligari*. Tout en collaborant avec les grandes compagnies américaines, Erich Pommer produira *Les Nibelungen* (1923-24) et *Metropolis* (1925-26) de Fritz Lang, *Le Dernier des hommes* (1924) et *Faust* (1926) de Murnau, *L'Asphalte* (1928) de Joe May, *L'Ange bleu* (1930) de Josef von Sternberg. Mais ces chefs-d'œuvre ne rapportèrent pas assez. Dans une crise financière aiguë, l'UFA dut s'allier provisoirement avec des compagnies américaines et produisit principalement un cinéma de divertissement dont l'abondante production offre des exemples de réussite au début du parlant, notamment avec les comédies à couplets et les opérettes. C'est l'époque de **Lilian Harvey**, surnommée « un rêve blond » (*Ein blonder Traum*, 1932) et qui figure dans *Le Chemin du paradis* (*Die drei von der Tankstelle*, 1930), *Le Congrès s'amuse* (*Der Kongress tanzt*, 1931). Quatre studios de prise de son, les plus modernes d'Europe, seront construits en 1929. Le « style UFA », dérivé berlinois des décors hollywoodiens, se perpétue en même temps que les parades hitlériennes.

Friedrich Wilhelm Murnau –
Nosferatu, une symphonie de l'horreur

M. Le Maudit

Robert Wiene – *Le Cabinet du docteur Caligari*

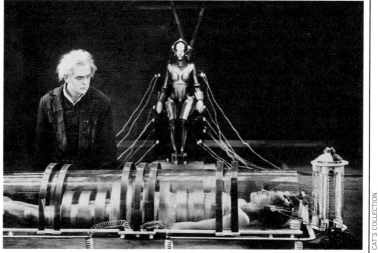

Fritz Lang – *Metropolis*

L'angoisse de l'immédiat après-guerre – Les films à épisodes, qui fleurirent en Europe pendant et immédiatement après la guerre, manifestent en Allemagne « un goût pour le surnaturel qui préfigure l'avenir » (Henri Langlois, *Images du cinéma allemand, 1896-1956*). Le cinéma expressionniste possède une dimension métaphysique. La guerre provoque un traumatisme psychologique qui se ressent dans l'inspiration fantasmagorique et sombre de certains films. **Le Golem** (*Der Golem, wie er in die Welt kam*, 1914) de Paul Wegener, qui adapte une légende médiévale juive de créature d'argile, avait montré la voie. Le rôle occulte de l'inconscient fait son apparition dans **Le Cabinet du docteur Caligari** (*Das Kabinett des Doktors Caligari*, 1919) de **Robert Wiene** (1881-1938). Un vieux fond de légendes ressurgit devant la caméra de **Friedrich Wilhelm Murnau** (1889-1931) dans **Nosferatu, une symphonie de l'horreur** (*Nosferatu, eine Symphonie des Grauens*, 1921) et **Les Trois Lumières** (*Der müde Tod :* : littéralement, « La mort lasse ») de **Fritz Lang**, qui mêle des décors exotiques au conte de la vieille Allemagne. *Faust* de Murnau (à la première duquel assistèrent Hindenburg et Stresemann) suivra en 1926.

« Passé le pont, les fantômes vinrent à sa rencontre. »

Le thème du vampirisme, présent dans le folklore médiéval slave, remonte à la figure du prince de Valachie et de Moldavie Vlad Tsepech Dracula, dit **Vlad l'Empaleur**, qui faisait empaler les cadavres laissés sans sépulture de ses ennemis turcs. L'écrivain irlandais **Bram Stocker** situe l'action à Londres dans son *Dracula* (1897). Le roman est adapté en Allemagne en 1914 (avec le même scénariste que *Le Golem*). Dracula devient **Nosferatu**. Murnau transformera l'acteur **Max Scherck**, ex-comte Orlock, en une silhouette longiligne d'oiseau de malheur. De même que son château délabré se situe en pleine nature, le bateau du vampire arrive silencieusement dans le décor réel d'une ville aux vieilles maisons, espace quotidien qui accentue l'horreur.

« Kammerspiel » et réalisme prolétarien – A l'expressionnisme se substitue le *Kammerspiel* (littéralement : « Théâtre de chambre »). Le débat métaphysique est abandonné et la caméra se tourne vers un cadre plus intimiste. Le scénariste **Carl Meyer** imagine des drames de la vie quotidienne (*Le Rail/Scherben*, 1921, ou *Nuit de la Saint-Sylvestre/Sylvester*, 1923) ou avec de petites gens confrontées à l'injustice sociale (*Escalier de service/Hintertreppe*, 1921). **Le Dernier des hommes** (*Der letzte Mann*, 1924) de Murnau raconte les mésaventures d'un portier de nuit, incarné par Emil Jannings, dépossédé de son bel uniforme et relégué aux lavabos. Le réalisme a également débouché sur un genre plus pittoresque et moralisateur, inspiré d'histoires de Heinrich Zille, d'où le surnom de « **Zillefilme** ». Les faubourgs ouvriers misérables du Nord ou de l'Est berlinois constituent le décor des *Déshérités de la vie* (*Die Verrufenen*, 1925) de Gerhardt Lamprecht et de **L'Enfer des pauvres** (*Mutter Krausens Fahrt ins Glück*, 1929) de Phil Jutzi. *Ventres glacés* (*Kühle Wampe*, 1932) de Slatan Düdow, sur un scénario de Brecht et accompagné d'une musique de Hans Eisler, est le fleuron du « cinéma prolétarien berlinois ».

« Nouvelle Objectivité » – Parallèlement aux expériences d'Erwin Piscator en matière de « théâtre prolétarien », un nouveau style se développe, visant le public des usines, plus abstrait, proche du reportage. Cette **« Nouvelle Objectivité »** cinématographique profite de la vogue créée à Berlin par la projection, en avril 1926, du *Cuirassé Potemkine* d'Eisenstein. *Berlin Symphonie d'une grande ville* (1927), de **Walter Ruttmann**, où une musique trépidante transcrit le rythme de la vie citadine, inspire la caméra d'un groupe de jeunes cinéastes où figurent les scénaristes **Robert Siodmak**, Fred Zinnemann et **Billie Wilder** (qui deviendra « Billy » à Hollywood) : *Les Hommes le dimanche* (*Menschen am Sonntag*, 1929), tente de saisir la vie de gens ordinaires et annonce le néo-réalisme de l'après-guerre.

Metropolis – Dans tous les films, la ville apparaît comme un milieu hostile, menaçant, agité dans ses bas-fonds par des luttes sourdes et hanté par le crime. **Fritz Lang** et sa femme Thea von Harbou (qui choisira de rester en Allemagne après 1933) mettent au point l'intrigue à rebondissements du **Docteur Mabuse** dans *Mabuse, le joueur* (*Mabuse der Spieler*), suivis, en 1932, du *Testament du docteur Mabuse* (et, dans les années 60, de façon parodique, par *Les Mille Yeux du docteur Mabuse* ou *Le Diabolique Docteur Mabuse*). Dans **Metropolis** (1926), un message humaniste (et une fin que Fritz Lang n'aima jamais), atténue les contrastes d'une société inégalitaire et compartimentée. La ville y est montrée à l'américaine, symbole de modernité, mais écrasante, dominée par une tour massive. **M. le Maudit** (*M* ou *Eine Stadt sucht einen Mörder*, 1931), inspiré des méfaits du « Vampire de Düsseldorf », était initialement intitulé *Les Assassins sont parmi nous* (*Mörder unter uns*). Les habitants s'y lancent sur les traces d'un assassin d'enfants aux abois, et la police se fait devancer par la pègre *(voir FRIEDRICHSHAIN)*.

La rue est un lieu de tentation, de perdition : *La Rue* (*Die Straße*, 1923) de Karl Grüne, *L'Asphalte* (*Asphalt*, 1928) de Joe May (lui aussi un Viennois), *La Rue sans joie* (*Die Freudlose Gasse*, 1925) de Georg Wilhelm Pabst, où Greta Garbo, encore inconnue, côtoie la star danoise **Asta Nielsen**. Les bas-fonds constituent le décor de *Sur le pavé de Berlin* (*Berlin, Alexanderplatz*, 1931), film sonore de Piel Jutzi adapté du roman d'Alfred Döblin.

De « Loulou » à « L'Ange bleu » – De nombreuses débutantes cherchent des emplois de figurantes au cinéma ou au théâtre. **Marlène Dietrich**, encore inconnue, se fait remarquer par sa manière extravagante de s'habiller, le port d'un monocle et son instrument de musique, une scie. Originaire de Bohême, **Georg Wilhelm Pabst** (1885-1967) est, comme Fritz Lang, un voyageur qui se produit à vingt ans sur des scènes suisses, part aux États-Unis, revient en France où il est interné durant la Première Guerre mondiale. Arrivé à Berlin, il est inspiré par la psychanalyse de Freud (*Les Mystères d'une âme/Die Geheimnisse einer Seele*, 1926) et l'observation sociologique (*La Rue sans joie*, 1925). Il s'intéresse aux femmes dont les élans de révolte, incompris ou étouffés, sont significatifs des malaises d'une société (*Crise/Begierde*, 1928). *Loulou*, qui dédouble le surnom de Lou-Andréas Salomé, est incarnée par **Louise Brooks**, danseuse venue d'Hollywood et qui joue également dans *Le Journal d'une fille perdue* (*Tagebuch einer Verlorenen*) (1929). Le film, qui marque le sommet du réalisme critique, fit scandale.

Né à Vienne et émigré aux États-Unis à l'âge de sept ans, **Josef von Sternberg** (1894-1969) est le metteur en scène le plus coté d'Hollywood en 1925. La star **Emil Jannings** décide le directeur de l'UFA de l'engager à travailler en Allemagne. Ils adaptèrent, avec « **L'Ange bleu** » (1930), un roman d'Heinrich Mann (frère aîné de Thomas Mann) datant de 1905 : *Professeur Unrath*. Un respectable professeur (de son vrai nom *Rat*, signifiant « conseil ») : *Unrath*, « Ordure », étant le surnom donné par ses élèves) tombe malencontreusement amoureux d'une chanteuse, *Lola-Lola*, du cabaret *L'Ange bleu*. **Marlène Dietrich** (1901-1992), en femme indépendante et sûre d'elle qui chante : « Je suis de la tête aux pieds... faite pour l'amour... » fait un triomphe avec ce film. Elle vole la vedette à Emil Jannings, qui joue le professeur trompé, ridiculisé. Elle l'accusera de tentative de meurtre après le tournage d'une scène où il essaie de l'étrangler ! Le jour de la première, le 1er avril 1930 au *Gloria Palast*, elle s'embarque pour les États-Unis. Elle ne reviendra à Berlin qu'en 1945. À la fois séduisante et froide, Marlène Dietrich fut une travailleuse acharnée. Billy Wilder, qui la fit jouer dans *La Scandaleuse de Berlin* (*A foreign affair*, 1948) dira d'elle : « Au travail, c'était un véritable soldat. » Elle repose dans le cimetière de Friedenau.

Marlène Dietrich dans *L'Ange bleu*

Le cinéma à l'époque nazie – Fritz Lang fuit à Paris le jour même où Goebbels (bien que le metteur en scène soit d'origine juive) lui propose la direction de diriger le cinéma allemand. Il est l'une des grandes figures qui préférèrent l'exil plutôt que de se compromettre avec le nouveau régime. Un grand nombre de techniciens hautement qualifiés les imitèrent et poursuivront leur carrière à Hollywood pendant les années 40.

Leni Riefenstahl (née en 1902), qui n'hésitait pas à être l'une des interprètes de ses films de haute montagne, filme les Jeux olympiques de 1936 ; *Les Dieux du stade*, où collabora Ruttmann, est le couronnement de sa carrière. L'industrie cinématographique sous le IIIe Reich est un instrument de propagande centralisé dans les mains de l'État. L'**UFA** est nationalisée en 1937. Les communes de Nowawes et de Neu-Babelsberg fusionnent l'année suivante pour donner naissance à **Babelsberg** où s'installe la toute nouvelle Académie allemande du Cinéma. La ville, qui doit devenir une « cité du cinéma », fait l'objet d'un projet d'urbanisme comprenant rues commerçantes, hôtels, gare, bureaux, logements. Le premier prix en est attribué à **Emil Fahrenkamp**. La plupart des films produits pendant la guerre furent des films de divertissement ; la couleur apparaît en 1941. En 1943 naît un chef-d'œuvre : *Les Aventures fantastiques du baron de Münchhausen* de Josef von Baky.

La permanence du mythe – Nulle part plus qu'au cinéma, Berlin n'a conservé son aura mythique. Mais la relève ne donne pas lieu à un renouveau comparable au néo-réalisme italien, bien que *Allemagne année zéro* de Rossellini prenne les ruines de Berlin comme décor. Les alliés privilégient les films de divertissement tournés par les mêmes personnes qu'avant 1945. Le festival international de cinéma, la « berlinale », est fondée en 1950. La **DEFA (Deutsche Film AG)**, fondée le 17 mai 1946 en zone d'occupation soviétique, utilise les studios de Babelsberg, mais le Comité central du SED impose une censure sévère. Quelques contacts noués avec l'Ouest permettront des coproductions dans les années 50, notamment avec la France (*Les Sorcières de Salem*, sur un scénario de Jean-Paul Sartre, avec Yves Montand et Simone Signoret, 1957 ; *Les Misérables*, avec Jean Gabin, 1959). La DEFA fut un lieu de résistance culturelle. Parmi ses créations, on peut citer : *Le Petit Mück* (1953), adaptation de contes pour enfants, *Le Ciel partagé* (1964), inspiré d'une œuvre de Christa Wolf, divers films contre le fascisme (*Les Assassins sont parmi nous/Mörder unter uns* de Wolfgang Staudte, 1946) ou antimilitaristes (*Pour le roi de Prusse/Der Untertan* de Wolfgang Staudte, 1951), *La Légende de Paul et Paula* de Heiner Carow et Ulrich Plenzdorf, les films de Rainer Simon (*Les Aventures de Till l'espiègle*, 1974).

L'histoire du cinéma ouest-allemand s'écrit dans les nouveaux studios de Munich où naît le « jeune cinéma allemand ». Dans les années 60 sont fondées à Berlin la **Cinémathèque allemande** (« **Deutsche Kinemathek** ») et l'Association des Amis de la Cinémathèque allemande qui organise des projections au cinéma *Arsenal*. Ces deux institutions trouveront place dans l'immeuble Sony, sur le Potsdamer Platz. **Rainer Werner Fassbinder** adapte, entre 1979 et 1980, dans un feuilleton de 14 épisodes, *Berlin Alexanderplatz* et reprend le sujet de *L'Ange bleu* en le transposant dans les années 50 avec *Lola, une femme allemande* (1981). Dans les années 80, de grands réalisateurs s'installent et travaillent à Berlin : **Wim Wenders, Volker Schlöndorff**, Helma Sander-Brahms, Jutta Brückner. Le Brandebourg et Berlin ont uni leurs forces pour créer ensemble un office du Film à Babelsberg, où une nouvelle ville du cinéma et des médias est en cours de construction.

Quelques films sur Berlin

Allemagne année zéro *(Germania, anno Zero)*, Roberto Rossellini (I), 1948 – Influencé par un maître d'école nazi, un jeune garçon finit par empoisonner son père infirme.

La Scandaleuse de Berlin *(A foreign Affair)*, Billy Wilder (USA), 1948 – Une commission débarque dans le secteur américain pour enquêter sur la moralité des troupes d'occupation. Marlène Dietrich impériale en vedette de music-hall qui se révèle être une dangereuse nazie.

Un, deux, trois *(One, Two, Three)*, Billy Wilder (USA), 1961 – La fille du PDG de Coca-Cola épouse un jeune communiste ; un comique doublé de satire sociale.

Le Rideau déchiré *(Torn Curtain)*, Alfred Hitchcock (USA), 1966 – La présence de Paul Newman n'atténue pas cette vision désespérée de la RDA. Un suspense haletant.

Cabaret, Bob Fosse (USA), 1972 – Vision très romancée.

Julia, Fred Zinnemann (USA), 1978 – Chronique très émouvante d'une amitié entre deux femmes, une romancière et une militante antifasciste issue d'un milieu fortuné. Leur dernière rencontre se passe à Berlin.

Berlin Alexanderplatz, Rainer Werner Fassbinder (RFA), 1979 – Adaptation du roman d'Alfred Döblin avec les acteurs fétiches de Fassbinder : Günther Lamprecht, Barbara Sukowa, Hannah Schygulla.

Les Ailes du désir *(Der Himmel über Berlin)*, Wim Wenders (RFA), 1986 – Damiel, un ange, tombe amoureux d'une trapéziste et décide de devenir homme. Son compagnon, Cassiel, revient dans le Berlin réunifié dans **Si loin, si proche** (*In weiter Ferner*, 1992).

Loin de Berlin *(Far from Berlin)*, Keith Mac Nally (F/RFA), 1993 – Un ouvrier de l'ancienne partie Est de Berlin accepte de commettre un meurtre commandité par un capitaliste de l'Ouest.

La littérature

ÉVEIL A LA RENAISSANCE ET A L'ÉPOQUE BAROQUE

Les premiers poèmes, dans un style cru et populaire, datent du 16e s. Le *Froschmäuselerkrieg* (1566) de **Gabriel Rollenhagen**, inspiré d'une parodie de l'*Iliade* racontant le combat des grenouilles et des souris, et les poèmes d'apprentissage de Bartholomäus Ringwaldt témoignent déjà d'une forte exigence didactique. La première pièce de théâtre est jouée à Berlin en 1540, le margrave **Joachim II** (1535-1571) en étant amateur. Si l'université du Brandebourg, la *Viadrina*, est fondée en 1506 à **Francfort-sur-l'Oder**, de grands érudits dispensent leur enseignement à Berlin : le Mosellan **Johannes Trithemius** (1462-1516) et l'humaniste bâlois **Leonhard Thurneisser** (1531-1596) qui installe son laboratoire dans le couvent des franciscains *(voir NIKOLAIVIERTEL)*. Paul Gerhardt (1607-1676) et Michael Schirmer s'affirment à l'époque baroque comme auteurs de cantiques. Frédéric Ier (1688-1713) s'entoure de poètes de cour qui récitent leurs vers à la gloire du souverain à l'occasion des cérémonies.

« AUFKLÄRUNG » ET PREMIER ROMANTISME

« Les lumières » – L'apport huguenot marque durablement le climat culturel. Le dramaturge Lessing, dont la pièce *Minna von Barhelm* compte d'ailleurs un réfugié huguenot parmi ses personnages, parle d'un « Berlin français ». La capitale de la Prusse est le centre allemand de l'*Aufklärung* et du rationalisme libéral. Voltaire se rend à la cour de Frédéric II en 1750. La relation entre le prince et le philosophe, parfois orageuse, est un des aspects du « despotisme éclairé ». **Gotthold Ephraim Lessing** (1729-1781), son cousin Mylius, et le philosophe juif **Moses Mendelssohn** (1728-1786) font partie de cette génération de dramaturges et d'essayistes qui publient leurs œuvres, à partir de 1750, grâce à des éditeurs comme Christian Friedrich Voß et **Christoph Friedrich Nicolai** (1733-1811). Celui-ci anime un cercle scientifique et littéraire, et sa librairie est le centre culturel du royaume *(voir FISCHERINSEL)*.

Moses Mendelssohn et l'émancipation des juifs – Le jeune Mendelssohn compense des handicaps physiques par des qualités intellectuelles précoces. Il arrive à 14 ans à Berlin avec son père rabbin, acquiert l'allemand et de solides connaissances philosophiques. Précepteur en 1750, il fait la connaissance du poète **Lessing**, qui devient son meilleur ami, et l'introduit dans le cercle de **Nicolai**. La publication de ses essais l'impose comme le grand philosophe allemand des lumières. En 1763, il obtient le titre de « juif protégé » (c'est-à-dire qui bénéficie d'un titre de séjour héréditaire) grâce à l'intercession du marquis d'Argens : « Un philosophe, mauvais catholique, supplie un philosophe, mauvais protestant, de donner le Privilège à un philosophe, mauvais juif. Il y a trop de philosophie dans tout ceci pour que la raison ne soit pas du côté de la demande. »

Moses Mendelssohn,
portrait de Johann Christoph Frisch

L'affirmation des lettres allemandes – Salons et revues participent à l'éclosion du sentiment national allemand. L'élite intellectuelle berlinoise se réunit au **Club du Lundi**, fondé en 1749 dans un élégant café. Nicolai se fait le défenseur de la langue allemande, rejoignant les aspirations de la bourgeoisie éclairée. Un premier théâtre allemand est fondé à Berlin en 1764, malgré le désintérêt d'un roi et d'une cour francophiles. Il fallut attendre la mort du monarque (1786), pour que le **Théâtre national allemand** soit créé sur le Gendarmenmarkt. Les dernières pièces de Lessing, Goethe et Schiller y sont mises en scène sous la direction de son entreprenant directeur, **Iffland** (1759-1814). Goethe, qui n'aime pas particulièrement Berlin, n'y séjourne que très brièvement, mais Schiller envisage, peu de temps avant sa mort, en 1805, de s'y installer. Sa pièce *Guillaume Tell* y avait connu un immense succès. Protecteur du théâtre en langue allemande, Frédéric-Guillaume II fait construire le théâtre (1788-1791) du château de Charlottenbourg par Langhans.

Sous l'occupation napoléonienne, à partir de 1806, la vie littéraire se tourne davantage vers la tradition allemande et perd de son ouverture d'esprit. Les salons aristocratiques prennent le relais des salons juifs et se caractérisent par leur élitisme et leur patriotisme ; on y croise des militaires, des fonctionnaires, des aristocrates comme **Heinrich von Kleist**.

Favorisant l'ouverture, la tolérance, le brassage social, les salons juifs jouent un grand rôle dans la vie culturelle berlinoise au tournant du 18e et du 19e s.

Celui d'**Henriette Herz** (1764-1847) passe pour être le lieu de naissance du romantisme berlinois. Ludwig Tieck, Jean Paul, Wilhelm von Humboldt, Friedrich Schleiermacher, Adalbert von Chamisso et Wilhelm Wackenroder, qui se passionne pour le Moyen Âge, époque méprisée par l'*Aufklärung*, s'y rencontrent. Dorothea, la fille de Moses Mendelssohn, le fréquente également et c'est dans ce salon, où les affaires de cœur se mêlent à celles de l'esprit, que Bettina Brentano, la sœur du poète Clemens Brentano, fait la connaissance d'Achim von Arnim, son futur mari.

Ayant grandi au contact des gens de théâtre, invités de son père, **Rahel Levin** (1771-1834) reçoit à son tour, à partir de 1790, dans la mansarde de la maison familiale où elle avait coutume de se réfugier. Cette « mansarde » devient un salon cosmopolite qui, de 1801 à 1806, donne le ton dans la capitale. Mme de Staël, qui fait partie des invités étrangers comme Benjamin Constant, Thomas Young ou le prince de Ligne, parle d'un « heureux mélange » unissant ici des « gens de talent de toutes les classes ». Effectivement, on trouve autour de Rahel Levin des juifs et des chrétiens, des nobles et des bourgeois, des princes et des philosophes : le prince Louis-Ferdinand de Prusse, les frères Schlegel, Heinrich von Kleist. Ces réunions cessent en 1806, après la défaite de la Prusse à Iéna. Une dizaine d'années plus tard, Rahel, devenue Mme Varnhagen von Ense, ouvrira un autre salon qui n'aura pas le même éclat, mais accueillera, entre autres, le jeune **Heinrich Heine**.

Johann Gottlieb Fichte (1762-1814), partisan d'une refonte du système scolaire destiné à forger un « esprit allemand fort et sûr », prononce son *Discours à la nation allemande* durant l'hiver 1807-1808. Les philosophes Schelling, Hegel, Schleiermacher et Fichte, qui en est le premier recteur, enseignent à l'**Université**, fondée en 1810. Avec les conférences des frères Schlegel, le romantisme devient l'élément le plus marquant de la vie littéraire à Berlin.

ÉPOQUE « BIEDERMEIER » ET RÉALISME

Le pouvoir menant un combat sans pitié contre toute idée libérale, de nombreux poètes ressentent le climat de restauration consécutif aux guerres de Libération comme une stagnation et se retirent dans la vie privée. Le second romantisme voue un culte à l'artiste maudit à l'exemple du poète **Heinrich von Kleist** qui se suicide en 1811 sur les bords du Großer Wannsee. **E. Th. A. Hoffmann** (1776-1822), l'auteur de contes grotesques, se retire totalement dans l'imaginaire fantastique. De nouvelles évolutions se font toutefois sentir : le jeune « hegelien » **Karl Marx** fait la connaissance de Friedrich Engel à Berlin et **Heinrich Heine** s'y rend en 1822. L'ironie de ses *Lettres de Berlin* (1824) donne une bonne idée de l'atmosphère de la ville à cette époque où les tavernes, les salons de thé, concentrés à Friedrichstadt, et les **« cafés de lecture »**, qui offrent un large éventail de publications allemandes et étrangères, remplacent les salons comme lieux de débat politique. L'âge d'or des salons ayant touché à sa fin, le journaliste et écrivain **Moritz Gottlieb Saphir** crée l'association de poètes *Tunnel sous la Spree*, dont l'un des premiers membres est le jeune aide-pharmacien Theodor Fontane, un descendant de réfugiés huguenots, qui attire l'attention avec ses premiers poèmes. Le réalisme berlinois apparaît après les espoirs déçus de la révolution de 1848 et la reprise en main par le pouvoir. La *Chronique de la Sperlingsgasse* de Wilhelm Raabe et les romans de **Theodor Fontane** (1819-1898), premier écrivain de talent à consacrer à Berlin et à sa région une œuvre abondante, en sont les meilleurs exemples. Le décor urbain y est encore idyllique.

L'ÉPOQUE WILHELMIENNE

Berlin affirme ses ambitions de métropole culturelle et attire de plus en plus de jeunes écrivains et d'artistes. **Max Kretzer** (1854-1941), le Zola berlinois, témoigne des bouleversements sociaux de l'ère wilhelmienne. Des pièces d'auteurs scandinaves comme Ibsen ou Strindberg sont accueillies avec enthousiasme *(voir CHARITÉ)* et influencent la formation d'un naturalisme allemand (*Errements et tourments* de Theodor Fontane ; *Avant le lever du soleil* de Gerhardt Hauptmann). A Friedrichshagen, près du Müggelsee, les frère Hart, journalistes désireux de promouvoir une littérature « nationale et moderne », fondent une **« colonie poétique »** *(Friedrichshagener Kreis)* dont le principal représentant est **Gerhart Hauptmann** (1862-1946). Son drame sur la misère des tisserands silésiens *(Les Tisserands)* provoque un scandale et conduit l'empereur Guillaume II à résilier sa loge privée au théâtre. Sous de vives protestations, Hauptmann reçoit le prix Nobel de littérature en 1912. Carl Sternheim *(Le Pantalon)*, ainsi que Georg Kaiser, qui représente le lien entre naturalisme et expressionnisme, font également partie des principaux dramaturges de cette époque.

A la fin du 19ᵉ s., Berlin compte plus de 400 théâtres. Le **Théâtre allemand** *(Deutsches Theater)* est fondé en 1883 ; La social-démocratie crée l'**Association du théâtre populaire** *(Volksbühne)*. Un nouveau quartier des théâtres apparaît le long du Kurfürstendamm. Les « premières » sont commentées par des critiques de qualité comme **Alfred Kerr** (1867-1948), qui officie au *Berliner Tageblatt*.

LES ANNÉES 20

Les années 20 furent l'époque la plus stimulante de l'histoire littéraire berlinoise. Les lieux de rencontre de l'intelligentsia berlinoise sont l'hôtel *Adlon*, la brasserie *Schlichter* et ses tables réservées aux écrivains, les cafés littéraires **« Romanisches Café »** et **« Café des Westens »**, le *Schwanecke* pour les milieux du théâtre et du cinéma, le *Jaenicke* pour les journalistes. La maison d'édition **Malik Verlag**, dirigée par **Wieland Herzfelde** (1896-1988), le frère de l'artiste de montage John Heartfield, qui réunit autour de lui des collaborateurs comme le metteur en scène communiste Erwin Piscator, les poètes Walther Mehring et Carl Einstein, publie des livres politiques. D'autres maisons d'édition importantes (Ullstein, Samuel Fischer, Bruno Cassirer) sont ouvertes aux nouveaux courants littéraires.

Des journalistes de talent – La présence de revues ambitieuses : *La Tribune mondiale (Die Weltbühne)*, hebdomadaire de gauche dirigé par le pacifiste **Carl von Ossietzky**, *Le Monde littéraire (Die literarische Welt)* ou *Le Journal (Das Tagebuch)* est à l'origine d'un rapprochement fécond entre journalisme et littérature qui, malheureusement, connaît un rayonnement restreint en dehors de Berlin. Les plus célèbres de ces « frontaliers » étaient **Kurt Tucholsky**, Franz Hessel, Theodor Wolf, ainsi que Joseph Roth et Alfred Döblin. Ces derniers sont des romanciers, Alfred Döblin ayant écrit, en 1929, *Berlin Alexanderplatz*. Berlin regroupe le quart de la presse nationale : 147 quotidiens en 1927 !

Portrait d'un pamphlétaire

Né dans une famille de la bourgeoisie juive berlinoise, **Kurt Tucholsky** (1890-1935) est poète, chansonnier, essayiste, critique littéraire, pamphlétaire aux pseudonymes multiples, l'équivalent de George Grosz en littérature. Il travaille pour *Die Vossische Zeitung* (la vieille « Tante Voss ») et *Die Weltbühne*, dont il est le correspondant à Paris entre 1924 et 1926. Ce journal abordait sur un ton très direct et libre les problèmes les plus délicats. Tucholsky est un témoin lucide de la République de Weimar, publiant des articles contre le militarisme et le chauvinisme renaissants après la révolution de Novembre, ironisant sur les prétendues « valeurs » germaniques, ce qui lui vaut des attaques incessantes de la presse de droite. Ses livres furent brûlés par les nazis et il fut l'un des premiers militants à être déchu de sa nationalité allemande. Il se suicida en Suède.

Max Reinhardt (1873-1943) – L'apogée du théâtre berlinois est favorisé par un public avide, des comédiens exceptionnels, des metteurs en scène de génie et des critiques exigeants comme Alfred Kerr et son rival, le polémiste **Herbert Jhering**, défenseur du théâtre progressiste. Originaire de la région viennoise, **Max Reinhardt**, Maximilien Goldmann de son vrai nom, possède plusieurs salles de spectacles, dont le *Deutsches Theater* de la Schumannstraße, et devient la figure la plus importante du théâtre allemand dès 1905. Il n'avait pas son pareil pour mettre en scène les pièces les plus diverses, passant d'ouvrages classiques à l'avant-garde ou au répertoire de boulevard. Ses mises en scène exerceront une grande influence sur le cinéma muet. En mars 1918, il fonde une scène expérimentale : *La Jeune Allemagne* à laquelle succède *La Jeune Scène* en 1921. Il anime le **« Großes Schauspielhaus »**, somptueux théâtre de 3 000 places bâti par Hans Poelzig. La représentation inaugurale, *L'Orestie* d'Eschyle, fut le premier triomphe d'une utilisation de la scène « selon des principes architecturaux » et « d'un art de la comédie bâti sur le rythme ». Reinhardt savait également régler les scènes de masse et il utilisa le *Großes Schauspielhaus* pour des représentations d'auteurs classiques à côté de pièces sur la Révolution *(La Mort de Danton* de Büchner ou le *Danton* de Romain Rolland). Il regagna Vienne en 1923.

Le théâtre d'actualité – Le *Schauspielhaus* du Gendarmenmarkt, salle au répertoire conventionnel, devient la première scène d'Allemagne sous la direction, qui dura plus de dix ans (1920-1930), du jeune socialiste **Leopold Jessner** (1878-1945). Sa première mise en scène pour le *Guillaume Tell* de Schiller, créé le 1ᵉʳ décembre 1919, fonde le « théâtre d'actualité » qui s'éloigne des conceptions de Reinhardt et fait apparaître

Bertolt Brecht (1898-1956)

Natif d'Augsbourg, il tira profit avant-guerre, dans les cabarets munichois, des spectacles de l'humoriste **Karl Valentin**. Il monte en 1920 à Berlin et mène une existence misérable au point d'être conduit d'urgence, sous-alimenté, à l'hôpital de la Charité. Sa pièce *Des Tambours dans la nuit* (1922) est encore fortement marquée par l'expressionnisme. Il reçoit autant de critiques que Piscator. Elias Canetti se moque de cet intellectuel qui joue au « prolétaire », avec sa casquette, sa chemise bleue et son blouson de cuir. En août 1928, a lieu la première de **L'Opéra de quat'sous**, inspiré d'une pièce de l'anglais John Gay, *L'Opéra des gueux*, et adapté à l'écran en 1931 par Pabst. Canetti y voit une « représentation raffinée, froidement calculée ». La culture marxiste berlinoise est l'expression exacerbée de l'individualisme que l'on retrouve dans l'*Opéra de quat'sous* : « D'abord il faut bouffer, ensuite vient la morale. »

L'« actualité » dans « un répertoire allant de Sophocle aux auteurs encore à découvrir, vu avec les yeux de notre temps, senti avec les nerfs de notre temps, représenté avec les moyens de notre temps » (Leopold Jessner, *Zeittheater, Berliner Tageblatt* du 6 avril 1927). Cette idée est à l'origine d'un théâtre politique qu'Erwin Piscator et Bertolt Brecht vont reprendre dans la seconde moitié des années 20. Un théâtre populaire de qualité est illustré par **Carl Zuckmayer** (1896-1977), originaire de Rhénanie, dont *Le Capitaine de Köpenick* attire les foudres de Goebbels.

« La rue est à nous » – Le scénographe **Karl Hainz Martin** monte une pièce expressionniste dans son « théâtre prolétarien ». L'idée est reprise par **Erwin Piscator** (1893-1966), qui en fait un instrument de propagande du parti communiste, inventant en 1925 le théâtre **d'agit-prop**. Il monte des pièces de Maxime Gorki, Upton Sinclair, Franz Jung avec des décors mobiles de John Heartfield. Il dirige la « Volksbühne » entre 1924 et 1927, puis le *Metropol* de la Nollendorfplatz. Il est un exemple pour de nombreuses petites troupes communistes.

L'apport russe – La vie littéraire à Berlin attirait beaucoup d'écrivains étrangers, comme Julien Green, **Christopher Isherwood**, qui écrivit à Berlin le roman *L'Adieu à Berlin* ayant servi de modèle au film *Cabaret*, Stephen Spender et Wystan Hugh Auden. Les Russes étaient toutefois les plus nombreux. Durant les années 20, il existait 86 maisons d'édition, 3 quotidiens et 20 librairies russes à Berlin. En deux vagues (1918-20 et 1922), l'intelligentsia fuit la révolution. Les aristocrates ruinés décrits par **Vladimir Nabokov** sont rejoints par l'avant-garde intellectuelle de la Russie soviétique. A Berlin se croisent Maxime Gorki (édité par Wieland Herzfelde), Vladimir Maïakovski, Sergueï Essenine, André Belyi, Marc Aldanov, Alexis Tolstoï, Fedor Stepun et de nombreux journalistes. Les idées de Vsevolod Meyerhold, qui prône l'intégration du public au spectacle, exercent une forte influence sur les metteurs en scène berlinois de théâtre. Un critique français dit en 1923 : « Le théâtre berlinois est entièrement dominé par les Russes. »

« Amérique ! Futur ! » (George Grosz, *Le chant du chercheur d'or*) – Le groupe autour des frères Herzfelde, George Grosz, Walther Mehring, Bertolt Brecht est l'un des principaux centres de débats d'idées sur l'Amérique. La foi dans le monde de l'économie et de la technique se traduit par un engouement, qui gagna même les intellectuels marxistes, pour tous les symboles de la société de consommation, notamment les enseignes lumineuses.
Pays des gangsters et des aventuriers, l'Amérique restait un défi. De nouvelles valeurs apparaissent : l'objectivité, la rationalité, la précision, le rendement. La vitesse marque le rythme du mode de vie citadin. L'intérêt croît pour le sport, les records. **La Nouvelle Objectivité**, qui oppose à la sensibilité expressionniste une distance froide, parfois sarcastique devint alors prédominante en littérature. **Erich Kästner** (1904-1974), avec ses poèmes ironiques et marquants du quotidien, peut être considéré comme son principal représentant.

Vladimir Nabokov (1899-1977)

L'écrivain est issu d'une vieille famille d'aristocrates libéraux de Saint-Pétersbourg. Son père, associé depuis longtemps à la vie politique russe, participa au gouvernement provisoire de février 1917 et fut assassiné, sans doute par erreur, au cours d'un meeting à Berlin en 1922. Sa mère, très cultivée, était issue de la noblesse allemande. Chassée par la Révolution, la famille Nabokov part en Crimée, puis à Londres, enfin à Berlin, une fois les études du jeune Vladimir achevées (1923). Pour survivre, il donne des cours de russe, de français, d'anglais, de tennis et de boxe. Il publie des articles dans la revue anti-soviétique *Rul*, sous le pseudonyme de **Sirine**, car son père écrit dans les mêmes revues que lui. Ses nombreuses nouvelles paraissent également dans des journaux. Il quitte Berlin en 1937, longtemps après les autres émigrés, après avoir écrit *Le Don*, dernier roman en russe et somme de son expérience littéraire berlinoise. Représentant de la vieille aristocratie, Nabokov traite du jeu des apparences et décrit, avec une ironie meurtrière, ce petit monde pétersbourgeois qui s'abreuve « de thé, d'intrigues et de lectures de poèmes interminables », soucieux de préserver ses valeurs et son mode de vie. Il a ressenti une fascination pour Berlin, ville de transit peuplée d'éternels passants et vue, souvent, à travers les vitres d'un tramway ou d'un train.

LE IIIᵉ REICH

Sous un gouvernement de plus en plus autoritaire, la vie culturelle s'anémie : les nazis apparaissent dans *Berlin Alexanderplatz* (1929) d'Alfred Döblin. Ils parviennent dès 1930 à perturber et, finalement, à faire interdire la projection du film adapté du roman d'Erich Maria Remarque *A l'Ouest, rien de nouveau*. Les premières arrestations (Friedrich Wolf et Carl von Ossietzky, directeurs de la revue *Weltbühne*) précèdent les premiers exils (Erwin Piscator). Hitler achève le travail.

Le **10 mai 1933** eut lieu l'autodafé de triste mémoire sur la place de l'Opéra *(voir UNTER DEN LINDEN)*. Les journaux et les institutions culturelles sont mis au pas. Les écrivains les plus célèbres de la République de Weimar s'exilent. Ceux qui restèrent en Allemagne sans collaborer avec les nazis, comme Peter Huchel, Günther Eich, Oskar Loerke et Wolfgang Weyrauch, se retirèrent dans l'« exil intérieur » et écrivirent des poèmes apolitiques sur la nature. La bourgeoisie juive cultivée, qui avait contribué à l'essor intellectuel de la ville, est éliminée.

L'APRÈS-GUERRE

La pièce antimilitariste *Dehors/Devant la porte* de Wolfgang Borchert fut représentée à Berlin-Ouest en 1947. A Berlin-Est, Brecht fonda le **Berliner Ensemble** en 1949 (Erwin Piscator rentrera, lui, à Berlin-Ouest en 1951). Si Berlin-Est est le centre culturel de la RDA, seuls comptent les poètes aux idées conformes à celles de l'État (Brecht, Bredel). Ceux qui tentent de secouer le conformisme qui règne sur les théâtres sont emprisonnés, expulsés, déchus de leur nationalité. Les protestations individuelles échouent. De nombreux auteurs passèrent à l'Ouest, comme **Uwe Johnson** (1934-1984) en 1959 dont les romans *(Jours anniversaires)* traitent des relations entre les deux Allemagnes. Durant les années 60, une nouvelle génération se fit entendre en RDA. **Christa Wolf** succéda à la romancière communiste **Anna Seghers** (1900-1983), revenu à Berlin-Est de son exil américain ; des poètes

Christa Wolf

comme Volker Braun et Sarah Kirsch apportèrent un ton nouveau au lyrisme. A Berlin-Ouest, de jeunes auteurs politiquement engagés occupèrent le devant de la scène dans la foulée de 1968 : Peter Schneider, Hans-Christoph Buch, Friedrich Christian Delius. **Günter Grass** *(Le Tambour)* s'était déjà installé à Berlin dans les années 50. En 1976, le poète et chansonnier **Wolf Biermann** (1907-1986), un ami du philosophe, résistant anti-nazi et dissident **Robert Havemann** (1910-1982), fut déchu de sa nationalité est-allemande et expulsé, ainsi que sa belle-fille, la rockeuse Nina Hagen. Bon nombre de ses collègues le suivirent et quittèrent Berlin-Est volontairement ou après emprisonnement, comme Thomas Brasch, Jürgen Fuchs, Günther Kunert, Chaim Noll, Sarah Kirsch. Ils enrichirent la vie littéraire à Berlin-Ouest, qui subit la rude concurrence des métropoles de RFA, même si des exilés d'autres pays s'étaient également réfugiés dans la ville, comme Antonio Skarmeta, Gaston Salvatore, Areas Ören, Herta Müller, Richard Wagner. **Peter Stein** inaugure une période faste à la *Schaubühne*.

CHUTE DU MUR ET UNIFICATION ALLEMANDE

Les événements consécutifs à 1989 ont surtout modifié le climat littéraire de Berlin-Est. De nombreux poètes de la *Prenzlauer Berg-Szene*, un milieu littéraire clandestin à moitié toléré, furent convaincus de collaboration avec la Stasi. Les auteurs qui avaient gardé leurs distances par rapport aux services secrets de la RDA comptent aujourd'hui parmi les principaux écrivains, comme Elke Erb et Uwe Kolbe, l'essayiste et auteur de prose Lutz Rathenow, ainsi que Durs Grünbein, qui reçut en 1955 le prix Georg-Büchner, la principale distinction littéraire de la RFA pour ses poèmes. Parmi les jeunes auteurs, on peut citer Thomas Brussig *(Des héros comme nous)*, Marko Martin *(En taxi pour Carthage)* et Ongo Schulze *(33 instants de bonheur)*.

Pour trouver la description d'une ville ou d'une curiosité isolée, consultez l'index.

Le cabaret,
une tradition berlinoise

Inspiré du modèle montmartrois, les cabarets apparaissent au début du 20ᵉ s., mais la satire reste timorée dans le Berlin wilhelmien, époque de formation pour les futures vedettes de la République de Weimar. Les premiers auteurs de textes de cabaret : Frank Wedekind, le poète Christian Morgenstern *(Monsieur Palmström)*, Richard Dehmel et Jakob van Hoddis enthousiasmaient leur auditoire dans des établissements enfumés. Le compositeur Rudolf Nelson invente un style musical entraînant. Le cabaret **Bruit et Fumée (« Schall und Rauch »)**, fondé par Max Reinhardt et plusieurs camarades, enchaîne les sketches satiriques et les pantomimes ; Hans Hyan, le « Bruant berlinois » dirige *La Terrine de Punch en Argent* où la bourgeoisie vient s'encanailler.

Dans l'entre-deux-guerres, Berlin compte plus de cent cabarets. Le célèbre *Bruit et Fumée*, cabaret intellectuel, est réouvert par Reinhardt à la fin de 1919 ; des chansons et des sketches, dont **Walter Mehring** (1896-1981) était l'auteur le plus connu, y sont présentés. La même année 1919, le cabaret *Tribüne* acquiert une renommée internationale comme théâtre d'avant-garde. Le poète **Erich Mühsam** (1878-1934) se produit au *Septième Ciel (Siebter Himmel)*. Les autres cabarets importants étaient *La Folie des Grandeurs (Kabarett Größenwahn)* de Rosa Valetti, la *Scène sauvage (Wilde Bühne)* de Trude Hesterberg, où se produisait Bertolt Brecht à l'époque où il était encore inconnu, ainsi que le *Nelson-Theater*, situé sur le Kurfürstendamm, où Marlène Dietrich et Hans Albers célébrèrent leurs premiers succès.

C'est chez les femmes féministes qui revendiquent hautement leurs idées émancipatrices, que l'on rencontre le plus de talent. La star de cette époque est sans conteste **Claire Waldoff** *(voir SCHÖNEBERG)* qui présentait ses chansons berlinoises salées dans le cabaret *Les Tilleuls (Linden)*. Elle fait venir de Francfort son amie **Gussy Holl** qui parodie les hommes ; le satiriste Kurt Tucholsky écrit pour elle de très belles chansons. Dans un registre plus sarcastique, **Blandine Ebinger** est la coqueluche de l'intelligentsia expressionniste et chante des textes mordants.

Ce mélange d'humour, d'ironie et de sévère critique sociale dérangeait les nazis qui chassèrent la plupart des chansonniers, qualifiés de « littérateurs juifs de rue », de la scène et du pays. Seule exception, le *Katakombe* de Werner Finck continua ses critiques jusqu'en 1935.

Les stars du cabaret de l'après-guerre à Berlin-Ouest sont Günter Pfitzmann et Ralf Wolter, qui se produisaient à *La Lucarne (Dachluke)*. Le cabaret radiophonique *Les Insulaires (Die Insulaner)*, qui se moquait des fonctionnaires communistes de la RDA et qui aida Berlin-Ouest à retrouver confiance en lui-même, acquit une notoriété au-delà des frontières de la ville. Outre les membres du *Porc-Épic (Stachelschwein)* et des *Campagnols (Die Wühlmäuse)*, un homme illustre le cabaret des années 60 : l'anarchiste irrévérencieux **Wolfgang Neuss**, surnommé « l'homme à la timbale ». A Berlin-Est, *Le Chardon (Die Distel)* exerçait une critique prudente à l'encontre de l'État, tandis que d'autres artistes comme Wolf Biermann et – pendant les années 80 – Stephan Krawczyk, n'avaient la possibilité de se produire nulle part, excepté dans des églises. Depuis la chute du Mur, on tente de faire revivre d'anciennes traditions. Le bar *Jeder Vernunft* propose des chansons érotiques d'un niveau artistique élevé ; le cabaret situé dans le sous-sol du théâtre de revues *Friedrichstadtpalast* fait revivre des couplets du vieux Berlin et dans le théâtre des *Wühlmäuse*, des auteurs comme Martin Buchholz divertissent le public avec des satires acerbes. le *Jardin d'Hiver (Wintergarten)* mise sur des représentations de variétés populaires, tandis que différents *Hoftheater* à Kreuzberg et à Prenzlauer Berg proposent des sujets éminemment politiques. Pratiquement tous les mois, de nouveaux mini-cabarets voient le jour. Ils ne survivent toutefois rarement plus longtemps.

Liza Minnelli dans le film *Cabaret* de Bob Fosse

Le temple de la musique

Berlin s'affirme plus comme une ville d'interprétation que de création. La plupart des grands compositeurs sont originaires d'Allemagne du Centre, du Sud ou d'Autriche. Mais, selon Beethoven, « le public berlinois [est] très cultivé ».

Le mécénat royal – Flûtiste de talent, librettiste et compositeur dont les œuvres sont toujours jouées, **Frédéric II** entretenait un orchestre de musique de chambre d'excellente qualité. Le claveciniste **Carl Philipp Emanuel Bach** (1714-1788), fils de Jean-Sébastien, le compositeur officiel Johann Joachim Quantz (1697-1773) et le maître de chapelle de Johann Adolf Hasse (1699-1783), qui officie lors de l'inauguration de l'opéra en 1742 *(voir UNTER DEN LINDEN)*, sont les fondateurs de la tradition musicale à Berlin. L'orchestre de l'Opéra, la **Staatskapelle**, est le plus ancien de la ville et il est toujours une formation réputée. Le théâtre du Nouveau Palais de Potsdam, qui n'a jamais cessé de fonctionner, fut inauguré le 18 juillet 1768 par la représentation d'un oratorio de Johann Adolf Hasse (1699-1783) ; on y donnait de l'opéra et du théâtre français. **Frédéric-Guillaume II** est lui aussi un souverain mélomane qui joue du violoncelle dans l'orangerie du Nouveau Jardin, à Potsdam, ou dans la salle des Fêtes de son château de l'île aux Paons. Il entretient des relations personnelles avec Haydn, Mozart, qui donnera des concerts de musique allemande devant le roi, mais en attendra vainement un emploi (1789), Boccherini et, plus tard, Beethoven. En 1791 est fondée l'**Académie de Chant** *(Singakademie)*.

L'époque romantique – Entre 1815 et 1835, dans un climat de censure, l'opéra devient un enjeu hautement politique et compense l'austérité de l'époque *Biedermeier*. L'opéra d'Unter des Linden ne peut rivaliser avec la nouvelle salle de concerts du Gendarmenmarkt, le **Schauspielhaus**, reconstruit par Schinkel et inauguré avec l'opéra romantique *Der Freischütz* dirigé par **Carl Maria von Weber** (1786-1826). Le succès est immédiat, mais Frédéric-Guillaume III juge Weber « populaire », donc « révolutionnaire ». La musique allemande s'impose en 1842 avec l'opéra *Les Huguenots* de Jacob Meyerbeer, nommé au poste de directeur général. L'intensité de la vie musicale berlinoise étonne Berlioz : « Il est peu de capitales qui puissent s'enorgueillir de trésors d'harmonie comparables aux siens. La musique y est dans l'air, on la respire, elle vous pénètre (...). Les riches et les pauvres, le clergé et l'armée, les artistes et les amateurs, le peuple et le roi l'ont en égale vénération. » Paganini ou Liszt ont à leur disposition d'excellentes institutions chorales et instrumentales. En 1843, *Rienzi* de Wagner lui vaut sifflets et huées. Sa musique provoquera encore un scandale en 1870, car, après la révolution de 1848, le vent de la réaction souffle sur la scène culturelle. Un militaire dirige les théâtres royaux jusqu'en 1886 ; la vie lyrique devient « ennuyeuse ». Quelques îlots créatifs, comme le grand opéra Kroll, accueille des compositeurs modernes.

Le tournant des 19e et 20e s. – Pour réagir à cette inertie, une cinquantaine de musiciens font sécession en 1882 et donnent naissance à l'**Orchestre Philharmonique de Berlin** (« Berliner Philharmonisches Orchester » ou, simplement, « Berliner Philharmoniker »). Son premier chef d'orchestre est **Hans von Bülow** qui invite les plus grands compositeurs : Johannes Brahms, Piotr Tchaïkovski, Edvard Grieg, Richard Strauss, Gustav Mahler. La Philharmonie, qui contribue à ébranler la dictature culturelle de la cour, résonne comme un écho à la Sécession berlinoise et à l'expressionnisme. Les conservatoires de la capitale sont renommés. Charlottenbourg construit un opéra (1912, à l'emplacement de l'actuel *Deutsche Oper*) qui accède à la gloire sous la baguette de **Bruno Walter**. **Richard Strauss** (1864-1949) dirige l'orchestre de l'opéra national d'Unter den Linden à partir de 1898 ; il en sera plus tard le directeur général de la musique. Le peuple préfère les opérettes pétillantes de **Paul Lincke**.

La « capitale du monde civilisé » – C'est par ces mots que le jeune violoniste virtuose **Yehudi Menuhin** désigne Berlin en s'y produisant à l'âge de treize ans. Durant les années 20, Berlin est la capitale incontestée de la musique moderne. Le ministère prussien de l'Éducation et de la Culture et le conseil municipal recrutent des musiciens de talent. Ceux originaires de l'Est, comme le violoncelliste Gregor Piatigorsky et le pianiste Horowitz, apportent également leur contribution.

Le pianiste italien **Ferrucio Busoni** est directeur de l'École de Musique à l'Académie prussienne des Beaux-Arts. Traité de « péril futuriste », dès 1916, par les défenseurs de la musique traditionnelle, il forme toute une génération de musiciens allemands (dont Kurt Weill). L'Autrichien **Arnold Schönberg** (1874-1951) lui succède de 1926 à 1933. En janvier de la même année, ses expériences dodécaphoniques suscitent la vindicte des nationalistes antisémites. Les « premières » à l'Opéra national sont des découvertes qui provoquent parfois des remous : *La Femme sans ombre* de Richard Strauss en 1919 ; « *Wozzeck* » d'**Alban Berg**, le 14 décembre 1925 ; *Cardillac* de **Paul Hindemith** (1895-1963) en 1928. Des chefs d'orchestre prestigieux sont à la tête des trois opéras : Fritz Stiedry et Bruno Walter à l'Opéra municipal de Charlottenbourg, Leo Blech et Erich Kleiber à l'Opéra national, Otto Klemperer et Alexandre von Zemlinsky à l'Opéra Kroll.

Wilhelm Furtwängler lors d'un concert, 1932

A la Philharmonie, que dirige **Wilhelm Furtwängler** (1886-1954) depuis 1923, sont données des représentations exemplaires d'œuvres de la génération des fondateurs (Schönberg, Stravinsky, Bartok). A partir de janvier 1922, des musiciens de l'école de Busoni et de Schönberg entrent au **groupe Novembre** qui organise des soirées musicales, retransmises à la radio, à partir de la salle de la **maison Vox**, rue de Potsdam.

Les jeunes compositeurs de la deuxième génération : Paul Hindemith, Ernst Krenek, Heinz Tietjen, Alois Haba, Eduard Erdmann sont soutenus par **Hermann Scherchen**, chef d'orchestre et fondateur de la revue *Mélos*. Les créations de Krenek, Hindemith et Weill, décriées par les traditionnalistes, mêlent à la musique sérieuse des éléments de jazz. La partition de **Kurt Weill** (1900-1950) n'est pas étrangère au succès de *L'Opéra de quat'sous*.

Variétés et revues – Remède aux angoisses accumulées depuis le lendemain de la guerre, des établissements dits de « variétés » offrent des spectacles de chansons, des sketchs, des numéros de danses suggestives dans des décors et des costumes clinquants. *La Scala*, ouverte en 1920, en est le prototype. Le rêve américain devient réalité à travers les *jazz-bands* (et leur version allemande, les *Comedian Harmonist*), les tournées des troupes de Broadway, qui inspirent les spectacles montés par **Erik Charell**, les revues à la mode hollywoodienne, dont le maître, **Rudolf Nelson**, révèle Marlène Dietrich. Paul Lincke, Jean Gilbert, Walter Kollo, Richard Tauber, la délicieuse **Fritzi Massary** sont les coqueluches du public berlinois. L'opérette viennoise, à laquelle la ville confère un caractère plus caustique, triomphe avec *L'Auberge du Cheval blanc* qui reste deux ans à l'affiche du *Schauspielhaus*. **Friedrich Holländer**, vieux Berlinois dont le père était le musicien attitré du *Metropol-Theater* sous Guillaume II, a composé les airs de la *Mélodie rouge*, interprétée par Rosa Valetti, et *C'est moi la fringante Lola*, que chante Marlène Dietrich dans *L'Ange bleu* de Josef von Sternberg.

La traversée de la guerre – La situation se dégrade à partir de 1929, avec le renforcement de la censure. *Das Berliner Requiem* de Kurt Weill, composé à l'occasion du 10ᵉ anniversaire de l'écrasement du soulèvement spartakiste et destiné à être diffusé à la radio, est dénaturé. Après avoir quitté l'Allemagne pour les États-Unis en mai 1933, Schöneberg déclare : « A vrai dire, je suis préparé depuis quatorze ans à ce qui vient d'arriver. » La scène culturelle sombre dans la médiocrité. Les Berlinois choisissent les comédies sentimentales ou les opérettes légères. Wilhelm Furtwängler et Richard Strauss se concentrent sur leur art et montent des œuvres de créateurs juifs.

Un prestige intact – Relogée dans un bâtiment de Hans Scharoun, l'orchestre philharmonique maintient sa renommée internationale sous la direction de **Herbert von Karajan**, qui la dirige de 1955 à 1989, le bâtiment méritant ainsi son surnom de « *Zirkus Karajani* », par référence au *Cirque Sarasani* d'avant-guerre. Karajan est remplacé par le chef d'orchestre italien **Claudio Abbado**, mais, toute l'année, les plus grands chefs d'orchestre du monde sont invités à la Philharmonie.

Berlin compte huit autres orchestres symphoniques, dont l'Orchestre symphonique allemand *(Deutsche Symphonie Orchester)*, fondé en 1946 par les Américains et qui a toujours eu des chefs d'orchestre prestigieux à sa tête, comme Lorin Maazel ; l'Orchestre symphonique de Berlin *(Berliner Sinfonie Orchester)*, ancien orchestre de Berlin-Est actuellement dirigé par le Danois Michael Schonwand ; l'Orchestre symphonique de la Radio *(Rundfunk-Sinfonieorchester)* également réputé. Il ne faut pas oublier les orchestres des trois opéras : ceux du Staatsoper Unter den Linden **(Staatskapelle)**, dont le directeur général de la musique en est **Daniel Barenboim**, du Deutsche Oper Berlin et du Komische Oper.

Bibliographie

HISTOIRE

Les Chevaliers teutoniques, par Henry Bogdan, Éd. Perrin, 1995 – L'épopée des Chevaliers, de la Terre sainte à la Prusse en passant par la Hongrie, remet en place bien des idées reçues.

Berlin, par Cyril Buffet, Éd. Fayard, 1993 – L'auteur fait aimer la ville dont il retrace l'histoire, à travers ses contradictions, avec un style enlevé.

Louise de Prusse, par Joël Schmidt, Éd. Perrin, 1995 – Biographie bien documentée de « La Reine qui défia Napoléon ». Pour tous les amateurs de destins de têtes couronnées.

L'or et le fer. Bismarck et son banquier Bleichröder, par Fritz Stern, Éd. Fayard, 1990 – Un « pavé » écrit avec une grande clarté qui le rend parfois légèrement ennuyeux. L'auteur manifeste de l'humour envers ce personnage un peu pathétique, essentiel pour comprendre l'époque de la fondation de l'empire allemand.

Berlin 1919-1933, collection « Autrement », 1993 – Les thèmes abordés (la plupart des auteurs sont allemands) montrent les tensions qui agitaient la République de Weimar.

C'était Berlin, Éd. Fernand Nathan, 1980 – Une synthèse vivante du Berlin des années folles.

Berlin, carrefour des années 20 et 30, Institut d'allemand Sorbonne nouvelle, 1992 – Différents essais sur des points précis : *Berlin et la psychanalyse, Entre Vienne et Berlin, L'Amérique, modèle paradoxal,* apportent un éclairage précieux sur la complexité de cette période foisonnante.

Berlin 1933-1945, collection « Autrement », 1995 – Berlin sous le IIIᵉ Reich ou la transfiguration d'une ville qu'Hitler n'aimait pas.

Les Collines de Berlin, par Stéphane Roussel, Éd. Mazarine, 1985 - Récit qui a valeur de témoignage au moment de la prise de pouvoir d'Hitler, par la correspondante du *Matin.*

Hitler, par Marlin Steinert, collection « Pluriel », Éd. Fayard, 1991 – Biographie très documentée du dictateur, de son enfance à son suicide.

Beaux-Arts

Le Château de Charlottenbourg – Berlin, Collection « Museen, Schlösser une Denkmäler in Deutschland », Éd. Fondation Paribas, 1995 – L'histoire du château y est retracée par règnes. Informations précises et belles illustrations sur papier glacé.

Schinkel, de Werner Szambien, Éd. Hazan, 1989 – Une propédeutique sur le grand architecte de la Prusse, la seule actuellement disponible en français. Illustrations en noir et blanc.

Potsdam, de Gert Streidt et Klaus Frahm, Könemann, 1996 – Un beau livre, édité en trois langues, sur les souverains qui ont créé la magnifique collection de châteaux et de jardins de Potsdam ; nombreuses et belles illustrations.

Berlin au quotidien

Berlin, années 1970-1980 : Le ciel partagé, collection « Autrement », 1983 – Les articles sur les Turcs, les Français à Berlin, la « deuxième culture » et les témoignages de divers personnages : alternatif, punk ou transsexuel brossent le portrait d'une ville entre passé et avenir.

Berlin capitale, collection « Autrement », 1992 – L'unité a été un bouleversement parfois durement ressenti.

Jeunesse perdue, collection « Autrement », 1995 – Le témoignage d'un néo-nazi repenti.

Tourisme

Berlin, par Gerd Schnürer et Ernst Dahlke, collection « Voir et savoir », Vilo, 1993 – Un bon équilibre images/textes.

Littérature

Berlin, anthologie littéraire, Quai Voltaire, 1993 – Heinrich Heine, Bettina von Arnim, Yvan Goll, Else Lasker-Schüler, Erich Kästner, Wolf Biermann, Günter Grass et bien d'autres sont au rendez-vous...

Berlin, la cour et la ville, par Jules Laforgue, Éd. de la Sirène, 1922 – Un regard sans complaisance sur le Berlin wilhelmien, par le lecteur de français de l'impératrice.

Berlin Alexanderplatz, par Alfred Döblin, Folio.

L'Adieu à Berlin, Christopher Isherwood, Hachette.

Mr. Norris change de train, Christopher Isherwood, 10/18.

La conscience des mots, Elias Canetti, Albin-Michel – Série d'essais qui comporte une analyse des rapports que Speer, le bâtisseur officiel du Führer, a entretenus avec ce dernier.

Terrasse à Prenzlauer Berg

Vivre
à
Berlin

Sports et nature

PARCS ET FORÊTS

La forêt couvre de vastes surfaces à Berlin, on peut la découvrir à partir des stations de S-Bahn suivantes :

Forêt de Grunewald (Berliner Forst Grunewald) :
Ⓢ *3, 7 Grunewald. On peut aller aussi jusqu'à* Ⓤ*2, 12 Theodor-Heuss-Platz, puis prendre le* 🚌 *218 qui conduit au stade olympique et dessert le rivage de la Havel (Havelchaussee) et diverses curiosités de la forêt de Grunewald comme la Grunewaldturm.*

Forêts de Düppel (Berliner Forst Düppel) :
Ⓢ *3, 7 Wannsee, puis* 🚌 *216 ou 316 qui conduisent à l'île aux Paons* («Pfaueninsel»).

Forêt de Tegel (Berliner Forst Tegel) :
Ⓤ *6 Alt-Tegel, puis* 🚌 *222.*

Forêt recouvrant les Müggelberge (Berliner Stadtforst) :
Ⓢ *3 Köpenick, puis* 🚌 *169 Chausseehaus. Marcher le long de la route qui conduit à la Müggelturm. Diverses promenades sont possibles : autour du* **Müggelsee** *ou, au Sud, le long du* **Langersee**.

Pour plus d'informations :

Branderburgische Exkursionen – *Müggelstraße 22 ;* ☎ *(030) 291 25 02.*
Les parcs sont généralement ouverts même la nuit. Veillez à ne rien y jeter. Ne pas s'écarter des allées dans les jardins royaux.

PROMENADES EN BATEAU

Riche en cours d'eau et en lacs, l'agglomération berlinoise se prête à la navigation de plaisance. Les excursions se déroulent, de début avril à fin septembre, le long de la **Havel**, longue de 14 km de Spandau à Potsdam (partie que l'on appelle l'**Unterhavel** et qui se prolonge jusqu'à Werder) et de 8 km de Spandau à Heiligensee par le Tegeler See (**Oberhavel** ; certaines excursions allant jusqu'au Lehnitzsee, à côté d'Oranienbourg). La **Spree** et le **Landwehrkanal** (10 km de long), qui relie la porte de Silésie *(Schlesiches Tor)* à Charlottenbourg, permettent de faire un cercle à travers le vieux Berlin et de découvrir de surprenants paysages industriels, urbains et aquatiques ; les excursions durent environ 3 h.
Le **Müggelsee**, que traverse la Spree, est un but d'excursions très recherché. La **Dahme** s'élargit le long de lacs, comme le **Langer See** et le Seddinsee, au cadre naturel idyllique. Les prospectus sur les compagnies de navigation sont disponibles à l'Office de Tourisme. La plupart des départs se font depuis le **pont du Château** («Schloßbrücke», Charlottenburger Ufer), à côté du château de Charlottenbourg, à côté de l'**Arsenal** *(Zeughaus)* et de la **cathédrale** *(Berliner Dom)* ou depuis le «**Lange Brücke**» à Potsdam.

Quelques compagnies :

City Schiffahrt H. G. Gabriel – *Embarcadère Tegeler Weg, à l'angle de Bonhoeffer Ufer, dans le parc, 150 m en aval du Schloßbrücke ;* ☎ *(030) 345 77 83 , fax (030) 345 99 33.*
Les spécialistes de la croisière dans Berlin, le long de la Spree, du Landwehrkanal, du Spandauer Schiffahrtskanal.

Petit vocabulaire pour la croisière :

«**Ausflug**» : excursion.
«**Rundfahrt**» : croisière.
«**Brücke**» : pont.
«**Abfahrt**» : départ.
«**Kinder**» : enfants.
«**Täglich**» : tous les jours.
«**2 stündige**» : de 2 h.
«**Über Tegel-Ort**» : par Tegelort.

Reederei Bruno Winkler – *Embarcadères Schloßbrücke (Charlottenburg), Reichstagsufer (Mitte), Lindenufer – Brücke 3 (Spandau), Tegeler Weg (Charlottenburg), Tegel Greenwichpromenade (Reinickendorf) ;* ☎ *(030) 391 70 10, 391 70 70, 391 46 93 ; fax (030) 391 80 49.*
Excursion de Werder au Lehnitzsee et à travers Berlin ; nombreuses soirées à bord.

Reederei E. Schlenter – *Embarcadère sur la Spree à partir du Tegeler Weg (Charlottenburg) ;* Ⓤ *Mierendorfplatz ou Jungfernheide ;* 🚌 *109, 121, 126, 127, 145 Landgericht Charlottenburg depuis la gare Zoo ;* ☎ *et fax (030) 416 27 32.*
Excursion d'une journée jusqu'à la ville lacustre de Werder, au Müggelsee à Travers Berlin, Königs Wusterhausen le long de la Spree et de la Dahme, à travers la Marche de Brandebourg.

Stern und Kreis Schiffahrt GmbH – *Puschkinallee 16-17 (Treptow)* ; Ⓢ *6*, Ⓢ *8*, Ⓢ *9*, Ⓢ *10 Treptower Park* ; ☎ *(030) 617 39 00* ; *fax (030) 61 73 90 99*.
C'est la compagnie propriétaire de la « Flotte blanche » *(Die Weiße Flotte)* qui offre des croisières variées le long de la Spree et de la Dahme et dans les lacs des environs. Le bateau à aube *Havel Queen* et le *Moby Dick*, en forme de baleine, croisent sur le lac de Tegel (embarcadères Greenwich Promenade – Pont 2 ; Tegeler Hafen, en face de la bibliothèque Humboldt), jusqu'au Lehnitzsee, aux environs d'Oranienbourg, et sur le Havel entre Wannsee et Cecilienhof.

Weiße Flotte Potsdam – *Service clientèle : Lange Brücke* ; ☎ *(0331) 29 15 27 ou 280 00 31* ; *fax (0331) 29 10 90*.
Excursion autour de la ville, le long de la Havel jusqu'à Brandebourg, vers l'île des Paons, Wannsee, Spandau, à travers Berlin.

Les promenades en bateau
constituent l'un des agréments de l'été berlinois

BAIGNADE

Havel

Les bords de la Havel se prêtent à la baignade, mais il est préférable de se baigner près des stations de surveillance à :

Lieper Bucht – 🚌 *218 Lindwerder* ; *en face de l'île de Lindwerder*.

Große Steinlanke – 🚌 *218 Großes Fenster*.

Strandbad Wannsee – Ⓢ *1, 3, 7 Wannsee*. La plus grande plage intérieure d'Europe, aménagée dans les années 20.

Moorlake – 🚌 *216 Moorlake*. Un lieu d'excursion traditionnel et très aimé des Berlinois. La crique est bordée d'auberges.

Lacs de Grunewald :

Krumme Lanke – Ⓤ *1 Krumme Lanke*. Rives boisées.

Schlachtensee – Ⓢ *1 Schlachtensee*. Baignade tout autour du lac et, notamment, en bordure du Paul-Ernst-Park.

Teufelsee – Ⓢ *3, 7 Grunewald* ; *emprunter le Neuer Schildhornweg vers l'Ouest*. Plage de naturistes.

Freibad Halensee – Ⓢ *9 Halensee* ou 🚌 *104, 110, 119, 129, 219 Rathenauplatz*. Rendez-vous des naturistes.

NATURE ET LOISIRS A BERLIN

⛵	Château	🦌	Réserve d'animaux	⬛	Planétarium
✝	Eglise, chapelle	🐾	Parc zoologique	🎡	Parc d'attractions
🎡	Tour, panorama	🏊	Plage, baignade	■	Salle de spectacles, salle de concerts

Hohen Neuendorf

Havel

A 111 - E 26

Hennigsdorf

Gartenstadt Frohnau

Berliner Forst Tegel

Fließ

Lübars

Heiligen See

Tegeler

Tegel

REINICKENDORF

PANKO

Berliner

Forst Spandau

Tegeler See

Niederschönhaus

Falkensee

6

Volkspark Rehberge

WEDDING

SPANDAU

TEGEL

Hohenzollernkanal

Volkspark Humboldthain

Plötzensee

Gartenstadt Staaken

Zitadelle

Volkspark Jungfernheide

Museum fü Naturkund

Spree

TIERGARTEN

Olympia- stadion

Waldbühne

CHARLOTTENBURG

MITTE

Glockenturm

Funkturm

KREUZBE

Deutschlandhalle

Berliner Kinomuseum

Hälensee

Berliner

Viktoriapark

Grunewaldturm

Forst

Volkspark Hasenhe

WILMERSDORF

TEMPELHOF

Grunewald

Grunewald

Domäne Dahlem

SCHÖNEBERG

20

DAHLEM

Der Insulaner

Krumme Lanke

Museum für Völkerkunde

Botanischer Garten

TEMPELHOF

Onkel-Toms-Hütte

Schlachtensee

STEGLITZ

Bri Ga

Pfaueninsel

Großer Wannsee

ZEHLENDORF

Sacrow

Museumsdorf -Düppel

Klein- Glienicke

Berliner

4

Dorfkirche Marienfeld

Babelsberg

Forst

Düppel

Teltowkanal

Studio Babelsberg (Studio tour)

Teltow

101

POTSDAM

A 115 - E 51

Mah

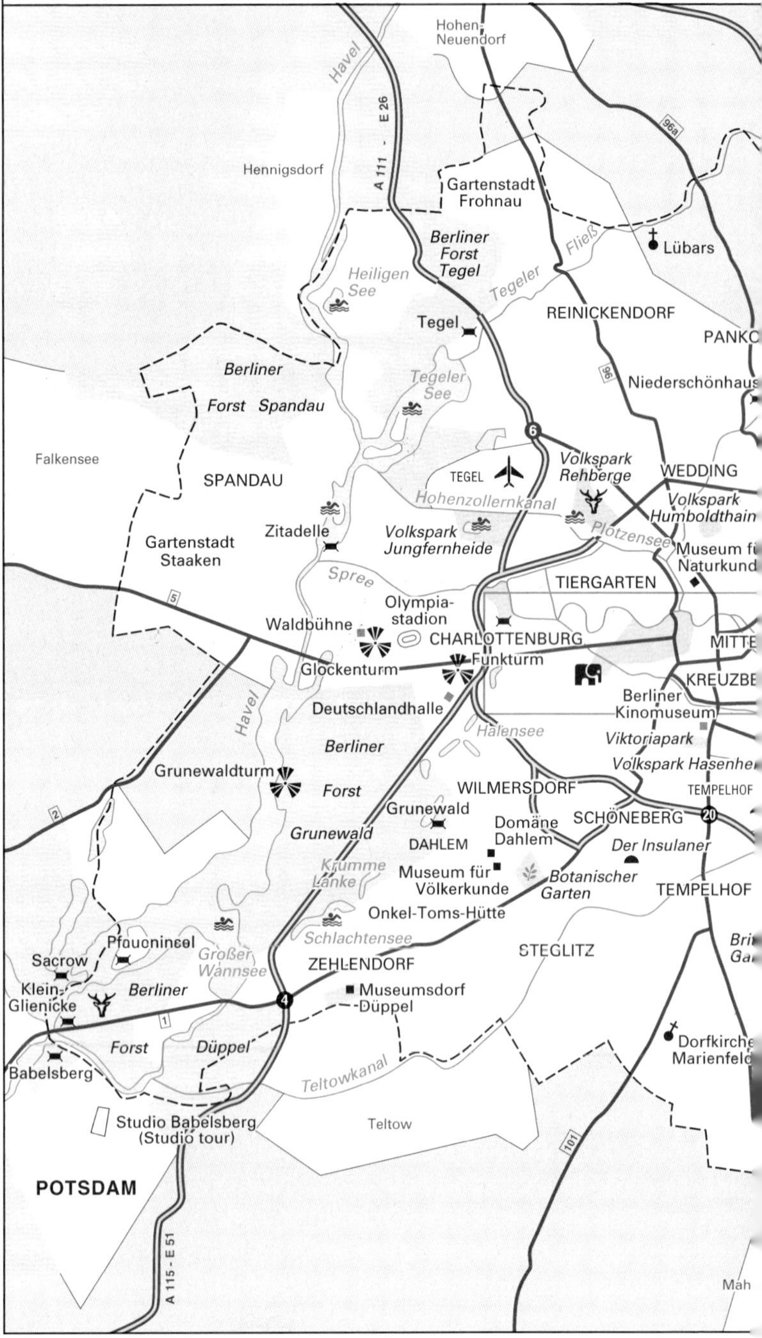

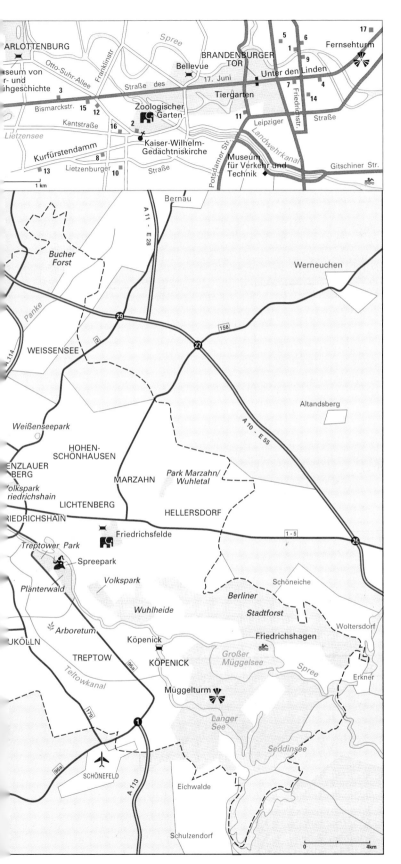

Top map (city centre):

CHARLOTTENBURG

Spree

Museum von r- und hgeschichte

Otto-Suhr-Allee

Franklinstr

BRANDENBURGER TOR

Bellevue

5 6
1
Fernsehturm
9
17

Straße des

17. Juni

Unter den Linden

4

3

Straße

Bismarckstr. **15** **12**

Tiergarten

7

14

Zoologischer Garten

Kantstraße **16**

2

11

Leipziger

Friedrichstr

Straße

Lietzensee

Kurfürstendamm

8

Kaiser-Wilhelm- Gedächtniskirche

Potsdamer Str.

Landwehrkanal

Museum für Verkehr und Technik

Gitschiner Str.

13 Lietzenburger **10**

Straße

1 km

Bottom map (greater Berlin):

Bernau

A 11 - E 28

Bucher Forst

Werneuchen

Panke

158

A 114

WEISSENSEE

2

29

27

A 10 - E 55

Altandsberg

Weißenseepark

HOHEN- SCHÖNHAUSEN

ENZLAUER BERG

MARZAHN

Park Marzahn/ Wuhletal

olkspark riedrichshain

LICHTENBERG

HELLERSDORF

RIEDRICHSHAIN

Friedrichsfelde

1 - 5

25

Treptower Park

Spreepark

Schöneiche

Plänterwald

Volkspark

Berliner

Wuhlheide

Stadtforst

Woltersdorf

Arboretum

Köpenick

Friedrichshagen

UKÖLLN

TREPTOW

969

KÖPENICK

Großer Müggelsee

Spree

Erkner

Teltowkanal

179

Müggelturm

Langer See

1

Seddinsee

968a

A 113

SCHÖNEFELD

Eichwalde

0   4km

Schulzendorf

91

Müggelsee :

Seebad Friedrichshagen – *Müggelseedamm 216 ;* Ⓢ *3 Friedrichshagen, puis* 🚋 *60 Josef-Nawrocki-Straße.*

Strandbad Müggelsee – *Fürstenwalder Damm 838 (Rahnsdorf) ;* Ⓢ *3 Rahnsdorf, puis* 🚌 *161 Rahnsdorf/Waldschänke ;* 🚋 *61 Strandbad Müggelsee ou marcher le long du Fürstenwalder Damm vers le Nord-Ouest.*

A partir de Tegel :

Freibad Tegelsee – *Schwarzer Weg ;* Ⓤ *6 Alt-Tegel, puis* 🚌 *222 Spechtstraße ; prendre la Waldkauzstraße vers le Sud-Est.*

Strandbad Heiligensee – *Sandhauser Straße/Alt-Heiligensee ;* Ⓤ *6 Alt-Tegel, puis* 🚌 *222 Falkenplatz et* 🚌 *324 Strandbad Heiligensee.*

Autres lacs :

Freibad Plötzensee (Wedding) – *Station de métro les plus proches :* Ⓤ *9 Westhafen ou Amrumer Straße ; sinon* 🚌 *126, X26 Dohnagestell.*

Seebadanstalt am Weissen See (Weissensee) – *Station de S-Bahn la plus proche :* Ⓢ *8, 10 Greifswalder Straße ;* 🚌 *255, 259 ou* 🚋 *2, 3, 4, 13, 23, 24 Berliner Allee/Indira-Gandhi-Straße.*

Strandbad Wendenschloß (Köpenick) – *Am Langen See/Möllhausenufer 30 ;* Ⓢ *3 Köpenick, puis* 🚋 *62 Wendenschloß ; continuer la Wendenschloßstraße vers le Sud et prendre, vers l'Est, la Möllhausenufer.*

Strandbad Grünau (Köpenick) – Ⓢ *3 Köpenick, puis* 🚋 *68 Strandbad Grünau.*

PISCINES ET PARCS AQUATIQUES

Blub – *Buschkrugallee 64 ;* ☎ *(30) 606 60 60 ;* Ⓤ *7 Grenzallee.*
Vaste parc aquatique doté d'un toboggan de 120 m.

Stadtbad Charlottenburg – *Krumme Straße 6a-8 (Charlottenburg) ;* Ⓤ *2, 12 Deutsche Oper ;* ☎ *(030) 34 30 32 41.*
La plus ancienne piscine municipale de Berlin ; public souvent âgé.

Sommerbad Kreuzberg – *Gitschiner Straße 18-31 (Kreuzberg) ;* Ⓤ *1, 15 Prinzenstraße ;* ☎ *(030) 25 88 54 16.*
Piscine découverte, ouverte seulement de mi-mai à septembre.

PARCOURIR BERLIN A VÉLO

La bicyclette est reine en Allemagne. Berlin compte 800 km de pistes cyclables. Le réseau commence à se développer dans la partie Est. Elles sont signalées par une bande rouge sur le trottoir. Il est conseillé de ne pas y marcher ni de s'arrêter dessus ; les cyclistes berlinois ne s'arrêtent pas. Demander le guide *ADFC Fahrradstadtplan* (DM 12,-) et consulter les pages jaunes (rubrique *Fahrradverleih*) pour trouver les sociétés de location. Vous pouvez notamment vous adresser à :

Bikes & Jeans – *Albrechtstraße 18 (Mitte) ;* Ⓢ *+* Ⓤ *Friedrichstraße ; ouvert de 10 h à 21 h tous les jours ; compter entre 15 DM et 20 DM par jour et entre 30 DM et 40 DM par week-end.*

Fahrradstation – *Möckernstraße 92 (Kreuzberg) ;* Ⓤ *1, 7 Möckernbrücke* Ⓤ *7 Yorckstraße ; ouvert de 10 h à 14 h et de 15 h à 18 h du lundi au vendredi, de 10 h à 14 h le samedi ; compter entre 15 DM et 25 DM par jour, 50 DM et 60 DM pour trois jours.*

Zweirad-Bardt – *Kantstraße 88 (Charlottenburg) ;* Ⓤ *7 Wilmersdorfer Straße/*Ⓢ *3, 5, 6, 9 Charlottenburg ; ouvert de 9 h à 16 h du lundi au vendredi, de 9 h à 13 h le samedi ; compter 15 DM par jour ; caution 300 DM.*

Fahraradverleih Berlin am Europa-Center – *Europa-Center (15 étages) ;* ☎ *(030) 261 20 94 ; la journée 20 DM, 3 jours 47,50 DM.*

PATINOIRES

Les horaires étant très variables, généralement des tranches de 2 h à 3 h, une à plusieurs fois par jour, et certaines tranches étant réservées aux gens plus âgés, d'autres aux enfants, il est préférable de se renseigner. Certaines patinoires font aussi discothèque.

Sportpark Neukölln – *Oderstraße 182 ;* ☎ *(030) 68 09 35 34 ;* Ⓤ *7 Hermannstraße.*

Erika-Heß-Eisstadion – *Müllerstraße 185 ;* ☎ *(030) 45 75 55 57 ;* Ⓤ *6 Reinickendorfer Straße.*

Eisstadion Berlin-Wilmersdorf – *Fritz-Wildung-Straße 9 ;* ☎ *(030) 823 40 60 ;* Ⓢ *9 Hohenzollerndamm et Heidelberger Platz,* Ⓤ *Heidelberger Platz.*

Sport- und Erholungszentrum Berlin – *Landsberger Allee 77 ;* ☎ *(030) 42 28 33 22 ;* Ⓢ *Landsberger Allee ;* Ⓢ *8, 10 Landsberger Allee.*

Eissporthalle Berlin – *Jafféstraße (à côté de la Deutschlandhalle) ;* ☎ *(030) 30 38 42 23 ;* Ⓢ *3, 7, 9, 75 Westkreuz ou* Ⓤ *2, 12 Kaiserdamm.*

Les spectacles

Les films, pièces de théâtre, concerts, expositions sont présentés toutes les deux semaines dans « **Prinz** », « **Tip** », « **Zitty** », le mensuel *Berlin Programm*, que l'on peut se procurer à l'Office de tourisme et dans les kiosques de journaux, et les quotidiens. Voir aussi le très détaillé *Führer durch die Konzertsäle Berlins* que l'on trouve aux caisses des théâtres. Il est conseillé de réserver, en particulier pour la Philharmonie, avant le départ pour Berlin.

BILLETS

Theaterkasse – *Hardenbergstraße 6 (Charlottenburg)* ; ☎ *(030) 312 70 41, fax (030) 312 70 83 et 312 65 53 ;* Ⓢ + Ⓤ *Zoologischer Garten.*

Berlin Tourismus Marketing – ☎ *(030) 25 00 25, fax (030) 25 00 24 24.* Permet de réserver des places à des spectacles avant même le départ en voyage.

THÉÂTRES

Berliner Ensemble – *Bertolt-Brecht-Platz 1 (Mitte)* ; ☎ *(030) 282 31 60 (billetterie)* ; Ⓢ + Ⓤ *Friedrichstraße.* Le seul théâtre consacré à Brecht depuis 1954. Celui-ci y créa *L'Opéra de quat'sous* en 1928.

Deutsches Theater – *Schumannstraße 13a (Mitte)* ; ☎ *(030) 284 41 221/222 (Information; notamment pour les handicapés)/284 41 225 (billetterie)* ; Ⓢ + Ⓤ *Friedrichstraße ou* Ⓤ *6 Oranienburger Tor.* La plus vieille scène de Berlin et la plus célèbre de la RDA a bien survécu au changement. Son répertoire d'auteurs classiques et modernes est interprété par d'excellents acteurs sous la direction de Thomas Langhoff. A côté le **Théâtre de chambre** (« Kammerspiele ») joue des pièces d'auteurs contemporains.

Hebbel Theater – *Stresemannstraße 29 (Kreuzberg)* ; ☎ *(030) 259 00 40 (Information) 25 90 04 27 (billetterie)* ; Ⓤ *1, 6, 15 Hallesches Tor* ; Ⓢ *1, 2, 25 Anhalter Bahnhof.* Théâtre épargné par la guerre, il accueille des troupes étrangères et des spectacles de danse dans le cadre du festival *Tanz im August.*

Komödie/Theater am Kurfürstendamm – *Kurfürstendamm 206-209 (Charlottenburg)* ; ☎ *(030) 881 30 20 (Informations)* ; Ⓤ *15 Uhlandstraße.* Spécialisés tous deux dans le théâtre de Boulevard.

Maxim-Gorki-Theater – *Am Festungsgraben 2 (Mitte)* ; ☎ *(030) 20 22 11 15* ; Ⓢ + Ⓤ *Friedrichstraße.* Situé dans le bâtiment élégant de l'ancienne Académie de Chant. Des metteurs en scène étrangers y créent des pièces d'auteurs contemporains, en particulier de l'ancienne URSS, mais aussi des pièces à succès comme *Le Capitaine de Köpenick* de Carl Zuckmayer.

Schaubühne

Renaissance-Theater – *Knesebeckstraße 100 (Charlottenburg)* ; ☎ *(030) 315 97 30* : **U** *2, 12 Ernst-Reuter-Platz.*
Un mélange de sérieux et de divertissement : théâtre de boulevard de qualité et sujets contemporains. Par son cadre, ce théâtre est l'un des plus beaux de Berlin ; des acteurs célèbres s'y produisent.

Schaubühne – *Kurfürstendamm 153 (Charlottenburg)* ; ☎ *(030) 89 00 23 (billetterie)* ; Ⓢ *3, 5, 7, 9, 75 Charlottenburg ou* **U** *7 Adenauer Platz.*
Dans les années 70 et 80, ce fut la scène la plus célèbre de Berlin-Ouest sous la direction de Peter Stein et Claus Peymann.

Schloßparktheater – *Schloßstraße 48* ; ☎ *(030) 793 15 15* : Ⓢ *1 et* **U** *9 Rathaus Steglitz.*
Fermé en 1993 après un demi-siècle de succès, ce théâtre a réouvert. Goethe, Sartre, Ibsen y sont joués.

Volksbühne – *Rosa-Luxemburg-Platz (Mitte)* ; ☎ *(030) 247 76 94 (Informations) et 247 67 72 (billetterie)* ; **U** *2 Rosa-Luxemburg-Platz.*
Un point de rendez-vous culturel qui organise des manifestations diverses.

A Potsdam :

Schloßtheater im Neuen Palais – Sanssouci – Ⓢ *3, 7 Potsdam-Stadt, puis* 🚌 *606 jusqu'au Nouveau Palais ou* 🚌 *695 depuis la Bassinplatz jusqu'au Nouveau Palais ; retour avec le* 🚌 *695 de 18 h 58 jusqu'à 00 h 18 toutes les 40 mn.*
Tragédies lyriques, opéras et opéras comiques tirés du répertoire classique.

Theaterhaus am Alten Markt (Hans-Otto-Theater) – ☎ *(0331) 280 06 93, fax (0331) 280 06 94* ; Ⓢ *3, 7 Potsdam-Stadt.*
Propose également des spectacles de danse.

Théâtres et cirques pour les enfants

Berliner Figuren Theater – *Yorckstraße 59 (Kreuzberg)* ; ☎ *(030) 786 98 15* : Ⓢ *1, 2, 5 Yorckstraße.*
Grips Theater – *Altonaer Straße 22 (Tiergarten)* ; ☎ *(030) 391 40 04* ; **U** *9 Hansaplatz.*
Klecks – *Schinkestraße 8/9 (Neukölln)* ; ☎ *(030) 693 77 31* ; **U** *8 Schönleinstraße.*
Studiobühne Heinrich-Mann-Allee 103 – 🚌 *91, 93, 96, 98 Kunersdorfer Straße ; entrée par le Horstweg.*

LA MUSIQUE CLASSIQUE

Consulter les revues « **Prinz** », « **Tip** », « **Zitty** » et le *Berlin Programm*. Voir aussi le très détaillé *Führer durch die Konzertsäle Berlins* que l'on trouve aux caisses des théâtres (voir plus haut). Il est conseillé de réserver, en particulier pour la Philharmonie, avant le départ pour Berlin.

CONCERTS

Akademie der Künste – *Hanseatenweg 10 (Tiergarten)* ; ☎ *(030) 393 30 08 (billetterie)/390 00 70 (Standard)* ; **U** *9 Hansaplatz.*
Propose également des spectacles de danse.

Hochschule der Künste – *Hardenbergstraße 33 (Tiergarten)* ; ☎ *(030) 31 85 23 74* : **U** *2 Ernst-Reuter-Platz.*

ICC Berlin – *Messedamm (Charlottenburg)* ; ☎ *(030) 30 38 30 49* ; Ⓢ *45, 46 Witzleben* ; **U** *2, 12 Kaiserdamm.*

Konzerthaus Berlin, Schauspielhaus am Gendarmenmarkt – *Gendarmenmarkt 2* : ☎ *(030) 203 09 21 01/02* : **U** *6 Französische Straße* ; billetterie *Charlottenstraße 56* (**U** *2 Hausvogteiplatz).*
La plus ancienne et la plus belle salle de concerts de Berlin.

Philharmonie et Kammermusiksaal – *Matthäikirchstraße 1 (Tiergarten)* ; ☎ *(030) 25 48 81 32 (billetterie)* ; 🚌 *142, 148 Philharmonie ou* 🚌 *348 Kulturforum.*
Les salles de concerts les plus modernes de Berlin, sièges du *Berliner Philharmoniker* ; excellente acoustique.

MUSIQUE SACRÉE

Berliner Dom – *Am Lustgarten (Mitte)* ; ☎ *(030) 20 26 91 06* ; Ⓢ *3, 5, 7, 9, 75 Hackescher Markt* ; 🚌 *100, 157, 348 Lustgarten.*

Französische Kirche – *Gendarmenmarkt 5 (Mitte)* ; **U** *6 Französische Straße.*

Kaiser-Wilhelm-Gedächtnis-Kirche – *Lietzenburger Straße 39 (Gemeindebüro)* ; ☎ *(030) 218 50 23* : **U** *1,* **U** *15 Kurfürstendamm.*

Concert à la Philharmonie

Passionskirche – *Marheinekeplatz 1 (Kreuzberg)* : ☎ *(030) 691 25 91* : 🆄 *7 Gneisenaustraße* : 🚌 *341 Marheinekeplatz.*

Sophienkirche – *Große Hamburger Straße 31* : ☎ *(030) 282 32 32* : Ⓢ *3, 5, 7, 9, 75 Hackescher Markt* : 🚋 *1, 13 Monbijouplatz.*

CONCERTS DANS LES CHATEAUX (ou les jardins en été)

Jagdschloß Grunewald – *Am Grunewaldsee* : ☎ *(030) 813 35 97.*

Konzertsommer im Englischen Garten – *In der Klopstockstraße 2 (Tiergarten)* : ☎ *(030) 399 41 81* : Ⓢ *3, 5, 7, 9, 75 Bellevue ou* 🆄 *9 Hansaplatz.*

Schloß Britz – *Alt-Britz 73* : ☎ *(030) 606 60 51* : 🆄 *7 Britz-Süd.*

Schloß Charlottenburg – *Luisenplatz* : ☎ *(030) 32 09 11* : 🆄 *7 Richard-Wagner-Platz.*

Schloß Friedrischsfelde – *Am Tierpark 125* : ☎ *(030) 510 01 11* : 🆄 *5 Tierpark.*

Schloßtheater im Neuen Palais – *Park Sanssouci* : 🚌 *695 jusqu'au Nouveau Palais.*

OPÉRA ET DANSE

Le programme bimensuel *Tanz in Berlin* et celui des opéras sont disponibles dans de nombreux lieux publics.

Deutsche Oper Berlin – *Bismarckstraße 35 (Charlottenburg)* : ☎ *(030) 341 84 01 (information) ou 341 02 49 (billetterie)* : 🆄 *2 Deutsche Oper* : 🚌 *101.*
L'un des opéras les plus renommés d'Allemagne.

Komische Oper – *Behrenstraße 55-57 (Mitte)* : ☎ *(030) 20 26 03 60 (billetterie Unter den Linden 41)* : Ⓢ *1, 2, 25 Unter den Linden ou* 🆄 *6 Französische straße.*
Longue tradition et directeurs prestigieux.

Staatsoper Unter den Linden – *Unter den Linden 5 (Mitte)* : ☎ *(030) 20 35 45 55 (billetterie)* : 🚌 *100, 157, 348 Deutsche Staatsoper.*
Le plus bel opéra de Berlin.

Tanzfabrik (Theatre am Halleschen Ufer) – *Möckernstraße 68* : ☎ *(030) 786 58 61* : 🆄 *7 Möckernbrücke.*
Centre de danse expérimentale actif dans le cadre du festival *Tanz im August.*

OPÉRETTES, COMÉDIE MUSICALES

Metropol Theater – *Friedrischstraße 101* : ☎ *(030) 20 24 61 17* : Ⓢ *+* 🆄 *Friedrichstraße.*
Spécialisé dans l'opérette et la comédie musicale : rivalise avec le Theater des Westens.

Musical Theater Berlin – *Schaperstraße 24* : ☎ *(030) 88 42 08 84* : 🆄 *1, 9 Spichernstraße.*

Neuköllner Oper – *Karl-Marx-Straße 131-133* : ☎ *(030) 68 89 07 77* : Ⓤ *7 Karl-Marx-Straße.*

Theater des Westens – *Kantstraße 12 (Charlottenburg)* : ☎ *(030) 882 28 88 (billetterie)* : Ⓢ + Ⓤ *Zoologischer Garten.*
Broadway à Berlin.

Informations sur Internet

Présentation de la ville de Berlin et informations générales :
http ://www.chemie.fu-berlin.de/BIW/f_berlin.html
http ://www.lonelyplanet.com.au/dest/eur/ber.htm (en anglais)
http ://www.kulturbox.de/berlin/rat.htm.

Berlin et le cinéma
http ://www.pcs.sk.ca/skj/dietrich/ (The Marlene Dietrich Home Page)
http ://uk.imdb.com/search – Entrer le nom du metteur en scène (en anglais).

Pour les spectacles de danse
http ://www.kulturbox.de/kultur/tanz/titel.htm

ROCK, POP, MUSIQUES DU MONDE

Deutschlandhalle – *Messedamm 26 (Charlottenburg)* : ☎ *(030) 303 81* : Ⓤ *2 Kaiserdamm.*
Grande halle pour les concerts géants rock et pop ou pour des manifestations sportives.

Franz-Club – *Schönhauser Allee 36-39 (Prenzlauer Berg)* : ☎ *(030) 448 55 67* : Ⓤ *2 Eberswalderstraße.*
Programmation très éclectique qui joue le métissage des cultures.

Haus der Kulturen der Welt – *John-Foster-Dulles-Allee 10* : ☎ *(030) 39 78 71 75 (Tiergarten)* : Ⓢ*3, 5, 6, 7, 9, 75 Lehrter Stadtbahnhof ou* ⓑⓤⓢ *100* Ⓢ *Unter den Linden.*
Voir ci-après.

Knaack Club – *Greifswalder Straße 224 (Prenzlauer Berg)* : ☎ *(030) 426 70 60* : Ⓢ *8, 10 Greifswalder Straße.*
Concert d'indie music, de rock, de soul.

Loft – *Au Metropol, Nollendorfplatz 5 (Schöneberg)* : ☎ *(030) 216 10 20* : Ⓤ *1, 2, 4, 12, 15 Nollendorfplatz.*
Salle moyenne, mais les têtes d'affiche s'y produisent lors de leurs tournées.

Metropol – *Nollendorfplatz 5 (Schöneberg)* : ☎ *(030) 216 41 22* : Ⓤ *1, 2, 4, 12, 15 Nollendorfplatz.*
Orchestres variés ; mauvaise acoustique.

Olympiastadion – *(Charlottenburg)* : Ⓤ *2, 12 Olympiastadion.*
Concert géant, les Rolling Stones en 1995.

The Wall, concert des Pink Floyd

Tränenpalast – *Reichstagsufer 17 (Mitte)* ; ☎ *(030) 238 62 11* ; Ⓤ + Ⓢ *Friedrichstraße.*
Musique du monde.

Waldbühne – *Glockenturmstraße/Passenheimer Straße* ; ☎ *(030) 30 06 33* ; Ⓤ *1 Olympiadion (Charlottenburg) ou* 🚌 *218 Waldbühne.*
Grands concerts en plein air classique, pop ; cinéma pour 25 000 spectateurs.

A Potsdam :

Lindenpark Potsdam – *Stahndorfer Straße 76* ; ☎ *(0331) 74 79 70* ; Ⓢ *3, 7 Babelsberg.*

JAZZ

A-Trane – *Bleibtreustraße 1 (Charlottenburg)* ; ☎ *(030) 313 25 50* ; Ⓢ *3, 5, 6, 9, 75 Savignyplatz.*
Jazz, groupes locaux et internationnaux.

Franz-Club – *Schönhauser Allee 36-38 (Prenzlauer Berg)* ; ☎ *(030) 442 82 03* ; Ⓤ *2 Eberswalder Straße. Voir La « Scène » berlinoise, Prenzlauer Berg.*

Irish Pub – *Europa-Center (Tiergarten)* ; ☎ *(030) 262 16 34* ; Ⓢ + Ⓤ *Zoologischer Garten.*
Vaste pub, d'aspect très cossu où des concerts live sont régulièrement organisés.

Quasimodo – *Kantstraße 12a (Charlottenburg)* ; ☎ *(030) 312 80 86* ; Ⓢ + Ⓤ *Zoologischer garten.*
Ouvert à partir de 17 h pour le café, les concerts débutent à 22 h. La meilleure adresse de Berlin pour les concerts de jazz, soul et blues (programmation de qualité avec la présence d'artistes internationaux).

Tränenpalast – *Reichstagsufer 17 (Mitte)* ; ☎ *(030) 238 62 11* ; Ⓢ + Ⓤ *Friedrichstraße.*
Programmation très éclectique.

VARIÉTÉS ET REVUES

Friedrichstadtpalast – *Friedrichstraße 107* ; ☎ *(030) 23 26 24 74* ; Ⓢ + Ⓤ *Friedrichstraße.*
Cette immense salle, grand lieu de divertissement de l'ancienne RDA, accueille des revues à grand spectacle d'une rare qualité. La mise en scène et les jeux de lumière, d'une extraordinaire diversité, les décors et les costumes somptueux, le talent des artistes, la virtuosité de certains numéros : tout concourt à faire d'une soirée au *Friedrichstadtpalast* un moment inoubliable. Le *Kinder Ensemble* donne des spectacles pour enfants.

Chamäleon – *Rosentahler Straße 40-41 (Mitte)* ; ☎ *(030) 282 71 18* ; Ⓢ *3, 5, 7, 9, 75 Hackescher Markt ou* Ⓤ *8 Weinmeisterstraße.*
Installé dans l'un des beaux immeubles des *Hackesche Höfe* (qui offrent une animation garantie jusqu'à une heure avancée de la nuit), ce théâtre, où le public s'assoit autour de petites tables, propose des numéros divertissants exécutés par de jeunes artistes, entrecoupés de sketches. L'animateur est facétieux, l'ambiance bon enfant.

Revue 1996 *Cinema* du Friedrichstadtpalast

Wintergarten – *Potsdamer Straße 96 (Tiergarten) ;* ☎ *(030) 262 70 70 ou 261 60 60 ;* 🅄 *1, 15 Kurfürstenstraße.*
Belle salle aux vitrines clinquantes remplies de souvenirs de spectacle (costumes, plumes, paillettes). Clientèle bourgeoise et un peu coincée ; toujours très fréquenté, mais bonne visibilité quel que soit l'emplacement dans la salle. Le spectacle est mené par un duo et entrecoupé de numéros de variété, jonglage, acrobatie, sketches sous de très beaux jeux de lumière.

CABARETS

Revue-Theater « La Vie en Rose » – *Dans l'aéroport de Tempelhof (Tempelhof), à gauche de l'entrée principale ;* ☎ *(030) 69 51 30 00 (billetterie) ;* 🅄 *6 Platz der Luftbrücke.*
« La Vie en rose », la bien nommée, met en scène magiciens, travestis et jolies filles pour des spectacles coquins, accompagnés de chansons et de danses entraînantes où le public est activement convié.

Chez Nous – *Marburger Straße 14 ;* (030) 213 18 10 ; 🅄 *9,15 Kurfürstendamm.*
Le public (principalement des touristes) a parfois du mal à se dérider et ce n'est pas la faute des artistes travestis qui introduisent pas mal de bonne humeur (il faut comprendre l'allemand pour les jeux de mots) dans leur spectacle. Show à 20 h 30 et 23 h.

CABARETS SATIRIQUES

Pour tous ces établissements, une bonne connaissance de l'allemand est nécessaire.

Bar Jeder Vernumft – *Schaperstraße 24 ;* ☎ *(030) 883 15 82 ;* 🅄 *1, 9 Spichernstraße.*
Cabaret qui propose des chansons berlinoises.

Die Distel – *Friedrichstraße 101 ;* ☎ *(030) 204 47 04 ;* Ⓢ *+* 🅄 *Friedrichstraße.*
Cabaret satirique qui existait déjà du temps de la RDA.

Kartoon – *Französische Straße 24 ;* ☎ *(030) 204 47 56 ;* 🅄 *6 Französische Straße ; les spectacles commencent à 21 h (20 h le dimanche) ; sur réservation.*
Sketches satiriques et politiques. On peut prendre un verre ou se restaurer avant le spectacle dans la partie café, spacieuse et claire, décorée de caricatures.

Pour les amateurs de satires : « Bar Jeder Vernumft »

CINÉMA

Chaque quartier a sa grande salle, mais celles montrant rétrospectives, classiques, films d'auteur se trouvent principalement dans les quartiers de Kreuzberg, Mitte, Prenzlauer Berg, Schöneberg. Les plus grandes et les plus nombreuses (films commerciaux) se concentrent autour de l'église du Souvenir et le long du Ku'damm. Consulter les brochures *[030] update* et *Metropolis (en anglais)*, que l'on trouve dans les cafés. Pour les enfants, demander la petite brochure *Theo's Tips*.

Arsenal – *Welserstraße 25 (Schöneberg) ;* ☎ *(030) 218 68 48 ;* 🅄 *1, 2, 12, 15 Wittenbergplatz ou* 🅄 *4 Viktoria-Luise-Platz.*
Rétrospectives et classiques.

Babylon – *Rosa-Luxemburg-Straße 30 (Mitte)* ; ☏ *(030) 242 50 76* ; Ⓤ *2 Rosa-Luxemburg-Platz.*
Programmation diversifiée de films d'auteurs, allemands ou étrangers, malheureusement pas en version originale.

Balazs – *Karl-Liebknecht-Straße 9 (Mitte)* ; Ⓢ + Ⓤ *Alexanderplatz.* ☏ *(030) 240 91 46.*

Berliner Kinomuseum – *Großbeerenstraße 57 (Kreuzberg)* ; Ⓤ *6, 7 Mehringdamm.*
Classiques du cinéma muet jusqu'aux années 40 les dimanche, mardi, mercredi, vendredi à 18 h, 20 h 30 ou 22 h 30. Après avoir vendu vos tickets dans une salle pleine de jouets et de vieilles affiches, l'opérateur introduit d'une voix monocorde, pendant 5 mn, les chefs-d'œuvre de Fritz Lang, Murnau, Buster Keaton, Charlie Chaplin. La salle est minuscule (très fréquentée par les jeunes Français de passage) et les sièges rustiques (prendre les coussins au fond). Le programme est affiché à l'entrée du cinéma.

Checkpoint – *Leipziger Straße 55 (Mitte)* ; ☏ *(030) 208 29 96* ; Ⓤ *2, 6 Stadtmitte.*

Filmbühne am Steinplatz – *Hardenbergstraße 12 (Charlottenburg)* ; ☏ *(030) 312 90 12* ; Ⓢ + Ⓤ *Zoologischer Garten.*
Spécialisé dans les rétrospectives ; films d'auteur. Très fréquenté par les étudiants des universités voisines.

Filmpalast Berlin – *Kurfürstendamm 225 (Charlottenburg)* ; ☏ *(030) 883 85 51* ;
Ⓤ *1, 15 Kurfürstendamm.*
Beau cinéma, films nouveaux à succès.

Fskam Oranienplatz 1 & 2 – *Segitzdamm 2 (Kreuzberg)* ; ☏ *(030) 614 24 64* ;
Ⓤ *1, 8, 15 Kottbusser Tor.*

International – *Karl-Marx-Allee 33 (Mitte)* ; ☏ *(030) 242 58 26* ; Ⓤ *5 Schillingstraße.*
Le 2ᵉ plus grand cinéma de la partie Est de Berlin avec un précieux intérieur de style « socialiste ».

Kino im Martin-Gropius-Bau – *Stresemannstraße 110 (Kreuzberg)* ; ☏ *(030) 25 48 61 13* ; Ⓢ *1, 2, 25 Potsdamer Platz.*

Kosmos 1-10 – *Karl-Marx-Allee 131a (Friedrischshain)* ; ☏ *(030) 422 47 44* ;
Ⓤ *5 Weberwiese.*
Le plus grand et le plus beau cinéma de la partie Est de Berlin.

Moviemento 1-3 – *Kottbusser Damm 22 (Kreuzberg)* ; ☏ *(030) 692 47 85* ;
Ⓤ *8 Leinestraße ou* Ⓤ *7 Hermannplatz.*
Le plus vieux cinéma de Berlin, spécialisé dans les films rétro, les hommages.

Notausgang – *Vorbergstraße 1 (Schöneberg)* ; ☏ *(030) 781 26 82* ; Ⓤ *7 Kleistpark.*
Reprises.

Odeon – *Hauptstraße 116 (Schöneberg)* ; ☏ *(030) 78 70 40 19* ; Ⓢ *45, 46 ou*
Ⓤ *4 Innsbrucker Platz.*
Films en version originale.

Passage 1-5 – *Karl-Marx-Straße 131 (Neukölln)* ; ☏ *(030) 681 70 50* ; Ⓤ *7 Karl-Marx-Straße.*
Le centre cinématographique de Neukölln présente les nouveaux films.

Sputnik – *Reinickendorfer Straße 113 (Wedding)* ; ☏ *(030) 465 87 69* ; Ⓤ *6 Reinickendorfer Straße.*
Cinéma expérimental.

Xenon – *Kolonnenstraße 5 (Schöneberg)* ; ☏ *(030) 782 88 50* ; Ⓤ *7 Kleistpark.*
Petit cinéma ; classiques et films rétro.

Zoo-Palast – *Hardenbergstraße 29a (Charlottenburg)* ; ☏ *(030) 25 41 47 77* ;
Ⓢ + Ⓤ *Zoologischer Garten ou* Ⓤ *9, 15 Kurfürstendamm.*
Le plus grand cinéma de Berlin (9 salles ; la plus grande contient 1 250 places et certains films y sont précédés d'un show laser).

A Potsdam :

Filmmuseum – *Marstall* ; Ⓢ *3, 7 Potsdam Stadt* ; ☏ *(0331) 27 18 10.*

La « Scène » berlinoise

Des guides bi-hebdomadaires de la nuit berlinoise (*Flyer*, *Zone Club Guide*) sont disponibles dans les discothèques, bars et boutiques de mode. Ils indiquent les différentes manifestations.

ADENAUERPLATZ, AUTOUR DE LA SCHAUBÜHNE (Charlottenburg-Wilmersdorf)

Klo – *Leibnitzstraße 57 ; ☎ (030) 324 22 99 ; **U** 7 Adenauerplatz ; ouvert de 19 h à 3 h tous les jours.*
Un bric-à-brac indescriptible qui mêle horreur, grivoiserie et scatologie. Entrée arrosée et accueil personnalisé à votre gauche. Dans cet antre caverneux, tout est une surprise : miroirs, tables, sièges, récipients des boissons, sur fond de bonne musique rock. A découvrir absolument.

Virtuality Café – *Lewishamstraße 1 ; ☎ (030) 327 51 43 ; **U** 7 Adenauerplatz.*
Café ultra-moderne, mais sans beaucoup d'âme. On peut s'y frotter au monde virtuel, mais mettre le casque donne le mal de mer. Trois ordinateurs sont à la disposition des accros d'internet (http ://www.cybermind.de/irc/cafe2.htn).

Café Konditorei Richter – *Giesebrechtstraße 22 ; ☎ (030) 324 37 22 ; **U** 7 Adenauerplatz.*
Clientèle aisée et âgée dans un cadre luxueux.

Dollinger – *Stuttgarter Platz 21 ; ☎ (030) 323 87 83 ; **S** 3, 5, 6, 7, 9 Charlottenburg ; ouvert à partir de 9 h.*
Ce café offre un point de vue sur la place et sa terrasse en été ; le décor et le mobilier sont quelconques.

Gasthaus Lentz – *Stuttgarter Platz 20 ; **S** 3, 5, 6, 7, 9 Charlottenburg ; ☎ (030) 324 16 19.*
Un café spacieux où l'on se sent chez soi, à l'angle de la place, avec, en face, un parc de jeux pour enfants.

ENTRE OLIVAERPLATZ ET LUDWIGKIRCHPLATZ (Wilmersdorf)

Leysieffer – *Kurfürstendamm 218 ; ☎ (030) 882 78 20 ; **U** 15 Uhlandstraße.*
Tartes et gâteaux aux fruits sont vendus au 1er étage, dans une salon de thé donnant sur le Ku'damm, au décor clair orné d'assiettes.

Irish Harp Pub – *Giesebrechtstraße 15 ; ☎ (030) 882 77 39 ; **U** 7 Adenauer Platz ; ouvert lundi à jeudi de 11 h à 2 h, jusqu'à 3 h les vendredi et samedi, jusqu'à 1 h 30 le dimanche.*
Immense comptoir en bois usé et patiné. L'ensemble de la décoration est voué à la verte Erin. Carte de whiskies bien fournie ; la *Guinness* est la bière préférée ! Vendredi et samedi, concerts *live* à partir de 21 h.

Manta – *Emser Straße 24 ; ☎ (030) 883 16 54 ; **U** 15 Emser Straße ; ouvert de 16 h à 4 h du dimanche au jeudi, jusqu'à 6 h les vendredi et samedi.*
Nombreuses vieilles affiches aux murs, tables et chaises en bois sombre et billard dans l'arrière-salle : un repaire d'étudiants très convivial.

Route 66 – *Pariser Straße 44 ; ☎ (030) 883 16 02 ; **U** 1, 15 Kurfürstendamm ; ouvert de 9 h à 2 h tous les jours.*
Les néons rouges agressifs rendent l'endroit repérable de loin dans ce quartier paisible. Mobilier design, rouge pailleté et chromé, des années 50 ; mezzanine ; ambiance rock'n'roll.

Angelhardt – *Ludwigkirchplatz 12 ; ☎ (030) 882 22 64 ; **U** 1, 9 Spichernstraße.*
Bar élégant et calme dans le style des années 20 ; clientèle de quartier.

Café Kronenbourg – *Pfalzburger Straße 11 ; ☎ (030) 881 77 93 ; **U** 1 Hohenzollernplatz.*
Établissement divisé en deux salles : le *café Kronenbourg*, sobre, calme et luxueux, lieu de rencontre d'intellectuels ; le *Bistrot Kronenbourg*, à la décoration plus chaleureuse (murs ornés de céramiques peintes représentant des scènes de bistrot), atmosphère plus enfumée, lieu de discussions animées.

Galerie Bremer – *Fasanenstraße 37 ; ☎ (030) 881 49 08 ; **U** 15 Uhlandstraße ; ouvert de 12 h à 18 h (galerie) et à partir de 20 h (bar à cocktails).*
Derrière un rideau se cache le bar à cocktails calme et intime, à l'éclairage tamisé.

Haus der 100 Biere – *Hindemithplatz ; ouvert tous les jours à partir de 10 h.*
Ce très grand bar au mobilier confortable et à l'éclairage agréable, aux murs rouges, jouit d'une bonne situation à l'angle des Giesebrechtstraße et Mommsenstraße. Grande terrasse en été à l'ombre des platanes.

SAVIGNYPLATZ, KANTSTRASSE (Charlottenburg)

Die Theater Klause – *Grolmannstraße 4 ;* Ⓢ *3, 5, 6, 9 Savigny Platz ; ouvert de 11 h 30 à 24 h.*
Petit café-restaurant, dont la partie bar est minuscule (trois tabourets et deux fauteuils !). Décoration très rustique.

Café Bleibtreu – *Bleibtreustraße 45 ;* ☎ *(030) 881 47 56 ; ouvert de 9 h 30 à 1 h (2 h les vendredi et samedi) ;* Ⓢ *3, 5, 6, 9 Savignyplatz.*
Décor des Sixties : murs de couleur orange et banquettes en moleskine rouge.

Diener – *Grolmannstraße 47 ;* ☎ *(030) 881 53 29 ;* Ⓢ *3, 5, 6, 9 Savignyplatz ; ouvert à partir de 18 h.*
Café sans musique, qui favorise la lecture.

Café Aedes – *Savignypassage ;* Ⓢ *3, 5, 6, 9 Savignyplatz.*
Petit café sobre situé sous les arcades du S-Bahn, le long d'une voie piétonnière.

Café Hardenberg – *Hardenbergstraße 10 ;* ☎ *(030) 312 26 44 ;* Ⓤ *2 Ernst-Reuter-Platz ; ouvert de 9 h à 2 h.*
Repaire d'étudiants en face de l'Université technique ; atmosphère enfumée et ambiance bruyante.

Café Savigny – *Grolmanstraße 53-54 ;* ☎ *(030) 312 81 95 ;* Ⓢ *3, 5, 6, 9 Savignyplatz ; ouvert à partir de 11 h.*
Décor aéré et ambiance méridionale pour ce café fréquenté par le monde des arts, des médias et de la mode.

Carpe Diem – *Savignypassage 577 ;* ☎ *(030) 313 27 28 ;* Ⓢ *3, 5, 6, 9 Savignyplatz ; ouvert du mardi au dimanche de 12 h à 1 h.*
Sous les arcades du S-Bahn, ce bar tapas au décor sobre et élégant accueille une clientèle BCBG.

Dralle's – *Schlüterstraße 69 ;* ☎ *(030) 313 50 38 ;* Ⓢ *3, 5, 6, 9 Savignyplatz ; ouvert à partir de 13 h.*
Café élégant et rétro pour une clientèle d'âge respectable. Carte de spiritueux très fournie.

Rosalinde – *Knesebeckstraße 16 ;* ☎ *(030) 881 95 01 ;* Ⓢ *3, 5, 6, 9 Savignyplatz ; ouvert à partir de 9 h 30.*
Petit café à la décoration très sobre créant une ambiance intimiste sur fond de musique classique.

Zwiebelfisch – *Savignyplatz 7-8 ;* ☎ *(030) 312 73 63 ;* Ⓢ *3, 5, 6, 9 Savignyplatz ; ouvert de 12 h à 6 h.*
Le long comptoir de cette salle étroite baigne dans une atmosphère sombre et enfumée. Choisissez la petite salle située sur la gauche et, aux beaux jours, optez pour la terrasse !

Zillemarkt – *Bleibtreustraße 48a ;* ☎ *(030) 881 70 40 ;* Ⓢ *3, 5, 6, 9 Savignyplatz ; ouvert de 10 h à 24 h.*
Décor traditionnel (Guillaume II veille sur les consommateurs !) avec de petites tables en bois brut le long du comptoir, éclairé par de vieilles lampes. Le petit jardin à l'arrière est très agréable pour déguster une bière en été.

AUTOUR DE LA GEDÄCHTNISKIRCHE, LE LONG DU KU'DAMM (Charlottenburg)

Hardtke – *Meineckestraße 27 ;* ☎ *(030) 881 98 27 ;* Ⓤ *9, 15 Kurfürstendamm.*
Café-auberge typiquement berlinois qui sert, dans un décor rustique de boiseries, une cuisine traditionnelle allemande *(Deutsche Küche)* et des spécialités brandebourgeoises plantureuses. Belle collection de vieilles chopes sur une étagère faisant le tour de la grande salle.

Café Kranzler – *Kurfürstendamm 18-19, à l'angle de la Joachimsthalerstraße ;* ☎ *(030) 885 77 20 ;* Ⓤ *9, 15 Kurfürstendamm ; ouvert tous les jours de 8 h à 12 h.*
Il était une fois, sur l'avenue Unter den Linden, un pâtissier d'origine autrichienne qui faisait les délices du Tout-Berlin dans les années 1830. L'établissement, reconnaissable à sa devanture rouge et blanc, est devenue une terrasse très fréquentée par les touristes.

Wellenstein – *Kurfürstendamm 190*
Une adresse sélecte pour une clientèle nombreuse de *goldenboys* fatigués qui s'y retrouvent, en fin de journée, pour dîner ou boire un verre. Décor sobre et garçons stylés. Grand choix de cocktails, apéritifs et vins au verre ou à la bouteille. Une spécialité : cafés et chocolats sont arrosés d'alcool (calvados entre autres).

Wintergarten im Literaturhaus – *Fasanenstraße 23 ; ☎ (030) 882 54 14 ; [U] 9, 15 Kurfürstendamm ; ouvert tous les jours de 9 h 30 à 1 h.*
Ce café artiste dissémine ses tables dans le jardin qui entoure cette maison cossue où se déroulent lectures et expositions (et qui possède une excellente librairie au sous-sol) et se replie sous la véranda en hiver.

Hard Rock Café – *Meineckestraße 21 ; ☎ (030) 88 46 20 ; [U] 9, 15 Kufürstendamm ; ouvert de 12 h à 2 h tous les jours.*
L'auvent de la porte d'entrée est la partie avant d'une voiture américaine des années 70.
Toute la décoration intérieure est vouée à la culture rock : guitares, disques d'or, tableaux, photos. Une magnifique collection de jouets anciens orne le dessus du comptoir, lui-même en forme de guitare.

Ku'dorf – *Joachimstaler Straße 15 ; ☎ (030) 883 66 66 ; [U] 9, 15 Kurfürstendamm ; ouvert tous les jours à partir de 20 h.*
14 bars, 3 discothèques.
L'allée centrale représente la rue principale d'un village, le bar à bière, en forme de cercle, une fontaine et les nombreuses alcôves de chaque côté de l'allée, les différentes boutiques (pharmacie, boucherie, boulangerie...).
Clientèle assez jeune.

Picker's Sport Bar – *Uhlanstraße 185-186 ; [U] 15 Uhlandstraße ; ouvert à partir de 10 h tous les jours, à partir de 11 h les samedi et dimanche.*
Un grand café à la gloire du sport américain.
De tous les coins de la salle, on peut suivre les émissions sportives présentées sur des écrans de TV. Un grand écran vidéo est aussi installé sur le devant de la salle.

Ranke (2 et 3) – *Rankestraße 2-3, ☎ (030) 883 88 82 et 883 34 48 ; [U] 9, 15 Kurfürstendamm.*
A deux pas de l'église du Souvenir et du Ku'damm, le *Randke 2*, qui fait taverne, accueille sur un vieux plancher les amateurs de *Berliner Weisse*. L'auberge berlinoise du *Randke 3* propose des plats de charcuterie fine que les habitués accompagnent d'une bière-schnaps.

Aschinger – *Kurfürstendamm 26 ; ☎ (030) 882 55 58 ; [U] 9, 15 Kurfürstendamm ; ouvert tous les jours de 8 h 30 à 24 h.*
Auberge-brasserie. Cet établissement brasse lui-même sa bière que l'on peut acheter au litre.

Café Möhring – *Kurfürstendamm 213 ; ☎ (030) 881 20 75 ; [U] 15 Uhlandstraße ; ouvert tous les jours de 7 h à 24 h.*
L'ancien rendez-vous des écrivains et des hommes politiques est un endroit terne et vieux jeu.

Pour les amateurs de pâtisseries : le «café Kranzler»

Le « Ranke 3 » propose une excellente charcuterie

ENTRE WITTENBERGPLATZ, NOLLENDORFPLATZ ET GOLZSTRASSE (Schöneberg)

Mutter – *Hohenstaufenstraße 4 ;* ☎ *(030) 216 49 90 ;* Ⓤ *1, 2, 4 Nollendorfplatz ; ouvert tous les jours de 10 h à 5 h.* Les trois salles, entièrement dorées, éclairées avec des lampes en forme d'œil vert ont un cachet fantastique. Des tables en bois et des bancs s'alignent sur la terrasse ; sushi-bar.

Café Berio – *Maaßenstraße 7 ;* ☎ *(030) 216 19 46 ;* Ⓤ *2, 4 Nollendorfplatz ; ouvert tous les jours de 8 h à 1 h.* Une institution pendant les années 30 qui comprend 4 salles, dont une petite à l'étage qui surplombe la rue. Le décor est beige et le mobilier vieillot, mais confortable. Un bon endroit pour lier conversation, bavarder entre amis ou lire le journal.

3-Klang – *Golzstraße 5.* Ambiance sympa et décontractée dans ce café, au caractère de bistrot, fréquenté par les jeunes ; les nombreux magazines et journaux à disposition peuvent être lus sur des tables en bois brut.

Café Kleisther – *Hauptstraße 5 ;* ☎ *(030) 784 67 38 ;* Ⓤ *7 Kleistpark ; ouvert tous les jours de 10 h à 5h.* Les expositions dans ce café spacieux changent tous les mois. Les peintures et sculptures sont mises en valeur par l'éclairage des spots. Autour d'un pilier, des statues de jazzmen jouent au-dessus du grand comptoir central en forme de O.

Belmundo – *Winterfeldstraße 36 ;* ☎ *(030) 215 20 70 ;* Ⓤ *1, 2, 4 Nollendorfplatz ; ouvert du lundi au samedi de 9 h à 1 h, les dimanche et jours fériés de 10 h à 12 h.* Petit café de quartier, à la clientèle jeune, au décor de murs blancs et de banquettes en bois, idéal pour prendre un petit déjeuner ou grignoter un en-cas. Table de ping-pong dans le jardin, à l'arrière.

Café M – *Golzstraße 33 ;* Ⓤ *7 Eisenacher Straße ;* ☎ *(030) 216 70 92.* Décor sommaire, sièges en treillage métallique, clientèle de quartier.

Où danser ?

Metropol – *Nollendorfplatz 5 ;* ☎ *(030) 216 41 22 ;* Ⓤ *1, 4 Nollendorfplatz.* Une vétérante parmi les discothèques qui accueille de nombreux touristes au milieu des lasers.

TIERGARTEN

Café Einstein – *Kurfüstenstraße 58 ;* ☎ *(030) 261 50 96 ;* Ⓤ *1, 2, 4 Nollendorfplatz.* Dans une maison bourgeoise, quatre salles, dont l'une au décor rococo, se partagent le rez-de-chaussée. Beau comptoir en marbre et étagères en bois dans le coin bar. Des revues et journaux internationaux sont à la disposition d'une clientèle jeune, chic et aisée qui se régale d'*Apfelstrudel.* Charme début du siècle sur le modèle viennois.

Harry's New York Bar – *Lützowufer 15 ;* ☎ *(030) 26 10 11 ;* Ⓤ *1, 2, 4, 12 Nollendorfplatz.* Un bar à cocktails renommé, situé dans le Grand Hotel Esplanade *(dans le hall, à droite).* Décor cossu et sophistiqué rouge et noir ; le comptoir occupe toute la longueur de la salle. Autour de quelques tables basses se regroupent des fauteuils confortables de moleskine rouge. Sur le grand mur face à celui-ci sont accrochées les photos de tous les présidents des États-Unis.

KREUZBERG-OUEST (Mehringdamm, autour du Viktoriapark et de Chamissoplatz)

Fogo – *Arndtstraße 29 :* [U] *7 Gneisenaustraße ;* ☎ *(030) 692 14 65 ; ouvert de 20 h à 6 h tous les jours.*
Bar afro-brésilien, l'un des plus sympathiques de Kreuzberg. Sable sur le sol et décoration du plafond amusante : champ de fleurs, sagaies, petits personnages, guirlandes de poignards et chauve-souris en plastique. Très bonne ambiance et musique décontractée. Bons cocktails.

Yorckschlößchen – *Yorckstraße 15 (Kreuzberg) ;* ☎ *(030) 215 80 70 ;* [U] *6, 7 Mehringdamm ; ouvert tous les jours de 9 h à 4 h.*
Les concerts en *live* de fin de semaine font de ce bistrot, à l'angle de deux rues et précédé d'une terrasse ombragée, un lieu très fréquenté par la jeunesse berlinoise. Ambiance garantie et décoration fournie de vieilles photos.

Arcanoa – *Zossener Straße 48 ;* ☎ *(030) 691 25 64 ;* [U] *7 Gneisenaustraße.*
Situé dans une portion de rue bien sombre la nuit, sur fond de musique punk, ce bar est des plus étranges. Un arbre maléfique, des becs acérés pour les bières à la pression et un comptoir recouvert de fragments de pierres tombales en marbre noir, au milieu desquels coule une rigole (très pratique pour les mousses de bière), accueillent le visiteur. L'arrière-salle (une mâchoire en acier surmonte l'entrée...), caverneuse, se prête aux conversations intimes. La mezzanine, recouverte de graffitis, conduit à un antre où des arbres en métal, dans lesquels le public grimpe innocemment, composent un décor tout droit sorti de l'enfer. Des concerts *live* ou un DJ animent ce lieu hanté chaque fin de semaine.

Ex – *Im Mehringhof, Gneisenaustraße 2 ;* ☎ *(030) 693 58 00 ;* [U] *6, 7 Mehringdamm.*
Les débats de la communauté alternative qui a investi l'immeuble s'y déroulent régulièrement. On peut y prendre son petit déjeuner ou boire un verre au calme, entre amis, dans cette salle en « L » aux dimensions d'un entrepôt, autour d'une grande table en bois.

Tres Kilos – *Marheinekeplatz 3 ;* ☎ *(030) 693 60 44 45 ;* [U] *7 Gneisenaustraße ; ouvert tous les jours de 18 h à 2 h.*
Un café et un restaurant qui amènent vers l'Espagne et le Mexique. Vaste et clair, peu enfumé, il jouit d'une bonne situation sur une place de marché très vivante (terrasse en été). Curieux sièges en cuir et iguanes en papier séché au-dessus du comptoir ; les cacahuètes, dont les coquilles jonchent le sol et que l'on peut prendre à volonté dans un sac, accompagnent de bons cocktails et des bières mexicaines.

Café Turandot – *Bergmannstraße 92 (à l'angle de Solmsstraße) ;* ☎ *(030) 692 51 86 ;* [U] *7 Gneisenaustraße.*
Une estrade, un piano, de petites tables en bois éclairées par des bougies se partagent l'arrière-salle au décor noir et ocre, dont le caractère insolite est accru par le système d'éclairage composé de tiges métalliques en forme de lianes.

Milagro – *Bergmannstraße 12 ;* ☎ *(030) 692 23 03 ;* [U] *7 Gneisenaustraße ; ouvert de 9 h à 1 h du dimanche au jeudi, jusqu'à 2 h les vendredi et samedi.*
Café pour bavarder ou lire au calme. Le décor est sobre et clair. La salle donnant sur la rue ne comporte que des tables ; une alcôve meublée de banquettes en moleskine verte précède une grande arrière-salle.

Oktobar – *Chamissoplatz 4 ;* ☎ *(030) 691 20 21 ;* [U] *6 Platz der Luftbrücke.*
Sur une jolie place, un bar vaste et confortable, idéal pour l'apéritif ou le digestif.

Malheur – *Gneisenaustraße 17 ;* ☎ *(030) 692 86 28 ;* [U] *6, 7 Mehringdamm.*
Spacieux, mais souvent bondé et enfumé le soir.

Où danser ?

Junction Bar – *Gneisenaustraße 18 (Kreuzberg) ;* ☎ *(030) 694 66 02 ;* [U] *7 Gneisenaustraße.*
En contrebas de la rue, dans une petite salle sombre à plafond bas se produisent des groupes amateurs (chansonniers, jazz) dans une ambiance jeune et sympathique. Les soirées se terminent dans la petite salle de danse ou dans le bar au-dessus.

KREUZBERG-EST

Kottbusser Tor, Oranienstraße, Mariannenplatz :

Die Flammende Herzen – *Oranienstraße 170 ;* ☎ *(030) 615 71 02 ;* [U] *1, 8, 15 Kottbusser Tor.*
Ambiance musicale hard-rock dans ce bar aux murs couleur brique.

Bierhimmel – *Oranienstraße 183 ;* ☎ *(030) 615 31 22 ;* [U] *1, 8, 15 Kottbusser Tor ; ouvert tous les jours de 15 h à 4 h.*
Décoration lumineuse de murs jaunes et dorés, de vieux lustres en verre et des miroirs de toutes les formes. Un îlot ensoleillé au milieu des autres bars du quartier.

Zum Elefanten – *Oranienstraße 12 ; ☎ (030) 612 30 13 ; U 1, 8, 15 Kottbuser Tor.*
Une belle collection d'éléphants en porcelaine, bois et céramique trône sur une étagère dans ce bar d'habitués au décor clair. Billard dans l'arrière-salle et musique hard-rock.

Kattenbach – *Oranienplatz 5 ; ☎ (030) 615 81 36 ; U 1, 8, 15 Kottbuser Tor.*
Bonne situation sur une place ombragée ; décoration vive orange et bleu ; musique d'ambiance très légère ; comptoir surélevé et bar bien éclairé.

Café Am Ufer – *Paul-Lincke-Ufer 42-43 ; ☎ (030) 612 28 27 ; U 1, 8, 15 Kottbuser Tor ; ouvert tous les jours de 10 h à 2 h.* Grand café lumineux sur les bords de la Spree, à la terrasse très agréable.

Où danser ?

Pleasure Dome – *Hasenheide 13 ; ☎ (030) 693 40 61 ; U 7 Hermannplatz.*
Discothèque géante à plusieurs niveaux, comportant sept bars, un show laser et des milliers de spots.

Lausitzerplatz, Schlesisches Tor, Görlitzer Park :

Marabou Bar – *Oppelner Straße 23 ; ☎ (030) 752 20 77 ; U 1, 15 Schlesisches Tor.*
Décor fantastique, tout droit sorti d'un jeu de Donjon & Dragon et que l'on apprécie surtout en allant aux toilettes.

Café V – *Lausitzer Platz 12 ; ☎ (030) 612 45 05 ; ouvert de 10 h à 2 h tous les jours ; U 1, 15 Görlitzer Bahnhof.*
Décor simple et tableaux modernes. Très calme et cuisine végétarienne.

Max – *Eisenbahnstraße 48 ; U 1, 15 Görlitzer Bahnhof.*
Un soupçon d'exotisme règne dans le décor. Le café est surtout intéressant pour sa terrasse, à l'angle de la place, bondée en été.

UNTER DEN LINDEN, FRIEDRICHSTRASSE (Mitte)

Opernpalais – *Unter den Linden 5 ; ☎ (030) 20 26 83 ; S + U Freidrichstraße ; U 6 Französische Straße ; 🚌 100 Deutsche Staatsoper.*
Aménagé dans un palais, à côté de l'Opéra et en face de l'Arsenal, au cœur du Berlin historique, ce café offre deux grandes et belles salles (en plus des salles de restaurant à l'étage) : l'*Opern Café (ouvert du lundi au dimanche de 9 h à minuit)* proprement dit, plutôt un salon de thé dont le décor représente les monuments de l'ancienne capitale de la Prusse, accueille un public relativement âgé avec ses magnifiques gâteaux ; une clientèle plus jeune, mais tout aussi élégante, vient déguster un brunch ou un verre de vin, en musique, à l'*Opern Schänke (ouvert du lundi au samedi de 19 h à 2 h, de 11 h à 20 h le dimanche)* dans un décor canaille de scènes de cabaret du Berlin des années 20. Aux beaux jours, la terrasse, qui donne sur une place ombragée, est très agréable.

« Opern Café » dans le palais des Princesses

Café Adler – *Friedrichstraße 206 ;* ☏ *(030) 251 89 65 ;* 🆄 *6 Kochstraße ; ouvert tous les jours de 9h à 24h.*
Bien situé à côté de l'ancien Checkpoint Charlie et près du musée du même nom, il accueille dans deux salles très claires une nombreuse clientèle de tous âges et de toutes nationalités.

Französischer Hof – *Jägerstraße 56, à l'angle de la Markgrafenstraße ;* ☏ *(030) 229 39 69 ;* 🆄 *6 Französische Straße ou Stadtmitte.*
Le décor de ce restaurant (qui propose un menu français) de style Art nouveau, blanc, sobre, est élégant, comme la clientèle. La petite salle de bar à l'angle de la rue, tapissée de tableaux modernes, est agréable pour boire un verre sur fond de cathédrale allemande et de Schauspielhaus de Schinkel.

Nö ! – *Glinkastraße 23 ;* ☏ *(030) 201 08 71 ;* 🆄 *6 Französische Straße.*
Dans une rue déserte et sombre la nuit, un bar à vins sympathique au décor blond et sobre ; l'ameublement est hétéroclite. La salle de restaurant se situe à l'arrière (il y a aussi une galerie en sous-sol). On peut manger un morceau (le fromage se déguste au cm !) pour accompagner des vins sélectionnés d'Europe.

Planet Hollywood – *Friedrichstraße 68, Quartier 205 « Friedrichstadtpassagen » ;* ☏ *réservations (030) 20 94 58 00 ;* 🆄 *6 Stadtmitte ; ouvert de 11 h 30 à 1 h du dimanche au vendredi, de 11 h 30 à 2 h le samedi.*
Bars au rez-de-chaussée (une fois franchi le cordon, gardé par une hôtesse qui règle les entrées) et bonne restauration américaine au sous-sol. Des écrans géants y diffusent des bandes-annonces entre les alcôves dédiés à un thème particulier. Le cadre est à la gloire d'Hollywood et de ses stars qui offrent, pour l'occasion (ou parce qu'elles sont actionnaires), leurs accessoires : la veste de Sylvester Stallone dans *Cliffhanger*, la hache de Daniel Day Lewis dans *Le Dernier des Mohicans* et, plus anciens, la coiffe de Liz-Taylor/Cléopâtre et celle de Peter O-Toole/Lawrence d'Arabie.

Café Bauer – *Friedrichstraße 158-164 ;* ☏ *(030) 20 920 ;* Ⓢ *+* 🆄 *Friedrichstraße ou* 🆄 *6 Französische Straße ; ouvert de 8 h à 19 h tous les jours.*
Très grand salon de thé sélect à la clientèle âgée. Juste à côté, le **Stammhaus★**, ouvert de 12 h à 24 h, aux magnifiques boiseries recouvrant l'ensemble des murs et du plafond, crée une ambiance confortable de pub chic.

Où danser ?

E-Werk – *Wilhemstraße 43, entre la Leipzigerstraße et la Zimmerstraße ;* ☏ *rave line (030) 251 20 12 ;* 🆄 *2 Mohrenstraße ou* 🆄 *6 Kochstraße ;* Ⓢ *1, 2 Potsdamer Platz.*
Cette ancienne centrale électrique est l'endroit le plus sombre de la Wilhelmstraße. On passe par le petit bâtiment de la caisse (compter 20 DM les week-ends), puis par une cour cernée de grands murs de briques ; enfin, on entre dans le grand hall divisé en deux. Le bar est magnifique et précède une nef striée de néons et vouée à la musique (commerciale) techno. Le décor, l'atmosphère font de l'E-Werk un endroit étonnant.

Berlin, capitale techno

La chute du Mur a coïncidé avec la mode de cette musique remixée, synthétique, dérivée de la *house*, née à Detroit et à Chicago à la fin des années 80. Les boîtes ont élu domicile dans des lieux impossibles à l'Est de la ville : friches industrielles, ruines ou bunker qui ont fait leur originalité et leur succès. Mais, si la musique, parfois confinée dans l'ultra-violence, demeure intéressante, l'esprit de fête a bien disparu. Les boîtes techno ressemblent de plus en plus à des ghettos où se rassemble un public mi-gay, mi-hétéro, une jeunesse désorientée, quelques crânes rasés.

Pour ceux qui veulent tenter l'expérience :

+ B + – *A l'angle de l'Albrechtstraße (N°24) et de la Reinhardtstraße (Mitte) ;* ☏ *(030) 282 81 90 ;* 🆄 *2 Mohrenstraße ou* 🆄 *6 Oranienburger Tor.*
La musique au rez-de-chaussée est déjà violente, mais, au 3ᵉ étage, elle est carrément démente, principalement de la Gabba en provenance de Rotterdam. Les DJ's, parfois très jeunes, officient dans une casemate basse de plafond, éclairée au stromboscope. Curieusement, plus la musique est dure, plus la danse est souple. Une immersion qui ébranle physiquement et nécessite un petit temps d'adaptation !

Tresor/Globus – *Leipziger Straße 126a, à l'angle de la Wilhemstraße (Mitte) ;* ☏ *(030) 609 37 02 ;* Ⓢ *1, 2, 25 Potsdamer Platz.*
Faune jeune et un peu glauque qui se réunit autour de deux bars et dans une salle, tendue de toiles de parachute, aménagée dans une ancienne banque. La musique techno est violente (sans atteindre les limites du + B +), mais meilleure qu'à l'*E-Werk*.

LE « QUARTIER DES GRANGES » (Mitte)

Tacheles – *Oranienburger Straße 53-56 ;* ☎ *(030) 312 10 77 ;* 🅄 *6 Oranienburger Tor.*
Cet ancien grand magasin en ruine est depuis longtemps un haut lieu du Berlin alternatif et demeure (pour combien de temps ?) protégé de la convoitise des promoteurs.
Derrière la façade s'étend un terrain vague, agréable en été, rempli de carcasses et
dominé par un immense mur peint. La cage d'escalier, déglinguée, couverte de graffiti, mène, au 2ᵉ étage, au café *Kino*, qui sert de lieu d'exposition à des peintures, dont
l'inspiration pourra déconcerter, et précède un cinéma d'art et d'essai. Au rez-de-
chaussée, donnant sur la rue, grand café au décor métallique où se produisent des
musiciens. Ne pas manquer l'atelier de sculptures sur métal de Kenan Sivrikaya et
Arda, juste à côté.

Anna Koschke – *Krausnickstraße 11 ;* ☎ *(030) 323 36 79 ;* 🆂 *1, 2, 25
Oranienburger Straße ; ouvert à partir de 16 h.*
Ces deux salles, légèrement en sous-sol, qui donnent dans une petite rue du « quartier des Granges » contrastent avec les grands établissements de l'Oranienburger
Straße. Le décor est intime comme un intérieur au charme discret : vieux piano, multiples photos encadrées (souvenirs de famille : mariage, etc.) du début du siècle. La
clientèle est jeune, de quartier.

Oren – *Oranienburger Straße 28 ;* ☎ *(030) 282 82 28 ;* 🆂 *1, 2, 25 Oranienburger
Straße ; ouvert du dimanche au jeudi de 10 h à 1 h, jusqu'à 2 h les vendredi et samedi.*
Café et (principalement) restaurant juifs. Dans cette grande salle haute de plafond, les
clients de tous âges sont attablés au coude à coude ; des chandeliers à sept branches
trônent au-dessus du comptoir. Vaste sélection de vins français, allemands et, surtout,
d'Israël.

Squat et gamins des rues

Café Orange – *Oranienburger Straße 32 ;* ☎ *(030) 282 00 28 ;* Ⓢ *1, 2, 25 Oranienburger Straße ; ouvert du lundi au jeudi de 9 h à 1 h, jusqu'à 2 h les vendredi et samedi.*
Cet ancien hall d'immeuble éclairé par cinq grands lustres, au plafond haut et orné de moulures, aux murs couleur saumon est un lieu de rendez-vous touristique du quartier.

Café Silberstein – *Oranienburger Straße 27 ;* ☎ *(030) 281 20 95 ;* Ⓢ *1, 2, 25 Oranienburger Straße ; ouvert tous les jours de 12 h à 4 h.*
Les chaises à dossiers démesurés et les sculptures en métal constituent le décor de ce bar éclairé par des projecteurs, comme une discothèque, et où règne la musique techno ; grand comptoir, lui aussi métallique.

Hackbarths – *Auguststraße 49a ;* ☎ *(030) 282 77 06 ;* Ⓤ *8 Weinmeisterstraße.*
Le bar fait l'angle comme le comptoir en cuivre. La base des murs est recouverte de céramique noire, l'éclairage mordoré. La clientèle est jeune, cosmopolite et d'aspect bohème. Ce point de rendez-vous est pratique pour grignoter au déjeuner (quiches et plats végétariens) et offre une bonne carte de vins au verre. Petite salle à l'arrière pour les réunions.

Hafenbar – *Chausseestraße 20 ;* ☎ *(030) 282 85 83 ;* Ⓤ *6 Oranienburger Tor.*
La discothèque et le bar sont à l'étage. Un filet de pêche est tendu au-dessus de la piste de danse ; le bar, au décor exotique de cabine de navire, est équipé de sièges balançoires sur lesquels on peut avoir le mal de mer. Une clientèle de 30-40 ans s'éclate sur du rock rétro. Le grand frisson du samedi soir qui n'a pas évolué depuis les années 70 !

Rosi's – *Friedrichstraße 105C ;* ☎ *(030) 282 50 88 ;* Ⓢ *+* Ⓤ *Friedrichstraße ; ouvert de 10 h à 22 h les dimanche et lundi, jusqu'à 24 h du mardi au samedi.*
L'intérieur de ce petit bar, situé à proximité immédiate des théâtres du quartier, est quelconque, mais la terrasse donne sur la Spree (avec un retour d'angle ombragé) et offre une vue sur le musée Bode, la tour de la Télévision.

Brooker's – *Schiffbauerdamm 8 ;* ☎ *(030) 308 722 93 ;* Ⓢ *+* Ⓤ *Friedrichstraße.*
Dans un environnement qui, la nuit tombée, est digne d'un polar, le long de la Spree et dans un vieil immeuble, le comptoir central de ce vaste café accueille les travailleurs des chantiers alentour en fin de journée. Murs tapissés de reproductions géantes de titres austro-hongrois et russes ou de billets datant de la grande inflation (20 millions de Reichsmark). Trois grands écrans vidéo donnent le nom et le prix des consommations comme les écrans affichent les destinations et les horaires dans les aéroports.

Café Aedes – *Rosenthaler Straße 40-41 ;* ☎ *(030) 282 21 03 ;* Ⓢ *3, 5, 7, 9, 75 Hackescher Markt ou* Ⓤ *8 Weinmeisterstraße.*
Ce café a élu domicile dans l'une des cours magnifiquement restaurées des Hackescher Höfe. Décor très moderne avec une double cloison de béton et de verre laissant passer un éclairage diffus ; mobilier design en bois clair.

Obst & Gemüse – *Oranienburger Straße 48 ;* Ⓤ *6 Oranienburger Tor.*
Ancienne épicerie, en face du *Tacheles*, au décor sobre, fréquentée par les jeunes ; point de vue sur l'animation nocturne de la rue.

Oscar Wilde – *Friedrichstraße 112a ;* ☎ *(030) 282 81 66 ;* Ⓤ *6 Oranienburger Tor.*
Point de rencontre des Irlandais de Berlin et des gens travaillant dans les chantiers environnants. Cadre terne et ambiance morne en journée.

Où danser ?

B-Flat – *Rosenthaler Straße 13 ;* ☎ *(030) 280 63 49 ;* Ⓤ *8 Weinmeisterstraße ; ouvert tous les jours à partir de 22 h.*
Un grand volume et une grande vitre donnent sur la rue. Décoration dépouillée de grandes plaques perforées d'où sortent des lampes en forme de tiges. Peu de monde le jour ; bondé le soir en fin de semaine pour les concerts de jazz.

Delicious Doughnuts Research – *Rosenthaler Straße 9 ;* ☎ *(030) 283 30 21 ;* Ⓤ *8 Rosenthaler Platz ou Weimeisterstraße.*
Un café et une boîte qui fait l'angle avec l'Auguststraße. Le décor est rouge : murs, lumière et banquettes en moleskine. La salle de danse, au décor rouge sombre, est à l'arrière, bordée de gradins où consomme le jeune public amateur de techno.

ALEXANDERPLATZ ET QUARTIER ST-NICOLAS (Mitte)
Ⓢ *+* Ⓤ *Alexanderplatz*

Mutterhoppe – *Rathaustraße 21 ;* ☎ *(030) 241 56 21 ; ouvert tous les jours à partir de 11 h 30.*
Dans cet établissement situé en contrebas de la rue, de très nombreuses petites alcôves accueillent les clients qui désirent prendre un pot ou un en-cas dans une ambiance intime. Une salle beaucoup plus grande est là pour ceux qui préfèrent une ambiance plus bruyante. Dans les deux cas, la clientèle est sélecte. Les vendredi et samedi, des orchestres animent les soirées (musiques du monde).

Telecafé – *Panoramastraße 1a ;* ☏ *(030) 242 33 33 ; ouvert de 9 h à 24 h d'avril à octobre, à partir de 10 h de novembre à mars.*

Dans la tour de la Télévision, à 207,53 m de hauteur, ce café effectue une révolution en 30 mn permettant, en prenant un café ou un rafraîchissement, d'apprécier tout Berlin.

Georgbrau – *Spreeufer ; ouvert tous les jours à partir de 10 h.* Très grand café au décor simple, mais tellement bien situé au bord de la Spree ! Les touristes prennent d'assaut la magnifique terrasse dans ce secteur piétonnier.

Kartoffellaube – *Probststraße 1 ;* ☏ *(030) 241 56 81 ; ouvert tous les jours à partir de 11 h 30.* Au pied de l'église St-Nicolas, une auberge de campagne en pleine ville. De nombreux éléments de décoration (paniers, outils agricoles...) proviennent d'anciennes fermes. Ambiance animée et conviviale.

Terrasse du quartier St-Nicolas

Zum Nussbaum – *Am Nußbaum 3 ;* ☏ *(030) 242 30 95 ; ouvert tous les jours à partir de 12 h.*
En poussant la porte de cette minuscule auberge, on a l'impression de se retrouver au début du siècle. Tout semble authentique : mobilier, décoration et atmosphère. Choix de bonnes bières et cuisine typiquement allemande.

Zur Gerichtslaube – *Poststraße 28 ;* ☏ *(030) 241 56 98 ; ouvert tous les jours à partir de 11 h 30.*
Une très bonne adresse pour prendre le café et surtout déguster de succulents *Apfelstrudel*. Le plafond de cette auberge, l'une des plus anciennes de Berlin, est voûté.

Centres culturels (Musique, théâtre, cinéma, lectures publiques, galerie)

Brotfabrik – *Prenzlauer Promenade 3 (Weissensee) ;* ☏ *(030) 471 40 01/02 ;* Ⓢ *8, 10 Prenzlauer Allee.*

Haus der Kulturen der Welt/Café Global – *John-Foster-Dulles-Allee 10 (Tiergarten) ;* ☏ *(030) 39 78 32 27 ;* Ⓢ *3, 5, 7, 9, 75 Lehrter Stadtbahnhof ou* Ⓢ *1, 2, 25 Unter den Linden ;* 🚌 *100 ; ouvert du lundi au samedi à partir de 9 h.*
Très grand à l'intérieur, cette « Maison des cultures du monde » est installée dans la « halle des Congrès » offerte par les Américains. Programmation et festivals très variés de danses et de musiques du monde.

Kulturbrauerei – *Knaackstraße 97 (Prenzlauer Berg) ;* ☏ *(030) 441 92 69 ;* Ⓤ *2 Eberswalder Straße.*
Cette ancienne brasserie forme une véritable « ville dans la ville », aux multiples activités, l'un des endroits les plus vivants de « Prenzlberg ».

Kunstamt Kreuzberg Bethanien – *Mariannenplatz 2 (Kreuzberg) ;* ☏ *(030) 25 88 41 51 ;* Ⓤ *1, 8, 15 Kottbusser Tor.*
Situé sur une belle place, ce centre accueille une bibliothèque et un conservatoire.

Tacheles – *Oranienburger Straße 54-56a (Mitte) ;* ☏ *(030) 282 61 85 ;* Ⓤ *6 Oranienburger Tor.*

Tempodrom – *Am Anhalter Bahnhof (Kreuzberg) ;* Ⓢ *1, 2, 25 Anhalter Bahnhof.*
Le chapiteau, autrefois dans le Tiergarten, abrite en été des concerts (musiques du monde et artistes renommés), un cirque, des numéros acrobatiques.

Ufa-Fabrik – *Viktoriastraße 10-18 (Tempelhof) ;* Ⓤ *6 Ullsteinstraße ;* ☏ *(030) 75 50 30.*
Concerts de musiques du monde, cours de danse africaine ou orientale, de gymnastique chinoise (Qi Gong) et enseignement des arts martiaux, diverses activités pour les enfants sont organisés dans cette petite communauté à l'ambiance villageoise. Le café *Olé* propose des plats « biologiques ».

A Potsdam : Kunstfabrik – *Hermann-Elflein-Straße 10 (entrer dans la cour) ;* ☏ *(030) 28 00 489.*

PRENZLAUER BERG

Schönhauser Allee, Kollwitz-Platz, Prenzlauer Allee

Franz-Club – *Schönhauser Allee 36-39 ; ☏ (030) 442 82 03 ; Ⓤ 2 Eberswalder Straße.*
Depuis 1970, le *Franz-Club* est devenu l'un des endroits les plus prisés de la « scène » musicale berlinoise avec son slogan : « une année, 365 concerts ». Nombreux sont les musiciens qui sont passés par ce lieu devenu culte. Il y en a pour tous les goûts et pour tous les styles. Tous les soirs, après le concert, les meilleurs DJ's vous feront danser jusque tard dans la nuit. Les « accros » du vinyl et des CD pourront jeter un coup d'œil chez le disquaire de Franz-Club et y trouveront peut-être une perle.

Die Krähe – *Kollwitzstraße 84 ; ☏ (030) 442 82 91 ; ouvert de 17 h 30 à 1 h du lundi au jeudi, de 17 h 30 à 2 h le vendredi, de 10 h à 2 h le samedi, de 10 h à 1 h le dimanche (petit déjeuner buffet de 10 h à 14 h) ; Ⓤ 2 Eberswalder Straße.*
Ce café-restaurant propose une carte hebdomadaire, une sélection de vins de très bonne qualité et un large choix de bières en bouteilles. Enfin, le buffet proposé le week-end pour le petit déjeuner est un des plus appréciés de la « scène » berlinoise. Tout cela dans un cadre sans prétention, agréablement restauré.

Café Pasternak – *Knaackstraße 22-24 ; ☏ (030) 441 33 99 ; Ⓤ 2 Senefelder Platz ; ouvert de 12 h à 2 h du lundi au samedi, à partir de 20 h le premier lundi du mois, à partir de 10 h le dimanche.*
Ce café, qui fait aussi de la restauration, vous rappellera que l'âme russe a inspiré plus d'un Berlinois ; et puis la Russie n'est pas si loin. Dans un décor Gründerzeitstil (les années 1870), presque d'époque, russophones et nouveaux romantiques, étudiants et cadres se mêlent pour partager, aux sons des violons et des voix russes, une nostalgie « qui n'est plus ce qu'elle était ».

Eckstein – *Pappelallee 73 ; ☏ (030) 441 99 60 ; Ⓤ 2 Eberswalder Straße ; ouvert du lundi au jeudi de 9 h à 2 h (fermé le mardi), jusqu'à 3 h les vendredi et samedi.*
Bien situé à l'angle de deux rues sur lesquelles donnent de grandes portes-fenêtres aux huisseries en bois. Ambiance de quartier ; belle carte de petits déjeuners qui sont servis de 9 h à 15 h. Terrasse agréable en été.

Galeriecafé « Dix » – *Lychener Straße 39 ; ☏ (030) 444 90 18 ; Ⓤ 2 Eberswalderstraße ; ouvert de 18 h à 2 h tous les jours.*
Comme son nom l'indique, une galerie dans un café qui attire les curieux de toutes parts et les habitués du quartier. Vous en aurez non seulement pour votre palais et pour votre ventre, mais aussi plein les yeux. Les tableaux présentés changent toutes les six semaines et un vernissage inaugure chaque exposition. Vous y trouverez une grande variété de vins de qualité bonne et moyenne.

November – *Husemannstraße 15 ; Ⓤ 2 Eberswalderstraße ; ☏ (030) 442 84 25.*
Café très apprécié par la « scène » berlinoise, beaucoup de « branchés » et d'étudiants s'y retrouvent les week-ends pour le petit déjeuner et prendre d'assaut le buffet qui n'en finit jamais de se garnir. En semaine, November est le lieu privilégié des lecteurs de journaux, ceux qui, tout en s'informant, ne se prive pas d'une bonne tasse de *capuccino*.

Oblomow – *Käthe-Niederkirschner-Straße 26 ; ☏ (030) 425 46 34 ; 🚌 257 Hufelandstraße ou 🚊 2, 3, 4 Immanuelkirchstraße ; ouvert de 10 h à 18 h du lundi au samedi (jusqu'à 20 h le jeudi) de 14 h à 18 h le dimanche.*
Cette entreprise familiale propose 200 sortes de thé et toutes sortes de souvenirs autour du thé et de ses accessoires. Au salon familial, vous pourrez boire le breuvage de votre choix accompagné des pâtisseries faites maison.

Weinstein – *Lychener Straße 33 ; ☏ (030) 44 11 842 ; Ⓤ 2 Eberswalder Straße ; ouvert du lundi au samedi de 17 h à 2 h, le dimanche de 18 h à 2 h.*
Lieu de vente et bar de dégustation spécialisé dans les vins d'Europe. Des bouteilles alignées sur une étagère décorent la vaste arrière-salle sur tout son périmètre.

Café Anita Wronski – *Knaackstraße 26-28 ; ☏ (030) 442 84 83 ; Ⓤ 2 Senefelderplatz.*
La mezzanine de ce café, situé en face du château d'eau, sommet de Prenzlauer berg, se prête aux conversations.

Lampion – *Knaackstraße 54 ; ☏ (030) 442 60 26 ; Ⓤ 2 Eberswalder Straße ; ouvert de 16 h à 3 h tous les jours.*
Minuscule bar, où pendent au plafond des ombrelles japonaises. Petit théâtre de marionnettes.

La Bodeguita del Medio – *Lychener Straße 6 ; ☏ (030) 442 85 38 ; Ⓤ 2 Eberswalder Straße ; ouvert de 10 h à 4 h tous les jours.*
Franchissez le seuil de la porte et vous serez à La Havane, dans la *Bodeguita* qu'Hemingway rendit si célèbre. Dans ce cadre original, qui rappelle les années 50, sur un fond de *cha-cha-cha*, Les amoureux de l'Amérique latine, jeunes et moins jeunes, commandent de nombreuses spécialités et boissons cubaines : *Mojito, Cerveza Hatuey et Tostones...*

Bla-Bla – *Sredzkistraße 19a ; [U] 2 Eberswalder Straße ; ☎ (030) 442 35 81.*
Le mobilier original : canapés et fauteuils entourant de petites tables basses, un piano fait que l'on se croirait dans le salon d'un appartement.

Entwederoder – *Oderberger Straße 15 ; ☎ (030) 448 13 82 ; [U] 2 Eberswalder Straße ; ouvert de 12 h à 2 h tous les jours.*
Ce café est l'endroit idéal pour une immersion dans l'atmosphère du *Kiez*. Dans un cadre très convivial et familial, vous pourrez goûter aux bons gâteaux de « grand-mère ». la carte du jour est très copieuse et, si vous avez de la chance ce jour-là, vous pourrez assister à un concert improvisé.

Times – *Husemannstraße 10 ; ☎ (030) 442 80 76 ; [U] 2 Senefelder Platz ; ouvert de 17 h à 6 h du lundi au samedi, de 10 h à 6 h les dimanche et jours fériés.*
Dans un cadre très stylisé, où le design prédomine, les banquettes des années 20 sauvées in extremis de la décharge valent vraiment le détour. Pour ce qui est de la clientèle, elle est aussi difficile à définir que celle du métro aux heures de pointe. Avec une dominante quand même : celle des noctambules (un dîner est servi à partir de 1 h) et autres amateurs de cocktails à gogo.

ET DU CÔTÉ DE POTSDAM...

Babette – *Bandenburger Straße 71 ; ☎ (0331) 29 16 48 ; ouvert à partir de 9 h du lundi au samedi, à partir de 10 h le dimanche.*
De très beaux gâteaux tentent le visiteur, dès l'entrée, dans ce café et salon de thé à la décoration sage et recherchée, au mobilier de couleurs tendres, aux sièges recouverts de tapisseries. Des gravures du vieux Potsdam sont accrochées aux murs. Belle terrasse sur la place qui entoure la porte de Brandebourg.

Der Fliegende Holländer – *Benkertstraße 5 ; ☎ (0331) 27 50 30 ; ouvert tous les jours de 10 h à 24 h.*
Dans une maison de style hollandais en brique, ce café spacieux, au décor clair de belles boiseries, comporte une mezzanine agrémentée de plantes vertes et un beau comptoir surmonté d'un distributeur de bières à la pression en cuivre rouge.

La Madeleine – *Brandenburger Straße 71.*
Crêperie bretonne dont la décoration rappelle toute cette région : photos, souvenirs, assiettes en faïence. La carte est en français et le cidre se boit au bol.

Potsdamer Bierstänge – *Friedrich-Ebert-Straße 88 ; ☎ (0331) 23 170 ; ouvert de 11 h à 1 h.*
Dans une jolie maison néo-baroque, ce grand café donne sur la rue par des baies vitrées. Le décor est sobre, classique et cossu avec des sièges en cuir, un beau meuble de bar aux vitrines éclairées. A l'étage, une salle accueille la clientèle en quête de tranquillité.

Artur, Cafe & Antiquariat – *Dortusstraße 16.*
Un long comptoir, un mobilier de bois sombre et de vieilles lampes donnent à cette salle étroite en « L » et aux murs crépis une ambiance intime et chaleureuse.

Les achats

Les magasins sont ouverts de 9 h à 20 h du lundi au vendredi et de 9 h à 16 h le samedi. La plupart des magasins turcs de Kreuzberg et Neukölln sont ouverts le samedi après-midi et le dimanche de 13 h à 17 h.

GRANDS MAGASINS

Galeries Lafayette – *Friedrichstraße 207 ; Ⓢ + [U] Friedrichstraße ; ouvert du lundi au vendredi de 9 h 30 à 20 h, le samedi de 9 h 30 à 16 h.*
Dans un des bâtiments les plus étonnants du nouveau Berlin, des rayons aérés présentent le dernier chic parisien en matière de vêtements et d'accessoires. A voir absolument.

KaDeWe – *Tauentzienstraße 21 (Schöneberg) ; [U] 1, 2, 12, 15 Wittenbergplatz.*
Intérieur luxueux pour une mode BCBG ; *ouvert du lundi au vendredi de 9 h 30 à 20 h, le samedi de 9 h 30 à 16 h.*

Peek & Cloppenburg – *Tauentzienstraße 19 ; ☎ (030) 21 29 00 ; [U] 1, 2, 12, 15 Wittenbergplatz.*
Six étages autour d'une verrière centrale proposent des vêtements à la mode et d'excellente qualité. On se laisse facilement tenter en parcourant les rayons bien agencés de ce très beau magasin.

Hertie bei Wertheim – *Kurfürstendamm 231 (Charlottenburg)* ; **U** *9, 15 Kurfürstendamm.*
Grands magasins classiques, à deux pas de l'église du Souvenir.

Kaufhof – *Alexanderplatz 9 (Mitte)* ; **S** + **U** *Alexanderplatz ; ouvert du lundi au vendredi de 9 h à 20 h, le samedi de 9 h à 16 h.*
Bien situé sur l'Alexanderplatz. Comparable aux *Nouvelles Galeries.*

Leffers – *Wilmersdorfer Straße 53-54a* ; ☎ *(030) 32 78 50* ; **U** *2, 7, 12.*
Grand magasin classique dans une rue très commerçante.

La mode sur le Ku'damm

Mey & Edlich, au N°217,
Kookai, au N°205,
Selbach, aux N°ˢ195-196,
Budapester Schuhe, au N°199
Jean-Paul Gaultier, au N°192,
Jil Sander (à l'angle de la Wielandstraße) et **Gianni Versace**, au N°185,
Escada, au N°186,
Kramberg, aux N°ˢ56-57,
Yves St-Laurent et **Mentius**, aux N°ˢ53-52,
Hermès, au N°43.

et dans la Fasanenstraße voisine :

Louis Vuitton au N°27,
Cartier, au N°28,
Rena Lange, au N°29,
Chanel, au N°34,
Gucci, au N°73.

CADEAUX

Abc – *Oranienstraße 196 (am Heinrichplatz)* ; ☎ *(030) 618 53 55* ; **U** *1, 8, 12, 15 Kottbusser Tor.*
Papiers à lettre et fournitures.

Da Driade – *Rosenthaler Straße 40-41* ; ☎ *(030) 283 28 720* ; **S** *3, 5, 7, 9 Hackescher Markt ; ouvert de 10 h à 20 h du lundi au vendredi, jusqu'à 16 h le samedi.*
Magasin de verrerie à l'entrée des *Hackesche Höfe*. Bien situé et bien éclairé.

Eichhörnchen – *Oranienstraße 187* ; ☎ *(030) 614 72 90* ; **U** *1, 8, 12, 15 KottbusserTor ; ouvert du mardi au vendredi de 12 h à 18 h 30, de 10 h à 14 h le samedi.*
Une boutique de charme où s'accumulent livres, vieux meubles et bibelots, bien visibles de la rue.

Fachgeschäft für Meissener Porzellan – *Unter den Linden 39 et Kurfürstendamm 214* ; ☎ *(30) 881 91 58.*
Le goût, un peu plus précieux que la porcelaine de Berlin, est plus porté vers les chinoiseries, les sujets bucoliques ; les statuettes sont charmantes.

Glasklar Gläser – *Knesebeckstraße 13-14 (Charlottenburg)* ; ☎ *(030) 313 10 37* ; **U** *2 Ernst-Reuter-Platz.*
Une boutique de verres variés à des prix raisonnables.

J. und M. Fäßler – *Tamentzienstraße 9 Sous-sol de l'Europa-Center (Charlottenburg)* ; ☎ *(030) 261 48 07* ; **S** + **U** *Zoologischer Garten ; ouvert du lundi au samedi de 10 h à 18 h 30.*
Magasin de souvenirs et gadgeterie : figurines de personnages et d'animaux, objets en bois, cristal, verre ; marionnettes, pantins, assiettes décorées, etc.

Keramik Galerie – *Kollwitzstraße 53* ; ☎ *(030) 441 95 91* ; **U** *2 Senefelder Platz ; ouvert de 11 h à 18 h du lundi au vendredi, jusqu'à 14 h le samedi.*
Boutique lumineuse et agréable dans un quartier ancien. Des céramiques d'inspiration moderne sont exposées à l'étage et on peut voir le four en sous-sol.

Königliche Porzellan Manufaktur (KPM) – *Kurfürstendamm 26a (Charlottenburg)* ; ☎ *et fax (030) 886 72 10* ; **U** *15 Uhlandstraße.*
Un régal. Ce magasin illustre les qualités traditionnelles de la porcelaine berlinoise : peinture de fleurs exquises, décor néo-classique élégant. Les amateurs (avec un compte en banque bien fourni) auront le choix entre les services *Rocaille, Neuosier, Kurland* ou *Arkadia et Urbino*, plus modernes.

Meissener Porzellan am Ku'damm – *Kurfürstendamm 214* ; ☎ *(030) 881 91 58* ; **U** *15 Uhlandstraße.*

Rosenthal – *Kurfürstendamm 226* ; ☎ *(030) 885 63 40* ; **U** *9,* **U** *15 Kurfürstendamm.*
Magasin de porcelaines et de vaisselle de table très élégant à deux pas de l'église du Souvenir.

A Potsdam :

Kunsttruhe – *Mittelstraße 22* ; ☎ *(0331) 280 32 09; ouvert tous les jours de 10 h à 18 h.*
Objets de décoration d'intérieur et vieux meubles. Très joli un peu avant Noël.

Mandy Hartung – *Mittelstraße 12* ; ☎ *(0331) 270 11 71.*
Boutique élégante de porcelaines Wedgwood bien située dans la principale rue du quartier hollandais de Potsdam.

LIBRAIRIES

Artificium – *Rosenthaler Straße 40-41 (Die Hackeschen Höfe, cour II)* ; ☎ *(030) 30 87 22 80* ; 🅢 *3, 5, 7, 9, 75 Savignyplatz* ; *ouvert de 10 h à 21 h du lundi au jeudi, jusqu'à 23 h le vendredi, de 13 h à minuit le samedi.*
Librairie d'art (avec de beaux ouvrages sur Berlin) dans une cour bien restaurée.

Buchhandlung Kiepert – *Knesbeckstraße 20, angle Hardenbergstraße (Charlottenburg)* ; 🅢 *3, 5, 7, 9, 75 Savignyplatz ou* 🅤 *2 Ernst-Reuter-Platz* ; ☎ *(30) 311 00 90.*
Librairie générale immense.

Bücherbogen am Savignyplatz – *Stadtbahnbogen 593 (Charlottenburg)* ; ☎ *(030) 312 19 32* ; 🅢 *3, 5, 7, 9, 75 Savignyplatz.*
Librairie spécialisée dans l'urbanisme, l'architecture, la décoration d'intérieur et la photo. Traitant des mêmes thèmes, d'autres librairies *Bücherbogen* ont élu domicile sous les arches du S-Bahn à la gare de Friedrichstraße et Kochstraße 18, dans l'immeuble du Tageszeitung (très spécialisée dans l'urbanisme).

Kiepert an der Humboldt-Universität – *Stadtbahnbögen 181-183, Georgenstraße 2* ; ☎ *(030) 208 18 44/45* ; 🅢 + 🅤 *Friedrichstraße.*
Sous les arcades du S-Bahn.

Romanische Buchhandlung Andenbuch – *Knesebeckstraße 20-21* ; ☎ *(030) 312 70 61* ; 🅢 *3, 5, 7, 9, 75 Savignyplatz.*
Livres de langues romanes (italien, français, espagnol).

Schwarze Risse – *Gneisenaustraße 2a* ; ☎ *(030) 692 87 79* ; 🅤 *6, 7 Mehringdamm.*
Dans l'enceinte du Mehringhof, cette librairie est spécialisée dans la littérature et la politique (avec un bon rayon consacré aux femmes et aux œuvres d'écrivains femmes).

Elefanten Press – *Oranienstraße 25* ; ☎ *(030) 68 83 41 01* ; 🅤 *1, 8, 12, 15 Kottbusser Tor.* Librairie générale offrant, dans un vaste volume donnant sur la rue, de nombreux ouvrages sur Berlin ; le fond communique avec la galerie de la *Neue Gesellschaft für bildende Kunst.*

POUR LES JEUNES :

Comics

Comics & More – *Oranienstraße 22* ; ☎ *(030) 615 88 10* ; 🅤 *1, 8, 12, 15 Kottbusser Tor.* Comics, BD, maquettes.

Großer Unfug – *Zossener Straße 32 et 33* ; ☎ *(030) 69 40 14 90* ; 🅤 *7 Gneisenaustraße* ; *ouvert du lundi au vendredi de 10 h à 18 h 30, de 11 h à 14 h le samedi.*
Trois boutiques pour les BD, comics et modèles réduits. Une petite galerie (monter à l'étage) expose des maquettes de vaisseaux spatiaux de *Star Trek* à la *Guerre des Étoiles.*

Peter Skodzik – *Golzstraße 40* ; ☎ *(030) 216 51 59* ; 🅤 *7 Eisenacher Straße.*
Comics et BD.

Mode

Core-Tex – *Oranienstraße 3* ; ☎ *(030) 785 04 35* ; 🅤 *1, 8, 12, 15 Kottbusser Tor.*
Mode punk dans une ambiance typique du quartier.

Downstairs – *Goebenstraße 5* ; ☎ *(030) 215 92 11* ; 🅤 *7 Kleistpark.*
Spécialisé dans les bombes de peinture.

Groopie deluxe – *Golzstraße 39* ; ☎ *(030) 217 20 38* ; 🅤 *7 Eisenacher Straße* ; *ouvert du lundi au vendredi de 11 h à 18 h 30 (le jeudi jusqu'à 20 h ; le samedi de 11 h à 16 h).*
Vêtements groove ; large palette de *flyers* à disposition.

Planet – *Schlüterstraße 35* ; ☎ *(030) (030) 885 27 17* ; 🅤 *15 Uhlandstraße* ; *ouvert jeudi et vendredi jusqu'à 20 h, 16 h le samedi.*
Mode techno.

Musique

Bote & Bock – *Hardenbergstraße 9a* ; ☎ *(030) 31 10 03 12.*

Guitar Shop – *Goethestraße 49* ; ☎ *(030) 312 56 07* ; 🅤 *7 Wilmersdorfer Straße* ; *ouvert de 10 h à 14 h et de 15 h à 18 h du lundi au vendredi, de 10 h à 14 h le samedi.*
Grand choix de guitares classiques et électriques.

Tema « City Music » – *Im « Ku'damm-Karree », Kurfürstendamm 207-208* ; ☎ *(030) 88 68 87 00* ; 🅤 *9, 15 Kurfürstendamm.*
Large rayon de CD et vidéo, mais plus intéressant pour le matériel Hi-Fi, audiovisuel et photographique.

Wom (« World of Music ») – *Augsburger Straße 36-42 (derrière le magasin « Hertie »)* ; ☎ *(030) 885 72 40* ; 🅤 *9, 15 Kurfürstendamm.*
Large rayon de musiques contemporaines, de l'acid-jazz à la techno ; rayon classique réduit.

SHOPPING POUR LES ENFANTS

KaDeWe – *Tauentzienstraße 21 (Schöneberg) ; Wittenbergplatz (Charlottenburg) ;* [U] *1, 2, 12, 15 Wittenbergplatz.*
Très beau rayon jouets, en particulier les peluches et les jeux électroniques.

Klein-Holz – *Stuttgarter Platz 21 (Charlottenburg) ;* ☎ *(030) 323 86 81 ;* Ⓢ *3, 5, 6, 9, 75 Charlottenburg.*
Fait partie d'une chaîne de magasins ; très beaux jouets en bois pour les tout petits.

Hennes & Mauritz – *Kurfürstendamm 234 (Charlottenburg) ;* [U] *9, 15 Kurfürstendamm.*
Mode pour enfants sages.

Miches Bahnhof – *Nürnberger Straße 21 (Schöneberg) ;* ☎ *(030) 218 66 11 ;* [U] *1 Augsburger Straße ; ouvert l'après-midi.*
Modèles réduits d'autos et de trains.

Vom Winde Verweht – *Eisenacher Straße 81 (Schöneberg) ;* ☎ *(030) 784 77 69 ;* [U] *7 Eisenacher Straße.*
Magasins de cerfs-volants à tous les prix.

Warner Bross – *Tauentzienstraße 9 ;* ☎ *(030) 25 45 40 ;* [U] *9, 15 Kurfürstendamm.*
Décoration de studio ; vêtements enfants et ados et gadgets inspirés de cartoon : pour les fans de Bugs Bunny, Titi et Gros Minet !

Spielwaren Koschel – *Friedrichstraße 127 ;* ☎ *(030) 281 92 35 ;* [U] *6 Oranienburger Tor.*
Très grand choix de jouets.

Marchés de Noël

C'est une tradition chère aux Allemands. Friandises, vin chaud, objets d'artisanat sont vendus dans des maisonnettes qui se mêlent parfois avec des stands de fête foraine. Les marchés ouvrent courant novembre et ferment généralement juste avant les fêtes. Les principaux *Weihnachtsmärkte* s'installent :

– Autour de l'**église du Souvenir** (Breitscheidplatz) ; Ⓢ + [U] *Zoologischer Garten* ou [U] *15 Kurfürstendamm.*
– A Prenzlauer Berg, à côté du **grand planétarium Zeiss** ; Ⓢ *8, 10 Prenzlauer Allee.*
– Sur la **Schloßplatz** ; 🚌 *100, 157, 348 Lustgarten.*
– **Opernpalais,** sur l'avenue Unter den Linden ; 🚌 *100, 157, 348 Deutsche Staatsoper.*
– Dans la vieille ville de **Spandau,** [U] *7 Rathaus Spandau.*
– Sur la **Richardplatz** à Neukölln (Rixdorfer Weihnachtsmarkt) ; Ⓢ *45* + [U] *7 Neukölln* ou [U] *7 Karl-Marx-Straße.*
– Le long des **Brandenburger Straße/Friedrich-Engel-Straße** et *Luisenplatz* à Potsdam ; Ⓢ *3, 7 Potsdam-Stadt.*

QUELQUES INSOLITES :

Hobbyshop – *Golzstraße 37 ;* ☎ *(030) 216 55 87 ou 215 48 89 ;* [U] *7 Eisenacher Straße.*
Trois magasins contentent les esprits créatifs les plus exigeants et épuisent toutes les possibilités de ce qu'on peut bricoler et fabriquer avec les mains : le choix est fantastique et donne une foule d'idées.

Berliner Zinnfiguren – *Knesebeckstraße 88 ;* ☎ *(030) 313 00 02 .* Ⓢ *3, 5, 7, 9, 75 Savignyplatz ; ouvert de 10 h à 18 h du lundi au vendredi, de 10 h à 13 h le samedi.*
Une vaste sélection de soldats de plomb, du légionnaire romain aux armées de Frédéric II. Les figurines peintes sont exposées en vitrine dans cette petite boutique qui possède un bon rayon de livres sur l'armée.

Metissage – *Dresdner Straße 119 ;* ☎ *(030) 615 10 95 ;* [U] *1, 8, 12, 15 Kottbusser Tor ; ouvert de 11 h à 18 h du lundi au vendredi, de 10 h à 14 h le samedi.*
Toutes les perles et tous les éléments pour monter à sa fantaisie de très beaux colliers.

Wiedenhoff – *Europa Center (niveau sous-sol) ;* ☎ *(030) 261 27 30 ;* [U] *9, 15 Kurfürstendamm.*
Magasin d'armes, mais aussi de beaux couteaux de Solingen.

ANTIQUITÉS

Les antiquaires se concentrent dans la Eisenach Straße, la Kalckreuthstraße et la Keithstraße, ainsi que dans la Fasanenstraße ; Près du château de Charlottenburg, Bleibtreustraße, Mommsenstraße, Schlüterstraße, Suarezstraße.

MARCHÉS AUX PUCES

Antik- & Flohmarkt Mitte – *Bahnhof Friedrichstraße, S-Bahnbögen 190-203 (Mitte);* Ⓢ + Ⓤ *Friedrichstraße ; ouvert tous les jours sauf le mardi de 11 h à 18 h.*

Berliner Kunst- und Nostalgiemarkt – *Am Kupfergraben ;* Ⓢ + Ⓤ *Friedrichstraße.*
En face du musée de Pergame et du Nouveau Musée.

Flohmarkt Am Fehrbelliner PLatz – *Fehrbelliner Platz (Wilmersdorf) ;* Ⓤ *1, 7 Fehrbelliner Platz ; ouvert les samedi et dimanche de 8 h à 16 h.*

Großer Berliner Trödel- und Kunstmarkt – *Straße des 17 Juni (Charlottenburg) ;* Ⓤ *2 Ernst-Reuter-Platz ;* Ⓢ *3, 5, 6, 9, 75 Tiergarten ; ouvert les samedi et dimanche de 8 h à 15 h.*

Kunst- & Trödelmarkt – *Schönhauser Allee 36/38 ;* Ⓤ *2 Eberswalder Straße.*

Puces « Am Kupfergraben »

Pariser Platz Market – *Pariser Platz (Mitte) ;* Ⓢ *1, 2, 25 Unter den Linden ; ouvert tous les jours de 9 h à la tombée de la nuit.*

Trödel-Flohmarkt Gustav-Meyer-Allee-Brunnenstraße – *Park Humboldthain (Wedding) ;* Ⓤ *8 Voltastraße et Gesundbrunnen ; ouvert les samedi et dimanche de 8 h à 16 h.*

A Potsdam :

Potsdamer Kunstmarkt – *Lindenstraße 53-56.*

GALERIES

Il y en a plus de 300 à Berlin, principalement situées autour de la **Savignyplatz** et de la **Fasanenstraße** (Charlottenburg), non loin du Ku'damm, autour de la **Pariser Straße** (Wilmersdorf), entre Nollendorfplatz et Winterfeldtplatz (Schöneberg), autour de **Chamissoplatz** (Kreuzberg, partie Ouest), entre l'Oranienstraße, l'Oranienplatz et la Mariannenplatz (Kreuzberg, partie Est), dans l'ancien « quartier des Granges », entre l'**Oranienburger Straße** et la Rosa-Luxemburg-Platz (Mitte), à Prenzlauer Berg (le long et autour de la **Schönhauser Allee**). De nombreux cafés exposent des œuvres d'artistes locaux. Pour connaître la listes des principales galeries et leur emplacement, consulter le *Berliner Kunstkalender* bimensuel et le dépliant *Berliner Galerien*, que l'on trouve un peu partout dans les cafés.

Pour choisir un hôtel ou un restaurant,
consultez le **guide Rouge Michelin Deutschland** *de l'année.*

Vous souhaitez mettre votre voiture en sécurité.
Le **guide Rouge Michelin Deutschland** *vous signale les hôtels possédant un garage ou un parking clos.*

Gastronomie

La cuisine berlinoise est simple et consistante. Elle est servie avec des garnitures de légumes variés : salade, choucroute ou chou rouge, pommes de terre bouillies. Les concombres de la forêt de la Spree *(Spreewald)*, les petites betteraves *(Rübchen)* du Teltow, les cerises de Werder appartiennent au patrimoine culinaire berlinois. Les cornichons *(saure Gurken)* sont aussi très populaires.

Spécialités locales – Quelques restaurants proposent une cuisine authentiquement berlinoise. La viande fait partie de tous les repas sous forme de saucisses, de morceaux de porc ou de boulettes froides *(Frikadellen)*. Le porc se cuisine de multiples façons : morceaux d'échine *(Karbonade)* aux légumes variés, schweinekamm à la mode berlinoise, poitrine de porc aux carottes, jarret de porc en croûte avec du choux rouge et le fameux « **Eisbein** », jarret de porc salé servi avec de la choucroute et une purée de pois. Le boudin est appelé *Frische Wurst* ; accompagné de saucisses de foie frais *(Leberwurst)*, de porc bouilli et de rognons, il compose la *Berliner Schlachtplatte*. La queue de bœuf *(Ochsenschwanz)* est accommodée aux petites betteraves *(Rübschen)* de Teltow, la poitrine au raifort. On apprécie l'oie sous forme d'abats *(Gänseklein grün)* ou de confits *(Gänsepökelkeule)*.
Les poissons, qui provenaient de la Havel et des lacs entourant Berlin, viennent désormais de plus loin. On déguste anguilles *(Aal grün)* et brochets *(Hecht grün)*, servis avec une salade de concombres préparée à la manière de la **forêt de la Spree** (« **Spreewald »**), le brochet rôti avec une salade au lard *(Brathecht mit Specksalat)*, les carpes (qui viennent des lacs autour de Peitz, près de Cottbus), les gardons, les perches à la bière, la tanche avec une sauce à l'aneth *(Schleie in Dillsoße)*, la sandre de la Havel, l'écrevisse à la berlinoise. Les harengs *(Rollmöpse)* sont frits.
Le *« Schusterjunge »* est un petit pain noir relevé d'épices différentes selon les festivités et que l'on mange tartiné avec du saindoux contenant des rillons *(Griebenschmalz)* et des petits concombres de la forêt de la Spree.

« Wurstplatte » et « Eisbein », spécialités berlinoises

Une cuisine internationale – La cuisine à Berlin, c'est souvent l'en-cas que l'on mange à midi ou, à vrai dire, à toute heure de la journée, dans l'une de ces estafettes que l'on retrouve sur les places et dans les rues passantes. Le choix des saucisses est large : *Bockwurst* *(saucisse courte et épaisse, cuite à l'eau)*, *Wiener Wurst* (longue saucisse cuite à l'eau), *Bratwurst* (grillée), *Currywurst* (accompagnée d'un mélange curry-ketchup), *Frankfurter Würstchen* (petite saucisse « de Francfort »). Toutes ces saucisses se mangent avec un petit pain *(Semmel)* ou avec des frites. On trouve aussi de nombreux stands de cuisine vietnamienne et turque *(« Imbiss », voir ci-après)*.
Les amateurs de viandes pourront goûter de bons Hamburgers dans les restaurants de cuisine américaine, nombreux à Wilmersdorf, entre la Ludwigkirchplatz et l'Olivaer Platz, ou dans les cantines mexicaines. La meilleure viande se déguste dans les grills argentins. Il existe aussi de nombreux restaurants grecs, yougoslaves, chinois (bien implantés à l'Est).
La pâtisserie berlinoise vient d'autres régions d'Allemagne. On peut pratiquement partout demander une tranche de gâteau, souvent bon marché, pâte brisée recouverte de grumeaux de sucre, de farine et de beurre *(Streuselkuchen)* ou aux fruits *(Himbeerschnitte, à la framboise ; Erdbeerschnitte, à la fraise, etc.)*. On aime aussi le roulé en forme de bûche *(Baumkuchen)*, les tartes en pâte sablée jaune *(Sandtorte)*, les petit sablés *(Spritzkuchen)* de l'Eberswalde, les choux à la crème *(Windbeutel)*, les **beignets** (« **Berliner Pfannkuchen »**), que l'on mange dans toute l'Allemagne au moment de la St-Sylvestre et du Carnaval.

« Berliner Weiße »

Au Moyen Âge, la bière était fabriquée dans les villages des environs de Berlin-Cölln : Bernau (qui comptait 143 brasseries), Potsdam, Köpenick, dont la spécialité était la bière au froment : la « **Berliner Weiße** », se boit dans de larges verres, avec ou sans adjonction *(Schuß)* de jus de framboise (*rot* : rouge) ou d'aspérula (*Waldmeister ; grün*, de couleur verte). Un verre de bière accompagné d'un schnaps (eau-de-vie de grain) est dit « *Strippe* ».

Bières blanches à la framboise et à l'aspérula

SPÉCIALITÉS

KaDeWe – *Wittenbergplatz (Schöneberg)* : 🚇 *1, 2, 12, 15 Wittenbergplatz.*
Le plus grand rayon traiteur de l'Europe continentale : un régal pour les gourmets, les produits étant d'excellente qualité. Une sélection des meilleures spécialités allemandes et européennes. On peut consommer sur place assiettes, sandwiches, gâteaux ou se restaurer à profusion (mais avec un porte-monnaie bien rempli !) au self au dernier étage, sous la verrière du jardin d'hiver, d'où l'on a une vue sur la partie Ouest de Berlin.

Leysieffer – *Kurfürstendamm 218 (Charlottenburg)* : 🚇 *15 Uhlandstraße.*
Confiseur depuis 1809 ; bien situé.

Kaaswinkel – *Dunckerstraße 3* : ☎ *(030) 440 97 46* : 🚇 *2 Eberswalder Straße.*
De gros fromages de Hollande reposent sur les étagères de cette petite boutique qui offre également des produits français et de l'Allgäu (Bavière).

Rayon alimentation du KaDeWe

« IMBISS »

Vietnamiens, turcs (les sandwiches Döner sont excellents) ou indiens, ces petits stands de restauration, mais qui peuvent être aussi des restaurants, sont bien pratiques pour manger sur le pouce à midi ou tard dans la nuit.

Baraka – *Lausitzer Platz 6 ;* [U] *1, 12, 15, Schesisches Tor ;* ☎ *(030) 612 63 30 ou 611 25 82.*
Minuscule, mais on y mange des couscous variés, des soupes végétariennes et de nombreuses autres spécialités marocaines et égyptiennes.

Falafel Salam – *Rankestraße 3 (Charlottenburg) ;* ☎ *(30) 881 34 61 ;* [U] *9, 15 Kurfürstendamm ; ouvert de 11 h à 2 h du lundi au jeudi et le dimanche, jusqu'à 3 h les vendredi et samedi.*
Tout près de l'Église commémorative, les gens se pressent pour manger les meilleurs falafels de Berlin.

India – *Bergmannstraße 100 ;* ☎ *(030) 692 69 76 ;* [U] *6, 7 Mehringdamm.*
Cuisine indienne ; la terrasse est bondée en été.

Fresco – *Oranienburger Straße 48-49 ;* [U] *6 Oranienburger Tor.*
Cuisine méditerranéenne, en face du *Tacheles.*

Kwang-ju-Grill – *Emser Starße 24 ;* [U] *15 Uhlandstraße ;* ☎ *(030) 883 97 94 ; ouvert de midi à minuit du lundi au jeudi et le dimanche, jusqu'à 2 h les vendredi et samedi.*
Coréen et assez cher.

Rani – *Golzstraße 32 ;* ☎ *(030) 215 26 73 ;* [U] *7 Eisenacher Straße.*
Entrée enfumée, mais bons petits plats indiens ; très fréquenté, hiver comme été.

QUELQUES MARCHÉS

Türkischer Wochenmarkt, Maybachufer (Neukölln) ; [U] 1, 8, 12, 15 Kottbusser Tor ; ouvert les mardi et vendredi de 12 h à 18 h 30.

Winterfeldmarkt, Winterfeldplatz (Schöneberg) ; [U] 1, 2, 4, 12, 15 Nollendorfplatz ; ouvert les mercredi et samedi de 8 h à 14 h – Denrées alimentaires, produits frais.

Choix de saucissons

TOURS DE VILLE

De nombreuses agences organisent des excursions en bus ou en bateau, ou les deux combinés, à travers l'ensemble de la ville et vers Potsdam. Une visite en calèche est possible dans la partie Est de Berlin, sur la place de Paris (« Pariser Platz »), devant la Porte de Brandebourg.

BBS Berliner Bären Stadtrundfahrten, ☎ (030) 214 87 90/247 58 70. Départ quotidien (visites 1 h 30 mn, 3 h, 3 h 30 mn) devant l'église commémorative, à l'angle de la Rankestraße et du Kurfürstendamm, à 10 h, 11 h, 12 h 30 (Potsdam), 12 h 45, 14 h, 14 h 30, 16 h 30 selon les tours, et, sur l'Alexanderplatz, en face de l'hôtel Forum à 10 h, 11 h, 11 h 45, 13 h 30 selon les tours. 25 DM à 39 DM (58 DM pour Potsdam).

Zille-Tour – Départ (1 h 20 mn) sur la Breitscheidplatz, en face de l'église commémorative, toutes les heures de 11 h à 16 h ; 25 DM (15 DM pour les enfants).

Berolina-Stadtrundfahrten – Meinekestraße 3, ☎ (030) 882 20 91, fax (030) 882 41 28. Départ Kurfürstendamm 220, à l'angle de la Meinekestraße ; 25 DM à 45 DM (54 DM pour Potsdam).

BVB-Stadtrundfahrt, ☎ (030) 885 98 80, fax (030) 881 35 08. Départ Kurfürstendamm 225, en face du café *Kranzler*. Visites à thèmes en plus des traditionnels tours de ville ; 25 DM à 45 DM (54 DM pour Potsdam).

Severin & Kühn – Berliner Stadtrundfahrt, Kurfürstendamm 216 ; ☎ (030) 883 10 15. Départ tous les jours à 10 h 30 et 16 h 30 devant l'agence, à l'angle de la Fasanenstraße ; 39 DM à 45 DM (54 DM pour Potsdam).

Tempelhofer Reisen – ☎ (030) 752 30 61/751 70 35. Départs du Kurfürstendamm, à l'angle de la Joachimstaler Straße (Charlottenburg), de la Schloßstraße (am Bierpinsel, Steglitz), Unter den Linden (en face de l'université Humboldt). 25 DM à 40 DM (tour combiné avec une croisière).

Ph. Gajic/MICHELIN

Canalisations à ciel ouvert et *Sight seeing*

Portail et cour d'honneur du château de Charlottenburg

Visiter Berlin

Ph. Gajic/MICHELIN

C'était le cœur de la ville socialiste, une immense esplanade conçue dans les années 60-70, qui s'ouvre vers le Sud-Est, bordée d'immeubles modernes, de tours. Son emblème est l'**horloge universelle « Urania »** qui donne les fuseaux horaires des principales villes du monde. La *Fontaine de l'amitié entre les peuples* occupe l'emplacement de la statue *Berolina*, allégorie de la ville qui fut longtemps l'emblème de la place. Cet urbanisme, qui se sert de la tour du **Forum-Hotel Berlin** comme pivot et qui réserve une échappée, au Sud, le long de la **Maison de l'Enseignant** (Haus des Lehrers) (**A**), ornée d'une mosaïque dans le goût de l'idéologie communiste, ne manque pas d'envergure. Un projet a été élaboré, qui ne tient pas compte des constructions existantes et prévoit l'érection de gratte-ciel de taille moyenne, de profils variés, avec des décrochements, dans le style des gratte-ciel des années 30 de Manhattan. Important nœud de communication et centre commercial, la place a toujours été très animée et demeure le centre de la partie Est de la ville. Comme à côté de l'église du Souvenir, musiciens et animateurs de rue s'y produisent, accompagnés d'une faune hétéroclite, dont de nombreux punks qui se réunissent dans la station de S-Bahn.

L'horloge universelle « Urania »

UN PEU D'HISTOIRE

Une origine modeste – Un marché aux bestiaux et aux laines s'étendait devant la vieille porte St-Georges. Celle-ci devint « Royale » (*Königstor*), ainsi que le pont (*Königsbrücke*) qui enjambait les fossés, lorsque, en 1701, Frédéric Iᵉʳ, tout nouveau roi « en » Prusse couronné à Königsberg, retourna triomphalement dans sa capitale du Brandebourg. La place prit le nom du tsar **Alexandre Iᵉʳ**, lorsque celui-ci, en novembre 1805, se rendit à Berlin pour sceller une alliance avec le roi de Prusse contre la France (*voir POTSDAM, église de la Garnison*).

La proximité du « Quartier des Granges » – L'**Alexanderplatz** marquait, jusqu'à la guerre, la frontière entre le Berlin officiel et pompeux des musées et des bâtiments publics et le monde plus interlope du « Quartier des Granges », la coulisse, lieu de trafics divers et réceptacle de l'immigration, souvent misérable, venue de l'Est européen. C'est dans ce décor que le romancier **Alfred Döblin** campe les personnages et les bruits de *Berlin Alexanderplatz*.

Pour faire place nette et permettre aux transports publics de se déployer, un concours d'urbanisme réunit, à la fin des années 20, les grands noms de l'époque de Weimar. Il est remporté par Alfons Anker et les frères Luckhardt, mais l'office chargé de la reconstruction de la place choisit, en définitive, le projet de **Peter Behrens**, l'architecte des usines AEG, classé second. Ce projet reçoit un début d'exécution, mais la crise diminue les crédits et ralentit les travaux.

L'**Alexanderhaus** (*au Sud*, **B**) et l'**immeuble Berolina** (*au Nord*, **C**) sortent de terre. Dans les fenêtres carrées divisées en carrés, l'on reconnaît le goût des architectes berlinois de la Nouvelle Objectivité pour cette forme qui se retrouve dans les projets actuels de la Friedrichstraße et de l'Alexanderplatz. Très endommagés pendant la guerre, les deux immeubles sont aujourd'hui restaurés et abritent un consortium de banques.

AUX ABORDS DE LA PLACE

★**Fernsehturm** (Tour de la Télévision) ○ – Ⓢ + Ⓤ *Alexanderplatz*.
Érigée entre 1965 et 1969, orgueil des autorités de Berlin-Est, elle mesure 365 m. *Deutsche Telekom*, qui en a fait son siège, la réaménage. Les ascenseurs ont une faible capacité, ce qui explique la queue. La **vue**★★★ est exceptionnelle sur l'agglomération berlinoise et son centre historique, dans l'axe de l'Unter den Linden, dont les monuments, ainsi que ceux de l'île des Musées, ressemblent à des jouets. La porte de Brandebourg, qui marquait la limite avec les secteurs occidentaux, paraît toute proche. Malgré les destructions dues à la guerre, de nombreux quartiers ont gardé une échelle humaine : l'Ouest et le Sud-Ouest bourgeois (l'immeuble de l'Europa-Center, surmonté du sigle *Mercedes-Benz*, signale le Kurfürstendamm), Kreuzberg, Prenzlauer Berg. L'emprise des espaces verts est impressionnante : les parcs de Friedrichshain et du Tiergarten, la forêt de Grunewald. Au Sud, on distingue l'aéroport de Tempelhof, au Sud-Est, la percée rectiligne de la Karl-Marx-Allee et le cours industriel de la Spree vers Lichtenberg et Neukölln.

A l'angle Ouest, au pied de la tour de la Télévision, jolie vue sur l'« hôtel de ville rouge », la tour du *Stadthaus* et les pointes jumelles de l'église St-Nicolas.

Marienkirche (Église Notre-Dame) ○ – Ⓢ + Ⓤ *Alexanderplatz ou* Ⓑ *100 Spandauer Straße*.
Son clocher contraste avec la silhouette futuriste de la tour de la Télévision. L'intérieur est sobre et clair, voûté d'ogives. Les principales œuvres d'art sont l'orgue, le tombeau du maréchal von Sparr et surtout la **chaire**★ (1703) sculptée par Andreas Schlüter. L'église fut construite vers 1270, en période de prospérité économique, en gothique de brique brandebourgeois dont c'est l'une des premières manifestations. Elle

Ph. Gajic/MICHELIN

Berlin des contrastes :
Le clocher de l'église Ste-Marie et la tour de la Télévision

ne devint une église-halle à trois nefs qu'après l'incendie de 1380. Elle abritait l'autel des drapiers, les autres corporations préférant l'église St-Nicolas *(voir NIKOLAIVIERTEL)*. Derrière l'église, autrefois serrée de près par les maisons, se trouvait, au Moyen Âge, un quartier mal famé abritant une « maison de joie » assujettie à l'impôt.

Heilig-Geist-Kapelle (Chapelle du St-Esprit) (**C¹**) – *Spandauer Straße 1 ;* Ⓑ *100 Spandauer Straße*.
Cette chapelle gothique en brique est le seul vestige de l'hôpital du St-Esprit *(Heiliggeistspital)*, l'un des trois hospices de Berlin, construit au 13ᵉ s. près de la porte de Spandau, mais à l'intérieur de la ville, contrairement aux deux autres. Elle est comprise dans les bâtiments de l'École supérieure de Commerce depuis 1905-1906 et sert de restaurant universitaire.

Neptunbrunnen (Fontaine de Neptune) – Au milieu d'un joli jardin fleuri, se dresse cette pompeuse fontaine néo-baroque, œuvre de **Reinhold Begas** (1831-1911). Elle se trouvait autrefois sur la place du Château, au Sud du palais des rois de Prusse. On la voit, avec des enfants qui jouent dessus, dans le décor de ruines de *Allemagne année zéro* de Rossellini.

★**Rotes Rathaus (« Hôtel de ville rouge »)** – 🚍 *100 Spandauer Straße.*
Le précédent hôtel de ville, datant de 1300, se trouvait déjà ici, à mi-chemin du *Molkenmarkt (voir NIKOLAIVIERTEL)* et du *Neumarkt* (Nouveau Marché), créé vers 1250. Ce bel édifice néo-roman, bâti de 1861 à 1869 par Hermann Heinrich Waesemann, est le siège du Sénat de Berlin. On l'appelle familièrement l'« hôtel de ville rouge » à cause de la couleur de son matériau de construction, la brique. Il est un bon exemple de l'éclectisme architectural du 19e s. Le beffroi (97 m), dont la silhouette est affinée par des contreforts évidés, rappelle le campanile de Giotto de la cathédrale de Florence. Une frise composée de 36 panneaux en terre cuite, au-dessus du rez-de-chaussée, raconte l'histoire de Berlin, des origines jusqu'à la fondation de l'Empire par Bismarck. Le portail principal porte aussi une riche décoration en terre cuite.

Marx-Engels-Forum – Statues en bronze, stèles d'acier et marbre à la gloire des fondateurs du communisme.

ALENTOURS

Voir **FRIEDRICHSHAIN, NIKOLAIVIERTEL★, PRENZLAUER BERG★★.**

CHARITÉ★

Mitte, Tiergarten
Voir plan Centre historique, p. 252-253, **NOXY**

Aujourd'hui, derrière la Friedrichstraße commerçante, le quartier dominé par la tour de l'**hôpital de la Charité**, est calme et retiré. Mais la vie nocturne y est active, car certaines rues offrent des possibilités de spectacles et de distractions variées (théâtres, cabarets, boîtes de nuit). Il n'est pas sûr que ce charme provincial, un peu désuet, perdure. Le quartier jouit d'une excellente situation au centre de Berlin, à deux pas du futur quartier gouvernemental et de la future gare centrale de Lehrte.

UN PEU D'HISTOIRE

Des militaires aux étudiants en médecine – Sous le règne de Frédéric II, un bâtiment vaste, l'**Invalidenhaus**, est réservé aux blessés de guerre, mais c'est aussi la première école de chirurgie du royaume. Les militaires s'installent dans des casernes et s'entraînent sur les champs d'exercice non loin des vignes, granges et moulins. Le faubourg de **Friedrich-Wilhelm-Stadt** croît à l'époque Biedermeier (1830-1840). La présence de nombreux officiers, d'étudiants, de fonctionnaires lui vaut le surnom de « Quartier latin ». La **Luisenstraße** en est l'artère principale, reliée au faubourg de Dorotheenstadt par un pont : la Friedrichstraße est prolongée jusqu'à la porte d'Oranienbourg, devenant la rue la plus longue de la ville.

« Feuerland » – L'industrie berlinoise naît devant cette porte d'Oranienbourg. Le mouvement, amorcé par la Fonderie royale, est poursuivi par Franz Egells qui y installe une usine mécanique et la première fonderie privée. Le quartier attire les usines et, bruyant et enfumé, prend le surnom de **« Feuerland »**. Avec l'usine de locomotives d'**August Borsig**, fondée en 1837, et celle de wagon d'**August Pflug**, il devient le principal centre de la construction ferroviaire d'Allemagne.

Le « roi de la locomotive » – Jeune homme timide, charpentier de formation, **August Borsig** entre en 1825 chez Egells. Treize ans après, il fonde la première usine de locomotives d'Allemagne. 120 exemplaires sont livrés durant les cinq premières années d'activité ; plus de la moitié des locomotives circulant en Prusse sortent de l'usine Borsig. Elles roulent plus vite que leurs concurrentes anglaises. L'entreprise construit également à Potsdam un prototype de machine à vapeur destiné à actionner les fontaines de Sans-Souci et un pont métallique. Elle déménage en 1847 à Moabit dans la plus grosse et la plus moderne usine d'Allemagne. L'entrepreneur se fait construire une villa imposante au milieu d'un jardin botanique conçu par Lenné *(voir TEGEL)*. Son fils Albert lui succède en 1854 et continue son œuvre.

EN REMONTANT LA FRIEDRICHSTRASSE

Remonter la Friedrichstraße vers le Nord à partir de la gare de Friedrichstraße.
La première façade, après le pont du S-Bahn, est celle de l'**Admiralspalast**, décorée de reliefs *Jugendstil*. Le 21 avril 1946, le SED *(Sozialistische Einheitspartei Deutschland)*, parti unique de la RDA, y fut fondé par un vote d'union des formations social-démocrates et communistes du secteur soviétique. Le *Metropol-Theater* (**T⁹**), théâtre d'opérettes et de Music-Hall, se trouve dans la cour.

Weidendammer Brücke – Le premier pont est lancé en 1685. l'ouvrage d'art actuel est orné de lampadaires et d'aigles impériaux en fonte. Il offre une vue sur un paysage contrasté, typiquement berlinois : le musée Bode, la tour de la Télévision et la gare de Friedrichstraße.

Schiffbauerdamm – Les constructeurs de navire *(Schiffbau)* eurent le droit de s'y installer en 1738.

Longer la Spree vers l'Ouest jusqu'à la Bertolt-Brecht-Platz.

Le théâtre du **Berliner Ensemble** (ou « **BE** ») (**T**[10]) perpétue la tradition brechtienne depuis sa fondation, en 1949, avec la représentation de *Mère courage (Mutter Courage)*. Un terrain libre le borde. Avant-guerre s'y élevait le **Friedrichstadtpalast**, salle de théâtre au fantastique décor de stalactites de Hans Pœlzig, où Max Reinhardt et Erwin Piscator créèrent des mises en scène révolutionnaires.

Friedrichstraße – Le nouveau **Friedrichstadtpalast** (**T**[11]), théâtre de revues de 2.000 places, recouvert de plaques de béton moularé, est un exemple typique d'architecture de la RDA des années 80. On peut accéder au terrain vague qui s'étend à l'arrière de l'immeuble détruit du *Tacheles (voir VIVRE A BERLIN, La « Scène » berlinoise).*

U 6 Oranienburger Tor (Station de métro « Porte d'Oranienbourg ») – Un mur peint, à l'angle de la Friedrichstraße et de la Wilhelm-Pieck-Straße, représente schématiquement l'ancienne **Porte d'Oranienbourg**. Devant cette porte fut fondée, à l'emplacement d'un ancien moulin à eau sur la Panke, la **Fonderie royale** en 1805, signe du rôle actif de l'État dans l'industrialisation de la Prusse. Pendant les Guerres de Libération, menées contre Napoléon, elle fabrique des fûts de canon, des boulets et 5.041 croix de Fer. C'est une firme modèle où collaborent les techniciens, les artisans et des artistes comme Schadow et Schinkel (bien des œuvres qui ornent les bâtiments de celui-ci en sont sorties). Elle disparaîtra en 1874 sous la concurrence des fonderies privées. Depuis le carrefour, vue sur la nouvelle synagogue et la tour de la Télévision.

Chausseestraße – 🚌 *157 Schlegelstraße.*
La rue est un peu triste, mais bien des célébrités y ont habité ou exercé leur activité : Brecht, Borsig, Liebknecht et, plus récemment, le poète contestataire est-allemand **Wolf Biermann**. Au n°13, la maison mère des entreprises Borsig est néo-Renaissance. Un peu plus haut, sur le trottoir de gauche, un petit espace vert occupe l'emplacement de l'immeuble (Chausseestraße 121), détruit pendant la guerre *(stèle)*, où l'avocat **Karl Liebknecht** avait son cabinet.

Dorotheenstädtischer und Französischer Friedhof (Cimetière des communes de Dorotheenstadt et cimetière français (K[1]**)** – Le second cimetière, témoin de la présence huguenote, est un enclos carré ; le premier *(longer le mur du précédent. Entrée immédiatement à droite, en remontant un peu la Chausseestraße ; aller jusqu'au bout du chemin)* est plus boisé, plus romantique. Y sont enterrés Bertolt Brecht et sa compagne Helene Weigel-Brecht, Kurt Tucholsky, August Borsig, Christian-Daniel Rauch.

Brecht-Weigel-Gedenkstätte (Maison du couple Brecht-Weigel) 🕐 – *Chausseestraße 15,* 🚌 *157 Schlegelstraße.*
Le bâtiment en façade abrite les archives brechtiennes, un forum littéraire, une librairie *(Buchhandlung Am Brecht-Haus)*. Aller au fond de la cour, où se trouve un restaurant, et monter, à droite, au 1er étage. La bibliothèque, le séjour, la chambre sont des pièces relativement austères et claires ; des calligraphies chinoises, des portraits de Confucius pendent aux murs. L'appartement d'Helene, au rez-de-chaussée, de plain-pied avec le jardin, possède plus d'objets, de meubles ; de la vaisselle en faïence blanc et bleu décore la cuisine.

LE LONG DE L'INVALIDENSTRASSE

Tourner à l'Ouest dans l'Invalidenstraße.

★**Museum für Naturkunde (Museum d'Histoire naturelle)** – 🕐 – **U** 6 Zinnowitzer Straße. On ne visite que le rez-de-chaussée.
Construit entre 1883 et 1889, il appartient à un important complexe de bâtiments néo-Renaissance, inauguré par Guillaume II et consacré à la recherche. L'Institut de Biologie reste sous la tutelle de l'Université Technique de Berlin ; l'Institut de Géologie accueille le ministère des Transports. Le musée occupe le bâtiment du milieu. Le hall central sous verrière abrite deux squelettes reconstitués de **brachiosaure** et de **diplodocus**. Ils permettent de se faire une idée de la taille de ces sauriens herbivores. La tête du brachiosaure est exposée dans une petite vitrine devant le squelette. Elle est d'une taille respectable alors qu'elle paraît toute petite au bout du long cou. Sur les murs, bel ensemble de fossiles de reptiles marins et moulage du squelette de l'oiseau-reptile archéoptérix, exemple de mutation. La théorie de l'évolution conduit au classement des espèces, illustré par de nombreux animaux

Squelette de Brachiosaure

naturalisés, une reconstitution de la barrière corallienne, des dioramas très bien faits consacrés à la faune européenne. Une curieuse section est consacrée à la taxidermie et aux moulages : les maquettes d'insectes grossis (moustique, araignée, punaise...) donnent le frisson. Le musée expose aussi des minéraux.

Invalidenfriedhof (Cimetière des Invalides) – 🚌 *157 Scharnhorststraße/Habersaathstraße.*
Plusieurs tombes ont été déplacées et le cimetière a été amputé à cause du Mur qui passait à cet endroit. La belle tombe du général **Scharnhorst** (remarquer la frise) est une œuvre de Schinkel.

Sandkrugbrücke – Ce pont marquait la frontière entre les deux Berlin. Juste avant, l'ancien hôpital (1910) du gouvernement est-allemand est le futur siège du ministère de l'Économie.

★★**Museum für Gegenwart-Berlin (Musée d'Art contemporain)** – Ⓢ *3, 5, 7, 9, 75 Lehrter Stadtbahnhof – VOIR MOABIT.*

★LA CHARITÉ

Revenir vers la Luisenstraße.
La tour du centre chirurgical de l'hôpital de la **Charité** (🚌 *340 Robert-Koch-Platz*), construction de prestige bâtie entre 1976 et 1982 pour une capacité de 30 000 patients par an, domine la **Luisenstraße.**

Akademie der Künste (Académie des Beaux-Arts) – *Luisenstraße 60.*
Elle abrite des expositions temporaires.

Tierarzneischule (Ancienne école supérieure vétérinaire royale, T¹²) – *Luisenstraße 56.*
Son style néo-grec rappelle le Nouveau Musée de Stüler *(voir MUSEUMSINSEL).* Le passage à gauche de l'école, qui, entre 1950 et 1967, fut le ministère des Affaires étrangères de la RDA, conduit à un jardin où se dresse un élégant **théâtre d'anatomie**★ (Altes Anatomiegebäude) construit par Langhans à la fin du 18ᵉ s.

★**Schumannstraße** – Cette rue bordée de jolies façades Biedermeier, peintes de couleurs claires, conduit au **Deutsches Theater** (*au n°13*, T¹³) et à la **Kammerspiele** (T¹⁴), scènes célèbres qui se dressent, côte à côte, sur une petite place en retrait. Fondé en 1883, le *Deutsches Theater* monte les opérettes d'Offenbach, puis rivalise avec le *Schauspielhaus (voir GENDARMENMARKT)* en créant des œuvres d'auteurs modernes, notamment Ibsen et Strindberg. Le metteur en scène viennois **Max Reinhardt** s'y illustre dans les années 20, en même temps qu'il révolutionne la scénographie avec pour mot d'ordre : « le vrai à tout prix ».

La présence scandinave

A la Belle Époque, les auteurs scandinaves sont à la mode. La colonie des artistes nordiques se réunit au café *Zum Schwarzen Ferkel*. Parmi eux, à partir de 1890, les Norvégiens **Henrik Ibsen** et **Edvard Munch**. Le Suédois **August Strindberg** (mort en 1912) est un auteur scandaleux, sulfureux ; son œuvre rencontre un écho chez les expressionnistes dont la dramaturgie explore le fond de l'âme humaine. Son œuvre est jouée après-guerre avec succès dans une société allemande en plein désarroi. Après 1923-24, le déclin de l'expressionnisme accompagne celui de Strindberg ; Ibsen est de retour.

Revenir sur ses pas. L'entrée principale du groupe hospitalier de la Charité se trouve à l'angle de la Luisenstraße et de la Schumannstraße.

★**Charité** – 🚌 *147 Schumannstraße/Charité.*

La réunion d'un lazaret *(Pesthaus)*, établi en dehors des murs de la ville devant la porte de Spandau, avec le *Collegium medico-Chirurgicum* conduit à la fondation de la Charité en **1710**. Ce lazaret de la garnison *(Garnisonslazarett)* devient hôpital général en 1726. Au début du 19ᵉ s., les patients en surnombre y reçoivent des soins rudimentaires ; Frédéric-Guillaume III fait le voyage de Paris pour consulter un dentiste. Le Silésien **Schleiermacher**, prédicateur à la Charité, se fait remarquer en conseillant le divorce aux épouses malheureuses. Mais la Charité est annexée à l'université en 1810 et acquiert la réputation d'un centre de recherches. Tous les grands noms de la médecine du 19ᵉ s. vont y pratiquer : Christoph Wilhelm Hufeland, médecin personnel de la reine Louise, Rudolf Virchow, Robert Koch et Ferdinand Sauerbruch, spécialiste de la chirurgie du thorax.

La promenade à travers les **pavillons**★, à pignons néo-gothiques en brique, qui sont autant de cliniques spécialisées (on en a une vue de revers, depuis le S-Bahn, entre Lehrter Stadtbahnhof et Friedrichstraße), est intéressante. Le système pavillonnaire a été inventé à la Charité et appliqué à l'hôpital Rudolf Virchow *(voir WEDDING)*.

Continuer tout droit, après l'entrée, jusqu'au dernier pavillon rectangulaire, à gauche, après la serre.

L'**Institut de Pathologie**, ou « Rudolf-Virchow-Haus » (**M¹⁶**), abrite une collection *(au rez-de-chaussée, à droite, après le portier)* de squelettes contrefaits, d'organes atteints de pathologies et de bébés monstres conservés dans le formol.

Karlsplatz – Intéressantes grilles en fer forgé de la Chambre de l'artisanat *(Karlsplatz 7)*, derrière le monument de Rudolf Virchow.

Reichstagsufer – *Traverser la Spree en empruntant le Marschallbrücke.*

A l'angle de la Bunsenstraße et de la Dorotheenstraße, sur le trottoir Nord, un imposant édifice en brique, troué d'impacts de balles, abrite l'Institut de Pharmacologie et de Toxicologie rattaché à la Charité. Un peu plus loin, dans le même bâtiment, le petit **musée Robert-Koch** (**M¹⁷**) ⊘ est logé dans l'Institut de Microbiologie et d'Hygiène, à côté de l'amphithéâtre où le savant publia, en 1882, sa découverte du bacille de la tuberculose. Il découvrit un an plus tard celui du choléra.

ALENTOURS

Voir **FRIEDRICHSTRASSE**★, **MOABIT**★, **ORANIENBURGER STRASSE**★★, **REICHSTAG**★, **UNTER DEN LINDEN**★★, **WEDDING**★.

Les conditions de visite des curiosités décrites ont été groupées en fin de volume.

Dans la partie descriptive du guide, le signe ⊘ placé à la suite du nom des curiosités soumises à des conditions de visite les signale au visiteur.

Le château de Charlottenbourg et les musées qu'il abrite ou qui le jouxtent constituent l'une des principales attractions de Berlin. Certains musées seront réaménagés dans les prochaines années, mais le château lui-même, ses appartements baroques et rococo, son parc sont un très agréable but de promenade. Comme à Potsdam, qu'il précède comme résidence royale d'été, le domaine de Charlottenbourg est une synthèse d'influences diverses : décor à la française, jardin hollandais, parc à l'anglaise, références antiques. Le résultat est original, sans perdre jamais une dimension humaine qui le rend attachant. La petite ville de Charlottenbourg, née au 18e s., est devenue un quartier calme et résidentiel.

UN PEU D'HISTOIRE

L'Électeur Frédéric III aimait les promenades en bateau de plaisance luxueux, de château en château. Il fit don d'un terrain près du village de **Lutzow**, ou **Lietze**, dans une boucle de la Spree, facilement accessible par voie terrestre ou fluviale, à son épouse **Sophie-Charlotte** pour qu'elle y fasse bâtir une résidence d'été. L'architecte néerlandais **Johann Arnold Nering** (1659-1695) en dressa les plans et dirigea les travaux durant les cinq années que dura la construction.

Une princesse cultivée – Seconde épouse de Frédéric III, **Sophie-Charlotte** (1668-1705) est une femme d'esprit issue de la maison princière de Hanovre. Son frère deviendra George Ier de Grande-Bretagne. Sa maîtrise du clavecin fait l'admiration de Versailles. Passionnée de musique de chambre, elle « loue » des musiciens et organise des représentations dans une petite salle d'opéra. Son goût la porte vers la musique italienne ; mais elle attire aussi à sa cour des artistes et des savants, parmi lesquels le philosophe

Gottfried Wilhelm Leibniz (1646-1716) qui a sa chambre à Lutzenbourg. Grâce au mécénat culturel des époux royaux, et conjointement avec l'arrivée massive de huguenots qui participent à l'essor de Berlin, sont fondées l'**Académie des Arts** (1696), dont Andreas Schlüter est le premier directeur, et l'**Académie des Sciences**, présidée par Leibniz. Celle-ci, inspirée des modèles londonien et parisien, comprenait trois sections : mathématique et physique, langue allemande avec établissement d'un dictionnaire, littérature et histoire, celle de l'Allemagne en particulier. Grâce à Sophie-Charlotte, Berlin peut mériter une première fois le surnom d'« Athènes de la Spree ».

Lutzenbourg devient Charlottenbourg – Le **château de Lutzenbourg** était petit. Lorsqu'en 1701, l'Électeur prit le titre de roi « en » Prusse, le château

Sophie-Charlotte, portrait de Friedrich Wilhelm Weidemann (1705)

s'avéra trop exigu pour représenter la demeure d'un monarque. L'architecte suédois **Friedrich Eosander**, dit **Göthe** (1669-1729), construisit deux ailes formant la cour d'honneur, deux ailes, côté jardin, de part et d'autre du corps central et surtout il érigea la **coupole** qui est devenue l'emblème du château. A la mort de Sophie-Charlotte, à l'âge de 37 ans, le roi Frédéric Ier ordonna de rebaptiser le château « Charlottenbourg ». Une orangerie fut également construite à l'Ouest, dans le prolongement de la façade. Elle ne reçut pas son pendant à l'Est. En 1713, la construction du château fut brutalement interrompue, le « Roi-Sergent » préférant son armée aux bâtiments. Ce n'est que sous Frédéric II, qui séjourna longtemps à Charlottenbourg, que **Wenzeslaus von Knobelsdorff** (1699-1753) construisit la « **nouvelle aile** » qui rétablit la symétrie et abrite de magnifiques salles rococo. Frédéric II suivit de loin les travaux pendant la conquête de la Silésie. Il écrit à son architecte : « Je voudrais que la description de chaque élément de colonne à Charlottenbourg prenne quatre pages. Cela me réjouirait. »

Un **théâtre** (1788-90) termine, à l'Ouest, l'ensemble qui s'étire sur 505 m. Construit par **Carl Gotthard Langhans** sur ordre de Frédéric-Guillaume II, grand promoteur de l'art dramatique en langue allemande, il est actuellement occupé par le musée de la Préhistoire et de la Protohistoire.

La ville s'est développée (plans urbains de 1719 et 1777) à partir des perspectives convergeant vers le château : la **Schloßstraße**, la Alte et la Neue Berliner Straße (actuelle **Otto-Suhr-Allee**).

Le « temps des Français » – Après les batailles de Iéna et d'Auerstaedt, la Prusse est occupée ; Napoléon entre à Berlin le 27 octobre 1806 après avoir résidé au château de Charlottenbourg. Les troupes françaises, d'abord logées dans des casernes berlinoises et chez l'habitant (l'éditeur Nicolai doit héberger vingt-deux personnes et soigner douze chevaux !), sont transférées, à partir de l'été 1808, en dehors de la ville. Près de Charlottenbourg, à l'emplacement de l'actuel quartier *Westend (voir OLYMPIASTADION)* naquit « **Napoleonsburg** », un camp pour 7000 soldats. Charlottenbourg ne comptait alors que 3 500 habitants. La ville devait contribuer en nature, par l'apport de vivres, à l'entretien des troupes, contrairement à d'autres villes et villages qui n'en abritaient aucune mais payaient un impôt spécial. L'occupation fut durement ressentie. En novembre 1808, les soldats français partirent pour l'Espagne.

Une commune riche et indépendante – Au 19e s., jusqu'à l'unité allemande, Charlottenbourg est un lieu d'excursion aux portes de Berlin. Des villas s'y élèvent ainsi que les premières manufactures. On venait s'y divertir au **Flora** (1871-1874), établissement où se déroulaient des concerts, des réceptions et qui comportait une serre abritant une végétation luxuriante.

Le Charlottenbourg wilhelmien est un quartier aisé. Durant cette époque de grande expansion démographique (la commune compte 26 000 habitants en 1875, 189 000 en 1900, 335 000 en 1920), se déploie une activité architecturale intense : bâtiments publics comme l'**hôtel de ville**, fondations caritatives *(Cecilienhaus)*, écoles, industries, instituts de recherche, la **centrale électrique** *(voir ci-après)* et la fameuse **église du Souvenir**, actuellement en ruine sur le Kurfürstendamm *(voir ce nom)*. La commune se rattache, après bien des réticences, au Grand Berlin en 1920 ; elle sera le réceptacle de l'émigration en provenance de Russie au lendemain de la Révolution.

★★ SCHLOSS CHARLOTTENBURG (CHÂTEAU DE CHARLOTTENBOURG) ⊘

Ⓤ 7 *Richard-Wagner-Platz.*

Très gravement endommagé par un bombardement en novembre 1943, le château continue d'être restauré, comme en témoignent les « chambres d'hiver » et la chapelle, récemment réouvertes au public.

Visite *compter 3 h pour l'ensemble du château*

Le portail d'entrée, surmonté de deux gladiateurs, donne accès à la **cour d'honneur★**. Le corps central est dominé par le fameux dôme d'Eosander von Göthe dont le vert-de-gris s'harmonise avec la couleur jaune des façades, caractéristique des bâtiments de l'époque baroque. La statue de la *Fortune*, au sommet, est une création moderne. Au centre de la cour, depuis 1952, se dresse la **statue équestre du Grand Électeur** par **Andreas Schlüter** (1696-1709). Autrefois sur le pont de l'Hôtel-de-Ville *(Rathausbrücke)*, à côté du château, elle fut déplacée pour être mise à l'abri durant la dernière guerre, mais coula au fond du lac de Tegel. La légende voulait que cette statue s'animât chaque nouvel an au premier coup de minuit et caracolât à travers la ville. Remarquer les belles figures, d'un baroque mouvementé, des captifs enchaînés adossés au piédestal.

En tournant le dos au château, belle vue d'ensemble sur les casernes des gardes jumelles, construites par **Friedrich August Stüler** (1800-1865), au milieu du 19e s., qui encadrent la Schloßstraße.

★★ Historische Räume (Grands appartements) ⊘

– Ils occupent le rez-de-chaussée du corps central du château. La **visite guidée** *(1h)* commence par une salle (**1**) abritant deux maquettes montrant l'état du château et des jardins, ordonnés à la française, au 18e s. et au début du 19e s., après les remaniements de Lenné en faveur d'un parc à l'anglaise.

Les trois salles de l'**« appartement mecklembourgeois »** (où logeaient, au 18e s., des membres de la maison de Mecklembourg, parente de celle de Prusse) sont de petites pièces tendues de tentures aux couleurs chaudes et aux remarquables dessus-de-porte en bois sculpté, qui rappellent le premier style Louis XIV. Les plafonds sont décorés d'arabesques. Remarquer la cheminée de la chambre à coucher. Les **salles de représentations**, ancien appartement du roi, qui, en une enfilade ininterrompue de 140 m, courent le long de la façade sur jardin, ont perdu leurs peintures aux plafonds. La visite est rapide ; remarquer, au passage, les portraits de membres des familles de Prusse et de Hanovre, de beaux meubles en laque, le clavecin blanc de Sophie-Charlotte (**2**) et la salle de bains (**3**), à côté de la chambre du roi (**4**). Le nombre des belles porcelaines chinoises augmente au fur et à mesure que l'on se rapproche du fameux **cabinet des porcelaines★★** (1706) qui abrite une somptueuse

129

Cabinet des Porcelaines

collection, reconstituée après la guerre, de porcelaines insérées dans les murs, posées sur les corniches ou des consoles. Pour renforcer l'illusion des peintures, des fruits, une tête de cerf en relief débordent du plafond sur la corniche.

La **chapelle d'Eosander**★ (Eosander Kapelle, 1706) est le résultat d'un travail remarquable de restauration. Au-dessus de la loge royale, une énorme couronne, portée par deux allégories de la renommée, est surmontée par l'aigle de Prusse. La chapelle sert de décor, en été, à des concerts.

La visite se termine par les pièces occidentales de l'appartement de Sophie-Charlotte. Dans la chambre à coucher (**5**) se trouvaient autrefois 66 tableaux. Le bel **escalier** en porte-à-faux construit par Eosander von Göthe (1704) est le premier du genre en Allemagne.

Remonter l'escalier Eosander pour visiter le 1er étage du corps central. On ne visite que quelques salles.

Un lustre élégant orne la rotonde néo-classique donnant sur la cour d'honneur. Une autre rotonde, tapissée de miroirs et possédant, elle aussi, un beau lustre (en porcelaine), offre une **vue**★ sur le jardin au fond duquel, à droite, on aperçoit le toit du Belvédère.

L'**ancien appartement de Frédéric-Guillaume IV**, dernier souverain Hohenzollern à avoir résidé régulièrement à Charlottenbourg, a perdu tout décor et n'a plus que le caractère d'un musée abritant tableaux, tapisseries (*Les exploits guerriers du « Grand Électeur »*, 1690-1700), porcelaines, verrerie, orfèvrerie, médailles. Son principal intérêt réside dans l'argenterie de la cour des Hohenzollern, provenant de la chambre d'argent *(Silberkammer)* du château de Berlin. Le clou de l'exposition est le **service de table du prince héritier**★★ *(Kronprinzsilber)*.

L'argenterie du Kronprinz

Ce chef-d'œuvre de l'orfèvrerie allemande du 20e s. fut offert par 414 villes prussiennes à l'occasion des fiançailles, en 1904, du prince héritier Guillaume, fils de Guillaume II, avec la duchesse Cécile de Mecklembourg-Schwerin. Terminé en 1914, le service n'appartint jamais au couple. Après l'abdication des Hohenzollern, il devint la propriété du Sénat de Berlin qui l'utilise toujours lors des réceptions officielles. Il fut emporté pour un court séjour aux USA à la fin de la Seconde Guerre mondiale. On parla alors de « l'argent des Hohenzollern ». Le service comptait à l'origine 2 600 pièces, destinées à 50 personnes, et se déployait sur une table de 16 m. Les serviettes et les verres (il y en avait de cinq types, exposés en vitrine) ont disparu. Terrines, plats et saladiers sont exposés en un somptueux buffet derrière la table. Un comité de travail de six personnes : des architectes, des sculpteurs et le directeur du musée des Arts décoratifs supervisa l'exécution du service. Celui-ci est de style néo-classique et *Jugendstil*. Les statuettes sont charmantes et les figures monumentales : éléphants surmontés d'un obélisque, statues équestres, candélabres appartiennent à une longue tradition des services de cour.

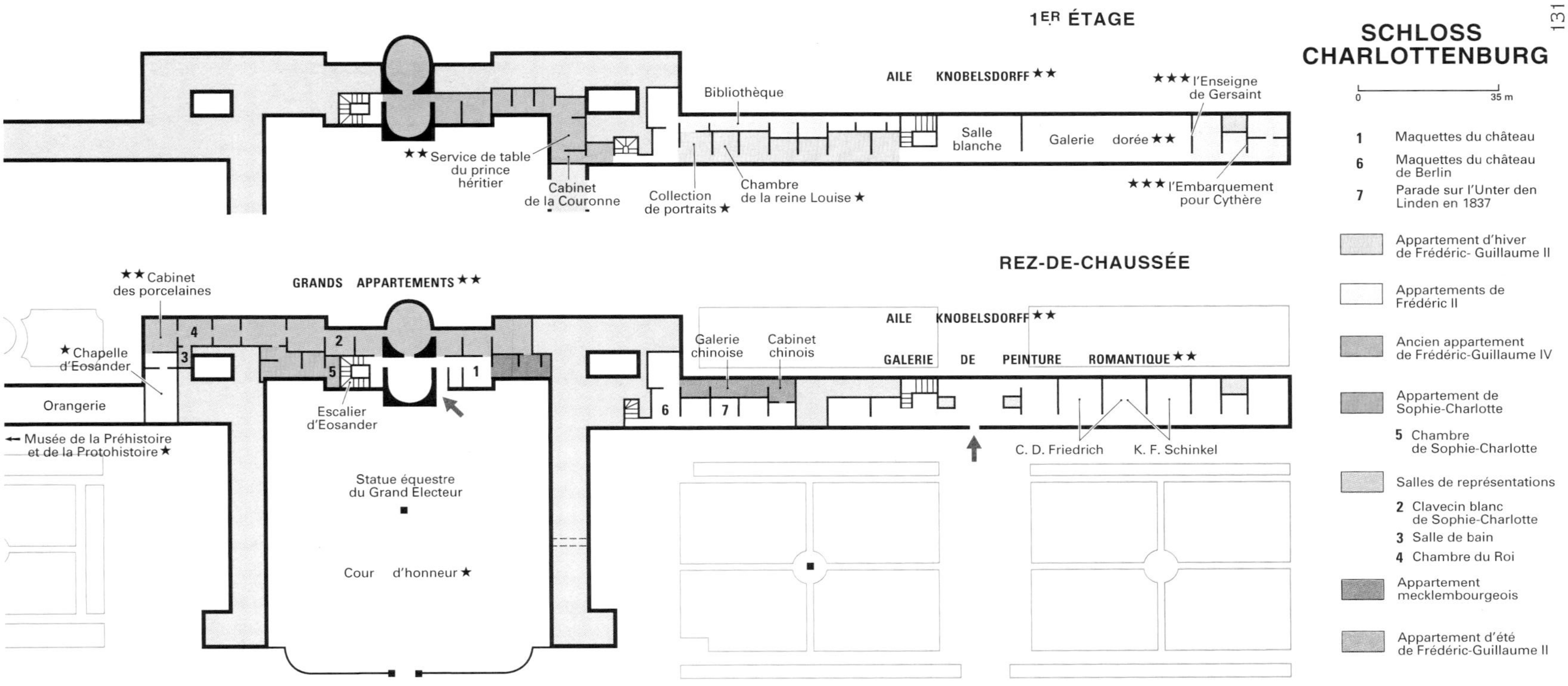

SCHLOSS CHARLOTTENBURG

1ER ÉTAGE

AILE KNOBELSDORFF ★★

- Service de table du prince héritier ★★
- Cabinet de la Couronne
- Collection de portraits ★
- Chambre de la reine Louise ★
- Bibliothèque
- Salle blanche
- Galerie dorée ★★
- l'Embarquement pour Cythère ★★★
- l'Enseigne de Gersaint ★★★

REZ-DE-CHAUSSÉE

GRANDS APPARTEMENTS ★★

- Chapelle d'Eosander ★★
- Cabinet des porcelaines ★★
- Orangerie
- Escalier d'Eosander
- Statue équestre du Grand Électeur
- Cour d'honneur ★
- Musée de la Préhistoire et de la Protohistoire ★

- Galerie chinoise
- Cabinet chinois

AILE KNOBELSDORFF ★★
GALERIE DE PEINTURE ROMANTIQUE ★★

- C. D. Friedrich
- K. F. Schinkel

Légende

0 — 35 m

1 Maquettes du château de Berlin
6 Maquettes du château de Berlin
7 Parade sur l'Unter den Linden en 1837

- Appartement d'hiver de Frédéric-Guillaume II
- Appartements de Frédéric II
- Ancien appartement de Frédéric-Guillaume IV
- Appartement de Sophie-Charlotte
- 5 Chambre de Sophie-Charlotte
- Salles de représentations
- 2 Clavecin blanc de Sophie-Charlotte
- 3 Salle de bain
- 4 Chambre du Roi
- Appartement mecklembourgeois
- Appartement d'été de Frédéric-Guillaume II

131

Des hanaps décorés de monnaies *(Münzhumpen)* précèdent le **cabinet de la couronne**, une petite salle qui expose les « joyaux de la Couronne » de Prusse : un heaume funéraire (1688), au panache tricolore, qu'on utilisait lors de l'enterrement des membres masculins de la maison royale ; l'épée de l'Électeur du Brandebourg ; le sceptre endiamanté (le corps de l'aigle est un rubis offert par le tsar Pierre le Grand à Frédéric Ier) et le collier de l'ordre de l'Aigle noir, fondé en 1701 à la veille du couronnement de Königsberg.

★★ **Knobelsdorff-Flügel (Aile Knobelsdorff)** ⊘ – *Elle s'étend à l'Est du corps principal. Les appartements historiques et la galerie du Romantisme se visitent séparément.* L'escalier conduit *(à gauche)* à la **Salle blanche** qui servait de salle du trône et de salle à manger à Frédéric II. Le plafond est une œuvre moderne de Hann Trier en remplacement d'une composition d'Antoine Pesne perdue en 1943.
La **Galerie dorée★★** (1746), grande salle de danse et de musique aux boiseries vert-amande, rose et or, est un des exemples les plus aboutis du rococo frédéricien.
Les salles suivantes du **deuxième appartement de Frédéric II**, à l'harmonieux décor rococo blanc et or, abritent des chefs-d'œuvre de la peinture française du 18e s. qu'affectionnait le souverain : « **L'Enseigne de Gersaint** »★★★ (1720), qui occupe son emplacement d'origine dans la salle de concerts, et « **L'Embarquement pour Cythère** »★★★ de Watteau, de nombreuse toiles de Chardin *(La Pourvoyeuse, La Cacheteuse de lettres)*, de Boucher *(Mercure, Vénus et l'Amour)*, de Nicolas Lancret et toujours de Watteau *(L'Amour à la campagne, Les Bergers)*. Remarquer aussi le beau mobilier frédéricien : commodes, armoires d'angle en bois de cèdre dans l'ancienne chambre à coucher. *Revenir sur ses pas.*

★ **Winterkammer (« Chambres d'hiver »)** – Elles composaient l'appartement d'hiver des successeurs de Frédéric II, Frédéric-Guillaume II et Frédéric-Guillaume III, à la charnière des 18e et 19e s. Ces pièces donnant sur le Sud ont la raideur élégante du néo-classicisme. Elles frappent par l'éclat chaud des tentures et des Gobelins, des parquets marquetés refaits à neuf. Mais les poêles à l'antique, très architecturés, avec quelques motifs égyptiens, sont plus originaux et la délicatesse de certains petits meubles plus attachante. La sobre et gracieuse **chambre à coucher de la reine Louise★**, tendue de voiles blancs rayonnants dans une harmonie mauve, est le premier travail de **Schinkel** pour la famille royale (1810). Remarquer, dans une petite vitrine, la garniture de toilette en argent doré avec le *L*. Les deux dernières salles de l'enfilade abritent une belle **collection★** de portraits féminins d'**Antoine Pesne** : L'épouse de Frédéric II *(voir PANKOW, Schloß Niederschönhausen)* et la fort gracieuse comtesse de Voss, qui chaperonnera la future reine Louise, côtoient la danseuse *Barberina*, que Frédéric adulait et dont le portrait ornait son bureau au château de Berlin. Les trois salles du **premier appartement de Frédéric II** donnant sur le jardin sont décorées dans un style rococo ostentatoire, notamment la **bibliothèque**, au décor vert pâle, blanc et argent, qui expose dans une vitrine une partie de la collection de **tabatières**, très endiamantées, du souverain. Les autres salles (remarquer la belle pendule marquetée et dorée d'un ébéniste parisien, vers 1740) servent de galerie de tableaux.

Descendre l'escalier.

Au rez-de-chaussée, une salle (**6**) abrite la maquette du **château de Berlin** détruit par les autorités de la RDA en 1950-1951. De nombreux tableaux montrent le château et son environnement architectural. Dans la salle adjacente, mobilier néo-baroque lourd et somptueux commandé par Guillaume II pour l'une des salles du château. La **galerie et le cabinet chinois**, qui faisaient partie de l'appartement d'été de Frédéric-Guillaume II, donnent sur le jardin. La gaieté des couleurs (notamment le cabinet) compense la perte de certains papiers muraux où ont été peints des paysages chinois. Dans une salle, on reconnaît sur le tableau de Franz Krüger *Parade sur l'Unter den Linden en 1837* (**7**) *(Parade Unter den Linden im Jahre 1837)*, les principaux monuments de la célèbre avenue ; dans une autre, *Bonaparte consul franchissant le col du Grand-St-Bernard* (1800-1801), par Jacques-Louis David, est une pièce de butin rapporté par le maréchal Blücher après Waterloo.

★★ **Galerie der Romantik (Galerie de Peinture romantique)** ⊘ – *Visite 1 h 30.*
Les admirateurs de **Caspar-David Friedrich** effectueront le pèlerinage à Charlottenbourg pour voir la plus grande collection de ses œuvres *(Illustrations dans l'Introduction, chapitre sur la peinture)*, des toiles célèbres comme **L'Abbaye dans une forêt de chênes★★★**, **Le Moine sur le rivage★★★**, deux tableaux exposés à Berlin en 1810 et admirés par Goethe (« Il n'y a rien à voir ! », s'exclama l'épouse d'un autre peintre), des paysages oniriques, nocturnes ou crépusculaires, des vues diurnes, vides de toute présence humaine. On est surpris par l'imagination de **Karl-Friedrich Schinkel** qui place une architecture idéale de style gothique, que l'on croyait alors être l'essence de la civilisation germanique, ou inspirée de l'art grec dans des paysages romantiques : **Église gothique sur un rocher face à la mer★★** (1813), *Ville médiévale au bord d'un fleuve* (1815), dont la cathédrale est un manifeste pour l'achèvement de celle de Cologne, *Ville antique sur une montagne* (1805-1807).

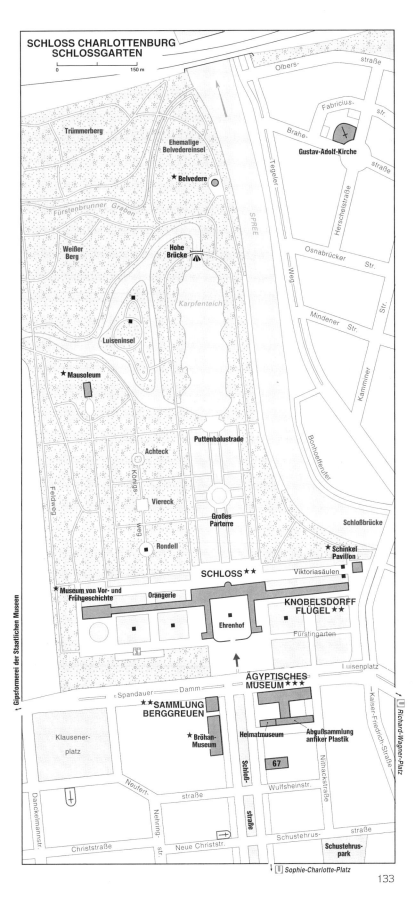

133

La « tragédie du paysage » (Marcel Brion)

L'enfance de **Caspar-David Friedrich**, né en 1774 à Greifswald, port de Poméranie occidentale, est marquée par une succession de deuils. Alors qu'il patine
sur une rivière gelée, la glace se rompt ; son jeune frère le sauve mais se
noie. Il en conçoit une profonde mélancolie accentuée par son amour pour le
monde du Nord. Car, à la différence des artistes contemporains, Caspar David
Friedrich ne fait pas le voyage en Italie pour étudier les peintres de la Renaissance. Il poursuit ses études artistiques à Copenhague et s'installe à Dresde
en 1798, séduit par les paysages environnants. Il voyage dans l'île de Rügen
en 1801. La défaite de Iéna l'affecte profondément. Le retable destiné à la
chapelle du château de Tetschen (1808, Galerie des Maîtres nouveaux,
Dresde) lui apporte une notoriété considérable dans les cercles romantiques.
Élu en novembre 1810 à l'Académie de Berlin, il est professeur à celle de
Dresde à partir de janvier 1824. Il n'enseignera guère, car, ne recherchant
pas la représentation « réaliste » de la nature, il se voit refuser la classe de
paysage. Refermé sur lui-même, il s'enfonce dans la solitude ; son amertume
grandit avec le déclin de sa gloire dans les années 1830. Il se réfugie dans la
représentation de ruines gothiques et de cimetières. Le sculpteur et graveur
français David d'Angers lui rend visite en 1834. Caspar David Friedrich meurt
dans l'indigence le 17 mai 1840 ; son œuvre, oubliée dès le milieu du 19e s.,
ne sera redécouverte et appréciée que dans les années 70.

Les autres peintres romantiques sont très influencés par l'Italie, qu'ils ont tous
visitée, et l'art de Raphaël, donnant des tableaux à l'idéalisme un peu trop léché
mais à l'étrangeté intéressante : *Portrait de Mme Clara Bianca von Quandt* (1820)
de Julius Schnorr von Carolsfeld et *Portrait du peintre Franz Pforr* (1818-1865),
à la silhouette légèrement androgyne, de Friedrich Overbeck.

★★Schloßgarten (Parc) – Grâce à l'entremise de sa cousine, la fameuse « princesse
Palatine » *(« Liselotte » von der Pfalz)* et duchesse d'Orléans, Sophie-Charlotte avait
visité les grands jardins de Le Nôtre, qui corrigea le plan de celui de Charlottenbourg. Il combine la stricte géométrie d'un jardin baroque à la française (ou plutôt
hollandais, car sans déclivité ni traitement architectural tels que terrasses, rampes,
escaliers) et l'agrément plus libre d'un parc à l'anglaise aménagé sous l'impulsion
de **Lenné** entre 1819 et 1828. C'est à cette époque que les rives du carpier sont
« ondulées ».
Le pavillon ovale en saillie, au centre de la façade du château, a des exemples français dans les châteaux de Vaux-le-Vicomte et du Raincy, construits par Louis Le Vau.
Au cours de la promenade, l'on découvre trois curiosités discrètes mais intéressantes.

★Schinkel-Pavillon ⓥ – *Contourner l'aile Knobelsdorff.*
Frédéric-Guillaume III affectionnait un mode de vie bourgeois, entouré de ses nombreux enfants, dont deux : Charlotte, la future tsarine Alexandra Feodorovna, et
Charles, qui fera édifier le château de Klein-Glienicke, naissent à Charlottenbourg.
En 1824, le roi épouse morganatiquement la jeune comtesse **Auguste von Harrach**,
faite princesse de Liegnitz, et souhaite une résidence d'été. Elle fut construite sur
une esquisse de Schinkel. La forme cubique de ce pavillon s'inspire d'une villa napo-
litaine où le souverain avait séjourné. Les façades sont très sobres. L'intérieur,
incendié le 23 novembre 1943, a été fidèlement reconstitué, à l'exception du mobilier qui est de la même époque mais vient d'ailleurs. Les pièces sont simples et
élégantes, ornées de papiers peints unis de couleurs vives, bordés d'une frise ; la
cage d'escalier est peinte de grotesques pompéiennes. La pièce la plus réussie est
celle donnant sur le jardin (**Gartensaal**), où l'exèdre tendue d'une étoffe de soie bleue
étoilée s'harmonise avec la blancheur des marbres et la ciselure exquise du mobilier en bronze. La reconstruction a transformé le pavillon en musée de l'art du
temps de Frédéric-Guillaume III contenant, entre autres, de nombreuses œuvres de
Schinkel (dessins, esquisses de décors et un mystérieux *Paysage avec des arcades
gothiques*, 1811), de Carl Blechen et deux panoramas d'Eduard Gaertner : *Panorama de Berlin* (1834), vue circulaire du centre historique depuis l'église de
Friedrichswerder, et *Panorama du Kremlin.*

★Belvedere ⓥ – *Un peu avant d'arriver au belvédère, prendre une petite allée à
gauche pour se rapprocher de l'étang.*
Au milieu du petit pont de bois rouge, belle **vue★★** sur le château.
Le **Belvédère** (1789-90) est une construction charmante de **Carl Gotthard Langhans**. Il
réunit des éléments baroques et néo-classiques. Frédéric-Guillaume II l'utilisait pour
ses réunions mystiques de Rosicruciens *(Rosenkreuzer)*. Sa façade est vert-amande
et blanc ; des termes encadrent les fenêtres de l'attique ; des enfants dorés soutiennent une corbeille de fleurs au faîte du toit. Le Belvédère abrite un petit **musée★**
de la Manufacture royale de Porcelaine de Berlin *(KPM, voir ERNST-REUTER-
PLATZ)* qui comprend des pièces très délicates, parmi lesquelles celles des services
de Frédéric II, aux merveilleuses peintures de fleurs.

Belvédère

★ **Mausoleum (Mausolée de la reine Louise)** ⊘ – La souveraine était attachée au domaine de Charlottenbourg et son époux, inconsolable, décida d'y bâtir un mausolée où il fut enterré plus tard et qui devint un peu la crypte des Hohenzollern. A l'origine, seul le petit temple dorique, construit en 1810 par **Heinrich Gentz,** servait de mausolée. La façade en grès fut remplacée par une autre en granit poli (le portique original se trouve dans l'île des Paons). L'adjonction, sur les plans de Schinkel, d'un temple accolé et surélevé, perturbe un peu les proportions et l'harmonie de la construction initiale, mais on est surpris par le mystère de l'environnement romantique de ce temple qui apparaît, soudainement, au bout d'une allée. Le **tombeau de la reine Louise★★** *(voir INTRODUCTION, Le poids de l'histoire)*, terminé à Rome, parvint, après un périple de huit mois en mer, en mai 1815, à Charlottenbourg. Cette œuvre en marbre de Carrare rendit son auteur, **Christian Daniel Rauch** (1777-1857), immédiatement célèbre. Le modelé fluide et sensuel du marbre, la pose naturelle et peu conventionnelle de la souveraine, les jambes croisées (le roi indiqua lui-même l'attitude du corps), la beauté des mains et du drapé que souligne la lumière diffuse, l'expression douce du visage contrastent avec la raideur des gisants de Guillaume Iᵉʳ et de son épouse Augusta.

★ **Museum für Vor- und Frühgeschichte (Musée de la Préhistoire et de la Protohistoire)** ⊘ – Le musée de la Préhistoire et de la Protohistoire est logé depuis 1960 dans le théâtre de Langhans, à l'extrémité Ouest du château. On se promènera agréablement dans les jardins de l'orangerie (réservée aux expositions temporaires) pour y aller. C'est un musée petit (une infime partie des collections est exposée) mais très didactique.
Les panneaux explicatifs, qui sont numérotés pour suivre l'ordre de la visite, sont résumés en français et en anglais.

Rez-de-chaussée – L'évolution culturelle de l'Europe, durant les époques antérieures à l'écriture, est opposée aux civilisations contemporaines du Proche-Orient. Le fonds du musée provient de l'ancienne collection des Hohenzollern.
De nombreux **dioramas** reconstituent habilement le cadre de vie des hommes des cavernes. On passe insensiblement du Paléolithique à la fin de l'âge glaciaire, de la sédentarisation au début de l'agriculture et de l'élevage, à l'invention de la céramique, aux premières villes du Proche-Orient. D'authentiques œuvres d'art illustrent certaines sections, comme des idoles anatoliennes peintes d'ondulations, le « Vase au serpents » (« **Schlangenbecken** »), œuvre mésopotamienne dont l'interprétation reste difficile, et de petites statuettes de l'Iran ancien qui représentent des génies de la montagne.

1ᵉʳ étage – Consacré à l'âge du bronze, à Troie et à l'âge du fer, il a été réouvert en même temps que l'exposition controversée, à Moscou, de l'**« or de Troie »**. Le trésor fabuleux découvert par **Heinrich Schliemann** n'a pas fini de faire parler de lui.

Archéologue ou aventurier ?

Fils d'un pasteur mecklembourgeois, **Heinrich Schliemann** (1822-1890), doit sa passion pour Troie à une illustration de livre d'enfant. Apprenti dans une épicerie, il s'embarque pour le Venezuela à l'âge de 14 ans. Son bateau fait naufrage sur la côte hollandaise et le jeune Heinrich devient garçon de commerce dans une société d'import-export d'Amsterdam. Parcourant le monde en tous sens, il est usurier à San Francisco, négociant d'indigo à Saint-Pétersbourg. La guerre de Crimée fait sa fortune. Autodidacte, il possède dix langues et entreprend des études d'archéologie, à Paris, à partir de 1866.

Entre 1871 et 1873, il fouille la butte d'**Hissarlik**, en Turquie, près de l'entrée du détroit des Dardanelles. Avide de gloire et de trésors, parfois au péril de sa vie, Schliemann bâcle le travail (« je dégageai moi-même le trésor avec un grand couteau... »), détruisant mille indices, dont ceux de la Troie qu'il cherchait. Car les premiers objets du trésor, en tout 250 joyaux d'or, sont antérieurs d'un bon millénaire à la chute de la Troie homérique (vers 1250 av. J.-C.). Schliemann promet aux Ottomans de leur remettre les pièces exhumées, mais il les fait passer en fraude. Aux 10 000 francs-or réclamés par le gouvernement turc, il en rajoute 40 000 et s'estime seul propriétaire des objets. Certains iront parer sa femme, Sophia Kastromenos, Athénienne de 17 ans (leurs deux enfants s'appelleront Andromaque et Agamemnon !), le temps d'une photographie. Il propose de léguer le trésor, parfois en même temps, aux Italiens, aux Russes, aux Français, aux Grecs, mais les précieux objets sont exposés au musée de Berlin en 1881. Schliemann ne s'en tient pas là et fouille le cercle funéraire à l'intérieur de la citadelle de **Mycènes**, découvrant les grands masques d'or, aujourd'hui conservés au musée archéologique d'Athènes.

Emporté par les Soviétiques au lendemain de la guerre, ce trésor de 10 000 pièces, que l'on croyait détruit, dormait depuis un demi-siècle dans les caves du musée Pouchkine à Moscou et du musée de l'Ermitage à Saint-Pétersbourg. Berlin en a conservé la majeure partie, mais les plus belles pièces, qui font l'objet d'une reconstitution en cuivre doré, sont restées en Russie. Des céramiques, dont un énorme « pithos », jarre pour l'huile, les céréales ou le vin, illustrent les différents niveaux d'une ville à l'histoire fort ancienne.

Gipsformerei der Staatlichen Museen (Atelier des moulages des Musées nationaux) ⊘ – *Emprunter le Spandauer Damm et tourner, au Nord, dans la Sophie-Charlotten-Straße, jusqu'aux n°s 17-18.*
La salle que l'on visite est réservée à la vente et offre un très grand choix de moulages d'œuvres d'art, de l'Égypte antique à l'Amérique précolombienne. Fondée en 1819, cette riche collection de moules a survécu à la guerre sans trop de dommages.

★★ Sammlung Berggruen (Collection Berggruen) ⊘ – *Schloßstraße 1.*
La collection comprend principalement des œuvres de **Picasso** montrant toutes les facettes de son art : portrait *(Le Chandail jaune*, 1929*)*, natures mortes *(Guitare et journal*, 1916*)*, sculptures *(Tête de Fernande*, 1909 ; *Près de l'escalier)*, des dessins remarquables, des gouaches, des gravures, accompagnées d'objets d'art africain comme le *grand Oiseau* Senufo en ivoire. On remarque aussi un Cézanne et un beau Van Gogh *(Le Jardin en automne)*. Le second étage est presque entièrement réservé à **Paul Klee**, que Heinz Berggruen a toujours aimé.

Un marchand d'art et un collectionneur

Natif de Berlin, **Heinz Berggruen** fait des études de Lettres (il est diplômé de l'université de Toulouse) et entame une carrière de journaliste au *Frankfurter Zeitung*. D'ascendance juive, il est obligé de quitter l'Allemagne en 1936. Il reprend ses études à Berkeley, en Californie, et devient assitant de la conservatrice, avec qui il s'est lié d'amitié, au musée de San Francisco. Il est envoyé en Allemagne au lendemain de la guerre, à laquelle il a participé en tant que citoyen américain, pour collaborer à une revue destinée à réhabiliter l'« art dégénéré » aux yeux des Allemands. Sa protectrice de San Francisco lui propose de travailler avec elle à l'UNESCO, à Paris. C'est là où, après avoir déniché un album de dessins de Lautrec, il ouvre une galerie, place Dauphine, dans l'Ile de la Cité. André Breton, Paul Éluard, Tristan Tzara servent d'intermédiaires auprès des artistes. Heinz Berggruen acquiert une renommée internationale dans le domaine des estampes, des gravures, des lithographies, après avoir organisé la première exposition de gravures de Klee en 1950 et des « papiers découpés » de Matisse en 1953. Il exporte vers l'Allemagne et les États-Unis. Lui-même collectionne à acheter des Klee, qu'il accumule par dizaines, et des Picasso. Il n'hésite pas à faire du troc, échangeant treize Matisse contre le *Paysage en automne* de Van Gogh.

★Bröhan-Museum ⊘ – *Schloßstraße 1a.*

Ce musée des arts décoratifs de la période allant du *Jugendstil* (et de sa variante française et belge l'Art nouveau) aux premiers exemples du design moderne (1889-1939), expose dans des conditions de présentation et de clarté remarquables, une autre collection d'origine privée : celle de **Karl H. Bröhan**. Le musée est une suite de salons. On admire l'incroyable bestiaire, non dénué d'humour, les femmes assises et les vases en forme de fleurs des porcelaines « Jugendstil » – les Danois y apportent une grande fraîcheur d'inspiration –, les verreries de Bohême, les meubles signés de tous les grands ébénistes de l'Art nouveau (Guimard, Majorelle) et de l'Art déco (Dominique Chareau, Süe et Mare, Ruhlmann, Iribe). Ces derniers sont présentés avec des porcelaines et de l'argenterie française ou danoise contemporaines, des tableaux de la Sécession berlinoise (Karl Hagemeister, Hans Baluschek), de la Nouvelle Objectivité (Willy Jaeckel), des toiles cubistes de Jean Lambert-Rucki et un magnifique ensemble d'œuvres en métal : luminaires, étains, chandeliers.

Prendre l'ascenseur ou l'escalier central pour parvenir au 3ᵉ étage.

Deux salles abritent des œuvres de jeunesse du Belge Henry van de Velde et de Josef Hoffmann, représentant de la Sécession viennoise. La grande salle, inondée de lumière, et sa mezzanine exposent des porcelaines des années 30 (Sèvres et Berlin).

★★★ÄGYPTISCHES MUSEUM (MUSÉE ÉGYPTIEN) ⊘

Schloßstraße 70. Visite 2 h 30.

Les collections berlinoises de l'Égypte antique comptent parmi les plus belles du monde et sont, conséquence de la partition de la ville, réparties entre le **pavillon Stüler**, à Charlottenbourg, et le musée Bode *(voir MUSEUMSINSEL)*. Le premier bâtiment expose les objets ayant trait à l'art égyptien antique avec, en particulier, les œuvres amarniennes ; le second les objets illustrant la culture et la religion. Les deux collections fusionneront dans une dizaine d'années, lorsque sera achevée la reconstruction du **Nouveau Musée** *(Neues Museum)*, voisin du Musée Bode, où elles étaient exposées avant la Seconde Guerre mondiale.

La collection est centrée sur les trésors trouvés à **Amarna**, la capitale d'**Aménophis IV-Akhenaton**, le pharaon hérétique. Les archéologues allemands qui fouillèrent le site de 1911 à 1914 évitèrent le centre de la cité, dont les temples et les palais avaient servi de carrières de pierres, et s'intéressèrent aux maisons particulières. Nombre d'objets, notamment religieux, y avaient été laissés. Ils marquent une rupture dans la continuité millénaire de l'art de l'Égypte antique. Cette époque exceptionnelle, dans tous les domaines, ajoute à l'intérêt d'un rassemblement de chefs-d'œuvre dont la liste ci-dessous est une sélection.

Rez-de-chaussée

Pavillon Stüler :

★★★Buste de Néfertiti – Ce buste miraculeusement préservé a été découvert dans l'atelier du sculpteur de la cour Thoutmès. Il servait de modèle pour les futures effigies de la reine (ce qui explique qu'un seul œil ait été incrusté). Toute imperfection semble bannie ; les couleurs accentuent la présence énigmatique et hiératique de la souveraine.

La salle contiguë fournit des explications *(en allemand)* sur le site et la culture d'Amarna.

La révolution d'Aménophis IV-Akhenaton

Le fils de Tiy et d'Aménophis III, **Aménophis IV** (vers 1375-vers 1354 av. J.-C.) impose, dès son accession au trône, l'idée d'un dieu unique.

Toutes les formes de la divinité s'effacent devant la représentation d'**Aton**, disque solaire dont les rayons se terminent en mains humaines tenant le hiéroglyphe de la vie *(Ankh)*. Aménophis change son nom en **Akhenaton**, « celui qui sert Aton » et interdit le culte, les prêtres et les temples aux autres dieux, froissant ainsi un clergé riche et puissant.

Le règne de **Toutankhamon**, son fils, qui abandonne Amarna au bout de deux ou trois ans, marque le retour de la tradition.

★Orfèvrerie, faïence et verrerie – Ces différentes techniques atteignent des sommets à l'époque d'Aménophis III et d'Aménophis IV. On remarque un vase en albâtre, inscrit de hiéroglyphes noirs, des flacons à parfums, la coupe bleue turquoise du prince héritier Scheschonk et divers bijoux.

Anciennes écuries :

Le passage sur le côté droit des écuries donne accès à une haute salle qui abrite des expositions temporaires.

★★**Porte du temple de Kalabsha** – Elle accueille le visiteur. L'Égypte l'a offerte à la RFA en remerciement de son aide pour le transport du temple en dehors de la zone inondée par les travaux du barrage d'Assouan. C'est une œuvre de l'Égypte romaine (20 av. J.-C.), mais dans une ville située à l'extrême Sud du pays, en Nubie, et, comme à Philae, conservatoire de l'art traditionnel. Auguste avait mis fin, quelques années auparavant, à la dynastie grecque des Ptolémées qui régnait à Alexandrie. L'empereur en pharaon est en train de sacrifier aux dieux traditionnels de l'Égypte.

Art d'Aménophis III – Deux **reliefs**★★ (1360 av. J.-C.) représentent Aménophis III coiffé de la couronne bleue, portée à la guerre (une autre vitrine montre cette couronne, fragment de statue, recouverte de faïence vernissée), et coiffé du diadème. A côté, **tête**★, de la même époque, d'un inconnu.

Un peu avant la révolution amarnienne, l'art du portrait atteint un sommet avec le **portrait de la reine Tiy**★★ (1355 av. J.-C., *immédiatement à gauche de l'entrée*), en bois d'if, autrefois orange clair. L'expression hostile de la grande épouse royale d'Aménophis III, une roturière qui devint plus puissante qu'une reine, est un trait réaliste extraordinaire. Cette tête avait, à l'origine, un aspect bien différent : elle portait une riche coiffe d'argent ornée d'uraeus (cobra sacré). On ne la voit qu'aux rayons X, car elle a été cachée sous une perruque de toile collée, lorsque, à la mort d'Aménophis III, Tiy dut céder son titre à Néfertiti. Le portrait fut ensuite complété par une couronne de la déesse Hathor, qui existe toujours en réserve et qui reprendra sa place sur le tenon qui servait à la fixer.

Art d'Aménophis IV – L'intérêt de cette section réside dans le rassemblement des **effigies royales**★★★, portraits et reliefs d'Akhenaton, Néfertiti, Toutankhamon et de princesses, tous d'une extraordinaire finesse. Dans le cas de Néfertiti, on peut faire un rapprochement entre les fragments de statues de la reine et leur illustre modèle en calcaire peint.

L'art officiel n'avait pas hésité à représenter le souverain avec des traits réalistes, en particulier l'âge, mais les silhouettes étaient carrées et viriles. L'esthétique amarnienne invente un nouveau canon de la beauté humaine, qui accuse les défauts physiques, et son goût pour la spontanéité des gestes : embrassades, caresses tranche sur les réalisations antérieures. Le visage du pharaon se projette en avant, comme celui de son épouse, de leur fils Toutankhamon ou des princesses, sur un cou très fin, le menton étiré, le front fuyant dans la ligne du nez. A cet égard, le **relief montrant Akhenaton de profil** et la **tête d'une statue de princesse**★★, en quartzite rouge, avec un crâne déformé, représentent des exemples extrêmes. Les statuettes en pied du pharaon montre un homme à la silhouette androgyne, la poitrine tombante, le ventre proéminent recouvert d'un pagne échancré. Néfertiti est également représentée de façon très humaine dans une statuette en calcaire tendre. Les reliefs, montrant la famille royale dans son intimité, le couple ayant leurs enfants sur leurs genoux devant Aton, expriment l'idée de fertilité liée au culte et à l'action bénéfique du dieu solaire. Le relief de la *Promenade dans un jardin*, polychrome, représente vraisemblablement Toutankhamon avec son épouse, appuyé sur un bâton logé dans le creux de l'aisselle, car il était infirme des jambes.

La très belle série de **portraits d'hommes et de femmes**★★, d'une grande expressivité, constitue l'autre point fort de la collection d'œuvres amarniennes.

Parmi les autres objets, on remarque un *fragment d'un pavement* peint du palais de la reine Tiy à El-Hawata, où des canards s'envolent parmi les papyrus ; juste à côté, un *relief funéraire* (1350 av. J.-C.), où les gesticulations des personnages du registre inférieur se ressentent encore de l'art amarnien, peu avant le retour au classicisme, et une *statuette de scribe* (*Statuette eines Schreibenden*) en train d'écrire assis, un genou relevé.

La salle du fond, au centre de laquelle se dresse une statue inachevée d'Akhenaton, abrite la **stèle de Bak et de sa femme Tahere**★ (Bak supervisait le travail des sculpteurs du temple d'Aton pour le compte d'Aménophis IV) et surtout des **projets** et des **esquisses animalières**★ sur des morceaux de calcaire peints et sculptés (*ostraka*). On découvre ainsi un lion se léchant, une hirondelle et une tête de cheval au modelé très fin. Les dessins représentent des oiseaux en train de couver, des lions, des babouins.

Ier étage

★ **« Tête verte de Berlin »** (5e s. av. J.-C.) – Remarquable étude psychologique, au réalisme soigneusement stylisé, qui annonce l'art gréco-romain.

★ **Famille Psammetisch** (vers 550 av. J.-C.) – C'est un groupe de trois statues en bois à l'expression souriante. La traditionnelle attitude de la marche, épaule levée, points fermés, qui remonte à l'Ancien Empire, sera reprise par les Grecs, dont les commerçants étaient nombreux à l'époque en Égypte, pour le type archaïque du *Kouros*.

Chefs-d'œuvre du musée égyptien

Buste de Néfertiti

*Promenade
dans un jardin*

Akhenaton, Néfertiti et leurs enfants

★**Statuette de la prêtresse d'Amon Meres-Amun** (850 av. J.-C.) – A l'époque tardive, reine et princesse reçoivent le titre de divines adoratrices et épouses d'Amon. Certaines consacraient leur vie au dieu et détenaient souvent un pouvoir et des richesses considérables.

Statuette cubique de Hor (775 av. J.-C.) – Ces statuettes funéraires de proches serviteurs du pharaon étaient placées dans la cour des temples.

★**Chapelle funéraire d'Amenhotep** – Élégante, elle date des Ramsès (1250 av. J.-C.). Le calcaire en est en partie peint : on reconnaît Horus, le dieu à tête de faucon, Thot, à tête d'ibis, dieu du temps et de l'écriture, patron des scribes, devant Osiris. Celui-ci est accroupi devant la balance de la pesée des âmes, les bras croisés avec le sceptre et le chasse-mouches ; Anubis, à tête de chacal, est le dieu des morts.

Couple d'Amenemipet et de sa femme Hathor (vers 1280 av. J.-C.) – L'héritage de l'époque amarnienne se devine dans le modelé des corps, l'attention portée aux plissés des étoffes, aux perruques. Un hymne au Soleil est gravé sur le socle.

Récipient en forme du dieu Bès (vers 1360 av. J.-C.) – Le vase a pris la forme et les traits de ce dieu laid mais bienfaisant.

★**Faïences vernissées** – Sur une petite coupe (vers 1450 av. J.-C.), trois poissons, qui se réunissent tous en une même tête, alternent avec trois fleurs de lotus. L'*hippopotame* et le *hérisson* (1800 av. J.-C.) sont des offrandes funéraires. La couleur et les plantes dessinées sur l'hippopotame symbolisent l'eau du Nil et Noun, l'eau primordiale, source de toute vie. La gueule est béante pour chasser les mauvais esprits.

Statue de déesse à tête de cochon (Statue einer Schweinegottheit) – En argile cuite, cette curieuse effigie date de 3500 av. J.-C.

Heimatmuseum Charlottenburg (Musée d'histoire locale de Charlottenbourg) ⊘ – *Schloßstraße 69*.
L'histoire du quartier est retracée dans ce petit musée, situé derrière le musée égyptien.
Une maquette en allumettes du corps central du château précède les gravures qui en illustrent l'extension ; l'une d'elles montre le cabinet des porcelaines. Au centre de la salle, cloche (1646) de l'antique village de Lutzow et maquette de l'église de la reine Louise *(Luisenkirche)* avec son clocher pointu.

Abgußsammlung antiker Plastik (Collection de moulages d'œuvres antiques) ⊘ – *Schloßstraße 69b ; à côté du musée d'Histoire locale de Charlottenbourg*.
Cette collection de moulages, reconstituée après la guerre, perpétue une tradition vieille de trois siècles (elle fut fondée en 1695). Elle était autrefois exposée au Nouveau Musée. L'éventail s'étend des idoles cycladiques à l'art byzantin, mais l'on peut surtout comparer les reproductions des chefs-d'œuvre de la sculpture grecque, hellénistique et romaine dispersées dans les grands musées du monde. Un petit panneau renseigne très utilement sur chaque sculpture.

Schloßstraße – La promenade centrale, aménagée en 1840, offre une belle **perspective**★ sur le dôme vert-de-gris qui domine le château. La Schloßstraße était, à la fin du 17ᵉ s., la « rue large » *(Breite Straße)*, habitée par des employés de la cour et bordée de maisons couvertes d'un toit à la Mansart et ne comportant qu'un rez-de-chaussée (Voir la maquette du premier hôtel de ville, bâti sur la Schloßstraße, au *Heimatmuseum*). A partir de 1830, villas et immeubles locatifs les remplacent. Des jardinets furent aménagés devant les immeubles, comme au n° **67**, demeure bâtie en 1873 et représentative des « années de fondation » *(Gründerjahre)*. Aux nᵒˢ **56** et **45-47**, immeubles construits par Inken et Heinrich Baller pour l'exposition **IBA 1987** et dont le style est reconnaissable *(voir DAHLEM, Freie Universität, institut de Philosophie)*.

Schustehruspark – Il appartenait autrefois à la villa Oppenheim (1881-1882) que l'on peut voir, dissimulée derrière les arbres, dans l'angle Sud-Ouest. Le grand bâtiment à côté, en briques polychromes, est une école, ancienne *Schlesien-Oberschule*, un peu plus tardive. En face, un curieux immeuble moderne, aux balcons vert-de-gris, des architectes Baller fait l'angle avec la Nithackstraße.

Luisenkirche (Église de la reine Louise) ⊘ – 🇺 7 *Richard-Wagner-Platz*.
A la fois église luthérienne et réformée, selon le désir de Frédéric Iᵉʳ, elle a été bâtie entre 1712 et 1716. Karl Friedrich Schinkel l'a entièrement remodelée en 1826, lui adjoignant une tour de style Biedermeier. C'est à cette époque que l'église prit le nom de la défunte reine Louise. La couleur jaune a été restituée.

Le vieux Charlottenbourg – La Schustehrusstraße en marque le centre. Au n° **13**, charmante maison d'un dinandier, la plus vieille demeure de Charlottenbourg (1712), peinte en vert pomme, avec un portail en arc elliptique et des lucarnes en pavillon.

Chefs-d'œuvre du musée égyptien

Porte du temple
de Kalabsha

Portrait de la reine Tiy,
mère d'Akhenaton

Famille Psammetich

Hérisson et hippopotame
en faïence

Richard-Wagner-Platz – Cette ancienne place du Marché, et la place de l'Église toute proche (actuelle Gierkeplatz), où s'élève la Luisenkirche, constituaient les deux centres de la ville bourgeoise conçue par Eosander von Göthe en rapport avec le château.

Rathaus (**Hôtel de ville de Charlottenbourg**) (**R**) – L'hôtel de ville a été construit de 1899 à 1905, date du bicentenaire de la fondation de Charlottenbourg. La façade est massive mais le campanile, d'une hauteur de 88 m, est intéressant. Il était le symbole de l'autonomie d'une commune aisée qui ne fut rattachée à Berlin qu'en 1920, après bien des réticences. On ne voulait pas, à l'époque, payer des impôts pour les quartiers pauvres de la ville. Le décor *Jugendstil* peut être admiré sur le portail, le hall central et l'escalier principal.

Städtisches Volksbad (**Piscine municipale de Charlottenbourg**) – *Traverser l'Otto-Suhr-Allee et prendre la Krumme Straße jusqu'aux n⁰ˢ 9-10.* La façade de cet établissement de bains municipal, le plus ancien de Berlin (1898), est un mélange de style gothique et de jolis motifs *Jugendstil* en céramique émaillée : coquilles St-Jacques, feuilles de nénuphars, têtes de poissons qui paraissent assez menaçants, roseaux sur les fûts des colonnes. Un toit en bâtière et une charpente métallique bleue recouvrent le bassin.

Villa Kogge und Kraftwerk Charlottenburg (**Villa Kogge et centrale électrique de Charlottenbourg**) – *Prendre la Warburgzeile, première rue après l'hôtel de ville en remontant l'Otto-Suhr-Allee vers l'Est.*
A l'angle de la Warburgzeile et de Alt-Lietzow, s'élève, au bord de la petite place, une élégante villa néo-classique, la **villa Kogge** (1864). En poursuivant tout droit au bout du Lüdtgeweg, le visiteur découvre un **paysage industriel★** étonnant au bord de la Spree : l'élégante passerelle métallique *Siemenssteg* conduit à un château néo-gothique en briques rouge et blanc qui est la partie ancienne, construite en 1889-1890 et inspirée de l'architecture de la Marche de Brandebourg, de la centrale électrique de Charlottenbourg.

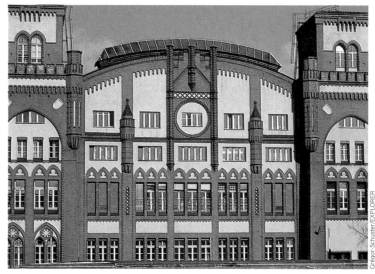

Centrale électrique de Charlottenbourg

Gustav-Adolf-Kirche (**Église Gustave-Adolphe**) – *Herschelstraße 14-15.* 🚌 *109, X21, X26 Osnabrücker Straße ou suivre le Tegeler Weg le long de la Spree.*
Cette église (1932-34) en béton et en acier construite par **Otto Bartning** a la forme d'un éventail. C'est l'une des plus originales et intéressantes de Berlin.

ALENTOURS

Voir **FUNKTURM★, REINICKENDORF, ERNST-REUTER-PLATZ.**

Sur un plan de ville, les curiosités apparaissent en orange.
Elles sont identifiées soit par leur nom propre,
soit par une lettre repère
reprise en légende dans un encadré vert.

DAHLEM★★★
Dahlem
Voir plan Berlin-Agglomération , **BV**

Cet ancien domaine seigneurial, mentionné en 1375, est devenu propriété nationale en 1841, après avoir appartenu au chancelier Car Friedrich Beyme *(voir STEGLITZ)*. Parsemé de villas dans le style des cottages anglais, adapté au cadre brandebourgeois par **Hermann Muthesius** (1861-1927), Dahlem est restée une banlieue résidentielle noyée dans la verdure.

C'est aussi une banlieue « scientifique ». L'université y a reçu cinquante hectares au début du siècle sur lesquels s'installent des instituts de recherche. Berlin possède, dans les années 20, la plus forte concentration mondiale de scientifiques de haut niveau. Les physiciens Max Plank, Albert Einstein, Max von Laue, les chimistes Emil Fischer et Fritz Haber y travaillent, aidés par la **Société de l'Empereur Guillaume** (Kaiser Wilhelm Gesellschaft), destinée à encourager les sciences. Après avoir reçu son prix Nobel en 1918, Max Planck avait déclaré : « La science, c'est tout ce qui reste aux Allemands après la défaite. »

Dahlem est doté d'une vaste université, dont les bâtiments, malgré leur taille basse, jurent un peu au milieu des villas ; mais l'intérêt de ce quartier réside avant tout dans son ensemble de **musées**.

PRINCIPALES CURIOSITÉS

Ⓤ 1 Dahlem-Dorf – Cette station de métro a été bâtie (1912-13), selon le désir de Guillaume II, dans le style « pittoresque » d'une ferme à colombages.

★**Domäne Dahlem Landgut und Museum** (Musée du Domaine de Dahlem) ⊘ – **Ⓤ** *1 Dahlem-Dorf.*
Depuis la station de métro, on aperçoit, de l'autre côté de la Königin-Luise-Straße, la maison de maître, à pignon et au crépi orange, d'une ferme sauvée, en 1976, par une association. L'agriculture, l'élevage, l'artisanat y sont pratiqués à petite échelle. Le domaine comprend des enclos pour les chèvres, les chevaux et les poneys et des bâtiments où s'effectue le travail artisanal. La maison de maître a été transformée en musée consacré au folklore, à l'histoire locale, à l'histoire agricole de Berlin et de la Marche de Brandebourg. Les salles sont un peu vides : des ustensiles, des jouets anciens pour enfants, la reconstitution d'un établi, de grandes repasseuses en bois occupent le rez-de-chaussée ; l'étage accueille des expositions à thèmes : les abeilles et le miel, les charrues mécaniques fabriquées par Borsig, l'enseignement d'**Albrecht Thaer** (1752-1828), père de l'agronomie en Prusse.

St-Annen-Kirche (**Église Ste-Anne**) – Cette petite église du 14e s. est fermée en dehors des offices. Elle servit de relais télégraphique entre Berlin et la forteresse de Coblence, poste avancé des forces prussiennes.

La résistance des églises sous le IIIe Reich

Dès les premières mesures d'aryanisation, le pasteur de la paroisse de Dahlem, **Martin Niemöller**, fonde une ligue d'opposition cléricale, le *Pfarrenotbund*, embryon de la future « Église confessante » *(Bekennende Kirche)*. Niemöller est aussitôt arrêté et déporté, mais la paroisse de Dahlem restera un foyer de contestation. D'autres pasteurs : Heinrich Grüber, Werner Sylten viennent en aide aux juifs persécutés, mais finissent dans les camps. Ces pasteurs sont des exceptions ; la majeure partie de la hiérarchie évangélique compose avec le régime. La résistance des catholiques (10 % de la population) grandit après l'interdiction des associations de jeunesse et le transfert de leurs membres dans les Jeunesses hitlériennes. Presse, émissions radiophoniques, établissements confessionnels sont interdits ou fermés. Le curé de Ste-Hedwige proteste, porte secours aux juifs et dénonce les crimes commis contre les aliénés. Il meurt lors de son transfert à Dachau.

★★★ MUSEUM DAHLEM ⊘

Il est difficile, du fait de la diversité et de l'étendue des collections, de consacrer une visite à l'ensemble des musées de Dahlem. Dans ce cas, une cafétéria, aménagée au rez-de-chaussée du bâtiment (entrée Lansstraße), permet d'y passer la journée. Pour des visites séparées, compter 3 h pour la galerie de Peinture, 2 h pour celle de Sculpture et 4 h pour le musée d'Ethnographie.

Cet ensemble de musées, où fut réunie la majeure partie des collections revenues à Berlin-Ouest en 1950, a été la grande réalisation de la Fondation du Patrimoine Prussien *(Stiftung preußischer Kulturbesitz, voir KULTURFORUM)*. Conséquence de l'unification, un nouveau déménagement est prévu. La **galerie de Peinture** rejoindra de nouvelles cimaises dans un bâtiment flambant neuf du **Kulturforum** en 1998 *(fermeture* *partielle à Dahlem à partir de 1997)*, formant ainsi, avec le musée des Arts décoratifs et la Nouvelle Galerie nationale, un ensemble consacré à l'art européen. La **galerie de Sculpture** devrait, dans un avenir plus ou moins proche, rejoindre celle du musée Bode. Les collections d'Ethnographie pourront alors s'étendre à Dahlem pour former un **musée des Cultures extra-européennes** (Museum für Außereuropäische Kultur).

★★★ GEMÄLDEGALERIE (PINACOTHÈQUE) ⊘

Le fonds provient du « cabinet d'art » du château de Berlin, constitué sous le règne du Grand Électeur (1640-1688), des toiles rassemblées par **Frédéric II**, qui crée la galerie de Peintures de Sans-Souci (1755-1762) et collectionne les œuvres d'artistes français du 18ᵉ s. (à sa mort, ses collections sont ouvertes à un nombre restreint de visiteurs) et d'importantes collections étrangères acquises au début du 19ᵉ s. (Giustiniani en 1815, Solly en 1821). La galerie est ouverte au public, en 1830, dans le Vieux Musée bâti par Schinkel. A la fin de celui-ci, **Wilhelm von Bode** *(voir MUSEUMSINSEL, Bodemuseum)* met à profit l'intérêt de la bourgeoisie berlinoise pour l'art, en période de plein essor économique, pour favoriser le mécénat. Une démarche encyclopédique présida à l'enrichissement continu des collections jusqu'à la Première Guerre mondiale. Le second conflit apporta les ruines et un désastre : la destruction de plus de 400 toiles, dont des Rubens, des Caravage, dans le bunker de la défense anti-aérienne de Friedrichshain, pourtant réputé indestructible. Les tableaux, après le partage de la ville et des collections, furent transportés à la hâte dans un bâtiment annexe du musée d'Ethnologie à Dahlem où ils restèrent jusqu'en 1996.

Bien que de dimensions moyennes (750 tableaux sont exposés), la galerie de Berlin, qui illustre l'histoire de la peinture jusqu'au début du 19ᵉ s, est riche en chefs-d'œuvre de pratiquement toutes les écoles.

Italie

Moyen Âge

Giotto (1266/67-1337) – **La Mort de Marie** est une peinture émouvante. Les attitudes et les expressions sont variées : saint Jean se tord les mains au-dessus du visage de la Vierge ; un autre apôtre est agenouillé ; un troisième embrasse le corps, étendu sur un drap tenu par deux anges. Invisible, le Christ tient l'âme de Marie sous la forme d'un enfant, derrière le sarcophage. Ce panneau appartenait à un retable conservé dans l'église de la Toussaint (Ognissanti), à Florence.

Pietro Lorenzetti (avant 1280-vers 1348) – Issue d'une famille noble de Faenza, sainte Humilité est la fondatrice d'un ordre qui fonda un couvent dans les environs de Florence d'où proviennent les deux tableaux. Ils montrent deux scènes de sa légende : **Sainte Humilité guérit une nonne malade** (remarquer le médecin, à gauche, qui regarde le bol de sang avec perplexité), **Le Miracle de la glace de sainte Humilité** (en plein mois d'août, un morceau de glace trouvé dans une fontaine est porté à la sainte, gravement malade).

Ugolino da Siena (connu de 1317 à 1327) – Saint Pierre, saint Paul, saint Jean-Baptiste faisaient partie du *retable géant* (quatre étages !) qui ornait l'autel principal de l'Église de Santa Croce à Florence.

Lorenzo Veneziano (œuvres datées de 1357 à 1372) – Ce peintre libère la peinture vénitienne de la tradition byzantine. Parmi les cinq panneaux de la prédelle qui ont survécu à la guerre, **Le Christ sauve saint Pierre tombé à la mer,** symbole de l'aide divine, est un sujet inspiré d'une mosaïque de Giotto, la *Navicella*, qui ornait le narthex de la basilique St-Pierre de Rome.

Lorenzo Monaco (vers 1365-peu après 1423) – La vigueur des expressions est remarquable dans les trois panneaux de prédelle : **Le Martyre de sainte Catherine d'Alexandrie, La Dernière Cène,** qui se distingue par sa fraîcheur de coloris, et **La Nativité,** attachante par son naturalisme, sa simplicité et où se détache la figure familière de Joseph endormi.

Quattrocento (15ᵉ s.)

Fra Angelico (vers 1400-1455) – Dans **Le Jugement Dernier,** le Christ, assis dans une mandorle, partage les bienheureux, conduits en une bande d'une grâce inimitable par des anges, et les damnés, dont la répartition par supplices est une réminiscence de l'*Enfer*, première partie de *La Divine Comédie* de Dante. Les péchés sont indiqués en latin : l'orgueil *(Superbia)* figure sur la triple tête de Satan.

Masaccio (1401-1428) – On remarquera le traitement du corps humain chez ce peintre qui a révolutionné la peinture florentine en tenant compte des lois de la perspective. Chaque élément de prédelle possède un détail étrange : dans **L'Adoration des rois,** les deux hommes en costume bourgeois, sans doute le commanditaire de l'œuvre et un de ses parents, sont de véritables portraits qui regardent froidement la scène, presque détachés ; dans **La Crucifixion de saint Pierre,** deux sbires sont en train de clouer les mains du saint, devant une porte et deux pyramides en pierre évoquant les bornes du cirque de Néron, où saint Pierre fut supplicié ; dans **La Décollation de saint Jean-Baptiste,** on notera le détail réaliste du soldat tenant les cheveux du saint et calant son cou contre la lame pour que le coup porte droit, du récipient pour recevoir la tête, du bourreau vu de dos dans le geste de l'exécution ; dans **La Mort des parents de saint Julien,** Julien lève l'épée pour tuer ses parents, car il croit voir sa femme et un amant. **Le Miracle de saint Nicolas de Bari** est l'œuvre d'un disciple, d'après un dessin de Masaccio : le saint jette trois boules d'or dans la chambre de trois jeunes filles trop pauvres pour être mariées.

Domenico Veneziano (1400/10-1461) – Il n'est pas étonnant que le « tondo » (tableau circulaire) de **L'Adoration des mages** ait appartenu aux Médicis : Le sujet principal n'est pas tant la Vierge assise et l'un des rois baisant le pied de l'Enfant Jésus que la suite fastueuse des rois (en fait, des portraits de membres de l'illustre famille) montrant l'extravagance de la mode bariolée du Quattrocento. La présence de nombreux animaux : un paon, deux chameaux dans l'étable, des grues attaquées par des faucons, un chien de chasse, et de devises renvoie à Pisanello et aux modèles de l'Italie du Nord.

Fra Filippo Lippi (1406-1469) – **La Vierge adorant l'Enfant** ornait le maître-autel de la chapelle du palais des Médicis à Florence. La pureté du visage de la Vierge contraste avec le paysage de forêt et de rochers où des arbres coupés et des souches figurent à l'arrière-plan (*Évangiles selon saint Luc*, 3-9, et selon *saint Matthieu*, 3-10 : « l'arbre qui ne porte pas de bons fruits doit être coupé et jeté au feu »). Le manche de la hache porte la signature du peintre.

Antonio del Pollaiuolo (1431-1498) – Le portrait de profil était à la mode, à Florence, au 15e s. Par la pureté du dessin, la noblesse de l'expression, le **Portrait de jeune femme,** au vêtement richement brodé, la poitrine et les épaules légèrement tournées vers le spectateur, est l'un des plus beaux.

Giovanni Bellini (1430/31-1516) – Les deux admirables figures d'enfants, rapprochées de celle du Christ dans **Le Christ mort, soutenu par deux anges,** constituent une très belle composition, qui dérive d'un modèle, la « Pietà d'anges », inventé en France vers 1400. **La Résurrection** exerça une grosse influence jusqu'à Titien. Le Christ bénissant et tenant la bannière de la Croix flotte dans les couleurs tendres d'une aube devant un paysage de préalpes.

Andrea Mantegna (1431-1506) – Pour la première fois, un peintre et son épouse apparaissent sur un tableau, respectivement sur les côtés de **La Présentation du Christ au Temple.** L'influence des Madones de Donatello se devine dans **Marie et le Christ endormi,** œuvre de dévotion où l'Enfant est tendrement pressé contre la joue de sa mère.

Piero del Pollaiuolo (1441-1496) – L'espace intérieur de **L'Annonciation,** somptueusement décoré et représenté selon les lois de la perspective, est fascinant. A travers la fenêtre géminée apparaît Florence et sa campagne.

Sandro Botticelli (1445-1510) – La galerie de Berlin en possède de magnifiques comme la **Vierge à l'Enfant entourés d'un chœur d'anges** (ou « **Raczynski-Tondo** »). La *Vénus,* copie d'atelier de la célèbre figure du musée des Offices à Florence, n'en est pas moins intéressante par son mouvement ondulé qui s'inspire d'une statue antique, la « Vénus des Médicis », également conservée aux Offices, dont une différente copie était connue à l'époque de Botticelli. Deux portraits retiennent l'attention : celui du jeune frère de Laurent le Magnifique, **Julien,** assassiné dans la cathédrale de Florence à l'âge de 25 ans, et celui, acéré, d'une jeune femme, probablement une figure idéale, et qui est également un travail d'atelier.

Cima da Conegliano (1459/60-1517/18) – La **Vierge à l'enfant sur le trône entourés de quatre saints** se trouvait dans la même église, située dans une île de la lagune vénitienne, que la **Résurrection** de Bellini. C'est un exemple classique de composition de sainte conversation vénitienne dans un cadre architectural splendide. La salle à coupole est ornée d'une mosaïque qui se trouve, en réalité, dans la basilique St-Marc à Venise.

Piero di Cosimo (1461/62-1521) – Sa peinture, l'une des plus poétiques, et son amour pour la représentation des bêtes (ici des colombes et un lapin) ne sont pas dénués d'ironie. Dans **Vénus, Mars et l'Amour,** le dieu de la Guerre est profondément endormi (remarquable étude du sommeil), tandis que, dans un gracieux paysage, des amours jouent avec son armure. Botticelli a traité le même sujet (National Galery, Londres), d'une manière plus aristocratique et guindée.

Vittore Carpaccio (1465/67-1525/26) – On ne retrouve pas, dans **La préparation de l'enterrement du Christ,** le reflet de la vie vénitienne qui caractérise les grands cycles narratifs de Carpaccio. Le tableau évoque une mise en scène macabre : deux hommes ouvrent le tombeau et saint Joseph d'Arimathie prépare le lavement du cadavre ; le corps du Christ est étendu sur une table basse (qui, conservée autrefois à Byzance, était une relique très vénérée) ; le sol est jonché de fragments de squelettes et de cadavres. Le vieillard adossé est Hiob, l'un des ancêtres du Christ, vénéré à Venise comme un saint.

Cinquecento (16ᵉ s.)

Gorgione (1477-1510) – Il reste peu d'œuvres de ce peintre mort prématurément, qui, à la suite de Giovanni Bellini, marqua une étape importante de la peinture vénitienne de la Renaissance et influença profondément la génération suivante : Lorenzo Lotto, Palma le Vieux et, surtout, le jeune disciple Titien. **Le Portrait d'un jeune homme,** au regard distant, est le seul portrait masculin de Giorgione. Le goût local pour la couleur et la douceur du modelé, la lumière diffuse créent un monde harmonieux. La main reposant sur le parapet est un motif emprunté à l'art flamand.

Il Franciabigio (1482-1525) – Ce **Portrait de jeune homme,** un ami du peintre, s'inspire de l'art d'Andrea del Sarto dans l'atelier duquel il Francabigio a travaillé.

Raphaël (1483-1520) – On peut admirer la dignité paisible de la « **Madonna Terranuova** », l'une des premières Madones de Raphaël, qui s'émancipe des conventions de l'école ombrienne par le *sfumato* (estompé) léger du paysage, la plastique plus libre, la douceur des expressions. Le coloris clair et chaud, l'attitude spontanée de la mère et de l'enfant caractérisent la « **Madonna Colonna** », qui date de l'époque florentine.

Giovan Gerolamo Savoldo (1480/85-1548) – **La Vénitienne,** essuyant ses larmes avec un pan de sa mantille, le visage à moitié éclairé par la lune, est bien mystérieuse. Il s'agit sans doute de sainte Marie-Madeleine allant visiter le tombeau du Christ (les arcades à l'arrière-plan).

Sebastiano del Piombo (1485-1547) – Le cadre architectural sombre, l'atmosphère crépusculaire confèrent au **Portrait d'une jeune Romaine,** peut-être un portrait de fiançailles, une impression de mystère. C'est l'une des premières œuvres romaines de Sebastiano del Piombo, à la monumentalité influencée par Raphaël.

Titien (1490-1576) – L'ami de Titien, L'Arétin, ne cachait pas son admiration pour le **Portrait de Clarissa Strozzi à l'âge de deux ans,** l'un des premiers portraits d'enfant de la peinture européenne. La jeune demoiselle était née à Venise, où ses parents étaient en exil ; à la petite chaîne est suspendue une boule de parfum. Il existe six versions de **Vénus et l'organiste,** dans les traits duquel on a voulu reconnaître ceux de Philippe II d'Espagne. La beauté de la musique semble délaissée par le jeune musicien au profit de la beauté physique, invitation à l'amour.

Le Corrège (1489-1534) – **Léda et le cygne** connut bien des vicissitudes : le tableau appartenait à un cycle des amours de Jupiter métamorphosé en différentes formes, exécuté pour le duc de Mantoue et destiné à orner sa résidence d'été, le palais du Tè. Avant de parvenir à Berlin, le tableau fut la propriété du roi d'Espagne et de l'empereur Rodolphe II à Prague ; emporté par les Suédois en 1648, il parvint dans les mains de princes romains, du Régent Philippe d'Orléans, dont le fils lacéra la toile dans une crise mystique (la tête de Léda est entièrement refaite), et fut achetée par un agent de Frédéric II pour la galerie de Sans-Souci. Zeus prit la forme d'un cygne pour séduire la femme du roi de Sparte, Léda. De cette union naquit, respectivement dans deux œufs, les frères jumeaux Castor et Pollux et les sœurs jumelles Hélène (la future Hélène de Troie) et Clytemnestre.

Agnolo Bronzino (1503-1572) – L'environnement du **Portrait d'Ugolino Martelli** est aussi artistique qu'intellectuel. Le jeune homme est issu d'une famille patricienne de Florence. Futur humaniste, puis évêque de Grandèves, dans le Sud de la France, il est portraituré dans la cour du palais familial, à l'âge de 18-20 ans, ouvrant le livre de Pietro Bembo, écrivain contemporain (1470-1547) et tenant le 9ᵉ chant d'Homère dans la main droite. Le modèle en cire de la statue de David *(au fond)*, de Donatello, est maintenant conservé à Washington.

Nicolo dell'Abate (1509-1571) – Le **Portrait d'un chevalier de l'ordre de St-Jacques** a fière allure. L'ordre de St-Jacques fut fondé au Moyen Âge en Espagne. L'attribution à Nicolo dell'Abate, peintre maniériste qui participa, de 1552 à sa mort, à la décoration du château de Fontainebleau, n'est pas certaine.

Giovanni Battista Moroni (vers 1525-1578) – Le **Portrait du duc d'Albuquerque** est l'œuvre d'un des plus grands portraitistes italiens du 16ᵉ s. La devise du duc, futur gouverneur de Milan, est inscrite en espagnol sur le socle : « Je suis ici sans peur et la mort ne m'effraie pas. »

Seicento (17ᵉ s.)

Peintre toscan (vers 1630) – Les abeilles figurant sur le drapeau, armes du pape Urbain VIII Barberini, dont les troupes furent défaites par le général toscan Alessandro del Borroles, permettraient d'identifier ce **Portrait d'homme.** Une impression de dignité émane de cette physionomie robuste et joviale, prise en contre-plongée.

Ludovico Carraci (1555-1619) – Le jeu est le sujet principal des **Deux joueurs d'échecs,** tableau que l'on peut comparer avec celui de Paris Bordone, sur le même thème. Le joueur de gauche est en train de jouer, concentré ; son adversaire de droite observe. La table, recouverte d'un tapis oriental, la riche tapisserie du mur apportent une note de couleur chaude à ce double portrait, dont l'atmosphère tendue, réaliste annonce les innovations de l'école de Bologne.

Giotto –
La Mort de Marie

Antonio del Pollaiuolo –
Jeune Femme, vue de profil

Titien –
*Portrait de Clarissa Strozzi
à l'âge de deux ans*

Le Caravage (1571-1610) – Selon le mot de Virgile : « Omnia vincit amor » : « L'Amour triomphe de tout. » **L'Amour vainqueur,** un enfant du peuple à l'érotisme ambigu, au sourire moqueur, trône au milieu des attributs des sciences (équerre et compas), des arts (instruments de musique, lauriers de la gloire littéraire), de la gloire et du pouvoir (armure, couronne et sceptre, *à droite*). Un familier du marquis Giustiniani, propriétaire du tableau et protecteur du Caravage, affirmait que cette toile, la plus célèbre de la collection, était cachée par un rideau pour ne pas affadir les tableaux voisins.

Lucas Giordano (1634-1705) – Le **Saint Michel triomphant de Satan** est une œuvre baroque. L'attitude, qui s'inspire du fameux **Saint-Michel** du Louvre, et les couleurs claires ont un caractère triomphal. Le corps arqué de Satan ajoute au dynamisme. Le thème, en faveur au temps de la Contre-Réforme et de la guerre contre les Turcs, fut souvent traité par Giordano, plus connu pour ses figures réalistes de philosophes en habits de mendiants.

Settecento (18ᵉ s.)

Giovanni Paolo Panini (1691-1765) – Les splendides carrosses du **Départ du duc de Choiseul de la place Saint-Pierre de Rome** (1754) accusent les fastes de l'ambassadeur de Louis XV auprès du pape.

Giovanni Antonio Canaletto (1697-1768) – Le **Campo di Rialto,** centre d'affaires de Venise, est une vue intéressante par le dépouillement et la monumentalité de son cadre architectural ; la rue, à gauche, est celle des orfèvres, dont on voit les enseignes sous le portique. La **Vigilia di San Pietro** et la **Vigilia di San Marta,** qui représentent des fêtes populaires, à la pointe Ouest et Est de Venise, la veille de la Saint-Pierre et de la Sainte-Marthe, sont les seules vues nocturnes dans l'œuvre de Canaletto.

Pietro Longhi (1702-1785) – **La leçon de musique** est une scène galante, soulignée par le tableau licencieux représenté au mur : une jeune femme à l'épinette reçoit, en se retournant, l'hommage d'un vieux chevalier ; le professeur de musique se tient derrière l'épinette ; le moine franciscain semble très intéressé.

Francesco Guardi (1712-1793) – **L'ascension de l'aérostat du comte Zambeccari,** la première ascension d'un aérostat à Venise, survient un an après celle des frères Montgolfier. Le ballon portait une gondole en guise de nacelle et resta 2 h 30 en l'air avant d'atterrir dans un marécage. Le tableau de Guardi le représente au-dessus du canal de la Giudecca, depuis le portique de la douane de mer.

Allemagne

Moyen Âge

Peintre de Westphalie (après 1250) – Ce **retable** provient vraisemblablement de Soest. La stylisation géométrique des plis des vêtements de la Vierge et de saint Jean est d'une raideur étrange. Dieu, tenant le Christ en croix, est assis sur le « trône de la Grâce » *(Gnadenstuhl)* à l'ornementation chargée. Les couleurs lumineuses et le fond doré rappellent les travaux d'orfèvrerie émaillée.

Hans Multscher (1400-1467) – Les **ailes du retable de Wurzach,** polyptyque dont la partie centrale a disparu, représentent des épisodes de la vie de Marie et la Passion du Christ avec un réalisme dans les figures qui n'épargne pas la Sainte famille.

Renaissance

Maître de la Passion de Darmstadt (actif au milieu du 15ᵉ s.) – Originaire de Hesse ou du Rhin médian, c'est l'un des plus importants peintres allemand du 15ᵉ s. Les deux panneaux de retable : **La Vierge à l'Enfant sur un trône** et **La sainte Trinité,** où le Christ repose sur les genoux de Dieu, entouraient une Crucifixion. Autrefois au revers, le palais roman en ruine (ce style passait, dès cette époque, pour ancien), dans **L'Adoration des rois mages,** s'oppose à l'église en construction (en style moderne, gothique, et peinte dans le rouge de la vie) de **La Vénération de la sainte croix.** Devant l'évêque entouré de diacres, s'agenouillent l'empereur Constantin et sa mère Hélène, qui se mit à la recherche de la croix du Christ sur le Calvaire.

Albrecht Dürer (1471-1528) – A travers ses **portraits,** à la précision desquels il apporte son talent de graveur, ce maître de la Renaissance essaie de définir un type universel. La galerie de Berlin en possède une belle série : **Jérôme Holzschuher** *(Hieronymus Holzschuher)* et **Jakob Muffels,** âgés tous deux d'une cinquantaine d'années, étaient des patriciens de la ville libre de Nuremberg, dont le peintre était originaire. Le **Portrait d'une Vénitienne** et la **Madone au chardonneret,** aux couleurs vives influencées par la peinture italienne, furent exécutés lors du second voyage de l'artiste à Venise, à la fin de l'année 1506.

Albrecht Dürer –
Portrait de Hieronymus Holzschuher

Frans Hals –
Jeune Chanteur avec flûte

Lucas Cranach
L'ancien –
*La Fontaine
de jouvence*

Le Caravage –
L'Amour vainqueur

149

Lucas Cranach le Vieux (1472-1533) – En litière, en charrette ou en brouette, et même portées à dos d'homme, de vieilles femmes descendent d'un paysage de collines dénudées pour se baigner dans le bassin de **La Fontaine de jouvence**. La métamorphose s'accomplit autour de la colonne de la fontaine, où figurent Vénus et l'Amour. De charmantes jeunes femmes s'ébattent dans l'eau et sont accueillies par un damoiseau. Après s'être changées sous des tentes, parées et habillées, elles s'adonnent aux plaisirs de la vie, à la musique, à la danse, à l'amour dans un paysage vert et fertile. L'étude des nus (voir aussi les panneaux des *Vénus*), l'attention portée aux costumes caractérisent l'art de Cranach le Vieux qui est, en outre, un remarquable peintre d'animaux.

Albrecht Altdorfer (1480-1538) – Durant **Le Repos pendant la fuite en Égypte,** à côté d'une admirable maison paysanne, Joseph apporte des fruits à Marie. L'enfant Jésus, sur ses genoux, se penche sur le bassin de la fontaine « de l'eau de vie » ou « source de vie », évoquée dans le *Cantique des Cantiques* et les *Psaumes*. Le petit écriteau, sous la fontaine, mentionne que le peintre, originaire de Ratisbonne, avait dédié le tableau à la Vierge pour la guérison de son âme. **La Nativité** est représentée dans une ruine où, presque cachés, Marie et Joseph prient devant l'Enfant apporté par les angelots. L'atmosphère et la luminosité sont fantastiques.

Hans Baldung, dit « Grien » (1484/85-1545) – Le **Retable des rois mages** provient de la cathédrale de Halle et constitue l'une des premières œuvres de Baldung. Ce peintre manifeste un goût maniériste pour les couleurs lumineuses et les étoffes. La scène de **La Crucifixion** est assombrie par des nuages noirs au-dessus de la croix qu'embrasse, à son pied, la belle figure de Madeleine ; en bas, à droite, un abbé bénédictin figure en tout petit. Dans un paysage de montagnes, **La Déploration du Christ** offre la belle expression de douleur du Christ et de Marie ; saint Joseph d'Arimathie porte, à l'arrière-plan, un pot à onguent.

Bartholomäus Bruyn le Vieux (1493-1555) – le **Portrait de Johann von Reidt** est l'un des premiers portraits frontaux en Allemagne. Le Bourgmestre de Cologne est représenté, à l'âge de 54 ans, dans son costume de fonction.

Hans Holbein le Jeune (1497/98-1543) – Le **Portrait du marchand Georg Gisze** représente, assis derrière la table de travail de son comptoir, un jeune membre, habitant à Londres, d'une famille de négociants de Dantzig. Le traitement des détails est minutieux : tapis oriental recouvrant la table, matériel pour écrire, papiers, livres et divers petits objets. Le vase contient des œillets rouges et blancs symbolisant l'amour et la fidélité, le tableau ayant été commandé à l'occasion des fiançailles du négociant ; mais, avec la montre, c'est aussi une vanité.

18ᵉ s.

Antoine Pesne (1683-1757) – Le **Portrait du prince héritier, futur Frédéric II**, représenté à l'âge de son accession au trône, montre un visage angélique et un regard clair qui ne correspondent guère au caractère du prince, qui était emporté et colérique.

Flandres

15ᵉ et 16ᵉ s.

Jan van Eyck (1390-1441) – Le détail du turban acquiert une intensité fascinante dans le **Portrait de Giovanni Arnolfini**, négociant originaire de Lucques, qui passa la plus grande partie de sa vie à Bruges, et figure, avec son épouse, dans un célèbre double-portrait conservé à Londres. Le **Portrait de Baudoin de Lannoy** montre le visage laid, à l'expression déterminée, du maître de la Chambre ducale (la baguette est l'insigne de sa dignité). Il reçut le collier de la Toison d'or le jour même de la fondation de cet ordre, par le duc de Bourgogne Philippe le Bon, le 10 janvier 1430. Il rencontra Van Eyck à Lille, dont il était gouverneur.

Roger van der Weyden (1399/1400-1464) – Les retables : **Retable de saint-Jean,** « retable Miraflores », « retable Bladelin » sont d'une grande douceur d'exécution. Le **Portrait de Charles le Téméraire** représente le fils du duc de Bourgogne, alors qu'il n'était que comte de Charolais, portant le collier de l'ordre de la Toison d'or.

Petrus Christus (1410-1472/73) – On a du mal à identifier le fragile modèle de ce **Portrait de jeune femme** qui, originalité pour l'époque, est montrée dans un intérieur. Sa coiffe et son costume seraient français.

Hans Memling (1435-1494) – Le panneau de **Marie et l'Enfant** est la partie centrale d'un retable à décor architectural (la base de deux colonnes est visible à chaque angle inférieur) qui donne une impression d'unité harmonieuse. Le **Portrait d'un vieil homme** possède un pendant, une vieille femme à l'expression très humaine, comme son époux, au Louvre.

Hugo van der Goes (1440/45-1482) – La galerie possède deux toiles magnifiques de ce peintre. **L'Adoration des Bergers** est une composition encombrée de personnages, subtilement décentrée et comportant des éléments dynamiques : les bergers accourent ; deux figures de prophètes tirent un rideau dévoilant la scène. Dans **L'Adoration des mages**, le plus âgé des rois s'agenouille, après avoir déposé sa couronne bordée de fourrure, devant la très belle figure de la Vierge à l'Enfant ; le second roi pourrait être un autoportrait de l'artiste. Les iris, à gauche, sous la rue du village encombrée de la suite des rois mages, sont le signe de la passion future du Christ.

Jan Gossaert (1470/80-1532) – Le paysage, éclairé par la lune, au-dessus duquel flotte un ange portant un calice, auquel **Le Christ sur le mont des Oliviers** compare son sacrifice, accentue l'atmosphère fantastique et d'angoissante solitude de la scène. Les soldats arrivent à droite, dans l'ombre.

Pierre Brueghel l'Ancien (1525/1530-1569) – Personnages, animaux, objets illustrent **Les Proverbes néerlandais**, au nombre d'une centaine, qui tournent autour de deux thèmes : la folie et la déraison (la terre à l'envers devant la maison, à gauche), la tromperie et l'hypocrisie (la femme, au centre, qui recouvre son mari d'un manteau bleu).

17ᵉ s.

Pierre-Paul Rubens (1577-1640) – **Persée délivre Andromède** est l'occasion de peindre de belles nudités. Les amours aident Persée à délivrer la jeune femme, montent sur le cheval ailé du héros, Pégase, et en tiennent les rênes, apportant une note de fraîcheur et d'humour. Le neveu du peintre, Philippe, est représenté à l'âge de deux ans dans l'**Enfant à l'oiseau**. Il devait être, à l'origine, une figure d'ange.

Jacob Jordaens (1593-1678) – Le thème du **Retour de la Sainte Famille d'Égypte** a été représenté à partir du 17ᵉ s. Les figures sont rondes et pleines de vie. Le jeune Jordaens a dû s'inspirer d'une œuvre de Rubens ou de son atelier.

Anton Van Dyck (1599-1641) – Van Dyck excelle dans la représentation des membres de l'aristocratie génoise ou anglaise. Les **Portraits d'un couple de patriciens génois**, quoique austères, sont révélateurs de son art empreint de distinction. Le sénateur, grand seigneur méfiant vêtu d'un costume sombre, est campé dans un cadre architectural ; l'environnement est un peu plus chaud (avec le tapis) pour son épouse, mais la pose tout aussi rigide. Le **Portrait de la comtesse Geronima Spinola** a sa réplique, plus claire, au Louvre.

Pays-Bas

17ᵉ s.

Frans Hals (1582/83-1666) – Les figures de jeunes gens de Hals dénotent l'influence des peintres italiens : on parle des « caravagistes d'Utrecht ». La plume du chapeau participe à l'expression de joie spontanée du **Jeune Chanteur avec une flûte**. Ce tableau fait partie d'un cycle sur les cinq sens, sujet prisé par la peinture hollandaise du 17ᵉ s., et symbolise l'ouïe. Un autre tableau, **Malle Balle**, « Babette la folle », représentation d'une femme ivrogne, avec une chouette sur l'épaule (un proverbe de l'époque disait : « Être ivre comme un hibou »), symbolise le goût.

Pieter de Hooch (1629-vers 1684) – **La Mère** fait pénétrer dans la pénombre d'un intérieur bourgeois. La perspective s'éclaire dans le couloir et la petite fille se tient debout, devant la porte, dans une lumière mordorée. C'est l'une des œuvres les plus riches de Hooch. Remarquer le dégradé savant des rouges entre la couverture du berceau, la robe et le corset de la femme, les rideaux du lit.

Rembrandt van Rijn (1606-1669) – La collection de Berlin est l'une des plus belles du monde : **Le Prêtre mennonite et sa femme** (celui-ci lui explique un point de la Bible) ; **Portrait de Hendrickje Stoffels**, la compagne de Rembrandt ; **Suzanne et les vieillards**. **L'Homme au casque d'or** est une œuvre d'atelier, mais qui n'en reste pas moins fascinante, par le

Atelier de Rembrandt –
L'Homme au casque d'or

travail des empâtements qui dessinent les reliefs du casque, la réserve mélancolique du visage, fermé sur lui-même dans la pénombre, la force contenue qui en émane. Cette figure pourrait être une représentation du dieu de la Guerre.

Gerard Ter Borch (1617-1681) – Le titre « **L'instruction paternelle** » date du 18ᵉ s. et n'a rien à voir avec la scène où un officier montre une pièce d'or à une jeune femme vue de dos. Goethe admirait cette silhouette, qu'il évoqua dans *Les Affinités électives*. **La Famille du rémouleur** fait partie des rares vues d'extérieur que compte l'œuvre de Ter Borch. Le mur, la toiture en bois, les objets en désordre répandus sur le sol, la mère épouillant son enfant : de nombreux détails humanisent la représentation de cette arrière-cour de gens humbles, traitée dans une gamme subtile de gris.

Isaac van Ostade (1621-1649), Le jeune frère d'Adriaen a représenté l'**Intérieur d'une ferme de paysans**, où hommes et animaux vivent ensemble.

Jacob van Ruisdael (1628/29-1682) – Une impression d'intense poésie émane du **Chêne près d'un lac**, paysage de berges légèrement mélancolique. Le tronc de l'arbre mort, qui contraste avec les magnifiques frondaisons de l'arrière-plan, insiste sur l'idée de renouvellement de la nature.

Jan Vermeer van Delft (1632-1675) – **La Femme au collier de perles** est une belle étude sur la lumière froide qui met en valeur la couleur gaie du manteau doublée d'hermine. La jeune femme se contemple dans un miroir, ce qui transforme cette scène en vanité. **Le verre de vin**, où une autre jeune femme vide son verre, tandis qu'un homme tient la cruche, est une incitation à la tempérance.

France

15ᵉ s.

Jean Fouquet (1420-1480) – Le volet d'**Étienne Chevalier avec saint Étienne** provient du tombeau, autrefois dans la cathédrale de Melun, du contrôleur général des Finances de Charles VII, trésorier de France sous Louis XI et détenteur d'une grosse fortune. L'autre partie du diptyque, une madone sous les traits d'Agnès Sorel, maîtresse de Charles VII, est conservée à Anvers. Le donateur est accompagné de son saint patron. Le livre et la pierre sont les symboles du martyre de saint Étienne qui fut lapidé. La perspective du cadre architectural, orné d'incrustations de marbre entre les pilastres, est l'une des premières apparitions d'un décor Renaissance dans l'art français. Les couleurs sont cristallines.

Simon Marmion (? à Amiens-1489) – Les deux panneaux de **La Vie de saint Bertin du retable de St-Omer**, retable en argent doré qui a disparu à la Révolution (l'abbaye de St-Bertin a été détruite par la suite) sont d'une précision extrême. On distingue, à l'arrière-plan, le cloître décoré d'une danse macabre. L'expression des moines est empreinte de gravité.

17ᵉ et 18ᵉ s.

Nicolas de Largillière (1656-1756) – **Le Sculpteur Nicolas Coustou dans son atelier** est représenté devant l'esquisse du *Printemps*, statue qui ornait la façade sur jardin de l'hôtel de Noailles, aujourd'hui disparu, à Paris.

Nicolas Poussin (1594-1665) – **Le Paysage avec Matthieu et l'ange** est l'un des premiers tableaux de Poussin. Dans le cadre classique de la campagne romaine, la géométrie apparaît sous forme de puissants fragments architecturaux. L'ange incarne l'inspiration de l'évangéliste.

Antoine Watteau (1684-1721) – **La danse** est un tableau ravissant. La jeune fille, pré-adolescente élégamment vêtue, se prépare à danser – et à entrer dans le monde – devant un groupe d'enfants en costume de bergers. La corbeille pleine de roses, la flèche et le cartouche, sur lequel est peint un cœur près d'un pilier, expriment les joies et les peines qu'apporte l'amour.

19ᵉ s.

Marie Éléonore Godefroid (1778-1849) – **Les Fils du maréchal Ney** ont l'attitude libre, affectueuse et gracieuse de trois frères. L'aîné porte par jeu le sabre de parade de papa, arme offerte par Napoléon, en cadeau de noces, à l'un de ses généraux les plus proches. Le fusil sur le sol rappelle les origines sociales modestes du maréchal. Les couleurs sont claires ; les vêtements des enfants, le rideau de soie, la nappe ont l'élégance froide du style Empire. Marie Éléonore Godefroid était spécialisée dans les portraits d'enfants et le tableau fut exposé au salon de 1810.

Espagne

17ᵉ s.

Diego Velázquez (1599-1660) – Avec une palette limitée, Velázquez brosse le **Portrait d'une dame,** au costume austère, à l'expression légèrement souriante. Il s'agirait de la comtesse de Monterey, épouse de l'ambassadeur d'Espagne à Rome, protecteur de Velázquez quand celui-ci y séjourna.

Grande-Bretagne

18ᵉ s.

Thomas Gainsborough (1727-1788) – **Les Enfants Marsham** sont une œuvre tardive (1787) qui semble directement déboucher sur l'impressionnisme. La liberté des attitudes (le jeune Charles, qui deviendra le second comte de Romney, cueille des noisettes pour ses sœurs), le charme des visages, la virtuosité de la touche dans le rendu des frondaisons sont éblouissants.

★★SKULPTURENGALERIE (GALERIE DE SCULPTURE) ⊙

Les œuvres antiques constituaient la majeure partie des collections de sculptures du Vieux Musée à son inauguration, en 1830. L'activité de **Wilhelm von Bode** enrichit considérablement la collection du Kaiser-Friedrich-Museum, actuel musée Bode *(voir MUSEUMSINSEL)*, dont une partie du fonds actuel est issu. Peintures et sculptures de la Renaissance italiennes y étaient mêlées, ce qui conférait aux salles une atmosphère d'opulentes surcharges. Les œuvres d'art germaniques étaient abritées dans une aile du musée de Pergame. Ce sont encore, avec les ivoires byzantins, les points forts d'une collection très riche.

Byzance

– **Textiles égyptiens** des 5ᵉ, 6ᵉ, 7ᵉ s.

– **Relief** en forme de demi-cylindre en bois montrant la libération d'une ville assiégée, Égypte, 5ᵉ-6ᵉ s.

– **Relief** pour une décoration murale : *Le trône vide*, Constantinople, début du 5ᵉ s.

– **Diptyques et triptyques en ivoires :** *Le Christ et la Vierge*, milieu du 6ᵉ s. ; *Entrée du Christ à Jérusalem*, *Le Lavement des pieds*, *La Crucifixion*, 10ᵉ-11ᵉ s. ; *Histoire de Joseph*, 11ᵉ s. ; *Les Quarante Martyres de Sebaste*, 10ᵉ s. ; *Triptyque de la Crucifixion*, 11ᵉ s. . Remarquer aussi l'olifant en ivoire du 11ᵉ-12ᵉ s.

– **Mosaïque** du « *Christ miséricordieux* », 1ʳᵉ moitié du 12ᵉ s.

– **Icônes** russes et crétoises et iconostase chypriote du 18ᵉ s.

Moyen Âge

Pays germaniques

– **Ivoires** de Trèves : *Moïse reçoit les tables des Dix Commandements de la main de Dieu*, *L'incrédulité de Thomas*, 11ᵉ s.

– Groupe de **Saint Jean sur la poitrine du Christ**, sculpture sur bois, Sigmaringen (Souabe), 1320.

– **Portement de croix** de l'église St-Martin de Lorch (Rhin médian), vers 1425 – La terre cuite a conservé des restes de peinture ; remarquer les beaux visages.

– **Vierge de Dangolsheim**, Strasbourg, vers 1460.

– **Vierge de Miséricorde** de Ravensbourg, Michel Erhart, vers 1480.

– **Fragments de retable tyrolien :** *Crucifixion*, *Calvaire*, vers 1490 – Les figures sont en bois sculpté, doré et peint.

– **La famille de sainte Anne**, fragment de retable en bois sculpté, doré et peint, Silésie, vers 1500.

– **Annonciation**, cercle de Hans Wydyz, Rhin supérieur, vers 1510.

J.P. Anders/SKULPTURENGALERIE - PREUSSISCHER KULTURBESITZ

Saint-Jean sur la poitrine du Christ,
vers 1320

Bohême
– **Sainte Agnès**, vers 1390, au gracieux déhanchement.

France
– **Vierge à l'Enfant**, Lorraine, vers 1310 – Restes de polychromie.
– **Vierge à l'Enfant**, Paris ou Ile-de-France, vers 1320.
– **Vierge à l'Enfant**, Bourgogne, 1450.
– **Saint Martin à cheval**, France du Nord-Ouest ou Bourgogne, vers 1520.

Grande-Bretagne
– **Retable**, moitié du 15e s., et figures en albâtre.

Pays-Bas
– **Descente de Croix**, vers 1440-1450.

Renaissance allemande

– **Autel de Eisdorf** (près de Halle), vers 1515 – Bois doré et peint.
– Sculptures du **retable de la Madeleine de Münnerstadt an der Rhön**, Tilman Riemenschneider, 1490-1492.
– Petit **retable de l'Annonciation**, Souabe supérieure, vers 1515-1520.
– **Relief de la mort de la Vierge**, atelier du maître d'Ottobeuren, vers 1520-1525.
– **Christ de Pitié** de Hans Leinberger, vers 1525.

Renaissance italienne

– **Donatello** (vers 1386-1466), *Madonna Pazzi*.
– **Francesco Laurana** (vers 1420-vers 1479), *Portrait de Ferdinand II d'Aragon*.
– **Desidero da Settignano** (1430-1464), buste en marbre de jeune femme, dite *Marietta Strozzi*.
– **Andrea del Verrochio** (1435-1488), *Jeune Homme nu endormi* (terre cuite).
– Atelier d'**Andrea del Verrochio**, reliefs en marbre : *Portraits de Côme de Médicis* et *de Julien de Médicis*.
– **Andrea della Robbia** (1435-1525), *Jeune Garçon*, figure de fontaine (majolique).
– **Matteo Civitali** (1436-1501), relief en marbre : *Portrait de jeune femme*.
– **Benedetto da Maiano** (1442-1497), *Buste en terre cuite de Filippo Strozzi*.
– Cercle de **Léonard de Vinci**, *Flora*, vers 1510.
– **Simone Bianco** (fin 15e s.-1553), *Buste de jeune femme*, marbre, vers 1520. – *Buste en bois peint de Palla Ruccelai*, vers 1525.
– **Jacopo Sansovino** (vers 1467-1529), *Madone*, vers 1540, relief en bois peint ; *Christ de l'Eucharistie*, relief en bronze (admirables figures d'enfants).

Maniérisme, baroque et néo-classicisme italiens

– **Jean de Boulogne** (1529-1608), *Singe accroupi*, bronze, 1569-1570 ; *Allégorie de l'astronomie*, bronze doré.
– **Le Bernin** (1598-1680), *Christ crucifié*, bronze doré ; *Le Christ, sauveur du monde*, buste en bronze, vers 1660.
– **Pierre Puget** (1620-1694), *Assomption*, relief en marbre – Les draperies se disposent en « S ». Pierre Puget, originaire de Marseille, est le plus baroque des sculpteurs français. Il a séjourné longtemps à Gênes.
– **Domenico Guidi** (1625-1701), buste en bronze du pape Alexandre VII Chigi.
– **Bernadino Canetti** (1669-1736), *Diane chasseresse*, marbre – beau piédestal feuillu.
– **Antonio Canova** (1757-1822), *Danseuse*, statue en marbre, 1809-1812.

Baroque allemand

– **Miracle de la Lactation**, Joseph Feuchtmayr (1696-1770), vers 1730-1740 – La vierge aurait humecté les lèvres de saint Bernard de Clairvaux de quelques gouttes du lait qui avait nourri Jésus. Bel exemple de contraposto et jeu des draperies.
– **Statues** géantes **de saint Sébastien** et **de saint Florian**. Ce sont les seuls vestiges du retable de l'église St-Jacques à Wasserbourg am Inn.
– Nombreux **petits objets** : reliefs ; statuettes en bois, marbres, ivoires, bronzes (sujets bibliques ou mythologiques). Remarquer les curieux portraits en cire peinte de Sophie-Charlotte et de Frédéric III de Brandebourg.

★★★ MUSEUM FÜR VÖLKERKUNDE (MUSÉE D'ETHNOGRAPHIE) ⊘

[U] *1 Dahlem-Dorf, suivre, immédiatement à droite en sortant de la station, la Iltisstraße. Entrée sur la Lansstraße.*

Le cabinet d'art des rois de Prusse contenait déjà de nombreux objets provenant de cultures extra-européennes. Ils furent réunis, en 1829, dans une première « collection ethnographique » ; mais le musée ne fut fondé qu'en 1873 et logé dans un bâtiment voisin du Martin-Gropius-Bau *(voir KREUZBERG, partie Ouest)*, au cœur de Berlin. Il était encombré. **Wilhelm von Bode** proposa de créer un complexe muséologique comprenant quatre bâtiments pour tous les continents, sauf l'Europe. Seul le « musée Asiatique » fut réalisé (1908) ; il servit de magasin au musée d'Ethnographie jusque dans les années 50, avant d'accueillir la galerie de Peinture, et constitue la façade principale des musées de Dahlem sur la Arnimallee. Les collections du musée d'Ethnographie comptent parmi les plus belles d'Europe (près de 400 000 pièces). Elles ont été constituées, surtout pour l'Océanie, dans le sillage des expéditions coloniales allemandes. De nombreux voyages d'étude sur la côte Pacifique de l'Amérique du Nord et de l'Alaska, chez les Indiens de l'intérieur du Brésil, au Mexique et au Guatemala, au cœur de l'Afrique, en Nouvelle-Guinée, dans l'archipel Bismarck, Hawaï, des îles Marquise et, à quatre reprises, au Turkestan chinois (Tourfan) ont multiplié les acquisitions. Les pertes dues à la guerre ont été considérables. La présentation actuelle est remarquable. Un effort de classification permet de s'y retrouver dans le labyrinthe des cultures. Une partie des collections (notamment celle d'ethnologie musicale) est en réserve en attendant la fin des travaux consécutifs au déménagement de la galerie de Peinture au Kulturforum.

★★★ **Abteilung Alt-Amerika (Collection de l'Amérique précolombienne)** – On ne se lasse pas de découvrir ce département. Les grandes stèles de Cozumalhuapa (Guatemala) accueillent le visiteur. Les pièces sont d'une grande beauté et témoignent d'une civilisation admirablement complexe et évoluée. Les plus attachantes sont les figures en argile. Le département d'Amérique du Sud est un peu à l'étroit, mais possède la « **Chambre d'or** »★★★ **(Goldkammer)**, rassemblant des objets et des parures en or.

Le département de l'Amérique précolombienne

★★ **Abteilung Südsee (Collection de l'Océanie)** – Nouveaux venus dans la politique coloniale, les Allemands conquirent un vaste domaine dans le Pacifique avec les îles Caroline. Des pièces intéressantes et variées illustrent toutes les cultures du Pacifique et d'Indonésie. La reconstitution, réalisée selon les traditions des îles Palaos, de la maison du club des hommes de Belau et la section des **catamarans** sont spectaculaires *(pour cette dernière, vue d'ensemble depuis le 1ᵉʳ étage)*. Des masques sont exposés dans les vitrines. S'approcher de celle contenant le manteau en plumes pour qu'elle s'éclaire.

★ **Abteilung Südasien (Collection de l'Asie du Sud-Est)** – Les formes théâtrales de l'Asie du Sud-Est, de l'Inde et du Sri-Lanka sont illustrées par des masques, des marionnettes, des figurines de théâtre d'ombres chinoises. La civilisation indonésienne est représentée par un ensemble de kriss, de figures de culte et de textiles.

★★ **Abteilung Nord- und Westafrika (Collection africaine)** – Le département ne dispose pas encore de toute la place nécessaire. Ses points forts sont les bijoux berbères, les **têtes féminines en terre cuite d'Ife**, les célèbres **bronzes du Bénin**, les sculptures sur bois de l'art des savanes du Cameroun, ancien protectorat allemand.

★★ **Museum für Islamische Kunst (Musée d'Art islamique)** – Un hall d'exposition donne un aperçu de l'art musulman du 7ᵉ au 19ᵉ s., à travers bijoux, céramiques, verrerie, récipients en métal, miniatures et étoffes. Un bel ensemble de **tapis** de Turquie et d'Iran est supendu au plafond. La plupart remonte aux 16ᵉ et 17ᵉ s., âge d'or du tapis d'orient.

★ **Museum für Ostasiatische Kunst (Musée d'Art de l'Extrême-Orient)** – Les belles **peintures sur papier** et le fonds d'estampes japonaises ont traversé la guerre sans dommage, contrairement au reste de la collection qui a été reconstitué. Le **trône impérial** chinois, en palissandre, incrusté de nacre sur fond de laque et d'or, date de la seconde moitié du 17ᵉ s. Les bronzes rituels et les céramiques chinois, les laques japonaises sont également intéressants.

★★ **Museum für Indische Kunst (Musée d'Art indien)** – La collection de **statuettes religieuses**★★★ est très riche et sa présentation est remarquable. Les figures en bronze précèdent les **peintures murales du Tourfan**★★. La section inclut l'aire indochinoise.

AUTRES CURIOSITÉS

★ **Museum für Deutsche Volkskunde (Musée des Arts et Traditions populaires)** (**M²⁶**) ◯ – *Im Winkel 6-8*, Ⓤ *1 Dahlem-Dorf*.
Fondé en 1889 par Rudolf Virchow, ce musée a subi de lourdes pertes pendant la guerre, compensées par des acquisitions ultérieures. Une fusion est prévue entre le musée des Arts et Traditions populaires d'Allemagne et le département « Europe » du musée d'Ethnographie pour former un musée d'Ethnographie européenne. Pour le moment, les objets présentés se rapportent aux populations rurales germanophones des 250 dernières années.

Rez-de-chaussée – Mobilier (armoires, bahuts), bijoux, coiffes et couronnes nuptiales (certaines sont exubérantes : St-Georger, Forêt Noire, 2ᵉ moitié du 19ᵉ s.), vaisselle, maisons de poupées.

1ᵉʳ étage – Aux outils pour les travaux des champs succèdent les ustensiles domestiques : de cuisine, pour cuire le pain, moules pour la décoration d'oublies *(Oblaten)*, instruments de filage et de tissage, nécessaires de broderie. La fin de la section présente des jouets, des livres d'enfants, des caricatures.

2ᵉ étage – Il abrite la collection de culture populaire religieuse *L'Évangile dans les habitations des peuples*.

MuK/MUSEUM FÜR VOLKSKUNDE - PREUSSISCHER KULTURBESITZ

Armoire peinte de Haute-Autriche, 1843

Geheimes Staatsarchiv Preußischer Kulturbesitz (Archives nationales secrètes) ◯ – *Archivstraße 12*, Ⓤ *1 Dahlem-Dorf*. Elle abrite les archives de l'État prussien.

★ **Botanisches Museum (Musée Botanique)** (**M²⁷**) ◯ – Ⓤ *1 Dahlem-Dorf, puis* 🚌 *101 ou 183 Königin-Luise-Platz/Botanischer Garten*.
L'herbier royal remonte au début du 19ᵉ s. Aujourd'hui, cet institut effectue des recherches en géobotanique et en botanique systématique. Le musée est bien présenté et très didactique. Photos, dioramas et surtout maquettes présentent les plantes, fleurs, bactéries agrandies. On apprend tout sur le bois, sa structure et son exploitation, les céréales, les fibres végétales textiles, l'agriculture dans l'Égypte antique. Les expositions temporaires sont tout aussi intéressantes.

★★ **Botanischer Garten (Jardin botanique)** (**B¹**) ◯ – Ⓤ *1 Dahlem-Dorf, puis* 🚌 *101 ou 183 Königin-Luise-Platz/Botanischer Garten (entrée principale par le musée botanique)*. Ⓢ *1 ou* 🚌 *148 Botanischer Garten (entrée par l'avenue Unter der Eichen et l'arboretum)*.
Le premier jardin botanique fut aménagé à l'emplacement du *Lustgarten (Voir SCHLOSSPLATZ)*, puis transporté à la fin du 17ᵉ s. par le « Grand Électeur » dans

Les serres du jardin botanique transportent le visiteur dans un autre monde

le village de Schöneberg, à l'emplacement de l'actuel Kleistpark. Il est réorganisé scientifiquement au début du 19ᵉ s. et de nouveau déplacé à Dahlem en 1897.
Ce jardin extraordinaire offre une profusion et une variété fascinantes d'arbres, de plantes et d'arbustes des cinq continents (18 000 espèces), équivalent végétal du jardin zoologique. Une multitude de chemins serpentent sous le couvert des bois, autour de petites collines, dans des vallées réduites ; un pavillon chinois se cache dans la partie « Asie ». La promenade se prolonge par un arboretum. Les **serres**★★★ (1906-1907), d'où l'on a une belle vue d'ensemble sur le jardin *(café-restaurant sur la terrasse, boutique-librairie dans le passage du rez-de-chaussée)* semblent sorties de l'imagination d'un milliardaire excentrique. Elles sont un autre monde, succession labyrinthique de dômes de verre alternativement grands et petits, abritant des plantes magnifiques provenant des zones climatiques tropicales ou arides. Le visiteur passe de l'étang aux nénuphars géants et des orchidées, des plantes carnivores et des forêts de bambous luxuriantes aux cactus.

Freie Universität (Université libre) – L'Université libre fut créée par les Américains pendant le blocus, le 4 décembre 1948, l'université Humboldt étant située dans le secteur soviétique. Elle fut le point de départ de la contestation étudiante dans les années 60. Ses bâtiments, comme l'**institut de Philosophie** *(Habelschwerdter Allee 30,* **Ⓤ** *1 Thielplatz,* **Ⓑⓤⓢ** *111 Ehrenbergstraße)*, et ses curieux balcons en fer forgé (1981-83), ou le **bâtiment Henry-Ford** *(Garystraße 35/39,* **Ⓤ** *1 Thielplatz,* **Ⓑⓤⓢ** *111 FU/Henry-Ford-Bau)* s'éparpillent dans la nature. Elle compte 60 000 étudiants.

★**Albrecht-Thaer-Weg** (voir plan Berlin-Centre, **Ⓖ**, **FZ**) – **Ⓤ** *1 Podbielskiallee, puis remonter la Schorlemerallee vers le Nord-Est.*
Ce chemin, qui traverse un domaine appartenant à la faculté d'Agronomie, est un résumé de ce qui fait le charme de Dahlem : l'espace et la nature. Les maisons en briques entourées de champs offrent une vision charmante, insolite. Un peu plus loin, **Schorlemerallee 13-23**, les amateurs d'architecture des années 20 découvriront des maisons à décrochements (1925) des frères Luckhardt et d'Alfons Anker.

Waldfriedhof Dahlem (Cimetière de Dahlem) – **Ⓤ** *1 Oskar-Helene-Heim, puis* **Ⓑⓤⓢ** *111 ou 118 Am Waldfriedhof.*
Dans cet endroit retiré reposent le poète Gottfried Benn, la femme sculpteur Renée Sintenis *(voir OLYMPIASTADION, Georg-Kolbe-Museum)* et le peintre Karl Schmidt-Rottluff.

ALENTOURS

Voir **GRUNEWALD★★, ZEHLENDORF★**.

Ce grand rond-point, conçu pour le trafic, porte le nom d'un bourgmestre de Berlin.

DEUX GRANDES FIGURES

Christian Beuth, artisan du « miracle économique » prussien – Directeur de la division des Arts et Métiers de Berlin, Christian Beuth part en Grande-Bretagne, pays le plus avancé dans la révolution industrielle, en compagnie de Schinkel, pour y observer les derniers progrès techniques. En 1818, âgé de 27 ans, il dirige le département commercial et industriel du ministère des Finances. Trois ans plus tard, présidant une influente association qui assure la liaison entre l'administration et les entreprises, il fonde l'École Technique qui, en fusionnant en 1879 avec l'Académie d'architecture *(Bauakademie)*, fondée en 1799, devient l'**École Supérieure Technique de Charlottenbourg**. Celle-ci favorise l'étude de la construction mécanique et de l'électrotechnique, fondements de la puissance industrielle de Berlin. Elle s'attire une grande réputation en formant des ingénieurs novateurs. Le futur philosophe viennois **Wittgenstein**, fils d'un important industriel, y fera ses études à partir de 1906. Beuth organise en 1822, à Berlin, la première exposition industrielle. Sur 182 entrepreneurs allemands réunis, 75 sont berlinois. En 1844, il est également l'initiateur d'une exposition industrielle qui réunit tous les pays du *Zollverein*, union douanière des États allemands. Il attire des spécialistes étrangers, fait appel aux frères Cockerill de Verviers qui créent une filature de laine utilisant 15 machines à vapeur sur les 26 que compte Berlin en 1830. 15 ans plus tard, la politique de Beuth est couronnée de succès : la capitale compte cinq grandes filatures et 3 000 machines à vapeur.

Un bourgmestre courageux – Prisonnier des Russes pendant la Première Guerre mondiale, **Ernst Reuter** (1889-1953) adopte les idées communistes et devient un collaborateur de Lénine. De retour en Allemagne, il prend la direction du KPD (Parti communiste allemand). En 1921, c'est la rupture et le passage à la social-démocratie (SPD). Il est élu au conseil municipal de Berlin en 1926, au milieu d'un désordre orchestré par ses anciens camarades qui ne lui pardonnent pas sa « trahison ». Il prend en charge les transports, préside à leur unification et à la fondation de la **BVG**, la Régie des transports en commun berlinois. Gestionnaire scrupuleux, il poursuit des objectifs sociaux (programme de construction de logements) et techniques (infrastructures modernes afin de « donner de l'air aux vieux quartiers »). Son effort principal porte sur le métro, dont le réseau s'allonge de 40 km dans les années 20. Après un long exil en Turquie (1935-45), Ernst Reuter retourne à Berlin, où il reprend son ancien poste, mais il est élu bourgmestre de Berlin-Ouest en juin 1947, en pleine guerre froide. Le **9 septembre 1948**, 300 000 personnes se réunissent devant le Reichstag pour manifester contre la division de la ville. Ernst-Reuter interpelle le monde : « Vous, Peuples du monde ! Portez vos regards sur cette ville et reconnaissez que vous n'avez pas le droit d'abandonner ce peuple, que vous ne pouvez l'abandonner ! » Lors du soulèvement de juin 1953 à Berlin-Est *(voir FRIEDRICHSHAIN)*, les Américains refusent de rapatrier le bourgmestre qui est en RFA. Il meurt en septembre.

PRINCIPALES CURIOSITÉS

Hardenbergstraße – 🚌 *145, 245, X9 Steinplatz.*
Elle est bordée par les bâtiments néo-baroques de l'École supérieure des Beaux-Arts *(Hochschule der Künste*, N°33) et du Tribunal (N°31) qui ressemblent à des châteaux. La **Steinplatz** possède un petit square et un cinéma d'art et d'essai, l'*Arsenal*. Les étudiants qui veulent quitter Berlin en voiture, en partageant les frais *(Mitfahrer)*, pour n'importe quelles destinations d'Allemagne peuvent consulter le tableau d'affichage de la *Mensa*, le restaurant universitaire *(dans le hall d'entrée, sur la droite)*, où les offres sont classées par régions. A l'angle de la Knesebeckstraße, le **Renaissance-Theater** (1927 ; **T'**) possède un décor intérieur raffiné.

★**Savignyplatz** – Ⓢ *3, 5, 7, 9, 75 Savignyplatz.*
La proximité de l'École des Beaux-Arts et de l'Université Technique explique l'animation du quartier et la présence de grandes librairies *(Bogen, Kiepert ; voir ZOOLOGISCHER GARTEN et surtout la rubrique VIVRE A BERLIN)*.

Technische Universität (Université Technique) – **Ⓤ** *2 Ernst-Reuter-Platz.*
Cet immense complexe s'étend des deux côtés de l'avenue du 17-Juin. L'école, fondée en 1879, est devenue une université après la Seconde Guerre mondiale. Les vastes bâtiments néo-Renaissance, largement détruits pendant la guerre, ont été remplacés par des immeubles modernes. Elle compte près de 40 000 étudiants.

Charlottenburger Tor (Porte de Charlottenbourg) (A) – Les effigies en bronze de la reine Sophie-Charlotte et de son époux, Frédéric Iᵉʳ, se dressent de chaque côté de la porte monumentale construite de 1904 à 1909. Le **marché aux puces** s'étend du Charlottenburger Brücke jusqu'au pont du S-Bahn.

KPM

Derrière le bâtiment de la *Ernst-Reuter-Haus*, s'étend la **Manufacture royale de Porcelaine** *(Königliche Porzellan Manufaktur ou **KPM**)* ⊙, dont l'ancêtre est une fabrique créée à Potsdam en 1678, sur le modèle de celle de Delft, par Frédéric-Guillaume. Mais diverses tentatives pour fonder une véritable manufacture n'avaient pas abouti. **Wilhelm Kaspar Wegely** directeur, d'origine suisse, d'une manufacture de tissage de la laine, y parvint avec le soutien de Frédéric le Grand, grand amateur d'objets en porcelaine, en 1751, à Berlin. Une seconde manufacture est fondée en 1761 par **Johann Ernst Gotzkowsky** et on continua d'attirer les talents : peintres de paysages ou de fleurs, modeleurs, miniaturistes, de Meißen, centre de fabrication de la porcelaine de Saxe. La fusion des deux manufactures eut lieu en **1763**. Pour lancer l'entreprise, le souverain trouva des acheteurs parmi les juifs, forcés d'acquérir la fameuse porcelaine s'ils voulaient acheter une maison ou se marier, comme le philosophe Mendelssohn qui se retrouva d'un coup propriétaire de vingt singes grandeur nature ! Les pièces devinrent très délicates et les artistes de Berlin acquirent une renommée européenne pour les peintures de fleurs *(Voir Schloß CHARLOTTENBURG, Belvedere).*

Bildarchiv Preussischer Kulturbesitz

Vase en porcelaine de Berlin

En allant au Nord, par de petites rues...

Le **paysage fluvial**★ *(🚌 245 Dovebrücke)* au confluent de la Spree, du Landwehrkanal et du Charlottenburger Verbindungskanal, sillonnés par les péniches et les bateaux de croisière, est remarquable. La berge est aménagée en promenade. On a peine à croire que l'on est au cœur de la ville, que les cours d'eau semblent irriguer. En suivant la promenade, remarquer l'usine Siemens (Zwietuschwerk Siemens, 1925-26, Salzufer 6-7) et son pignon à redents.

Helmholtzstraße – 🚌 *101, 245 Helmholtzstraße*. Ancienne fabrique d'ampoules électriques de la firme Siemens & Halske.

Gotzkowskybrücke (Pont Gotzkowsky) – Les rives de la Spree se bâtissent d'immeubles modernes. *La promenade rejoint MOABIT.*

Bismarckstraße – Ⓤ *2 Ernst-Reuter-Platz, Deutsche Oper.*
C'est une voie magistrale moderne, inscrite dans l'axe de l'avenue Unter den Linden et bordée par des scènes renommées : le *Schillertheater* (1950-1951) et le *Deutsche Oper Berlin*, bâtiment moderne construit à l'emplacement de l'ancien opéra de Charlottenbourg où se succédèrent, dans les années 20, les plus grands chefs d'orchestre. Devant la façade aveugle en béton, la sculpture métallique a été baptisée « la brochette de viande » *(« Schaschlik »).*

ALENTOURS

Voir **Schloß und Museumsquartier CHARLOTTENBURG**★★★, **KURFÜRSTENDAMM**★★, **MOABIT**★, **TIERGARTEN**★★.

FISCHERINSEL★

Mitte

Voir plan Berlin-Centre historique, p. 252-253, **PQZ**

L'île des Pêcheurs, sur laquelle est née la vieille ville de **Cölln (Alt-Cölln)** est, avec le quartier St-Nicolas, l'un des deux berceaux de la capitale. Ce quartier très dense du vieux Berlin, dominé autrefois par la tour de l'église St-Pierre, a disparu pour laisser la place à un urbanisme de tours. Les vieilles maisons sont rares. La Spree fut canalisée sous le règne du « Grand Électeur » avec l'aide d'ingénieurs hollandais : ainsi naquit le quai de Friedrichsgracht.

La révolution de 1848 (« Vormärz ») – Les barricades des **18 et 19 mars 1848** se dressèrent au voisinage immédiat de la Brüderstraße. Le principal combat a lieu autour de l'**hôtel de ville de Cölln**. Bourgeois, artisans et ouvriers brandissent le drapeau **noir-rouge-or** sur les barricades. La troupe est contrainte de se retirer. Frédéric-Guillaume IV, qui a été obligé de se découvrir devant les victimes civiles (303 en tout) dans la cour du château, gagne Potsdam et ne reviendra que rarement à Berlin, « l'infidèle ».

Entre autres privilèges, les citoyens sont autorisés à fumer dans la rue ; les ouvriers fondent leurs propres associations. Le congrès des travailleurs allemands, qui a lieu à la fin de l'été, donne naissance à **Fraternité ouvrière**, première organisation syndicale nationale d'Allemagne. La situation économique se dégradant, les troubles persistent. A Vienne, la révolution est matée. Le roi décide de frapper fort : « L'abcès de Berlin doit être crevé. » Le **général Wrangel** applique l'état de siège : les libertés antérieures sont suspendues ; la cité est désarmée. Le roi octroie le 6 décembre une constitution qui prévoit l'élection d'assemblées communales, mais le suffrage censitaire favorise les notables et laisse de côté l'immense majorité des citadins.

EN SUIVANT LA SPREE

★**Märkisches Museum (Musée de la Marche de Brandebourg)** ⊘ – Ⓤ *2 Märkisches Museum.*
Les pignons néo-gothiques en briques vernissées de ce beau bâtiment (1908, *voir l'INTRODUCTION, ABC d'architecture*) s'inspirent de l'architecture traditionnelle de la Marche de Brandebourg et de véritables monuments : la chapelle Ste-Catherine de Brandebourg, le château des évêques de Wittstock. C'est le musée de Berlin et de sa région, de la préhistoire au début du 19e s., fondé en 1874 à l'initiative de Rudolf Virchow *(voir WEDDING)* et de Ernst Friedel. Il est intéressant, mais un peu triste. Devant l'entrée, copie du *Roland* de Brandebourg, symbole des privilèges et de l'autonomie municipale des villes de la Hanse.

Sous-sol – Reconstitution partielle d'une maison de l'âge du bronze (10e-9e s. av. J.-C.), résultat des fouilles entreprises dans le village (aujourd'hui annexé à l'agglomération) de Buch ; champ d'urnes trouvé dans la forêt de Berlin-Rahnsdorf ; l'histoire de la ville, du 17e s. aux guerres napoléoniennes, est illustré par une maquette de Berlin en 1750.

Rez-de-chaussée – Belle collection de **faïences**★ provenant des manufactures berlinoises Cornelius Funcke & Erben (1699-1747) et Johann Gottlieb Menicus & Erben (1747-1767) ; poêle en faïence (1re moitié du 18e s.) de la région de Hambourg. Exposition sur les théâtres de Berlin.

1er étage – Art et histoire de Berlin jusqu'en 1815 ; artisanat berlinois et brandebourgeois : verrerie, porcelaine, récipients en fer, étains ; collection d'**automatophones**★.

Köllnischer Park – L'enclos aux trois ours bruns : *Schnute, Maxi* et *Tilo*, est un reste de bastion, car le parc est aménagé sur les fortifications du 17e s. Il est orné de vestiges lapidaires *(Hercule combattant un lion*, putti) et d'une jolie fontaine en terre cuite de la fin du 19e s. L'immeuble *(AOK Berlin)* qui borde le parc au Sud, devant la fosse aux ours, a été construit en 1931 par Albert Gottheiner.

Märkisches Ufer – Le quai de la Marche de Brandebourg faisait partie du faubourg de Neukölln am Wasser. La vue embrasse les tours de l'Île des Pêcheurs. Entre les deux ponts (Inselbrücke et Roßstraßenbrücke), la succession des six maisons bourgeoises des 18e et 19e s. permet d'imaginer ce qu'était le paysage des deux rives avant-guerre. Le musée **Otto-Nagel-Haus** (Märkisches Ufer 16-18) a été transféré dans l'Île des Musées *(voir MUSEUMSINSEL, Alte Nationalgalerie)*. La maison abrite les Archives photographiques des Musées de Berlin. L'**Ermelerhaus** (**D**), néo-classique (autrefois Breite Straße 11), possède une très jolie façade.

Wallstraße – Ⓤ *2 Spittelmarkt.*
Aux nos 61-65, sur la gauche, **Hermann-Schlimme-Haus**. Le bâtiment en face est le lycée de Cölln *(Cöllnisches Gymnasium)* qui compta, parmi ses élèves, **Alfred Wegener** qui élabora, en 1912, la théorie de la dérive des continents. L'immeuble des nos 76-79, construit en 1912 et décoré de motifs en terre cuite, fut, entre 1945 et 1946, le siège du comité central du Parti communiste (KPD) dirigé par Wilhelm Pieck.

Spittelmarkt – Ⓤ *2 Spittelmarkt.*
On a bien du mal à reconnaître l'un des centres commerçants du Berlin d'avant-guerre dans la place actuelle. La fontaine de Spindler, de 1882, que l'on a baptisé, à cause de la couleur de son granit, la « fontaine en chocolat » *(« Schokoladenbrunnen »)*, est restée. « *Spittel* » est un diminutif pour « Hospital ». L'**hôpital de Ste-Gertrude** *(Gertraudenhospital)*, du 13e s., se trouvait devant la porte occidentale de l'enceinte médiévale de Cölln. Il suit l'extension des remparts construits par Gregor Memhardt pour occuper, sur un bastion, l'emplacement de l'actuel Spittelmarkt. Lorsque ces ouvrages défensifs furent inutiles, plusieurs ponts furent jetés au-dessus des fossés en direction du quartier de Friedrichstadt. **Karl von Gontard** orna, à la fin du 18e s., celui conduisant à la **Leipziger Straße** de deux colonnades. Celle du Sud (**Spittelkolonnade**) (**E**) a été remontée en 1980 à côté de son emplacement d'origine.

Gertraudenbrücke (Pont de Ste-Gertrude) – La **statue** en bronze (1896) de la patronne des hôpitaux et des voyageurs se dresse au milieu du pont, près duquel se trouvait l'hôpital du même nom. Une belle maison néo-gothique, Gertraudenstraße 10-12, fait l'angle avec le quai de Friedrichsgracht. Le curieux bâtiment en forme d'étoile, de l'autre côté de la rue, était un restaurant libre-service à l'époque de la RDA. Vue d'ensemble sur les tours, où résident 5 000 personnes, qui occupent le Sud de l'Île des Pêcheurs, urbanisme qui se prolonge vers la Leipziger Straße.

Jungfernbrücke (« Pont des Vierges ») – 🚌 *142 Fischerinsel.*
Le boutiquier Blanchet, émigré huguenot, avait deux filles, dentellières habiles, qui vendaient leurs broderies sur le joli pont hollandais de Friedrichswerder, d'où le nom. Mais l'ouvrage actuel date de 1798 et demeure le plus ancien de Berlin. Les arches du pont sont en grès rouge ; la partie centrale se lève pour permettre le passage des bateaux. A cet endroit, se trouvaient les moulins de la commune de Werder et des lavoirs.

« Nachtemmas »

De 1815 à 1850, la population de Berlin double, mais l'approvisionnement en eau et l'hygiène qui en découle est digne de la fin du Moyen Âge. Fontaines et caniveaux sont insuffisants. Les déjections et les eaux sales sont jetées, la nuit, depuis les ponts, en particulier le *Jungfernbrücke*. Les femmes, les « Nachtemmas » (« les Emma de nuit »), accomplissaient cette tâche.

Petriplatz – 🚌 *142 Fischerinsel.*
L'église St-Pierre *(Petrikirche)*, érigée vers 1237, fut reconstruite au milieu du 19e s. dans le style néo-gothique et possédait la tour la plus haute de Berlin. Ses ruines, encore importantes, furent l'une des victimes de l'urbanisme de la RDA. **Scharrenstraße 17**, à l'angle avec la Kleine Gertraudenstraße, jolie maison néo-baroque.

Brüderstraße – 🚌 *142 Fischerinsel.*
La rue reliait le marché aux poissons de Cölln et le monastère des frères dominicains. Au début 1813, le rassemblement des volontaires du *Landsturm*, milice urbaine instaurée pour lutter contre l'occupant français, lui a donné son nom (Brüderstraße : « rue des Frères »). Les barricades des **18 et 19 mars 1848** se dressèrent dans son voisinage immédiat. Au n° 13, la **Nicolaihaus (F)** (actuellement siège des Monuments historiques de la Province de Brandebourg) a été agrandie successivement à partir d'une demeure du Moyen Âge. Elle fut remaniée en 1787 par Carl-Friedrich Zelter. C'est à partir de cette date qu'y habita le libraire et éditeur **Christoph Friedrich Nicolai**. Au fond de la cour *(porte de droite)*, bel **escalier néo-classique**, dont les plans sont attribués à Schinkel et dont les peintures ont été restaurées. La **Galgenhaus** (« Maison du Gibet », actuel Institut de Muséologie), au **n° 10**, est ornée d'une délicate frise de rinceaux et percée de lucarnes en pavillon.

Un propagateur des lumières

Christoph Friedrich Nicolai (1733-1811) est le fils d'un libraire de Halle installé à Berlin au début du 18e s. Le jeune éditeur inaugure la tradition éditoriale berlinoise en soutenant la génération qui, à partir de 1750, avec Lessing et le philosophe juif Mendelssohn, fera de Berlin le centre allemand des lumières *(Aufklärung)*. Profitant du relâchement de la censure, il publie livres et revues, notamment les 110 numéros de la *Bibliothèque générale allemande*, qui rassemble les œuvres des grands auteurs de l'époque, à l'exception de Goethe. Il anime des cénacles scientifiques et littéraires dont le plus célèbre est le **Club du lundi**, fondé en 1749 dans un café élégant. Brüderstraße 13, adresse de sa librairie, est le centre culturel du royaume. Nicolai joue un rôle important en défendant la langue allemande, soutenant l'initiative du comédien Franz Schuch qui ouvre, en 1764, le premier théâtre allemand à Berlin.

Mühlendamm – *Voir NIKOLAIVIERTEL.*

Breite Straße – 🚌 *257 Mühlendamm/Breite Straße.*
Dans cette ancienne grand'rue de Cölln (*breit* signifie « large »), se dressent deux bâtiments rescapés : la **maison Ribbeck (Ribbeckhaus, G)**, au n° 35, ornée de pignons à pinacles, est l'unique édifice de la Renaissance tardive restant à Berlin. Elle fut construite par Hans Georg von Ribbeck, conseiller de la Chambre du prince électeur et fut incorporée aux vieilles écuries voisines (**Alter Marstall**, aux n°s 36-37) en 1660. Ces dernières sont du premier style baroque. Le portail de la **Stadtbibliothek (B¹)** (n°s 32-34) est timbré de la lettre *A* en différentes typographies et en différents alphabets.

ALENTOURS

Voir **SCHLOSSPLATZ, NIKOLAIVIERTEL★.**

FRIEDRICHSTRASSE★

Mitte, Kreuzberg

Voir Plan Berlin-Centre historique, p. 252-253, **OYZ**

Chantier presque achevé du nouveau Berlin, la **Friedrichstraße** est l'artère commerçante du quartier de **Mitte**, correspondant au centre historique. Bordée d'immeubles sobres et élégants, dont la taille correspond au « format » berlinois, puissant et compact, elle est d'une majesté un peu sévère. Le quartier s'anime peu à peu avec la fin des travaux et comporte déjà bon nombre d'établissements pour sortir, reprenant une tradition ancienne, et dans lesquels il fait bon se réfugier en hiver, quand les rues perpendiculaires, tirées au cordeau, sont des couloirs à bourrasques.

L'expansion urbaine – Déclarée ville de garnison en 1657, gonflée par l'arrivée massive de militaires et de réfugiés huguenots, Berlin doit s'agrandir. Sur des terrains appartenant au Grand Électeur, et baptisée du nom de son épouse, est fondée **Dorotheenstadt**, la seconde ville princière. La Friedrichstraße appartient à ce quartier au Nord d'Unter den Linden. Au Sud, elle est, avec la **Leipziger Straße**, l'un des axes principaux de **Friedrichstadt**, qui se développe sous le règne de Frédéric Iᵉʳ, premier roi « en » Prusse, qui lui donne son nom. Au 18ᵉ s., Friedrichstadt est le quartier le plus vaste, le plus peuplé et le centre culturel de la capitale *(voir GENDARMENMARKT)*. La Friedrichstraße est bordée de jolies maisons à deux étages où habitent familles aisées, poètes et savants.

La Friedrichstraße en 1878

Le cœur du Berlin de la Belle Époque – A partir de 1870, tout est démoli. Tandis que l'avenue Unter den Linden garde son caractère distingué, la Friedrichstrasse accueille des hôtels, des restaurants, comme celui de **Bernhard Kempinski**, dont la cuisine fait les délices du Tout-Berlin (sa famille, émigrée à Londres où elle ouvrira un restaurant, reviendra en 1945 à Berlin-Ouest), des cafés (le *Kranzler*, le *Bauer*, le *Kerkau*, café-billard tenu par un ancien champion du monde de ce jeu), des théâtres comme l'*Admiralspalast*, le *Metropol*, l'*Apollo-Theater*, où Paul Lincke créa *Frau Luna* en 1899, le théâtre de variétés *Wintergarten*, des cabarets, comme le fameux *Bruit et Fumée* de Max Reinhardt, et des commerces. Les producteurs de cinéma s'y installent aussi. La partie Sud de la rue est plus élégante que la partie Nord où se trouvent bistrots et autres distilleries. Les ouvriers, qui ne quittent guère leurs quartiers du Nord et de l'Est de Berlin, se rendent en promenade dominicale à la **Kaisergalerie**, passage couvert remplacé aujourd'hui par le *Maritim-Grandhotel*, où le musée de Cire *Panoptikum (voir KURFÜRSTENDAMM)* attire la foule. Dans l'entre-deux-guerres, la Friedrichstrasse est détrônée par le Kurfürstendamm, mais la proximité du quartier de la presse (le long de la Kochstraße), en fait toujours une artère vivante, où les petites scènes privées abondent et où se produisent les revues de Broadway. Aux ouvriers ont succédé les employés, dont un nombre croissant de femmes. L'avènement du nazisme mettra un terme à cette pluralité de tons. Les combats firent rage dans la Friedrichstraße, pendant la prise de la ville, en 1945.

« Tränenpalast » – Le « palais des larmes » était le surnom de la gare de Friedrichstraße, lieu de passage pour les visiteurs venus de l'Ouest : longues formalités, séparations douloureuses sont restées dans les mémoires. La ligne de métro **U** 6 passait également sous la Friedrichstrasse, sans marquer d'arrêt, à travers des stations surveillées et murées, pour relier Kreuzberg à Wedding, quartiers occidentaux. Bien qu'à proximité du Mur, la Friedrichstrasse était restée une rue importante de Berlin-Est. Le Nord a conservé sa vocation pour le divertissement avec des théâtres comme le *Metropol-Theater* (ancien *Admiralspalast*), le cabaret satirique *Die Distel* (« Le Chardon »), le théâtre de revues *Friedrichstadtpalast (voir CHARITÉ)*. Plus au Sud, la rue concentrait, avec Unter den Linden, les grands hôtels de la ville. Certains immeubles, recouverts de plaques de béton moulurés, datent de cette époque.

LE LONG DE LA FRIEDRICHSTRASSE

La promenade part de la station **S** + **U** *Friedrichstraße et la suit, en direction du Sud, jusqu'à la station* **U** *6 Kochstraße.*

Internationales Handelszentrum Berlin (Centre international du Commerce) – Ce grand immeuble, blanc et noir, de métal et de verre, que l'on aperçoit immédiatement en sortant de la gare, jure avec le tissu urbain historique environnant.

Dorotheenstraße 37 – Des Atlantes musculeux soutiennent le portail de la façade néo-baroque de l'ancien *Splendid Hotel*, occupé par une banque.

Carrefour Friedrichstraße/Unter den Linden – **BUS** *100 Unter den Linden/ Friedrichstraße.*
Les grands cafés comme le *Café Kranzler* et le *Café Bauer* donnaient sur ce carrefour très animé ; le second est resté. La Maison de la Suisse se dresse à l'angle Nord-Ouest, le *Linden Corso*, centre d'affaires franco-allemand au Sud-est. De ce carrefour, vue majestueuse sur les grands immeubles de la Friedrichstraße.

Friedrichstraße – **U** 5 *Französische Straße.*
Le nouveau visage de la **Friedrichstraße**★ apparaît au Sud de l'Unter den Linden. On y remarque :
– Trois belles **façades « Jugendstil »**, à l'angle de la Friedrichstraße et de la Behrenstraße : les nᵒˢ **165, 166** (maison néo-gothique, en grès rouge, 1899) et **167**. La Behrenstraße, du nom de Johann Heinrich Behr, qui planifia les rues du quartier, était la rue des banques. Celle de Bleichröder, le « Rothschild de Berlin » (*voir INTRODUCTION, Le Poids de l'Histoire*), y avait son siège.
– L'**immeuble** en verre des **Galeries Lafayette**★ (Friedrichstraße 207 ou « **Quartier 207** »), qui marque l'angle avec la Französische Straße (le seul angle du quartier à n'être pas droit !), a été conçu par **Jean Nouvel** et son associé Cattani. L'intérieur de cet immeuble aux contours fluides n'est pas moins étrange que l'extérieur. Les Galeries Lafayette (*voir VIVRE A BERLIN, Les achats*), relativement petites comparées à leur maison mère parisienne, s'articulent autour de deux grands cônes.

Les Galeries Lafayette de Jean Nouvel

Au rez-de-chaussée, on peut admirer les reflets irisés sur le cône inversé, au travers duquel on aperçoit les clients du rayon gastronomie ; on a très envie d'enjamber la balustrade et de se laisser glisser sur cette paroi brillante. Lorsqu'on lève la tête, on a l'impression d'être dans un dirigeable. L'effet, au troisième étage (mode homme), est encore plus surprenant ; on perd le sens de l'orientation entre l'axe vertical des cônes et celui, horizontal, des rayons.

– Le « **Quartier 206** » (**H**), aux nombreux décrochements de façade, a été conçu par Ieoh Ming Pei (l'architecte de la Pyramide du Louvre), Cobb & Freed, de New York. Ce n'est pas seulement un immeuble commercial ; un grand nombre d'appartements y a été prévu. Il est surprenant, la nuit, lorsque les saillies de l'immeuble sont soulignées par des barrettes lumineuses. Le hall est remarquable pour son pavement en marqueterie de marbres.

– Le **Quartier 205 « Friedrichstadtpassagen »**, d'une élégance sobre, répète sa forme de base, le carré.

– **Taubenstraße 3** (angle avec la Glinkastraße, **U** *2, 6 Stadtmitte*), la seule maison du 18e s. conservée dans l'ancienne Friedrichstadt. Friedrich Schleiermacher (1768-1834), philosophe, théologien et l'un des fondateurs de l'université de Berlin, y vécut.

– Le **Café Adler** (**U** *6 Kochstraße*), à l'angle de la Zimmerstraße et de la Friedrichstraße, est l'ancienne « Pharmacie à l'Aigle blanc » (*Apotheke zum weißen Adler*, 1696).

Pour les curiosités suivantes, voir plan Berlin-Centre, **8**. **JKV**.

Leipziger Straße – **U** *6 Stadtmitte*.
Les grands immeubles en barre (qui abritent 6 000 personnes), datent des années 70 et sont en cours de rénovation.

Museum für Post und Telekommunikation (**M¹**) ⊘ – **U** *6 Stadtmitte*.
Logé dans le bâtiment du ministère des Postes, à l'angle de la Mauerstraße et de la Leipziger Straße, c'est le premier musée des Postes du monde.

Ancien emplacement de Checkpoint Charlie – **U** *6 Kochstraße*.
Checkpoint Charlie était, avec la gare de Friedrichstraße, le seul point de passage entre les deux parties de Berlin. Les cinq chantiers du nouveau **Centre d'affaires américain** *(Checkpoint Charlie Business Center)* entourent l'ancien poste de garde. Les immeubles de bureaux ou d'habitation, les centres commerciaux construits par des architectes allemands et américains, dont Philip Johnson qui a esquissé le futur « quartier 106 », sortent de terre.

Haus am Checkpoint Charlie (Musée Checkpoint Charlie) (**M²**) ⊘ – **U** *6 Kochstraße*.
Un bric-à-brac très idéologique et des documents audiovisuels retracent les grandes étapes de l'affrontement Est/Ouest et, plus généralement, diverses formes de contestations *(explications en allemand, anglais et russe)*. Les moyens de « passer à l'Ouest » furent souvent rocambolesques : à bord d'un tracteur, caché dans un coffre de voiture, à la place de la batterie et du chauffage ou dans une valise, avec des échelles, en téélésiège suspendu à un câble, en sautant par la fenêtre *(voir WEDDING, Bernauer Straße)*. La plupart de ces tentatives d'évasion finirent tragiquement : le 17 août 1962, le jeune Peter Fechter agonise, abattu par les Vopos, pendant une heure. Le chiffre officiel des tués est de 80, mais il y en eut peut-être plusieurs centaines. La dernière victime, Chris Gueffroy, est abattue le 6 février 1989. 60 000 personnes furent condamnées pour avoir tenté de « fuir la République » ou seulement avoir fait des « préparatifs ».

Mehringplatz und Friedenssäule – *Voir KREUZBERG (partie Ouest)*.

Le Mur absurde

L'enclave, en RDA, de Steinstücken fut réunie à Berlin-Ouest par une bande de terrain achetée en 1972. Lacs et cours d'eau étaient parcourus sans cesse par des vedettes. La Spree marquait la frontière, mais elle faisait partie du secteur Est, d'où l'impossibilité de secourir des gens qui y étaient tombés. En vertu d'une convention interalliée de 1945, les voies ferrées de Berlin-Ouest appartenaient aux Chemins de Fer de la RDA *(Reichsbahn)*. En 1961, en réponse à la construction du Mur, le S-Bahn fut boycotté. Le personnel travaillant à l'Ouest, mais qui dépendait entièrement de l'Est, a failli déclencher un incident diplomatique en 1980 en réclamant, comme en Pologne, les libertés syndicales. Enfants et retraités de Berlin-Est avaient officiellement le droit de passer 30 jours par an à l'Ouest, sans argent. Les transports publics étaient gratuits pour eux, mais pas le S-Bahn qui appartenait à l'Est ! Les visiteurs de Berlin-Ouest, qui avaient également droit (après bien des formalités) à 30 jours de visite, devaient changer et dépenser, depuis 1980, 25 DM par jour. Les visiteurs pour la journée étaient obligés de rester dans les limites de la ville et de revenir avant minuit, mais ils pouvaient repasser juste après.

ALENTOURS

Voir **CHARITÉ★, GENDARMENMARKT★★, KREUZBERG (partie Ouest)★★, POTSDAMER PLATZ, UNTER DEN LINDEN★★.**

La route de Francfort-sur-l'Oder, appelé Frankfurter Linden (*Die Linden* : « les tilleuls ») traversait le faubourg de Stralau et conduisait au château de Friedrichsfelde. Peu de chose subsiste des *Mietskasernen* de Friedrichshain, remplacées par la voie magistrale **Karl-Marx-Allee** et par les HLM construits sous la RDA.

Une tradition de violence – Les combats de rues étaient monnaie courante dans le quartier : en 1919, contre les troupes de Noske, et surtout le 29 décembre 1928. Ce soir-là, deux membres de la société secrète *Norden*, dont le président est Adolf Leib, appelé *Muskel-Adolf*, font irruption dans un restaurant et demandent de l'aide aux membres d'une autre société secrète : un des leurs a été poignardé par un charpentier travaillant sur le chantier de la station de métro Breslauer Straße (aujourd'hui Hauptbahnhof) ! Le meurtrier est identifié, mais il est aidé par ses collègues qui viennent à la rescousse ; les membres des sociétés secrètes accourent : en tout 200 combattants armés de couteaux, revolvers, gourdins. La bagarre dure 20 mn. Elle met en évidence l'activité souterraine des « Ringvereine ». Celles-ci, nées à la fin du 19ᵉ s., sont d'abord des réseaux d'entraide pour les prisonniers libérés, puis une association fondée en 1898, *Ring-Berlin*, les fédère. Ces associations, 85 en 1933, dont les noms offrent une image de respectabilité : *Geselligkeit* (« Convivialité »), *Immertreu* (« Toujours fidèle »), font partie de la pègre. Elles dominent les établissements de plaisir, procurent des alibis, payent les avocats, font pression sur les témoins. Les enterrements de ses membres sont pompeux. La police les tolère, car elles règnent sur les bas-fonds et épargnent surveillances et recherches. Après la bataille de la Breslauer Straße, *Immertreu* et *Norden* sont interdites. Un procès s'ouvre à Moabit, en particulier contre *Muskel-Adolf* et sept « *Immertreu-Brüder* ». C'est une victoire pour les *Ringvereine* : la défense est efficace ; les témoins ne se souviennent de rien ou sont démentis. *Muskel-Adolf* est condamné à dix mois de prison ; l'interdiction des deux associations est levée. *Muskel-Adolf* inspire **Fritz Lang** pour son film *M. le Maudit*, où l'acteur **Gustav Gründgens** est le chef des *Ringvereine* qui vont poursuivre, démasquer et juger l'assassin d'enfants. Les *Ringvereine* sont abolies par les nazis en 1934. Leurs membres, considérés comme des criminels professionnels, sont internés dans les camps de concentration.

La « bête de la gare de Silésie »

On n'en finirait pas de dresser la chronique criminelle de Friedrichshain. Le quartier autour de la gare de Silésie, maintenant disparue, était, au début du siècle, l'un des plus mal famés de la ville, avec le *Scheunenviertel*. Il y sévissait une bande de jeunes détrousseurs. La Langstraße pouvait se vanter d'être l'adresse de nombreux meurtriers et autres escrocs. Le « capitaine de Köpenick » y fut arrêté, mais le plus illustre locataire fut **Karl Großmann**. Jusqu'en 1918, 23 corps mutilés de femmes sont retrouvés sur des bancs de parcs, dans des poubelles ou dans les canaux autour de la gare. On finit par arrêter un colporteur de 57 ans, qui ne reconnaît pas tous les crimes mais qui est, incontestablement, un tueur sadique. Il est accusé pour trois cas.

Le soulèvement de juin 1953 – Berlin-Est est le centre de la première révolte survenant dans le bloc communiste. En 1952-53, la situation se détériore en RDA. La collectivisation de l'agriculture et la socialisation des moyens de production, dans le cadre d'un plan quinquennal en faveur de l'industrie lourde, entraînent des pénuries alimentaires et la dégradation des conditions de travail des ouvriers. Le 28 mai 1953, l'augmentation de 10 % des normes de productivité met le feu aux poudres. Le 16 juin, 70 maçons du « bloc 40 » du chantier de la Stalin Allee, pourtant réputés sûrs, débrayent et défilent sur l'Alexanderplatz avec des banderoles : « Non à la hausse des normes ! », bientôt remplacées par des slogans politiques. Les badauds s'attroupent et convergent vers les centres de pouvoir. Un appel est lancé à tous les travailleurs le **17 juin** ; 400 000 grévistes sont recensés. Les manifestants incendient le siège du journal du SED et réclament des élections libres ; les prisonniers sont libérés. Le pouvoir paraissant impuissant, les Soviétiques se décident à intervenir : l'état d'exception et le couvre-feu sont proclamés ; les chars de l'Armée rouge sont assaillis à coups de pierre sur la Potsdamer Platz ; la police, à laquelle on doit la majorité des 21 victimes, opère avec une extrême brutalité. Les Occidentaux ne bougent pas, les sphères d'influence étant bien délimitées. Le 17 juin sera fête nationale en RFA jusqu'en 1990 et l'avenue du 17-Juin *(voir TIERGARTEN)* s'inscrit dans l'axe de l'Unter den Linden.

PRINCIPALES CURIOSITÉS

Volkspark Friedrichshain (Parc de Friedrichshain) – **BUS** *100, 142, 157, 257* ou **Tram** *2, 3, 4 Am Friedrichshain.*
Ce parc, dont l'aménagement fut décidé pour le centenaire de l'accession au trône de Frédéric II (1840), devait être le pendant du Tiergarten et servir de poumon

vert pour les quartiers populaires de l'Est. A peine achevé par Gustav Meyer, un élève de Lenné, il fut le lieu de sépulture des victimes de la révolution de mars 1848. C'est une vaste étendue boisée, avec des sentiers en spirale qui permettent de gravir la colline principale (la vue est cachée par les arbres). Comme sa voisine, plus petite, elle s'appuie sur une tour de la défense antiaérienne *(Flakbunker)*, où disparurent, en 1945, de nombreux chefs-d'œuvre des musées de Berlin qui y avaient été entreposés. A l'Ouest du parc, la **fontaine des contes de fées** (Märchenbrunnen), néo-baroque (1913), offre des jeux d'eau en cascades. Le parc de loisirs *(Freizeitpark)*, à l'Est, propose de nombreuses activités : bowling, baraque de tir, forteresse pour l'escalade, minigolf, ping-pong, volley-ball, tennis, croquet, « boccia » (jeu de boules italien), échecs.

Platz der Vereinten Nationen (Place des Nations-Unies) – 🚌 *142, 340 et* 🚋 *5, 6, 8, 15 Platz der Vereinten Nationen.*
Ancienne Leninplatz, c'est le visage du « socialisme réel » : place surdimensionnée, immeubles en béton isolés, de mauvaise qualité. Lénine a été déboulonné.

★**Strausberger Platz** – Ⓤ *5 Strausberger Platz.*
Les immeubles, dans le style des années 50, sont impressionnants et s'inspirent d'un projet de 1920 de Bruno Möhring. La place est d'autant plus intéressante qu'elle est ovale et l'avenue y subit une légère inflexion.

★**Karl-Marx-Allee** – Ⓤ *5 Rathaus Friedrichshain.*
Avenue de prestige de la RDA, l'ex-**Stalin Allee** (1949-1961), est une immense artère dont les immeubles, dans le style « confiseur » propre à l'architecture stalinienne, sont en cours de restauration. Il faut traverser cette barre d'immeubles pour s'apercevoir qu'il s'agit d'un décor : derrière, se trouvent d'autres immeubles d'habitation, de taille réduite, mais, en fait, principalement du vide. Le meilleur point de vue est celui de la station Ⓤ 5 Rathaus Friedrichshain, à la **Porte de Francfort** (Frankfurter Tor). Les deux tours surmontées de dôme imitent les dômes jumeaux du Gendarmenmarkt ; la perspective s'étend jusqu'à la tour de la Télévision.

A côté de la porte de Francfort, prendre le 🚌 *147 (arrêt Kandiner Straße). Les deux sens sont possibles : vers le Sud, en descendant à « Oberbaumbrücke » ou vers l'Ouest jusqu'à « Hauptbahnhof ». Ces deux arrêts sont tout proches de la Mühlenstraße.*

★**Mauer-Galerie**, *Mühlenstraße,* Ⓢ *Hauptbahnhof ou* Ⓤ *1, 15 Schlesisches Tor (traverser l'Oberbaumbrücke).*
Le Mur, côté Ouest, ressemblait à une galerie à ciel ouvert. Les pans de Mur recouverts des plus beaux graffiti ont été remontés le long de la Mühlenstraße. Ils forment un parcours étonnant.

Les dômes jumeaux de la porte de Francfort encadrent la Karl-Marx-Allee

ALENTOURS

Voir **ALEXANDERPLATZ★, KREUZBERG (partie Est)★★.**

FUNKTURM★
Charlottenburg
Voir plan Berlin-Centre, **E**, **EVX**

La tour de la Radio, le « *Langer Lulatsch* », que l'on traduit par « grand flandrin », est restée l'un des emblèmes de Berlin. Avec le **Centre international des Congrès (ICC)**, elle compose un paysage urbain intéressant, surtout la nuit, lorsque les deux édifices sont illuminés (point de vue d'ensemble, au-dessus de l'autoroute urbaine, à l'entrée du Halensee, *voir KURFÜRSTENDAMM*).

Tour de la Radio

La ville des expositions – Dans les années 20, Berlin est la plus grande ville commerciale du continent européen, le centre du progrès industriel. Elle compte 4,3 millions d'habitants, dont 840 000 employés et 1,7 million d'ouvriers. Les entreprises y sont plus nombreuses que dans le Bade et le Wurtemberg réunis. Les édiles ont alors l'idée d'organiser des foires, non pas générales, comme à Leipzig, mais par branches. Ainsi naît la **foire de l'Industrie radiophonique** (Funkaustellung) qui est actuellement, tous les deux ans, l'une des plus grandes foires de matériel électronique et audiovisuel du monde. Lors de sa troisième édition, en 1924, fut décidée la construction d'une tour de 138 m de haut servant d'émetteur et de balise pour les avions.

PRINCIPALES CURIOSITÉS

Theodor-Heuss-Platz – **U** *2 Theodor-Heuss-Platz*.
La place, située dans l'axe Est-Ouest de Berlin, a été aménagée au sommet d'une colline, le plus haut point de Charlottenbourg. La perspective, immense, du Kaiserdamm porte jusqu'à la Colonne de la Victoire, et, au-delà, jusqu'à l'« hôtel de ville Rouge » et la tour de la Télévision de l'Alexanderplatz. Au centre de la place, *Obélisque bleu*. Le banquier Heinrich Mendelssohn, pressentant, à la fin des années 20, la valeur d'un investissement immobilier en ce lieu, fit construire sur le côté Sud de la place, la **Maison de l'Allemagne** *(Deutschlandhaus)*, dans laquelle

Am Rupenhorn
(voir plan Berlin-agglomération, **10**, **AU**)

Les amateurs d'architecture prendront le bus 149 jusqu'à l'arrêt Ragniter Allee, où il verront une maison d'Erich Mendelsohn qui ne paie pas de mine, mais qui est le premier édifice cubique à terrasse construit à Berlin (1923-1924). Descendre à l'arrêt Stößenseebrücke pour emprunter la rue **Am Rupenhorn**, courbe et bordée de villas : à l'angle avec la Heerstraße, villa en béton armé bâtie par les frères Luckhardt, manifeste de la Nouvelle Objectivité ; Am Rupenhorn 6, maison couverte d'un toit-terrasse où habita et travailla Erich Mendelsohn de 1930 à 1933 (peu visible). Le poids du **Stößenseebrücke**, ouvrage d'art en fer du début du siècle, bâti sur un terrain sablonneux, est presque entièrement porté par l'unique pilier central.

fut installé le premier studio de télévision en 1936, et celle **de l'Amérique** *(Amerikahaus)*. Sur cette dernière, l'échafaudage métallique servait à porter une enseigne géante, marquant le rôle nouveau joué par la publicité dans le visage de la métropole. Un peu plus au Sud, maison intéressante, par Erich Mendelsohn, à l'angle Sud-Ouest de la Karolingerplatz (n°5-5a).

★**Haus des Rundfunks** (Maison de la Radio) – 🚌 *104, 149 Messehalle ; s'annoncer au gardien à l'entrée.*

La Maison de la Radio de **Hans Poelzig**, la première d'Allemagne (1929-1930), est recouverte de briques vernissées et possède un très beau **hall**★ Art déco orné d'une statue de Georg Kolbe : *Grande Nuit (Große Nacht).*

Hall de la Maison de la Radio

Messegelände (Parc des Expositions) – 🚊 *45 Witzleben ou* 🚌 *104, 149, 204, X21 Messedamm/ZOB/ICC.*
La partie centrale qui donne sur la Hammarskjöldplatz, la « Herrenhalle » (1940), rythmée par des piliers et flanquée de deux ailes basses, est l'œuvre de **Richard Ermisch**. Les souvenirs de la Nouvelle Objectivité se mêlent au caractère monumental de l'architecture sous le IIIe Reich.

★**Funkturm** (Tour de la Radio) ⏰ – *Entrée, en face à la maison de la Radio, à gauche de la « Herrenhalle ». Traverser le bâtiment en façade et entrer dans le jardin d'été.*
Depuis 1962, la **tour de la Radio** (1924-26) a cédé son rôle d'antenne émettrice au mât de la Scholzplatz, près de la rue Am Rupenhorn, qui mesure 230 m. Elle n'est plus utilisée que par la police et les pompiers. Cette structure métallique conçue par Heinrich Straumer est étonnamment légère (400 t ; la charpente de la tour Eiffel en pèse 7 000) et occupe une très petite surface (20 x 20 m). Au pied de la tour, le petit **musée allemand de la Radio** (Deutsches Rundfunkmuseum) ⏰ présente de nombreux appareils illustrant l'histoire des moyens radiophoniques et télévisuels depuis 1924. La radio émit pour la première fois en Allemagne, à partir de Berlin et, plus précisément, de la maison *Vox*, rue de Potsdam, le 29 octobre 1923. Fabriquée en série sous le IIIe Reich pour abaisser son coût, elle a été le moyen de propagande le plus efficace, surnommée « la gueule de Goebbels ». La première mondiale de la télévision eut lieu à Berlin en 1931.
Après une montée silencieuse en ascenseur (un restaurant occupe le premier étage), le **panorama**★★★, depuis la plate-forme (125 m), sur l'agglomération berlinoise est exceptionnel. On distingue :
– Au **Nord,** les bâtiments rouges de Siemensstadt.
– Au **Sud,** la forêt de Grunewald, percée par l'autoroute rectiligne **Avus**. Pour se donner une idée de l'étendue de cette forêt, il suffit de penser que la tour de transmission sur le Schäferberg, à Wannsee, au Sud, en marque la fin. On distingue, au Sud-Ouest, l'observatoire du Teufelsberg, la Havel et la vue porte (plate-forme à l'air libre) jusqu'à l'île des Paons *(Pfaueninsel).*
– A l'**Ouest,** le stade olympique et l'immeuble Le Corbusier *(voir OLYMPIASTADION).*
– A l'**Est,** la masse compacte de l'ICC, la coupole du château de Charlottenburg et son parc, le Tiergarten, l'église du Souvenir, le centre historique de Berlin.
L'ascension au sommet de la tour de la Radio est également le meilleur moyen de voir les différents bâtiments du **Parc des Expositions** : la *Deutschlandhalle* de 1935, la patinoire *(Eissporthalle)* et les différents halls, 26 en tout, qui s'ordonnent autour du jardin d'été *(Sommergarten)* ovale. La forme curieuse de la **maison de la Radio** permettait d'isoler du bruit de la rue les trois grands studios d'enregistrement.

Internationales Congreß Centrum Berlin (ICC/Centre international des Congrès) – Cet investissement onéreux a permis à la ville de se hisser au 6e rang mondial parmi les villes organisatrices de congrès. La sculpture devant l'entrée principale, *Alexandre devant Ecbatane* est l'œuvre (1980) du Français Jean Ipoustéguy.

★**Lietzensee** – 🚌 *149, 204 Kuno-Fischer-Straße.*
Le quartier qui entoure ce lac, coupé en deux par la Kantstraße, est peut-être le plus bourgeois de Berlin, au sens où l'on est encore dans la ville et non pas dans un quartier de villas. Les rues bordées d'immeubles cossus, comme la **Leonhardtstraße** et autour de la Amtsgerichtsplatz, sont calmes. Pendant l'été, il est agréable d'y flâner et de s'asseoir, à l'extrêmité Sud du lac, au bord de la **fontaine en cascade** qui y a été aménagée *(accès par la Dernburgstraße)*. Tout près de là, en retournant vers la station de S-Bahn Charlottenbourg, spectaculaire **immeuble IBA 1987,** Rönnestraße 17.

ALENTOURS

Voir **OLYMPIASTADION★.**

GENDARMENMARKT★★

Mitte

Voir plan Berlin-Centre historique, p. 252-253, **OZ**

Avec ses dômes et son théâtre, le **Gendarmenmarkt** a fière allure. Ses bâtiments furent sévèrement touchés par un bombardement en 1944. Leur reconstruction, financée par la RDA, s'étendit de 1977 à 1983. La plus belle place de Berlin souffre, malheureusement, de la proximité des immeubles de la Leipziger Straße sur sa face Sud.

UN PEU D'HISTOIRE

Les huguenots, un apport français à Berlin – En cette fin du 17e s., Berlin occupe une place particulière dans l'Allemagne protestante : le prince est calviniste dans un Brandebourg luthérien et il favorise l'influence de ses coreligionnaires au sein de la société. Un édit de tolérance est promulgué en 1664 ; dès 1672, une centaine de protestants français s'installent en Brandebourg.
En 1685, à la Révocation de l'édit de Nantes par Louis XIV, le « Grand Électeur » répond par l'**édit de Potsdam** qui vise à attirer les calvinistes français. Les avantages sont nombreux : exemption d'impôts pendant quatre ans, bois de construction gratuit, suppression des droits d'admission dans les corporations, dispense d'héberger des soldats. Une vaste campagne de propagande est menée en France même et à Francfort-sur-le-Main, où transitent 100 000 huguenots en 20 ans. Ils sont 15 000 en Brandebourg, 6 000 à Berlin, le quart de la population, qui assurent le développement de la ville nouvelle de **Friedrichstadt**. La communauté française se caractérise par son élitisme et bénéficie jusqu'au 19e s. de sa propre organisation ecclésiastique et juridique.
L'impulsion n'est pas seulement démographique. L'influence de cette communauté est durable dans des domaines variés : apparition d'une cinquantaine de corps de métier, création de manufactures et essor de l'industrie textile, acclimatation de fruits et de légumes, nouvelles danses (cotillon, gavotte, menuet), naissance des premières hôtelleries.
La culture française favorise l'éclosion des lumières en Prusse. L'enseignement est un terrain privilégié : les petits princes, les futurs Frédéric III et Frédéric-Guillaume Ier ont des Français pour précepteurs. Le **lycée français**, fondé en 1689, accueille l'élite calviniste et, aujourd'hui, les meilleurs élèves allemands. Un philosophe français, **Étienne Chauvin** est à l'origine de la première revue scientifique berlinoise (1696), avec Leibniz comme collaborateur. Un proverbe berlinois dit : « Celui qui ne parle pas français ne peut réussir. » De mariages mixtes naîtront les **frères Humboldt** et le romancier **Theodor Fontane**. Lors de l'occupation napoléonienne, la colonie réformée se prussianise : le patronyme *Blanc* devient *Weiß*.

Un développement architectural continu – Économe, Frédéric-Guillaume Ier ne passe pas pour un protecteur des arts. Il fut pourtant attentif au développement de **Friedrichstadt**. De nombreuses églises et des hôtels particuliers y sont bâtis. Le « Roi-Sergent » ordonne d'y installer un régiment de gardes qui donne son nom, d'origine française, à une vaste place rectangulaire : le *Gens-d'Armes Markt*.
L'**église française,** le premier édifice public bâti dans le nouveau quartier, est inaugurée en 1705. Le modèle était le temple détruit de Charenton, près de Paris. Presque simultanément eut lieu la construction de la **Nouvelle Église** (Neue Kirche ou Deutscher Dom) réservée aux calvinistes allemands. Entre l'Unter den Linden et le Gendarmenmarkt, se concentrent, au 18e s., l'église, le collège, le séminaire, le tribunal et le théâtre de la communauté française.
La place est aménagée à la fin du règne de Frédéric II : **Karl von Gontard** construit, de 1780 à 1785, à côté des églises, deux édifices jumeaux coiffés d'un dôme en forme de melon, et une « Comédie Française » qui, à la mort du roi, deviendra le Théâtre national allemand.

PRINCIPALES CURIOSITÉS

🅂 *le plus proche :* 🅂 *Friedrichstraße.*

★★Schauspielhaus (Théâtre) (T¹⁵) – 🅄 *2,* 🅄 *6 Stadtmitte ou* 🅄 *6 Französische Straße.*
Fondé en 1786, le **Théâtre national allemand** devient l'une des principales scènes d'Allemagne sous la direction du comédien **Iffland** *(voir INTRODUCTION, La littérature).*
Après l'incendie de la salle construite par Langhans (1817), **Schinkel** rebâtit le
Schauspielhaus (1820). Limité par son budget, l'architecte crée un bâtiment fonctionnel d'une grande sobriété, sans aucune voûte, le décor antiquisant déclinant le
pilastre sous toutes ses formes. **E.Th.A. Hoffmann** note, à propos de l'intérieur, dont
rien ne subsiste en dehors de la salle de concerts : « Il suffit d'entrer dans le
nouveau théâtre pour que, au bout d'une demi-journée, les yeux ne soient pas
encore rassasiés... Les meilleurs artistes y travaillent et l'on peut dire que le plus
petit détail est un chef-d'œuvre. » Les nobles empruntaient l'entrée aménagée sous
l'escalier, où leurs voitures pouvaient se ranger ; celui-ci était réservé aux bourgeois. **Le monument à Schiller** se dresse au centre de la place.

★Französischer Dom (Église française) (N) ⌚ – La communauté française ayant dû
céder des terrains pour les projets de Frédéric II, elle obtint en contrepartie la jouis-
sance du dôme qui abrite aujourd'hui le musée des Huguenots, une bibliothèque
et le bureau de la communauté.

Dôme★ *(entrée au Sud)* ⌚ – Le visiteur a la curieuse impression de pénétrer dans
une cheminée d'usine. La **vue★★** est très intéressante sur le centre de Berlin, mélange
d'immeubles modernes, de clochers néo-gothiques, de coupoles, de toits de tuiles
rouges, d'espaces verts et d'une forêt de grues. Beau point de vue, à l'Ouest, sur
la Philharmonie, l'église du Souvenir, la perspective du Tiergarten avec, au loin, le
Teufelsberg ; au Nord, sur la tour de l'hôpital de la Charité ; à l'Est, sur l'île des
Musées et la cathédrale, l'Alexanderplatz et les pointes jumelles de l'église St-Nicolas.

Huguenottenmuseum (Musée des Huguenots) ⌚ – L'exposition sur l'histoire des
Réformes, en particulier du calvinisme, le statut des protestants en France, la Révocation de l'édit de Nantes et l'accueil des huguenots français en Brandebourg sont
très bien présentés. Les documents sont nombreux : livres, gravures, cartes,
fac-similés *(demander à l'entrée la traduction en français des indications).*
L'**église** *(à droite en sortant de la tour. Entrée située à l'Ouest)* a été remaniée en
1905-1906 par l'adjonction d'une nef transversale. Elle est toujours utilisée par la

« Schauspielhaus » et cathédrale française

communauté française réformée. Jusqu'à l'entre-deux-guerres, le curé prêchait un dimanche sur deux en français. La principale curiosité est l'**orgue**, réplique de l'instrument du 18ᵉ s. Il se prête particulièrement à l'interprétation d'œuvres classiques françaises *(un concert gratuit a lieu, le premier jeudi du mois, à 19 h 30)* ; les sculptures en bois doré sont originales.

Une dynastie huguenote : les Ancillon

Réfugiés messins, ils forment un groupe très soudé et actif. La famille Ancillon est la fondatrice, en Lorraine, de l'Église réformée. David Ancillon préside l'établissement de la communauté huguenote à Berlin ; ses fils Joseph, puis Charles, sont juges supérieurs. Historiographe du « Grand Électeur », Charles dirige le lycée français, participe à la création de la Société des Sciences et entretient une correspondance suivie avec Leibniz. Louis Ancillon est pasteur et académicien ; il prononce l'éloge funèbre de Frédéric II. Jean-Pierre Ancillon est, au 19ᵉ s., le précepteur du fils du roi de Prusse et son ministre des Affaires étrangères.

★Deutscher Dom (Cathédrale allemande) (N¹) – Depuis sa restauration y est installée l'exposition *Fragen an die deutsche Geschichte* ⊘ (« Interrogeons l'histoire allemande »), autrefois au Reichstag.

Mohrenkolonnaden (P) – *Mohrenstraße 37b et 40-41.*
Ces arcades, portées par des colonnes toscanes jumelées, ornaient un pont qui enjambait les anciens fossés des remparts séparant Friedrichstadt de Friedrichswerder. Bien qu'elles servent, de chaque côté de la rue, de portiques à des immeubles, ce sont les seules à être restées en place. Les autres, celles du Königsbrücke *(voir ALEXANDERPLATZ et SCHÖNEBERG, Kleistpark)* et du Spittelmarkt *(voir FISCHERINSEL)* ont été déplacées ; celles du Mühlendamm furent détruites en 1892.

ALENTOURS

Voir **FRIEDRICHSTRASSE★, KREUZBERG (Partie Ouest)★★, SCHLOSSPLATZ, UNTER DEN LINDEN★★.**

GRUNEWALD★★

Wilmersdorf, Zehlendorf

Voir plan Berlin-agglomération, **⑩**, **ABUV**

Le pavillon de chasse construit par l'Électeur **Joachim II** au lieu dit « Zum Grunen Wald » a donné son nom à la forêt la plus vaste de Berlin et au quartier qui la borde au Nord-Est et qui passe pour être le plus résidentiel de la ville. Autour de petits lacs, le long d'allées ombragées se succèdent les villas cossues. L'autoroute Avus, ouverte en 1921, doublée par la ligne de S-Bahn, traverse la forêt de part en part. Celle-ci, agrémentée de lacs où l'on peut se baigner, est un merveilleux lieu d'excursions au milieu des pins et des feuillus.

« AVUS »

La première autoroute d'Allemagne est aussi la première piste de course automobile. D'abord à usage privé, elle est créée par la « **Automobil-Verkehrs- und-Übungsstraße GmbH** » (dont les initiales donnent « **AVUS** »), en 1909, pour tester les véhicules.
L'autoroute est inaugurée en 1921. Elle est tout de suite vouée aux records, notamment ceux des marques allemandes. **Fritz von Opel**, réalise, lors de la première course, une moyenne de 128,24 km/h et ce n'est qu'en 1958 que l'on pourra dépasser le record de 261 km/h déjà établi avant la guerre. Le Grand Prix d'Allemagne est instauré en 1926. Dix ans plus tard, la piste sert au marathon des Jeux olympiques.

PRINCIPALES CURIOSITÉS

La forêt étant très étendue, la promenade peut prendre deux directions à partir du quartier résidentiel de Grunewald.

★**Villenviertel Grunewald (Quartier de Grunewald)** – (Voir plan Berlin-Centre, **⑥**, **EY**). **Ⓢ** *3, 7 Grunewald.*
Ce quartier fut loti à partir de 1889 sous l'impulsion de Bismarck. On trouve des villas intéressantes dans la Kronberger Straße, le Seebergsteig, où un castel néogothique (au n° 23) fait l'angle avec la Hubertusbader Straße, la Brahmsstraße (n°s 4-10, Hôtel *Les Quatre Saisons*) et surtout la calme **Douglasstraße**, où l'ambassade d'Afrique du Sud fait face à la maison Flechtheim (N° 12). Celle-ci, témoignage de la Nouvelle Objectivité, fut la demeure du chef de la diplomatie du IIIᵉ Reich, Ribbentrop, peu avant la Seconde Guerre mondiale. Au bout du **Gottfried-von-Cramm-Weg**, la **villa Konschewski** (1922-23 ; aux n°s 35-37) est une demeure qui fait une grosse figure (l'architecte construisait des théâtres) et dont le dynamisme de la façade est inspiré de l'esthétique rococo. La Hagenstraße, jusqu'au Wildpfad, est également une belle rue de villas.

VERS LA HAVEL :

Teufelssee et Teufelsberg – **Ⓢ** *3, 7 Grunewald.*
La « montagne du Diable » *(Teufelsberg)*, dont le versant Nord est un domaine skiable très apprécié, est aussi le sommet où l'on trinque pour la Saint-Sylvestre. C'est un « *Mont Klamott* », une colline de décombres (25 millions de m³) causés par les bombardements alliés, l'une des neuf érigées à Berlin après la guerre et la plus haute (120 m). Une station radar la surmonte. Le petit « **lac du Diable** » **(Teufelssee)** est, avec le Halensee, le second grand rendez-vous des naturistes.
Marcher à travers la forêt de pins jusqu'à la Havel.
La Havel est sillonnée de bateaux de plaisance et de voiliers. Le long de la rive, chaque petit coin de sable est occupé par des baigneurs. Une piste suit la rive et permet de passer devant la presqu'île de **Schildhorn** (ou **🚌** *218 Schildhorn*). Le monument que Frédéric-Guillaume IV y fit ériger en 1845 rappelle la légende du prince slave **Jaczo de Köpenick**.

★**Grunewaldturm** ⊘ – **🚌** *218 Grunewaldturm.*
Construite en l'honneur de l'empereur Guillaume (on l'appelle aussi Kaiser-Wilhelm-Turm), cette tour néo-gothique de briques rouges sert de belvédère. A son sommet, le **panorama★★★** sur la Havel, de Spandau à Potsdam, est de toute beauté. On a peine à croire que l'immense forêt de Grunewald, d'où émerge le Teufelsberg, fasse partie du Grand Berlin. On découvre la ville au loin, dominée par la tour de l'Alexanderplatz et celle de la Radio. A gauche du Teufelsberg, on distingue très bien l'unité d'habitation Le Corbusier et, entre les deux, une tour rouge, d'apparence médiévale, qui est le château d'eau de l'Akazienallee *(voir OLYMPIASTADION)*. Mais c'est au Sud que s'ouvre la perspective la plus romantique : la Havel, ses berges boisées, ses îles, serpente jusqu'à Potsdam, dont on voit, minuscule, le dôme de l'église St-Nicolas.

La conversion d'un prince fugitif

Jaczo de Köpenick est l'adversaire le plus redoutable d'**Albert l'Ours** (« *Albrecht der Bär* »). Il s'est emparé de Brandebourg par la traîtrise, mais la ville est reprise en 1157. Les dieux, que Jaczo a invoqués dans la bataille, l'ont abandonné et ne lui sont d'aucun secours dans la fuite, car les chrétiens se rapprochent. Il en entend les cris et tombe sur la rive de la Havel : au lieu de le sauver, les dieux l'ont conduit dans un cul-de-sac ! La foi du prince en Triglav, Belbog, Czernibog faiblit. L'image du Christ secourable lui vient alors à l'esprit et il le prie de le sauver en échange de sa conversion. Les poursuivants sont tout près. Jaczo plonge avec son cheval dans la Havel ; personne n'ose le suivre. Il encourage sa fidèle monture qui nage difficilement contre le courant et qui est emportée pendant que le prince s'agrippe à une branche de pin. S'agenouillant devant l'arbre, Jaczo remercie le Christ. Il suspend son bouclier *(Schild)* et son cor *(Horn)* à une branche en jurant de ne plus les porter. Frédéric-Guillaume IV fit ériger en 1844, à l'endroit où Jaczo aurait abordé, une colonne de grès figurant un tronc, auquel un bouclier est suspendu, et surmonté d'une croix.

Lindwerder – Cette petite **île** boisée (🚌 *218 Lindwerder ; prendre le bac)* est située en face de la plage de la baie de Lieper *(Lieperbucht)*. On peut rejoindre la plage de Wannsee en continuant de longer la Havel, puis par la route.

Schwanenwerder – *Accès par le Wannseebadweg.*
L'industriel Wilhelm Wessel acheta cette île, autrefois déserte, en 1882 et fit construire un pont. Des banquiers, des industriels, Bakounine en 1841, Goebbels après 1933 (on parla alors de l'« île aux grosses légumes »), le magnat de la presse Axel Springer y ont séjourné.

★★Strandbad Wannsee – *Voir WANNSEE.*

LES LACS

Suivre le chapelet de lacs : Grunewaldsee (par la rive Est), Krumme Lanke, Schlachtensee.

★Jagdschloß Grunewald (Pavillon de chasse de Grunewald) (M²⁸) ⊙ – *Entrer dans la cour.*
Ce rendez-vous de chasse occupe un endroit charmant, au bord du lac de Grunewald. Seuls la tour et l'escalier en colimaçon qu'elle abrite remontent à l'époque de la construction. Le petit musée possède de nombreuses **œuvres★★** de **Lucas Cranach l'Ancien** (1472-1553), exposées dans des pièces au charme rustique : neuf scènes du *retable de la Passion*,

provenant de la cathédrale de Berlin, des portraits de Princes Électeurs *(Joachim Nestor, Joachim II)*, le *diptyque d'Adam et Ève* et la gracieuse *Nymphe à la source*, très beaux exemples de nus. On remarquera également la série de portraits d'empereurs romains qui compte un *César* de Rubens. Le long bâtiment domestique qui fait face au pavillon abrite une collection d'armes et d'objets ayant trait à la chasse.

★Brücke-Museum (Musée du mouvement « Die Brücke ») (voir plan Berlin-Centre, 🄶 **EZ**) ⊙ – *Bussardsteig 9 :* 🚌 *115 Pücklerstraße. Emprunter la Pücklerstraße, puis le Fohlenweg, à gauche. Ce dernier débouche sur la Bussardsteig.* Ce musée retiré, construit en 1967 dans une forêt de pins et de bouleaux, possède une architecture fonctionnelle.

Ernst Ludwig Kirchner
Scène de rue à Berlin (1913)

La surface d'exposition est réduite, laissant une place aux sculptures sur bois. Le leg de **Karl Schmidt-Rottluff**, qui s'est éteint à Berlin-Ouest en 1976 et les 1 000 œuvres offertes par Erich Heckel constituent l'essentiel du fonds qui est exposé à travers des expositions temporaires *(sélection ci-après donnée sous réserves)*. Le musée possède également une belle collection de cartes, aquarellées ou coloriées, que les peintres de *Die Brücke* envoyaient à leurs parents ou amis, notamment l'égérie de Karl Schmidt-Rottluff, **Rosa Schapire**. Celle-ci collectionna ses œuvres et publia le premier catalogue de son œuvre gravée, à Berlin, en 1924.

On remarque : *Le Christ aux outrages* (1909) et *Vacanciers* (1911) d'Emil Nolde ; des Rottluff d'avant 1914 (*Femme rêvant*, 1912) ; *Le Bateau de pêche* (1913) de Max Pechstein et surtout *Scène de rue à Berlin* (1913) de Ernst Ludwig Kirchner ; *Tübingen* (1920) et *Deux baigneuses* (1921) de Erich Heckel.

L'origine de l'expressionnisme

En juin 1905, quatre étudiants en architecture de l'École technique supérieure de Dresde : Fritz Bleyl, Erich Heckel, **Ernst Ludwig Kirchner** et **Karl Schmidt-Rottluff**, tous autodidactes (à l'exception de Kirchner qui avait suivi les cours d'une école d'art de Munich) et férus de peinture, fondent le mouvement **Die Brücke (« Le Pont »)**. Ils signent leur premier manifeste, gravé par Kirchner, en 1906 : « Comme les jeunes qui portent en eux l'avenir, nous voulons conquérir la liberté d'agir et de vivre en nous opposant aux forces sclérosées du passé. Tous ceux qui sont des nôtres qui expriment spontanément et de façon authentique ce qui les pousse à créer. »

Les artistes du mouvement expérimentent diverses techniques : la gravure (où se distingua le Suisse Cuno Amiet), la peinture sur vitrail (Karl Schmidt-Rottluff), la tapisserie et le tissage. Leurs statues et leurs meubles en bois s'inspirent des arts « primitifs » africains et polynésiens. En 1906, **Emil Nolde** et **Max Pechstein** demandèrent leur adhésion. Attirés par le dynamisme de Berlin, Kirchner et ses amis quittent Dresde en 1911 et sont soutenus par la galerie *Fritz Gurlitt* et par le critique d'art **Herwarth Walden** dans sa revue *Der Sturm*. Ils trouvèrent à Berlin de nouveaux thèmes : spectacles de la rue, cabarets, théâtres, cirques, lieux d'élégance et de plaisir. Le groupe se sépare en 1913. En 1938, 608 œuvres de Schmidt-Rottluff, considérées comme de l'« art dégénéré », sont retirées des musées allemands.

★★ Les lacs – On ne se baigne guère dans le petit **lac de Grunewald (Grunewaldsee)** ; **Krumme Lanke** offre des plages aménagées bondées et de beaux points de vue sur ses rives boisées. Le lac le plus agréable pour la baignade est le **Schlachtensee★**. Une plage aménagée se trouve à proximité de la station de 🟢 *1 Schlachtensee*, mais il vaut mieux profiter du moindre espace entre les arbres. Sans la rumeur du S-Bahn, on se croirait en pleine nature.

Reprendre le S-Bahn à la station Nikolassee pour revenir dans le centre de Berlin ou aller à la station suivante de Wannsee.

★★ Strandbad Wannsee – *Voir WANNSEE.*

ALENTOURS

***Voir* DAHLEM★★★, WANNSEE★★, ZEHLENDORF★.**

HAVEL★★

Spandau, Wilmersdorf, Zehlendorf
Voir plan Berlin-agglomération, 🔟, **AUV**

Impossible d'évoquer la Havel sans parler de **Theodor Fontane** (1819-1898), dont les *Randonnées à travers la Marche de Brandebourg* décrivent avec charme les paysages et dressent la chronique des gens, des événements et de l'histoire de la région : « La Havel est un fleuve à part ; par sa forme, on pourrait l'appeler le Neckar d'Allemagne du Nord. Il se présente sous la forme d'un demi-cercle, arrivant du Nord pour repartir vers le Nord. Qui se rappelle la balançoire de son enfance, simple corde tendue entre deux pommiers, verra devant lui la courbe par laquelle la Havel se montre à nous sur les cartes. Le bleu de son eau et le nombre de ses baies (la Havel est en fait une suite ininterrompue de lacs) en font quelque chose d'unique. Le morceau de terre qui l'entoure, notre *Havelland*, est le berceau des cultures de nos régions. La culture la plus ancienne a vu le jour ici ; la culture la plus récente aussi. La Prusse a été édifiée à partir de Potsdam, éclairée à partir de Sans-Souci. La Havel fait ainsi partie des fleuves culturels allemands. »

RIVE OUEST : de Spandau à Sacrow

★**Spandau** – *Voir ce nom.* **U** *7 Rathaus Spandau. Depuis l'hôtel de ville de Spandau, prendre le* **BUS** *134.*

Weinmeisterhorn – **BUS** *134 Zur Haveldüne.*
Au bout de la rue *Zur Haveldüne*, un belvédère aménagé sur une dune offre une belle **vue**★ sur la Havel : on distingue l'observatoire du Teufelsberg et, émergeant de la forêt de Grunewald, la tour du même nom. Juste en dessous s'avance le petit promontoire de Schildhorn, mais les immeubles et les cheminées ne sont jamais loin ! En descendant la pente au Sud, poursuivre la promenade le long de la Havel, remarquer, sur la droite, une maison conçue par Hans Sharoun (Höhenweg 19). La **promenade**★ est agréable.
Monter à la hauteur d'un joli pavillon rond coiffé d'un dôme, puis prendre à gauche le Rothenbücherweg et rejoindre la Gatower Straße par le Bardeyweg.

Gatow – **BUS** *134 Alt-Gatow.*
La route principale traverse Gatow. La petite église est dans son enclos-cimetière.

Kladow – **BUS** *134 Alt-Kladow.*
Là encore, on découvre une petite église paroissiale et une jolie maison sur la place (Alt-Kladow 21). *Emprunter Alt-Kladow. A la hauteur de l'église, prendre, au Sud-Ouest, Sakrower Kirchweg.* Au n° 4, derrière un bâtiment en briques, curieux jardin de sculptures contemporaines *(propriété privée). Descendre la rue Alt-Kladow.*
En se promenant le long de la berge, bordée de restaurants et de villas cossues, on aperçoit les installations balnéaires de la plage de Wannsee. La promenade est jolie, car les vues sur la forêt de Düppel (dominée par la tour de la télécommunication de Wannsee) sont plus sauvages que les vues précédentes sur la Havel.
Le retour vers Wannsee en bateau se fait à l'embarcadère n° 3 (Brücke 3). Pour aller jusqu'à Sacrow, remonter la rue Alt-Kladow jusqu'à la place de l'église, puis le Kladower Damm sur 100 m et prendre le bus 697 jusqu'à l'arrêt Fährstraße.

Sacrow – *(Voir plan Potsdam et environs, p. 278-279, FT).*
Parc et château font partie des jardins et des châteaux royaux de Potsdam. Le nom est d'origine slave et signifie « derrière le buisson ». Il est mentionné pour la première fois dans le *Landbuch* de l'empereur Charles IV (14ᵉ s.). En 1773, des jardins y entouraient une maison domaniale. Un plan d'embellissement du parc est exécuté par **Peter Joseph Lenné** à partir de 1842, en ménageant des axes visuels vers Glienicke, Potsdam, La *Flatowturm* de Babelsberg.
L'**église du Sauveur** *(Heilandskirche)* fut construite (1844-44), sur ordre de Frédéric-Guillaume IV, par Ludwig Persius entre 1841 et 1844. On la voit mieux depuis la berge opposée du parc de Klein-Glienicke. De ce côté de la Havel, elle mérite bien son surnom : « Le navire. » Le roi et sa suite y allait presque chaque dimanche assister à la messe. Un témoignage de l'époque rapporte que « les grands seigneurs arrivaient habituellement en bateau sur le bassin bleu de la Havel, comme les habitants de Potsdam qui se rendaient presque toujours à l'église en gondoles ou en barques ».
On peut rejoindre la gare **S** *Potsdam-Stadt avec le* **BUS** *697 ou, dans l'autre sens, revenir à Alt-Kladow et prendre le bateau pour Wannsee.*

Escale à Wannsee

RIVE EST

Du promontoire de Schildhorn jusqu'au parc de Klein-Glienicke.

Schildhorn, Grunewaldturm★, Lindwerder, Schwanenwerder – *Voir GRUNE-WALD.*

★★ **Strandbad Wannsee** – *Voir ce nom.*

★★ **Pfaueninsel** – *Voir WANNSEE.*

★★ **Klein Glienicke** – *Voir WANNSEE.*

ALENTOURS

Voir **GRUNEWALD★★, POTSDAM★★★, SPANDAU★, WANNSEE★★.**

Vous souhaitez mettre votre voiture en sécurité.
Le guide Rouge Michelin Deutschland vous signale les hôtels possédant un garage ou un parking clos.

KÖPENICK – Großer Müggelsee★★

Köpenick
Voir plan Berlin-agglomération, **11**, **DV**

C'est aujourd'hui une jolie ville, qui conserve un caractère bien distinct de Berlin. La présence du *Großer Müggelsee* et de vastes étendues boisées, qui étaient le « poumon vert » de l'ancien Berlin-Est, en fait toujours un lieu de promenade très apprécié.

UN PEU D'HISTOIRE

Köpenick signifie étymologiquement « colonie établie sur une butte ». Avec Spandau, elle était l'un des deux établissements slaves importants de la région de Berlin. Le site, des îles au confluent de la Spree et de la Dahme, se prêtait merveilleusement à la défense. L'île du château *(Schloßinsel)* avait déjà été occupée au néolithique. Une forteresse y est construite vers 825. Ce sera un foyer de la colonisation slave, jusqu'au 12ᵉ s., et le centre politique des Spreewanes.

La rue **Alt-Köpenick**, qui relie le château au faubourg au bord de la Dahme, fut l'épine dorsale du développement de la ville au 13ᵉ s. Celle-ci s'étendit en direction du Vieux Marché *(Alter Markt)* au 14ᵉ s.

Köpenick se souvient de la « semaine sanglante » de juin 1933, peu après la prise du pouvoir par les nazis, lorsque 500 communistes et sociaux-démocrates furent arrêtés, torturés et 91 d'entre eux assassinés.

Le « capitaine de Köpenick »

Né en 1849 à Tilsit, **Wilhelm Friedrich Voigt**, apprenti cordonnier, quitte très jeune sa province natale pour Berlin. Il survit en commettant divers larcins qui lui valent de passer la moitié de sa vie en prison. Il en sort à 56 ans, achète aussitôt un manteau et, morceau par morceau, se constitue un uniforme complet d'officier de la Garde. Ainsi vêtu, le 16 octobre 1906, il prend le commandement de deux pelotons de garde sur le terrain de tir de Plötzensee, les conduit en train à Köpenick, arrête, « au nom de sa Majesté », le bourgmestre à l'hôtel de ville et se saisit des caisses contenant environ 4 000 RM. Il est arrêté peu de temps après et condamné à quatre ans de prison. Entre-temps, il est devenu une figure très populaire. 24 heures après l'événement, des feuilles et des caricatures circulent ; la presse internationale commente le fait. La satire publique cloue au pilori la « mentalité de sujet » *(Untertanengeist)* et le respect prussien de l'uniforme. Une firme de Heidelberg proposa même d'« emprunter » le prisonnier Voigt pour 150 000 RM, pendant trois mois, pour le montrer au public. Gracié par le Kaiser en 1908, il sort de prison sous les acclamations de la foule et se produit en spectacle au *Berliner Panoptikum (voir FRIEDRICHSTRASSE)*, vend des cartes, signées de sa main, le montrant en uniforme de capitaine (celui-ci est maintenant exposé au musée de la Police, *voir TEMPELHOF)*, entreprend une tournée à New York. Fortune faite (on évalue le montant des dons à 40 000 RM), il se retire au Luxembourg où il finit ses jours en 1922. Le dramaturge **Gerhart Hauptmann** utilisera cette histoire, qui inspira également une tragi-comédie de **Carl Zuckmayer** *(Der Hauptmann von Köpenick)*, pour dénoncer l'esprit d'obéissance.

PRINCIPALES CURIOSITÉS

★Oberschöneweide – Pour des raisons d'accessiblité, Oberschöneweide est traité sous *TREPTOW*.

Ⓢ *3 Köpenick. Descendre la Bahnhofstraße, artère commerçante qui a gardé ses façades d'avant-guerre.*

Realgymnasium Köpenick (Collège de Köpenick) – 🚊 *60, 61, 62, 68 Bahnhof-straße/Lindenstraße.*

Un conseil pour éviter l'attente :

Si le visiteur réside dans la partie Ouest de la ville et qu'il prend le S-Bahn, par exemple, à la station Charlottenbourg, plutôt que d'attendre le train direct pour Erkner, prendre les trains plus nombreux qui vont vers Ostkreuz (mais attention, pas les Ⓢ 6 et Ⓢ 9 qui contournent la station !). De là, les trains pour Erkner et Köpenick sont plus fréquents.

A l'angle de la Lindenstraße, cet imposant bâtiment néo-gothique *(voir aussi le collège de PANKOW)* est pittoresque, avec ses lucarnes, ses pinacles et de beaux remplages aux fenêtres ; la tour abrite l'escalier.

Vieille ville – 🚊 *62 Freiheit.*
Elle est dominée par la tour de l'**hôtel de ville**, l'un des plus beaux de l'agglomération berlinoise, bâti en 1904 et orné de briques vernissées de différentes couleurs. *Continuer vers le Sud le long de la rue Alt-Köpenick.*

★★Kunstgewerbemuseum (Musée des Arts décoratifs) (M²⁹) ⊘ – *Im Schloß Köpenick ;* 🚌 *167, 360 ou 🚊 26, 60, 62, 67, 68 Schloßplatz Köpenick.*
Ce musée, le premier musée des Arts décoratifs d'Allemagne, a l'avantage sur son homologue du *Kulturforum* d'être logé dans un sobre et élégant château baroque, au bord de la Dahme.

Rentrer dans la cour.

L'**église réformée** du château (1683-85, *sur la gauche*), bâtie par Johann Arnold Nering, est le premier bâtiment religieux à plan centré du Brandebourg. Aller au bout du jardin pour contempler la Dahme qui se partage en deux affluents.
Les pièces du musée sont de grande qualité et on les découvre sous des plafonds stucqués (1684-1690) exubérants, dont les peintures sont médiocres, mais qui ont un charme certain.

Rez-de-chaussée – Nombreuses pièces d'orfèvrerie d'Augsbourg et de Nuremberg : éléments de **surtouts** de table baroques et rococo (l'*Homme courbé sous son fardeau* serait une allégorie du commerce ; *Hercule portant le globe terrestre*) ; un panneau de cabinet est composé d'un relief, *La tentation de la foi*, et de 26 plaques en bronze et cuivre doré représentant des Vertus. Parmi le mobilier, on remarque d'élégants coffres de la Renaissance florentine et le **cabinet du château de Haldenstein★**, près de Coire, dans les Grisons (1548). Les panneaux marquetés représentent des vues d'architectures ; le poêle de Poméranie, en forme de deux tours, est très rare.

1ᵉʳ étage – Au débouché de l'escalier, les étagères à porcelaines, rouges et dorées, proviennent du château d'Oranienbourg (fin 17ᵉ s.). Sur la droite, **cabinets** en bois, laque et marqueterie de pierres dures ; armoire (*Kunstschrank*, vers 1600), d'Augsbourg, en ébène recouverte de reliefs en argent.
L'imposant **buffet** de la corporation des marchands de safran de Bâle, de 1663, est orné de colonnes torses et porte toute une rangée de hanaps. La renommée de l'ébénisterie française du 18ᵉ s. doit beaucoup à des maîtres originaires d'Allemagne, comme le montre la belle collection de mobilier allemand de cette époque. Le « Neuwieder Kabinett »★ est un cas extrême de leur virtuosité : il cache un piano et une flûte ! Le panneau en marqueterie, qui imite la gravure, est surmonté d'une horloge en bronze avec carillon. Le mobilier Renaissance est plus sombre et plus sévère ; on remarque, dans une vitrine, un immense plateau en verre de Murano du 16ᵉ s. Un couloir expose des **porcelaines★** de la manufacture royale de Berlin **(KPM)** : le panorama de Potsdam, depuis le Pfingstberg et son église russe, figure sur une amphore ; les pièces de services de Frédéric II, ornées de peintures de fleurs, d'épisodes de la mythologie ou en « bleu mourant », la couleur préférée du souverain, sont d'une délicatesse et d'un raffinement extraordinaires. Au bout de ce couloir, la partie supérieure de la pendule est de Charles Cressent (1685-1768). La **salle des armoiries★** *(Wappensaal)*, la plus belle du château, est ornée des armes des villes de Prusse. Dans une petite salle adjacente a été reconstitué le **grand buffet d'argent★★** *(Großes Silberbuffet)*, autrefois exposé dans la salle des Chevaliers du château de Berlin, et qui montre l'apparat ostentatoire dont aimaient s'entourer les princes Hohenzollern. Remarquer aussi, à côté des trônes en bois argenté et doré du Grand Électeur, l'énorme **hanap★** (après 1719), incrusté de 688 Thaler et de 46 médailles. Équipé d'un robinet, il servait de récipient à bière lors des réunions du *Tabakscollegium* qu'affectionnait le « Roi-Sergent *(voir POTSDAM).*

En traversant le pont *Lange Brücke* (belle vue sur les clochers de la vieille ville), et en continuant sur l'Oberspreestraße jusqu'aux n°ˢ 173-181, intéressant **Dorotheen-lyzeum** (1928-29) de Max Taut.

Revenir au S-Bahn (prendre le 🚊 *68 Köllnischer Platz ou 26, 60, 62, 67, 68 Schloßplatz Köpenick) et descendre à la station* Ⓢ *3 Friedrichshagen.*

AUTOUR DU MÜGGELSEE

Friedrichshagen – Friedrichshagen est un lieu de villégiature. La rue principale, la **Bölschestraße**, est agréable, commerçante et bordée de façades de la fin du 19ᵉ s. Une centaine de tisserands saxons et bohémiens, attirés par Frédéric II, s'y étaient établis. Le Müggelseedamm offre peu de vue sur le lac.

★★**Großer Müggelsee** – Sa forme ovale et le relief doucement ondulé du Müggelberg donnent aux rives du großer Müggelsee un aspect paisible.

Une plage est aménagée (Strandbad Müggelsee) ; on peut y aller avec le 🚊 *61 depuis la station* Ⓢ *Friedrichshagen. Longer le Müggelseedamm.*

L'hôtel *Seehof* (n°ˢ 288-292) offre une belle **vue**★★ sur cette étendue d'eau, l'une des plus belles de Berlin. Après l'hôtel, la rue est bordée par les pavillons néo-gothiques en briques de la **centrale hydraulique de Friedrichshagen** *(on ne visite pas)*. Le musée est sur la droite, au bord du lac.

★**Wasserwerk Berlin-Friedrichshagen** (Centrale hydraulique de Friedrichshagen) ◷ – 🚍 *60 Wasserwerk Friedrichshagen.* En 1680, le Grand Électeur ordonne qu'un « maître des ruelles » *(Gassenmeister)* nettoie les rues avec deux charrettes. Frédéric III publie un nouveau décret en 1700 : les ordures seront replacées dans les maisons si elles ne sont pas balayées ; les militaires furent même employés à cette tâche en 1735. Mais rien n'y fit et l'hygiène urbaine demeura catastrophique.

Selon un rapport de police de 1824, deux fontaines alimentaient en eau un lotissement abritant 2 000 personnes. Dans de nombreuses cours de *Mietskasernen*, lieux d'aisances et fontaines se côtoyaient, favorisant la propagation des épidémies. Le chimiste **Justus von Liebig** (1803-1873) prouva que la présence d'acide nitrique dans l'eau de fontaine accélérait la décomposition des résidus organiques. En 1850, 250 bouchers jetaient leurs déchets d'animaux dans la rue. Les caniveaux, de 30 à 80 cm de profondeur, recueillaient les déchets des ménages et des fabriques, provoquant des écoulements sales et malodorants.

Au milieu du 19ᵉ s., les progrès techniques favorisèrent la création de fontaines, de pompes. La première centrale hydraulique à vapeur fut construite en 1856 par l'Anglais **Henry Gill,** devant la Porte de Stralau, et filtrait l'eau de la Spree. Mais, entre 1851 et 1867, presque 19 000 personnes meurent du choléra et du typhus. Les épidémies seront endémiques jusqu'en 1873, date à laquelle **James Hobrecht**, aidé par le député **Rudolf Virchow** *(voir WEDDING)*, élabore le premier plan de canalisations. Berlin est divisé en douze régions équipées de pompes. Les canalisations, en argile ou en maçonnerie, conduisent les eaux usées vers les champs d'épandage de la périphérie. Le système est adopté, non sans mal, et fonctionne à partir de 1876. Le bâtiment actuel est un peu plus tardif. Il abrite une exposition intéressante sur les châteaux d'eau de Berlin, l'histoire des centrales hydrauliques, les canalisations, les procédés d'épuration chimique. La **salle des machines à vapeur** ★ *(Maschinensaal)*, qui donne sur le lac, est un mélange de décor néo-gothique et de passerelles métalliques. Une machine est en état de marche ; elle a un siècle d'âge et a cessé de fonctionner en 1979. Les roues pèsent cinq tonnes. Elles furent fabriquées par les firmes Schwarzkopf, puis Borsig.

Prendre le 🚊 *60 et descendre à Josef-Nawrocki-Straße. Rejoindre le Müggelpark au Sud.*

★**Am Müggelsee** – Un passage très frais *(Spreetunnel)* conduit à la promenade le long du Müggelsee, au milieu des pins. Une piste cyclable la double. A moins d'avoir une voiture, pour atteindre la Müggelturm, il faut marcher ou prendre le 🚍 *169, depuis la gare* Ⓢ *3 Köpenick,* et descendre à Chausseestraße (mais cela n'évite pas la grimpette !).

Müggelturm ◷ – La tour originale, en bois, a brûlé en 1958. Le restaurant possède une terrasse où il fait bon se reposer après la montée. Le **panorama**★★ depuis le sommet de la tour, sur des horizons lacustres et verdoyants, est immense.

Emprunter l'escalier et descendre tout droit vers le Sud.

★★**Langer See** – La promenade *Am langen See*, sur la rive Nord en retournant vers Köpenick, est calme et idyllique.

A la fin du parcours, la Wendenschloßstraße est la rue principale d'un quartier de villas. Prendre le 🚊 *62 Wendenschloß pour rejoindre la gare* Ⓢ *3 Köpenick.*

ALENTOURS

Voir TREPTOW.

KREUZBERG★★

Haut lieu du mouvement alternatif dans les années 80, quartier cul-de-sac entouré par trois pans du **Mur**, Kreuzberg était, avant le « tournant », le lieu d'élection de toutes les marginalités : importante communauté d'origine turque qui y vit regroupée, situation qui engendre des problèmes de cohabitation et d'assimilation, squatters, punks, « verts », alternatifs, gays qui lui donnaient un cachet et une convivialité uniques. L'arrondissement est devenu, avec l'unification, l'un des plus centraux de la ville et l'on craint la convoitise des entrepreneurs. Que va devenir Kreuzberg ? Apparemment, peu de choses ont changé : on fait toujours ses emplettes au marché turc le long du Landwehrkanal ; on écoute de la musique sur la Mariannenplatz ; on flâne dans le Görlitzer Park. S'attabler à une terrasse de la Bergmannstraße ou entrer dans un bar de l'Oranienstraße, si l'on préfère les ambiances un peu plus « dures » : il n'y a que l'embarras du choix ! Deux Kreuzberg s'opposent : la partie Ouest, plus « yuppie », avec de belles façades restaurées de *Mietskasernen*, et la partie Est, habitée par de nombreux Turcs et presque méditerranéenne. Il faudrait plus que la chute du Mur pour détruire le mythe de Kreuzberg.

Berlin, ville alternative – Berlin-Ouest fonctionne comme un laboratoire : héritier des révoltes estudiantines des années 60, les Alternatifs sont écologistes, pacifistes, en marge du monde parlementaire et s'opposent aux valeurs bourgeoises. Les femmes y occupent une place importante qui coïncide avec une fréquentation accrue dans les universités, la création de journaux, de revues qui leur sont destinés (*Emma*, qui lance le débat sur l'avortement), l'ouverture d'asiles pour femmes maltraitées, de cafés, de foyers, de clubs de rencontre, de centres de formation professionnelle. Pour vivre et travailler autrement, les Alternatifs s'organisent rapidement, créent des lieux comme le **Mehringhof** *(voir VIVRE A BERLIN)*, se gèrent de façon autonome et s'occupent de la défense des quartiers insalubres situés près du Mur, principalement **Kreuzberg**. En 1985, ils représentent plus de 10 % des voix aux élections municipales. A Kreuzberg, la liste dépasse le SPD.

★★KREUZBERG, partie Ouest

La promenade peut se diviser en deux en partant du musée des Transports et des Techniques.

Vers le Nord-Est :

★★ **Museum für Verkehr und Technik (Musée des Transports et de la Technique)** ⊘ – Ⓤ *2, 15 Gleisdreieck ou* Ⓤ *1, 15 Möckernbrücke.*
Il occupe les anciens bâtiments administratifs de la Société des Entrepôts frigorifiques. Des sections variées : informatique, télévision, radio, chemin de fer, industrie textile, navigation fluviale, des maquettes et surtout une très importante **collection de locomotives et de wagons★★**, rendent la visite de ce musée intéressante et spectaculaire. Un bâtiment est en construction pour la collection d'avions et de bateaux, car le musée a hérité du département de l'ancien musée de la Marine (*à l'étage* : nombreuses maquettes de bateaux et d'ouvrages de génie civil : ponts, installations portuaires). Une végétation abondante a poussé sur les voies désaffectées et abrite une faune remarquable. Les moulins à eau et à vent ne déparent pas dans cet espace naturel protégé.
Le **Spectrum★** *(150 m à l'Est en longeant Tempelhofer Ufer)* est une annexe du musée installée dans un bâtiment rectangulaire en briques. De multiples expériences manuelles y expliquent les propriétés physiques de l'optique, du courant électrique, des ondes, de la radioactivité, de la lumière, du son.
Emprunter la Schöneberger Straße.

Le paysage du **Landwehrkanal** mêle saules, passerelles métalliques et ponts. Le **Hebbeltheater** (Stresemannstraße 29, 1907-8) (**T²**) rendit célèbre l'architecte qui le construisit et qui se spécialisa dans les théâtres. Il récidiva en construisant la *Volksbühne (voir ORANIENBURGER STRASSE).*

Reste des Anhalter Bahnhofs (Ruines de la gare d'Anhalt) (B) – Ⓢ *1, 2, 25, 26 Anhalter Bahnhof.*
Un pan de mur et un fragment de portique, qui constituait le porche d'entrée : c'est tout ce qui reste de la **gare d'Anhalt**, autrefois la plus grande de Berlin. Contrairement à ses consœurs, qui furent toutes dynamitées dans les années 60 (sauf la gare de Hambourg), ses ruines ne furent pas entièrement rasées, en 1969, à cause de la faillite de l'entreprise de démolition.

Kochstraße – Ⓤ *6 Kochstraße.*
Elle traverse l'ancien quartier de la presse. Le *Tageszeitung* est logé dans un bel immeuble au n° 18, flanqué d'une annexe de verre et de métal : l'empire d'**Axel Springer** (l'éditeur du *Bild-Zeitung*), ardent partisan de l'unification, a établi son siège dans une tour bâtie à proximité immédiate du Mur. Tout un pâté de maisons se construit entre la Zimmerstraße et la Schützenstraße d'après une esquisse

Musée des Transports et de la Technique

d'Aldo Rossi. A l'angle de la Schützenstraße et de la Jerusalemer Straße, juste à côté de l'immeuble Springer, la **Mossehaus** (**C**) est un immeuble actuellement occupé par Elf. Il appartenait, à la maison d'édition du magnat de la presse **Rudolf Mosse** (éditeur du *Berliner Tageblatt*) et fut construit dans les années 20 par **Erich Mendelsohn** sur un immeuble antérieur du 19ᵉ s. endommagé pendant la révolution de 1918, et qui n'a pas entièrement disparu. Sa façade d'angle ressemble à une calandre d'automobile.

Haus am Checkpoint Charlie – **U** *6 Kochstraße. Voir FRIEDRICHSTRASSE.*

Oranienstraße 106-109, angle Alte Jakobstraße – **BUS** *129, 240 Waldeckpark.* Le bâtiment de la Dette publique *(Reichsschuldenverwaltung)*, en briques et orné de statues en terre cuite, fut construit durant les années où sévit l'inflation.

Lindenstraße – **BUS** *240 Am Berlin Museum.*
Au n° 20, entrer dans la cour néo-Renaissance du bâtiment des assurances Victoire *(Viktoria Versicherung*, 1906-13). La façade, d'un historicisme très lourd, mesure 130 m et cachait douze cours. Celle que l'on découvre offre un mélange très réussi entre des immeubles-pavillons modernes et le jardin.
Le **musée de la Ville de Berlin** *(Berlin-Museum, Lindenstraße 14)* (**M³**) occupe un élégant bâtiment baroque construit par Philipp Gerlach, l'architecte de l'église de la Garnison à Potsdam *(voir ce nom)*. C'est le premier bâtiment administratif de Berlin et le seul subsistant de l'époque du « Roi-Sergent ». Il abritait la Cour suprême (E. Th. A. Hoffmann, l'auteur de *Contes*, y eut son office). Autrefois, le pendant occidental du musée de la Marche de Brandebourg, le musée traitera du développement de Berlin aux 19ᵉ et 20ᵉ s. Il est en travaux en attendant l'ouverture, en 1998, de l'annexe en forme d'éclair du **musée Juif**, conçu par Daniel Liebeskind.
On peut faire une intéressante promenade à travers les **complexes résidentiels** des années 80 attenants au musée (notamment à partir du jardin situé derrière, bordé par l'annexe du musée juif et des pavillons, et accessible par la rue Am Berlin Museum) et aux Assurances *Victoire* : Alte Jakobstraße, **Ritterstraße** (nᵒˢ 63-64), réalisation (1979-88) de l'IBA 1987 qui rappelle les lotissements des années 20.

Mehringplatz und Friedenssäule (Mehringplatz et colonne de la Paix) – **U** *1, 6, 15 Hallesches Tor.*
La guerre a supprimé les perspectives convergentes, qui rappelaient celles de la *Piazza del Popolo* de Rome, des trois avenues qui structuraient le quartier de **Friedrichstadt** *(voir FRIEDRICHSTRASSE)*. Au **Rondell**, la Belle-Alliance-Platz de l'avant-guerre (en souvenir de l'alliance des coalisés à Waterloo), débouchaient sur la Wilhelmstraße, déportée un peu à l'Est, la Friedrichstraße et la Lindenstraße. La nouvelle place a été conçue par **Hans Scharoun** qui a disposé les immeubles d'habitation en deux cercles concentriques.

A partir de la station de U-Bahn Hallesches Tor, voisine de la Bibliothèque centrale (Amerika Gedenkbibliothek), on peut visiter la partie Sud du quartier.

Vers le Sud :

★★ Museum für Verkehr und Technik – *Voir ci-devant.*

Amerika Gedenkbibliothek (Bibliothèque centrale ou **AGB)** – **U** *1, 6, 15 Hallesches Tor.*
Offerte par les Américains, c'est l'une des bibliothèques les plus fréquentées de
Berlin. A côté, église de la Sainte-Croix *(Zum heiligen Kreuz)* néo-gothique à coupole.
Derrière l'AGB, se suivent cinq **cimetières**★ *(entrée par le plus ancien, dans la
Zossener Straße,* **K¹**).

Mehringdamm – **U** *6, 7 Mehringdamm.*
C'est la grande artère de Kreuzberg, point de rendez-vous des cinéphiles, des alternatifs et de la communauté gay, très animée autour du carrefour avec la
Gneisenaustraße. Une ancienne **caserne** (Kaserne des 1. Garde-Dragoner-Regiments),
toute en longueur, a l'aspect d'un château néo-gothique. Le **Mehringhof** *(Gneisenaustraße 2)*, ancien bâtiment d'usine, est un haut lieu du mouvement alternatif.
Vers l'Ouest, sur la Yorckstraße, l'**église St-Boniface** (**D**), néo-gothique, jouxte un beau
complexe résidentiel, le **« Riehmers Hofgarten »**★ (au n° 84), du nom de l'entrepreneur Riehmer. Il donne une idée de ces « rues secondaires », prévues par le plan
Hobrecht et qui n'ont pas été réalisées au profit des successions de cours des *Mietskasernen*. Avant d'y pénétrer, on peut jeter un œil sur l'immeuble *Jugendstil* voisin
du n°81.
La cour du *« Riehmers Hofgarten »* compose un cadre intime ; sortir sur la Großbeerenstraße. Immédiatement à droite, au n° 57, la minuscule salle du **Berliner
Kinomuseum** ⊙ présente des films expressionnistes allemands.

★ Viktoriapark – **BUS** *140 Kreuzberg/Wasserfall.*
Le **Monument national des Guerres de Libération** (Kriegsdenkmal), conçu en 1821 par
Schinkel pour commémorer la victoire des coalisés sur les troupes napoléoniennes,
s'inscrit dans la **perspective**★ très romantique d'une cascade, copie de la *Zackenfall*,
dans les monts des Géants *(Riesengebirge*, en Saxe). Cette flèche gothique de 22 m
de haut, surmontée d'une croix de Fer, a donné son nom au quartier *(Kreuzberg :
le « mont de la Croix »).* Les statues sont de Rauch, Tieck et Wichmann. Au sommet
de la colline, qui possédait autrefois un vignoble, **vue**★★ sur Kreuzberg et, au
Sud, sur la brasserie néo-gothique *Schultheiss*. Au-delà des clochers de l'église
St-Boniface, les immeubles modernes appartenaient à l'Ouest ; immédiatement
après, les barres de la Leipziger Straße faisaient partie du secteur Est ; dans l'axe
de la Großbeerenstraße, on aperçoit les dômes jumeaux des églises qui bordent
le Gendarmenmarkt, en plein quartier de Mitte, dans le secteur soviétique : on
comprend mieux ce que signifiait la coupure absurde de la ville.

★ Chamissoplatz – **BUS** *119 Bergmannstraße ou 341 Jüterbogerstraße, Marheinekeplatz.*
Les petites rues à l'Est du Viktoriapark constituent la partie la plus charmante de
Kreuzberg-Ouest, lieu d'élection d'une bohème chic. Les façades de *Mietskasernen*
néo-Renaissance, strictement alignées, sont peintes de couleurs tendres. Dans la
Fidicinstraße, un château d'eau néo-gothique de 1887-1889 abrite un café, un
centre pour la jeunesse, la communication et la culture, où ont lieu des concerts
libres en été. La **Bergmannstraße** et la Zossener Straße sont commerçantes, et la

« Riehmers Hofgarten »

première très fréquentée pour ses cafés et ses « Imbiss ». Un marché couvert se dresse à l'intersection de ces deux rues. La **Marheinekeplatz**, avec son aire de jeux pour enfants, est le lieu de rendez-vous des gens du quartier.

Au sud de la Bergmannstraße, quatre **cimetières**★ (**K²**), où l'on se promène dans la quiétude au milieu de arbres, abritent des stèles et des caveaux parfois extravagants, comme celui de la famille Oppenfeld en forme d'édicule égyptien.

ALENTOURS

Voir **FRIEDRICHSTRASSE★, KULTURFORUM★★★, KREUZBERG (partie Est)★★, POTSDAMER PLATZ, TEMPELHOF.**

★★KREUZBERG, partie Est

La partie Est de Kreuzberg, autrefois enserrée sur trois côtés par le Mur, est un quartier atypique. L'atmosphère y est « branchée », souvent conviviale. Bazars, snacks ou petits commerces turcs (et un grand marché) voisinent avec les bars, restaurants, cafés. Des placettes, des squares, souvent bordés d'églises ou de monuments du 19ᵉ s., servent de points de rencontre pour des animations en plein air (cinéma, concerts) accueillent des terrasses de cafés. Ancien quartier ouvrier, Kreuzberg-Est a conservé de bons exemples de « **Gewerbehöfe** », bâtiments à arrière-cours nombreuses où s'établirent les petites et moyennes entreprises à l'origine de la puissance industrielle de Berlin et qui demeurent des lieux d'habitation et des lieux de travail. Si le centre du quartier se situe un peu au Nord de la **Porte de Cottbuss** *(Kottbusser Tor)*, la partie la plus calme et la plus authentique s'étend entre la Porte de Silésie *(Schlesisches Tor)* et le **parc de Görlitz**.

A partir de la station Ⓤ *Kottbusser Tor.*

Vers le Nord-Est

Ⓤ **Kottbusser Tor** – Ⓤ *1, 8, 15 Kottbusser Tor.*
Le nœud de voies rapides aménagé à la Kottbusser Tor a défiguré le quartier. Le **musée d'Histoire locale** ◷ de Kreuzberg (**Kreuzbergmuseum**) se trouve Adalbertstraße 55 *(traverser le jardin d'enfants)*. Il organise des expositions temporaires.

Ancien quartier de « Luisenstadt » – 🚌 *129 Oranienplatz.*
A partir de l'**Oranienplatz**, une succession d'espaces verts en cours de réaménagement et de terrains vagues dégage la perspective de l'**église St-Michel** (Michaelkirche), qui appartient au quartier de Mitte. Le Mur passait devant ; les immeubles gris et tristes de l'ex-RDA sont repérables. Le faubourg de Neu-Cölln am Wasser (1695), première extension de celui de Köpenick, fut rebaptisé « ville Louise » *(Luisenstadt)* à partir de 1802, en l'honneur de la reine de Prusse. **Peter Joseph Lenné** l'aménagea dans les années 40 dans l'axe d'un canal maintenant recouvert par les espaces verts.

On remarquera les belles cours *(Gewerbehöfe)* de bâtiments industriels de la **Waldemarstraße**, alternant les briques rouges et beiges au n° **33** et, au n° **38**, en briques vernissées blanches.

Emprunter la **Naunynstraße**. Les arrière-cours comportent souvent un jardin, un bout de verdure avec une petite aire de jeux pour les enfants.

★**Oranienstraße** – C'est une rue à retenir pour sortir le soir. De l'Oranienplatz jusqu'à la **Heinrichplatz**, elle est bordée de nombreux bars rock *(voir VIVRE A BERLIN, la « Scène » berlinoise)*. Des boutiques de vêtements pour les jeunes, des magasins de brocante et de bandes dessinées côtoient de petits bazars turcs. Beaux *Gewerbehöfe* au n° **25**, en briques blanches et vertes, et au n° **183** *(Oranienhof)*.

Mariannenplatz – 🚌 *140 Mariannenplatz.*
Ce vaste rectangle de verdure est bordé par l'**ancien hôpital de Béthanie** (**E**) (aujourd'hui *Kunstamt Kreuzberg Bethanien*), centre culturel qui abrite un conservatoire et une bibliothèque turcs. Derrière *(contourner par le Sud)*, ont lieu en été des projections de films sur écran géant. L'**église St-Thomas**, qui ferme la place au Nord, bâtie par un élève de Schinkel, est l'une des plus élégantes de Berlin. On peut en admirer le tambour (la partie qui supporte la coupole, ici absente) à l'angle de la Wrangelstraße. Le **marché de l'Eisenbahnstraße** (**F**) *(Eisenbahnmarkthalle)*, le long de la Pücklerstraße, est un marché couvert, l'un des trois subsistants à Berlin *(voir KREUZBERG, partie Ouest et MOABIT)*. Au débouché de la Eisenbahnstraße, la **Lausitzer Platz** est agréable pour ses terrasses de cafés. Belle façade *Jugendstil*, Zeughofstraße 20.

Görlitzer Park (Parc de Görlitz) – Ⓤ *1, 15 Görlitzer Bahnhof ;* 🚌 *129* Ⓤ *Görlitzer Bahnhof.*
Il fut créé sur les anciennes voies de la gare du même nom. Au fond du parc, le Landwehrkanal (on peut se promener le long de ses berges), marquait la frontière avec Berlin-Est et le quartier de Treptow. Les rues adjacentes ont conservé leurs immeubles du 19ᵉ s. Cafés, restaurants, « Imbiss », petits commerces turcs en font un endroit très vivant, notamment le long de la **Wrangelstraße**.

Marcher jusqu'à la station Ⓤ *1, 14, 15 Schlesisches Tor.*

★ Oberbaumbrücke (Pont de l'« Oberbaum ») – **U** *1, 15 Schlesisches Tor.*
La station **Schlesisches Tor** est néo-gothique. L'**Oberbaumbrücke**, bâti dans le même style, est un peu le « Tower Bridge » de Berlin et vient d'être restauré. Il marquait autrefois la frontière entre l'Ouest et l'Est. Au 13ᵉ s., s'élevait à cet endroit une digue à péage en amont du Mühlendamm *(voir NIKOLAIVIERTEL)*, l'**Oberbaum**, composée d'une rangée de troncs d'arbres (*Baum* en allemand). Ils étaient maintenus dans le courant par des pieux de chêne. Le dispositif était complété, en aval, par une autre digue : l'*Unterbaum*.

Il suffit de traverser le pont pour voir la « Mauer-Galerie » de la Mühlenstraße, décrite dans le quartier de FRIEDRICHSHAIN.

Reprendre ensuite le métro **U** *1, 15 à Warschauer Straße ou Schlesisches Tor, jusqu'à Kottbusser Tor, et descendre la Kottbusser Straße.*

Vers le Sud-Ouest :

★★ Quais du Landwehrkanal – **U** *1, 8, 12, 15 Kottbusser Tor.* Des deux côtés du pont de Cottbuss *(Kottbusser Brücke)*, les quais *(Ufer)* du Landwehrkanal offrent une animation et l'un des paysages urbains les plus attachants de Berlin :
– **Paul-Lincke-Ufer :** cafés au début, belles façades *Jugendstil*. Extraordinaire *Gewerbehof* au n° **40** : quatre cours successives ! Voir aussi les nᵒˢ 42/43.
– **Maybachufer :** Le **marché turc★★** du vendredi après midi est très pittoresque. On y trouve toutes les saveurs et les senteurs de la Méditerranée : pastèques, légumes, olives, pépites, poissons, épices et des tissus. Kottbusser Damm 2-3, intéressante façade rayée de Bruno Taut.
– **Plan Ufer :** Belle suite de façades *Jugendstil* et historicisantes à pignons néo-gothiques.
– **Fraenkelufer :** Le Landwehrkanal est bordé de saules ; la rive est agrémentée de pelouses. Seule la blanche salle de réunion de la Communauté *(Gemeindezentrum)* a subsisté de la **synagogue orthodoxe** (Orthodoxe Synagoge am Kottbusser Ufer), profanée par les nazis et détruite durant la guerre. L'intérêt de ce quai réside aussi dans les exemples de maisons bâties lors de l'**IBA 1987** *(voir INTRODUCTION, architecture et urbanisme)* : immeuble d'angle du n° 26, nᵒˢ **38 et 44★**. Il faut passer sous les pilotis pour accéder au jardin. Les immeubles qui y donnent, avec leurs balcons, leurs lucarnes pointues, sont encore plus réussis.

Wassertorplatz et quartier de la Ritterstraße – **U** *1, 8, 12, 15 Kottbusser Tor* ou **BUS** *140, 141 Segitzdamm.*
L'Elisabethhof a été construit en 1897-98. La **Ritterstraße** était, avant la guerre de 1914, le cœur des exportations berlinoises, arrivant en tête de certains secteurs (mécanique de précision, industrie légère) pour toute l'Allemagne. Intéressante **Pelikan-Haus** aux nᵒˢ 9-10.

ALENTOURS

Voir **FISCHERINSEL★, FRIEDRICHSTRASSE★, KREUZBERG (partie Ouest)★★, NEUKÖLLN, TREPTOW.**

Passage du U-Bahn sur L'*Oberbaumbrücke*

Ph. Gajic/MICHELIN

KULTURFORUM★★★

Tiergarten

Voir plan Berlin-Centre, **7**, **8**, **HJV**

Dès 1938, **Albert Speer** avait fait démolir des rues entières du quartier aisé entourant l'église St-Matthieu dans le cadre des grands travaux de la future « Germania ».
Autrefois à proximité du Mur, le **Forum de la Culture** était un endroit marginal occupé par des institutions prestigieuses. Le talent des architectes n'a pu compenser cet isolement. Mais, avec le chantier voisin de la **Potsdamer Platz** *(voir ce nom)*, l'un des principaux points de réduction de la fracture Est/Ouest, le **Kulturforum**, au cœur de la ville, acquerra les caractères d'une vraie place fréquentée. Car il regroupera bientôt tous les musées consacrés à l'art européen et constitue déjà l'une des attractions majeures de Berlin.

> U-Bahn et S-Bahn le plus proche : **Ⓢ** *1, 2, 25, 26 et U 2 Potsdamer Platz*, ou **🚍** *142, 148, 348 Kulturforum*.

LES INSTITUTIONS CULTURELLES

★★★**Philharmonie** (**T³**) – *Matthäikirchstraße 1.*
L'entrée se situe à l'Ouest pour la **Philharmonie** (1960-1963 ; *voir INTRODUCTION, ABC d'architecture*), chef-d'œuvre de **Hans Scharoun**, au Sud pour la Salle de Concerts de Musique de Chambre ou **« Kammermusiksaal »**, construite deux décennies plus tard (1984-1987) par son élève Edgar Wisniewski sur une esquisse du maître. Ces deux salles sont mondialement célèbres pour abriter l'**Orchestre philharmonique de Berlin** *(Berliner Philharmoniker)* dirigé, de 1955 à 1989, par **Herbert von Karajan**. L'établissement méritait ainsi son surnom de *« Zirkus Karajani »*, par référence au cirque *Sarasani* d'avant-guerre. En 1989, Karajan disparaît et est remplacé par le chef d'orchestre italien Claudio Abbado. A côté, le petit **musée des Instruments de Musique★** *(Musikinstrumenten-Museum,* (**M⁴**) ⊘ est un bâtiment moderne (1983), clair et agréable. Les instruments sont exposés autour d'un atrium couvert : instruments à vent de l'église St-Wenzel à Naumbourg, « serpent », clavecins peints, orgues (dont un positif d'Allemagne du Nord-Ouest du 17ᵉ s. et le curieux clavier du *Mighty*, orgue américain Art déco).

★★**Kunstgewerbemuseum** (**Musée des Arts décoratifs**) (**M⁵**) ⊘ – *Matthäikirchplatz 8.*
Comme son voisin, le tout nouveau musée d'Art européen, le bâtiment du musée des Arts décoratifs (l'institution a été fondée en 1867) est à moitié enterré et manque d'apparence à l'extérieur. L'aménagement intérieur spacieux et la clarté de la présentation rendent la visite très agréable. Le musée possède une magnifique collection de pièces d'orfèvrerie. Il existe un autre musée des Arts décoratifs dans le château de Köpenick *(voir ce nom)*.

Parmi les nombreux chefs-d'œuvre, on remarque *(du sous-sol au 1ᵉʳ étage)* :
– **Le trésor des Welf★★★** *(« Welfenschatz »)* – Les Welf, qui ont donné naissance à la dynastie de Hanovre, sont la famille princière la plus vénérable d'Allemagne. Leur trésor, de style roman, contient des pièces exceptionnelles : L'**autel portatif d'Eilbertus** (Cologne, 1150), la **croix des Welf**, le **livre de messe du duc Otto de Milden**, le **buste-reliquaire de St-Blaise** et le **reliquaire en forme d'église à coupole** (Cologne 1175-1180).

– Le **reliquaire de St-Georges★** provenant d'Elbing (1480).

– La **cassette à épices★** *(Kassette für Spezereien)*, marqueterie en pierres dures d'origine florentine (1690-1695).

– Le spectaculaire **trésor de Lünebourg★★★**, dont les hanaps gigantesques de vermeil appartenaient au conseil municipal de cette petite ville d'Allemagne du Nord, et des objets provenant du **« cabinet d'art »** *(Berliner Kunstkammer)* des Hohenzollern. On est séduit par la fantaisie des figures sorties des ateliers

Reliquaire, Cologne, 1175

d'Augsbourg, de Prague ou de Nuremberg : verseuse en forme d'éléphant de guerre, corne à boire avec Jonas, Diane sur le cerf ou sur un hanap, calice en forme de pied de vigne.

– Collection de **textiles.**

– Atelier de **design berlinois** : la « nouvelle rigueur des années 80 ». Meubles italiens aux formes fantastiques des années 60, objets « Pop ».

– Mobilier d'un salon par Carlo Bugatti (Milan, vers 1885), où se mêlent les influences de l'art japonais et de l'art arabe ; exposition de **costumes** par roulement.

– Cadre en bois rococo « pour l'image de la Grâce » de l'église de pèlerinage du Sonntagberg (basse-Autriche). Ce cadre servait à la fabrication d'un cadre identique en argent qui, avec l'image de la Grâce entourée d'une gloire, formait le centre de l'autel principal de l'église.

– Cabinet chinois provenant d'un palais de Turin (1765) et **cabinet aux miroirs** du château de Wiesentheid ; vase à parfums chinois (glaçure noire) aux ornements de bronze français de la 1ʳᵉ moitié du 18ᵉ s.

– Parmi les nombreuse **porcelaines**, chandeliers « aux éléphants » de Meißen (1735-1940) et service des « légendes mythologiques » (Berlin, 1783).

Museum für Europäische Kunst (Musée d'Art européen) (**M⁶**) – *Matthäikirchplatz 6.* Ce musée abritera, à partir de 1998, les galeries de Peinture provenant de Dahlem et du musée Bode. Le cabinet des Estampes, la bibliothèque des Arts *(Kunstbibliothek)* et des salles utilisées pour les expositions temporaires sont déjà ouverts à la visite.

★**Kupferstichkabinett-Sammlung der Zeichnungen und Druckgraphik** (cabinet des **Estampes) (M⁶)** ⊘ – Des expositions temporaires y ont régulièrement lieu. La **bibliothèque des Beaux-Arts** *(Kunstbibliothek)* ⊘ est installée à côté.

St-Matthäus-Kirche (Église St-Matthieu) ⊘ – Elle a été élevée en 1844-46 par Friedrich-August Stüler, l'architecte du Nouveau Musée *(voir MUSEUMSINSEL).*

★★**NEUE NATIONALGALERIE** (**NOUVELLE GALERIE NATIONALE**) (**M⁷**) ⊘
Potsdamer Straße 50.

Ce bâtiment construit de 1965 à 1968 par **Mies van der Rohe,** le directeur du Bauhaus au début des années 30, était un projet pour Cuba. La partie « aérienne », dont le toit-terrasse repose sur des supports métalliques et des murs de verre, est réservée aux expositions temporaires. Le musée, aménagé dans le socle et éclairé par un jardin de sculptures, abrite de très belles salles d'exposition consacrées à l'art du 20ᵉ s. Pour ceux qui aiment le premier expressionnisme de *Die Brücke* (« Le Pont », *voir GRUNEWALD*), la Nouvelle objectivité *(Neue Sachlichkeit)* et les grands noms de l'art moderne, c'est là qu'il faut aller. La **gare de Hambourg** (Hamburger Bahnhof, voir *MOABIT*) accueille l'art contemporain.

On remarque :

Max Ernst, *Capricorne* (1948-1964), à l'entrée.

Edvard Munch, *la Frise de la Vie* pour le théâtre de la *Kammerspiele* de Max-Rheinhardt (1906-1907) ; *Portrait* du comte Harry Kessler (1906).

Georg Kolbe, *Danseuse* (1911-1912).

Ernst Ludwig Kirchner, *Le Pont du Rhin à Cologne* (1914), *Potsdamer Platz* (1914).

Emil Nolde, *Pentecôte* (1909).

Ernst Barlach, *Les Abandonnés* (1913).

Lionel Feiniger, *Teltow II* (1918).

Rudolf Belling, *Triple accord* (1919) ; *Sculpture 23* (1923).

Oskar Kokoschka, *Portrait de l'architecte Adolf Loos* (1909).

K. Göken/NATIONALGALERIE - PREUSSISCHER KULTURBESITZ

Georg Kolbe – *Danseuse* (1911-1912)

Stabile de Calder à côté de la Nouvelle Galerie nationale

Otto Dix, *Portrait du marchand d'art Alfred Flechtheim* (1926) ; *Les Joueurs de skat* (1920), récemment acquis ; *Flandres* (1934-1935).

George Grosz, *Les Piliers de la société* (1926).

Käthe Kollwitz, *Mère et ses enfants* (1932-1937).

Max Beckmann, *Naissance* (1937) ; *Mort* (1938).

La Galerie abrite aussi des tableaux de Pablo Picasso, Laszlo Moholy-Nagy, Robert Delaunay, Fernand Léger, Salvador Dali, Paul Klee et de nombreuses œuvres des années 60 et 70. La librairie est riche, mais n'a aucune place.

★**Staatsbibliothek Preußischer Kulturbesitz** (**Bibliothèque nationale**) (**M⁸**) ⊘ – *Potsdamer Straße 33.*

Conçue par **Hans Scharoun** entre 1967 et 1978, elle mérite que l'on y entre pour admirer les espaces intérieurs. La salle de lecture, lieu d'une belle scène des *Ailes du Désir* de Wim Wenders, est un immense hall incurvé, très clair, avec des

---

Berlin, capitale de la psychanalyse

Les docteurs jouent un grand rôle dans le Berlin des années 20 : Alfred Döblin, Gottfried Benn, Friedrich Wolf, Richard Hülsenbeck, Magnus Hirschfeld *(voir TIERGARTEN)*. Mais le terrain est surtout favorable à la psychanalyse. En 1906, Max Reinhardt avait créé à Berlin la pièce, interdite pendant 16 ans, de Frank Wedekind : *L'Éveil du printemps (Frühlingserwachen)*, qui évoque les émois de deux adolescents et d'une jeune fille. Elle suscite l'intérêt de la société psychologique de Vienne, tenue au domicile de Freud qui venait de publier, l'année précédente, *Trois essais sur la théorie de la sexualité*. Freud avait nourri des espérances pour Budapest, mais elles se concrétisent à Berlin. **Karl Abraham**, psychanalyste formé par Jung, est le premier à s'y installer. L'institut psychanalytique de Berlin, la « **Policlinique** », est fondée le 14 février 1920, Potsdamer Straße 29. Centre de recherche, lieu d'enseignement et dispensaire, elle accueille de nombreux militaires et civils souffrant de « névroses de guerre ». L'équipe de Berlin, qui compte aussi Max Elington ou Ernst Simmel, fut la première à exiger que les futurs analystes fussent eux-mêmes analysés. Le VIIᵉ congrès international de psychanalyse eut lieu, du 25 au 27 septembre 1922, en présence de Freud qui y tint une conférence mémorable : *Quelques remarques sur l'inconscient*. La psychanalyse participa à l'effervescence culturelle de la ville dans l'entre-deux-guerres : *Le Montreur d'ombres (Schatten)* d'Arthur Robison anticipe le film de Pabst, *Le Mystère d'une âme (Geheimnisse einer Seele)*, produit par l'UFA en 1926 avec la collaboration scientifique de Freud, Sachs, Abraham. Ce dernier meurt le jour de Noël 1925. Les étudiants de la « Policlinique » : Erich Fromm, Herbert Marcuse, Wilhelm Reich et Manes Sperber acquerront une grande célébrité dans leur exil américain et influenceront durablement la vie intellectuelle de la jeune République fédérale d'Allemagne.

« terrasses » de lecture où les tables de travail alternent avec les fichiers. Les étudiants planchent sur leurs mini-ordinateurs. Le magasin est la partie supérieure, aveugle comme la Philharmonie et recouverte de plaques d'aluminium. Une extension est prévue dans le cadre des travaux qui réuniront le Kulturforum à la Potsdamer Platz.

Potsdamer Straße – La route menant à Potsdam fut la première voie pavée de Prusse (1792). C'est aujourd'hui une large rue commerçante ; on y trouve également le théâtre de Variétés *Wintergarten (voir VIVRE A BERLIN).*

LE LONG DU LANDWEHRKANAL

Landwehrkanal – *Suivre la rive vers l'Ouest sans traverser le pont de Potsdam (Potsdamer Brücke).*
Le visiteur passe devant l'ancien quartier général de la Marine et siège de l'état-major des Armées (1911-1914 ; Reichpietschufer 72-76). Affecté au ministère de la Défense, c'est également l'adresse officielle du ministère fédéral du Travail, dont le siège reste à Bonn. Les bâtiments circulaires peints de bandes rouges et bleues abritent le Centre scientifique de Berlin (*Wissenschaftszentrum Berlin*).

Shellhaus – *Reichpietschufer 60/62 ;* 🚌 *129 Gedenkstätte Deutscher Widerstand.* Les ressauts en forme de vagues de cet immeuble (1930-1931) produisent un effet dynamique et plastique. L'architecte **Emil Fahrenkamp** dut effectuer 324 visites auprès des services de l'Urbanisme pour présenter ses plans.
Tourner à droite dans la Stauffenbergstraße.

La résistance allemande

Jusqu'en 1938, de nombreuses personnes ont risqué leur liberté pour distribuer journaux clandestins, tracts, venir en aide aux prisonniers évadés. Les églises, en tant qu'institutions, résistent moins que des individus isolés ou de petits groupes, surtout de gauche (cellules du parti communiste). Le jeune social-démocrate **Willy Brandt** dirige pendant quelques mois une organisation qui sera démantelée en 1939. La plupart des résistants sont arrêtés, exécutés à la prison de Brandebourg (où succomberont un millier de résistants pendant la guerre) ou à celle de Plötzensee.
Berlin est au cœur du système répressif. La population demeure passive et les succès diplomatiques d'avant-guerre confortent le régime.
Des noyaux d'opposition se forment dans l'armée, l'administration, l'aristocratie prussienne. L'« **Orchestre rouge** », fondé par l'officier Harro Schulze-Boysen et le haut fonctionnaire Arvid Harnack, envoie des renseignements secrets à Moscou ; le **Cercle de Kreisau**, du comte Yorck von Wartenburg, mouvement d'inspiration chrétienne et socialiste, est à l'origine de l'attentat manqué contre Hitler perpétré par le comte Claus von Stauffenberg. La répression est terrible : 7 000 arrestations, 2 000 exécutions.

Gedenkstätte Deutscher Widerstand (Mémorial de la Résistance allemande) ⏱ – *Stauffenbergstraße 11-13 ;* 🚌 *129 Gedenkstätte Deutscher Widerstand.*
Depuis 1938, l'ancien quartier général de la Marine, devenu siège du ministère de la Défense puis, après 1935, des « Commandos supérieurs de la Wehrmacht, de l'état-major et de la Marine », abritait des opposants à Hitler et à ses projets belliqueux. Le colonel **Klaus Schenk, comte de Stauffenberg** y possédait son bureau, comme le général Friedrich Olbricht et Albert Ritter Merz von Quirnheim, qui prépara ici l'attentat manqué contre Hitler, le 20 juillet 1944. Ils furent exécutés dans la cour le jour suivant. La rue fut rebaptisée *Stauffenberg* en leur honneur en 1954. Une exposition très complète *(2ᵉ étage, 1ʳᵉ porte à gauche dans la cour)* retrace la fin de la République de Weimar, la montée du national-socialisme et l'arrivée au pouvoir de Hitler et illustre toutes les formes de résistance : politique, religieuse, culturelle, scientifique, depuis l'exil et dans le courant de la guerre *(une feuille rappelle les événements en français).* C'est un véritable centre de recherche (coupures de journaux, biographies, rapports de procès, trois salles pour des projections de films).
Revenir vers le Landwehrkanal et continuer vers l'Ouest. Tourner dans la première rue à droite, la Hildebrandtstraße.

Un peu plus au Nord l'**ancien quartier diplomatique** laisse une curieuse impression : le quartier est dévasté, laissé à l'abandon ; la nature y a repris ses droits. Plusieurs ambassades devraient y être reconstruites, mais certaines subsistent, comme celle d'Italie – désormais consulat général – et celle du Japon, qui abrite un centre culturel. Le néo-classicisme de cette dernière s'accorde parfaitement aux visions de Speer pour ce quartier en bordure de l'axe Nord-Sud.
Continuer à l'Ouest le long du Landwehrkanal.

« Stiftung Preußischer Kulturbesitz »

C'est la dénomination que l'on rencontre un peu partout sur les panneaux des musées berlinois. Près du Landwehrkanal, la **villa Von-der-Heydt** (**H**) (1860-1862 ; *Von-der-Heydt-Straße 16*), néo-classique, abrite le siège du complexe d'institutions culturelles le plus important d'Allemagne, la **Fondation du Patrimoine culturel prussien.** L'État de Prusse ayant été dissout par le Conseil de contrôle allié en 1947, à qui donc revenaient ses collections, du moins celles entreposées à l'Ouest ? Fallait-il les répartir entre les différents *Länder*, successeurs légaux de l'État prussien ?

La fondation, créée en 1957, héritière du nom et des collections de la Prusse, effectue un travail remarquable : elle fait bâtir l'extension de Dahlem, la Nouvelle Galerie nationale de Mies von der Rohe, aménager le musée égyptien de Charlottenbourg et mène une politique active d'acquisition et de recherche.

★Bauhaus-Archiv, Museum für Gestaltung (Musée du « Bauhaus ») ⊙ – *Klingelhöferstraße 14 ;* 🚌 *129 Köbisstraße.*

Il s'agit plus d'un centre de recherches (1979), construit sur des plans de Walter Gropius, que d'un musée. Des expositions temporaires et une bibliothèque rappellent la nature et les représentants du mouvement, né en 1924 à Weimar, et qui s'installa par la suite à Dessau et à Berlin.

Deux exemples d'habitations IBA 1987 :

Le quartier diplomatique se poursuit à proximité immédiate du Tiergarten *(voir ce nom)*. Il faut voir la surprenante « **Ökohaus** » *(Corneliusstraße 11-12)*, conçue par des architectes et leurs clients qui devaient y vivre. L'usage en est écologique : plantations sur les terrasses, matériaux écologiques, utilisation économique de l'eau (dont celle de pluie) et de l'électricité, récupération de l'eau pour le chauffage. Disposées autour d'un jardin, des villas IBA 1987 (1983-1984, *voir INTRODUCTION, architecture et urbanisme*) bordent la **Rauchstraße.**

Ceux qui aiment ces réalisations peuvent parcourir la **Lützowstraße,** à l'Est de la Lützowplatz, jusqu'à la Magdeburger Platz, avec le 🚌 *341.*

ALENTOURS

Voir **KREUZBERG (partie Ouest)★★, POTSDAMER PLATZ, SCHÖNEBERG★, TIERGARTEN★★.**

KURFÜRSTENDAMM★★

Charlottenburg, Wilmersdorf
Voir plan Berlin-Centre, 🆅, 🆆, **EFGHVX**

« Champs-Élysées » de Berlin, le **Kurfürstendamm** (littéralement : « chaussée des Princes Électeurs ») était une route, aménagée par le margrave Joachim II (1535-1571), reliant le château de Cölln *(voir SCHLOSSPLATZ)* au pavillon de chasse de Grunewald *(voir ce nom)*. Il ne prit une physionomie urbaine qu'en 1886, sous l'impulsion de Bismarck, qui voulait faire de Berlin une ville aussi brillante que le Paris haussmannien. De fait, le Kurfürstendamm devint, avec l'**Église du Souvenir** *(Gedächniskirche)*, le centre des nouveaux quartiers bourgeois de l'Ouest en pleine expansion et détrôna, immédiatement avant le premier conflit mondial, l'avenue Unter den Linden et la Friedrichstraße comme centre de la vie mondaine, culturelle et nocturne. Des immeubles cossus, précédés de jardinets, s'y élevèrent. Certains subsistent. Ils abritaient des appartements de 200 à 300 m² équipés de tout le confort moderne (Il suffit de prendre une pension dans les environs de Ku'damm pour voir ces appartements aux pièces immenses). Avec ses cafés, ses théâtres, ses salons de thé sélects et surtout ses grands cinémas, comme le *Palast am Zoo* ou le *Gloria-Palast*, le quartier était emporté dans un tourbillon de plaisirs et connaissait le bouillonnement intellectuel et artistique dans l'entre-deux-guerres. Goebbels n'aura de cesse de tempêter contre cette effervescence à partir de 1926. Après la guerre, le Kurfürstendamm, ruiné, se reconstruisit rapidement pour devenir la vitrine de Berlin-Ouest. Même si ce n'est sans doute pas l'endroit le plus authentique de la capitale, il reste fascinant, surtout la nuit, lorsqu'il est éclairé de multiples enseignes lumineuses, et constitue avec ses cinémas, ses cafés, ses boutiques élégantes, une artère cosmopolite, très agréable à parcourir.

Outre la gare Ⓢ + Ⓤ **Zoologischer Garten**, de nombreux bus desservent le Kurfürstendamm : 🚌 119, 129, 219 Europa-Center, Ⓤ Kurfürstendamm, Ⓤ Uhlandstraße, Rathenauplatz ; 🚌 100 Breitscheidplatz. Les 🚌 100, 146 s'arrêtent à Europa-Center, le 🚌 129 à Ⓤ Kurfürstendamm et le 🚌 104 à Rathenauplatz.

Église du Souvenir à travers la sculpture *Berlin*

FLÂNER LE LONG DU « KU'DAMM »

Tauentzienstraße – Ⓤ *1, 2, 12, 15 Wittenbergplatz.*
C'est depuis cette rue que l'on a la meilleure **vue**★ sur l'église du Souvenir, à travers la sculpture *Berlin*, deux gros maillons en aluminium, œuvre des époux Brigitte et Martin Matschinsky-Denninghoff, qui célèbrent le 750e anniversaire de la ville. La principale attraction de la rue est le **KaDeWe**★ *(voir aussi VIVRE A BERLIN, Les achats)*, grand magasin chic construit en 1906 dans un style sobre, inhabituel à l'époque.

Europa-Center – *Tauentzienstraße 9 :* Ⓤ *9, 15 Kurfürstendamm.*
L'escalier entourant la **« Weltkugelbrunnen »** (« fontaine de la sphère terrestre » ou « La quenelle ») conduit à l'entrée de l'Europa Center, une galerie marchande sur plusieurs étages (beaucoup de gadgets pour touristes). La fontaine *L'horloge du temps qui passe*, au centre de l'atrium, sorte d'alambic vertical a été baptisée, à cause du liquide phosphorescent qui y circule, « distributeur de jus de fruits ».

Breitscheidplatz – Ⓤ *9, 15 Kurfürstendamm.*
Le parvis entre l'église du Souvenir et l'Europa Center est un lieu de rendez-vous classique ; il s'y produit toujours quelque chose. Badauds, touristes, adeptes du roller en ligne se rassemblent autour des musiciens de rue et autres animateurs. A la fin du mois d'août, la fête bat son plein le long du Kurfürstendamm et de la Tauentzienstraße, mais spécialement à cet endroit. Entre deux stands de bijoux fantaisie et de chapeaux, on peut y manger saucisses, cuisines vietnamienne ou turque. Il s'y tient également un beau marché de Noël.

★ **Kaiser-Wilhelm-Gedächtniskirche (Église commémorative dédié à Guillaume Ier ou « église du Souvenir »)** ⊘ – Ⓤ *9, 15 Kurfürstendamm.*
De l'église néo-romane construite entre 1890 et 1895 par **Franz Schwechten**, l'architecte de la gare d'Anhalt, et dédiée à l'empereur Guillaume Ier et au « jour de Sedan » *(Sedantag)*, ne subsiste que le clocher tronqué, « la dent gâtée » ou la « dent creuse », comme le surnomment familièrement les Berlinois. La nouvelle église et son clocher (le « rouge à lèvres » et le « poudrier », dans la même veine populaire), œuvre d'**Egon Eiermann** (1959-1961) forment, avec la ruine, un ensemble original qui est l'un des emblèmes de Berlin. Les vitraux bleus fabriqués à Chartres produisent un très bel effet, que ce soit à l'intérieur de l'église, où un grand Christ doré est suspendu, ou à l'extérieur, la nuit, lorsque le sanctuaire est éclairé du dedans. Le narthex de la vieille église possède des mosaïques montrant la généalogie des Hohenzollern (jusqu'au Kronprinz, fils de Guillaume II, et son épouse, à l'extrême droite) et une maquette du quartier et de l'église avant 1943, année où il fut bombardé.

★★★ **Zoologischer Garten** – Ⓢ + Ⓤ *Zoologischer Garten. Voir ce nom.*

★★ **Kurfürstendamm** – Ⓤ *9, 15 Kurfürstendamm.*
L'avenue est moins rectiligne et solennelle que son équivalent parisienne. Quelques beaux immeubles *Jugendstil* subsistent, comme le n° 234, près de la *Gedächnis-kirche*, ou à l'angle avec d'autres rues, souvent plus élégantes que le Ku'damm.

Le lourd n° 59-60 sur l'Olivaer Platz, bâti en 1905-1907 et coiffé de dômes boursouflés, mérite bien l'appellation de Christopher Isherwood qui évoquait les « coffres-forts monumentaux ». Celui-ci comprenait, à l'origine, des appartements respectivement de 8 et de 11 pièces et de 410 et 575 m². Le goût de l'Allemagne wilhelmienne pour les immeubles d'angle, adresses de prestige, est aussi une tendance actuelle avec le **Ku'70** (*Kurfürstendamm 70*), immeuble-proue en verre.
Entre deux commerces élégants (dont celui de la **KPM**, au n° 26A), on découvre :

– Le **Café Kranzler**. Autrefois au carrefour d'Unter den Linden et de la Friedrichstrasse, il fut rebâti à l'angle de la Joachimstaler Straße dans les années 50. Une polémique est née à la suite du projet de l'architecte chicagolais Helmut Jahn de construire un immeuble juste à côté.

– Le **Ku'damm Karree**. Cette galerie marchande qui, la nuit, est couverte de néons abrite le **Berliner Panoptikum** (*3e étage*) ⊘, musée de Cire de tradition ancienne (*voir FRIEDRICHSTRASSE*). L'entrée en est chère et les mannequins assez mal faits. La salle la plus curieuse est le « cabinet médical » (*Medizinisches Kabinett*, 1890) qui expose des moulages de malformations génitales, difficultés d'accouchement, pathologies diverses (maladies de peau : lèpre, syphilis...) ; suivent la salle des tortures et des têtes de célébrités.

– Le **Café Möhring**, Ⓤ *15 Uhlandstraße*, au n° 213, en face de Maison de France. C'est l'autre grand nom du Ku'damm, qui perpétue la tradition viennoise (*voir VIVRE A BERLIN, La « Szene » berlinoise*).

« Litfaßsäule »
Les « colonnes Morris » de Berlin ont été inventées, en 1855, par l'éditeur Ernst Litfaß qui leur a donné son nom.

★**Fasanenstraße** – Ⓤ *15 Uhlandstraße*.
Cette belle rue, adresse de nombreuses boutiques de luxe, donne une idée du premier Kurfürstendamm, occupée par des villas ou des maisons particulières, avant même la construction des immeubles résidentiels de rapport. Au n° 23, la **« Literaturhaus »** est une jolie maison précédée d'un jardin où l'on peut prendre le thé (ainsi que sous la véranda surélevée qui sert de jardin d'hiver et qui fait partie du *Litterarisches Café*, *voir VIVRE A BERLIN*). La librairie est au sous-sol, dans les fondements de la maison ; l'entrée de la maison, qui abrite des expositions temporaires organisées autour de thèmes littéraires, se trouve à droite. Au n° 24,

Käthe Kollwitz   *La plainte*

KÄTHE - KOLLWITZ MUSEUM, Berlin

Käthe-Kollwitz Museum★ (**M¹⁰**) ⊘. L'œuvre de cette artiste est un cri de douleur et de révolte contre les souffrances de la classe ouvrière. Au n° 25, jolie **villa Griesbach**.

Une artiste engagée

Après des études à Munich et dans la capitale allemande, **Käthe Schmidt** ne quittera que rarement Berlin. Son mari, le médecin **Karl Kollwitz**, avait ouvert un cabinet, qui était également un bureau de planning familial, dans la rue qui porte actuellement son nom à Prenzlauer Berg. Le spectacle de la misère donne lieu à des constats désespérés dans l'œuvre gravée de Käthe Kollwitz, l'une des plus importantes du réalisme allemand du 20e s. : *Les Piétinés, La Mort prélève son tribut, La Mère dans le lit de l'enfant mort*, divers *Portraits*. Membre de la Sécession berlinoise, elle sera nommée professeur à l'Académie des Beaux-Arts en 1919 et vivra à Berlin jusqu'en 1943. Son œuvre sculptée est presque entièrement détruite par la guerre. Évacuée à Moritzbourg, près de Dresde, elle s'y éteint le 22 avril 1945.

Lehniner Platz – Ⓤ *7 Adenauerplatz*.
La **Schaubühne★**, ancien cinéma *Universum* d'avant-guerre (1927-1928), fait partie du complexe d'habitation *Woga*, conçu par **Erich Mendelsohn**, et qui s'étend le long de la Cicerostraße. L'aménagement intérieur a été complètement revu. C'est maintenant l'une des scènes les plus célèbres de Berlin (*voir VIVRE A BERLIN*). A partir de la Lehniner Platz, le Ku'damm s'assagit et devient une artère commerçante pour les habitants du quartier.

Rathenauplatz – Ⓢ *9 Halensee.*
Le **Halensee** en est tout proche *(descendre pendant 100 m la Halenseestraße en direction du Nord, trottoir de gauche)*. En 1904, les *Terrassen am Halensee* attirent du monde : on y danse, boit, écoute de la musique. Un **Lunapark** les remplace un peu plus tard, avec de multiples attractions. Le nom officiel, choisi en 1910, vient de l'opérette de Paul Lincke, *Frau Luna*. Les berges de ce lac sont connues parce que la majorité des gens s'y prélassent en tenue d'Ève et d'Adam. L'autre grand point de rendez-vous des naturistes est le Teufelssee *(voir GRUNEWALD)*. Les Berlinois ayant un rapport simple et direct avec la nature, on rencontre des nudités un peu partout, près des grands lacs et dans certains espaces verts.

ALENTOURS

Voir **ERNST-REUTER-PLATZ, SCHÖNEBERG★, TIERGARTEN★★, WILMERSDORF.**

LICHTENBERG

Lichtenberg
Voir plan Berlin-agglomération, ⑪, DU

Le village de **Lichtenberg**, fondé vers 1230 (la petite église paroissiale subsiste toujours, isolée au milieu des immeubles modernes, sur la Möllendorffstraße), avait gardé son aspect rural, à la fin du 19ᵉ s., au milieu d'un vaste quartier industriel et ouvrier. Celui-ci fut le premier à souffrir d'un bombardement britannique, le 25 août 1940, en représailles à une attaque imprévue sur Londres. Bien d'autres suivirent et, aujourd'hui, avec ses grands ensembles, c'est l'un des quartiers les plus « gris » de Berlin. Il offre néanmoins l'agrément du **château de Friedrichsfelde** et celui du **zoo**, qui possède de beaux rassemblements d'animaux. Oscar Gregorovius (1845-1913) joua un rôle important dans l'urbanisation du faubourg de Karlshorst, favorisant le financement, l'élaboration des plans et la construction d'une « colonie pour gens à revenus modestes ». L'une des habitantes du quartier fut **Hedwig Courths-Mahler** (1867-1950), romancière à succès, avant que les villas ne soient colonisées par de nombreuses antennes de la STASI et du KGB après 1945.

PRINCIPALES CURIOSITÉS

Rathaus (Hôtel de ville) (R) – 🚋 *17, 23 Rathaus Lichtenberg.*
A l'intersection de la Möllendorffstraße et de la Rathausstraße, son architecture néo-gothique, hérissée de pinacles et de tourelles, est bien mise en valeur. Un peu plus au nord, sur la Möllendorfstraße, subsiste la petite église du village.

Fennpfuhlpark – 🚋 *8, 27 Paul-Junius-Straße ou 17, 21, 23 Herzbergstraße/ Weißenseer Weg.*
Cet espace vert, agrémenté d'un lac et entouré d'immeubles en préfabriqué, illustre le visage de Lichtenberg.

Schloß Friedrichsfelde (Château de Friedrichsfelde) ⊘ – Ⓤ *5 Tierpark.*
Ce joli château (1719) possède de belles peintures murales dans la *Gartensaal* (*Vues idéales de paysages de la Marche de Brandebourg*). Des porcelaines, un service à thé en argent, de la verrerie, des meubles (armoires, cabinets, miroirs) sont exposés dans les différentes salles à la décoration sobre. La **salle de concerts★** est un des meilleurs exemples de décor néo-classique à Berlin.

Les Treskow

L'exploitation agricole de Karlshorst fut fondée par **Carl Sigismond von Treskow** au milieu des champs de Friedrichsfeld *(Friedrichsfelder Feldmark)*. Les Treskow résidaient depuis 1816 dans le château de Friedrichsfelde. Sous leur administration, la commune prospéra. Le dernier propriétaire du château, Sigismond von Treskow, né en 1864, fut expulsé en 1945. Il mourut peu après.

★**Tierpark Berlin-Friedrichsfelde (Parc zoologique de Berlin-Friedrichsfelde)** ⊘ – *Dans le prolongement du parc de Friedrichsfelde,* Ⓤ *5 Tierpark.*
Les vastes enclos de l'ancien zoo de Berlin-Est, qui permettait aux habitants d'oublier les pesanteurs du régime, laissent parfois une impression de vide. Les animaux semblent communs et puis, brusquement, apparaissent de magnifiques rassemblements de tigres, de rhinocéros blancs, d'éléphants, de girafes, des roussettes dans une immense serre (c'est le visiteur qui est en cage) et deux lamantins qui évoluent lentement dans leur grand aquarium.

Gedenkstätte Berlin-Karlshorst (Musée de la Capitulation allemande) (**M³⁰**) ⊘ – *Zwiegeler Straße 4* ; 🚌 *396 Köpenicker Allee. Se diriger vers la maison précédée d'un portique au bout de l'allée.*

La signature de la capitulation sans condition de l'Allemagne nazie, le 8 mai 1945, eut lieu dans une salle, gardée en l'état, de cette maison, anciennement casino des élèves de l'École de Génie militaire de la Wehrmacht. L'état-major de la 5ᵉ armée d'intervention soviétique s'y installa le 23 avril 1945. Après 1945, c'est le tour de diverses instances militaires de la zone d'occupation soviétique. Le musée évoque, par de nombreuses photos, uniformes, cartes, armes, les années tragiques de la guerre entre l'Allemagne et l'URSS et les massacres perpétrés par les « troupes d'intervention » *(Einsatztruppen)*. 630 000 prisonniers et 2,8 millions de civils furent envoyés au travail forcé en Allemagne.

Les courses de Karlshorst

Le 24 juin 1862, eut lieu, non loin de la petite exploitation de Karlshorst (voir ci-devant), le premier grand prix de l'Armée prussienne. La localité en tire un certain prestige. En 1893, le parcours d'obstacles est transféré du Westend *(voir OLYMPIASTADION)* à Karlshorst, sur un hippodrome que connut des jours fastes entre 1894 et 1914. Le 6 avril 1926 eut lieu la première course commentée à la radio. Après 1945, le champ de courses de Karlshorst, spécialisé dans le trot, était le plus connu de la RDA.

ALENTOURS

Voir **FRIEDRICHSHAIN, MARZAHN.**

MARZAHN
Marzahn
Voir plan Berlin-agglomération, 🔟, **DU**

Il est difficile de juger objectivement Marzahn. On ne peut imputer à la RDA l'exclusivité de cet urbanisme, même si celui-ci a été réalisé avec un manque de moyens qui le rend encore plus déprimant. La banlieue parisienne n'est pas moins riche en tours qui ont poussé en pleine campagne. La cité de Marzahn, qui se prolonge, à l'extrême Est de Berlin, par celle de **Hellersdorf**, rassemble une population équivalente à celles, additionnées, de Ulm et de Bamberg (environ 150 000 habitants). Cette *Trabantenstadt* (la *Trabant* était la petite voiture standard de la RDA) fut construite à partir de 1976 et s'étend sur 5 km de long. Les immeubles en *Plattenbau* (dalles de béton), les espaces verts négligés, l'absence de point central, de place publique créent un univers gris et triste dans lequel on a cherché à effacer l'individualité (y compris dans les appartements). Les églises n'existent pas ou sont ridiculement petites : handicapés et personnes âgées étaient bannis de cette cité-dortoir où les travailleurs soumis aux migrations pendulaires *(Pendler)* trouvaient le nécessaire sur place : piscines, cliniques, crèches, écoles (que l'on reconnaît à leurs toits ondulés), centres commerciaux, cinémas. Les rues ont été rebaptisées ; les plaques mentionnant les dates de construction ont disparu, mais le PDS (ancien parti communiste) est le mieux représenté. Les hausses de loyers ont entraîné des levées de boucliers et le moindre espace (verdure, places de parking) pose des problèmes de propriété.

A moins de disposer d'une voiture et pour le simple visiteur, il est conseillé de découvrir ce nouveau quartier de Berlin par l'intermédiaire du *Kulturbüro Berlin* qui organise des visites guidées *(Stadt(ver)führung)*, dont on trouve le programme dans de nombreux musées et institutions culturelles. La visite (une par mois) dure trois heures et s'effectue à pied. C'est un bon moyen pour ne pas se perdre dans cette cité immense.

PROMENADE A TRAVERS MARZAHN

Départ de la station Ⓢ *7 Marzahn.* 🚌 *154, 191, 192, 194 ou* 🚊 *6, 7, 17 Marzahner Promenade.*

Une place, agrémentée d'une fontaine moderne, ouvre la **Marzahner Promenade** qui rassemble les commerces et les principaux équipements (piscine, bibliothèque municipale).

Traverser la large Landsberger Allee et se diriger vers le clocher de la petite église de Alt-Marzahn.

Alt-Marzahn (Village de Marzahn) – A quelques mètres des immeubles fraîchement rénovés, le joli village de Alt-Marzahn, refondé sous Frédéric II après les destructions de la guerre de Trente Ans, offre un saisissant contraste. Le clocher aux pignons à redents de l'église, construite à la fin du 19ᵉ s., domine la place en amande de cet *Angerdorf* typique *(voir l'INTRODUCTION, architecture et urbanisme)*. Le moulin est une reconstitution de ceux qui parsemaient la campagne alentour. Dans le cimetière *(Marzahner Friedhof)* est enterré **Günter Guillaume**. Certaines des maisons à un seul rez-de-chaussée abritent des musées.

Un espion au plus haut niveau

Pendant dix-huit ans de services auprès de **Willy Brandt**, dont il devint le secrétaire particulier au moment où celui-ci accédait à la chancellerie, **Günter Guillaume**, a fourni toutes sortes de renseignements à l'Est. Il était en effet capitaine des Services spéciaux est-allemands et fut démasqué par le témoignage d'un transfuge. Responsable de la chute du chancelier, il sera échangé en 1982 contre des prisonniers politiques en Allemagne de l'Est.

Friseurmuseum (Musée de la Coiffure) ⊘ – *Alt-Marzahn 23.*

Les instruments du barbier, du perruquier, du dentiste (ou, plutôt, de l'arracheur de dents) sont exposés. Le barbier, qui faisait office de médecin-chirurgien, était considéré comme un artisan qui soignait blessures, maladies de peau, fractures. Il fallait de deux à quatre ans d'étude et de quatre à sept ans de compagnonnage pour être barbier. Celui-ci fut distingué du médecin en 1843. Les bains publics étaient nombreux au Moyen Âge et déclinèrent après 1500. Ces professions sont à l'origine du coiffeur pour homme qui apparaît au milieu du 19ᵉ s. Remarquer les vitrines où sont exposés des flacons de parfum, des peignes, des ornements de chevelure. Tous les objets qui accompagnent le **décor**★ (1901) du salon de François Haby sont originaux.

Le coiffeur le plus « in » de Berlin

A la fin du 19ᵉ s., les salons de coiffure indépendants pour dames n'existent pas ; la coiffure se fait à domicile. **François Haby** se rend de Königsberg à Berlin en 1880 et devient le coiffeur le plus célèbre de la capitale, le fournisseur de la cour. Dans son salon se rencontrait le grand monde qui donnait le ton au Berlin impérial. Il crée pommades et slogans publicitaires comme la crème à raser : *Wach auf !* (« Réveille-toi ! »), le shampooing pour dames : *Ich kann so nett sein* (« Je peux être si gentille »). C'est avec l'onguent *Es ist erreicht !* (« Ça y est ! ») que François Haby raidissait les moustaches du Kaiser qui ne pouvait se passer de son coiffeur, même en voyage. Le salon a été décoré sur une esquisse de l'architecte belge **Henry van der Velde**, un maître de l'Art nouveau. Il comprenait douze places pour les hommes et sept pour les femmes. A moitié détruit pendant la Seconde Guerre mondiale, le salon ne continua pas moins d'ouvrir jusqu'en 1964 jusqu'à ce que le bâtiment fût abattu.

Handwerkmuseum (Musée de l'Artisanat) ⊘ – *S'adresser au Friseurmuseum, puis aller dans la cour du n° 23, maison sur la gauche, 1ᵉʳ étage.*

Le travail du charron, du charpentier, du tonnelier, du menuisier, de l'ébéniste, du sabotier, du luthier, du sculpteur sur bois est évoqué, dans un vaste grenier, par des établis remplis d'outils et des gravures anciennes accompagnées de textes explicatifs. On y trouve des meubles, des panneaux de bois marqueté, un joli petit traîneau du 17ᵉ s.

Erholungspark Marzahn (C¹) *Prendre le* 🚌 *195, à la sortie de Alt-Marzahn, et descendre à l'arrêt Eisenacher Straße/Gartenschau.*

La coulée verte qui s'étire le long de la Wuhle *(Wuhletal)* est limitée, au Nord, par le parc de Marzahn. De la colline du Kienberg (101 m), **vue**★ panoramique sur Marzahn et Hellersdorf. C'est une vision étrange : un océan de béton et des barres formant un labyrinthe. Lorsque le mauvais temps cache la tour de l'Alexanderplatz, on perd Berlin de vue.

Allee der Kosmonauten – Entourant Springfuhl, elle fut la première partie urbanisée de Marzahn (1978). Elle est bordée d'immeubles entourant parfois un jardin *(Wohnhöfe)* et dont la construction en « Plattenbau » pose des problèmes de raccord aux angles.

Springfuhl – Ⓢ *7, 75 Springfuhl.*

Autour de l'hôtel de ville (1984), de la poste et de divers équipements urbains se sont élevées les premières HLM, avec un revêtement de céramique, considérées à l'époque comme de beaux immeubles. La clinique *(Poliklinik)*, en verre et non en béton, était aussi un bâtiment noble.

Depuis le parc de Marzahn, prendre le 🚌 *191 Blumberger Damm/Eisenacher Straße, changer à Cecilienstraße/Blumberger Damm et prendre le* 🚌 *190 jusqu'à Stadtpark Biesdorf.*

Biesdorf – 🅢 *5 Biesdorf ; traverser le Stadtpark vers le Sud.*
Biesdorf-Nord, c'est le Marzahn bourgeois, pavillonnaire. La famille Siemens y acquit un château construit par Martin Gropius et Heino Schmieden en bordure de l'ancien village. De la tour, **Werner von Siemens** réussit ses premières expériences de télégraphe sans fil et il utilisa le parc pour conduire les essais de train électrique. Un complexe de 5 200 logements est prévu pour Biesdorf-Sud (🆄 *5 Elsterwerdaer Platz*).

ALENTOURS

Voir **LICHTENBERG, WEISSENSEE.**

MOABIT★
Tiergarten
Voir Berlin-Centre, 🆂, **GHTU**

Moabit, terre inculte du Nord-Ouest berlinois, doit son nom à la « terre de Moab », territoire pauvre situé, dans la Bible, à l'Est de la mer Morte. Elle a été mise en valeur par les huguenots qui y cultivèrent et pratiquèrent, à partir de 1716, la sériciculture. Les soieries se développeront sous Frédéric II qui les subventionne.
Vers 1850, Moabit est le deuxième pôle industriel de la capitale, axé sur la mécanique et la métallurgie : Borsig *(voir CHARITÉ)* s'y est installé en 1852 et emploie 1 100 ouvriers. A l'écart des circuits touristiques, Moabit est l'un des quartiers les plus intéressants sur le plan de l'architecture industrielle. C'est aussi, avec Wedding et Neukölln, l'un des plus populaires.

PRINCIPALES CURIOSITÉS

🆄 *9 Turmstraße. Prendre la sortie Alt-Moabit. Immédiatement à l'Ouest, dans le parc, Heilandkirche en briques. Prendre vers l'Est.*

Alt-Moabit 90-103 – Elle est bordée par un étonnant patchwork architectural qu'il faut également voir du bord de la Spree, le long de laquelle une promenade a été aménagée. Le *Focus Teleport Berlin* réunit plusieurs sociétés ; un beau café-restaurant s'est établi au rez-de-chaussée de la façade Est de l'**ancienne laiterie Bolle**, établissements en brique qui côtoient l'impressionnant immeuble en « U », de granit rose et de verre, de la **« Haus am Wasser »** (que l'on voit très bien du S-Bahn, en allant vers Friedrichstraße). La rive opposée est bordée de saules et de maisons bourgeoises du 19ᵉ s.

St-Johannis-Kirche (Église St-Jean) – Le vaisseau simple de Schinkel est méconnaissable sous les ajouts (principalement le clocher) de son élève Stüler et les agrandissements de la fin du 19ᵉ s.
Par la Kirchstraße, aller jusqu'au pont de Moabit (Moabiter Brücke ou **« Bärenbrücke »** : « Pont des Ours »), d'où l'on a une vue intéressante sur le coude de la Spree et la *« Haus am Wasser »*.
Longer le cimetière de la Wilsnacker Straße. 🚌 *123, 187, 227 Gerichte Moabit.*

Neues Kriminalgericht (Nouveau Tribunal) (J) – *Turmstraße 91* – La Turmstraße est dominée par l'imposante façade du **nouveau Tribunal** (1902-1906), dont on a la meilleure vue à l'angle de la Rathenower Straße. La justice, sous le règne de Guillaume II, se devait d'avoir un temple qui étonnerait le commun des mortels. Le **hall d'entrée** et l'**escalier★**, inspirés des grandes cages d'escalier des châteaux baroques, sont magnifiques. Derrière le tribunal, au Sud, prison panoptique, hérissée de barbelés, du 19ᵉ s.

Le Moabit villageois – *Revenir sur ses pas, vers l'Est, toujours dans la Turmstraße.* Au **n° 21**, beaux bâtiments en brique de l'hôpital de Moabit. Dans la Stromstraße, en remontant un peu vers le Nord, ancienne brasserie *Schultheiss*. L'hôtel de ville, sur l'Ottoplatz, a été construit par les nazis. Derrière celui-ci, avec la Bremer Straße, on entre dans la partie populaire de Moabit, presque villageoise. Le **marché couvert**, l'un des trois subsistants à Berlin *(voir KREUZBERG, parties Est et Ouest pour les autres)*, est une belle architecture de brique, ornée de terres cuites, dont les fenêtres en plein cintre évoquent les thermes romains. Dans la Waldenserstraße, au n° 31, foyer d'hommes célibataires d'avant 1914 ; au n° 27, école laïque de Ludwig Hoffmann. A partir de l'angle de la Beusselstraße et de la Wiclefstraße (🚌 *132, 126 Wittstocker Straße* ; l'église de la Réforme est l'une de ces nombreuses églises néo-gothiques en brique que compte Berlin), le visiteur traverse, par la Rostocker Straße, le **Beusselkiez**, quartier populaire qui a grandi autour de la Beusselstraße.

L'escalier d'honneur du tribunal de Moabit est un exemple
d'architecture wilhelmienne

Sickingenstraße 7-8, les logements sociaux construits avant 1900 ont un cachet
« Belle Époque » étonnamment agréable et moderne et comportent de nombreux
balcons.

Les grèves de septembre 1910

Moabit compte alors 160 000 habitants, soit 100 000 de plus qu'actuellement. L'entreprise *Kohlen & Co* appartient au magnat **Hugo Stinnes**. Les
ouvriers demandent des hausses de salaires pour les travaux de force (ce qu'ils
appellent le *« Knochenarbeit »*, le « travail des os »). La grève est décidée.
Des briseurs de grève et des voitures de transport de charbon s'engagent
dans la Beusselstraße. Les troubles s'étendent ; une bataille de rue s'engage
dans tout le district. La police agit avec une extrême brutalité contre les
20 000 à 30 000 grévistes. Des journalistes étrangers sont molestés ; les
ambassades américaine et britannique protestent. 104 policiers sont blessés,
de nombreux manifestants tués ou blessés. Les augmentations sont accordées
le 1er avril 1911.

★La zone industrielle – 🚍 127 *Berlichingenstraße et* 🚍 *126, 227 Reuchlinstraße.*
A l'angle de la Sickingenstraße et de la **Berlichingenstraße**, se dresse la fabrique
d'ampoules électriques de la firme AEG en gothique de brique ; la perspective
d'architecture industrielle de la Berlichingenstraße est intéressante. A l'angle
de cette dernière et de la Huttenstraße, **fabrique de turbines de la firme AEG★★**
(AEG Turbinenfabrik, *voir ABC d'architecture dans l'INTRODUCTION*) par **Peter Behrens**,
chef de file du *Werkbund*. Elle a été allongée de 100 m en 1939. Wiebestraße
42-45, remarquer les bâtiments des **entreprises Löwe**, notamment la fabrique de
fraiseuses.
Autre rue industrielle, la Reuchlinstraße est bordée par un beau bâtiment en brique
à l'angle de la Kaiserin-Augusta-Allee. Tout un paysage se construit le long de la
Kaiserin-Augusta-Allee et sur les bords de la Spree. Sur l'autre rive, on aperçoit la
rotonde vitrée du **Centre de Recherche des Techniques de Production** (1983-86) qui fait
partie de l'Université Technique.
A l'angle de la Levetzowstraße (n°s 1-2) et de la Wikingerufer (n° 7), le vaste bâtiment en briques rouges, qui comprend une église, abrite la cinémathèque de Berlin
(Landesbildstelle Berlin ; 🚍 *341 Landesbildstelle).*

AUTRES CURIOSITÉS

★Westhafen (Port de l'Ouest) – Ⓤ *9 Westhafen, puis descendre la Westhafenstraße.*
On a une meilleure vue d'ensemble de ce port de l'Ouest, aménagé entre 1914 et
1927, depuis le pont de la Seestraße (de préférence en voiture, *voir WEDDING*). A
l'intersection de trois canaux, c'est le plus important des ports commerciaux et industriels de Berlin, qui avait son pendant à l'Est. La tour de la **Capitainerie** domine la
darse II, mais le bâtiment le plus intéressant est le gros **entrepôt** qui borde le quai Sud.

Grande halle de la gare de Hambourg

★★ **Museum für Gegenwart-Berlin** (Musée d'Art contemporain) ☉ – ⑤ *3, 5, 7, 9, 75 Lehrter Stadtbahnhof.*

La **gare de Hambourg** est la seule survivante (1845-1847) des gares de la première génération (les autres, celles de Potsdam et de Francfort, ont disparu). Les deux entrées cintrées devaient permettre le passage des locomotives dans la cour, où des rails tournants les remettaient dans la position du départ. Remplacée par la gare de Lehrte, celle de Hambourg fut fermée au trafic des voyageurs dès 1884 et accueillit le musée des Transports et des Chemins de Fer jusqu'à la Seconde Guerre mondiale. C'est à cet usage que fut édifiée la grande halle métallique. Rénovée à grands frais par Josef Paul Kleihues, elle constitue un magnifique **musée d'Art contemporain** grâce au fonds réuni par **Erich Marx** qui en illustre tous les grands noms, en particulier **Joseph Beuys,** Andy Warhol, Robert Rauschenberg, Cy Twombly, Anselm Kiefer. Un dédale de salles claires, nombreuses, variées rendent la visite très agréable et permettent de découvrir des œuvres qui disposent de toute la place pour s'y déployer et, parfois, ne manquent pas d'humour. La grande halle en fer, où sont exposés les tableaux d'Anselm Kiefer, et la galerie longue de 80 m où trône un *Portrait de Mao* d'Andy Warhol, sont saisissantes.

ALENTOURS

Voir **CHARITÉ★, ERNST-REUTER-PLATZ, TIERGARTEN★★, WEDDING★.**

Si vous voulez découvrir la collection complète des Cartes et Guides Michelin, la Boutique Michelin, 32, avenue de l'Opéra, 75002 Paris (métro Opéra), ☎ 01 42 68 05 20, est ouverte le lundi de 12 h à 19 h et du mardi au samedi de 10 h à 19 h.

Au cœur de Berlin, l'**île des Musées** était, avant-guerre, l'un des ensembles de musées les plus riches du monde. Au début du 19ᵉ s., le Nord de l'île de Cölln, ancien marécage traversé par un canal reliant la Spree et le *Kupfergraben*, était utilisé comme entrepôt par l'administration des Douanes (avec, notamment le bâtiment du *Packhof* construit par Schinkel). Alors qu'il n'était que prince héritier, **Frédéric-Guillaume IV** voulut y créer « un refuge pour les arts et les sciences » et en fit commencer la réalisation dès le début de son règne, en mars 1841. Tout au long du 19ᵉ s., des bâtiments prestigieux furent édifiés, reflétant la nouvelle grandeur de l'Allemagne. Après 1871, expansion politique, économique et achats massifs d'œuvres d'art vont de pair, sous l'impulsion de deux directeurs généraux exceptionnels : **Richard Schöne** (1879-1905) et **Wilhelm von Bode** (1905-1920). L'arrivée au pouvoir de Hitler n'augure rien de bon pour l'avenir

> ### Accès par le S-Bahn
>
> *Le S-Bahn passe entre deux musées, mais il faut un peu marcher pour les atteindre à partir des stations :* Ⓢ + Ⓤ *Friedrichstraße et* Ⓢ *3, 5, 7, 9, 75 Hackescher Markt (arrêt seulement dans la direction de l'Alexanderplatz).*

des collections, en particulier celles des peintres allemands contemporains, dont nombre d'œuvres sont détruites ou vendues au titre de la lutte contre « l'art dégénéré ». La guerre détruit les musées et des trésors ; le reste est emporté puis réparti entre les deux Berlin. Après quatre décennies, l'île des Musées constitue un projet important de la nouvelle capitale. On prévoit d'y concentrer les collections archéologiques.

LES MUSÉES

Lustgarten et Berliner Dom★ – *Voir SCHLOSSPLATZ.*

★★**Altes Museum (Vieux Musée)** (**M**¹⁸) ⊘ – 🚌 *100, 157, 348 Lustgarten.*
L'idée d'un musée public naît, à la charnière des 18ᵉ et 19ᵉ s., du dessein de réformer l'éducation nationale. **Wilhelm von Humboldt** crée le premier musée Prussien. L'ordonnance de 1810 de Frédéric-Guillaume III précise la complémentarité de cette collection qui « serait ainsi en contact avec les autres institutions artistiques et scientifiques déjà existantes... ».
Symbole supplémentaire de la puissance du roi, à proximité du château, de la cathédrale et de l'Arsenal, le **Vieux Musée** accueillait, à l'origine, 1 200 peintures et les principales œuvres des collections antiques. Son architecture simple et rigoureuse en fait l'un des plus beaux musées d'Europe et le plus grandiose bâtiment de **Schinkel** à Berlin, le couronnement de sa carrière. Il fut achevé en 1830. Le **portique** ionique est magnifique ; la **rotonde**, inspirée du Panthéon de Rome, est ornée de statues de dieux et de déesses et rehaussée d'une délicate polychromie. La montée de l'escalier double, depuis la première volée sombre jusqu'au sommet lumineux, où se trouve le **vase de Warwick**, qui offre une vue dégagée, à travers le portique, sur le *Lustgarten* (et autrefois sur le château), est particulièrement majestueuse. On s'élève du monde terrestre au monde idéal de la beauté et de l'art. Tous les murs étaient recouverts de peintures mythologiques qui participaient à ce programme d'éducation par le beau. Le plan, logique et harmonieux, distribuait les salles de peintures autour de la rotonde centrale réservées aux sculptures. Le musée est actuellement occupé par des expositions temporaires. Le rez-de-chaussée sera, dans un proche avenir, consacré à la collection d'Antiquités *(Antikensammlung)*, le premier étage à une sélection des principaux chefs-d'œuvre de la Vieille Galerie nationale, fermé pour rénovation.

1 Altes Museum
Entrée Lustgarten

3 Pergamonmuseum
Entrée Am Kupfergraben

4 Bodemuseum
Entrée Monbijoubrücke

2 Alte Nationalgalerie
Entrée Bodestraße

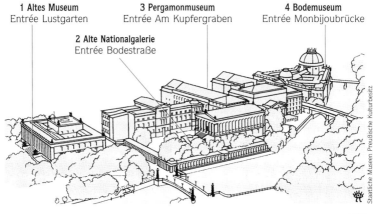

Staatliche Museen Preußischer Kulturbesitz

La collection d'antiquités grecques et romaines

Exposée depuis 1960 à Charlottenbourg et actuellement en réserve, cette collection d'objets utilitaires et des arts décoratifs grecs, étrusques et romains rejoindra son foyer d'origine, le Vieux Musée. Parmi les pièces majeures figurent le **trésor d'argent de Hildesheim★★★**, une collection de portraits de momies, des œuvres en marbre, tel le *Portrait de la reine Cléopâtre*, des vases et des bronzes provenant de tombes étrusques, une collection de bronzes romains, de verreries et d'objets illustrant la vie quotidienne à Rome.

Neues Museum (Nouveau Musée) (**M¹⁹**) – 🚋 *1, 13 Am Kupfergraben.*
Construit par l'élève de Schinkel, **Friedrich August Stüler**, entre 1843 et 1855, dans un classicisme élégant, ce musée est dans un état avancé de ruine. Il abritait, avant-guerre, les collections égyptiennes : *Néfertiti* y fut exposée en 1926 et une cour y imitait celle d'un temple égyptien. D'importants fragments du décor intérieur sont conservés. Le débat n'est pas encore clos quant à la manière dont on doit le reconstruire.

★★ ALTE NATIONALGALERIE (ANCIENNE GALERIE NATIONALE) (**M²⁰**) ⊘

🇸 *3, 5, 7, 9, 75 Hackescher Markt*

Stimulé par le Parlement de Francfort de 1848, un groupe d'« artistes patriotes » exigèrent la création d'un musée national consacré à l'art allemand contemporain. En 1859, la donation du marchand **Joachim Heinrich Wagener** détermine la construction de la Galerie, bâtie sur des plans de Stüler de 1866 à 1876. Ce temple corinthien posé sur un podium abrite, sur trois étages, des œuvres du 19ᵉ s. et de la première moitié du 20ᵉ s. Commerçants et banquiers juifs ont aidé à l'acquisition des impressionnistes français. Les pertes de la Galerie sous le nazisme furent considérables.

Visite *compter 2 h 30*

Rez-de-chaussée

– **Johann Gottfried Schadow** (1764-1850), maître de la sculpture néo-classique en Allemagne, est représenté *(rez-de-chaussée, entrée centrale ; dans la niche)* par son chef-d'œuvre, le double *Portrait des princesses Louise et Frédérique de Prusse, incarnations de la grâce★★* (1795-97) : *Monument funéraire du comte Alexandre de la Marche* (1788-90) : remarquer, sur le sarcophage, la figure d'enfant emporté par Saturne ailé des mains d'Athéna.

– *Portrait de la défunte reine Louise*, par **Christian Daniel Rauch** (1777-1857).

– Gracieuse *Hébé* de **Canova**, 1796.

– *Buste de Christian Daniel Rauch* (piédestal sculpté d'une Victoire ailée) par **Friedrich Tieck**, 1818.

Peintures :

– **Goya y Lucientes**, *L'Arbre de mai*, 1808-1812.

– **Karl Blechen**, *Parc de la villa d'Este à Tivoli*, 1831-1832.

– **Honoré Daumier**, *Don Quichotte et Sancho Pança*, 1866.

– **Gustave Courbet**, *La Source du Lison* (1864), *Les Falaises d'Étretat* (1869), *La Vague* (1870).

– École de Barbizon (Daubigny, Troyon, Corot, Rousseau).

– **Adolf von Menzel** (1815-1905), célèbre **Concert de flûte★★** (1852) et de nombreuses autres toiles : *Balsouper* (1878), *Départ du roi Guillaume Iᵉʳ à l'armée le 31 juillet 1870*, *Le Laminoir* (1872-75).

Johann Gottfried Schadow – *Les princesses Louise et Frédérique de Prusse* (1797)

– Toiles de **Lovis Corinth** (1858-1925), **Walter Leistikow** (1865-1908), **Leo von König** (1871-1944 ; *A la table du petit déjeuner*, 1907, qui rappelle Cézanne), **Franz von Stuck** (1863-1928 ; *Jugendstil*).

– Premiers expressionnistes : **Ernst Ludwig Kirchner** (*Doris debout*, 1906) ; **Max Beckmann** (1884-1950).

1er étage

– Toiles d'**Arnold Böcklin** (Bâle, 1827-1901) : **L'île des morts**, 3e version ; **Hans von Marées** (1837-1887), *Les Rameurs*) ; Anselm Feuerbach (1829-1880).

– Belle section d'impressionnistes français : *Entretien* de Degas ; *Moulin sur la couleuvre, près de Pontoise* et *Nature morte aux fleurs et aux fruits* de Cézanne ; **L'Après-midi des enfants à Wargemont** de Renoir ; **St-Germain-L'Auxerrois** de Monet ; **Le Jardin d'hiver★★** de Manet.

– *Paysage* de Vlaminck ; *Eurydice* de Maurice Denis ; *Port* de Raoul Dufy.

– Sculptures : *Mon frère en jeune Romain* de Camille Claudel ; *L'Âge d'Airain* de Rodin ; *Torse féminin* de Maillol.

– Wilhelm Leibl (1844-1900), petit *Portrait d'une habitante de Dachau* ; Wilhelm Trübner (1851-1917), Hans Thoma (1839-1924), *Été* ; Christian Rohlfs (1849-1938) ; Max Liebermann (1847-1935) : *Café à Nikolskoe, Grange pour entreposer le lin à Laren* ; Fritz von Uhde (1848-1911) : *La Petite Princesse de la lande (Das Heideprinzeßchen)*.

– Merveilleusement pompier : *Vénus et Tannhäuser sur la montagne de Vénus*, de Otto Krille (1832-1898), d'après l'opéra de Wagner.

Le combat d'un défenseur de l'art moderne

Le directeur de la Galerie nationale était un fonctionnaire du Reich qui ne dépendait pas des Musées royaux prussiens. C'est dire si le goût pour les impressionnistes français d'**Hugo von Tschudi** (1851-1911) heurtait la sensibilité de l'empereur et de son entourage qui ne les supportaient pas. Les tableaux entrèrent cependant dans la Galerie, par la petite porte, exposés dans des salles mal éclairées du dernier étage. Mais quels impressionnistes ! Hugo von Tschudi avait du flair et il fut conseillé par **Max Liebermann** (1847-1935) qui avait de bonnes relations à Paris. Il acquiert *Le Jardin d'hiver* de Manet, premier tableau de l'artiste vendu à un musée européen, et puis des Cézanne, des Renoir, des Van Gogh, des Sisley. Les membres de la grande bourgeoisie juive lui ont permis d'acquérir des toiles hors du contrôle des commissions officielles. Le directeur offrit sa démission en 1909, après des explications violentes. Muté à Munich (où il achète un autre Manet important : *Le Déjeuner dans l'atelier*, conservé à la Nouvelle Pinacothèque de cette ville), il soutient le petit groupe du *Cavalier bleu*, qui vient d'être fondé en 1911 par Marc et Kandinsky, et meurt la même année.

2e étage

Il est réservé aux expositions temporaires. Une petite salle, en face de l'escalier, expose un cycle de **fresques★**, inspirées par l'art de Raphaël, racontant l'histoire de Joseph et exécuté (1816-1817) par quatre jeunes « Nazaréens ». Ces peintres allemands, vivant à Rome au début du 19e s. et appartenant à la ligue de Saint-Luc, travaillèrent pour la maison du consul général de Prusse, la *casa Bartholdy*.

★★★PERGAMONMUSEUM (MUSÉE DE PERGAME) ⊙

Visite : compter 3 h. 🚋 *1, 13 Am Kupfergraben*

Construit par **Ludwig Hoffmann** entre 1909 et 1930, le bâtiment est resté inachevé. Le projet prévoyait une avenue le reliant à l'université Humboldt, accusant sa vocation pédagogique du musée. La visite est vraiment intéressante avec l'audiotour gratuit en différentes langues qui commente les principales curiosités. Les collections ont été constituées tardivement et rapidement, après la naissance de l'Empire allemand, dans le sillage des grandes fouilles archéologiques qui s'interrompirent en 1914 : il fallait égaler les collections du Louvre et du British Museum ! Celles de Berlin sont réputées dans le monde entier, car elles montrent l'Antiquité grandeur nature.

Visite *compter 3 h*

★★★**Autel de Zeus** – « A partir de la mort d'Attale [Attale III], les Romains commencèrent à aimer et plus seulement à admirer les splendeurs étrangères (Pline l'Ancien) ». Capitale royale, au centre d'un terroir riche et d'un État bien administré, **Pergame** (dont le nom signifie la « citadelle »), fut l'une des plus belles réussites de l'urbanisme hellénistique. Avides de gloire, les souverains Attalides édifièrent une acropole avec l'ambition de créer une nouvelle Athènes, foyer de la

Une dynastie brillante

L'histoire du royaume des Attalides commence par une trahison. Les successeurs d'Alexandre le Grand (les **diadoques**) se disputent son héritage. L'un d'eux, Lysimaque, roi de Thrace, confie le trésor de l'État à Philetairos (282-263 av. J.-C.) en dépôt à Pergame. Celui-ci utilise l'argent pour asseoir sa propre domination. Il adopte un neveu, Eumène Ier, en 263 av. J.-C., et fonde la dynastie des **Attalides**. Eumène Ier et Attale Ier (dont on peut voir un beau portrait dans une autre salle) remportent des victoires sur les Séleucides (dynastie grecque, issue d'un autre diadoque, qui s'est établie en Syrie et en Asie Mineure), et les Gaulois, appelés aussi Galates. La principauté s'agrandit et Attale Ier prend le titre de « roi ». Un puissant État s'édifie en Anatolie, allié de Rome et zone tampon entre le royaume de Macédoine et l'empire des Séleucides. **Eumène II** (197-159 av. J.-C.) dut compter sur ses propres forces, et parfois contre les Romains, pour combattre les voisins bithiniens et galates qu'il vainc en 168 et 165 av. J.-C. L'autel est un souvenir de ses victoires. Le fils d'Eumène II, **Attale III**, lègue le royaume de Pergame à Rome, qui en fait la province d'Asie.

civilisation grecque en Asie Mineure. Fondée sur une colline de plus de 300 m, au pied de laquelle s'étend aujourd'hui la ville moderne de Bergama, la ville haute déployait des portiques selon la configuration du terrain, sur plusieurs niveaux aménagés en terrasses. L'**autel** dédié à Zeus et à Athéna se trouvait là, voisin de la bibliothèque de 200 000 rouleaux, rivale de celle d'Alexandrie (le mot parchemin, *Pergament* en allemand, vient de Pergame). Il compte parmi les œuvres les plus marquantes de l'art hellénistique.

La frise du soubassement, longue de 120 m et haute de 2,30 m, représente une **gigantomachie**, thème fréquent de l'art grec : le combat des dieux olympiens contre la génération précédente des géants, nés de Gaïa (la Terre), représente celui de l'ordre contre le chaos ; il est aussi l'image du combat des Pergaméens contre les ennemis du royaume et donc une œuvre de propagande à la gloire du roi. L'art est dramatique et mêle l'élan à la beauté romantique dans les corps tourmentés et sur les visages des géants, impitoyablement anéantis. Le groupe où Athéna, armée d'un bouclier, empoigne la chevelure d'Alcyonée pour le séparer de sa mère Gaïa, dont le contact lui assure l'immortalité, est à rapprocher du *Laocoon* du Vatican. L'aire de sacrifice se trouvait en haut de l'escalier, derrière le portique couronné de tritons, de griffons, d'attelages et de statues de divinités. Les murs en étaient ornés d'une frise plus petite racontant l'histoire de **Télèphe**, fils d'Héraclès (Hercule) et fondateur mythique de Pergame. Les rois prétendaient être ses descendants.

L'autel fut détruit à l'époque byzantine et ses fragments consolidèrent les fortifications de la ville qui luttait contre les Arabes. Lors des fouilles allemandes de 1878-1886 menées par **Carl Humann**, les reliefs de marbre y furent retrouvés. Il fallut des années pour les rassembler *(un couloir sous l'autel, au fond de la salle, relate l'histoire des fouilles et de la reconstitution de l'autel)*.

Détail de l'autel de Pergame : *Athéna, couronnée par une Victoire, sépare le géant Alcyonée de sa mère Gaïa*

Porte d'Ishtar

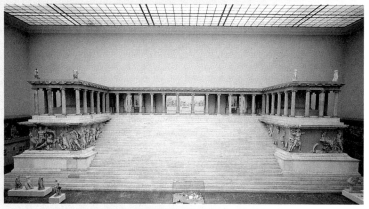

Autel de Pergame, vue d'ensemble

Porte du marché de Milet

★★ Porte du marché de Milet – Construite en 120 apr. J.-C., Elle formait, avec l'hôtel de ville (la « boulê ») et un nymphée, le cœur de la ville romaine *(la maquette du centre de Milet, sur la terrasse, permet de situer ces différents monuments)*. Elle fut comprise dans les fortifications byzantines et détruite par un tremblement de terre en 1100.

Les acrotères qui surmontent les frontons des temples : le *Trajaneum* et le temple de Dionysos à Pergame témoignent de la délicatesse de l'architecture.

★★ Porte d'Ishtar et reconstitution de la voie processionnelle à Babylone – L'enceinte de Babylone possédait cinq portes qui portaient chacune le nom d'une divinité. La porte reconstituée du musée est moins haute que l'original qui précédait une autre porte plus élevée. Une **voie sacrée** traversait la ville. La procession de la fête du Nouvel An passait par la porte du Nord, celle d'Ishtar, la maîtresse du ciel, déesse de l'amour et patronne de l'armée. Les travaux entrepris par **Nabuchodonosor II** (605-562 av. J.-C.) ont entraîné la réédification de cet ensemble, durant les premières décennies du 6ᵉ s. av. J.-C., avec des matériaux somptueux. Les briques sont revêtues d'une glaçure et sculptées en bas-relief. Des rangs de dragons, animal du dieu, et patron de la ville, Marduk, alternent sur la porte avec des rangs de taureaux, animal du dieu de l'orage Adad. Les lions de la voie processionnelle étaient les animaux sacrés d'Ishtar. Cette reconstitution conduit aux antiquités du Proche-Orient.

★ Vorderasiatisches Museum (Musée des Antiquités proche-orientales) – *Après la porte d'Ishtar, au rez-de-chaussée. Cette section comporte de nombreux moulages.*

– **Stèle★** avec la représentation du roi Assarhaddon d'Assyrie et de ses deux fils.

– **Base de colonne portée par deux sphinges★** ; vestiges d'un palais dans la citadelle de Sam'al/Zincirli (Syrie du Nord) ; reconstitution de l'entrée monumentale et du mur d'enceinte (10ᵉ-8ᵉ s. av. J.-C.). Les lions, comme toutes les représentations de figures mythologiques, d'êtres humains ou d'animaux ont un rôle de protection magique. La ville-État de Sam'al fut conquise par les Assyriens au 7ᵉ s. av. J.-C.

– **Statue monumentale du dieu du temps Hadad** portant des traces d'écriture alphabétique ; relief avec la représentation d'une chasse au lion (750 av. J.-C.) ; statue monumentale d'un oiseau, fragment de l'entrée d'un temple-palais de Tell Halaf (9ᵉ s. av. J.-C.).

– **Façade en brique du temple de la déesse Innin à Uruk★** : mosaïque en cônes.

– **Crypte assyrienne** *(moulage)*.

– **Maquette du temple de Marduk** à Babylone ; **sceaux-cylindres** ; vitrine abritant des **tablettes** : lettres diplomatiques, contrats rédigés en caractères cunéiformes, mode d'écriture babylonien ; récipients de terre cuite ou de verre.

– « **Immortel** » de Darius Iᵉʳ à Suse.

– **Reliefs assyriens du palais d'Assurnasirpal II★★** (883-859 av. J.-C.) à Nimrud : génies ailés, chasse aux lions, nobles. Moulages de taureaux ailés à tête humaine dont les originaux sont conservés à Londres.

– **Reliefs provenant du palais de Sennacherib★** (704-681 av. J.-C.) à Ninive : soldats de la garde royale, officiers, musiciens.

– **Bassin rituel★** (époque du roi Sennacherib d'Assyrie), provenant d'Assur, où figure une divinité des eaux au centre de chaque face et des prêtres vêtus de costumes en forme de poissons.

★★ Museum für islamische Kunst (Musée d'Art islamique) – *1ᵉʳ étage, à partir des antiquités orientales.*

– **Reliefs de Ctésiphon★**, capitale de l'empire Perse sassanide jusqu'en 637, et de Samarra, résidence des califes abbasides.

– **Collection de tapis★** (Asie Mineure, Égypte, Iran, Caucase), dont le plus ancien tapis noué d'Espagne (14ᵉ s.).

– **Façade de Mschatta★★**, château du calife.

– **Enluminures, panneaux de bois sculpté★** (pupitre – ou *rabla* – seldjoukide du 13ᵉ s. ; sarcophage, œuvre iranienne datée de 1423.

– **Mihrab★** (niche indiquant la direction de La Mecque lors de la prière) **de la mosquée de Maidan**, à Kasan, Iran, 1226. **Bassin** syrien damasquiné de la fin du 13ᵉ s.

– **Faïence d'Iznik** et **panneaux d'Ispahan** représentent deux jeunes serviteurs.

– « **Chambre d'Alep** »★★ (Syrie, 1603), salle de réception d'un marchand chrétien.

★★★ Les antiquités gréco-romaines – *Revenir vers l'autel de Pergame et traverser la salle.*

– **Façade de l'aire sacrée d'Athéna Nikephoros★** à Pergame (1ʳᵉ moitié du 2ᵉ s., *au revers de la salle de l'autel*). L'inscription sur l'entablement signifie : « Le roi Eumène à Athéna seule qui apporte la victoire. »

– **Colonnes géantes du temple d'Artémis** et façade du temple de Zeus Sosipolis (ce dernier se trouvait sur la place du marché) de Magnésie du Méandre ; colonnes du temple d'Athéna Polias à Priène.

– **Lion au repos**, Milet, 1ʳᵉ moitié du 6ᵉ s. av. J.-C. **Tête d'homme barbu** (540 av. J.-C.).

– **Statue de la « Femme à la grenade »★★**, trouvée dans le Sud de l'Attique, vers 580-560 av. J.-C. Restes de polychromie.

– **Déesse sur son trône**★★, Tarente, 480-460 av. J.-C.

– **Relief funéraire pour Thraseas et Evandria**★, Athènes, 350-340 av. J.-C.

– **Statue du « Jeune garçon implorant »**★★, en bronze, copie romaine d'un original grec (Rhodes), vers 100 av. J.-C.

– **Torse d'un doryphore**★ (porteur de javelots), copie romaine d'un original grec de Polyclète, vers 440 av. J.-C.

– **Amazone blessée,** d'après un original de Polyclète dans le sanctuaire d'Artémis, 440-430 av. J.-C.

– **Relief**★ *Médée et les filles de Pélias préparant le bain mortel pour leur père,* copie romaine d'après l'autel des douze Dieux à Athènes, fin du 5ᵉ s. av. J.-C.

– **Portrait d'un roi de Pergame, probablement Attale I**ᵉʳ★ (241-197 av. J.-C.).

– Beaux **reliefs de l'aire sacrée d'Athéna** montrant des trophées d'armes (en usage pendant les guerres de Pergame).

– **Collection de monnaies et de médailles grecques**★, hellénistiques, celtes et romaines. Le plus beau monnayage est celui de Syracuse, où figure la nymphe Arétuse.

– **Aphrodite avant le bain détachant ses sandales,** 230-190 av. J.-C.

– **Jeune fille jouant aux osselets,** copie romaine d'un original hellénistique du 2ᵉ s. av. J.-C.

– Statues en bronze romaine (2ᵉ s.) : **Bacchus couronné et jeune garçon couronné.**

– **Statue d'Athéna Parthénos** de la bibliothèque de Pergame.

– **Sarcophage de la légende de Médée**★★, œuvre romaine du milieu du 2ᵉ s.

1ᵉʳ étage – *Deux salles sont ouvertes au public.*

– **Buste de Jules César**★★, 1ᵉʳ s. av. J.-C. Incrustation des yeux en marbre.

– **Famille de Centaure combattant des animaux sauvages**★, mosaïque de la 1ʳᵉ moitié du 2ᵉ s. apr. J.-C. provenant de la villa d'Hadrien à Tivoli et exécutée d'après un tableau hellénistique.

– **Relief** du début de l'époque augustéenne représentant « une aire sacrée avec Apollon, Artémis et Léto. La déesse de la Victoire Niké verse du vin à Apollon dans une coupe sacrificielle ». Auguste prit Apollon comme dieu protecteur après la victoire d'Actium.

– **Scène de banquet**★, extraite de la **« mosaïque du Nil »** trouvée au sanctuaire de la Fortune à Préneste (Palestrina), 80 av. J.-C.

– **Portraits** de femmes arborant différentes coiffures, d'empereurs romains, de favoris (Antinoüs), de jeunes garçons (n° 24, 150-160 apr. J.-C.).

★★BODEMUSEUM **(MUSÉE BODE)** ⊙ *visite : compter 2 h*

L'architecte de la cour **Ernst Eberhardt von Ihne** (1848-1917) a su tirer parti d'un emplacement défavorable, à la pointe de l'île des Musées (ce qui a nécessité d'importants travaux de terrassement), pour loger sur une surface réduite un nombre impressionnant de salles d'exposition aux volumes divers.

Le musée Bode

C'est le charme de ce musée, autrefois appelé *Kaiser-Friedrich-Museum* (1897-1904) : l'architecture intérieure est intéressante. La grande coupole ornée de stucs, l'escalier à double volée et sa rampe en fer forgé composent un cadre grandiose à la réplique de la **statue équestre de Frédéric-Guillaume**, par Andreas Schlüter (l'original se dresse dans la cour d'honneur du château de Charlottenbourg, *voir ce nom*), et aux statues du même artiste provenant du château de Berlin. Avant-guerre, les salles du musée abritaient les plus grands trésors de la Renaissance. Peintures, sculptures et mobilier y étaient mélangés. Les collections du musée garderont, même après l'installation de la peinture et de la sculpture européennes au Kultur-forum *(voir ce nom)* cette séduisante diversité.

Le « pape des musées » de Berlin

Wilhelm Bode (1845-1929), « von » depuis 1914, est un historien d'art et un juriste. Il commence à travailler pour les musées de Berlin en 1872. En 1883, il est le premier directeur d'un département de Sculptures des époques chrétiennes indépendant. Il acquiert des chefs-d'œuvre pour présenter un panorama complet. Directeur de la galerie de Peinture en 1890, il achète de façon tout aussi systématique. C'est le « condottiere » de la muséologie internationale : savant, expert, diplomate, le « pape des musées », à l'aise aussi bien à la cour et dans la noblesse que chez les banquiers. Il rédige de nombreux catalogues des plus grandes collections allemandes, publiques et privées. Mécène lui-même, il suscite de nombreuses donations et subventions. Il est directeur général des musées berlinois de 1904 à 1920. Au début du 20e s., il trouvera des rivaux à sa mesure parmi les collectionneurs milliardaires américains.

Visite *compter 2 h 30*

Frühchristlich- byzantinische Sammlung (Collection d'Art byzantin et paléochrétien) – *Fermée jusque vers 1998.*

Skulpturen-Sammlung (Collection de Sculptures) – *Fermée jusque vers 1998.*

★★ **Ägyptisches Museum und Papyrussammlung** (Musée égyptien et collection de papyrus) – Les œuvres d'art amarniennes (buste de Néfertiti) et tout ce qui a trait à l'art et à la culture sont exposés dans le musée égyptien de Charlottenbourg *(voir Schloß und Museumsquartier CHARLOTTENBURG)*.

A l'entrée du département :

– **Amon et deux lions**, 200 av. J.-C.

– **Pied de lit** en ivoire en forme de patte de taureau.

Ancien Empire :

– **Collection de reliefs★**, dont celui provenant de la chambre à offrandes de Meten (Sakkara, 2600 av. J.-C.) : un haut fonctionnaire est torse nu et porte perruque. Sur l'un des reliefs *(Représentation symbolique de la suprématie de l'Égypte sur les pays étrangers)*, on reconnaît, sous la rangée de captifs enchaînés, le dieu Seth et sa tête curieuse de lévrier. Voir aussi les *Représentations de dieux* (avec des restes de polychromie) ; le *Retour de Syrie de la flotte de commerce égyptienne* ; des *Scènes de chasse avec des figures de rois* et des *Scènes de la vie paysanne durant les quatre saisons*.

– **Porte simulée de Manofer**, par laquelle l'âme du mort remontait de la tombe à l'emplacement des offrandes.

– **Chambre des offrandes de Merib**, Giza, 2450 av. J. C. *(moulage)*.

Le royaume de Méroé (300 av. J.-C.-300 apr. J.-C.)

Depuis l'expédition au Soudan de **Richard Lepsius** (1843-44), **Méroé** est une spécialité de l'archéologie berlinoise. Alors que l'Égypte avait perdu sa souveraineté, un puissant royaume se développe en Nubie, dans la vallée du Nil. Il s'étend, à son apogée, d'Assouan à Khartoum et tient tête à la dynastie grecque des Ptolémées, qui règne à Alexandrie, puis à l'occupant romain qui n'étendra jamais son influence au-delà de la première cataracte. L'art de la céramique y est très évolué et on constate une maîtrise quasi industrielle de la métallurgie. Le musée Bode possède l'une des plus riches collections d'art en ce domaine : le trésor de la reine Amanishakheta, du 1er s. av. J.-C., retrouvé en 1834 et partagé entre Munich et Berlin ; des bijoux en or d'inspiration égyptienne, influencés par l'art nubien, mais où la technique du travail de l'or est relativement grossière ; un bloc de grès sculpté, ornement d'un portail, représentant une triade de dieux.

Moyen Empire :

– **Statue debout du roi Amenemhet III** en attitude de prière (1800 av. J.-C.).

– **Collection de papyrus** en caractères hiéroglyphiques, hiératiques, démotiques, latins, araméens, arabes, coptes, grecs témoignant de l'évolution des langues en Égypte (*panneaux d'explication en allemand*).

– *Bélier*, animal sacré d'Amon, 1380 av. J.-C. ; nombreuses *statues de la déesse Sekhmet*, à tête de lionne, debout ou assise ; **statue cubique de Senenmout** (gouverneur du palais d'Hatshepsout et éducateur de la princesse dont la tête apparaît) et *sphinx* de la reine Hatshepsout (1480 av. J.-C.).

– **Modèles en bois** : petites figurines d'animaux représentant la vie sur le Nil.

Nouvel Empire :

– **Statues de groupe de Pathmai et de sa famille★** (1250 av. J.-C.), officier puis prêtre de Ptah.

– **Paroi murale funéraire★** peinte représentant la reine Ahmes-Nefertari et son fils Aménophis Ier, vénérés par les artisans et les artistes de la nécropole thébaine comme dieux protecteurs (1200 av. J.-C.). Les costumes sont somptueux ; la couleur noire de la peau de la reine renvoie à une statuette de culte.

Égypte ptolémaïque et romaine :

– **Portraits et masques de momies★★** : expression admirable d'**Aline**, nommée Tenos, morte à 35 ans en 25 apr. J.-C. dans l'oasis du Fayoum, où s'étaient implantés de nombreux colons grecs, et d'un homme barbu, mort à l'âge de 30 ans en 200 apr. J.-C. L'habillement et les bijoux suivent la mode d'Alexandrie. Un *linceul* représente un mort escorté d'Anubis et d'Osiris (180 apr. J.-C.). Les masques (la couleur dorée marque la divinité du défunt) renvoient à la tradition égyptienne.

Portrait d'*Aline*

J. Liepe/AGYPTISCHES MUSEUM - PREUSSISCHER KULTURBESITZ

Münzkabinett (Cabinet des Médailles)
– *Fermé pour travaux.*

★**Gemäldegalerie (Pinacothèque)** – L'entrée dans la galerie est gardée par deux statues en bronze du maniériste flamand *Adriaen de Vries* (vers 1560-1626) : *Vénus et Adonis* et *Le Rapt de Proserpine* (1621). La nef est consacrée à la **Renaissance italienne : Majoliques★** des *Della Robbia* et de leur atelier ; jolies fontaines murales (une vénitienne, avec les armoiries des Trevisiani, du début du 16e s., et une brescianne) ; stalles de chœur lombardes en bois marqueté (vers 1500).

Les noms de sculpteurs sont soulignés en rouge dans le tableau.

PAYS	ARTISTES	DATES	ŒUVRES
Allemagne	Lucas Chranach le Vieux	1472-1553	*Portrait de Johann Carion ; Portrait d'un homme devant un fond bleu.*
	Artiste inconnu actif en Thuringe	entre 1513 et 1525	Fragment d'un polyptyque par le *maître de la « légende de St-Crispin ».*
	Nicolas Neufchatel, nommé Lucidel	1530-1590/ 1600	*Portrait d'une patricienne de Nuremberg.*
	Jacob Jordaens	1593-1678	*Le Christ, sous l'apparence d'un jardinier, apparaît aux trois Marie.*
	Antoine Pesne	1683-1757	*Le peintre avec ses filles Henriette Joyard et Marie de Rège.*
	Anna Dorothea Therbusch	1721-1782	*Autoportrait* (inachevé).
	Johann Gottfried Schadow	(1764-1850)	Deux sculptures : *Le prince Léopold Ier de Anhalt-Dessau* et *Le général de cavalerie Friedrich-Wilhelm von Seidlitz*, ornent le bel escalier sous la petite **coupole★**.
Italie	Artiste inconnu		Deux figures de Vertus du tombeau du doge Morosini à San Giovanni e Paolo à Venise (1382). Elles encadrent un triptyque.
	Donatello	1386-1466	*Madone avec quatre chérubins.*
	Lucas della Robbia	1399-1482	*Buste d'un jeune garçon.*
	Francesco Laurana	1425-1502	*Portrait d'une princesse de Naples.*
	Antonio Rossellino	1427-1478	*Marie à l'Enfant frissonnant, Marie et l'Enfant.*
	Andrea Guardi	actif entre 1430 et 1474	*Madonna Orlandini.*
	Antonio Rizzo	vers 1430-1499	*Ange.*
	Francesco, dit Simone Ferruci	1437-1493	*Buste présumé d'Élisabeth Gonzague.*

PAYS	ARTISTES	DATES	ŒUVRES
Italie	Attribué à **Francesco di Giorgio Martini**	(1439-1501)	**Vue architecturale**★★.
	Francesco di Giorgio	1439-1502	*Madone à l'oiseau.*
	Benedetto da Maïano	1442-1497	*Buste du cardinal Riario.*
	Atelier de Domenico Ghirlandajo	1449-1494	*Résurrection.*
	Francesco Melzi	1483-vers 1570	**Vertumne et Pomone**★.
	Jacopo da Pontormo	1494-1537	*Sainte famille avec saint Jean-Baptiste.*
	Francesco da Sangallo	1494-1576	*Relief de Marie avec un enfant lisant : très élégant.*
	Bronzino	1503-1572	*Deux remarquables* **portraits de jeunes garçons**★ *ornent le cabinet des miniatures.*
	Giorgio Vasari	1511-1574	*Portrait de Jean de Médicis.*
	Prospero Fontana	1512-1597	*Épiphanie.*
	Lorenzo Sabatini	1530-1576	*Vierge sur le trône entourée de saints.*
	Giovanni Lanfranco	1582-1647	*St André en prière devant la croix.*
	L'Algarde	1598-1654	*Portraits du cardinal de Montalto et du prince Michel Damasceni-Peretti.*
	Le Bernin	1598-1680	*Satyre et panthère.*
	Salvatore Rossa	1615-1673	*Paysage de montagnes avec un ermite (Einsiedler) lisant.*
	Lucas Giordano	1632-1705	*Portraits d'Archimède et d'Euclide.*
Flandres	**Jean Gossaert, Jan van Mabuse**	1470/80-1532	**Neptune et Amphitrite**★★, **Le péché originel**★.
	Jean Bellegambe	1480 -vers 1535	*Le Jugement dernier.*
	Georg Pencz	1500-1550	*Portrait d'un jeune homme.*
	Jan Cornelisz Vermeyen	1500-1559	*Portrait du négociant anversois Jérôme (« Hieronymus ») Tucher.*
	Pieter Franchoys	1606-1654	*Portrait d'un jeune homme.*
France	**Germain Pilon**	1528-1590	*Vénus et Amour.*
	Poussin	1594-1665	*Autoportrait.*
	Claude Gellée, dit Le Lorrain	1600-1682	*Paysage idéal de la campagne romaine avec Diane, Céphale et Procris.*
	Pierre Puget	1620-1694	*Hercule et Cacus.*
	Nicolas de Largillière	1656-1746	*Portrait du peintre de paysage Jean-Baptiste Forest.*
	Hyacinthe Rigaud	1659-1743	*Le sculpteur Martin van den Bogaert (Desjardin).*
	Jean-François de Troy	1679-1752	*Bacchus et Ariane, L'éducation de Bacchus.*
	Jean-Marc Nattier	1685-1766	*Portrait de Maria Clara Philippine von Ingelheim.*
	Jean-Baptiste Pigalle	1714-1785	*Vénus et Mercure (en bas de l'escalier, sous la petite coupole).*
	Hubert Robert	1733-1808	*Les ruines de Nîmes.*
Grande-Bretagne	**Thomas Gainsborough**	1727-1788	*Portrait de John Wilkinson,* **Portrait de la femme du peintre**★.
Pays-Bas	**Marinus van Roymerswaele**	vers 1495-vers 1567	*St-Jérôme dans sa cellule.*
	Jan van Goyen	1596-1656	*Vue de la ville de Nimègue.*
	Rembrandt	1609-1669, présumé	*Vieil homme en manteau doublé de fourrure.*

Un atelier, en fin de parcours, est prévu pour les enfants (Galerie des enfants).

ALENTOURS

Voir **ORANIENBURGER STRASSE**★★, **SCHLOSSPLATZ, UNTER DEN LINDEN**★★.

NEUKÖLLN

Neukölln

Voir plan Berlin-Centre, **🖪**, **LMYZ**

L'ancienne commune de **Rixdorf**, à laquelle on a rattaché les villages de Britz, Rudow et Buckow, a été rebaptisée **Neukölln** en 1912. Ce fut tout de suite une cité-dortoir, à la croissance exponentielle : 90 000 habitants en 1900, 200 000 neuf ans plus tard. Ses habitants, en majorité des ouvriers et des employés, s'entassaient dans des logements dont près de la moitié n'avaient qu'une seule pièce. En 1919, les spartakistes s'emparèrent de l'hôtel de ville et proclamèrent la « République de Neukölln ». L'arrondissement resta éloigné de la fébrilité du Berlin de l'entre-deux-guerres. Il n'était guère desservi et vivait à un rythme provincial, la vie nocturne se résumant à un théâtre municipal, quelques petits cinémas, des bistrots, des bals populaires et des fêtes de la bière.

Ce quartier, le plus peuplé de Berlin, est resté populaire. Comme à Kreuzberg, une nombreuse communauté turque y vit, mais loin des feux de l'actualité. Point de marginalité spectaculaire ni d'alternatifs : la réalité de Neukölln est celle de la vie berlinoise au quotidien. La circulation est dense entre la Karl-Marx-Straße et la Sonnenallee. La zone qui jouxtait le Mur, dont il subsiste le no man's land, à la limite de Treptow, est triste. A l'angle de la Wildenbruchstraße et de la Heidelberger Straße, on peut voir l'imbrication des immeubles entre l'ancien Ouest et l'ancien Est (façades brunes).

PROMENADE A TRAVERS LE QUARTIER

Hermannplatz – **U** *7, 8 Hermannplatz.*
Ce carrefour très animé rassemble de nombreux commerces. Il était autrefois dominé par les deux tours du grand magasin *Kartstadt*, auquel le métro donnait un accès direct. Inauguré en 1929, ce bâtiment était considéré comme le sommum de la modernité à l'américaine.

Volkspark Hasenheide – **BUS** *248 Hasenheide.*
C'est dans ce parc, dont le nom signifie « lande aux lièvres », que **Friedrich Ludwig Jahn** entraîna ses jeunes disciples à pratiquer la gymnastique (monument à l'angle Nord-Ouest). En 1814, les patriotes organisent une grande fête à la Hasenheide, consacré lieu de réunion publique. 10 000 personnes assistent à un spectacle gymnique et, en souvenir de ces journées, les disciples de Jahn décident de se réunir chaque année au même endroit. Les socialistes eurent la même idée, ce qui fit dire à Bismarck, ennemi mortel de ces derniers, que « La politique ne se faisait pas à la Hasenheide ». Le dimanche, les familles se promenaient dans le parc, agrémenté de carrousels et d'escarpolettes, ou dégustaient de grands bocks de bière blanche dans les *Biergarten*. Le parc est aujourd'hui une grande étendue gazonnée, un peu brûlée en été.

Le fondateur de la gymnastique

L'initiative de **Friedrich Ludwig Jahn** (1778-1852), alliant culture physique, formation morale et patriotisme, rencontra un succès immédiat auprès de la jeunesse lycéenne et estudiantine. Le terrain d'exercices, équipé de divers agrès, était d'une grande simplicité. Les « gymnastes » s'y forgeaient une robuste identité allemande purgée de toute influence étrangère. La **Ligue allemande**, fondée en 1810 par Jahn, comptait une petite centaine de membres recrutés parmi les « gymnastes » et œuvra, à partir de 1812, au renversement de l'alliance entre la France et la Prusse. En 1813, Jahn sera capitaine dans le plus célèbre des corps francs, celui du général berlinois **von Lützow,** qui se fera d'ailleurs décimer. Mais ce patriotisme est suspect pour le pouvoir : la section berlinoise de la corporation des étudiants est dissoute ; le terrain de la Hasenheide fermé en 1819. Jahn, soupçonné de menées subversives, est incarcéré jusqu'en 1824, bien que son ami E.Th.A. Hoffmann ait prouvé son innocence. Il est placé sous surveillance policière jusqu'en 1841.

Karl-Marx-Straße – **U** *7 Rathaus Neukölln.*
C'est la grande artère de Neukölln, très commerçante. On y trouve l'**hôtel de ville** (Rathaus) **(R)**, l'**opéra de Neukölln** (Neuköllner Oper, entre les n°ˢ 129 et 135) **(T⁵)**, logé dans un beau bâtiment en retrait par où l'on peut passer *(Passage Kino)* dans la Richardstraße, et le **musée des Marionnettes** *(Puppentheatermuseum*, n° 135) **(M¹¹)** qui rassemble des figures du folklore et des légendes allemandes. Le musée d'Histoire locale *(Emil-Fischer-Heimatmuseum)* se trouve dans une rue adjacente *(Ganghoferstraße 3-5 ; dans la cour à gauche).*

« Böhmisches Rixdorf » – **U** *7 Karl-Marx-Straße.*
Coulisse de la bruyante Karl-Marx-Straße, l'ancien village de **Rixdorf** est un pâté de maisons villageoises et de granges compris entre la Richardstraße et la Kirchgasse. Une importante communauté de tisserands protestants originaires de Bohême vint s'y installer en 1737. Une statue de Frédéric Iᵉʳ orne une jolie placette (Richardplatz), au Nord de laquelle se trouve la vieille **église de Bethlehem** *(Bethlehemskirche* ; début du 15ᵉ s.).
Revenir sur la Karl-Marx-Straße.

Körmerpark – Ce joli parc a été aménagé (1912-16) dans une carrière de graviers. L'excavation, de 5 à 7 m par rapport au niveau des rues avoisinantes, explique la présence de terrasses et d'escaliers qui évoquent les jardins baroques italiens. Une orangerie borde le parc ; les fontaines ne sont malheureusement pas en eau. Pour les curiosités suivantes, voir le plan Berlin-agglomération, **11**, **CDV**.

BLUB (Berliner Luft und Badeparadies) ⊘ – **U** *7 Grenzallee (puis marcher vers le Sud et traverser le Teltowkanal)* ; **BUS** *Franz-Körner-Straße.*
C'est un complexe balnéaire qui offre plusieurs toboggans géants et des centres de remise en forme.

★**Britz** – **U** *7 Blaschkoallee.*
Ce village de la périphérie possède de très beaux lotissements des années 20 (1925-27). Le long de la Fritz-Reuter-Allee et dans le fameux **« Hufeisensiedlung »**★★ **(D¹)**, ensemble de plus de mille logements sociaux en forme de fer à cheval conçu par **Bruno Taut,** les jardinets, la hauteur humaine des maisons, les variations de couleurs et de formes correspondent au principe « lumière, air, soleil » édicté par les architectes des années 20. Plus à l'Ouest *(prendre le* **BUS** *174 à* **U** *Parchimer Allee et descendre à Britzer Damm/Tempelhofer Weg)*, le petit **château de Britz** ancienne

résidence du comte de Hertzberg, qui signa, pour le compte de la Prusse, la paix qui mit fin à la guerre de Sept Ans, se trouve derrière la roseraie. Plus loin, sur la Fulhamer Allee, charmante petite **église** de village, près d'un étang.

★**Britzer Garten** — *Accès :* 🚌 *144 Zimmererweg,* 🚌 *179 Sangerhauser Weg.*
Ce grand parc de 100 ha, que l'on peut aussi visiter en petit train, a été aménagé à l'occasion des Floralies de 1985. C'est un lieu de promenade agréable, où l'on peut se prélasser et disposer des chaises qui sont sur les pelouses. Au sommet d'une hauteur, l'on découvre une vue sur les quartiers Sud de Berlin. On ne risque pas de se perdre : des panneaux indiquent les sorties et les attractions comme la maison aux papillons. La décoration des fabriques comme l'orangerie, sorte de carapace hérissée de pics et de pointes, est plutôt laide. Le centre du parc est occupé par un lac aux contours sinueux. A l'Est du pont *(Hauptbrücke),* une sorte de petit port est utilisé par les modélistes qui y font naviguer leurs bateaux.

Buckow — 🚌 *172 Buckower Friedhof.*
La charmante église du village *(Dorfkirche)* remonte au 13ᵉ s.

Gropiusstadt (Cité Gropius) — *Johannisthaler Chaussee ;* 🇺 *7 Lipschitzallee ;* 🚌 *144 Lipschitzallee.*
Walter Gropius a conçu, à l'origine, cet ensemble de tours grises de formes diverses, noyées dans la verdure. Construit de 1962 à 1973, c'est l'équivalent du *Märkisches Viertel (voir REINICKENDORF)* ; 50 000 personnes y habitent.

Rudow — Au bout de la ligne 🇺 7, la plus longue de Berlin (31,8 km parcouru en 56 mn), petite église de village.

ALENTOURS

Voir **KREUZBERG (Partie Est)★★, TEMPELHOF, TREPTOW.**

NIKOLAIVIERTEL★

Mitte

Voir plan Berlin-Centre historique, p. 252-253, **PQYZ**

Berceau de Berlin, le **quartier St-Nicolas** a été reconstitué autour de l'église du même nom, aux deux flèches caractéristiques, en 1987, pour le 750ᵉ anniversaire de la naissance de la ville. La date de **1237,** où Berlin apparaît pour la première fois dans un document, est arbitraire. Elle avait été choisie par Goebbels pour l'anniversaire de 1937. La rénovation du quartier St-Nicolas marque une prise de conscience du patrimoine par les autorités de la RDA. De précieux témoignages du passé ont été rasés et cet essai de restitution du vieux Berlin témoigne d'une politique moins amnésique. Il n'en reste pas moins que les maisons sont en dalles de béton. Mais, à côté des espaces immenses de l'Alexanderplatz, on retrouve avec plaisir un réseau de petites rues plus humaines et on prend volontiers un café sur la placette entourant l'église, d'autant plus que des musées, petits mais intéressants, se trouvent à proximité.

PROMENADE A TRAVERS LE QUARTIER SAINT-NICOLAS

On peut rejoindre le quartier St-Nicolas rapidement depuis la gare Ⓢ *+* 🇺 *Alexanderplatz.*

★**Nikolaikirche (Église St-Nicolas) (Q)** ○ – 🇺 *2 Klosterstraße.*
– Le plus vieux monument de Berlin a été bâti aux alentours de 1230. De la basilique romane tardive à trois nefs, il ne reste que l'assise en pierre de la tour et le portail occidental. Le chœur gothique date de 1380, les nefs de l'« église-halle » *(voir l'INTRODUCTION, ABC d'architecture)* du 15ᵉ s. L'église fut restaurée entre 1876 et 1878 (elle y a gagné le double clocher) et, de nouveau, de 1977 à 1987. C'est désormais une annexe du **musée de la Marche de Brandebourg** (Märkisches Museum, *voir FISCHERINSEL).* Après avoir remarqué, à gauche dans le narthex, la **chapelle du ministre des Finances Krauth★,** à la riche décoration baroque, on découvre les maquettes de l'église primitive, celles des cités jumelles de Berlin et de Cölln en 1220-30 et en 1450, la chapelle funéraire de Carl Constantin von Schnitter et de son épouse et le linge de table d'un couvent de cisterciennes de Zehdenick du début du 14ᵉ s.

★**Nikolaiviertel (Quartier St-Nicolas)** — *Zum Nußbaum* était la plus vieille auberge de Berlin jusqu'à sa destruction en 1943. Construite à Cölln, Fischerstraße 21, en 1571, c'était un lieu fréquenté par Heinrich Zille et Otto Nagel. Elle a été restaurée en 1986-87. La **maison Knoblauch★** (Knoblauchhaus, Poststraße 23) **(M²¹)** ○ est un joli musée installé dans une demeure bourgeoise du 18ᵉ s. La famille Knoblauch a une longue histoire. L'un de ses membres, architecte, a construit la nouvelle synagogue *(voir ORANIENBURGER STRASSE).* Une taverne historique *(Historische Weinstube)* est installée au rez-de-chaussée. Sur la Poststraße, vers le forum Marx-

Balcons du palais Ephraim

Engels, la maison *Zur Gerichtslaube*, au pignon Renaissance vert-clair, occupe l'emplacement de l'ancien hôtel de ville de Berlin. Le **palais Ephraim★** (**S**) ⊘ (*Ephraim-Palais*, à l'angle de la Poststraße et du Mühlendamm), aux élégants balcons rococo dorés, a été bâti pour le joaillier de la cour et directeur de la Monnaie **Nathan Veitel Ephraim**, l'un des rares juifs à avoir exercé une fonction importante au temps de Frédéric le Grand. C'est, en fait, une totale reconstitution, car le bâtiment d'origine fut démoli en 1935 pour permettre l'élargissement du Mühlendamm. Il abrite une collection de peintures : le 3ᵉ étage est consacré aux expositions temporaires, le second aux peintres romantiques, « Biedermeier », à la peinture d'architecture, à Adolf von Menzel (1818-1905) et à son époque, le premier à la Sécession berlinoise, à l'expressionnisme et à la réaction face au national-socialisme et à la guerre.

En face du Palais Ephraim, le palais Schwerin côtoie la nouvelle monnaie bâtie par les nazis.

Mühlendamm – 🚌 *142, 257 Mühlendammbrücke.*

Au 13ᵉ s. s'élevait à cet endroit, à l'entrée de la ville, un péage formé par une digue de quatre moulins banaux. Ce « pont long » *(Lange Brücke)*, ancien nom du *Mühlendammbrücke*, était le plus ancien point de passage entre Berlin et Cölln. Il y fut construit l'hôtel de ville commun aux deux cités, détruit sur ordre du prince après le soulèvement de 1448, connu sous le nom de « Mécontentement berlinois » (« *Berliner Unwille* »). Le Mühlendamm doit son nom à l'**office du « Mühlenhof »** *(Amt Mühlenhof)*, chargé de gérer les moulins et les possessions du prince dans les environs de Berlin, mais aussi de veiller à l'approvisionnement de la cour en bois et en denrées. Il fallait donc entretenir les stocks (il y avait 400 personnes et 200 chevaux à nourrir !), abattre, brasser, tisser, faire venir les cuirs. Le directeur du Mühlendamm était un représentant du pouvoir ; dans sa maison était rendue la justice entre les paysans.

Molkenmarkt – 🚌 *142, 257 Berliner Rathaus.*
Le « marché aux petits-laits » est la plus ancienne place de Berlin, née de l'inter-section de deux rues près d'un passage sur la Spree. La vue porte sur un assemblage composite de bâtiments de différents styles : l'église St-Nicolas, le lanternon de la cathédrale, l'« hôtel de ville rouge », la tour de la Télévision et la « Maison de ville » *(Stadthaus)*, annexe de l'« hôtel de ville rouge » dont la tour s'élève à 109 m.

Parochialkirche ⊘ – 🚇 *2 Klosterstraße.*
Cette église baroque à plan centré comportant trois absides est en restauration. A l'angle de la Parochialstraße et de la Klosterstraße, le **Palais Podewils** (**V**) abrite un café. Façade *Jugendstil* au Klosterstraße 64.

Franziskaner-Klosterkirche (Ruines de l'église des Franciscains) (**W**) ⊘ – 🚇 *2 Klosterstraße.*
De la basilique à trois nefs des 13ᵉ et 14ᵉ s., fondée en 1249 et détruite par les bombardements alliés, il ne reste que les murs qui forment un cadre original à des expositions de sculptures en plein air. Les ruines ont été consolidées en 1951. L'église jouxtait le « **cloître gris** » *(voir ci-après)*. Deux chapiteaux du château de Berlin ont été placés dans le parc qui indique l'emplacement du couvent.

Le « Cloître gris »

Gris, de la couleur de la robe des franciscains avec lesquels, au 13ᵉ s., les margraves ascaniens entretenaient d'étroites relations. Un terrain leur est cédé près de l'enceinte berlinoise où ils érigent un cloître « gris » et une église en brique. Le cimetière accueille les dépouilles de nobles et des grands bourgeois. Après la Réforme et la sécularisation des biens du clergé catholique, les franciscains restent jusqu'à l'extinction de leur communauté (1571), ce qui permet à l'humaniste **Thurneisser** d'occuper les bâtiments du monastère, maintenant disparus, et d'y installer la première imprimerie de Berlin. En 1574, le **lycée du « Cloître gris »** y est fondé. Il sera prisé par la bourgeoisie berlinoise et accueillera maintes futures célébrités. Au 18ᵉ s., il est le point central des relations germano-russes et pendant les guerres de Libération (1813-1815), le professeur **Friedrich Ludwig Jahn**, le fondateur de la gymnastique *(voir NEUKÖLLN)*, y enseigna. L'établissement accueillit, entre autres, les jeunes Schinkel, Schadow, Schleiermacher, Bismarck.

A côté des ruines de l'église franciscaine, un **tribunal municipal** (**J**), de style néo-baroque mêlé d'éléments *Jugendstil*, possède un magnifique **escalier★**. Le **mur d'enceinte** de Berlin et de Cölln (*Littenstraße*, vers le Sud) est surmonté d'une petite rangée de maisons que l'on voit mieux depuis la Waisenstraße, notamment la taverne traditionnelle *Zur Letzten Instanz*.

ALENTOURS

Voir **ALEXANDERPLATZ★, FISCHERINSEL★.**

OLYMPIASTADION★
Charlottenburg
Voir plan Berlin-agglomération, 🔟, **ABU**

Sur ce lieu, témoignage impressionnant de l'architecture nazie, se déroula pendant quinze jours les **Jeux olympiques de 1936**. Goebbels avait demandé aux Berlinois d'être « plus charmants que les Parisiens, meilleurs vivants que les Viennois, plus volubiles que les Romains, plus cosmopolites que les Londoniens, plus pratiques que les New-Yorkais ». La ville est nettoyée, restaurée, pavoisée. La propagande antisémite est mise en sourdine. Berlin voulait être une ville « comme les autres » sous un régime « respectable ». Elle fut une ville « propre », placée sous haute surveillance policière, purgée des opposants éventuels et des asociaux. Les Jeux, auxquels participèrent 49 pays, furent un succès et permirent à la cinéaste **Leni Riefenstahl** de filmer *Les Dieux du stade*, « hymne à la beauté et à la force », qui montra le sport sous un jour inédit. Les victoires du coureur noir **Jesse Owens** aux 100, 200, 4 x 100 mètres et au saut en longueur irritent Hitler qui refuse de le saluer. L'Allemagne reçoit le plus grand nombre de médailles, ce qui renforça le préjugé dominateur d'une jeunesse étroitement embrigadée. Mais la manœuvre de séduction ne réussit qu'à moitié. Si certains journaux français crièrent au pacifisme de Hitler, un journaliste du *New York Times* releva « le plus grand coup de propagande de l'histoire ». Les Jeux de 1936 furent pour Hitler, qui venait de remilitariser la Rhénanie, une habile opération de construction du « mythe » nazi, une démonstration de sa popularité auprès des masses et un gage donné de respectabilité internationale.

Stade olympique

PRINCIPALES CURIOSITÉS

Friedhof Heerstraße (Cimetière de la Heerstraße) – 🚌 *218 Olympischer Platz.*
Entrée par la Trakehner Allee près de la maison de l'administration du cimetière.
Les tombes de ce beau cimetière, calme et boisé, sont disposées en terrasses autour d'un plan d'eau.

★**Olympiastadion** ⊘ – Ⓤ *2, 12 Olympia Stadion (Ost).*
C'est de la tour du Carillon *(voir ci-après)* que l'on a la meilleure vue sur le stade en ciment armé, où 120 000 spectateurs pouvaient prendre place. De conception harmonieuse, il est jugé « trop petit » par le Führer qui aurait préféré de la pierre, matériau plus noble.
On accède au stade par une vaste allée qui bute sur deux tours. Des statues monumentales représentent les idéaux nazis. L'architecte **Werner March** a habilement tiré parti de la configuration du terrain pour enterrer le stade qui paraît de faible hauteur à l'extérieur (17 m). Il s'y s'ajoutent 12 m au-dessous du niveau du sol. Derrière le bâtiment, se trouvait le champ de Mai *(Maifeld)* où 500 000 personnes pouvaient écouter les discours du Führer. Le stade est toujours utilisé et accueille des concerts, comme celui des *Pink Floyd* en août 1995.

Glockenturm (Tour du Carillon) (E¹) ⊘ – 🚌 *218 Waldbühne.*
Vaste étendue gazonnée, le champ de Mai est dominé par la **tour du carillon,** dont la cloche de 10 tonnes porte l'inscription : « J'en appelle à la jeunesse du monde. » Le **panorama**★★ sur la ville *(visite en ascenseur)* est très étendu : au Nord, on découvre Spandau, à l'Est, le stade olympique, le complexe des usines Siemens en briques rouges et au Sud, le Teufelsberg domine la forêt de Grunewald.

Waldbühne (T²⁰) – 🚌 *218 Waldbühne.*
Elle faisait partie du parc olympique et fut calquée sur les théâtres antiques. Elle est, depuis la guerre, un haut lieu de l'été culturel berlinois.

★**Le-Corbusier-Haus (Unité d'habitations Le Corbusier)** (F¹) – *Reichssportfeldallee 16 ;*
🚌 *218 Coubertinplatz.*
Il faut traverser l'immeuble pour aller dans le jardin et voir la façade de l'autre côté. L'étagement différent des balcons peints de couleurs vives y introduit une variété.

Georg-Kolbe Museum (M³¹) ⊘ – *Emprunter la Heilsberger Allee, puis la Sensburger Allee ou* 🚌 *149 Preußenallee.*
Belle exposition d'œuvres de **Georg Kolbe** et de sculpteurs de la première moitié du 20ᵉ s., comme **Renée Sintenis** (1888-1965). Sculptures grandeur nature dans le jardin.

Westend – Ⓤ *2, 12 Neu-Westend ;* 🚌 *104, 218* Ⓤ *Neu-Westend.*
C'est un quartier calme et résidentiel de petites villas. Le **château d'eau** de l'Akazienallee, (1908-1909), est une belle construction en brique qui ressemble à un donjon.

ALENTOURS

Voir **FUNKTURM★, SPANDAU★.**

Entre l'Oranienburger Straße et le « Hackescher Markt », bat le cœur du vieux Berlin. Des façades délabrées, aux murs criblés d'impacts de balles, couvertes de graffiti ou squattées, de vieilles rues désertes, des institutions culturelles juives au-dessus desquelles surgit le dôme doré de la nouvelle synagogue, des cafés et des restaurants qui abondent, des cours et arrière-cours restaurées : les souvenirs assaillent le visiteur dans ce quartier, de même que l'attend une vie nocturne parmi les plus animées de la partie Est de la ville.

Le « Quartier des Granges » – Dans la seconde moitié du 17e s., Berlin se remet lentement de la ruine càusée par la guerre de Trente Ans. Un édit de 1679 assure l'éclairage des rues par des torchères, puis des lanternes. Pour limiter les risques d'incendie, l'ordonnance interdit les toits de chaume et relégua les granges à l'extérieur des remparts. Elles donnèrent leur nom à un faubourg mal famé, le « **Scheunenviertel** » ou « quartier des Granges » qui, avec l'expansion urbaine, devint l'un des plus centraux de la capitale, à deux pas de l'île des Musées. Pendant la Première Guerre mondiale, c'est là qu'affluèrent les populations juives, souvent misérables, main-d'œuvre immigrée ou qui fuyait les pogroms de l'Est. Contrairement à leurs coreligionnaires aisés, qui souvent les méprisaient, ou aux Russes blancs qui résidaient à l'Ouest, pour beaucoup de ces « Juifs de l'Est » *(Ostjuden)* vêtus de noir,

Nouvelle synagogue

le « *Scheunenviertle* » était le terminus du périple qui devait les mener en Amérique. Ils constituèrent le quart des 172 000 juifs de Berlin et gardèrent leur style de vie, leurs coutumes, leurs langues. Petits commerces, tripots, trafics en tout genre, maisons de passe, prostituées étaient le paysage habituel des rues situées derrière l'Alexanderplatz.

Un quartier à la mémoire des disparus – Après l'arrivée au pouvoir des nazis, l'étau se resserre très vite. Pour se faciliter la tâche, la Gestapo demande à la communauté juive de s'organiser elle-même, de fournir des fichiers. A partir de 1942, les gens furent rassemblés dans un hospice pour personnes âgées *(Altenheim)* avant d'être déportés. 55 000 juifs berlinois de tous âges furent exterminés dans les camps de Theresienstadt et Auschwitz. La synagogue, qui avait été profanée pendant la nuit de Cristal, fut bombardée en 1943 et resta en ruine jusqu'en 1990. 1943 fut une année marquée par un acte extraordinaire. 5 000 juifs allaient être déportés, parmi les derniers, protégés par leurs épouses allemandes. Ces dernières protestèrent et manifestèrent. Il eût été facile à la Gestapo de les disperser. On leur rendit leurs maris qui constituèrent le plus grand nombre des survivants.

La nuit de Cristal

Le **9 novembre 1938**, un vaste pogrom à l'échelle nationale est organisé après l'assassinat, à Paris, d'un secrétaire de l'ambassade d'Allemagne par un jeune juif polonais désespéré. Les magasins sont dévastés, les synagogues incendiées, 91 personnes assassinées. Les personnes arrêtées grossissent les rangs des internés du camp de **Sachsenhausen**, ouvert deux ans plus tôt près d'Oranienbourg. Les juifs balaieront les trottoirs jonchés d'éclats de verre.

AU FIL DES VIEILLES RUES

★**Oranienburger Straße** – Ⓢ *1, 2, 25, 26 et* 🚊 *1, 13 Oranienburger Straße.*

La rue est remplie de cafés-restaurants. Elle est même devenue un endroit assez balisé pour les touristes. Il est parfois plus intéressant d'aller dans les petites rues alentour.

Attention !

Le S-Bahn marque l'arrêt à Hackescher Markt seulement dans la direction de l'Alexanderplatz.

« Tacheles » – *Oranienburger Straße 54-56.*
Un projet immobilier viendra sans doute remplacer ce haut lieu du mouvement alternatif *(voir VIVRE A BERLIN)* qui occupe les ruines d'un ancien passage commercial dynamité dans les années 60. En face du *Tacheles*, au bout de la rue, curieuse perspective, la nuit, avec la coupole dorée de la nouvelle synagogue et la tour de la Télévision éclairée en vert. Au n° **69**, beau vestibule et cage d'escalier datant des « années de fondation » *(Gründerzeit)*.

★**Ehemaliges Postfuhramt und Haupttelegraphenamt (Ancienne poste)** – *Oranienburger Strasse 35-36 (à l'angle de la Tucholskystraße).*
Ce bâtiment magnifique (1875-1881), en briques vernissées et décoré de terres cuites, abritait 200 chevaux qui étaient soignés dans les écuries de deux étages qui donnaient sur la cour. Un relais de poste *(Postillonhaus)* s'élevait déjà à cet endroit au début du 18ᵉ s. La Poste royale est née en 1827 : les 36 facteurs arboraient les armes du roi et un cor, symbole toujours actuel de leur profession.

Neue Synagoge (Nouvelle synagogue) Ⓣ – *Oranienburger Straße 30 ;* Ⓢ *1, 2, 25 Oranienburger Straße.*
Seule la façade (les pierres plus claires indiquent les parties restaurées) et la coupole de ce qui fut la plus grande et la plus belle synagogue de Berlin ont été restaurées. Elle fut construite par **Eduard Knoblauch** *(voir NIKOLAIVIERTEL, Knoblauchhaus)* entre 1859 et 1866. A l'emplacement du sanctuaire, se trouve un vaste espace libre ; le plan en est lisible au sol et l'abside, suggérée par quelques colonnes métalliques. Une paroie en verre protège le mur intérieur. Le rez-de-chaussée abrite une exposition sur l'histoire de la synagogue, son architecture, sa restauration (fragments d'architecture, objets de culte). Au 1ᵉʳ étage, une exposition très dense (malheureusement, les nombreux panneaux d'explications ne sont pas traduits) explique le rôle économique et culturel éminent que la communauté juive de Berlin a joué à travers les siècles et le phénomène de l'antisémitisme.

Große Hamburger Straße – *Prendre à gauche, en descendant l'Oranienburger Straße vers le Sud-Est.*
Le **vieux cimetière juif** *(Alter jüdischer Friedhof)* (**X**) est le plus vieux cimetière juif de Berlin, utilisé de 1672 à 1827 et détruit en 1943 sur ordre de la Gestapo. La pierre tombale de **Moses Mendelssohn** (1729-1786) a subsisté. A proximité, donnant sur la Sophienstraße (**stèle**), s'élevait le plus ancien hospice de la communauté juive de

Vieille poste de l'Oranienburger Straße

Berlin, transformé par la Gestapo en lieu de rassemblement. L'école et le lycée de la communauté juive ont été restaurés. Mendelssohn fut le fondateur de la première école juive de Berlin.

La tour de l'**église Ste-Sophie** *(Sophienkirche)* (1712-1734) (**Y**) ⏱, en retrait par rapport à la rue, possède un élégant clocher baroque. L'intérieur, du même style (mais refait en 1892), est sobre : remarquer le beau cartouche entouré d'une gloire au plafond, les tribunes. L'historien **Leopold von Ranke** y est enterré.

Les juifs, vie culturelle et discriminations

Au 18e s., les persécutions directes, comme au Moyen Âge ou à la Renaissance, ont disparu, mais les règlements généraux de Frédéric-Guillaume Ier et de Frédéric II impose un droit réduit. Les Israélites ne peuvent entrer à Berlin que par la porte de Rosenthal. La communauté juive constitue 2 % de la population. L'activité professionnelle de ses membres se limite aux secteurs financier et manufacturier. Ils sont assujettis à des taxes et à des impôts divers et risquent l'expulsion. Mais les financiers et entrepreneurs juifs s'installent dans le paysage économique, en pleine mutation, du Berlin des lumières : **Ephraim** est responsable de la frappe des monnaies *(voir NIKOLAIVIERTEL, Palais Ephraim)* ; **Itzig** est le fournisseur des armées royales. Si sa naturalisation est une exception, elle révèle le combat mené par les chrétiens éclairés et par Mendelssohn. De riches juives sont de plus en plus recherchées par des aristocrates désargentés. Les salons de ces femmes fortunées, belles, intelligentes sont très courus. Les premières réactions apparaissent contre « la grande influence » des israélites.

Marcher le long de la Große Hamburger Straße jusqu'au St-Hedwigs-Hospital, puis tourner à droite dans la Sophienstraße.

★**Sophienstraße** – 🚊 *2, 3, 4, 5, 15, 53* Ⓤ *Weinmeisterstraße.*
Cette charmante rue est bordée de maisons restaurées des 18e et 19e s. aux façades peintes. Elle offre une jolie vue sur le chevet de la Sophienkirche et le jardin qui l'entoure. Le petit **musée d'Histoire locale** (Museum Berlin-Mitte) ⏱ abrite des expositions temporaires sur le centre historique de Berlin. Aux n°s 18-18A, double portail d'entrée dans le style néo-Renaissance de l'**Association des artisans berlinois (Berliner Handwerker Verein)** ; remarquer la frise.

★**Hackesche Höfe** – *Sophienstraße 6, angle avec la Rosenthalerstraße.*
Cet ensemble, superbement restauré, de huit cours recouvertes de carreaux de faïence, est très pittoresque. Des cafés, des antiquaires, des galeries, des restaurants, un cinéma, le cabaret *Chameleon (voir VIVRE A BERLIN, La « scène » berlinoise)*, une librairie sur l'art et l'architecture et même un musée de l'Érotisme y ont élu domicile. Celui-ci est un attrape-nigaud.

Monbijoupark – Ⓢ *3, 5, 7, 9, 75 Hackescher Markt ;* [Tram] *1, 13 Monbijouplatz.*
Rien ne subsiste du château construit par Eosander von Göthe et habité par la princesse Sophie-Dorothée, épouse du « Roi-Sergent ». Détruit pendant la guerre, il fut rasé par la RDA. Le parc est un espace vert quelconque avec une vue sur le dôme de la nouvelle synagogue.

Hackescher Markt – Ⓢ *3, 5, 7, 9, 75 Hackescher Markt ;* [Tram] *1, 13 Monbijouplatz.*
Le cœur du « quartier des Granges » est une place ordinaire où se croisent les tramways. Tout le quartier fait l'objet d'une intense campagne de réhabilitation. Une vieille **pharmacie** sur la Rosenthaler Straße fait l'angle avec la Neue Schönhauser Straße (au n° 8 de cette dernière, belle cage d'escalier). A l'angle de la Rosenthaler Straße et de la Weinmeisterstraße, l'école est un bâtiment nazi (remarquer la frise avec des jeunes garçons et des jeunes filles et leurs « éducateurs »). Intéressantes **Mulackstraße** et **Linienstraße**, autrefois rues de tripots et de maisons borgnes. Des croix noires à l'ombre des arbres signalent le **cimetière de l'église de la Garnison** *(Friedhof der Garnisonkirche)* (**K⁴**), datant de 1722, où sont enterrés de nombreux chefs militaires.

QUELQUES CURIOSITÉS PLUS EXCENTRÉES :

Volkspark am Weinberg – (Voir plan Berlin-Centre, ▨, **KLT**), Ⓤ *8 Rosenthaler Platz.*
Ce parc agréable, en pente (autrefois, un vignoble – *Weinberg* en allemand – occupant le coteau du Barnim), se situe au cœur d'un quartier animé et commerçant. Le faubourg qui grandit devant la porte de Rosenthal fut baptisé *Neu-Vogtland* en raison de l'origine saxonne des maçons et charpentiers qui s'y installèrent. Il possédait un gibet, démonté en 1842 après la dernière exécution publique. Bettina von Arnim fit une description sans complaisance de cette colonie misérable dans son *Livre des Pauvres (Armenbuch)*, dont la première édition, en 1844, fut censurée. L'**église Ste-Élisabeth**, en cours de restauration, est l'une de ces petites églises de faubourgs conçues par Schinkel qui essaya toutes les variantes de plans *(voir l'église de Nazareth et l'église St-Paul à WEDDING)*. L'**église de Sion** ([Tram] *13, 50 53*), où se réunissaient les fidèles pour lesquels l'église protestante était un dernier refuge de la liberté d'expression sous le régime de la RDA, se dresse au cœur d'un quartier calme et attachant dont les immeubles de rapport annoncent le quartier voisin de Prenzlauer Berg *(voir ce nom)*.

Rosa-Luxemburg-Platz – Ⓤ *2 Rosa-Luxemburg-Platz.*
C'est dans ce quartier très populaire que la social-démocratie, désireuse de rapprocher l'art théâtral des masses, créa l'**Association du théâtre populaire** (Volksbühne) qui se dota de son propre théâtre. Elle comptera 70 000 adhérents, mais c'est le public juif qui reçut le mieux cette initiative. La **Volksbühne★** attira des metteurs en scène prestigieux dans l'entre-deux-guerres. Sa façade courbe, œuvre d'Oskar Kauffmann *(voir POTSDAMER PLATZ, Hebbeltheater)* est sobre et solennelle. A côté, Karl-Liebknecht-Haus et cinéma Babylon, qui passe de nombreux classiques étrangers.

ALENTOURS

Voir **ALEXANDERPLATZ★, CHARITÉ★, FRIEDRICHSTRASSE★, MUSEUMS-INSEL★★★, PRENZLAUER BERG★★.**

Volksbühne

PANKOW★

Pankow

Voir plan Berlin-agglomération, **11**, **CT**

La présence germanique dans l'arrondissement de Pankow est l'une des plus anciennes de l'espace berlinois. La vallée de la rivière **Panke** *(Panketal)* qui est une voie de communication vers l'Oder et la Baltique que les margraves contrôlèrent vers 1214, a donné son nom au village, fondé, en même temps que Buchholz, « Nedern Schonhuszen » (Niederschönhausen), Blankenbourg, Buch et Karow vers 1220. Mentionné pour la première fois en 1311 et acheté en 1370, ainsi que Niederschönhausen, par Berlin, le village est, comme tous ceux du Barnim, pillé par les **Quitzow** *(voir TEGEL)* en 1410. Le Prince Électeur **Johann Cicero** (qui règne de 1486 à 1499), accaparé par des conflits répétés, se fit bâtir une retraite à Pankow, au cœur d'une forêt de chênes où il put donner libre cours à sa passion de la chasse. La bourgeoisie berlinoise du siècle dernier y construisit ses résidences d'été. Le quartier, qui possède de nombreuses villas (celle du 16 de la Kreuzstraße en est un bel exemple), a besoin d'une sérieuse restauration. Relativement épargné par la guerre, Pankow fut la première capitale de la RDA ; nombre d'écrivains et de membres dirigeants de ce pays y habitèrent.

PRINCIPALES CURIOSITÉS

Gesundheitshaus (Maison de la Santé publique) – *Grunowstraße 8-11* : **S** *8, 10 Pankow.*
Très proche de la station de S-Bahn, elle fut construite (1926-28), dans un style expressionniste tardif, au milieu d'un quartier ouvrier qui grandit de part et d'autre de la Florastraße.

★**Heimatmuseum Pankow** (Musée d'Histoire locale de Pankow) – *Voir plan Berlin-Centre* **4**, **(LR)** ⊙ – *Heynstraße 8* : **BUS** *227 et 250 Görschstraße ou* **BUS** *250 Brehmestraße. Entrée dans le vestibule à droite ; sonner au 1er étage.*
La maison (1890) du fabricant de rotin Fritz Heyn sert de cadre à ce musée. Bâtie dans le style baroque et rococo, cette demeure cossue fut endommagée en 1943. Les éléments de la façade en ont été enlevés, remplacés par un crépi anodin, mais l'**intérieur**, où les deux filles Heyn vécurent jusqu'en 1972, a subsisté. Il témoigne à merveille du style *Gründerzeit*, chargé, nouveau riche, lorsque le bourgeois voulait se donner des airs de châtelain. Les plafonds richement moulurés, les poêles énormes, le tic-tac d'une vieille horloge, les murs peints (il y a même les portraits des filles, en médaillons, sous la corniche du salon !) dégagent une atmosphère surannée qui n'est pas sans charme. Dans le salon, le porte-cigare est aussi une boîte à musique qui joue toutes les heures. La pièce d'angle est un exemple typique de *Berliner Zimmer*, l'appartement se poursuivant sur la cour. Elle servait souvent de salle à manger, la cuisine *(aller au bout du couloir)* se trouvant à côté. Une pièce d'un intérieur ouvrier est également reconstituée. Le musée retrace l'histoire de personnalités ou de bâtiments intéressants du quartier : le mathématicien **Paul Nipkow** (1860-1940) qui découvrit le principe de la télévision (à une époque où sa découverte passa malheureusement inaperçue) ; Rheinhold Bunger, l'inventeur de la bouteille thermos ; la fabrique de cigarettes Garbaty. Des petites expositions temporaires très didactiques sont régulièrement organisées.

Gymnasium Berlin-Pankow (Lycée de Pankow) – *Görschstraße 43-44* : **BUS** *227, 250 Görschstraße.*
Bâti dans le style de la Renaissance allemande (1909-10), à grand renfort de pignons à volutes, il constitue, avec l'hôtel de ville, un point de repère imposant qui marque le centre monumental de Pankow.

Rathaus Pankow (Hôtel de ville) – *Breite Straße 24a-26* : **BUS** *107, 155, 255 et* **Tram** *52, 53 Rathaus Pankow.*
C'est un bel exemple d'hôtel de ville néo-Renaissance. Un peu plus au Sud, Neue Schönholzer Straße 32, curieuse maison néo-romane et vieille brasserie.

Alte Pfarrkirche (Église paroissiale) – Elle fut fondée vers 1230 par des moines cisterciens. Son aspect actuel remonte au 15e s., mais il a été très remanié au 19e s. Elle possède deux clochers.

Bürgerpark (Parc des Citoyens) – **BUS** *107, 155, 250 et* **Tram** *52, 53 Bürgerpark.*
Theodor Killisch, baron von Horn, acquit son titre de noblesse de la République de Saint-Marin. Devenu un riche industriel et fondateur du *Journal de la Bourse (Börsenzeitung)*, il fit aménager le parc à partir de 1868, l'agrémentant de plantes rares (qu'il fit déterrer par la suite pour orner sa propre résidence), pagodes, pavillons et un « château de souris » pour les cochons d'Inde et les souris blanches. Il ne reste que le portail d'entrée néo-Renaissance (le baron est enterré dans le caveau familial à côté) et le gracieux **pavillon à musique,** où se rassemblent les promeneurs. Le parc est traversé par la Panke et abrite *(à l'Ouest)* une volière avec des paons, des faisans et des chèvres.

Wohnanlage Grabbeallee (Lotissement de la Grabbeallee) – *Sortie au Nord-Est du parc.*
La Paul-Francke-Straße, voie privée, dessert ce lotissement (1908-1909), sorte de petite cité-jardin dont les façades sont animées par des encorbellements, des pignons, des baies vitrées donnant sur des loggias superposées.
Tourner à l'Est dans le **Majakowskiring**, allée en fer à cheval qui dessert un lotissement où séjournèrent hommes politiques (Wilhelm Pieck, premier président, et Otto Grotewohl, premier chef de gouvernement de la RDA), artistes et écrivains.

Schloß Niederschönhausen (Château de Niederschönhausen) (G¹) – *Accès par le Majakowskiring et la Ossietzkystraße. Ne se visite pas.*
C'est dans cette sobre résidence, de briques et de pierres blanches, du début du 18ᵉ s. de style hollandais, que fut reléguée l'épouse de Frédéric II. Elle fut la demeure de fonction de Wilhelm Pieck et héberge, désormais, des hôtes de la RFA.

Une épouse infortunée

Frédéric II n'avait guère d'inclination pour le sexe faible. **Élisabeth-Christine de Brunswick-Bevern** (son portrait, par Antoine Pesne, est conservé au château de Charlottenbourg, *voir ce nom*), née en 1715, fut choisie par le « Roi-Sergent » pour son fils après que d'autres projets matrimoniaux avec la famille royale de Grande-Bretagne eurent échoué. Le mariage fut célébré en juin 1732 à Wolfenbüttel. Les époux vécurent d'abord séparés et ne se rejoignirent qu'à partir de 1736 à Rheinsberg. Mais, dès son accession au trône (1740), Frédéric II fait don du domaine de **Schönhausen** à son épouse. A partir de cette date, Élisabeth-Christine vivra à Schönhausen (et au château de Berlin en hiver), Frédéric II à Potsdam. Elle n'est plus invitée aux fêtes de famille, mais les princes étrangers, les diplomates ou les artistes doivent lui rendre leurs devoirs. La reine se consacra jusqu'à sa mort (1797) à son domaine. Elle fonda une colonie *(Kolonie Schönholz)*, où les colons de Bohême devaient entretenir le « Plant de la reine » *(Königin-Plantage)* en échange d'une terre et d'une maison ; elle fonda une école pour les enfants. Son château est ravagé pendant la guerre de Sept Ans. Le jardin sera transformé en parc à l'anglaise par Lenné en 1828-1831.

★ **Maria-Magdalenen-Kirche (Église Ste-Marie-Madeleine) (H¹)** – *Platanenstraße 20-21.* 🚋 *53 Platanenstraße ou par la Waldstraße, puis la Treskowstraße.*
Dans ce quartier, certaines villas sont restaurées, d'autres pas. L'église catholique Ste-Madeleine (1929-1930) est un sanctuaire expressionniste, l'un des plus originaux de la ville *(voir aussi WILMERSDORF, Kreuzkirche)*. Remarquer les reliefs en terre cuite au-dessus du portail.

★ **Höllanderhaus (P¹)** – *A l'angle de la Platanenstraße et la Dietzgenstraße.*
Ravissante maison aux pignons en bois sculpté.

Buch – Des tours, des blousons verts et des crânes rasés : Buch n'offre pas un visage engageant. C'est la limite de l'agglomération, où s'implante un nouveau lotissement (Karow-Buch) et une technopole spécialisée dans les technologies et les sciences biomédicales.

300 m au Sud de la station de S-Bahn ; traverser le parc en diagonale vers le Sud-Est.

La petite **église du château** *(Schloßkirche)*, charmante, est dépourvue de son clocher.

ALENTOURS

Voir **PRENZLAUER BERG**★★, **REINICKENDORF**.

Höllanderhaus

Ph. Gajic/MICHELIN

POTSDAMER PLATZ-Wilhelmstraße

Kreuzberg, Mitte, Tiergarten
Voir plan Berlin-Centre, **8**, **JKVX**

Nom mythique du Berlin de l'entre-deux-guerres, symbole de la métropole moderne, la **place de Potsdam** était le carrefour le plus encombré d'Europe. En 1904 s'y croisaient déjà 34 lignes de tramways. Mais ce trafic incessant causait des milliers d'accidents et 150 morts en moyenne par an. Les premiers feux de circulation d'Europe furent implanté en 1926.

Un carrefour aux portes de Berlin – A l'origine, il ne s'agit que d'un carrefour, devant la porte du même nom *(« Platz vor dem Potsdamer Thore »)*, dont les routes conduisaient vers Schöneberg, Potsdam ou Charlottenbourg. Il n'était pas inclus, comme l'*Oktogon* voisin, dans le plan d'urbanisme de la ville baroque. Au tournant du 18e et du 19e s., des aubergistes s'y installent. L'urbanisation se fit autour des gares : la **gare de Potsdam** (1838), tête de ligne du premier chemin de fer prussien (ligne Berlin-Potsdam), et la fameuse gare d'Anhalt *(voir KREUZBERG, partie Ouest)*. De riches bourgeois édifièrent des maisons de campagne : on parla du « quartier des millionnaires », le *Millionärsviertel*. Les hôtels, restaurants, cafés comme le *Bellevue* ou le **Josty** fleurirent. Dernière touche avant la destruction, Erich Mendelsohn construisit sa « **Columbushaus** » (1926), l'un des immeubles de bureaux les plus modernes d'Europe.

La place de Potsdam en 1930
(en bas, à gauche, les premiers feux de signalisation d'Europe)

Après la guerre... – La place, en ruine, se trouvait à la jonction des secteurs américain, britannique et soviétique, situation propice au marché noir. Les bâtiments furent rasés ; un gigantesque no man's land, que pouvait contempler les visiteurs depuis des estrades aménagées, s'y étendit entre les deux Berlin après la construction du Mur.

Le nouveau visage de la Potsdamer Platz – Depuis l'unification, la place redevient un carrefour stratégique, et les grandes sociétés ont acheté de vastes parcelles de terrain pour y implanter leurs sièges. Suite à des concours, **Renzo Piano** a résolu, pour Daimler-Benz, le problème de la jonction du nouveau quartier avec le Kulturforum et

Un parcours d'embûches mortel

Avec le temps, le Mur devient impossible à franchir. Il fallait affronter une multitude d'obstacles : une paroi blanche de 3,5 à 4,20 m de haut, au sommet de laquelle un tuyau en ciment empêchait les prises de main et de grappin, une large bande de terrain à découvert, un fossé profond rempli d'eau, des gardes (ils étaient 14 000), des chiens, un système de tir automatique, et... un autre mur.

ses monuments solitaires ; **Helmut Jahn** et son équipe de Chicago signent le siège européen de Sony ; **Giorgio Grassi** réalise, jusqu'au Landwehrkanal, les immeubles de ABB. Le chantier, immense, surmonté d'une forêt de grues, est devenu une attraction touristique. On parle de « *Schaustelle* », de *schauen* : « voir » et *Baustelle* : « chantier ».

PRINCIPALES CURIOSITÉS

Potsdamer Platz – Ⓢ *1, 2, 25, 26*, 🅄 *2 Potsdamer Platz.*
Le projet actuel de la place prévoit des « immeubles-proues », comme celui de **Hans Kollhof** pour Daimler Benz, au sommet duquel le visiteur retrouvera le café *Josty*.

Le siège de Sony

Au centre de cet immeuble futuriste se trouvera une place surmontée d'un immense toit elliptique en fibre de verre. Il fera néanmoins une place à la vieille façade de l'hôtel *Esplanade*, survivante d'avant-guerre, et accueillera la Cinémathèque *(Deutsche Kinemathek)* et la Médiathèque *(Deutsche Mediathek)* allemandes.

Leipziger Platz – L'« Oktogon » de la ville nouvelle de Friedrichstadt prit, en 1814, le nom de la ville près de laquelle Napoléon connut la défaite qui consomma son retrait d'Allemagne. Autrefois très commerçante, elle nécessite une totale reconstruction. Le grand magasin *Wertheim* la bordait à l'Est et sera rebâti à son ancien emplacement d'origine.
Rectangle de métal rouge monté sur pilotis, l'**Info Box** ⓣ montre, à travers maquettes et simulations par ordinateur, les projets du Berlin de la première décennie du 21e s. La terrasse au sommet permet d'embrasser du regard le chantier immense de la Potsdamer Platz.
La Chambre haute *(Herrenhaus)* du parlement de Prusse *(voir ci-après)* s'installa au n° 3 de la Leipziger Straße en 1850. Bismarck y batailla ferme pour obtenir ses crédits militaires, ce qui conditionna une bonne part de sa politique extérieure. Au n° 4 s'établit, de 1761 à 1871, la Manufacture royale de Porcelaine (KPM, *voir ERNST-REUTER-PLATZ*), lieu provisoire des réunions du Reichstag unifié avant son déménagement en 1894.

★★ Martin-Gropius-Bau ⓣ – 🚌 *248, 341 Abgeordnetenhaus.*
Ce bâtiment néo-Renaissance (1877-1881) en briques, inspiré de l'Académie d'Architecture de Schinkel *(voir SCHLOSSPLATZ, Friedrichwerdersche Kirche)*, porte une décoration très raffinée de céramiques, mosaïques et frises en pierre qui l'apparente à un palais italien. C'est l'œuvre de **Martin Gropius**, le grand oncle de Walter Gropius qui fut le chef de file du Bauhaus. Autrefois musée des Arts décoratifs, il était au cœur d'un quartier de musées qui, aujourd'hui, ont disparu. La belle cour intérieure à loggias est couverte d'une verrière.
Le bâtiment accueille de grandes expositions temporaires comme, en 1981, alors que le bâtiment venait d'être restauré, *La Prusse, essai d'un bilan* et, en 1995, *Berlin-Moscou*. Il abrite la **galerie de Berlin** *(Berlinische Galerie)* qui offre une collection de qualité sur l'art du 20e s., notamment de photos. Au milieu de la rue passait le Mur. En face, le bâtiment qui abritait la seconde chambre de l'**ancien parlement de Prusse** (Ehem. Preußischer Landtag, 1892-1904, Niederkirchnerstraße 3-5, **P**) est, aujourd'hui, la Chambre des députés du Land de Berlin et la maison des antennes des ministères restés à Bonn.

Exposition « Topographie des Terrors » (**S**) ⓣ – Le « terrain du prince Albert » *(Prinz-Albrecht-Gelände)*, le long de la Prinz-Albrecht-Straße (actuelle Niederkirchner Straße), où se trouvait le palais du même nom, faisait partie du quartier gouvernemental de la Wilhelmstraße. Il ne reste que les fondations des différents bâtiments. Sur ce qui est devenu un terrain vague *(grimper sur le monticule pour avoir une vue d'ensemble)* s'étaient établies les instances dirigeantes de la police du IIIe Reich. La police secrète *(Geheime Staatspolizei* ou **« Gestapo »**) s'installa dans l'ancienne école des Arts décoratifs qui comportait une prison dans l'aile Sud ; la Direction générale des SS *(Reichsführung SS*, dirigée par Himmler), était à côté, dans l'hôtel *Prinz-Albrecht* ; les services de Sécurité de la SS *(Sicherheitsdienst der SS ou SD)* siégeaient dans le **Prinz-Albrecht-Palais** qui devint, en 1939, l'organe central de la Gestapo, de la police criminelle et du SD sous la dénomination de « Service central de la Sécurité du Reich » *(Reichssicherheitshauptamt)*, présidé par **Heydrich**. Ces pouvoirs parallèles *(Gestapo* par rapport à la police, SS par rapport à l'armée) créaient de multiples conflits de compétences et, souvent, une sorte de « compétition » dans l'oppression. Le bâtiment au Sud-Ouest abrite une exposition *(traduction en français, 1 DM)* sur l'histoire du quartier, celle des organismes de répression, de ses occupants, des juifs entre 1933 et 1938, des résistants allemands et de la solution finale. Un vestige du Mur longe la rue au Nord.

Berlin, métropole du futur – La place

Wilhelmstraße – 🚌 *142, 348 Leipziger Straße/Wilhelmstraße.*
Dans la nouvelle ville de Friedrichstadt, trois voies convergent vers Belle-Alliance-Platz, dont la future Wilhelmstraße, baptisée ainsi à la fin du 17ᵉ s. en l'honneur du prince héritier Frédéric-Guillaume (*Wilhelm* en allemand), le futur « Roi-Sergent ». La Wilhelmstraße fut, au 18ᵉ s., le lieu d'élection de la noblesse qui y fit construire des hôtels particuliers à la française. De 1871 à 1939, on s'interrogea sur les intentions de la Wilhelmstraße comme on le fait aujourd'hui de la Maison-Blanche ou du Kremlin. La rue, aujourd'hui défigurée et bordée de logements, rassemblait la chancellerie, le ministère des Affaires étrangères, la présidence. La nouvelle chancellerie de Hitler fut bâtie dans une rue adjacente en un temps record (il en reste le bunker souterrain), juste avant la guerre, avec des matériaux somptueux. A l'angle de la Leipziger Straße, le gigantesque bâtiment du **ministère de l'Air** *(Reichsluftfahrtministerium)*, où siégeait Hermann Goering, fut bâti de 1935 à 1936 sur les plans de Ernst Sagebiel et demeure le principal bâtiment d'architecture nazie. Pendant la guerre, le groupe de résistance « **Orchestre rouge** » *(« Rote Kapelle »)*, sous la direction de Harro Schulze-Boysen, y travailla ; mais tous ses membres furent exécutés en 1942. Après avoir été la « Maison des ministères » sous la RDA, utilisée de 1990 à 1994 par la *Treuhandanstalt* (l'établissement chargé de privatiser les entreprises de la RDA), le bâtiment abritera le ministère des Finances. Au Sud, la Wilhelmstraße offre quelques immeubles intéressants de l'IBA 1987 (comme ceux d'Aldo Rossi à l'angle avec la Kochstraße).

L'assassinat de Walther Rathenau (1867-1922)

Berlinois de naissance, Walther Rathenau est un homme brillant, aussi bien d'allure que d'esprit. Il s'intéresse autant à l'économie qu'à la philosophie, rêvant d'une société dépassant le clivage entre capitalisme et socialisme. Au début du 20ᵉ s., c'est lui qui invente la formule : « L'Athènes-sur-Spree est morte ; voilà que grandit Chicago-sur-Spree. » Il fonde le département des Matières premières au ministère de la Guerre et prend la succession de son père au conseil d'administration de l'AEG. Engagé dans une carrière politique, il participe à la préparation de la conférence de la Paix à Versailles, ce qui le met en relation avec les puissances victorieuses et le conduit à aborder le problème des réparations. Il devient ministre de la Reconstruction, puis ministre des Affaires étrangères. Peu de temps après avoir signé le **traité de Rapallo** avec la jeune Union soviétique, premier acte de reconnaissance internationale pour le nouvel État, Walther Rathenau est assassiné le 24 juin 1922, dans sa voiture, par deux anciens officiers de l'organisation *Consul*. 200 000 personnes assistent à son enterrement, tandis qu'un vent de panique déclenche la grande inflation. Son vieil ami **Stefan Zweig**, qui l'a rencontré, peu de jours avant sa mort, le décrit dans son autobiographie *Le Monde d'Hier (Die Welt von Gestern)*.

ALENTOURS

Voir **FRIEDRICHSTRASSE★, KREUZBERG (partie Ouest)★★, REICHSTAG★, KULTURFORUM★★★, UNTER DEN LINDEN★★.**

Yadegar Asisi - STERN/STUDIO X

...sdam et l'octogone de la place de Leipzig

PRENZLAUER BERG★★

Prenzlauer Berg
Voir plan Berlin-Centre, **5**, **LMST**

Relativement épargné par la dernière guerre, **Prenzlauer Berg** a conservé, entre ses deux voies principales : Prenzlauer Allee et Schönhauser Allee, ses vieux immeubles de rapport, les *Mietskasernen*, aux façades régulières et parfois décrépites. Ce quartier, qui passe pour être le plus tolérant de Berlin, offre un mélange rare de convivialité et d'animation nocturne.

L'ascension de la social-démocratie – La tendance socialiste apparaît dès la fondation de l'Empire. Elle s'implante dans les quartiers ouvriers de Wedding, Friedrichshain, Prenzlauer Berg et remplace le courant libéral qui dominait la vie politique berlinoise avec le soutien d'une presse puissante et de brillantes personnalités : le chirurgien **Rudolf Virchow**, farouche opposant à Bismarck, et l'historien Theodor Mommsen. En 1862, **Ferdinand Lassalle** présente à Berlin son programme pour l'amélioration de la condition ouvrière. L'année suivante, il est élu président de l'Association générale des Travailleurs allemands. Bismarck mène alors une double politique : il applique les **lois contre les socialistes**, entre 1878 et 1880, en prenant un attentat contre l'empereur comme prétexte, et, revirement typique de la politique du chancelier, il fait voter les lois sur l'assurance-maladie (1883), les accidents du travail (1884), la création des caisses de retraites, qui donnent à l'Allemagne une nette avance en Europe en matière de protection sociale. Ces lois sont destinées à enlever aux socialistes une partie de leur électorat, mais elles ne font que ralentir le mouvement : à la veille de la Première Guerre mondiale, les 3/4 du Reichstag sont aux mains du SPD. Celui-ci, en restant fidèle au message de la révolution de 1848, est partisan d'une transformation pacifique de la société wilhelmienne ; le théoricien Eduard Bernstein parlera de « socialisme évolutionnaire ». Les idées socialistes,

Ph. Gajic/MICHELIN

Cimetière juif

Avant et après rénovation, à Prenzlauer Berg

qui s'expriment dans le journal *Vorwärts (En avant)*, suscitent une vive réaction des milieux conservateurs et la dissidence d'une minorité révolutionnaire autour de Karl Liebknecht et de Rosa Luxemburg *(voir TIERGARTEN)*.

Le « Kreuzberg de l'Est » – La poésie des arrière-cours laissées à l'abandon, les maisons occupées par la mouvance alternative et radicale et ses cafés toujours en « état d'urgence » font le charme de Prenzlauer Berg qui est considéré désormais comme le « Kreuzberg des années 90 ». Et, effectivement, il est sur bien des plans comparable à ce que fut Kreuzberg plusieurs décennies durant. La nonchalance, le flux de la vie quotidienne, l'esprit communautaire et le brassage des générations caractérisent ces deux quartiers.

PRINCIPALES CURIOSITÉS

★**Jüdischer Friedhof (Cimetière juif)** ⊘ – *Schönhauser Allee 23-25 :* [U] *2 Senefel- derplatz. Il faut être couvert.*
Il fut ouvert en 1827. La densité des arbres donne à cet endroit un charme profond.

★**Kollwitzplatz** – *Remonter la Kollwitzstraße.*
Toujours animée *(voir VIVRE A BERLIN, La « Scène » berlinoise)*, elle a gardé un caractère paisible. Les enfants s'amusent dans le square ; on y observe la vie de quartier, typique de Prenzlauer Berg. Un peu au Sud-Est, un **château d'eau** désaf- fecté, aménagé en logements (mais il en comprenait déjà plusieurs étages à l'origine), précède la butte (*Berg* en allemand) la plus élevée de l'arrondissement, mais qui n'offre pas de vue. Il a été construit en 1877 par un ingénieur anglais et mesure 44 m. On l'appelait *Dicker Hermann* (« Le gros Hermann »). Rykestraße 53 est la principale synagogue de Berlin ouverte au culte ; le quartier est encore largement en restauration.
Revenir vers la Kollwitzplatz. La **Husemannstraße** est une jolie rue où abondent res- taurants et cafés.

Le parler du *Kiez*

L'esprit du *Kiez* est plus vivace à Prenzlauer Berg que nulle par ailleurs. Pour le connaître, il ne suffira pas d'y passer ; il faudra aussi le vivre. Pour vous faciliter un peu la tâche, et pour tous ceux et celles qui souhaiteraient approfondir leurs connaissances en allemand, voici un petit lexique avec des mots de vocabulaire qui appartiennent exclusivement au jargon du *Kiez* berlinois :

Keule pour *Kumpel* ou *Bruder :* « Frère », « pote ».

Kiez équivaut à *Heimisches Wohnviertel :* « Quartier », « village ».

Eine Molle pour *Ein Glas Bier :* « Une bière ».

Schusterjunge pour les *Brötchen :* « Petits pains noirs ».

Schrippe pour *weißes Brötchen :* « Petit pain ».

Schnieke : « Chic ».

Etepetete : « Délicat », « maniéré ».

Stino(s), stinknormale pour *vollnormal :* appellation pour toute personne ennuyeuse ou trop normale.

Schau pour *schön* et *toll :* « Super », « génial ».

Schlauchen pour *betteln :* « Mendier », « faire la manche ».

Wa? forme idiomatique pour dire « n'est-ce pas ! ».

Wat au lieu de *was? :* « Comment ? ».

Dans la prononciation :

Ich : « Je » devient *icke.*

Auch : « Aussi » devient *Och.*

Gut : « C'est bien », « c'est bon » devient *Jut.*

★**Schultheissbrauerei (Brasserie Schultheiss)** – *Schönhauser Allee 36-39 :* Ⓤ *2 Eberswalder Straße.*
Immense (1891), semblable à une forteresse médiévale (on l'appelle d'ailleurs le « petit Kremlin »), c'est un centre culturel actif et un pôle d'attraction de la vie nocturne *(entrée dans la Knaackstraße ; voir VIVRE A BERLIN, La « Scène » berlinoise).*

Danziger Straße – Ceux qui poursuivront en direction de l'Est (par exemple pour rejoindre le parc de Friedrichshain), le long de la Danziger Straße, bifurqueront au Nord dans la Prenzlauer Allee pour aller au **Planétarium Zeiss** (Zeiss-Großplanetarium ; Ⓢ *8, 10 Prenzlauer Allee)* ☉. Plus loin (Ⓢ *8, 10 Greifswalder Straße),* derrière le parc **Ernst-Thälmann,** monument au chef du parti communiste, arrêté en 1933 par les nazis et mort à Buchenwald. Il avait quitté son appartement clandestin pour passer la nuit chez une petite amie. Entouré de tours de la RDA, le parc borde la Greifswalder Straße, grande rue monotone.

Schönhauser Allee – Ⓤ *2 Eberswalder Straße.*
Cette rue conduisait, dès le Moyen Âge, de la porte de Spandau aux villages de Pankow et Niederschönhausen et au château du même nom *(voir PANKOW).* Elle est très commerçante et anime tout le quartier. La **ligne aérienne de U-Bahn** a été baptisée « *Magistratschirm* » (« le parapluie du conseil municipal »). A la hauteur de la station Ⓤ 2 Eberswalder Straße (remarquer la belle façade du Schönhauer Allee 55), on peut partir à la découverte de quelques rues intéressantes. Le *Prater,* l'une des plus vieilles auberges de Berlin, se trouve dans la **Kastanienallee** (n°s 7-9). Les immeubles sont loin d'être tous restaurés, mais ils ont fière allure quand ils le sont. L'**Oderberger Straße** était, avant l'unification, un cul-de-sac. Le Mur passait au bout, au Nord-Ouest ; au-delà, c'était le secteur français. Une solidarité s'était instaurée parmi les habitants de cette impasse et des discussions avaient lieu dans les jardins des arrière-cours. La structure des immeubles est identique : logements des propriétaires sur la rue, des ouvriers sur les premières cours, lieu de travail (petites industries) dans les dernières, formant tout un réseau de cours qui communiquent entre elles derrière les façades.

En remontant vers le Nord :

Groterjahn Brauerei (Brasserie Groterjahn) – 🚋 *50, 53 Milastraße ; à l'angle de la Milastraße.*
Bâtie dans le style de la Renaissance allemande, elle abrite des commerces, des institutions culturelles et des logements-ateliers.

Gethsemanekirche (Église de Géthsémani) – Bel ensemble d'immeubles en brique dans la Buchholzer Straße. A l'angle de Stargarder Straße et de Greifenhagener Straße, immeubles intéressants et **église de Géthsémani**, cœur de la contestation berlinoise lors du « Tournant ». De belles maisons des années 70 *(Gründerzeitstil)* se dressent dans les Kuglerstraße et Erich-Weinert-Straße (Ⓢ *8, 10 et* Ⓤ *2 Schönhauser Allee).*

ALENTOURS

***Voir* ALEXANDERPLATZ★, FRIEDRICHSHAIN, PANKOW★, WEISSENSEE.**

REICHSTAG★

Peu de monuments sont aussi symboliques que le **Reichstag**, le parlement de l'Allemagne unie, construit au 19ᵉ s. sous l'Empire, incendié en 1933 par les nazis, à la frontière entre l'Est et l'Ouest pendant quatre décennies, comme sa voisine, la Porte de Brandebourg (qui appartenait au secteur soviétique). Le monument a retrouvé dans l'euphorie sa vocation première le 20 décembre 1990, après les premières élections de l'Allemagne unifiée. Il deviendra le centre d'un immense projet urbain destiné à réduire la fracture entre les deux parties de la ville : le **coude de la Spree** ou « **Spreebogen** » qui doit réunir les institutions parlementaires. Juste avant le début des travaux, il a été emballé spectaculairement par **Christo**.

La gare centrale de Lehrte

Construite au Nord de la Spree et au bord d'un canal qui prend les dimensions d'un bassin *(Humboldthafen)*, en liaison étroite avec le quartier gouvernemental, elle accueillera les trains à grande vitesse, le réseau régional et celui des transports en commun. 200 000 voyageurs pourront se croiser par jour dans cette gare transparente, dont la structure de métal et de verre permettra l'éclairage naturel des quatre niveaux souterrains. Les axes Nord/Sud seront enterrés, les axes Est/Ouest surélevés. Il faudra détourner la Spree au Nord pour construire les tunnels de grandes lignes, de U-Bahn et de la voie rapide B96 qui passeront sous le Tiergarten jusqu'aux autres gares de correspondance de la Potsdamer Platz (U-Bahn, S-Bahn, trains régionaux) et Papestraße (trains grandes lignes). La fin des travaux est prévue pour 2002.

LES SECOUSSES DE L'HISTOIRE

L'Alsenviertel – A partir du 16ᵉ s. et pendant 200 ans, le coude de la Spree fut utilisé à des fins économiques et militaires. Au milieu du 18ᵉ s., comme le Tiergarten, il devint un but d'excursion. Entre 1844 et 1846, Peter Joseph Lenné aménage l'ancien champ de manœuvre *(Exerzierplatz)*, aujourd'hui **place de la République** ; un quartier bourgeois grandit : l'**Alsenviertel**. Bureaux, entreprises et représentations diplomatiques (comme le consulat de Suisse, seul bâtiment à avoir survécu) s'y installèrent, côtoyant au Nord l'« **Etablissement Kroll** », construit par Ludwig Persius en face du futur Reichstag, où se déroulaient bals et concerts. La **colonne de la Victoire** (1873) compléta cet aménagement.

L'incendie du Reichstag – A l'instigation de **Goering**, chef de la Sûreté, le Reichstag brûle le **27 février 1933** à partir de plusieurs foyers, comme le constate le chef des pompiers arrivé sur les lieux qui sera assassiné quelques jours plus tard. Le chef du commando SA ayant vraisemblablement mis le feu sera lui aussi exécuté au cours de la Nuit des longs couteaux. Un jeune déséquilibré hollandais, **Marinus Van der Lubbe**, torse nu, mains noircies et, naturellement, membre du parti communiste, est arrêté. Le lendemain, les partis de gauche sont interdits et leurs membres persécutés. Ce qui reste de la Chambre des députés se réfugie de l'autre côté de la place, dans l'opéra Kroll. Le Reichstag est utilisé pour des projections de films de propagande et devait faire figure de nain à l'ombre de la « halle du Peuple » conçue par **Albert Speer**, gigantesque coupole de 200 m de haut pouvant abriter 180 000 personnes. Le quartier commença à être rasé avant 1939 pour faire place nette aux projets mégalomanes de Hitler : son propre palais, l'état-major et la « halle du Peuple ». Le centre de la bureaucratie d'État devait battre ici, au cœur de la nouvelle « **Germania** ».

Le projet « Spreebogen » – Le quartier est effectivement rasé après la guerre. La proximité du Mur empêche le développement urbain jusque dans les années 80. Après l'unification et le transfert de la capitale à Berlin, la décision est prise d'installer Parlement et gouvernement dans le coude de la Spree. Le déménagement est prévu pour 1998-2000. Le projet en avait déjà été proposé à l'époque de Weimar. Une bande de bâtiments *(« Band des Bundes »)* de 100 m de large et de 1 km de long sera construite par les architectes berlinois **Axel Schultes** et **Charlotte Franck**. A l'Ouest, s'installeront la chancellerie et un jardin, au milieu, un forum, à l'Est les bâtiments parlementaires. Le Reichstag, qui accueille l'Assemblée nationale, ou *Bundestag*, fera face au *Bundesrat* (la Chambre des *Länder*) : un nouveau bâtiment sera construit pour la présidence, le tout sur une superficie de 250 000 m².

PRINCIPALES CURIOSITÉS

★**Reichstag** ⊙ – Ⓢ *1, 2, 25, 26 Unter den Linden* ; 🚌 *100 Reichstag*.
Sa construction (1884-1894), financée par l'indemnité de guerre française, et urgente puisque les députés du nouvel Empire allemand étaient à l'étroit dans l'ancienne Manufacture de Porcelaine de la Leipziger Straße *(voir POTSDAMER PLATZ)*, donna lieu à de vives discussions entre l'architecte **Paul Wallot** et l'empereur Guillaume II qui redoutait que l'édifice, et surtout son dôme, ne surclasse le

La dédicace : « Au Peuple allemand » a été ajoutée
sous la République de Weimar

château. Le compromis fut trouvé par un dôme de verre et d'acier de 72 m, mais cela n'empêcha pas le bâtiment le plus grand de la capitale impériale d'avoir une surface utilisable dérisoire et d'être jugé trop petit peu après son inauguration, en 1894. Être parlementaire à l'époque wilhelmienne était un statut ambigu, la réalité du pouvoir étant détenu par l'empereur et son chancelier ; Guillaume II appelait le Reichstag « la cage des singes impériaux ». Ce n'est qu'en 1926 qu'est ajoutée l'inscription « Au Peuple allemand » *(« Dem Deutschen Volke »)*.

Durant la division de l'Allemagne, après avoir été choisi à la fin de la guerre par tous les photographes, criblé d'impacts d'obus, comme symbole de la chute de Berlin, le Reichstag ne pouvait servir à des buts précis ni recevoir la totalité des partis. Des factions séparées, des comités, des institutions s'y réunissaient ; des congrès s'y tenaient et une exposition permanente : « *Interrogeons l'histoire allemande* » y attira 12 millions de personnes (elle est transférée dans la cathédrale allemande, *voir GENDARMENMARKT*). Le réaménagement du Reichstag a été confié à **sir Norman Forster**. Un nouveau dôme en verre, accessible au public, le dominera *(fin des travaux prévue au printemps 1999)*.

Platz der Republik – L'ancienne place Royale *(Königsplatz)* servait de champ de manœuvres au temps du « Roi-Sergent ». Les Berlinois y assistaient en mai à l'inspection de la garnison. La présence du Reichstag, d'ambassades, du siège du grand Quartier Général en fit un centre politique, vocation qu'elle est amenée à recouvrer avec le projet *Spreebogen*. La colonne de la Victoire *(voir TIERGARTEN)* s'y élevait jusqu'en 1937. 300 000 Berlinois se rassemblèrent, dix ans plus tard, pour écouter le discours d'**Ernst Reuter**, bourgmestre de la partie occidentale de la ville, dénonçant sa division *(voir ERNST-REUTER-PLATZ)*. On y fêta l'unification le **3 octobre 1990**, devenu jour de la fête nationale.

Sowjetisches Ehrenmal (Mémorial soviétique) – *Sur l'avenue du 17-Juin.*
Le marbre de ce monument a été extrait des ruines de la nouvelle chancellerie de Hitler. Le char fut le premier à pénétrer dans Berlin.

L'emballage du Reichstag par Christo et Jeanne-Claude

Du 23 juin au 6 juillet 1995, le Reichstag a été emballé par Christo et son épouse Jeanne-Claude : « L'empaquetage symbolise l'évolution, le mouvement, le changement ; il évoque les différentes questions que l'on peut se poser sur son usage, sur l'avenir politique de l'Allemagne » (*Le Monde*, 19-06-95). Le projet a mis 25 ans à voir le jour. Le chancelier Helmuth Kohl était contre et refusa de le voir. Certains y ont vu « une table basse, les pattes en l'air ». Pour ne pas donner prise au vent, le bâtiment a été sanglé de cordages bleus, ce qui a donné aux plis une raideur conforme aux dessins de Christo. L'opération a attiré plus de cinq millions de visiteurs.

ALENTOURS

Voir **TIERGARTEN**★★, **UNTER DEN LINDEN**★★.

REINICKENDORF

Reinickendorf

Voir plan Berlin-agglomération, ⑩, **BCT**

La présence humaine y est très ancienne. Les sites de Lübars, Tegel, Waidmannslust, Hermsdorf, Wittenau sont occupés dès l'âge du bronze (1100 av. J.-C.). On a retrouvé un champ de tombes et les traces d'un village à Waidmannslust datant des migrations germaniques (5ᵉ s.).

L'urbanisation de Reinickendorf a suivi le développement du chemin de fer du Nord Spécialisé dans les machines-outils, l'arrondissement a été surnommé le « Nord de fer » *(« Der eiserne Norden »)*. Le déclin de cette activité s'amorce en 1960. Quartier industriel et périphérique, Reinickendorf est très étendu. On a quitté le centre de Berlin pour aller dans l'agglomération et ses villages, annexés en 1920, qu'il est préférable de découvrir en voiture. Aux vieilles places en forme d'amande allongée *(Angerdorf)*, au milieu desquelles se dresse l'ancienne, et souvent charmante, petite église paroissiale s'ajoutent des lotissements intéressants et parfois même des morceaux de campagne, mais point de grandes curiosités.

PRINCIPALES CURIOSITÉS

Borsigwerke (**Q¹**) – *Berlinerstraße 27* ; Ⓤ *6 Borsigwerke. La sortie de U-Bahn (prendre la sortie en tête de train, puis, à gauche, Berlinerstraße-Gewerbepark) flanque le porche d'entrée en gothique de briques des usines Borsig.*

August Borsig, le « roi de la locomotive » *(voir CHARITÉ),* ouvre une usine à Tegel qui compte 4 800 ouvriers et 500 employés (la firme *Babcock* a repris les bâtiments de Reinickendorf). La **tour★**, immeuble administratif de onze étages est le premier gratte-ciel d'Europe (1922-1924) ; elle inspirera celle de la maison Ullstein *(voir TEMPELHOF)*. Les fenêtres à lancettes et la silhouette en zigzag du sommet sont des détails expressionnistes. On peut voir l'ensemble des bâtiments depuis la sortie de métro au début de la Ernststraße.

Arbeiterkolonie Borsigwalde (Cité ouvrière de Borsigwalde) – *Emprunter la Ernststraße et passer au-dessus des voies de chemin de fer par la passerelle métallique. Prendre, à droite, la Räuschstraße.*
Les logements sociaux construits pour les employés de l'usine Borsig constituent la première cité ouvrière de Berlin (1899-1900).

Tour de l'usine Borsig

Ph. Gajic/MICHELIN

Le style est encore historicisant : de jolis pignons Renaissance, en gothique de briques ou à colombage alternent sur les façades.

Russischer Friedhof (Cimetière russe) – 🚌 *322 Holzhauser Straße/Wittestraße.*
Le cimetière est centenaire (1893). Complètement perdu, c'est l'un des plus curieux de Berlin avec sa chapelle Sts-Constantin-et-Hélène aux bulbes et aux toits peints en bleu. Y sont enterrés, entre autres, le ministre de la Guerre de Nicolas II qui signa la déclaration de guerre de 1914, le père de Nabokov et celui d'Eisenstein, Mikhaïl Glinka, « le père de la musique russe ».

Revenir au métro par la Wittestraße.

Reinickendorf – Ⓤ *8 Paracelsus-Bad.*
Petite église paroissiale. Un peu plus au Sud, après avoir traversé la Lindauer Allee, le long de l'Aroser Allee, élégante **« Cité blanche »** (**« Weiße Stadt »**, **1929-31**) d'Otto Rudolf Salvisberg.

Wittenau – Ⓤ *8 Rathaus Reinickendorf.*

Les Russes à Berlin dans les années 20

Les estimations vont jusqu'à 300 000 Russes et ressortissants de l'ancienne monarchie austro-hongroise. La communauté compte six banques, des écoles, un réseau d'aide aux réfugiés. Charlottenbourg est rebaptisé *Charlottengrad*. Entre les gares Zoo et Charlottenbourg, les lieux de rencontre se multiplient comme le cabaret *L'Oiseau bleu (Der Blaue Vogel*, sur la Golzstraße), petit théâtre d'ombres célèbre pour l'originalité de ses décors. La *Maison des Arts (Haus der Künste)*, fondée par André Belyi, Alexis Tolstoï, Alexis Remizov, élit domicile au café *Leon am Nollendorfplatz* : on y parlait politique dans une atmosphère enfumée. Une seconde organisation est créée, le *Club des Écrivains (Schriftstellerklub)*. Mais, mis à part ces réfugiés, Berlin n'est pas une ville multinationale : on n'y trouve, en 1925, que 688 Français, 1 437 Britanniques, 1 030 Américains ! Les ressortissants étrangers ne représentent que 2,39 % de la population.

La petite église entourée d'arbres, au clocher recouvert de tavaillons, compose un tableau charmant.

Märkisches Viertel – *Wilhelmsruher Damm ;* 🚌 *122, 221, 321 Wesendorfer Straße.* L'une des deux plus grandes cités construites à Berlin dans les années 60 avec **Gropiusstadt** *(voir NEUKÖLLN).* L'agencement des immeubles peints en jaune, rouge, bleu est intéressant, ainsi que les nombreuses infrastructures (commerces, piscine, etc.).

Lübars – 🚌 *222 Alt-Lübars.*
Le plus joli village de Berlin, avec Marienfelde, est entièrement entouré par la nature. De petites maisons à un seul rez-de-chaussée forment une place allongée. Certains bâtiments abritent des auberges réputées.

Hermsdorf – Ⓢ *1 Hermsdorf ;* 🚌 *421 Almutstraße.*
La charmante place devant l'église paroissiale transforme ce village en coin de campagne. le **musée d'Histoire locale**★ *(Heimatmuseum Reinickendorf)* ⊘ (**M³²**) est l'un des mieux aménagés de Berlin. Il offre de belles reconstitutions d'établis (le charpentier, le menuisier, le relieur, le cordonnier, le sellier, le forgeron), de nombreux objets, des dioramas comme celui du guet-apens tendu par les chevaliers-brigands **Quitzow** et leurs acolytes aux bourgeois de Berlin *(voir TEGEL)*, la reconstitution d'une tente de chasseurs de rennes. Dans la cour, derrière la maison, ont été reconstituées des maisons, aux toits de chaume tombant jusqu'à terre, d'un village germanique des 2ᵉ et 3ᵉ s. : la maison où l'on filait et tissait, la réserve, la maison d'habitation qui abrite aussi l'étable. A l'étage, avant la salle de classe et la salle à manger, un salon clair abrite un gracieux **mobilier** Biedermeier.

★**Gartenstadt Frohnau (Cité-jardin de Frohnau)** – Ⓢ *1 Frohnau.*
Conçue dans l'entre-deux-guerres, la cité-jardin de Frohnau est harmonieuse. Elle possède deux centres : la Zeltingerplatz en arc de cercle et la place devant la gare, surmontée d'une tour (1909-1910) avec restaurant, de S-Bahn. Edelhofdamm 54, au sommet d'une butte, une villa, dont le propriétaire s'était converti au bouddhisme dans les années 20, abrite une communauté bouddhique du Sri-Lanka *(en hiver, faire attention aux marches gelées de l'escalier, extrêmement glissantes : faire ensuite le tour de la maison sur la gauche).* Le **monastère** *(Buddhistisches Haus)* ⊘ comprend une bibliothèque, agréable pièce donnant sur le jardin par une baie vitrée, avec un autel fleuri, et le temple *(se déchausser à l'entrée).*

ALENTOURS

Voir **TEGEL**★★, **WEDDING**★.

SCHLOSSPLATZ

Mitte

Voir plan Berlin-Centre historique, p. 252-253, **PYZ**

A la place du château des Hohenzollern, au cœur de Berlin, se trouve un grand vide d'où l'on voit les monuments environnants.

UN CHÂTEAU DISPARU

Le fait du prince – Le **château de Cölln**, puisqu'il fut construit sur l'île du même nom, était la résidence la plus ancienne des Hohenzollern. Son origine remonte au 15ᵉ s., lorsque le margrave **Frédéric II**, dit « Dent de Fer » pose la première pierre le 31 juillet 1443. L'édification du château est tout de suite assimilée à une contrainte *(Zwingburg)*. Lors de l'émeute de 1448, le chantier de construction est inondé, mais la demeure est inaugurée en 1451 en grande pompe.

Un complexe administratif – Elle acquiert un aspect véritablement princier sous le règne de l'Électeur **Joachim II** (1535-1571) qui la fait agrandir et embellir sur le modèle des châteaux de Saxe. **Caspar Theyß** dote l'édifice d'une cour carrée, de tours d'angle, de toits à pignons (l'escalier en colimaçon était une reprise de celui, fameux, de Torgau). La Renaissance fait son apparition à Berlin et le château lui donne l'aspect d'une ville de résidence. Sous l'autorité des Hohenzollern, le Brandebourg se relève des ravages de la guerre de Trente Ans. Grand ami du faste, l'Électeur Frédéric III fait reconstruire le château, de 1698 à 1707, par **Andreas Schlüter**. Le nouvel édifice (sa maquette est exposée au rez-de-chaussée de l'aile Knobelsdorff, au château de Charlottenbourg, *voir ce nom*) est représentatif d'une monarchie absolue et centralisée. L'architecture en était particulièrement remarquable dans la seconde cour. Le dôme de la chapelle fut élevé vers 1850 par Stüler.

De l'apparat à la destruction – La vie du palais, selon **Jules Laforgue**, lecteur de français de l'impératrice Augusta, épouse de Guillaume Ier, « fonctionne avec une monotonie immuable ». Après la Première Guerre mondiale et les dégâts causés par la révolution, le château est transformé en musée des Arts décoratifs (1921) ; mais le public aura peu de temps pour admirer les intérieurs somptueux, témoins de cinq siècles d'histoire de l'art. Le château est très endommagé entre 1944 et 1945. Sa destruction est décidée en 1950 par les autorités de la RDA, par **Walther Ulbricht** en particulier. Il fallait, comme à Potsdam, effacer le souvenir de la puissance militaire de la Prusse.
En juin 1993, un échafaudage métallique recouvert d'une toile peinte, façade en trompe l'œil conçue par une artiste française, a donné, pendant quelques semaines, l'illusion que le château existait toujours pour promouvoir l'idée de sa reconstruction et en juger sur pièces...

Accès par le S-Bahn

La place du Château se trouve à égale distance des stations Ⓢ + Ⓤ *Friedrich-straße et* Ⓢ + Ⓤ *Alexanderplatz.*

PRINCIPALES CURIOSITÉS

★**Berliner Dom** (Cathédrale) ⊘ – 🚌 *100, 157, 348 Lustgarten.*
Cet imposant édifice, construit entre 1894 et 1905, succède à une cathédrale bâtie au 18e s. et remaniée par Schinkel. Guillaume II, et surtout son épouse Augusta, animée d'une foi ardente, voulait, pour l'église luthérienne, un temple digne de la capitale impériale : le résultat est un **intérieur**★★ magnifique (remarquer les orgues), qui traduit bien l'apparat ostentatoire de la cour de Prusse. Cette exubérance avait son équivalent à l'extérieur : lanternons et dôme étaient surchargés d'ornements, mais la restauration n'a laissé que l'énormité.
Sur le côté Sud de la nef *(opposé à l'orgue)*, remarquer le **cercueil d'apparat** du roi Frédéric Ier, selon une esquisse d'Andreas Schlüter, et celui de sa seconde épouse Sophie-Charlotte *(voir Schloß CHARLOTTENBURG)*. Ils sont les pendants des cercueils d'apparat, moins baroques et plus élégants, du « Grand Électeur » et de sa seconde épouse Dorothée situés sous l'orgue. Ces noms se retrouvent dans la **crypte des Hohenzollern,** dont on ne visite qu'une petite partie *(entrée au Sud de la nef ; introduire la carte et passer rapidement le portillon. Dans le sens contraire, presser le bouton et passer le portillon. Le ticket s'achète à la librairie située à gauche dans le narthex).* La partie voûtée, soutenues par de puissantes colonnes en grès (ce qui ne l'empêcha pas d'être défoncée par les bombes), est en travaux. Elle abrite une centaine de tombeaux, dont ceux du « Grand Électeur », de Frédéric Ier et de Sophie-Charlotte, de Frédéric-Guillaume II (recouvert des armoiries des Hohenzollern), neveu et successeur de Frédéric le Grand. Ce dernier est enterré à Sans-Souci.

Lustgarten – A l'emplacement de cette vaste esplanade se trouvait autrefois, annexé au château, le **jardin privé du Prince Électeur** *(Kurfürstlicher Lustgarten).* Comme la plupart des jardins de la Renaissance, c'était à la fois un jardin potager et un jardin d'agrément. La plantation de nombreuses essences exotiques en fit le premier jardin botanique de Berlin. L'aménagement du Tiergarten éclipsa quelque peu sa renommée et, sous le « Roi-Sergent », il fut un terrain d'exercice. Ses parterres, qui faisaient la jonction entre le Château et le Vieux Musée, ont été supprimés en 1935.

Palast der Republik (Palais de la République) **(Z)** – 🚌 *100, 157, 348 Lustgarten.*
Ce bâtiment, qui abrita la Chambre du Peuple jusqu'en 1990, sera démoli. Les Berlinois de l'Est n'en voient pas la disparition d'un bon œil, car cet édifice était aussi un centre culturel « ouvert » pour le peuple, comportant des cafés et des espaces de loisirs. 60 % des Berlinois de l'Est ont voté contre le château ; 45 % des Berlinois de l'Ouest pour. Les habitants de l'Ouest étant plus nombreux que ceux de l'Est, les opinions s'équilibrent.

La cathédrale, vue depuis le pont du Château

Neuer Marstall (Nouvelles écuries) (Z¹) – *Angle Schloßplatz et Breite Straße.*
Ces écuries monumentales, qui faisaient face, autrefois, au château pour former la
Schloßplatz, possédaient tout un système de monte-chevaux mécanique. Elles pou-
vaient en abriter 300. Belle vue depuis le **Rathausbrücke**.

Staatsratsgebäude (Z²) – *Schloßplatz 1.*
Après que le château eut été dynamité, les autorités de la RDA firent placer le
balcon, d'où Karl Liebknecht proclama la République le 9 novembre 1918, sur la
façade du Conseil d'État (1964). Les Atlantes qui le supportent sont l'œuvre de
Balthasar Permoser, le sculpteur du Zwinger de Dresde.

> ### « L'Allemagne s'est endormie sous l'empire et s'est réveillée sous la république. »
>
> Cette phrase du rédacteur en chef du *Tageblatt* résume la soudaineté du chan-
> gement de pouvoir au lendemain de l'abdication de Guillaume II, en novembre
> 1918. Le journal *Die Rote Fahne*, organe de l'extrême gauche spartakiste,
> titre : « Le drapeau rouge flotte sur Berlin ! » ; mais le gouvernement social-
> démocrate ne l'entend pas de cette oreille et cherche à stabiliser la situation
> en instaurant le suffrage universel. Il prend des mesures rapides pour éviter
> pillage et incidents. Les manifestations sont réprimées et la reconquête du
> château est sanglante.

Werderscher Markt (Place du Marché) – Jusqu'à la Werderstraße, cette place sera
occupée par l'extension du ministère des Affaires étrangères. L'immeuble de l'ancien
parti communiste est-allemand (le SED), qui y installa son comité central de 1959
à 1989, fut construit en pleine période nazie pour être le siège de la Reichsbank.
En 1990, lors du « Tournant », il a joué le rôle de « Maison des Parlementaires »
est-allemande. Le ministère des Affaires étrangères de l'ex-RDA a été démoli. Sur
son emplacement sera reconstruite la fameuse **Académie d'Architecture** (**Bauakademie,**
1831-1836) de Schinkel, l'un des édifices précurseurs de l'architecture du 19ᵉ s.
par sa fonctionnalité stricte et l'utilisation conjointe du fer, de la brique, dont toutes
les possibilités techniques et esthétiques furent utilisées, et d'une ornementation en
terre cuite. Cet édifice célèbre avait été démoli, alors que ses façades étaient
intactes, trois décennies plus tôt. Un peu avant l'église, **fontaine aux ours**.

★ **Friedrichwerdersche Kirche (Église de Friedrichwerder) (M²²)** – 🚌 *147, 257 Oberwallstraße.*
Le faubourg du même nom naquit en 1662 *(voir INTRODUCTION, Le poids de
l'histoire)* et l'église sur la place du Marché datait de 1700. Pour sa reconstruction, Schinkel avait proposé plusieurs variantes : néo-classique ou néo-gothique
pour un même type d'église. Le néo-gothique, dont c'est la première apparition à
Berlin, prévalut ; mais l'édifice n'en garde pas moins une grande pureté de lignes.

L'intérieur est polychrome : les voûtes sont peintes (briques, nervures), ainsi que les pierres des piliers, par imitation du marbre ; les tribunes et la chaire sont en bois ; l'abside est ornée de vitraux. L'église accueille le **musée Schinkel★** ⊘ (Schinkelmuseum), qui, avec le pavillon Schinkel *(voir Schloß CHARLOTTENBURG)*, est l'endroit qu'il faut visiter pour connaître le grand architecte de la Prusse. Des panneaux d'explications détaillent les principales œuvres construites : le **Vieux Musée**, l'**Académie d'Architecture**, l'élégante école d'Artillerie sur l'avenue Unter den Linden, le Packow, hôtel des impôts, et les projets non réalisés comme la Bibliothèque d'État et le **grand magasin sur l'Unter den Linden** (1827), idée magnifique qui ne fut pas suivie d'effet, car le roi craignait la concentration en un même lieu de deux cents commerces. Tous ses projets se distinguent par l'originalité de leur conception, leur clarté, l'élégance et la sobriété de leur décor. Les jolies **terres cuites★** qui ornaient l'Académie d'Architecture et l'un de ses deux **portails** (que l'on peut voir à quelques pas de là, derrière l'église, dans l'Oberwallstraße), d'une élégance et d'une finition parfaites, celui de l'église elle-même, montrent que tous les détails, dans l'œuvre de Schinkel, concourent à la beauté de l'architecture.

On remarque également des sculptures néo-classiques de Christian Friedrich Tieck, Johann Gottfried Schadow (**Modèle en plâtre des deux princesses**, *voir MUSEUMSINSEL, Alte Nationalgalerie*), Rudolf Schadow, Emil Wolf, Christian Daniel Rauch (2e version du tombeau de la reine Louise), Bertel Thorvaldsen *(Persée enlève Andromède sur Pégase)*.

ALENTOURS

Voir **FISCHERINSEL★, GENDARMENMARKT★★, MUSEUMINSEL★★★, UNTER DEN LINDEN★★.**

SCHÖNEBERG★

Schöneberg

Voir plan Berlin-Centre, **7**, **8**, GHJXYZ

Moins bourgeois que ses voisins de l'Ouest, Wilmersdorf et Charlottenbourg, Schöneberg est le rendez-vous d'une certaine bohème, jeune, étudiante, gay, un quartier assez étendu qui présente plusieurs centres d'animations. Au Nord, entre la Wittenbergplatz et la Nollendorfplatz, le quartier a été élu par la communauté homosexuelle de Berlin (avec Kreuzberg-Ouest et Prenzlauer Berg). Un peu plus au Sud, la Winterfeldplatz et la Goltzstraße accueillent un grand nombre de cafés et de boutiques à la mode. Tout à fait au Sud, Friedenau est un havre résidentiel à côté d'une importante rue commerçante.

Des débuts modestes – Mentionné pour la première fois en 1264, « *Sconenberghe* » est acheté pour Joachim Ier et administré par le Mühlenhof *(voir NIKOLAIVIERTEL, Mühlendamm)*. Vingt familles originaires de Bohême s'y installent vers 1750, peu avant que le village ne soit détruit pendant la guerre de Sept Ans. Au début du 19e s., Schöneberg est un lieu d'excursion ; les établissements de bain abondent le long de la Potsdamer Chaussee et du Schafgraben qui deviendra le Landwehrkanal. L'essor du chemin de fer (la première ligne Berlin-Potsdam passe en 1838 à travers les prés communaux) conditionnera le développement du village.

Les nouveaux quartiers de l'Ouest – Fuyant la ville industrielle, les classes aisées s'installent devant la Porte de Potsdam et au-delà du Landwehrkanal, qui marque la frontière avec Berlin, amorçant l'extension de la capitale vers l'Ouest. Pendant les « années de fondation » *(Gründerjahre)*, de gros propriétaires et des promoteurs peu scrupuleux se lancent dans une spéculation effrénée, exemple suivi par des paysans qui vendent leurs terres à prix d'or. Les « fermiers millionnaires » de Schöneberg se font bâtir d'imposantes villas dans le tout nouveau « quartier bavarois » et à Friedenau. Artistes, écrivains, scientifiques suivent.

Un mélange de « casernes locatives » et de petites entreprises, surtout concentrées au Sud, caractérise l'urbanisation de Schöneberg qui est un quartier de fonctionnaires et de militaires et qui obtient le statut de ville en 1898. De 1875 à 1905, la population est multipliée par vingt. C'est l'époque de la lutte avec Charlottenbourg à qui aurait le premier son S-Bahn. Schöneberg et Friedenau sont incorporés dans le grand Berlin en 1920.

Le Palais des Sports : des Six Jours à la déclaration de la « guerre totale » – Lieu de rencontres sportives durant les années 20 (on y applaudit avec frénésie les **Six Jours cyclistes**, largement retransmis à la radio), le palais des Sports de la Potsdamer Straße est aussi un lieu de meetings politiques qui vibre, au début des années 30, des appels enflammés des tribuns. Les communistes succèdent parfois à un discours de Hitler. Les bagarres sont monnaie courante. C'est dans une salle comble, remplie de partisans triés sur le volet, que **Goebbels**, le 18 février 1943, tenta une opération de propagande destinée à remonter le moral de la population.

A la question :

> « Voulez-vous la guerre totale ? »
> répondit une tempête de « oui ! ».

Après la guerre, Schöneberg, dans le secteur américain, joue un rôle de premier plan *(voir ci-après Rathaus Schöneberg et Kleistpark)*.

Quelques célébrités de Schöneberg :

Albert Einstein réside Nördlinger Straße 8 de 1905 à 1912.

Else Lasker-Schüler (1869-1945), poète et inspiratrice de la littérature expressionniste, vécut de 1924 à 1931 dans un hôtel de Schöneberg. Juive, comme sa consœur, la poétesse **Nelly Sachs**, elle émigre en Suisse en 1933.

Le célèbre chef d'orchestre **Wilhelm Furtwängler** (1886-1954) est natif de Schöneberg.

Marlène Dietrich est né dans l'« île Rouge », *(voir ci-après)* et habite jusqu'en 1930 dans la Kaiserallee (actuelle Bundesallee). Elle part aux États-Unis en 1930 et refuse la proposition de Goebbels de rentrer en Allemagne en 1934.

PRINCIPALES CURIOSITÉS

Rathaus Schöneberg (hôtel de ville) (R) – Ⓤ *4 Rathaus Schöneberg.*
Siège du Sénat de Berlin-Ouest jusqu'en 1990 (le Sénat de la ville unie a rejoint désormais l'« hôtel de ville Rouge », *voir ALEXANDERPLATZ*), il en était le cœur administratif. Il est devenu célèbre le 26 juin 1963 lorsque le président des États-Unis **J. F. Kennedy** y prononça la phrase fameuse depuis le balcon : « Tout homme libre, où qu'il vive, est citoyen de Berlin. Et, en tant qu'homme libre, je dis ces mots avec fierté : *Ich bin ein Berliner.* »

Rudolph-Wilde-Park – C'est une agréable étendue boisée, agrémentée de pelouses, de bassins et qui se prolonge *(Volkspark)*, à l'Ouest, jusqu'à Wilmersdorf.
Dans cette dépression, le métro a été habilement aménagé sous le pont. Un cerf d'or *(Goldener Hirsch)* surmonte une colonne.

Kennedy à Berlin

Dalmas/SIPA PRESS

Dorfkirche (Église paroissiale) – 🚌 *104, 148, 348 Dominicusstraße/Hauptstraße.*
A côté de l'église, le cimetière abrite des tombes de « paysans millionnaires ». La **Hauptstraße** est commerçante entre l'église du village de Schöneberg et le Kleistpark.

« Rote Insel » – Ⓢ *1, 25, 26 Yorckstraße (Großgörschenstraße) ou* Ⓤ *7 Yorckstraße.*
Coincée entre des voies de S-Bahn et celles, aujourd'hui désaffectées, de la gare d'Anhalt, l'« île Rouge » fut appelée ainsi en raison du vote communiste de ses habitants ouvriers dans l'entre-deux-guerres. Les *Schlafgänger*, gens qui ne pouvaient louer qu'un lit pour la nuit, étaient nombreux dans ce quartier. Il a gardé une échelle humaine, en marge de la grande ville, qui rappelle le *Beusselkiez* de Moabit *(voir ce nom)* : même vie, mêmes petits commerces. Le **cimetière St-Matthieu** (St-Matthäus-Kirchhof) **(I)** est très romantique. Les frères Grimm y sont enterrés (plan des tombes importantes à l'entrée).

Kleistpark – Ⓤ *7 Kleistpark.*
Ce petit parc fut le jardin botanique, avant son déménagement à Dahlem. Il s'ouvre sur la Potsdamer Straße par une double colonnade du 18ᵉ s., œuvre de Langhans, qui ornait autrefois le **pont royal**, près de l'Alexanderplatz. Le parc sert d'écrin de verdure à l'imposant **Tribunal (J)** néo-baroque qui abrita, de 1945 à 1990, le Commandement uni des Forces alliées occidentales *(Kommandantur)* occupant la ville.

Un soldat prussien est toujours en service...

Dans le **musée d'Histoire locale** ⊘ (Schönebergmuseum, *Haus am Kleistpark, Grunewaldstraße 6-7*), des soldats de plomb prussiens sont exposés dans une très petite vitrine qui, en soi, n'a pas grand intérêt. Mais, dignes héritiers des armées de Frédéric II, ils sont toujours représentés au combat. Où sont donc les orchestres de militaires, les buveurs, les danseurs, qui font l'ordinaire de la vie de l'armée lorsqu'elle n'est pas en campagne ? Heureusement, les soldats de plomb bavarois et autrichiens sont figurés en meilleurs vivants. Il a donc fallu leur enlever la tête, pour les remplacer par des têtes prussiennes, et repeindre tous les uniformes.

Winterfeldplatz – 🚌 *187 Winterfeldplatz.*
Cette place, la **Goltzstraße** et la Maaßenstraße sont des endroits très animés *(voir VIVRE A BERLIN, La « Scène » berlinoise).*

Bayerisches Viertel (« Quartier bavarois ») – Ⓤ *4, 7 Bayrischer Platz.*
Aux alentours de 1900, la *Compagnie foncière berlinoise*, le plus gros promoteur immobilier à Schöneberg, négocie avec les banques, coopère étroitement avec l'administration municipale pour déterminer le tracé des routes et s'occupe de la construction des immeubles, contrairement aux autres investisseurs fonciers. Elle imagine le « Quartier bavarois » avant de poursuivre ses activités à Wilmersdorf où elle construisit encore plus somptueusement. Des maisons cossues, où habitaient nombre d'universitaires juifs (et, parmi eux, Albert Einstein), ne subsiste que la **Viktoria-Luise-Platz** qui a conservé des façades 1900-1910. Le reste du quartier est disloqué. Un réseau de larges rues (Innsbrucker Straße) est bordé d'immeubles anonymes.

Claire Waldoff (1884-1957) :
« Tout Berlin est fou de mes jambes ! »

La vedette des cabarets *Les Tilleuls (Linden)* et *Roland de Berlin (Roland von Berlin)*, est originaire de Haute-Silésie. Elle s'installe à Friedenau, puis à Schöneberg. Dans les années 20, et jusqu'en 1933, elle habite le *Bayerisches Viertel*. Petite, elle a la gouaille et l'humour des petites gens et chante comme « le moineau berlinois, de manière insouciante et effrontée » (Kurt Tucholsky).
Son talent de chanteuse et de diseuse est comparable à celui de son modèle français, Yvette Guilbert. Malgré la vivacité, l'insolence, le sens du comique absurde, elle n'oublie pas d'être tendre. Ses refrains *(Wer schmeißt denn da mit Lehm ; Hannelore, Hannelore ; Warum soll eine Frau kein Verhältnis haben)*, repris dans la rue, sont encore populaires de nos jours.
Le compositeur d'opérettes **Walter Kollo** (1878-1940), qui habita également le « Quartier bavarois », soutiendra toute sa vie Claire Waldoff. Celle-ci eut immédiatement maille à partir avec les nazis. Elle y survécut et s'éteignit en Bavière, presque aveugle, avec une pension honorifique dérisoire allouée par le Sénat de Berlin-Ouest.

Nollendorfplatz – Ⓤ *1, 2, 4, 12, 15 Nollendorfplatz.*
C'était, avant-guerre, le quartier des théâtres, comme le gigantesque *Metropol* (1906 ; **T⁶**), où **Erwin Piscator** réalisa quelques-unes de ses mises en scène les plus marquantes, et qui est devenu une discothèque.

« An der Urania » – 🚌 *119, 129, 146, 185, 187, 219 An der Urania.*
C'est une place très moderne. L'arc a été offert par la France. L'*Urania* est un centre culturel *(fermé pendant l'été)* qui organise de nombreuses conférences. Le **Musée de la Poste et des Télécommunications★** *(Museum für Post und Kommunikation)* (**M¹²**) ⊘ est un musée moderne et bien aménagé illustrant l'histoire de la poste, du 15ᵉ s. à nos jours, et les techniques les plus modernes de communication. Intéressants petits films d'archives sur l'histoire de Berlin de 1815 à aujourd'hui.

Wittenbergplatz – Ⓤ *1, 2, 12, 15 Wittenbergplatz.*
Alfred Grenander, architecte d'un grand nombre de stations de métro dans les années 1910-1920, a construit celle de Wittenbergplatz (1911-13) qui fut la première station souterraine. Le bâtiment, de style classique, est la porte des nouveaux quartiers de l'Ouest, dont l'essor et l'opulence sont symbolisés, immédiatement en face, par le grand magasin « **Kaufhaus des Westens** » ou **KaDeWe★**, qui marque la frontière avec le quartier du Kurfürstendamm *(voir ce nom).*

PLUS AU SUD, DEUX CURIOSITÉS UN PEU EXCENTRÉES :

★**Ceciliengärten** – 🚌 *148, 185 Hähnelstraße ou* 🚌 *187 Ceciliengärten.*
Une place et un jardin en longueur, orné de deux belles statues de Georg Kolbe agrémente ce très beau lotissement (1924-1926) composé de maisons à deux étages, à encorbellements et à loggias. Certaines entrées ont la forme d'un arc outrepassé avec un treillage en terre cuite. Chaque appartement était équipé d'une cuisine et d'une salle de bains ; un deux-pièces mesurait 72 m².

★**Friedenau** – 🚌 *148, 174, 185, 186 Kaisereiche ou (mais plus éloigné)* 🟢 *1 Friedenau.*
Ce quartier résidentiel très agréable, qui s'ordonne autour de la Friedrich-Wilhelm-Platz (le tracé des rues en est bien visible sur une carte), aligne de splendides façades *Jugendstil* le long des rues calmes et ombragées. La **Rheinstraße**, très commerçante, file vers Steglitz. On y découvre les deux cours néo-gothiques, où alternent crépi blanc et briques rouges, de la petite entreprise industrielle *(Gewerbehaus) Becker & Kries* au n° **45**.

« Berlin, arrête ! réfléchis un peu ! Ton danseur est la mort. »

Paul Zech (1881-1946) est l'auteur d'*Allemagne, ton danseur est la mort*, dont la première partie fut écrite en 1933 à Schöneberg et la seconde en exil. Originaire de Rhénanie, Paul Zech a grandi dans le bassin de la Ruhr. Influencé par l'expressionnisme, il publie son premier poème dans la revue *Der Sturm* d'Herwalth Walden et dépeint la condition ouvrière dans *Le Noir District* (1913). Son œuvre prolifique, qui comprend une trentaine de drames et plus d'une centaine d'œuvres en prose, en fait un auteur à succès au milieu des années 20, engagé politiquement auprès du SPD (sociaux-démocrates). En 1926, il adapte *Le Bateau ivre*, de Rimbaud, au théâtre avec une mise en scène de Piscator accompagnée de dessins de Grosz. Il s'exile à Buenos Aires où il survit misérablement. Son corps est rapatrié en 1946 et enterré dans le cimetière de Friedenau.

ALENTOURS

Voir **KREUZBERG** (partie Ouest)★★, **KURFÜRSTENDAMM**★★, **STEGLITZ**★, **TIERGARTEN**★★, **WILMERSDORF**.

SIEMENSSTADT-Heckerdamm★

Spandau, Charlottenburg
Voir plan Berlin-Centre, **2**, **3**, **EFGST**

L'intérêt de ce quartier réside dans le complexe des usines Siemens qui avaient, avant-guerre, leur siège social à Berlin (et aujourd'hui à Munich). Comme Borsig *(voir REINICKENDORF)*, Siemens fit bâtir une cité modèle pour ses employés.

L'empire Siemens – **Ernst Werner Siemens** (« von » Siemens à partir de 1888) fait partie de cette génération d'entrepreneurs, formés dans les écoles techniques, qui succède aux fondateurs de l'industrie berlinoise issus du milieu artisanal. Il fonde, avec le mécanicien **Johann Georg Halske**, en 1847, une firme d'installation de lignes télégraphiques. Après avoir découvert le principe de la dynamo, il électrifie, en 1881, le premier tramway à Lichterfelde *(voir STEGLITZ)*, puis le chemin de fer et le métro. L'électro-industrie est née et devient, avec la mécanique et les activités métallurgiques, le 3ᵉ pilier de l'économie berlinoise. L'entreprise **Siemens & Halske** se diversifie dans les ampoules, la télégraphie, la télécopie et s'installe, au tournant du siècle, entre Charlottenbourg et Spandau. En 1913, toute la zone, qui couvre 2 000 ha, est appelée « **Siemensstadt** ». Une ligne de S-Bahn est spécialement financée par l'entreprise pour la desservir. Ce grand centre industriel fut épargné pendant la guerre, car certaines sociétés américaines y avaient des intérêts.

PRINCIPALES CURIOSITÉS

★**Siemensstadt** – (Voir plan Berlin-agglomération, 🔟, **BU**). *Pour éviter de retourner sur ses pas, la visite commence à la Station* **U** *7 Paulsternstraße.*
Elle n'a jamais cessé de croître depuis 1897. Les extensions modernes ont, pour la plupart, un seul étage :

Reuter Kraftwerk (Centrale électrique Reuter) – Immense, aux trois cheminées semblables, elle fut construite par Siemens dans les années 30. Fortement endommagée pendant la guerre, puis démontée, puis détruite, elle fut reconstruite, car les autorités militaires la jugèrent indispensable pour alimenter Berlin-Ouest en électricité. Tout son équipement fut transporté par avion pendant le blocus.

Schaltwerk (Centrale des commutateurs) – *Nonnendamm allee 104.* Le premier building industriel d'Europe.

Bereich Antriebs-, Schalt und Installationtechnik – *En face, Nonnendammallee 72.* Au loin, vers le Sud, **usine OSRAM** (fabrication d'ampoules électriques).

Bâtiments administratifs de Siemens – *Nonnendammallee 101.* De style classique.

Röhrenwerk – *Rohrdamm 88, à l'angle du Rohrdamm et de la Nonnendammallee :* Ⓤ *7 Rohrdamm.* Vue depuis le Rohrdamm.

★**Wernerwerk** (voir plan Berlin-Centre, ❷, **ET**) – *Emprunter le Wernerwerkdamm et l'Ohmstraße ou* Ⓤ *7 Siemensdamm.* Ce vaste complexe de bâtiments, assemblage de masses rectangulaires en briques rouge sombre, est dominé par la **tour de l'horloge** (70 m) de l'usine des appareils de mesure. Vue depuis la bouche de métro.

Wernerwerk

★**Großsiedlung Siemensstadt** (Lotissement de Siemensstadt) – Voir plan Berlin-agglomération, ⑩, **BU S**[1]. Ⓤ *7 Siemensdamm.*
Les usines Siemens employaient 50 000 personnes. Un terrain était libre au Sud de la Jungfernheide et la firme allait construire une nouvelle ligne de métro *(Siemensbahn).* Recommandé par **Martin Wagner**, six architectes du groupe d'avant-garde *Der Ring (L'anneau),* parmi lesquels, **Walter Gropius**, Hugo Häring, Otto Bartning, **Hans Scharoun** et d'autres tenants du « Bauhaus », sont choisis pour dresser les plans d'un nouveau lotissement. Les loyers y furent si élevés qu'employés et fonctionnaires furent plus nombreux à l'occuper que les ouvriers des usines Siemens ! Il s'y trouvaient également des artistes, des journalistes ; Hans Scharoun y habita pendant presque vingt ans. Des « immeubles-ponts » de trois étages, aux façades claires, entourent l'église St-Joseph *(points de vue à l'angle de la Goebelstraße et du Quellweg et à l'angle du Quellweg et du Schuckertdamm).* Voir aussi la belle rue Lenthersteig qui mène à l'église St-Christophe *(Christophoruskirche).*
La promenade peut se poursuivre sur le **Heckerdamm** (Charlottenburg) jusqu'au mémorial de Plötzensee.

★**Volkspark Jungfernheide** – Ⓤ *7 Halemweg.*
La Jungfernheide fut une réserve de chasse jusqu'au début du 19e s., puis un terrain d'exercice et un champ de tir. La commune de Charlottenbourg en acquiert 208 ha en 1908 alors que la ville ne l'entoure pas encore. L'aménagement commence après la Première Guerre mondiale, en même temps que le lotissement du Nord de Charlottenbourg. C'est un parc très agréable, avec une pelouse centrale dominée par un **château d'eau** (1926) et un plan d'eau de 7,5 ha, où évoluent baigneurs et bateaux pneumatiques. Les plages aménagées, à l'Est et à l'Ouest, sont payantes *(3,5 DM).* On peut faire le tour du bassin et aller dans l'île, reliée à

la rive, au Nord et au Sud, par deux ponts en bois, et qui est une véritable réserve naturelle. L'architecte du parc, **Erwin Barth** (1880-1933), directeur des jardins de Charlottenburg puis du Grand Berlin, participa au réaménagement de nombreux espaces verts qui se signalent encore par leur qualité d'utilisation.

Lotissement de Charlottenburg-Nord – Ⓤ 7 *Halemweg.*
Cité jardin où l'on remarque les constructions de **Hans Scharoun** : Halemweg 31-43 et le grand immeuble à l'angle de la Toepler Straße et du Schneppenhorstweg.

Maria Regina Martyrum ⊘ – Ⓤ 7 *Jakob-Kaiser-Platz.*
Sans le campanile et la croix dorée, cet édifice en béton ne ressemblerait guère à une église. Dans la cour, *Chemin de croix* en bronze le long du mur. La nef de l'église haute est un grand rectangle de béton et de bois orné d'une fresque derrière l'autel.
A droite de l'église, sur le Heckerdamm, un panneau montre le plan d'une vaste « **Laubenkolonie** » (« colonie de jardins familiaux »), ensemble de voies et de petits chemins rectilignes bordés de cabanes entourées de jardinets amoureusement entretenus. Très fleuries en été, les *Laubenkolonie* embaument ; elles font partie des plaisirs auxquels s'adonnent les Berlinois durant leur temps libre *(voir INTRO-DUCTION, Berlin, ville verte).*

Gedenkstätte Plötzensee (Mémorial de Plötzensee) ⊘ – *Si l'on ne dispose pas de voiture, il est préférable de prendre un taxi devant l'église Maria Regina Martyrum. (Une borne indique le numéro d'appel :* ☎ *345 76 50 ; compter environ 20 DM) Sinon* 🚌 *123 Gedenkstätte Plötzensee. A pied : Heckerdamm, Friedrich-Olbricht-Damm. Un petit panneau indique « Gedenkstätte Plötzensee » sur le Hüttigpfad.*
Dans l'enceinte de cette prison furent exécutés plus de 1 500 opposants au régime nazi.

ALENTOURS

Voir **SPANDAU★**, **TEGEL★★**.

SPANDAU★

Spandau
Voir plan Berlin-agglomération, 🔟, **AU**

Spandau, comme sa jumelle Köpenick, fait partie de ces villes du Grand Berlin qui ont gardé un caractère spécifique, fruit d'une longue histoire.

UN REFUGE ET UNE PRISON

Une origine slave – Les îles, formées par les bras multiples de la Havel à l'embou-chure de la Spree, constituèrent des positions défensives dès l'âge de la pierre. Un gué détermina l'emplacement de la cité qui fut colonisée par les Slaves au 8e s. Elle était la capitale du district *(Gau)* de Stodor et devint un centre culturel et économique important, contrôlant la voie d'eau et la route commerciale menant, au Sud de la Spree, à Köpenick et reliant Magdebourg à Kiev.

La colonisation germanique – Ses premiers effets, sous **Otton Ier**, conduisent au sou-lèvement des Slaves en **983** et à la destruction du bourg. Rebâti au 11e s., il compte 250 habitants.
Un acte de donation mentionne Spandau pour la première fois en **1197** (fac-similé exposé au musée d'Histoire locale, *voir ci-après*). A cette date, le margrave de la Marche du Nord, **Albert l'Ours**, a conquis le Brandebourg et la colonisation germanique fait de grands progrès dans le bassin de la Spree.

La forteresse des princes – La route commerciale se déplace au Nord, empruntant l'actuel Nonnendamm, et traverse Berlin qui éclipse rapidement Spandau. Mais la for-teresse est un des lieux de séjour favoris des margraves ascaniens. La **Juliusturm** est construite au début du 13e s. ; le trésor et les archives y sont déposés. On lui adjoint, dans la seconde moitié du 14e s., un édifice palatial *(Palas)* dans la construction duquel on emploie des pierres tombales juives. L'empereur Charles IV y séjourne et le *Grand Livre foncier (Landbuch)* qu'il fait rédiger mentionne que tous les moulins de Berlin, source importante de revenus pour le margrave, sont administrés à Spandau.
Le prince Hohenzollern **Joachim II** choisit la cité, avantageusement reliée à Berlin par voie d'eau, comme lieu de refuge. Une nouvelle **forteresse** est construite de 1560 à 1594. En 1567, il imagine, par jeu, une « guerre des gourdins » et envoie les habi-tants de Berlin à l'assaut de Spandau. Celle-ci résiste victorieusement. Furieux, le margrave fait bombarder la tour de l'église St-Nicolas et incarcérer le maire.
Le retrait des troupes françaises en 1813 est une catastrophe : 3 000 hommes se retranchent dans la forteresse, qui est assiégée pendant deux mois par les troupes russo-prussiennes. Ville et forteresse sont violemment bombardées.

Le dauphin de Hitler – Né et élevé en Égypte, **Rudolf Hess** est un compagnon de la première heure de Hitler, avec lequel il participe au putsch de Munich. Le Führer le nomme son deuxième successeur attitré, après Goering, en 1939. En mai 1941, il s'envole secrètement vers la Grande-Bretagne pour tenter, semble-t-il, de conclure une paix séparée. Son avion s'écrase en Écosse. Prisonnier, il sera condamné par le tribunal de Nuremberg à la réclusion à perpétuité. Incarcéré à la prison militaire de Spandau (désormais rasée et remplacée par un centre commercial), dans le secteur britannique, sa captivité a duré 42 ans ; il se suicide en 1987. La forteresse servit de laboratoire secret d'expérimentation sur les gaz entre 1935 et 1945.

★ZITADELLE ⊘ *visite 1 h 30 mn*

Ⓤ *7 Zitadelle, sortie Zitadellenweg. Emprunter le boulevard Am Juliusturm sur 200 m vers l'Ouest. La forteresse en briques rouges et son portail apparaissent derrière les arbres, sur la droite.*

En 1559, les villes de la Marche de Brandebourg doivent payer entre 14 000 et 20 000 thalers pour la construction d'une nouvelle forteresse ; des briqueteries sont installées à proximité. Les travaux commencent sous la direction de l'ingénieur italien **Francesco Chiaramelle da Gandina**, autrefois employé par la République de Venise. La forteresse, exemple de citadelle de la Renaissance, est l'ouvrage de défense le plus moderne de la région, ce qui ne l'empêche pas d'être occupée par les Suédois pendant la guerre de Trente Ans. Pendant celle de Sept Ans (1756-1763), alors que les Autrichiens campent devant Berlin, la reine et la margravine de Bayreuth, la sœur préférée de Frédéric II, y trouvent refuge avec l'argenterie royale. Un **fronton** curviligne armorié orne l'entrée.

Entrée et douves de la citadelle

Stadtgeschichtliches Museum Spandau (Musée d'Histoire locale) ⊘ – *Entrée immédiatement à droite ; monter au 1er étage. Visite 45 mn.*
Il y a autant à lire qu'à voir : collection de casques prussiens, planches et maquettes illustrant l'évolution du système fortifié, du *Burg* médiéval (la forteresse est reconstituée dans son état de la seconde moitié du 15e s.) au système bastionné conçu par les ingénieurs italiens, ustensiles, céramiques, armes et documents, cartes, évocation de la faune (chouettes, faucons et martes ont élu domicile dans la forteresse) et de la flore. Un moulin manuel est reconstitué, le moulin à eau étant inconnu à l'Est de l'Elbe vers 1200 : il produisait une farine grossière, qui, avec les débris de meule, blessait le palais et abîmait les dents.
La **Juliusturm** a été construite en briques sur un socle de granit. Elle servit de réduit défensif, puis de prison jusqu'en 1876. Son premier prisonnier fut le chevalier-brigand **Dietrich von Quitzow** *(voir TEGEL)*. La veuve de Joachim II, emprisonnée sur

l'ordre de son fils, la femme d'un ministre de la Guerre disgracié du « Roi-Sergent » qui, deux jours par semaine, était privée de nourriture, de lit et de lumière (sa captivité dura un an), un serviteur de Frédéric II qui empoisonna son chocolat pendant la guerre de Sept Ans (un autre, qui eut la même idée, passa 23 ans dans une cellule sombre) et même Friedrich Ludwig Jahn, le père de la gymnastique *voir NEUKÖLLN),* connurent le même sort.

A la sortie du musée, on peut monter à la tour par un escalier hélicoïdal, beau travail de charpente : **vue★** sur le centre historique de Spandau dominé par la tour de l'église St-Nicolas et celle de l'hôtel de ville *(emprunter la rampe droite, immédiatement à droite de la porte du musée, pour regagner la cour).*

La cour de la forteresse, bordée de bâtiments récents (l'un d'eux abrite une collection d'automobiles, *se renseigner à la caisse du musée),* sert de cadre à des manifestations temporaires. La promenade le long des douves, vers l'Ouest, permet de voir le **bastion du Roi,** bien plus intéressant.

Un ingénieur itinérant : Rochus Guerini, comte de Linar (1525-1596)

Le successeur de Chiaramella était originaire de Toscane, d'où son père avait dû fuir après une querelle qui avait mal tourné. Entré au service du roi de France, il participa à la défense de Metz et on lui confia la mission d'y ériger la citadelle. Il perdit un œil *(voir son portrait)* lors d'une bataille. Converti au protestantisme, il dut quitter la France et se mit au service de divers princes allemands, dont l'Électeur de Saxe pour lequel il supervisa l'édification des fortifications de Dresde. Victime d'intrigues, il entra en 1578 au service des Hohenzollern et devait assurer pour son compte l'approvisionnement en munitions et l'entretien de l'artillerie de tous les arsenaux et de toutes les forteresses du Brandebourg, en particulier celle de Spandau. Par ailleurs, il rédigea des *Articles pour la construction des forteresses (Artikel für den Festungsbau,* 1578), dressa les plans du bâtiment qui séparait les deux cours du château de Berlin et travailla à ceux de Köpenick et de Grunewald. Non content de déployer cette activité inlassable, il réorganisa le monopole du sel et devint *Salzdirektor* jusqu'à sa mort. Il fut enterré sous son autel, en l'église St-Nicolas, en présence de l'Électeur Jean-Sigismond.

★**ALTSTADT SPANDAU** (VIEILLE VILLE DE SPANDAU) *visite 1 h*

Ⓤ *7 Altstadt Spandau.*

Suivre le boulevard Am Juliusturm ; juste après le pont, prendre à droite la rue Behnitz pour parvenir aux **écluses.** Joachim II en commença la construction en 1556. Du fait de la proximité de la citadelle, elles ne permettent le passage, entre le canal Hohenzollern et le cours inférieur de la Havel, qu'à des navires de gabarit moyen. Le vieux Spandau offre un visage que le centre de Berlin a perdu. De vieilles maisons, de part et d'autre de la Carl-Schurz-Straße, bordent l'artère commerçante de la cité. L'**Ackerbürgerhaus** *(Kinkelstraße 35, à l'angle de la Ritterstraße),* appelée aussi « *Wendenschloß* », qui date de 1681 et qui a été reconstruite dans les années 60, l'hôtel *Benn (Ritterstraße 1a)* et la maison voisine *(Ritterstraße 1, à l'angle de la Carl-Schurz-Straße)* sont de vieilles demeures à colombage. Dans une autre maison, sur la place de la Réforme *(Reformationplatz),* vécut le physicien **Ernst Ludwig Heim** entre 1776 et 1783 (plaque). Sur cette même place s'élève l'**église St-Nicolas★** (St. Nikolai-Kirche) **(V¹)**, en gothique de briques, dont la tour, coiffée d'un clocher baroque, fut pendant longtemps la plus haute de la Marche de Brandebourg. Le monument de Joachim II, devant le portail, rappelle que c'est dans cette église qu'il se convertit à la Réforme... et ses sujets avec lui. A côté de la maison de Heim, derrière une vitrine, une excavation permet de voir un puits à usage privé de l'époque de Frédéric II, autrefois courant dans les auberges. La place du Marché est le centre de la cité ; un peu plus loin se dresse l'**hôtel de ville** (Rathaus Spandau) **(R)** dans un style imposant et raide. Spandau reçut son statut de ville en 1230, avant Berlin.

★**Lotissement de la Zeppelinstraße** – *Prendre le* 🚌 *237 à la hauteur du Rathaus Spandau et descendre à l'arrêt Zeppelinstraße/Seegefelderstraße (regarder les feuilles indiquant les arrêts pour ne pas se tromper de sens). Remonter la Zeppelinstraße vers le Nord.*
Ce lotissement étonnant (1926) décline tout le répertoire de l'ornementation expressionniste : oriels, encorbellements et fenêtres triangulaires, motifs en zigzag, le tout polychrome. Le carrefour avec la **Falkenseer Chaussee** est tout droit sorti d'un film. Il s'agit bien d'un décor, car la conception des logements reste traditionnelle.

Redescendre la Zeppelinstraße et reprendre le 🚌 *237 jusqu'à l'arrêt Gartenstadt Staaken.*

★**Gartenstadt Staaken (Cité-jardin de Staaken)** — La cité conçue par Paul Schmitthenner, entre 1913 et 1917, est la réponse aux *Mietkasernen*, sombres et surpeuplées, de la fin du 19ᵉ s. Des rues courbes, de petites maisons basses derrière lesquelles se cachent des jardinets *(Am Langen Weg)*, des demeures à pignons inspirées du modèle hanséatique, en briques *(Heidebergplan)* ou recouvertes de crépi et précédées de petites volées d'escalier *(Zwischen den Giebeln*, qui signifie « Entre les pignons »), renforcent l'idée de petite communauté idyllique, mais repliée sur elle-même. La place de l'église est simple et charmante, mais le passage des avions et des trains trouble cette belle harmonie.

ALENTOURS

Voir **HAVEL**★★, **OLYMPIASTADION**★.

STEGLITZ★
Steglitz
Voir plan Berlin-agglomération, ⑩, **BV**

Quartier résidentiel, Steglitz possède certaines rues, bordées de villas qui sont parmi les plus charmantes et agréables de Berlin. Le symbole du quartier, c'est le Restaurant panoramique *Bierpinsel*, tour champignon bleu-rouge (1972-76) surmontant l'entrée du périphérique. La Schloßstraße, dans la continuité de Friedenau *(voir SCHÖNEBERG)*, est très commerçante autour de l'hôtel de ville.

UNE HISTOIRE TRÈS ANCIENNE

10 000 ans av. J.-C., des mammouths, bisons, rhinocéros, dont les ossements ont été retrouvés dans l'excavation du canal du Teltow, paissaient sur le plateau du même nom, attirant des groupes de chasseurs qui s'y installèrent. Les restes d'un village de l'âge du bronze (1100-100 av. J.-C.) ont également été retrouvés. Une fontaine à offrandes était aménagée dans une souche de chêne évidée. On y a retrouvé plusieurs centaines de petits récipients en argile remplis de miel, de céréales, d'épices. L'âge du fer a laissé un champ d'urnes germanique des 2ᵉ et 3ᵉ s. apr. J.-C. Les villages sont nés vers 1225 avec la colonisation germanique. En 1920, Lichterfelde, Lankwitz, Südende et Steglitz (qui, avec 93 000 habitants, était le plus gros village de Prusse) sont réunis en un seul arrondissement du grand Berlin.

PRINCIPALES CURIOSITÉS

Wrangelschlößchen (Château Wrangel) — *Schloßstraße 19 ;* Ⓤ *9 Schloßstraße.*
Le général Wrangel, surnommé « Papa Wrangel », qui remit de l'ordre dans Berlin après la révolution de 1848, avait coutume de passer l'été dans ce petit château, construit en 1804 pour Karl Friedrich von Beyme *(voir WILMERSDORF)*. C'est une œuvre néo-classicisme de **Heinrich Gentz** et le seul témoignage conservé à Berlin de l'architecture pré-révolutionnaire inspirée de Claude-Nicolas Ledoux et d'Étienne-Louis Boulée. La célèbre Monnaie de Gentz, sur le Werderscher Markt *(voir SCHLOSSPLATZ)* a, en effet, disparu.

Rathaus Steglitz (Hôtel de ville) (**R**) — Ⓢ *1,* Ⓤ *9 Rathaus Steglitz.*
C'est un bon exemple d'architecture néo-gothique. Les rues derrière l'hôtel de ville possèdent quelques belles maisons *Jugendstil* (décor végétal et animalier). Non loin de là, dans la Südstraße (passer sous le pont de l'autoroute), poste néo-gothique intéressante.

★**Lichterfelde** — Ⓢ *1 Lichterfelde-West.*
L'un des seigneurs de Lichterfelde fut Nikolaus von Beguelin qui, à partir de 1747, fut le précepteur vénéré du futur Frédéric-Guillaume II. Celui-ci, après l'avoir anobli, acheta et lui offrit le domaine.
La première ligne de chemin de fer Berlin-Potsdam (1837-1838) ignora le village jusqu'à ce que **Johann Carstenn** y fonde une colonie de villas (1865). On construisit alors la petite gare dans le style d'une villa italienne. En mai 1881, **Werner Siemens** y fit l'essai du premier tramway électrique au monde.

« L'oiseau migrateur de Steglitz » (« Steglitzer Wandervogel »)

Le Comité pour les excursions fut fondé dans la cave (qui est souvent une auberge en Allemagne) de l'hôtel de ville de Steglitz par le candidat au baccalauréat Karl Fischer. Cette petite association encourage un mode de vie rural, loin de la civilisation industrielle et organise de grandes randonnées. Elle grandit, se fait reconnaître vers 1903 et devient, dix ans plus tard, la *Jeunesse libre allemande (Freideutsche Jugend)*. En 1933, elle est dissoute par les nazis et refondée après la guerre *(Karl-Fischer-Bund)*.

Devant la gare de Lichterfelde-West

Sorti de la gare, l'on se trouve devant un charmant décor d'opérette composé par le *West-Bazar* (1897) et des maisons ornées de pignons à colombage, de tourelles, d'épis de faîtage. Les rues ombragées, bordées de villas, comme la **Curtiusstraße**, sont ravissantes. La Drakestraße, abrite le **musée d'Histoire locale** ⊘ (Museum Steglitz, au n° 64a ; 🚌 *111 Holbeinstraße*) (**M³³**) qui a conservé un salon et son mobilier Biedermeier.

🚌 *185, 285 Krahmerstraße/Stockweg.*

L'**église paroissiale** (Dorfkirche), du 14ᵉ s., a été remaniée en 1939 ; son clocher est en bois. A proximité, le **château** néo-classique (Hindenburgdamm 20, vers 1780), à partir duquel s'est développé la « colonie » de Lichterfelde, a été rebaptisé *Carstenn-Schlößchen* (« Petit château Carstenn »).

Lilienthalpark – 🚌 *180, 280 Lilienthalpark.*
Le tertre commémore le premier vol plané d'**Otto Lilienthal** qui se tua au 2 000ᵉ.

ALENTOURS

Voir **DAHLEM★★★**, **SCHÖNEBERG★**, **TEMPELHOF.**

TEGEL★★

Reinickendorf
Voir plan Berlin-agglomération, 🔟, **ABT**

Petite ville au bord de la Havel, dont le cours forme un lac, Tegel est un agréable lieu de villégiature.

UN PEU D'HISTOIRE

La présence humaine y est ancienne, puisque, 8 000 av. J.-C., les premiers hommes du Nord de la région berlinoise s'installent le long du **Tegeler Fließ** (qui se jette dans le port de Tegel), cours d'eau apparu après la dernière glaciation et seule voie de passage du Sud au Nord, à travers la forêt. Ce sont des chasseurs de rennes itinérants qui guettent le passage des troupeaux au printemps et à l'automne et dressent leurs tentes en forme de tipis (on a retrouvé 14 camps, *voir REINICKENDORF, Musée d'histoire locale*) aux abords du gué, dans la partie la plus étroite de la vallée. Le premier village apparaît vers 1100 av. J.-C. ; il sera colonisé par les Germains. Au début du 14ᵉ s., le moulin à eau de Tegel est l'un des nombreux moulins qui bordent le Tegeler Fließ et il appartient, comme le village de Tegel, au couvent de bénédictines de Spandau.

N'attrape pas le Quitzow qui veut... – Vers 1400, de nombreux bourgeois de Berlin possédaient des domaines cultivables aux portes de la ville. C'est l'époque où le chevalier-brigand **Dietrich von Quitzow** et son frère Johann écument les campagnes, détroussant les marchands, incendiant les villages. Ils devinrent, un temps, protecteurs des villes de la Marche de Brandebourg pour le compte de Berlin.

Or, le 3 septembre 1410, s'avançant à travers la forêt de la Jungfernheide, beaucoup plus vaste que le parc actuel *(voir SIEMENSSTADT)*, ils en surgissent sans crier gare et s'emparèrent des troupeaux qui paissaient devant les murs de la ville. Les bergers alertent les bourgeois qui, indignés, se lancent à la poursuite des voleurs. Ceux-ci avancent lentement avec leurs animaux, qui finissent par s'abreuver près du moulin de Tegel, à la hauteur de l'actuelle auberge *Alter Fritz (voir ci-après)*. Une partie des chevaliers s'embusqua derrière le moulin ; l'autre attira les poursuivants par une retraite voyante. Les chevaliers tombèrent dans le dos des bourgeois et firent seize prisonniers, dont le président du Conseil, **Niclas Wyns**, qui passa un an dans un château appartenant aux Quitzow avant d'être libéré contre rançon. Dietrich von Quitzow était ravi d'avoir ce prisonnier, car le frère de celui-ci, Martin Wyns, bourgmestre de Francfort-sur-l'Oder, avait éconduit le chevalier lorsqu'il lui avait demandé la main de sa fille.

La demeure des frères Humboldt – **Alexander von Humboldt** (1769-1859) est un géographe et un grand voyageur cosmopolite qui finit par posséder 40 langues. Il séjourna plus de trente ans en France. Son frère **Wilhelm** (1767-1835), linguiste, œuvre à la restauration de la puissance de la Prusse. Directeur au ministère de l'Intérieur, puis ministre de l'Éducation, il accélère l'affaire de la fondation de l'université de Berlin *(voir UNTER DEN LINDEN)*, qui porte aujourd'hui son nom, et défend une liberté d'enseignement qui en fera un instrument de progrès. En 1819, dans un climat de réaction, Wilhelm est obligé de quitter le service de l'État. Il se retire en son château de Tegel, qui constitue sa part d'héritage *(voir WEISSENSEE)*, tandis qu'Alexander « traîne partout sa nostalgie de Paris ». Il invite **Schinkel**, qui avait rencontré la famille von Humboldt lors de son séjour à Rome, à réaménager son petit château. L'édifice, qui abrite la collection d'antiquités ramenées par Wilhelm de la Ville éternelle quand il y était diplomate, sera l'un des premiers musées publics prussiens.

AKG PARIS

Wilhelm et Alexander von Humboldt

Une nouvelle « abbaye de Thélème » – Durant l'été 1922, trois professeurs, gagnés par les idéaux du mouvement de la jeunesse *(voir STEGLITZ, encart sur le Wandervogel)*, s'installent dans l'**île de Scharfenberg** et fondent un internat avec 22 lycéens de Tegel. Ce n'est que l'une des nombreuses expériences menées à cette époque sur les débris de l'éducation prussienne, mais c'est elle qui durera le plus longtemps puisqu'elle sera soutenue par l'administration jusqu'en 1933. Les idées pédagogiques sont nouvelles : pas de classes, de notes ni de bulletins, d'horaires ni de punitions, mais un engagement permanent vis-à-vis des autres. Les groupes, distingués par des couleurs, sont formés par ordre d'arrivée et tous apprennent ensemble. Les cours se font en plein air autour d'un thème commun, qui dure quelques semaines et dont tout l'enseignement dépend. Une vieille grange est vite transformée en réfectoire et en dortoir. De petits ateliers voisinent avec le jardin, dont la culture est aussi utile pour les travaux pratiques de physique et de biologie que pour améliorer l'ordinaire. Cette petite société idéale est vite convoitée par les nazis qui y introduisent un système autoritaire et hiérarchique. En 1941, l'île est un terrain de manœuvre pour les militaires.

FLÂNER A TEGEL

★**Tegeler Hafen** (**Port de Tegel**) – Ⓤ *6 Alt-Tegel. A partir de la sortie du métro, marcher un peu en direction du Nord-Ouest sur la Berliner Straße.*
Ce projet (1985-1987) de l'**IBA 1987** a quelque chose de ludique. Des pavillons bariolés précèdent un immeuble en courbe et en contre-courbe ; d'autres immeubles, plus hauts, cachent des cours qui ressemblent à des cloîtres enfermant des jardins. L'eau et la nature sont partout présents (on peut faire une promenade le long du Tegeler Fließ et rejoindre la Greenwichpromenade). Remarquer la **bibliothèque Humboldt** qui fait partie du projet et se reflète dans le Tegeler Fließ. Les dimensions sont humaines, mais il s'agit plus d'une architecture de plaisance que véritablement urbaine.

Alt-Tegel – Le carrefour de la Berliner Straße, de la Gorkistraße et de Alt-Tegel est très commerçant. **Alt-Tegel** est une voie piétonne bordée de cafés, de restaurants et agrémentée d'une double rangée d'arbres. **Greenwichpromenade★** est agréable, mais bordée d'immeubles quelconques. Suivre plutôt le bord du lac qui offre une jolie **vue★**. Le **pont** du port de Tegel *(Tegeler-Hafen Brücke)* est un élégant ouvrage métallique peint en rouge.

★★Tegeler See (Lac de Tegel) – Le lac de Tegel est le plus étendu (408 ha, 4 km de long) de Berlin après le grand Müggelsee. De nombreux panneaux, un peu avant d'arriver à **Greenwichpromenade**, indiquent les différentes promenades en bateau depuis le lac de Tegel jusqu'au Nieder Neuendorfer See, Berlin ou Wannsee (mais des crieurs annoncent les croisières sur le départ ; il suffit de demander le prix). Une croisière moyenne sur le **Tegeler See** dure environ 2 h (compter 4-5 h jusqu'à Berlin ou Wannsee). Elle permet de voir la **villa Borsig**, cachée derrière les arbres, la **plage** aménagée de Tegel *(Freibad Tegeler See)* avec ses toboggans. Le bateau effectue un parcours intéressant au Sud du lac, au milieu des petites îles, et à l'entrée du cours de la Havel, à la hauteur de **Tegelort**, bordé de petites maisons au bord de l'eau, de pontons et de bateaux à voile, de cafés-restaurants. La centrale électrique du cours supérieur de la Havel *(Kraftwerk Oberhavel)* et sa haute cheminée apparaît, au-dessus du cours plus sauvage du fleuve, à la hauteur du **Heiligensee**.

★Schloß Tegel (Château de Tegel) (X) – 🚌 *124, 125, 133, 224, 815 An der Mühle.*
Le petit château de Tegel, qui date de la Renaissance (on entre dans la partie qui correspond à cette période) a été élargi et remanié par **Schinkel** avec des matériaux des environs. L'architecte a conservé le corps de bâtiment du 16ᵉ s. qu'il couronna d'une loggia, mais il a ajouté quatre tourelles d'angle rectangulaires décorées de pilastres et de figures des dieux des vents, inspirées de la tour des Vents d'Athènes. L'intérieur néo-classique *(visite guidée ; acheter son billet à la fenêtre des cuisines, en contournant le château à l'Ouest)* est très clair et sobre, les pièces, austères, peintes de couleurs tendres ; la plupart des statues sont des moulages.

Visite ⊙ – La **bibliothèque** était la salle de travail d'**Alexandre von Humboldt**. Les deux torses féminins appartiennent à un groupe des trois Grâces rapporté de Grèce par un officier napoléonien.
L'**escalier** est orné de peintures très raffinées de Schinkel (remarquer la loggia au premier étage). Le **salon bleu** était autrefois orné de nombreux tableaux. Le **salon des antiques** a abrité la première collection d'œuvres antiques ouverte au public avant l'inauguration du Vieux Musée *(voir MUSEUMSINSEL)*. Alexandre von Humboldt supervisa la restitution des objets dérobés par Napoléon en Italie. Le pape le remercia en offrant la curieuse **tête de la Méduse Rondanini**. Trois petits reliefs de marbre ont retrouvé leur place après la chute du Mur. Dans le **cabinet de travail**, statue de Carolina von Humboldt, en *Psyché* (1810), par **Thorvaldsen**.

« Der Alte Fritz », « Die Alte Waldschenke » – 🚌 *133, 222 Schloßpark Tegel.*
Ces vieilles auberges sont logées dans de jolies maisons à colombage.

Alt-Heiligensee – 🚌 *133 Alt-Heiligensee.*
Des maisons noyées dans la verdure, des rues aux vieux pavés, une jolie église entourée de son cimetière embellissent ce petit village très ancien. Si l'on veut se baigner dans le Heiligensee, il faut prendre le 🚌 *324 Strandbad Heiligensee.*

Tegelort – 🚌 *324 Falkenplatz, puis* 🚌 *222 Jörsstraße.*
Suivre ensuite le chemin de la rive, bordée de nombreux restaurants ; bac pour Hakenfelde, Saatwinkel et les îles de Valentinswerder et Marienwerder.

Prendre le bac à Jörsstraße et le 🚌 *331 jusqu'à* 🇺 *7 Rathaus Spandau.*

UNE CURIOSITÉ D'ORDRE PRATIQUE

Flughafen Berlin-Tegel (Aéroport de Berlin-Tegel) – 🚌 *109 (arrêts sur le Kurfürstendamm), 128, X9.*
Les aéroports de Berlin ont la particularité d'être assez centraux. C'est le cas, bien sûr, de Tempelhof, mais aussi de Tegel, aménagé sur un ancien champ de tir qui, au début du 20ᵉ s., voit s'envoler et atterrir les dirigeables du **comte Zeppelin**. En 1930, Le professeur Oberth, avec l'aide de Werner von Braun, y expérimenta les premières fusées. La fonction d'aéroport apparut avec le blocus. Tegel est le principal aéroport de la partie Ouest de la ville depuis 1976. **Schönefeld**, l'ancien aéroport de Berlin-Est, sera agrandi et remplacera Tegel en 2006.

ALENTOURS

Voir **REINICKENDORF, SPANDAU★**.

TEMPELHOF
Tempelhof

Voir plan Berlin-Centre, **8**, **9**, **JKYZ**

Ce vaste quartier offre des curiosités dispersées. Il a joué un rôle important dans l'histoire récente de Berlin.

DES CHEVALIERS DU TEMPLE AU BLOCUS

Un aspect agreste – Une commanderie des templiers a donné son nom à **Tempelhof**. Sous la protection des chevaliers du Temple, les paysans s'installent à **Mariendorf** et **Marienfelde** qui prennent leur nom de la Vierge Marie, patronne de l'ordre. En 1800, le Sud berlinois n'est pas encore colonisé : un chemin, bordé de peupliers et d'auberges (dont la populaire *Cave obscure*), mène au village de Tempelhof.

> ### L'astrologue du margrave Joachim Ier (1499-1535)
>
> L'état désastreux des finances expliquent l'autoritarisme du margrave qui le rend impopulaire. En 1522, il appelle un jeune astrologue à sa cour. Celui-ci prophétise l'engloutissement de Berlin pour le 15 juillet 1524. Au matin de ce jour, l'Électeur et sa cour parviennent au sommet de la colline de Tempelhof pour observer le phénomène. Rien ne se produit. Sur le chemin du retour, un cocher et quatre chevaux sont foudroyés.

L'empire Ullstein – Avec cinq journaux, quatre hebdomadaires et dix mensuels, le groupe des frères **Ullstein** est, avec **Mosse** et **Scherl**, l'une des principales maisons d'édition de Berlin. Il crée le magasine moderne avec le *Berliner Illustrierte Zeitung*, l'un des seuls périodiques berlinois à connaître une diffusion nationale. Des journalistes remarquables sont employés. Mais leurs articles ne font guère le poids contre les titres du magnat de la presse réactionnaire, **Hugenberg**, qui sera le bailleur de fonds de Hitler. Après l'arrivée de celui-ci au pouvoir, la presse, muselée (le nombre des journaux diminue de plus de moitié), suit les directives du ministère de la Propagande. Les empires Ullstein ou Mosse, appartenant à des juifs, sont rachetés à un prix dérisoire et mis en liquidation. Il n'est pas jusqu'à la vieille « *Tante Voss* », journal presque séculaire, qui ne cesse de paraître.

« L'insulaire espère obstinément/Que son île refera partie du continent. » – Cette phrase de Klaus Günter Neumann, ancien du cabaret *Katakombe*, résume la situation de Berlin pendant la durée du **blocus** imposé par les Soviétiques à partir du 24 juin 1948. Les accords de 1945-1946 ne réglaient les conditions d'accès aux secteurs occidentaux de la capitale que par voie aérienne. Trois couloirs étaient autorisés. Les Soviétiques tirèrent avantage de l'absence de textes sur les accès terrestres et fluviaux de la ville. Dès le 25 juin, les États-Unis mirent au point l'opération *Vittles* (« Victuailles ») et établirent un **pont aérien** d'avions américains et britanniques. Il sauva la ville de la famine, mais celle-ci crut revivre la fin de la guerre avec son couvre-feu,

Au début de la guerre Froide, le pont aérien a assuré la liberté de Berlin

ses restrictions, ses courses à pied ou à vélo. Dans la ville assiégée, les Alliés deviennent des amis et la RFA, qui vient d'être créée, s'ancre dans le camp de l'Occident. Le pont aérien continue jusqu'au 30 septembre 1949. En 462 jours, il aura permis l'acheminement de 1 091 582 tonnes de charbon, 483 726 tonnes de vivres, d'une centrale électrique en pièces détachées *(voir SIEMENSSTADT)*, l'exportation de 16 000 tonnes de produits *Made in blockaded Berlin* et coûté la vie à 79 personnes. Les Berlinois n'oublieront jamais ce geste ni le goût des aliments déshydratés et des tablettes de chocolat apportées par les « bombardiers de friandises » *(Rosinenbomber)*.

PRINCIPALES CURIOSITÉS

Platz der Luftbrücke (Place du Pont aérien) – Ⓤ *6 Platz der Luftbrücke.*
S'il y a un carrefour pollué à Berlin, c'est bien cette place où la circulation est dense. Le **Monument du pont aérien** *(Luftbrückendenkmal)* rappelle cet épisode important de la guerre Froide qui accentua l'isolement de Berlin-Ouest en territoire communiste. Il mérite son surnom de « fourche de la faim » *(« Die Hungerharke »)*. A l'occasion du premier anniversaire du pont aérien, Ernst Reuter baptise le rond-point devant l'aéroport de Tempelhof de son nom actuel.

Dudenstraße 10 – 🚌 *104;* Ⓤ *Platz der Luftbrücke.*
L'immeuble de l'Association des imprimeurs, construit en 1925-1926 par Max Taut et Franz Hoffmann, marque le début de la Nouvelle Objectivité (notamment dans la cour, où le béton est visible).

Flughafen Tempelhof (Aéroport de Tempelhof) – Ⓤ *6 Platz der Luftbrücke.*
Ouvert en 1924 et agrandi par les nazis, il devait être un élément important de la *Germania* de Hitler. Le gigantisme de la partie circulaire est tout à fait dans l'esprit de l'homme qui voulait construire « des édifices tels qu'on n'a plus construit depuis quatre millénaires ». Un axe devait s'aligner sur le monument de Kreuzberg. L'aéroport dessert maintenant des lignes courtes (Prague, Varsovie, Riga, Strasbourg, Copenhague).

Polizeihistorische Sammlung (Musée de la Préfecture de Police) (M¹³) ⊘ – *Rentrer dans la Préfecture de police (Polizeipräsidium), au milieu de l'aile Ouest de l'aéroport. S'adresser au gardien qui indique le chemin à suivre : hall de gauche ; descendre l'escalier immédiatement à droite derrière la porte vitrée (sur le palier : maquette du premier feu de signalisation d'Europe, sur la Potsdamer Platz) ; l'entrée du musée est ensuite fléchée.*
Ce petit musée offre une documentation complète sur l'histoire de la police à Berlin : uniformes, panneaux explicatifs sur la vie quotidienne, l'histoire et les faits de société, décorations, armes. Une police avec des hauts et surtout des bas, car on plonge dans les bas-fonds. La création d'une police fut une occasion nouvelle, pour les princes Hohenzollern, de restreindre les prérogatives du *Magistrat* (Conseil municipal). Le **Polizeidirektorium** est fondé par Frédéric III en 1693, alors que Berlin et Cölln fusionnent avec leurs faubourgs de Friedrichswerder, Dorotheenstadt et Friedrichstadt. Le « Roi-Sergent » institue en 1718 les premiers inspecteurs de police et un corps de policiers chargés de surveiller les auberges, où régnait la prostitution, et de lutter contre la fraude. Fumer sera interdit à cause des risques d'incendie. La police politique, qui surveille résidents étrangers et diplomates, est créé sous Frédéric II et placée sous la direction de Kircheisen.
La gendarmerie est fondée en 1812, puis la **Schupo** *(Schutzpolizei :* police) est distinguée de la **Kripo** *(Kriminalpolizei :* la PJ). Après la révolution de 1848, la *Kripo*

Un préfet inflexible

De 1848 à 1856, Berlin est sous la férule du préfet, puis du directeur général de la police et chef de la sûreté prussienne **Carl Ludwig von Hinckeldey** (1805-1856), qui avait réprimé le mouvement démocratique pendant la révolution de 1848. La police, réorganisée sur le modèle londonien, est sortie renforcée de l'épreuve : 2 000 « promeneurs privilégiés » sont vêtus d'un uniforme bleu, coiffés d'un chapeau noir et armés d'un sabre. Hinckeldey met en place un système de répression fondé sur la censure, les perquisitions, les délations. Le mouvement démocrate et le clan réactionnaire sont également visés. Son but : le maintien de l'ordre. Il s'en prend également aux jeux de hasard, très prisés de la noblesse et fait une descente dans un club très sélect. La rigueur de Hinckeldey le rapproche de la bourgeoisie libérale. Un peu comme le baron Haussmann à Paris, l'État, au travers d'Hinckeldey, exerce une véritable « dictature du développement » qui prive la municipalité de tous moyens d'action. Voirie, lutte contre l'incendie, entretien des rues : Berlin prend peu à peu le visage d'une grande métropole, mais, pour des raisons de rentabilité, les quartiers riches sont privilégiés aux dépens du Nord et de l'Est populaires. Hinckeldey est tué en duel par un aristocrate, pour une prétendue affaire d'honneur : « Les bourgeois, les fonctionnaires, tous les citadins sont portés à prendre le parti de Hinckeldey en raison de leur haine des *Junkers* » (Karl August Varnhagen von Ense). Plus de 100 000 Berlinois accompagnent sa dépouille.

est réorganisée par Hinckeldey. Le premier panier à salade apparaît en 1866 ; on l'appelle « grüne Minna » (« Minna verte »). L'uniforme original du « Capitaine de Köpenick » *(voir ce nom)* est exposé.

La salle sur la période nazie, qui voit une multiplication des polices parallèles (Gestapo, police de Goering avec ses cadets de Lichtenberg), renvoie à des événements très sombres. L'après-guerre, pendant lequel les forces de police ont été employées au déminage, est illustré par des uniformes, des masques, des armes de meurtriers (et des photos très dures de victimes) et même un périscope pour voyeur.

Siedlung Neutempelhof (Lotissement de Neutempelhof) – 🚍 *184 Bayernring, Adolf-Scheidt-Platz ou* Ⓤ *6 Paradestraße.*

Les immeubles bourgeois du début du siècle qui bordent la Manfred-von-Richthofen-Straße, rue commerçante, correspondent au premier type d'habitat prévu pour les « champs de Tempelhof » *(Tempelhofer Feld)*. La cité jardin de **Neu-Tempelhof** grandit après la Première Guerre mondiale (1920-1928). Elle offre un saisissant contraste avec la Dudenstraße : c'est la campagne !

★**Ehem. Reichspostzentralamt (Ancienne poste centrale)** – 🚍 *140 Ringbahnstraße ou à partir de la Station* Ⓤ *6 Tempelhof, suivre la Ringbahnstraße sur 300 m vers l'Ouest.* Imposante façade expressionniste (1925-1928) en briques violettes (remarquer les portails).

Pour les amateurs d'architecture expressionniste...

Deux curiosités sont un peu excentrées et éloignées du réseau des transports :
– La **Fabrik Schwarzkopf** (1928-30, désormais *Techno Center Alboin* ; 🚍 *204 Eresburgstraße*), cache sa cour de livraison derrière deux ailes encadrant le portail. Les derniers étages de la tour, en verre, servaient d'enseigne lumineuse.
– L'**entreprise Scherk** (Institut pharmacologique de l'université Humboldt ; 🚍 *383 Hünefeldzeile*, voir plan Berlin-agglomération, Ⓣ, **CV Y**) est au bout de la Kelschstraße (Steglitz), dans une fourche de deux lignes de S-Bahn. La décoration est remarquable : triangles, fenêtres en losange ; la petite entrée en forme de pagode a malheureusement disparu.
Les deux firmes, spécialisées dans les parfums, étaient concurrentes, d'où la similitude des styles de leurs bâtiments.

Tempelhofer Damm – Ⓤ *6 Alt-Tempelhof.*

Le Tempelhofer Damm est une artère très commerçante de part et d'autre de **Alt-Tempelhof**. Le Vieux Parc *(Alter Park)* et l'église du village de Tempelhof *(Dorfkirche Tempelhof)* composent un charmant tableau : un clocher à colombage au milieu des arbres et précédée par un petit lac.

Pour les curiosités suivantes, se reporter au plan Berlin-agglomération, Ⓣ, **CV**.

Ufa-Fabrik – Ⓤ *6 Ullsteinstraße.*

Sur la Viktoriastraße, une communauté d'alternatifs s'est établie dans les anciens studios de cinéma de l'Ufa. Les baraques de faible hauteur abritent un café, un cinéma (il y en a un autre en plein air), une école, une ferme des enfants *(Kinderbauernhof)*, une boulangerie, un magasin de produits diététiques, une salle de danse, un cirque, une salle d'arts martiaux.

★**Ullstein-Druckhaus (Imprimerie Ullstein)** (**Z**) – Le port de Tempelhof (Hafen Tempelhof) offre un paysage industriel dominé par les bâtiments de l'**imprimerie Ullstein** (voir plan Berlin-agglomération, **CV**). Cette forteresse de briques rouges (1925-1926), avec beffroi à horloge, n'a pas besoin d'être très haute (80 m) pour être impressionnante. Elle était le plus grand complexe d'imprimerie d'Europe et la plus haute construction en béton du continent. L'arrière de bâtiment est une falaise de briques.

Alt-Mariendorf – Ⓤ *6 Alt-Mariendorf.*

A côté de l'église du village, le petit **musée d'Histoire locale** ⊘ *(Heimatmuseum Tempelhof)* (**M³⁴**) est intéressant. Il permet de suivre l'histoire de Berlin du Moyen Âge au 19ᵉ s., puis les tragiques événements du 20ᵉ s. : Tempelhof, champ de manœuvre, puis aérodrome ; la sinistre prison de la Gestapo *Colombiahaus* ; le pont aérien. Une cuisine et une salle à manger de l'époque *Gründerzeit* (années 70) ont été reconstituées.

Lichtenrade – Ⓢ *2 Lichtenrade.*

Du S-Bahn, on aperçoit les pignons néo-Renaissance de la **Malterie** *(Steinstraße 40-41)*. L'église du village (🚍 *175 Bornhagenweg ou 275 Goltzstraße/ Lichtenrader Damm)*, dont le clocher émerge des saules au bord d'un étang, bénéficie d'un cadre charmant.

★**Marienfelde** – 🚍 *172 Alt-Marienfelde.*

Marienfelde est un village-rue *(Angerdorf, voir INTRODUCTION, architecture et urbanisme)* bien préservé, où se suivent villas et fermes. Simple et attachante dans son enclos-cimetière, l'**église paroissiale**, la plus vieille de Berlin, est en granit. Elle est précédée d'un porche et le clocher est couronné d'un toit en bâtière.

ALENTOURS

Voir **KREUZBERG (partie Ouest)★★, NEUKÖLLN, SCHÖNEBERG★, STEGLITZ★**.

TIERGARTEN★★

Tiergarten

Voir plan Berlin-Centre, **7**, **8**, **HJUV**

Autrefois aux portes de Berlin, le Tiergarten est devenu un poumon vert au cœur de la ville. La promenade est plaisante le jour à travers pelouses et surfaces boisées, le long d'allées calmes, de chemins sinueux, d'étangs et petits lacs. Les familles turques y organisent des barbecues durant le week-end, suivies par tous les amateurs de plein air. La nuit, c'est le bois de Boulogne local, de larges secteurs étant réservés à la prostitution.

UN LIEU DE PROMENADE A LA MODE

De la réserve de chasse au champ de manœuvre – Vers 1650, au bout de l'allée **Unter den Linden** *(voir ce nom)*, aménagée à la même époque, la forêt située à l'Ouest de Berlin, enclose pour la chasse sous **Joachim Ier** (1499-1535), est transformée en réserve sauvage, entourée d'une palissade et peuplée de cerfs et de coqs de bruyère. Ce « jardin aux animaux », ou **Tiergarten**, est déboisé au temps de Frédéric-Guillaume Ier et sert de Champ de Mars ; c'est le « Sahara de Berlin ». Une foule nombreuse y applaudit la parade des régiments royaux chaque année.

« Les Tentes » – Frédéric II veut en faire un « parc d'agrément pour la population ». Le Tiergarten est transformé en parc paysager par le jardinier de la cour **Sello** (Lenné poursuivra son œuvre dans la première moitié du 19e s.) et devient un but d'excursion. En 1740, deux huguenots obtinrent l'autorisation d'y installer des tentes pour offrir des rafraîchissements en été. Ils sont suivis par un compatriote qui fonde un établissement à l'enseigne *Les Tentes* qui donne son nom à l'endroit (la tente : *das Zelt* en allemand ; une allée près de la *Kongreßhalle* porte encore le nom de *In den Zelten*). Des kiosques à musique, manèges et balançoires côtoient les guinguettes et constituent la première « promenade » de Berlin, dont le public, où se mêlent nobles et bourgeois, est représenté par le graveur **Chodowiecki**. En mars 1848, *Les Tentes* sont pendant dix jours le foyer de l'agitation révolutionnaire ; tout Berlin y discute ; les citadins se pressent en masse et rédigent une *Adresse réclamant les libertés fondamentales* au roi.

« Chez moi, tout est grand » – **Guillaume II** est un passionné de sculpture. Il fait tracer sur 700 m, à travers le Tiergarten, l'allée de la Victoire *(Siegesallee)* à partir de la place du même nom. De part et d'autre de celle-ci et d'une allée bordée d'ifs, le sculpteur préféré de l'empereur dispose trente-deux monuments en marbre de Carrare, don du Kaiser à sa capitale, représentant les ancêtres glorieux du souverain. Le peuple s'extasie devant les « poupées ». Les arbres du Tiergarten furent plus utiles aux Berlinois au lendemain de la Seconde Guerre mondiale lorsqu'ils servirent à les chauffer pendant deux redoutables hivers. Les seize sculptures en grès qui l'ornaient furent baptisée les « poupées ».

LE NORD DU TIERGARTEN

★**Reichstag, Platz der Republik, Sowjetisches Ehrenmal** – *Voir REICHSTAG.*

Hansaviertel (« Quartier de la Hanse ») – **U** *9 Hansaplatz.*
Reprenant l'idée de Scharoun de ville paysagère, les tours de ce quartier modèle (5 000 habitants), toutes différentes et dispersées dans la verdure, ont été conçues

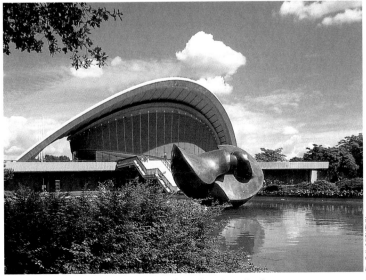

« Kongreßhalle », désormais centre culturel

par des architectes renommés : le Finlandais Alvar Aalto, le Brésilien Oscar Niemeyer, le Français d'origine suisse Le Corbusier, l'Allemand Walter Gropius, pour la grande exposition d'architecture de 1957. Leur œuvre obéit au concept : « Vivre au cœur de la ville dans la lumière, l'air et le soleil », mais remporte moins la conviction aujourd'hui. Le quartier a été doté d'équipements modernes : deux églises, une école, un jardin d'enfants, un petit centre commercial à côté de la station de métro, un cinéma, une bibliothèque, un théâtre et l'Académie des Arts (*Akademie der Künste*) (**Q**). L'angle du Hanseatenweg est un point de vue intéressant sur les tours bordant la Bartningallee. Le **jardin anglais**★ *(Englischer Garten)* est très joli : des sentiers y serpentent autour de l'étang, au milieu des bambous et des fleurs. Il conduit à proximité du parc du **château de Bellevue**.

Schloß und Park Bellevue (Château et parc de Bellevue) – Ⓢ *3, 5, 7, 9, 75 Bellevue ;* 🚍 *100, 187 Schloß Bellevue.*
Ce château du 18ᵉ s. (1785), à l'harmonieuse façade néo-classique, fut construit pour le plus jeune frère de Frédéric le Grand. C'est la résidence du président de la République fédérale (en attendant qu'une nouvelle résidence soit construite dans le cadre du projet « *Spreebogen* », voir *REICHSTAG*). Richard von Weizsäcker, ancien bourgmestre de Berlin, en fut l'hôte pendant dix ans (1984-1994) ; Roman Herzog est l'actuel président, le premier de l'Allemagne unie.

★**Haus der Kulturen der Welt** (Maison des cultures du monde) (**V**) ⏱ – 🚍 *100 Kongreßhalle.*
L'ancienne **halle des Congrès** *(ehem. Kongreßhalle)*, baptisée « L'huître enceinte » (« *Schwangere Auster* »), est un cadeau des Américains pour l'exposition internationale d'architecture de 1957. Son toit, qui semble flotter et qui repose sur les deux piliers extérieurs, s'est effondré en 1981, faisant un mort, et a été reconstruit en 1987 pour le 750ᵉ anniversaire de Berlin. Le **bronze** (1956), au milieu du bassin, est une œuvre de Henry Moore. Depuis 1989, la **Maison des cultures du monde**, forum pour les cultures non européennes, organise de nombreuses manifestations. A côté, **carillon**.

Straße des 17. Juni (Avenue du 17-Juin) – 🚍 *100, 187, 341 Großer Stern.*
La **place de la Grande-Étoile** *(Großer Stern)*, vers laquelle convergent huit allées a été créée dans le cadre de l'aménagement du Tiergarten au 18ᵉ s. La **colonne de la Victoire** ⏱ *(Siegessäule)*, surmontée d'une allégorie que les Berlinois surnomment « Else dorée » *(Goldelse)*, fut érigée sur la Place Royale *(Königsplatz)*, en face du Reichstag, pour célébrer les victoires prussiennes de 1864, 1866 et 1871. D'une hauteur de 67 m, elle a été déplacée sur la place de la Grande-Étoile en 1938. Elle servait de relais optique à l'axe triomphal qui partait de l'Unter den Linden vers le Parc des Expositions, où les autorités nazies avaient prévu une université. L'ascension est fatigante, mais le **panorama**★★ exceptionnel sur l'horizon de l'Est berlinois, Moabit, le quartier de la Hanse *(Hansaviertel)*, Kreuzberg.

« *Goldelse* » sur la colonne de la Victoire

AU SUD DU TIERGARTEN

★★★**Zoologischer Garten** – *Voir ce nom.*

Schleuseninsel (Île des Écluses) – Ⓢ *3, 5, 7, 9, 75 Tiergarten ou* Ⓢ *+* Ⓤ *Zoologischer Garten, puis longer le Jardin zoologique par l'Ouest.*
Les gros tuyaux bariolés de la station expérimentale de l'Institut pour la Construction hydraulique et la Construction navale, rattaché à l'Université Technique, ressemblent à une sculpture. Sous le pont, plaque en mémoire de **Rosa Luxemburg** assassinée et jetée dans le canal à cet endroit.

L'assassinat des leaders spartakistes

En **janvier 1919**, les Spartakistes quittent l'USPD, parti pacifiste de gauche, et fondent le parti communiste (KPD). Rejetant le processus parlementaire, ils passent à l'action. **Rosa Luxemburg** s'oppose à cette situation, estimant que la situation n'est pas mûre : « Tout Berlin ressemble à une marmite de sorcière bouillonnante dans laquelle la violence et les idées s'entremêlent en tourbillons » (comte Kessler). Le gouvernement social-démocrate engage l'épreuve de force avec l'aide de volontaires recrutés par l'état-major qui se méfie de la troupe, trop sensible, selon lui, aux influences de la rue. Les corps francs rassemblent 80 000 hommes ; **Gustav Noske**, qui se surnomme lui-même le « chien sanglant », est à leur tête. Les comités révolutionnaires sont dirigés par le spartakiste **Karl Liebknecht** et le communiste Wilhelm Pieck, mais les sociaux-démocrates contrôlent les bâtiments gouvernementaux. Pénétrant dans Berlin, les unités de Noske reprennent les immeubles tenus par les spartakistes avec une extrême brutalité. La répression fait plus de mille victimes. Le 15, Karl Liebknecht et Rosa Luxemburg sont assassinés dans le Tiergarten ; le cadavre de cette dernière sera retrouvé des mois plus tard dans le Landwehrkanal. Ces meurtres consacrent la division des partis de gauche, les communistes n'hésitant pas à s'allier ultérieurement aux nazis contre leurs frères ennemis sociaux-démocrates. Les coupables sont couverts ou bénéficient de la clémence des juges.

L'allée qui longe la rive Nord du Landwehrkanal *(Tiergartenufer)* est éclairée par des lampadaires de différentes villes d'Europe.

Neuer See (Lichtensteinbrücke) – Karl Liebknecht y fut exécuté en 1919, à la fin du soulèvement spartakiste.

Rousseau- und Luiseninsel – 🚌 *les plus proches : 142, 148 Philharmonie.* La promenade le long des lacs du Tiergarten, dont les rives sont touffues, est plaisante. Joli parterre de fleurs devant le monument de la reine Louise.

★★★**Kulturforum** – *Voir ce nom.*

ALENTOURS

Voir **KULTURFORUM★★★, KURFÜRSTENDAMM★★, POTSDAMER PLATZ, UNTER DEN LINDEN★★, ZOOLOGISCHER GARTEN★★★.**

TREPTOW

Treptow
Voir plan Berlin-agglomération, **11**, **CDUV**

Arrondissement étendu, boisé et relativement peu urbanisé (notamment autour de la Königsheide), Treptow n'offre pas de curiosités majeures. Le Mur ne passait pas loin. Les immeubles quittent le crépi brun délabré de la RDA et sont progressivement ravalés.

UN PEU D'HISTOIRE

Treptow était le dernier relais avant Berlin sur la route de Köpenick. Celle-ci traversait des terres limoneuses fertiles. Frédéric II fonda des colonies à Schöneweide, Adlershof, Johannisthal. Des auberges, des cafés rendirent l'endroit populaire, mais il comptait soixante habitants au début du 19e s. L'industrialisation le métamorphosa. Le long du Treptower Park s'élevèrent, à la Belle Époque, des maisons bourgeoises qu'imita la façade du nouvel hôtel de ville. L'aéroport de Johannisthal ouvrit en 1909.

PRINCIPALES CURIOSITÉS

Treptower Park – Ⓢ *6, 8, 9, 10 Treptower Park.*
La lande de Cölln *(Cöllnische Heide)*, propriété de Berlin depuis le 13e s., fut déboisée à partir de 1840, à l'exception de deux parties, dont le Treptower Park, aménagé de 1894 à 1896 par Gustav Meyer. L'exposition industrielle s'y tint et il devint un important point de rassemblement pour les sociaux-démocrates. Le **Mémorial soviétique** *(Sowjetisches Ehrenmal)* (**A¹**) rappellent les sacrifices consentis par l'Armée rouge. Il occupe une vaste surface à l'intérieur du parc de Treptow. Une vision ordonnatrice confère à cet espace découvert (dont le marbre provient de la chancellerie d'Hitler) une dimension imposante et presque sacrée.

Des figures allégoriques de soldats agenouillés encadrent l'entrée de l'esplanade au bout de laquelle un tumulus est coiffé d'une effigie de soldat tenant un enfant, le glaive baissé. La mosaïque dans le socle est à la gloire de l'URSS et de l'Armée rouge. Les textes sur les bas-reliefs, respectivement en allemand et en russe, et qui rappellent les grands épisodes de la guerre, sont de Staline.

Une sortie permet d'atteindre, derrière le tumulus, l'étang aux carpes (Karpfenteich). L'observatoire Archenhold (Archenhold-Sternwarte) est en travaux.

Insel der Jugend (Île de la Jeunesse) – 🚌 *166, 167, 177, 265 Alt-Treptow.*
Un charmant pont entre deux tours relie la petite île à la terre ferme. Les deux cheminées géantes appartiennent à la **centrale électrique de Klingenberg,** construite au milieu des années 20 en prévision de l'électrification du S-Bahn. Elle a été implantée sur les bords de la Spree pour en tirer les eaux de refroidissement et avoir son propre port de livraison de charbon.

S'engager dans le parc de Plänterwald.

★**Spreepark** ⊘ – 🚌 *265 Am Plänterwald.*
Ce parc d'attractions possède de nombreuses attractions : une grande roue, des montagnes russes assez pentues, un toboggan à eau.

Plänterwald – *Suivre la promenade le long de la Spree.*
La Spree compose un paysage mélancolique où passent les péniches. Sur l'autre rive, industrielle, remarquer la maison de la Radio d'Oberschöneweide *(Rundfunkgebäude)*, station émettrice de la radio principale de la RDA.

Arboretum (**B²**) ⊘ – 🚊 *6, 8, 9, 10, 45, 46 Baumschulenweg.*
L'institut de Biologie de l'université Humboldt est établi dans la maison de Franz Späth, qui y vécut de 1874 à 1913 et dont l'exploitation horticole, fondée en 1720, se développa à partir de 1864 sur les prairies entre Alt-Treptow et Johannisthal. L'école d'arboriculture *(Späthsche Baumschule)* fut fondée la même année. Elle donna son nom Baumschulenweg et un coup de fouet à son urbanisation. La promenade intéressera surtout les botanistes.

Niederschöneweide – 🚊 *6, 8, 9, 10, 45, 46 Schöneweide.*
Aux alentours de l'actuelle station Oberspree est fondée, à la fin du 18e s., une colonie appelée *Auf der Schönen Weide* (« Sur les beaux pâturages ») ; vingt personnes y habitent en 1858. L'industrialisation transforme les deux rives de la Spree. Le lotissement *Spreesiedlung* (1930-32 ; Hainstraße, 🚌 *165 Britzer Straße*) est délabré, mais l'agencement et la promenade au bord du fleuve sont remarquables. On découvre le paysage industriel imposant de l'autre rive, à Oberschöneweide.

Adlershof – 🚊 *6, 8, 9, 45, 46 Adlershof.*
Dans le noyau urbain, au Nord-Est de la gare, les immeubles, non entretenus du temps de la RDA, retrouvent leurs façades restaurées, pimpantes, du tournant du siècle.

Wissenschaftz- und Wirtschaftsstandort Berlin-Adlershof (« WISTA »)
(Technopole de Berlin-Adlershof) – 🚊 *6, 8, 9, 45, 46 Adlershof.*
Entre Johannisthal et Adlershof grandira jusqu'en 2003 sur 76 ha, autour d'un vaste parc, une ville scientifique, destinée à être la plus grande d'Europe. Ce pôle de développement comprendra les instituts économiques et de recherches de la plupart de grandes entreprises allemandes (200 sociétés et 14 instituts scientifiques y sont déjà installés), des studios, des ateliers, des entreprises de pointe (chimie, électronique, technologies médicales), le département des Sciences naturelles de l'université Humboldt et le synchrotron BESSY II. 30 000 chercheurs y travailleront et un quartier d'habitation est prévu pour 15 000 habitants.

★**Oberschöneweide** – *Prendre les* 🚋 *61, 67 à partir de* 🚊 *6, 8, 9, 10, 45, 46 Schöneweide jusqu'aux arrêts Wilhelminenhofstraße/Edison straße et Rathenaustraße.*
Une ligne continue de bâtiments industriels s'étend le long de la Spree, entre Rummelsburg et Oberschöneweide, dans l'arrondissement de Köpenick. Le **domaine industriel**★★ d'Oberschöneweide est l'un des plus beaux de Berlin. On y trouve une **halle** de l'**AEG**, à l'angle de l'Edisonstraße et de la Wilhelminenhofstraße, comparable à celles de Moabit et de Wedding *(voir ces noms)*. La Wilhelminenhofstraße fait l'objet d'une opération de réhabilitation appelée « Genou de la Spree » *(Spreeknie)* et qui concerne également les beaux bâtiments en briques ocre de l'entreprise de câbles KWO. La **villa Rathenau** et son parc ont été conservés aux nos 76-77.
Au bout de la rue, se dresse le **Peter-Behrens-Bau**★ (**C²**), ancien siège de l'entreprise de matériel audiovisuel la plus importante de la RDA, la *Werk für Fernsehelektronik* (*le WF de l'enseigne, au sommet de la tour*). Entrer sous la tour, puis immédiatement à gauche ; s'adresser au gardien pour monter l'escalier et voir le **hall**, haute cour à arcades sous une verrière.

ALENTOURS

Voir **KÖPENICK**★★, **KREUZBERG (partie Est)**★★, **NEUKÖLLN.**

Large avenue, plantée à l'origine de quatre rangées de noyers et de tilleuls, l'**Unter den Linden** (allée « sous les tilleuls »), a été créée au milieu du 17e s., au début du règne de Frédéric-Guillaume. Le nouveau quartier aristocratique qu'elle traverse, **Dorotheen-Stadt**, non bâti encore à cette époque, prit le nom de la seconde épouse du « Grand Électeur ». Son développement (il n'obtint le privilège urbain qu'en 1674) fut assuré par les huguenots *(voir GENDARMENMARKT)*.

Sous **Frédéric II**, qui fait remplacer les anciennes maisons le long de l'avenue par des demeures régulières de quatre étages (hauteur imposée à l'époque), la construction du **« Forum Fridericianum »** et de nombreux palais (palais du Prince Henri, palais du Prince-Héritier, palais des Princesses) traduit le déplacement du centre de gravité de la ville vers l'Ouest. L'avenue Unter den Linden commence à prendre un aspect royal et se couvre de « cafés » : le *National*, le *Royal*, l'*Impérial*, le *café Richard* fréquenté par les rentiers. La **Pariser Platz** et ses ambassades prestigieuses, qui entouraient la porte de Brandebourg, n'est pas encore reconstruite et, à l'autre extrémité, la perspective du château, auquel l'avenue formait une entrée majestueuse, manque, mais il reste beaucoup de monuments qui symbolisent l'histoire de la ville et de la Prusse.

L'AVENUE DE PRESTIGE DE BERLIN

La visite s'effectue de la Porte de Brandebourg jusqu'au pont du Château (Schloß-brücke).

★★ Brandenburger Tor (Porte de Brandebourg) – Ⓢ *1, 2, 25, 26 Unter den Linden* ; 🚌 *100,* Ⓢ *Unter den Linden.*

Symbole de Berlin et de l'Allemagne divisée, puis unifiée, la porte de Brandebourg fut construite par **Carl Gotthard Langhans**, entre 1789 et 1791, sur le modèle des Propylées de l'Acropole d'Athènes. Elle a été restaurée pour son 200e anniversaire. Elle est surmontée du **Quadrige** de **Johann Gottfried Schadow**, menée par une Victoire qui a retrouvé, après quelques polémiques, son aigle et sa croix de Fer. Ces attributs guerriers ont été dessinés par Schinkel, à la demande du roi Frédéric-Guillaume III, lors du retour du *Quadrige* le 7 août 1814. Or celui-ci a été conçu, à l'origine, dans une intention pacifique. La Victoire est tournée vers la ville en signe de paix dont elle marque le triomphe. Hitler le fit tourner vers l'Ouest pour exprimer son désir de conquête. C'est également à l'occasion du traité de Paris de 1814, l'écrasement de Napoléon marquant l'aboutissement des guerres de Libération, que le **« Quarré »** de Frédéric-Guillaume Ier devint la **Pariser Platz**. A proximité du quartier gouvernemental de la Wilhelmstraße *(voir POTSDAMER PLATZ)*, il s'y trouvaient, avant-guerre (et de nouveau dans un proche avenir) l'ambassade de France, dans un hôtel classique (1883), l'ambassade des États-Unis d'Amérique et le fameux **hôtel Adlon** *(voir ci-après)*. L'ensemble formait, avec d'autres immeubles construits dans le style « Beaux-Arts », dont la maison du peintre **Max Liebermann**, qui flanquait la Porte de Brandebourg immédiatement au Nord, l'entrée élégante du centre historique.

André François-Poncet : une ambassade à Berlin

Littéraire, journaliste, agrégé d'allemand, André François-Poncet (1887-1978) entre dans la carrière diplomatique le 21 septembre 1931 en tant qu'ambassadeur à Berlin. Pendant six ans, il côtoiera, « dans une perpétuelle tension nerveuse », les plus hauts responsables du IIIe Reich, expérience qu'il décrira dans ses *Souvenirs d'une ambassade à Berlin, septembre 1931-octobre 1937.* Souvent plus cultivé que ses interlocuteurs, ayant le sens du contact, André François-Poncet devint l'une des personnalités les plus en vue de Berlin. Son allure de grand bourgeois, son mélange d'esprit et de savoir-vivre séduisait aussi Hitler. Mais derrière l'allure mondaine se cachait un devoir d'informer digne d'un roman d'espionnage. Les réunions politiques, comme le congrès de Nuremberg, les séances du Reichstag, les relations personnelles (comme celle de l'attaché militaire Paul Stehlin avec la sœur de Goering, Olga Riegele), les témoignages de visiteurs mécontents ou persécutés, des journalistes ou écrivains français de passage étaient autant de sources d'informations. Ambassadeur sérieux et lucide, André François-Poncet envoyait un grand nombre de dépêches qui « effarait ses destinataires ». Il aurait fallu en dégager les grandes lignes. Le gouvernement français pouvait, notamment au sujet de la remilitarisation de la Rhénanie, prendre une décision en connaissance de cause. Mais sa réceptivité fut plus que médiocre : pas lus ou pas crus (en particulier par le général Gamelin), les rapports de l'ambassadeur étaient tributaires de la politique intérieure : il fallait préserver la paix à tout prix. Confrontés à l'instabilité du pouvoir, les hommes politiques étaient davantage préoccupés par la menace quotidienne d'une chute du gouvernement que par l'épreuve de force qui s'engageait en Europe. André François-Poncet quittera Berlin pour Rome.

La Porte de Brandebourg

Hôtel Adlon – Le palace le plus célèbre du Berlin d'avant-guerre est en cours de reconstruction. Charlie Chaplin y séjourna en 1931.

Ambassade de Russie (Botschaft der Russischen Föderation) (**A¹**) – *Unter den Linden 63-65.*
Son style stalinien rigide (1950-53) cache 334 pièces. A son emplacement s'élevait le palais qui abritait l'ambassade de Russie depuis 1837.

Schadowhaus (Maison du sculpteur Schadow) (**C²**) – *Schadowstraße 10-11.*
Cette maison néo-classique fut la demeure du sculpteur **Johann Gottfried Schadow** qui réalisa les stucs du rez-de-chaussée.

Komische Oper (Opéra comique) (**T¹⁶**) – *Behrenstraße 55-57.*
Né en 1947 sur les ruines du *Metropoltheater*, il n'a pas conservé sa façade, rebâtie en 1967 dans le plus pur style de la RDA.

Centre culturel français – *Unter den Linden 37.*
C'est l'ancien centre culturel de la partie Est de la ville (le centre culturel de la partie Ouest se trouve sur le Kurfürstendamm, *voir ce nom*).

Carrefour Unter den Linden/Friedrichstraße – Ⓢ + Ⓤ *Friedrichstraße ou* Ⓤ *6 Französische Straße.*
Ce carrefour de Dorotheenstadt fut très animé dans l'entre-deux-guerres. Les maisons de six étages, en pierres de taille, sont, pour la plupart, scandées de pilastres colossaux ou de colonnes engagées. D'élégants magasins en occupent le rez-de-chaussée. La **Maison de la Suisse** a subsisté. En 1825, le confiseur de la cour d'origine autrichienne **Johann Kranzler** s'établit au carrefour. Son café (désormais sur le Kurfürstendamm) devient rapidement le point de rendez-vous du Tout-Berlin. **Theodor Fontane**, grand amateur de pâtisseries, le fréquentait.

Deutsche Staatsbibliothek (Bibliothèque nationale) (**B²**) – *Unter den Linden 8.*
Fondé en 1661 par le « Grand Électeur », la bibliothèque fut transportée par Frédéric II, qui l'avait enrichie, dans le bâtiment incurvé du *Forum Fridericianum (voir ci-après)*. La nouvelle Bibliothèque nationale prussienne a été construite par von Ihne, l'architecte du musée Bode, dans le même style pompeux, entre 1903 et 1914.

A chaque classe ses loisirs...

La haute société wilhelmienne, composée de l'aristocratie et de la grande bourgeoisie d'affaires, est « un groupe de petites coteries fermées » qui comptait moins de 2 000 personnes. Elle a ses lieux : le palace *Kaiserhof*, le salon de la femme du banquier juif anobli Paul von Schwabach, le café *Bauer*, où les nobles prenait une collation après l'opéra. Les plaisirs du peuple sont plus simples : plage de Wannsee, parc de la Hasenheide, *Kaisergalerie* dans le centre-ville *(voir FRIEDRICHSTRASSE)*, bistrots des coins de rue.

Ph. Gajic/MICHELIN

Gouverneurhaus (Maison des Gouverneurs) (G²) – Autrefois résidence du gouverneur, tribunal municipal à partir de 1808. La façade a été transportée à l'emplacement d'un palais détruit pendant la guerre. La maison fait partie de l'université Humboldt.

Denkmal Friedrichs II. (Monument équestre de Frédéric le Grand) (D¹) – Un monument était déjà prévu du vivant du monarque. **Schinkel** dessina maints projets sur l'Unter den Linden ou près du château. La statue équestre fut commandée à **Christian Daniel Rauch**, élève de Schadow, en 1836 et le monument ne fut achevé qu'en 1851. Il servit d'exemple pour tous les monuments ultérieurs (qui gagnèrent en taille comme celui de Guillaume Iᵉʳ, devant le portail principal du château, que les Berlinois nommèrent : « L'empereur dans la fosse aux lions. »). De 1951 à 1980, Frédéric sur son destrier connut un exil à Potsdam.

★ **« Forum Fridericianum » (Bebelplatz)** – 🚌 *100, 157 et 348 Deutsche Staatsoper.*
Le grand projet urbanistique de Frédéric II à Berlin, le *Forum fridericianum*, prévoyait un opéra, un nouveau palais, une Académie des Beaux-Arts.

Deutsche Staatsoper★ (Opéra national) (T¹⁷) – C'est le seul élément du projet réalisé (1741-1743) d'après les vues du souverain qui entretenait sur sa cassette personnelle « les plus belles voix, les meilleurs danseurs » selon Voltaire. **Knobelsdorff** construisit un édifice élégant orné d'un portique corinthien, un « temple d'Apollon » distinct, pour la première fois, d'une demeure princière (la France, à cette époque, n'en possédait pas encore). L'inauguration eut lieu avant l'achèvement des travaux, dans la boue et le froid, avec une représentation de *César et Cléopâtre* de Carl Graum, à laquelle participe le claveciniste **Carl Bach**, fils de Jean-Sébastien. L'opéra, où la danseuse italienne Barberina (*voir Schloß CHAR-LOTTENBURG, Aile Knobelsdorff)* enchante le roi qui le paie comme trois ministres, et l'école de musique fondent la tradition musicale de Berlin. L'orchestre pouvait être relevé et la salle utilisée comme salle de bal.

Alte Bibliothek★ (Vieille Bibliothèque) (1775-1780) – Elle occupe l'emplacement prévu pour l'Académie. Le roi ayant demandé de copier un meuble bombé, la bibliothèque possède une façade incurvée (la « commode » disent les Berlinois), mais elle reprend en fait un projet pour la Hofburg de Vienne qui ne sera réalisé que bien après sa réplique prussienne. Elle passait pour contenir 160 000 volumes à la fin du 18ᵉ s.

**« Là où on brûle les livres,
on finira par brûler les hommes. » (Heinrich Heine)**

Une plaque rappelle l'autodafé de sinistre mémoire du **11 mai 1933**, lorsque des étudiants brûlèrent 20 000 livres « non allemands » enlevés des bibliothèques et des librairies. En fait, le feu prit mal et les pompiers arrosèrent le bûcher de pétrole. Les étudiants firent la chaîne pour jeter les livres dans les flammes, dans les *hurras !*, alors qu'un héraut déclamait les noms des auteurs concernés et ce qu'on leur reprochait. Après Marx et Kautsky, vinrent les noms de dix-neuf écrivains : Heinrich Mann et Erich Kästner, Sigmund Freud, Werner Hegemann, Theodor Wolff, Erich Maria Remarque, Alfred Kerr, Kurt Tucholsky et Karl von Ossietzky, la bibliothèque de l'Institut de Sexologie et le portrait du docteur Magnus Hirschfeld. A minuit, Goebbels arrive et prononce un discours sur l'émergence d'un monde nouveau.

Altes Palais (Vieux Palais) – Construit en 1834-1837, il flanque la bibliothèque. Le futur Guillaume Iᵉʳ y résida.

St.-Hedwigs-Kathedrale (Cathédrale Ste-Edwige) (F¹) – Cathédrale catholique de Berlin (1747-1773), elle est bâtie à partir de 1747 pour une communauté dont le poids ne cessait de grandir en Prusse. Sainte Hedwige est la patronne de la Silésie et Frédéric II, qui venait de conquérir cette province, trouvait judicieux de lui dédier une église. Si sa forme s'inspire du Panthéon de Rome, une légende prétend qu'elle ressemblerait plutôt à une tasse retournée.

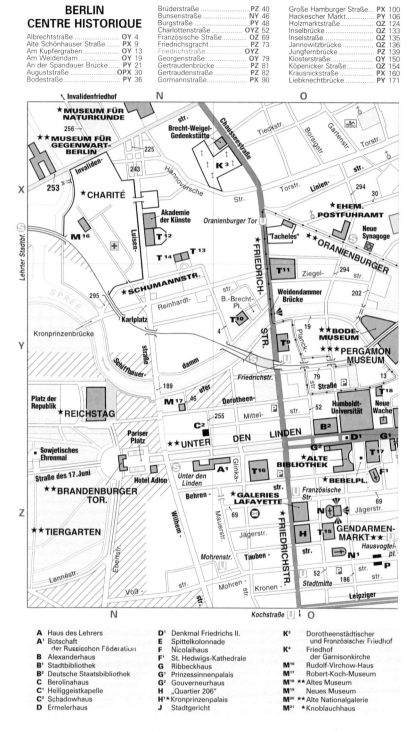

Humboldt-Universität (Université Humboldt) – *Unter den Linden 6.* 🚌 *100, 157 ou 348 Deutsche Staatsoper.*

Le palais du prince Henri, frère de Frédéric II, faisait partie de l'ordonnance du Forum Fridericianum, mais, en 1766, seule la cour d'honneur était construite. Le bâtiment fut annexé à la nouvelle université fondée en 1810. **Wilhelm von Humboldt** *(voir TEGEL)* avait élaboré un projet dès 1807. Elle portera le nom du roi Frédéric-Guillaume. Le philosophe **Johann Gottlieb Fichte** *(voir INTRODUCTION, Le poids de l'histoire)* en est le premier recteur ; une cinquantaine de professeurs y donnent des cours : le juriste Savigny, les philosophes Schleiermacher, puis Hegel, l'historien Ranke pour lesquels s'enflamment les étudiants comme le jeune Schopenhauer.

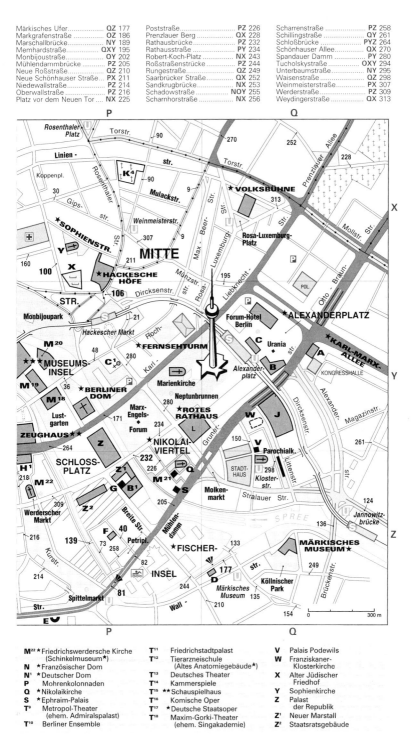

M²² ★Friedrichswerdersche Kirche
(Schinkelmuseum★)
N ★Französischer Dom
N¹ ★Deutscher Dom
P Mohrenkolonnaden
Q ★Nikolaikirche
S ★Ephraim-Palais
T⁹ Metropol-Theater
(ehem. Admiralspalast)
T¹⁰ Berliner Ensemble

T¹¹ Friedrichstadtpalast
T¹² Tierarzneischule
(Altes Anatomiegebäude★)
T¹³ Deutsches Theater
T¹⁴ Kammerspiele
T¹⁵ ★★Schauspielhaus
T¹⁶ Komische Oper
T¹⁷ ★Deutsche Staatsoper
T¹⁸ Maxim-Gorki-Theater
(ehem. Singakademie)

V Palais Podewils
W Franziskaner-
Klosterkirche
X Alter Jüdischer
Friedhof
Y Sophienkirche
Z Palast
der Republik
Z¹ Neuer Marstall
Z² Staatsratsgebäude

L'université se développe surtout après 1815 et jouit d'une grande indépendance. Ses professeurs ont donné un élan au patriotisme allemand. Les étudiants s'installent dans le paysage berlinois, avec leurs rixes, leurs costumes multicolores. Les bâtiments actuels reprennent le style du classicisme frédéricien mais ne datent que de 1913-1920. L'université moderne compte 20 000 étudiants.

Neue Wache (Nouveau corps de garde) – 🚌 *100, 157 ou 348 Deutsche Staatsoper.* C'est le monument officiel de la RFA à la mémoire des victimes de la guerre et de la tyrannie. Le bâtiment fut construit de 1816 à 1818, sur ordre de Frédéric-Guillaume II, d'après les plans de **Schinkel** qui, avec quatre décrochements d'angle,

Eduard Gaertner, *Unter den Linden* (1853) / De gauche
l'opéra et

voulut lui donner la forme d'un camp romain. Les Victoires de l'entablement, en zinc, sont l'œuvre de Johann Gottfried Schadow. Le bâtiment comportait deux étages (comme le montrent les fenêtres sur les côtés) et abrita la garde royale jusqu'en 1918. En 1931, il devint un monument « à la mémoire des soldats tombés durant la Première Guerre mondiale ». Restauré en 1960, il fut le mémorial « des victimes du fascisme et du militarisme » (le passage des gardes au pas de l'oie était connu des touristes). A partir de 1969, il abrita la dépouille d'un soldat et d'un déporté inconnu dans la terre des champs de bataille et des camps de concentration. Une reproduction agrandie de la sculpture de Käthe Kollwitz : *La mère et son fils mort* se dresse au milieu d'un vide impressionnant.

Maxim-Gorki Theater (Théâtre Maxime-Gorki) (**T**[18]) – *Am Festungsgraben 1/2 ; derrière la Neue Wache.*
Fondée en 1791, l'**Académie de Chant** *(Singakademie)* est, dès sa fondation en 1791 par le claveciniste virtuose Carl Fasch, promise à un bel avenir. A la mort du fondateur, 147 choristes, principalement d'origine bourgeoise, y donnent des récitals. Son élève, Karl Friedrich Zelter, loge la chorale dans le gracieux bâtiment réalisé par Karl Theodor Ottmer (1825-1827) et fait redécouvrir l'œuvre de Bach sous la baguette de **Felix Mendelssohn Bartholdy**. En 1848, l'Académie abritera, dans une atmosphère houleuse, les travaux de la nouvelle Assemblée nationale de Prusse. A côté, Palais Am Festungsgraben.

★★Zeughaus (Arsenal) – *Unter den Linden 2.* 🚌 *100, 157, 348 Deutsche Staatsoper ou Lustgarten.*
Les façades du plus beau monument baroque de Berlin ont été repeintes en rose pâle. L'édifice fut construit à partir de 1688 par les plus grands architectes : l'ingénieur militaire huguenot Jean de Bodt, Martin Grünberg, Johann Arnold Nering, avec des interventions ultérieures d'Andreas Schlüter. Les travaux s'achevèrent en 1730. Le **musée de l'Histoire allemande★★** ☺ (Deutsches Historisches Museum), remarquablement documenté et illustré, offre, à travers l'histoire de ce pays, un voyage passionnant. Des informations simples et claires permettent de comprendre un destin hors du commun. Dans la cour, vingt-deux célèbres **mascarons★**, sculptés par **Andreas Schlüter** et ses élèves, représentent des visages de guerriers mourants.

Prinzessinnenpalais (Palais des Princesses) (**G**[1]) – *Oberwallstraße 1-2.*
Ce palais a été entièrement reconstruit pour abriter un café (*Operncafé*, voir *VIVRE A BERLIN, La « Scène » berlinoise*).

oite : L'université, le château, aujourd'hui disparu,
onument de Frédéric II

★**Kronprinzenpalais** (Palais du Prince-Héritier) (**H¹**) – *Unter den Linden 3.*
La façade est d'une raideur élégante.

★**Schloßbrücke** (Pont du Château) – C'est une œuvre (1821-24) de **Schinkel**, rempla-
çant le « pont des Chiens » en bois, posée en biais et d'une largeur inhabituelle.
Les statues de guerriers guidés par des Victoires sont un peu emphatiques, mais
les reliefs en bronze, tritons et dauphins, qui ornent le parapet sont d'une élégance
toute « schinkelienne ».

★**Friedrichswerdersche Kirche** (Église de Friedrichswerder) – *Voir SCHLOSSPLATZ.*

ALENTOURS

Voir **FRIEDRICHSTRASSE**★, **GENDARMENMARKT**★★, **MUSEUMINSEL**★★★,
SCHLOSSPLATZ, TIERGARTEN★★.

Participez à notre effort permanent de mise à jour.

Adressez-nous vos remarques et vos suggestions :

Cartes et Guides Michelin
46, avenue de Breteuil
75324 PARIS CEDEX 07

WANNSEE★★

Lieu de villégiature compris entre un bras de la Havel, le **großer Wannsee,** et la forêt de Düppel, Wannsee est un but d'excursion agréable et très fréquenté. Les villas sont nombreuses et les possibilités de promenades dans la nature se partagent entre la forêt et les premiers maillons de la chaîne des parcs et des châteaux royaux entourant Potsdam.

UN PEU D'HISTOIRE

Heinrich von Kleist (1777-1811) et la crise romantique – A la fin du 18e s., les rouages de la société frédéricienne sont bloqués : la noblesse monopolise les postes intéressants et l'absence d'université prive la jeunesse berlinoise de tout débouché. Celle-ci se tourne vers l'irrationnel, le mysticisme, qui sont d'ailleurs en vogue à la cour. Les jeux de hasard se répandent tandis que prolifèrent magnétiseurs, guérisseurs, illuminés et autres prophètes. La jeune élite bourgeoise, en mal de reconnaissance, se tourne vers la littérature. D'octobre 1810 à mars 1811, **Heinrich von Kleist** est le chroniqueur des faits divers du journal du soir *Berliner Abendblätter.* Ce sont les premiers reportages du genre à Berlin et ils lancent le journal. Ami du chef et réorganisateur de la police, **Justus Gruner,** Kleist recueille une information de première main. Il rapporte, entre autres, les méfaits de la bande d'incendiaires de Horst qui mit la Marche de Brandebourg en coupe réglée. En novembre 1811, les corps du dramaturge et de son amie Henriette Vogel, qu'il a entraînée dans la mort, sont repêchés dans les eaux du petit Wannsee. Le *Berliner Abendblätter* a cessé de paraître. Torturé et révolté, Kleist personnifie une génération sacrifiée.

La « solution finale de la question juive » – 160 000 juifs allemands vivaient à Berlin, principalement à Wilmersdorf, Charlottenbourg et dans le quartier de Mitte. Ils étaient actifs dans l'industrie, le commerce, les professions libérales. Dès le 1er avril 1933, ils sont progressivement exclus de la vie économique ; en 1935, les **lois de Nuremberg** les privent de leurs droits civiques et leur interdisent la fréquentation des salles de spectacles, des plages. Ceux qui choisissent l'exil sont dépossédés de tous leurs biens (notamment les nombreux appartements des quartiers résidentiels de l'Ouest). Le 9 novembre 1938 (ils sont encore 140 000 à Berlin), c'est la **Nuit de cristal** *(voir ORANIENBURGER STRASSE).* A partir de 1941, la survie de la communauté est de plus en plus aléatoire : il est impossible de quitter l'Allemagne ; le port de l'étoile jaune est imposé. Les déportations massives commencent avant même la **conférence de Wannsee.** Le Premier convoi part le 18 octobre par la gare de **Grunewald.** On compte deux groupes de résistance : le réseau Chug Chaluzi qui organise des filières d'évasion, et la « cellule juive » des jeunes communistes Herbert et Marianne Baum.

Plage de Wannsee

OÙ SE DÉTENDRE A WANNSEE ?

★★**Strandbad Wannsee (Plage de Wannsee)** (**D²**) – Ⓢ *1, 3, 7 Wannsee.*
Les aménagements de cette grande plage sur la Havel, ouverte en 1907, sont un exemple accompli d'architecture de la Nouvelle Objectivité (1929-1930). Le sport, la santé faisaient partie des préoccupations sociales de la République de Weimar. Wannsee est la plus grande plage intérieure d'Europe, équipée de cabines, de terrasses, d'une promenade couverte, de boutiques. Beaucoup de monde la fréquente (les animaux et les transistors y sont interdits). En face, on aperçoit la villa où se déroula la conférence de Wannsee en janvier 1941.

Kleistgrab (Tombe de Heinrich von Kleist) (**E²**) – *Descendre le Kronprinzweg depuis la station de S-Bahn ; traverser la Königstraße et s'engager, un peu sur la gauche, dans la petite Bismarckstraße.*
La tombe, stèle gravée du nom du poète, est extrêmement simple.

Am großen Wannsee – Ⓑ *114 jusqu'à l'arrêt Haus der Wannsee-Konferenz.*
Cette rue courbe et ombragée est bordée de villas cossues (et de nombreux clubs d'aviron) :
– Coloniestraße 3, à l'angle de Am großen Wannsee : villa où travailla le peintre **Max Liebermann** (inscription sur l'entablement). En face, Am großen Wannsee 39-41.
– Petit castel en briques jaunes au n° 52.
– **N°58, Mémorial de la conférence de Wannsee** *(Haus der Wannsee-Konferenz)* (**F²**) ◷ – Dans cette villa cossue donnant sur la Havel eut lieu, le 20 janvier 1941, la conférence où fut décidée l'extermination des juifs de l'Europe occupée, aboutissement de l'idéologie nazie.

> « Car le national-socialisme, avec sa technique de l'imposture dénuée de scrupules, se gardait bien de montrer tout le caractère radical de ses visées, avant qu'on eût endurci le monde. Ils appliquaient leurs méthodes avec prudence ; on procédait par doses successives et on ménageait une petite pause après chaque dose. On n'administrait jamais qu'une pilule à la fois, puis on attendait un moment pour voir si elle n'avait pas été trop forte, si la conscience universelle supportait encore cette dose. »
>
> (Stefan Zweig, *Le monde d'hier.*)

★**Heckeshorn** (**G²**) – A côté du n° 58, un petit promontoire agrémenté d'une terrasse offre un **point de vue★** agréable sur le großer Wannsee et la plage du même nom. Un restaurant et une buvette permettent de se restaurer. Le lion de Flensbourg, ville du Schleswig-Holstein, au Nord de l'Allemagne, commémore une victoire danoise lors de l'affaire des duchés en 1864 *(voir INTRODUCTION, Le poids de l'histoire).* La victoire s'étant changée en défaite, il fut emporté comme trophée puis rendu en 1945. Le lion de Wannsee est une copie.
La promenade le long de la Havel (Uferpromenade) est fréquentée le week-end. Elle permet d'atteindre l'île des Paons.

★★**PFAUENINSEL (ILE AUX PAONS)** ◷ **AV** et plan Potsdam et environs, **GT**
Visite 3 h

On atteint l'île par un service de bacs.
L'île aux Paons était auparavant « *l'îlot aux Lapins* ». **Frédéric-Guillaume II** (1786-1797), surnommé « le Gros » par les Berlinois, et que Frédéric II, son oncle, n'aimait pas à cause de ses débauches, défraie la chronique par ses mariages successifs. Le petit **château★** (**GT**), entièrement en bois, à l'apparence d'une fausse ruine, a été construit en 1794 pour abriter l'idylle avec la belle **Wilhelmine Encke**, fille d'un trompettiste de la cour. L'anoblissement de la favorite, qui devient comtesse de Lichtenau, suscite les sarcasmes de la population. Mais le château ne sera terminé que l'année de la mort du roi.

★**Château** – La passerelle reliant les tours sort de la Fonderie royale *(voir CHARITÉ).* Devant l'entrée, la petite statue de l'actrice **Rachel** rappelle que celle-ci déclama des morceaux de répertoire théâtral français devant Frédéric-Guillaume IV et son beau-frère, le tsar Nicolas Iᵉʳ, en juillet 1852.
L'**intérieur★**, d'une simplicité élégante mêlée à une pointe d'exotisme (le salon de thé voisine avec le « cabinet tahitien »), n'a pas changé depuis 1800. Le rez-de-chaussée était réservé à la famille royale, le premier étage au séjour du roi. On visite également la chambre de la reine Louise qui aimait beaucoup séjourner dans l'île aux Paons.

Ph. Gajic/MICHELIN

L'île aux Paons abrite plusieurs oiseaux de cette espèce

★★Parc – L'époux de la reine Louise, Frédéric-Guillaume III, se contentait ordinairement des châteaux antérieurs, mais il fit aménager le parc en profondeur. Transformé en jardin à l'anglaise, parsemé d'éléments architecturaux, l'île fut peuplée d'animaux exotiques *(voir ZOOLOGISCHER GARTEN)*. Un *Palmarium*, grande serre à l'architecture orientalisante (dont l'intérieur est représenté par un tableau de Karl Blechen conservé à la galerie de Peinture romantique, *voir Schloß CHARLOTTENBURG*) en était le bâtiment le plus étonnant.

Le domaine est parsemé de fabriques comme la maison suisse ; la charmante **laiterie gothique★ (Meierei)**, à la pointe Nord-Ouest de l'île (vue sur la forêt et la tour de Grunewald, le Teufelsberg), fausse ruine qui fait alterner le crépi blanc et les contreforts en briques rouges ; le porche original du mausolée de la reine Louise *(voir Schloß CHARLOTTENBURG)* ; la **Maison des Chevaliers (GT)**, bâtie par Schinkel, qui réemploya la façade, acquise par le roi, d'une demeure gothique de Dantzig (et qui servit à la reconstruction de la maison d'origine après 1945).

Au centre du parc, une volière abrite des faisans dorés, de Colchide, des aras, des cacatoès ; quant aux paons, ils sont sur la volière.

Reprendre le bac et monter le Nikolskoer Weg.

Pour les curiosités suivantes, se reporter au plan Potsdam et environs (**FGTU**).

★Nikolskoe – Le sentiment religieux d'une princesse de Prusse, lui fit désirer d'entendre les cloches dans cet endroit, au sommet d'un vallon qui réserve une **échappée★** sur la Havel. Ainsi naquit la gracieuse **église St-Pierre-et-St-Paul**. Charlotte, fille de Frédéric-Guillaume III, épousa le tsar Nicolas Iᵉʳ. Le roi offrit au couple une maison, construite en bois dans un style proche de celui de la colonie Alexandrovna *(voir POTSDAM)*. Baptisée « A Nicolas » *(Nikolskoe)*, elle abrite aujourd'hui le restaurant **Blockhaus Nikolskoe**, très fréquenté à la belle saison. De sa terrasse, l'on jouit d'une très belle **vue★★** sur l'île aux Paons et la Havel.

Moorlake – En descendant vers la Havel, on arrive dans la crique de Moorlake, lieu de baignade prisé, bordé d'auberges et de restaurants.

SACROW

Voir HAVEL. Quelques bancs et une sorte d'avancée de terre rend l'**église du Sauveur** *(Heilandskirche)*, petite basilique néo-romane qui semble bâtie sur l'eau (le même architecte a construit, dans un site comparable, l'église de la Paix du parc de Sans-Souci), très proche. La **vue★★** va de l'île aux Paons aux deux tours carrées du belvédère, émergeant du sommet boisé du Pfingstberg *(voir POTSDAM)*.

Au milieu de cet étranglement de la Havel passait, il y a quelques années, la frontière entre l'Est et l'Ouest.

★★ VOLKSPARK KLEIN-GLIENICKE (DOMAINE DE KLEIN-GLIENICKE) ⊘

Le village de Klein-Glienicke est mentionné pour la première fois en 1375 sous le nom de *Parva Glinik* (en slave : « lieu de grès » ou « terre argileuse ») dans le *Landbuch* de l'empereur Charles IV (14ᵉ s.). Un château de chasse de l'Électeur Frédéric-Guillaume, transformé en hôpital-militaire sous le « Roi-Sergent » devient, en 1816, le domaine du chancelier von Hardenberg. En 1824, Le domaine est acquis par le prince Charles, frère de Frédéric-Guillaume III, qui fait aménager le parc par Lenné. La cour du prince et de sa femme, une princesse de Saxe-Weimar qui fut l'élève de Goethe, est un milieu ouvert aux artistes. Outre Schinkel et Lenné, elle accueille le naturaliste et voyageur Alexandre de Humboldt, l'architecte Ludwig Persius, qui dirigea les travaux du château en étroite collaboration avec Schinkel, le sculpteur Christian Daniel Rauch, les peintres Carl Begas et Franz Krüger.

L'architecte des jardins royaux de Prusse

Peter Josef Lenné (1789-1866) descend d'une vieille famille d'horticulteurs du roi originaire de Bonn. Avec Schinkel, il changea le visage de Berlin pendant la première moitié du 19ᵉ s., non seulement en tant que créateur de jardins (et on lui en doit beaucoup à l'intérieur même de la ville), mais aussi en tant qu'urbaniste. Mais son chef-d'œuvre reste le paysage de **Potsdam** dont il réunit l'expérience dans son *Plan pour l'embellissement des environs de Potsdam*, dessiné en 1833. Lenné embellit pendant un demi-siècle les rives de la **Havel**, créant de nouvelles allées, ordonnant la plantation de feuillus, l'aménagement des prés, rattachant les jardins aux rivières et aux champs environnants. Grâce à son intervention, le « seigneur des panoramas », établit un lien optique entre les parcs du Nouveau Jardin *(Neuer Garten)*, de Babelsberg, de Sacrow, de Klein-Glienicke, de l'île aux Paons. Fonctionnaire de l'État depuis 1816, Lenné fonde en 1824 les premières écoles d'arboriculture et d'horticulture dans le « parc sauvage » *(Wildpark)* de Potsdam. Il est nommé directeur général des Jardins royaux en 1854.

Visite – Existe-t-il un domaine plus délicieux que celui de Klein-Glienicke ? Le parc, alpin et sombre au Nord, devient italien et clair au Sud, parsemé de petits châteaux simples et de fabriques raffinées. C'est l'un des meilleurs exemples de l'art de **Peter Joseph Lenné**.

La promenade le long de la Havel permet de découvrir, au Nord, la partie sauvage. La **porte des Chasseurs** *(Jägertor)*, bâtie dans le style Tudor (1828), et le **« Pont du Diable »** *(Teufelsbrücke)*, lancé entre deux rochers. Un peu plus loin, la sobre **« Maschinenhaus »** introduit le goût italien. Sortir du domaine et s'approcher de la Havel pour voir la façade du **casino★** (**C**), autrefois maison de billard : avec ses terrasses, ses pergolas et ses deux avant-corps qui rythment la façade, c'est l'une des plus exquises créations de Schinkel. La décoration de l'intérieur est antiquisante.

Ph. Gajic/MICHELIN

Portail des Griffons

Depuis la berge, **vue**★ romantique sur le Pfingstberg et les tours du belvédère (là aussi, le « Mur » passait au milieu des eaux).

La **« grande Curiosité »**★ *(Große Neugierde)* (**D**), élégante rotonde (1834) pour prendre le thé est portée par 18 colonnes corinthiennes en fonte (remarquer le détail des balustrades dorés). Elle offre une **vue**★ splendide sur le parc et le château de Babelsberg. La quiétude du parc est un peu troublée par le trafic de la route qui relie Berlin à Potsdam par le pont de Glienicke *(voir POTSDAM)*. Sur la pelouse, à côté de la grosse Curiosité, curieux débris de colonnes.

Le **château de Glienicke**★ est sobre, dans le goût Biedermeier, avec ses volets verts (devant, gracieuse fontaine de la cruche cassée). La **fontaine des Lions** embellit la vue du château depuis la rue. Noter les fragments d'antiquités encastrés dans les murs de la cour intérieure et qui proviennent de la collection du prince Carl, et le raffi-nement des détails néo-grecs, même pour la **maison du portier** (Pförtnerhaus) (**K**), ornée de caryatides. La grille de l'entrée Sud-Est du parc est gardée par deux grif-fons dorés. La **« petite Curiosité »** *(Kleine Neugierde)* (**E**) elle aussi pavillon de thé (1825), imite une tente ; elle offre une vue sur Potsdam et le dôme de l'église St-Nicolas.

Traverser la Königstraße.

★**Glienicker Brücke (Pont de Glienicke)** – C'est le fameux « pont aux espions », ouvrage d'art métallique construit en 1905-1907 qui marquait la frontière entre l'Est et l'Ouest. Les deux blocs y échangeaient leurs agents secrets. Un pont de bois exis-tait depuis 1660 reliant l'île de Potsdam au village de Glienicke.

Jagdschloß Glienicke (Pavillon de chasse de Glienicke) – Ce bâtiment néo-Renaissance est désormais une école. Depuis le jardin, au bord de la Havel, **vue**★ sur le château de Babelsberg, Potsdam, le pont de Glienicke et, juste en face, des logements construits en 1995 qui, par leur mauvaise intégration au site, ont fait couler des flots d'encre.

ALENTOURS

Voir **HAVEL**★★, **GRUNEWALD**★★, **POTSDAM**★★★.

Vous souhaitez mettre votre voiture en sécurité.
Le **guide Rouge Michelin Deutschland** *vous signale les hôtels possédant un garage ou un parking clos.*

WEDDING★

Wedding

Voir plan Berlin-Centre, **8**, **4**, **HJKRS**

« Wedding la rouge », le bastion des communistes, vieux quartier ouvrier, est, comme Moabit et Neukölln *(voir ces noms)*, l'un des quartiers populaires de Berlin et l'un des plus intéressants à parcourir pour ceux qui souhaitent découvrir la ville au quotidien. Entre 1945 et 1990, Wedding fit partie du secteur d'occupation français et constitua, comme Kreuzberg, une sorte de poste avancé du secteur occidental vers l'Est. Peu fréquenté par les visiteurs, Wedding ne manque ni de curiosités ni d'espaces verts. La qualité d'un habitat modeste en fait le charme, nullement spectaculaire.

UN PEU D'HISTOIRE

Un haut fonctionnaire de la cour installa une laiterie *(Meierei)* à Wedding au début du 17e s. Elle est rachetée par le Prince Électeur et devient une petite exploitation agricole administrée par le Mühlenhof *(voir NIKOLAIVIERTEL, Mühlendamm)*. Des colons du Vogtland (Saxe) s'installent sous le règne de Frédéric II. Ils retournaient souvent dans leur patrie en hiver, mais approvi-sionnaient la ville en fruits frais, légumes, lait et beurre. Les moulins sont nombreux le long de la Panke, dont un à papier, possédé par un certain Schulze, qui reçoit le titre de fournisseur de la cour. Les réformes sur la liberté de commerce de Hardenberg et de vom Stein préparent l'essor indus-triel de Wedding. Les moulins, précurseur des machines à vapeur, fournissent l'énergie pour la meunerie artisanale et manufacturière ou pour aiguiser épées et couteaux. Le moulin à eau de la Panke est racheté par l'État en 1803 et employé pour la Fonderie royale *(voir CHARITÉ)*. En 1825, il y a 22 moulins à vent, la plus grosse concentration des environs de Berlin ; la concurrence est rui-neuse. Le paysage de Wedding au milieu du siècle, est un mélange de moulins à vent, de tanneries, de tuileries et de fabriques de colle. En 1861, Wedding est annexé à Berlin.

PRINCIPALES CURIOSITÉS

La promenade se divise en trois, autour des stations Ⓤ *6, 9 Leopoldplatz et* Ⓤ *8 Pankstraße. Plusieurs autres stations de métro peuvent être utilisées pour visiter les différentes curiosités. Nous prenons comme point de départ la station Leopoldplatz, qui permet, ensuite, d'atteindre les autres points.*

A partir de la station Ⓤ 6, 9 Leopoldplatz

La **Müllerstraße** est l'artère commerçante principale, surtout entre la Leopoldplatz et la Seestraße. La zone est survolée en permanence par les avions qui décollent de l'aéroport de Tegel.

Église de Nazareth

Ph. Gajic/MICHELIN

Alte Nazarethkirche (Église de Nazareth) – Ⓤ *6, 9 Leopoldplatz.*
Très modeste, elle possède l'élégante simplicité de l'art de Schinkel *(voir aussi ORANIENBURGER STRASSE, église Ste-Élisabeth).* Elle s'inspire des églises d'Ombrie.

Rathaus Wedding (Hôtel de ville de Wedding) (R) – *Müllerstraße 146.*
C'est une construction en briques des années 20.

En descendant la Müllerstraße vers le Sud :

Siège social des laboratoires Schering – *Müllerstraße 18 ;* Ⓤ *6 Reinickendorfer Straße.*
Une politique constante de recherche a transformé la petite société en firme mondiale qui siège dans un ensemble d'immeubles modernes.

Abspannwerk Scharnhorst (Transformateur Scharnhorst) (W) – *Sellerstraße 16-26 ;* Ⓤ *6 Reinickendorfer Straße.*
Le bâtiment apparaît, tel un grand mur isolé, derrière le siège social de l'entreprise pharmaceutique Schering. La **façade Ouest★**, en zigzag, reprend l'un des motifs préférés de l'expressionnisme en en faisant le symbole de l'électricité. Les décrochements abritaient les réseaux de câbles.

Le fondateur d'un empire pharmaceutique

Ernst Christian Friedrich Schering (1824-1889) naquit à Prenzlau (Marche d'Ucker/*Uckermark*, au Nord-Est de Berlin), petite cité qui abritait la plus vieille pharmacie patentée d'Allemagne (1305), la « Pharmacie verte » *(Grüne Apotheke)*. Schering termina ses études de pharmacien à Berlin, en pleine révolution de 1848.
En 1851, il achète une pharmacie, Chausseestraße (où s'installent bien des entrepreneurs à la même époque, *voir CHARITÉ*), qu'il baptise du nom de la vieille officine de sa ville natale. Il y ouvre un laboratoire de chimie qui sert pour la photographie. Schering est un précurseur et se fait connaître par la qualité de ses produits.
Il ouvre une usine de produits chimiques, Fennstraße, à l'emplacement actuel du siège social, et, en 1868, il est l'un des fondateurs de la Société allemande de Chimie. Durant la guerre franco-prussienne, il est chargé d'approvisionner l'armée en médicaments, tâche dont il s'acquitte remarquablement. Sa société devient une société par actions. Mais il ne profita guère des fruits de son travail, car sa santé déclina dès 1882.
Schering se préoccupa du bien-être de ses employés, créant une fondation bien avant les premières mesures de protection sociale.

En se dirigeant vers la Amrumer Straße :

Universitätsklinikum Rudolf Virchow (Hôpital Rudolf-Virchow) – *Augustenburger Platz 1 ;* [U] *9 Amrumer Straße.*
Sa construction, au tournant du siècle et dans un quartier déshérité, est le résultat de la politique hygiéniste et sociale commencée par Bismarck, dont Rudolf Virchow, membre du parti libéral, fut un adversaire acharné.
La **cour d'honneur★** (Brunnenhof) est néo-baroque : on se croirait à la Hofburg de Vienne. Des bâtiments modernes remplacent les pavillons (l'hôpital fut détruit à 75 % pendant la guerre) le long de l'allée centrale.

Rudolf Virchow

Médecin, hygiéniste, anthropologue, politicien et démocrate, **Rudolf Virchow (1821-1902)** est l'un des plus grands chercheurs et professeurs de son temps. Il termine ses études à Berlin et accède au poste de vice-recteur à la Charité *(voir ce nom)* à 25 ans. Ayant participé à la révolution bourgeoise de 1848, il est obligé de quitter Berlin ; il y revient en 1856, déjà reconnu internationalement. Il dirige l'Institut de pathologie de l'université. Son influence sur la politique d'hygiène de la capitale, ville surpeuplée et sous-équipée jusque dans les années 70 (le premier hôpital municipal ouvre en 1874 à Friedrichshain), est décisive. Il planifie le système de canalisations avec l'urbaniste **James Hobrecht** et répand les principes de l'hygiène municipale par de nombreuses conférences. Membre du Magistrat (le conseil municipal) de Berlin, il participe à la fondation de grands hôpitaux et fait planter des arbres le long des rues pour assainir l'air.
Après en avoir visité dans le monde entier, **Robert Koch,** qui découvrit le bacille de la tuberculose *(voir CHARITÉ)* reconnaissait que l'hôpital de son confrère surpassait tous les autres sur le plan de l'architecture et de l'hygiène.

Lotissement Amrumer Straße 10-2 – Ce lotissement embrasse un grand jardin sur lequel donnent les appartements à encorbellements et à loggias.

Zuckermuseum (Musée du Sucre) (**M**[14]) ☺ – *Amrumer Straße 32 : au 3ᵉ étage de l'institut pour l'industrie sucrière.*
Qu'est-ce que le sucre ?
La réponse se trouve dans ce petit musée qui commence par définir la composition chimique du sucre, le processus de la photosynthèse et l'assimilation du sucre par l'organisme. L'histoire de cette denrée de base est d'abord celle de l'exploitation des sucres naturels : sirop d'érable, miel et surtout canne à sucre, qui entraîna l'économie des plantations et l'esclavage. La lointaine Prusse ne dédaigna pas tremper dans le commerce triangulaire, puisque les vaisseaux de la *Brandenburgische-Afrikanische Kompanie* transportèrent 30 000 esclaves vers les Caraïbes en s'appuyant sur la forteresse de Großfriedrichsburg, sur la côte de l'actuel Ghana. Une maquette montre l'intérieur de l'usine sucrière de Krayn, en Silésie, vers 1805. L'essor de la betterave à sucre au début du 19ᵉ s. marque l'entrée dans la phase de production industrielle, nécessitant une abondante main-d'œuvre saisonnière, comprenant femmes et enfants, jusqu'en plein 20ᵉ s. Souvent originaires de saxe, on les appelait *Sachsengänger.*
De nombreux instruments, des pièces d'orfèvrerie (sucriers, corbeilles et pinces à sucre), l'évocation de produits dérivés, dont l'alcool, complètent l'enseignement sur ce produit essentiel.

★Westhafen – Continuer un peu vers l'Ouest sur la **Seestraße.** Sur le pont, intéressant point de vue (en voiture) sur les installations portuaires du **port de l'Ouest** (**Westhafen,** *voir MOABIT*).

Lotissement Afrikanische Straße 14-41 – 🚌 *221 Seestraße/Amrumer Straße.*
Il fut conçu (1926) par Mies van der Rohe.

★Volkspark Rehberge – [U] *6 Rehberge ou* [U] *9 Amrumer Straße.*
Une plage est aménagée à l'Ouest du **Plötzensee** *(pour le mémorial, voir SIEMENSSTADT-Heckerdamm).* Une vaste prairie s'étend au milieu de ce grand espace de verdure. On peut y voir des sangliers, des biches, des faisans, des coqs, des dindes dans des enclos grillagés.

Julius-Leber-Kaserne – [U] *6 Afrikanische Straße ; ne se visite pas.*
Au Nord-Ouest de Berlin, le Quartier Napoléon était l'ancien quartier général des troupes d'occupation françaises.

Les forces françaises à Berlin (1945-1990)

Après la conférence de Paris (1954), les Alliés limitent leur intervention à Berlin-Ouest à la sécurité, mais leur autorité est préservée jusqu'en 1990. Les troupes occidentales avaient des prérogatives : le préfet de Police de Berlin et ses adjoints ne pouvaient être nommés sans l'assentiment des Alliés et seuls les militaires alliés pouvaient chasser dans les forêts berlinoises. Ils avaient également la liberté de circuler dans la ville entière : tous les jours, l'armée française patrouillait à Berlin-Est. Sur environ 6 000 Français, civils et militaires du GMB (Gouvernement Militaire de Berlin), 2 700 hommes appartenaient à la troupe, dont 1 500 appelés cantonnés dans le Quartier Napoléon (qui, auparavant, s'appelait caserne *Hermann-Goering*). La plupart ont vécu en circuit fermé, avec leurs familles.

Autour de la station U 6 Rehberge :

Le quartier « de l'Afrique » et celui « de la Grande-Bretagne », de part et d'autre de la Müllerstraße, offrent des rues et des perspectives intéressantes. La Togostraße, bordée de maisons très simples, conduit à la **Kolonie Togo** (entrée entre les nos 25° et 25ᴾ ou entre Müllerstraße 106 et 105) qui entoure une *Laubenkolonie*. Les Dubliner Straße et Edinburger Straße conduisent au **Schillerpark** dont les jardins en terrasses à l'aspect fortifié dominent la partie Sud.

Revenir à la station U 6 Leopoldplatz. Si le retour s'effectue à pied, ne pas se tromper de niveau (et veiller à prendre la bonne entrée, celle-ci pouvant être différente selon la direction !). Changer à Osloer Straße et prendre la ligne U 8 jusqu'à Pankstraße.

A partir de la station U 8 Pankstraße

La pureté des lignes de l'architecture de Schinkel est reconnaissable dans l'**église St-Paul** (St-Pauls-Kirche, 1828-1835), scandée de pilastres corinthiens.

Remonter la Prinzenallee.

Groterjanbrauerei (Brasserie Groterjan) – *Prinzenallee 78-79.*
La façade sur rue, dont il ne reste qu'une petite partie, utilise des éléments expressionnistes sobres (portail).
La façade sur cour est plus intéressante, avec ses formes claires, purement fonctionnelles.
Revenir sur ses pas et remonter la Badstraße.

Luisenhaus – Un Mercure orne le centre de la belle façade *Jugendstil* du **Luisenbad** (*Badstraße 35-36*) ; la **Luisenhaus** (*Badstraße 38-39*) est un immeuble en briques vernissées multicolores. Immédiatement sur la gauche, suivre le dernier tronçon de la Walter-Nicklitz Promenade, le long de la **Panke**. Au bout du chemin se cache la jolie façade d'un ancien restaurant à musique (inscription *Café Küche* en carreaux de faïence) transformé en bibliothèque. De beaux immeubles modernes construits pour l'IBA 1987, aux lignes courbes dynamiques, font du carrefour entre la Schwedenstraße, la Koloniestraße, et la Badstraße et ses vieux bâtiments en briques, l'un des plus réussis de Berlin.

Suivre la Gropiusstraße.

« Gesundbrunnen » : la « fontaine de la santé »

La présence d'une source d'eau ferrugineuse détermina, en 1757, le **Dr. Heinrich Wilhelm Behm**, pharmacien de la cour, à proposer la fondation d'un établissement thermal. Comprenant un parc, l'établissement s'étendait entre les actuelles Osloer-, Prinzen-, Pank- et Thurneysser Straße et la Panke. Behm voulait transformer le chemin qui menait à la fontaine, future **Badstraße**, en allée prestigieuse. Il y investit toute sa fortune, fort du soutien du roi. En 1808, la **reine Louise** donne son accord pour que l'établissement fraîchement rénové prenne son nom. C'est une station élégante, de nouveau étendue et embellie dans les années 20 (maquette au musée d'Histoire locale de Wedding) et un lieu d'excursion, en été, pour les familles bourgeoises. On s'y restaure dans les auberges ; on déguste le lait dans les laiteries. Lorsque Wedding commence à s'industrialiser, dans les années 50, le *Luisenbad* et ses environs deviennent des lieux de distraction pour les ouvriers et la petite bourgeoise. Après 1860, l'urbanisme des *Mietskasernen* englobe l'établissement ; la fontaine finit dans une cave de la **Luisenhaus**.

Ph. Gajic/MICHELIN

Tribunal

Amtsgericht (Tribunal) (J) – 🚌 227 *Brunnenplatz.*
C'est l'un des plus beaux bâtiments de Berlin.
Voir absolument l'**escalier**★ néo-gothique, enchevêtrement extraordinaire de voûtes flamboyantes (liernes, tiercerons), de rampes gothiques, de clefs de voûte pendantes, selon le même schéma qu'au tribunal de Moabit *(voir ce nom)*. Belle vue sur le bâtiment au fond du jardin, près de la Pankstraße.

Heimatmuseum Wedding (musée d'Histoire locale) (M¹³) ☺ – *Pankstraße 47, 1ʳᵉ porte à gauche dans la cour.*
Ce petit musée abrite une reconstitution de la chambre, de la cuisine, où traînent les jouets des enfants, d'un intérieur ouvrier, de la laverie commune équipée des premières machines à laver hydrauliques et mécaniques (qu'on ne trouvait que dans les meilleurs immeubles) et d'une salle de classe. La visite se poursuit au 1ᵉʳ étage par l'évocation du secteur français d'occupation, de l'entrepreneur Schering, de l'AEG, du Luisenbad.

★**Volkspark Humboldthain** – Ⓢ *1, 2, 25, 26 et* Ⓤ *8 Gesundbrunnen.*
Ce parc agréable et tranquille est moins délaissé que Friedrichshain *(voir ce nom)*. Comme ce dernier, il a été aménagé sur une colline de décombres, au pied de laquelle s'étend une roseraie (à l'Est). Les restes du bunker de la défense anti-aérienne, construit par Speer au début de 1941, ont été coulés dans le béton et constitue un mur d'escalade.
Au sommet, un belvédère aménagé offre une **vue**★★ intéressante sur la ville, à un endroit où l'Est et l'Ouest s'imbriquaient.

> **« Les usines les plus grandes, les mieux équipées et dont l'organisation scientifique est la plus poussée. »**
>
> Ce jugement de 1921 était valable dès la fin du 19ᵉ s. Une petite salle très intéressante, au **Musée d'Histoire locale**, décrit les fondements de la puissance de l'**AEG**. Les photos donnent une idée des conditions de travail et de la rationalisation de la production dans l'usine des moteurs électriques de Wedding : d'immenses halles sont remplies de pièces du même type ; des hommes aux chapeaux melon et nœuds papillons parcourent les rangs d'ouvriers pour surveiller le rythme de la production. La ponctualité n'était pas un vain mot à l'AEG. Le 20ᵉ s. est là, dans la division du travail et la production en série, qui requiert une masse de travailleurs peu qualifiés, parmi lesquels quelques femmes, dont les salaires étaient encore plus bas et dont la finesse des doigts servaient dans le maniement des fils de fer et la fabrication des lampes à incandescence. On est loin des parades de la cour de Guillaume II. Cette force mécanique s'emploiera dans les tranchées de la guerre de 14-18. Pendant celle-ci, les femmes remplaceront la plupart de leurs collègues masculins, effectuant un travail physique pénible ; elles seront renvoyées dans leurs foyers après la guerre. Les ouvriers des usines de la Brunnenstraße et de l'Ackerstraße marchèrent en masse vers le château lors de la Révolution de novembre 1918.

★★**Ehem. AEG Gebäude** (Ancien domaine industriel de l'AEG) – 🚌 *120 Max-Urich-Straße*.
Les **bâtiments de l'AEG**, occupés aujourd'hui par Siemens-Nixdorf, ont une magnificence fonctionnelle. Le domaine industriel de l'Ackerstraße atteignit vite les 20 000 m². Il avait son entrée néo-gothique (qui existe toujours) Brunnenstraße et sa propre liaison ferroviaire. On y fabriquait de petits appareils : moteurs électriques, fiches), commutateurs, lampes à incandescence ou Nernst. C'est un haut lieu de l'architecture industrielle à Berlin. Les bâtiments le long de la **Voltastraße** s'étendent sur 300 m : la **Kleinmotorenfabrik** (1910-13), scandée de pilastres cylindriques ; la **halle de montage** (1912), à l'angle de la Voltastraße et de la Hussitenstraße, conçue par **Peter Behrens** *(voir aussi MOABIT et TREPTOW)*, d'une grande pureté de lignes. Faire le tour par la Hussitenstraße et la Gustav-Meyer-Straße pour voir le reste des bâtiments et la cour.
A l'angle de la Max-Urich-Straße et de la Ackerstraße, entrer dans les trois cours de la **fabrique de petits appareils**★ (AEG Apparatefabrik), bâtiment construit par Franz Schwechten, l'architecte de l'église du Souvenir *(voir KURFÜRSTENDAMM)*, qui n'a pas tout à fait renoncé aux ornements historicisants. Elle abrite désormais le Centre berlinois de l'Innovation et de la Création d'Entreprise (BIG) fondé en 1983.

★**Hussitenstraße 4-5** – 🚌 *328 Bernauer Straße/Hussitenstraße*.
Cet ensemble d'immeubles étonnants illustre chacun, le long de trois cours successives (à l'origine, il y en avait six pour 1 000 personnes), un style différent : néo-roman, néo-gothique en briques (partie la plus belle, la mieux préservée), néo-Renaissance.

Bernauer Straße – Ⓤ *8 Bernauer Straße*.
A l'endroit où passait le mur s'offre un paysage de no man's land. La Vinetaplatz n'est pas si mal, surtout les immeubles situés à l'Est, en briques, disposés autour d'un jardin et formant atrium. L'**Arkonaplatz**, dans l'ancien Berlin-Est, est entourée d'immeubles plus anciens.

ALENTOURS

Voir **MOABIT★, REINICKENDORF, SIEMENSSTADT★** *(pour le mémorial de Plötzensee)*.

La fuite vers l'Ouest

Des épisodes dramatiques se sont déroulés dans la **Bernauer Straße** qui appartenait à l'Ouest, mais dont les immeubles qui la bordaient au Sud étaient dans le secteur soviétique. Au moment de la construction du Mur, des gens sautèrent par les fenêtres des étages supérieurs alors que des maçons chargés de les murer et des sentinelles entraient dans les appartements. Une femme de 77 ans resta un quart d'heure suspendue dans le vide, attrapée d'un côté, la toile tendue de l'autre. Les menaces de la foule firent lâcher prise aux poursuivants. De nombreux fugitifs manquèrent la toile et se blessèrent grièvement. Dans une ancienne boulangerie de la même rue se trouvait la sortie du plus long tunnel (145 m) creusé sous la frontière, à 12 m sous terre, et dont l'entrée se trouvait dans les toilettes d'une arrière-cour.

La **Berliner Allee**, grande rue commerçante, est la principale artère de Weißensee qui doit son nom à un petit lac (*Der Weiße See* : « le lac blanc »). Le quartier s'est développé à partir de 1873, lorsque fut loti le terrain de Neu-Weißensee, autour de la MeyerbeerStraße, opération immobilière menée par un gros négociant hambourgeois. A l'initiative du maire Carl Woelck, les édifices municipaux s'élevèrent autour du minuscule lac **Kreuzpfuhl** ; le nouveau quartier finit par atteindre la Prenzlauer Allee. Il récèle de beaux endroits que l'on découvre au hasard, notamment le long de la Pistoriusstraße.

Une mère prévoyante

La mère des frères Humboldt, **Marie-Élisabeth Colomb,** qui possédait un domaine à Falkenberg, village situé un peu plus à l'Est de Weißensee et que seul rappelle le nom d'une rue, était une descendante de huguenots bourguignons. Son père était un négociant parisien. Il est curieux qu'elle porte le même nom que le Génois qui découvrit l'Amérique, car son fils **Alexander,** grand voyageur et linguiste, « découvrit » l'Amérique scientifiquement. L'intelligence de la mère conditionna une bonne partie du destin futur et de la brillante carrière de ses enfants. A la mort de leur père, ils furent élevés par le précepteur Christian Kunth, homme ouvert, qui devint l'ami et l'administrateur des biens de la famille. Marie-Élisabeth permit les études des frères à l'université de Francfort-sur-l'Oder, leur évitant une carrière militaire pourtant habituelle dans la noblesse prussienne. L'administration adroite de ses biens (le domaine de **Tegel** – *Voir ce nom* – est acquis en 1765) assura la base financière pour les voyages d'Alexander et la carrière de Wilhelm.

PRINCIPALES CURIOSITÉS

★**Jüdischer Friedhof (Cimetière juif)** ⊘ – ▣ *2, 3, 4, 13, 23, 24 Albertinenstraße. Entrée par la Herbert-Baum-Straße ; être couvert.*
La promenade dans ce cimetière juif, ouvert en 1880 et le plus grand d'Europe, est très émouvante.

Pistoriusstraße – ◉ *255 Berliner Allee/Albertinenstraße.*
Un peu au nord de la Pistoriusstraße, Berliner Allee 109, la petite pharmacie *Flora-Apotheke* conserve un aspect rural de maison de lointaine banlieue. Le **musée d'Histoire locale** (Stadtgeschichtliches Museum Weißensee) ⊘ organise régulièrement des expositions temporaires. Au bout de la rue, se dresse la tour isolée en gothique de briques de l'église de Béthanie (◉ *158, 255 Mirbachplatz*).

Woelckpromenade – ◉ *158, 255 Woelckpromenade.*
Sur la droite en marchant le long de la Pistoriusstraße, un petit espace vert s'ouvre sur le lac de **Kreuzpfuhl**. En face, une école imposante domine les saules de la rive, composant un beau tableau. Un peu plus au nord, à proximité d'une mare, les **logements sociaux**★ bâtis en briques sombres en 1908 *(entrer dans la cour aménagée en jardin)* constituent la curiosité la plus intéressante. Leurs pignons à redents leur confèrent un air hollandais.
A l'angle de la Parkstraße et de l'Amalienstraße, belle école (◉ *158 Park-Straße/Amalienstraße. En face, entrée du parc qui borde le « Lac blanc »*).

Lotissement de la Trierer Straße – ▣ *2, 18 Falkenberger Straße/Berliner Allee.*
Le choix des couleurs de ces logements sociaux bariolés a été fait par **Karl Schmidt-Rottluff** *(voir GRUNEWALD, Brückemuseum).*

ALENTOURS

Voir **PANKOW★, PRENZLAUER BERG★★.**

L'Atlas routier Michelin Europe
(édition reliée ou à spirale) :
des centaines de cartes, des plans de villes,
des index complets des localités et noms de lieux.

Quartier bourgeois, comme son voisin Charlottenbourg, mais plus animé le soir *(voir la rubrique VIVRE A BERLIN, La « Scène » berlinoise)*. Wilmersdorf possède peu de monuments historiques, mais des maisons cossues dans des rues ombragées qui donnent à la partie Ouest de Berlin son allure de ville-jardin. Le quartier fut colonisé par les artistes au début du siècle.

UN PEU D'HISTOIRE

Des origines paysannes – Wilmersdorf, comme Schmargendorf, est un village entourant une placette *(Angerdorf ; voir l'INTRODUCTION, Architecture et urbanisme)* fondé peu après l'acquisition des plateaux du Teltow et du Barnim par les successeurs d'Albert l'Ours en 1231 (première mention de Wilmersdorf en 1293). L'espace vert entouré par la rue Wilhelmsaue (**U** *7 Blissestraße*) en indique l'emplacement.

Mais, alors que Schmargendorf, comme Dahlem, Steglitz et plusieurs autres villages du Teltow, deviendront la propriété d'une famille noble, Wilmersdorf est administré par le **Mühlenhof**, organisme chargé de l'approvisionnement de la cour *(voir NIKOLAI-VIERTEL, Mühlendamm)*. Les paysans de Wilmersdorf sont mentionnés pour la première fois en 1591. A la fin de la guerre de Trente Ans, il n'en reste plus que cinq.

Un bon endroit pour se divertir – Au début du 19ᵉ s., Wilmersdorf est, avec Schöneberg, le lieu d'excursion favori des Berlinois qui s'y rendent à pied ou en *Kaleschwagen*, calèche tirée par quatre chevaux et contenant de six à douze personnes, pour y pique-niquer dans la nature. On trouve les tables et les chaises dans les auberges ; on observe les animaux de la ferme et l'on fait un tour de cheval.

A la fin du siècle, Wilmersdorf est connu pour ses lieux de distraction : Le *Tanzpalast*, sur les bord du Wilmersdorfersee (petit lac, maintenant disparu, qui bordait le village au Sud), attirait 2 000 visiteurs par jour ; la jeune société y accourait aux soirées du mercredi, ainsi qu'aux bals de Schmargendorf.

Les « Paysans-millionnaires » – Le village est rattrapé par l'expansion berlinoise. Les premières parcellisations sont décidées vers 1850 ; la plupart des paysans ne deviendront pas des millionnaires *(voir SCHÖNEBERG)* et iront grossir le prolétariat urbain, mais **Georg Christian Blisse** est l'un des plus riches. Sans enfant, il lègue trois millions de Reichsmark à la commune pour bâtir un orphelinat (la fondation Blisse). 600 000 RM servirent à l'édification du bâtiment ; le reste fut mangé par l'inflation. Wilmersdorf accueillit aussi la Viktoria-Luise Schule, premier établissement d'enseignement de haut niveau pour jeunes filles.

Thoens, « le bricoleur »

La chronique de Wilmersdorf rapporte l'histoire de **Friedrich Thoens** (mort en 1798), fils de berger et berger lui-même. Dès son jeune âge, il créait des sculptures sur bois, alors que ses troupeaux paissaient dans les champs, malgré les menaces et les coups de son père. Libéré de la puissance paternelle, il fabriqua toutes sortes de montres, de cadrans solaires, de verres optiques, de roues de charrettes et de métiers à filer. Il acquit, par la lecture, de vastes connaissances en histoire, en géographie et élabora tout un système philosophique, mais il resta un journalier, payé comme tel.

PRINCIPALES CURIOSITÉS

Bundesallee – **U** *1, 9 Spichernstraße*.

L'**école supérieure des Beaux-Arts** *(Hochschule der Künste*, Bundesallee 1-12*)*, ancien lycée, fut le premier bâtiment monumental de l'Ouest de Berlin. A côté, **Musical Theater Berlin** (**T**⁷).

★ **Ludwigkirchplatz** – 🚌 *249 Pariser Straße*.

Le quartier autour de la petite église offre de multiples possibilités de passer un moment agréable dans de bons établissements : bars, restaurants, « *Imbiss* », cafés *(voir VIVRE A BERLIN, la « scène » berlinoise)*. Flâner le long des rues ombragées, très agréables en été : la Pfalzburger Straße, la Emser Straße, la Pariser Straße, au carrefour avec la Sächsische Straße. Cette animation se poursuit jusqu'à l'**Olivaer Platz**.

Portail de l'église de la Sainte-Croix

Kirche am Hohenzollernplatz (Église sur la place Hohenzollern) ⊘ – *Hohenzollern-damm 202-203 :* Ⓤ *1 Hohenzollernplatz.*
Elle possède un intéressant revêtement strié de briques vernissées. Voir l'entrée, ogive entre deux cylindres d'une grande pureté de lignes, sur la Nassauische Straße.

Fehrbelliner Platz – Ⓤ *1, 7 Fehrbelliner Platz. Pour ce nom, voir INTRODUCTION, Le poids de l'histoire, à 1675.*
Elle devait être une sorte de forum sous les nazis. Les bâtiments en hémi-cycle de cette époque subsistent au Sud. Un marché aux puces s'y tient le dimanche.

Heimatmuseum Wilmersdorf (Musée d'Histoire locale) ⊘ – *S'adresser à la Kunstgalerie, Hohenzollerndamm 176, à la personne de la cafétéria.*
Ce musée est intéressant pour ses panneaux explicatifs décrivant la condition pay-sanne dans un village des environs de Berlin.
Emprunter la Briener Straße, où se trouve une curieuse **Mosquée**, centre cultuel pakistanais, et longer, sur la droite, le cimetière de Wilmersdorf.

Russische Kathedrale (Cathédrale russe) – *Hohenzollerndamm 166 :* 🚌 *115, 204 Hoffmann-v.-Fallersleben-Platz.*
Elle a été inaugurée lorsque l'importante communauté des exilés de la révolution d'Octobre avait déjà largement fui le nazisme et Berlin. C'est toujours le siège (et, à ce titre, une cathédrale) de l'évêque orthodoxe pour l'Europe centrale.

★**Kreuzkirche** (Église de la Ste-Croix) – 🚌 *115 Forckenbeckstraße.*
C'est l'une des plus belles églises expressionnistes de Berlin (1927-29). Elle possède un curieux **portail** en forme de pagode recouvert de carreaux émaillés bleus. La tour est séparée de la nef polygonale.

Un éminent juriste : Carl Friedrich Beyme (1765-1838)

Lorsque le baron vom Stein entreprend sa réforme de l'État au lendemain des défaites prussiennes, il renvoie tous les membres du gouvernement sauf **Carl Friedrich Beyme** qui devient grand chancelier avant d'occuper d'autres charges. Il était auparavant membre du Conseil secret de Frédéric-Guillaume III. Anobli en 1816, il vivra à Steglitz de 1820 à sa mort. Dans son domaine de Schmar-gendorf, il se signala par sa sollicitude envers ses paysans. Car, si le servage fut officiellement aboli le 9 octobre 1807, il a fallu passer par la révolution de 1848 et attendre 1865 pour parvenir à une complète égalité des droits.

Schmargendorf – *110, 249 Rathaus Schmargendorf.*
L'ancienne *« Margrefendorf »* (c'est-à-dire *Mark Grafendorf*), mentionnée en 1275, possède un splendide **hôtel de ville** (**R**) où alternent les bandes de briques rouges et le crépi blanc en un plaisant contraste, bon exemple de reprise du gothique en briques de la Marche.

ALENTOURS

Voir **DAHLEM★★★, GRUNEWALD★★, KURFÜRSTENDAMM★★, SCHÖNEBERG★**.

*Le nouveau service **3617 Michelin** (5,57 F/mn)
permet d'obtenir chez vous, par fax, le détail de vos itinéraires.*

ZEHLENDORF★

Zehlendorf

Voir plan Berlin-agglomération, 🔟, **ABV**

Par bien des côtés, Zehlendorf est un quartier de villas bien plus joli que Grune-wald. La guerre y a fait peu de ravages et c'est un plaisir que de flâner dans des rues bordées de façades *Jugendstil*. Le cœur commerçant de la ville s'étire le long du **Teltower Damm,** dans le prolongement de la Clayallee, à la hauteur de la station Ⓢ *1 Zehlendorf.*

NATURE, VILLAS ET…
MUSÉE DE LA VIE AU MOYEN ÂGE

Dorfkirche (**Église paroissiale**) – Ⓢ *1 Zehlendorf.*
Un chêne centenaire, le « chêne de la Paix » *(Friedenseiche),* car planté en 1871, se dresse devant le **musée d'Histoire locale** *(Heimatmuseum Zehlendorf)* ⊘, près du petit cimetière où fut bâtie la charmante **église paroissiale** hexagonale (1768). Le long du Teltower Damm, des commerces traditionnels occupent le rez-de-chaussée de jolies façades comme le n° **25** et, en face, le n° **20**.

★★Onkel-Toms-Hütte – 🔲 *1 Onkel Toms Hütte.*
Situé en pleine nature, c'est peut-être le plus beau lotissement de Berlin, conçu entre 1926 et 1932 par **Bruno Taut, Hugo Häring** et **Otto Rudolf Salvisberg.** Celui-ci conçut également la station de U-Bahn qui comprenait un centre commercial, une poste et un cinéma. Aucune rangée de maisons, toutes de taille humaine (un étage et un attique), ne ressemble à une autre par les ouvertures et par les couleurs. Flâner dans les rues de cette cité-jardin, qui offrait un logement à 15 000 personnes, est une expérience surprenante.
Par la **Riemeisterstraße,** on peut rejoindre le centre du village de Zehlendorf. Les villas qui bordent cette rue sont remarquables, en particulier celle, fastueuse, qui se dresse à l'angle de la Schützallee (n° **27-29**).

Musée de la vie au Moyen Âge de Düppel

★ ⑤ **1 Mexikoplatz** – Cette station de S-Bahn (1904-1905), en forme d'œuf dans son coquetier, est la plus originale de Berlin. Ses toits ondulés et ses fenêtres en font un des meilleurs exemples du *Jugendstil*. Les immeubles d'habitation cossus qui bordent la place ont des tours qui rappellent celles de Nuremberg.

Museumsdorf Düppel (Village-Musée de Düppel) (**M³⁵**) ☉ ⑤ *1 Zehlendorf, puis* 🚌 *115 Ludwigsfelder Straße. Remonter la Clauertstraße vers le Nord-Ouest.*
Les maisons aux toits de chaume épais, tombant jusqu'à terre, donnent une idée des conditions de vie dans un village de la Marche de Brandebourg au 13ᵉ s.
Au printemps, lorsque les arbres fleurissent, le tableau est charmant. Les intérieurs sont très rustiques, mais on y trouve tout ce qui permet la vie domestique et le travail artisanal : meules, métiers à tisser, céramiques, âtre recouvert d'un couvre-feu métallique. Des gens animent l'atelier de poterie ou entretiennent le jardin potager.
Les animaux de la ferme : bœufs (on peut faire un tour dans une charrette attelée), sangliers et marcassins, chèvres, béliers, moutons, complètent le tableau et réjouiront les enfants. On peut acheter du pain artisanal et de l'hydromel.

ALENTOURS

Voir **DAHLEM★★★, GRUNEWALD★★, WANNSEE★★.**

Les conditions de visite des curiosités décrites ont été groupées en fin de volume.

Dans la partie descriptive du guide, le signe ☉ placé à la suite du nom des curiosités soumises à des conditions de visite les signale au visiteur.

Pensionnaires du jardin zoologique

ZOOLOGISCHER GARTEN★★★

Tiergarten

Voir plan Berlin-Centre, **7**, **GHV**

Le **zoo de Berlin** fut créé à la fin du 18ᵉ s. dans l'**île aux Paons,** où une ménagerie et une serre furent construites *(voir WANNSEE).* Le zoo comprenait 850 animaux : singes, kangourous, moutons, lamas, cochons, aigles et fut bientôt réputé et ouvert au public deux fois par semaine. En 1842, Frédéric-Guillaume IV décida d'en faire don au jardin zoologique de Berlin, le premier d'Allemagne. Les animaux furent donc transportés en **1844** aux portes de la ville dans un parc aménagé par le paysagiste **Peter Joseph Lenné.** Les pavillons imitaient le style des pays dont les animaux étaient originaires avant d'être rebâtis dans un style plus fonctionnel. Le jardin, rattrapé par la croissance urbaine, est au cœur des nouveaux quartiers de l'Ouest.

« Knautschke », le survivant...

La fin de la guerre fut un dur moment pour les pensionnaires du zoo qui nourrirent les Berlinois comme les arbres du Tiergarten les chauffèrent. Un écrivain (Stefan Reisner, *Stadtfront. Berlin West Berlin,* 1982) se souvint que son père lui ramena une bosse de chameau qui fondit dans la poêle. Mais l'hippopotame *Knautschke* eut plus de chance. Il s'immergea pendant les derniers jours du conflit et réapparut après les bombardements, devenant un héros.

La richesse de ce **jardin zoologique** ⏀ en espèces animales rares, notamment les oiseaux, est stupéfiante : Casoars, condors, harpies, à côté des phoques, okapis, castors, pandas... En tout, plus de 15 000 animaux ! Les fauves sont magnifiques et très impressionnants. Un signe de leur bonne santé est la présence de petits : il n'est pas rare, à la belle saison, d'apercevoir un lionceau, des léopardeaux (dans le Tierpark Berlin, à l'Est, *voir LICHTEN-BERG, Friedrichsfelde,* ce sont les tigrons !). En dessous des cages aux fauves, un souterrain mène à des vitrines qui abritent dans la pénombre des lémuriens. Comptez trois heures de visite.

AUTRES CURIOSITÉS

Bahnhof Zoologischer Garten (Gare Zoo) – Ⓢ + Ⓤ *Zoologischer Garten.* A côté du zoo, se trouve la **gare** du même nom, qui paraît suspendue. La nuit, éclairée à sa base par des luminaires en forme de cône (on a respecté le plan de 1935, lorsque la gare fut agrandie pour les Jeux olympiques), elle ressemble plus à un vaisseau en partance qu'à une gare terminus. Elle attire, au milieu du va-et-vient incessant des usagers, une population de marginaux, et apporte une note industrielle dans le paysage de néons ultramodernes du Kurfürstendamm. C'est la gare principale de Berlin pour toutes les destinations occidentales en attendant la construction de la gare principale de Lehrte (*voir REICHSTAG*).

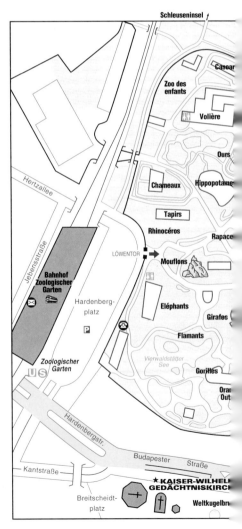

Kantstraße – *149 Joachimstaler Straße/Kantstraße.*
La façade néo-baroque du *Theater des Westens* (1895-96) (**T⁸**), plaquée sur un corps de bâtiment pittoresque à colombage, semble ignorer les innovations du *Jugendstil*. La rue possède quelques cafés intéressants dans le voisinage de la Savignyplatz. La **bourse** (Ludwig-Erhard-Haus), œuvre du Britannique Nicholas Grimshaw qui s'est inspiré de la carapace du tatou, est en cours de construction dans la Fasanenstraße. L'immeuble *Kantdreieck*, surmonté d'une sorte d'aileron de requin, a quelque chose d'agressif. C'est le décor que l'on découvre en train, peu avant d'arriver à la gare Zoo ou en la quittant.

★Savignyplatz – Ⓢ *3, 5, 7, 9 Savignyplatz.*
Cette place, au cœur d'un quartier calme et résidentiel, et la fourche formée par les Grolmannstraße, Knesebeckstraße et Carmerstraße, où se retrouvent les étudiants de l'École des Beaux-Arts et de l'Université Technique, est plus intéressante pour les utilisateurs de la rubrique *VIVRE A BERLIN*.

ALENTOURS

Voir **ERNST-REUTER-PLATZ, KURFÜRSTENDAMM★★,
TIERGARTEN★★**

Vous aimez la nature.
Respectez la propreté des rivières, des forêts...
Laissez les emplacements nets de toute trace de passage.

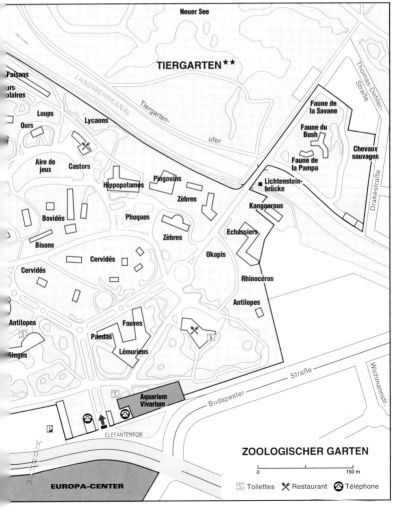

ZOOLOGISCHER GARTEN

Petit village de pêcheurs, plus ancien que Berlin, d'origine slave, ville de garnison et de la noblesse, résidence royale, **Potsdam** est ce que la Prusse a produit de plus raffiné. Elle est bâtie dans un site lacustre idyllique cerné de forêts sombres : « La région de Potsdam est bien belle. L'on y trouve des allées devant la plupart des portes de la ville ; s'en éloignant, l'on trouve souvent, près des cours d'eau, des forêts, des collines boisées et des vignes. Certains des monts avoisinants offrent les panoramas les plus divers et les plus jolis sur la ville, la Havel, très large en cet endroit, sur les lacs, les villages et les parcs, forêts, châteaux et édifices royaux, construits en grande partie sur de petites collines » (Christoph Friedrich Nicolai). Tous les souverains prussiens embellirent la cité qui, pendant l'occupation napoléonienne, servira de dépôt à la cavalerie française. Peu avant la chute de Berlin et la fin de la guerre, un bombardement britannique détruisit le centre-ville, causant des dommages que le régime de la RDA, pour des raisons idéologiques, s'empressa de rendre irrémédiables. Mais il reste suffisamment à voir pour consacrer au moins une journée à Potsdam. Il faudra faire un choix, car les trajets sont assez longs entre les différents châteaux royaux et le patrimoine de la ville elle-même est riche.

A TOUTES LES GLOIRES DE LA PRUSSE

« Toute l'île doit devenir un paradis... » – C'est la beauté de ses paysages qui fait que la cité sort de son anonymat. Un ami du « Grand Électeur », **Jean-Maurice de Nassau-Siegen,** la proposa comme lieu de résidence. La nouvelle organisation absolutiste de l'État rendait indispensable la construction d'un château dans une région où le souverain possédait une grande réserve de chasse. Le prince y fit bâtir, dès 1657, par un Français d'origine piémontaise, **Philippe de la Chieze,** sa seconde demeure.

Les goûts simples du « Roi-Sergent » – Frédéric-Guillaume Ier préfère Potsdam à Berlin. Il transforme la ville en une « caserne ornée », selon l'expression de Chateaubriand, et la ceint d'un rempart. Chaque jour il assiste, devant le château de la Ville, en compagnie de son fils, à la parade de sa garde. Il aime voir défiler ses « grands gars » *(Lange Kerls)* qu'il appelle ses « chers enfants bleus », à cause de leurs uniformes bleu de Prusse et qui devaient mesurer 1,83 m au minimum. A Potsdam, ou dans le château de Berlin, il réunit un *Tabakscollegium*, « société du soir » où, autour d'une grande table rustique, les convives discutent en fumant, en buvant de la bière et en mangeant du fromage. Pour la bière, ils se servaient dans un hanap géant équipé d'un robinet, exposé au musée des Arts décoratifs de Köpenick *(voir ce nom)*. Un mois avant sa mort, le roi déclare : « Adieu Berlin ; je veux mourir à Potsdam ! »

Une jeunesse martyre – Né à Berlin le 24 janvier 1712, le jeune Frédéric fut en butte à l'hostilité de son père, qui voulait l'éduquer à la spartiate, alors qu'il était attiré par les livres et, surtout, par la musique et la danse. L'hostilité se changea en haine et Frédéric résolut de s'enfuir en Angleterre (1730). Trahi au dernier moment et interné à la forteresse de Küstrin, il fut contraint d'assister à la décapitation de son complice et ami, Katte. Le « Roi-Sergent » songea à faire exécuter son fils. Il l'obligea à travailler comme simple employé à la chambre des Guerres et des Domaines de Küstrin, puis lui donna le commandement d'un régiment à Neu-Ruppin, où il fit la connaissance, parmi les officiers, de l'architecte, peintre et décorateur **Georg Wenzeslaus von Knobelsdorff**. Le prince épousa en 1733, sans enthousiasme, la princesse Élisabeth de Brunswick-Bevern *(voir PANKOW)*, entra en correspondance avec Voltaire à partir de 1736, se fit initier à la franc-maçonnerie. En vrai Hohenzollern, il sacrifia tout aux intérêts de l'État et s'appuya sur l'armée prussienne. A mesure que la fin de son père approchait, Frédéric se rallia à ses vues en matière d'organisation administrative et militaire. Le château de **Rheinsberg**, à 80 km au Nord de Berlin, fut aménagé selon ses vœux. Le prince héritier y passa des jours heureux, pratiquant la philosophie, la musique, la danse et le jeu, collectionnant avec prédilection les toiles d'**Antoine Watteau** (1684-1721) et de ses élèves : Nicolas Lancret (1690-1745), Jean-Baptiste Pater (1695-1736) et reconstituant, avec une petite cour, le monde de rêve des *Fêtes galantes*. Il monta sur le trône le 31 mai 1740.

Le despotisme éclairé – Malgré ces douloureux souvenirs d'enfance, le nom de Potsdam reste indissolublement lié à la personne de **Frédéric II** qui métamorphosa cette « triste Sparte » en une « Athènes resplendissante », selon les dires de **Voltaire**. Le philosophe, avec lequel Frédéric correspond depuis 1738, alors qu'il n'était que prince héritier, séjourne à Potsdam de 1750 à 1753. Les relations avec le roi sont cordiales puis orageuses. La brouille s'envenime en 1752, lorsque Voltaire prend partie contre le mathématicien **Maupertuis**. Il est autorisé à quitter Berlin pour une cure à Plombières. Hors d'atteinte, il écrit d'autres pamphlets, mais subit « l'avanie de Francfort », où il est retenu plus d'un mois par un envoyé de Frédéric venu réclamer les poésies du roi de Prusse que le philosophe avait l'intention de publier. La correspondance reprit longtemps après. En signe de réconciliation, le roi commanda à la manufacture de porcelaine de Berlin le buste de Voltaire.

« Mais... mais... »

« Les soupers du roi sont délicieux, on y parle raison, esprit, science ; la liberté y règne ; il est l'âme de tout cela ; point de mauvaise humeur, point de nuages, du moins point d'orages. Ma vie est libre et occupée ; mais... mais... Opéras, comédies, carrousels, soupers à Sans-Souci, manœuvres de guerre, concerts, études, lectures ; mais... mais... La ville de Berlin, grande, mieux percée que Paris, palais, salles de spectacles, reines affables, princesses charmantes, filles d'honneur belles et bien faites, la maison de Mme de Tyrconnell toujours pleine et souvent trop ; mais... mais..., ma chère enfant, le temps commence à se mettre à un beau froid. » (Voltaire, *lettre à Mme Denis*, 6 novembre 1750.)

Un roi mécène – Fils aîné de la reine Louise, **Frédéric-Guillaume IV** est confronté aux grands problèmes politiques du 19ᵉ s. : industrialisation, misère sociale, question nationale, aspiration à un État constitutionnel. Le « Romantique sur le trône » a des idées très conservatrices et traite Berlin d'« infidèle » après la révolution de 1848. Son attitude est beaucoup plus constructive en matière d'art. Il collectionne les livres depuis son enfance, apprécie le rococo frédéricien, fait acheter par son père les tableaux de Caspar David Friedrich et lance le projet de l'île des Musées.

Alors qu'il n'était que prince héritier, il rêvait de faire de Potsdam, dans la continuité du plan de **Lenné** *(voir WANNSEE, Volkspark Klein-Glienicke)*, un ensemble artistique mêlant harmonieusement paysage et architecture.

Il fit compléter les parcs déjà réalisés et créa celui de Sakrow. Il mourut le 1ᵉʳ janvier 1861, dans l'aile des Dames du château de Sans-Souci, des suites d'une syphilis.

Château et terrasses de Sans-Souci

Ph. Gajic/MICHELIN

★★LA VILLE

Les soldats étant logés chez les habitants, le roi offrait les maisons et la ville grandit par adjonction d'îlots de maisons régulières de style baroque. Le centre historique ne s'est pas relevé du bombardement de 1945 et des immeubles modernes anonymes ont remplacé de nombreux témoignages du passé.

Depuis la gare de S-Bahn Potsdam-Stadt, se diriger vers le grand dôme de l'église St-Nicolas.

Alter Markt (Place du Vieux-Marché) – Juste après le *Lange Brücke*, un fragment de colonnade est tout ce qui reste de l'ancien **château de Ville** (*Stadtschloß*), résidence du « Grand Électeur » remaniée par Knobelsdorff et où, séjourna peut-être Voltaire.

L'hôtel *Mercure* indique son emplacement. Avec l'église St-Nicolas et l'hôtel de ville, le portail du château formait l'élégante **place du Vieux-Marché**, au cœur de la ville. Elle est marquée par un obélisque.

L'**église St-Nicolas★** (Nikolaikirche) est une œuvre de Schinkel remaniée par ses élèves (la précédente église brûla en 1795). Persius éleva le dôme, équivalent du Panthéon, entre 1843 et 1849 et les quatre tourelles d'angle. L'intérieur est immense et froid. Le **vieil hôtel de ville** (Alt Rathaus, *Am Alten Markt 1-2*) est surmonté d'une statue dorée d'Atlas.

Marstall (Écuries) – *Schloßstraße 15*.

Ornées de beaux trophées, elles abritent un **musée du Cinéma★** ⊘ *(Filmmuseum)* : Les loges de Marlène Dietrich, Lilian Harvey, Zarah Leander et Marika Rökk (toutes deux stars du IIIe Reich), Renate Krößner, actrice de la RDA, sont reconstituées avec des mannequins de cire et quelques pièces originales ; les films sur les camps de concentration font l'objet d'une mise en scène macabre. Les cinéphiles trouveront une documentation abondante sur les *Nibelungen* de Fritz Lang et d'autres chefs-d'œuvre expressionnistes : *Golem*, *Le Cabinet de docteur Caligari*, *Les Trois Lumières*, *Faust*, *Le Docteur Mabuse*, et sur les cinéastes qui émigrèrent ; Babelsberg de 1933 à 1945, les films du IIIe Reich. De nombreuses photos de films, d'acteurs et des extraits jalonnent le parcours.

Am Neuen Markt (« Au Nouveau Marché ») – *Derrière les écuries, par la Schloßstraße, puis la Sierferstraße*.

Cette petite place donne une idée de ce qu'était le vieux Potsdam. Les maisons à un étage ont été restaurées, mais pas encore la remise aux carrosses *(à l'Ouest, au n° 9)*. La **Yorckstraße** possède également de beaux bâtiments, mais elle a besoin d'être ravalée. Très jolie **W.-Staab-Straße** baroque. La « **Acht-Ecken-Haus** » (**A**), au crépi vert et blanc, souligne l'angle de la Friedrich-Ebert-Straße et de la Ebräerstraße par une concavité.

Bassinplatz – 🚌 *604, 609, 638, 695 Bassinplatz*.

Mozart résida, au début de l'année 1789, au **n° 10** de cet alignement de maisons de style hollandais. Derrière l'église catholique néo-romane, se cache l'église française du 18e s. à dôme aplati *(au fond de la place, à l'Est)*.

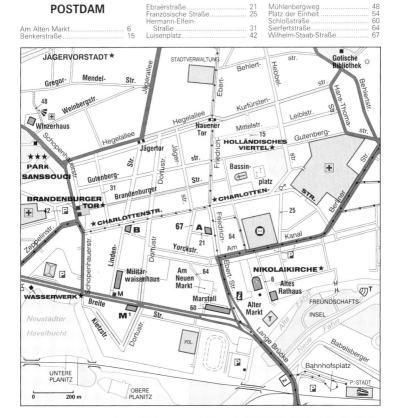

A Acht-Ecken-Haus   **B** Ehemalige Hauptwache   **M¹** Hiller-Brandtsche Häuser

POTSDAM
et environs

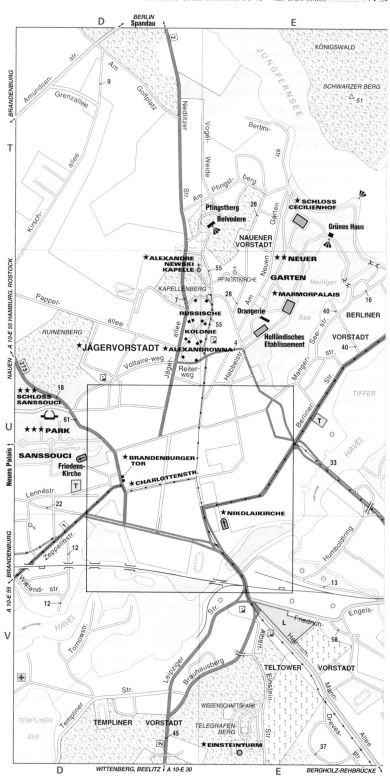

Maisons du Quartier hollandais

Ph. Gajic/MICHELIN

★ Holländisches Viertel (« Quartier hollandais ») – Ce quartier fut construit pour les artisans hollandais que Frédéric-Guillaume avait fait venir. Se placer à l'angle de la Benkertstraße et de la Mittelstraße pour admirer l'alignement des maisons de ce quartier.

Nauener Tor (Porte de Nauen) – C'est l'une des premières constructions néo-gothiques d'Europe (1755). Derrière, imposant bâtiment du Gouvernement *(Regierungsgebäude)* au dôme vert-de-gris.

On peut, de là, aller vers la colonie russe (Russische Kolonie) et le Mont de la Pentecôte (Pfingstberg) ou continuer la promenade vers le Nouveau Jardin (Neuer Garten).

★ Jägervorstadt – Ce faubourg « des Chasseurs » est un quartier de villas aux façades raffinées. Elles sont nombreuses dans la **Gregor-Mendel-Straße** : villa Siemens aux n°ˢ 21-22 et, en face, curieuse villa *Jugendstil* à droite de laquelle il faut passer. Une rue en escalier *(Mühlenbergweg)* offre une vue sur le centre de Potsdam (St-Nicolas, le Telegrafenberg). La **Weinbergstraße** possède de belles villas de style antiquisant, comme la villa Thieck (maintenant *Haus der Technik*, 1843-46), à l'angle de la Schopenhauer Allee. En face, la **Maison de Vigneron sur le Mühlenberg** (*Winzerhaus auf dem Mühlenberg*, Gregor-Mendel-Straße 25) est en cours de restauration.

Pour continuer la visite de la ville, rejoindre la Brandenburger Straße.

Brandenburger Straße – Piétonne, c'est l'artère commerçante de la vieille ville, marquée, à l'Ouest, par la **porte de Brandebourg★** *(Brandenburger Tor)*, construite par Karl von Gontard et son élève Georg Christian Unger (1743-1799). Parallèle à la Brandenburger Straße, la **Gutenbergstraße** est bordée de maisons semblables, parfois délabrées et squattées. Au bout de la Lindenstraße, la **« Porte des Chasseurs »** *(Jägertor*, 1733) est la plus ancienne de Potsdam. La Hermann-Elflein-Straße est en cours de restauration.

★ Charlottenstraße – Ses belles façades baroques en font la plus jolie rue de la ville ; le n° 41 a été bâti par Unger *(voir ci-dessus)*.

Ehemalige Hauptwache (Ancien corps de garde) (B) – *A l'angle de la Lindenstraße et de la Charlottenstraße.*
Les arcades reposent sur des colonnes toscanes jumelées. La Lindenstraße se poursuit, au Nord de la Charlottenstraße par une jolie suite de maisons à un étage.

Lindenstraße – Remarquer, au début de la rue, le bel **orphelinat militaire** *(Militärwaisenhaus, Dortusstraße 36)* baroque.

Prendre la Breitestraße vers l'Ouest.

★ Wasserwerk (Pompe hydraulique) – *Zeppelinstraße 176.*
Frédéric II n'avait jamais pu faire fonctionner les fontaines de Sans-Souci. Frédéric-Guillaume IV imagina un pavillon « dans le genre d'une mosquée turque avec un minaret pour cheminée ». La « Mosquée » (1841-1843) est un mélange étonnant, et très réussi, entre l'art et l'industrie. L'intérieur est aussi surprenant que l'extérieur : la machinerie de la pompe à vapeur, construite par la fonderie Borsig, est dissimulée derrière des arcs polylobés, sous une coupole éclairée de moucharabiehs et des voûtes décorées de motifs mauresques. Dans la salle précédente, le *Jeune Garçon au dauphin*, d'après Schinkel, était destiné au pavillon de thé des Thermes romains *(voir Park Sanssouci)*. Des tours grises et tristes se dressent au bout de la Breite Straße.

Intérieur de la « Mosquée » *(Wasserwerk)*

Kietzstraße – *Revenir sur ses pas ; prendre, au Sud, le Wall am Kiez.*
On peut marcher le long de la **Kietzstraße**, bordée de maisons à un étage, caractéristiques de Potsdam, et le long de la Dortu-Straße aux belles façades anciennes.

Hiller-Brandtsche Häuser (Maisons Hiller-Brandt) (M¹) – *Breite Straße 26-27.*
Elles abritent le musée municipal (**Potsdam-Museum** ⊘ : exposition sur le bombardement de Potsdam du 14 avril 1945).

Breite Straße – Le long de cette rue de représentation, se dressait l'**église de la Garnison** *(Garnisonkirche)* dont la tour de 80 m de haut abritait un célèbre carillon.

Un sanctuaire national

La présence des restes de **Frédéric-Guillaume Iᵉʳ**, qui la fit construire, et de son fils **Frédéric II**, fit de l'**église de la Garnison** un symbole de la grandeur nationale. Elle fut, à ce titre, le cadre de réunions politiques : dans la nuit du 5 novembre 1805, Frédéric-Guillaume III, son épouse Louise, âme de la résistance à Napoléon, et le tsar Alexandre Iᵉʳ, y prêtent un serment d'alliance sur le tombeau de Frédéric II ; un an plus tard, Napoléon vainqueur épargne l'église par respect pour ce même tombeau sur lequel il se recueille. Après l'incendie du Reichstag, la séance inaugurale du nouveau Parlement se déroule à Potsdam, au cours d'une grande cérémonie organisée par Goebbels, le tout nouveau ministre de la Propagande. Le 21 mars 1933, la ville est pavoisée aux couleurs impériales. En présence des membres de la famille impériale (le siège de Guillaume II, en exil aux Pays-Bas, est resté vide), **Hitler** s'inscrit dans la tradition prussienne et prononce un discours sur le « mariage de la grandeur passée et de la force nouvelle ». C'est ce que l'ambassadeur de France **André François-Poncet**, témoin oculaire, appela la « comédie de Potsdam ». Il décrit cet événement en ces termes : « Ce n'est pas l'alliance de deux générations qui est scellée à Potsdam ; c'est l'éviction de l'une par l'autre : la jeune a tiré à l'ancienne un grand coup de chapeau et lui a fait un pied de nez par-derrière. »

281

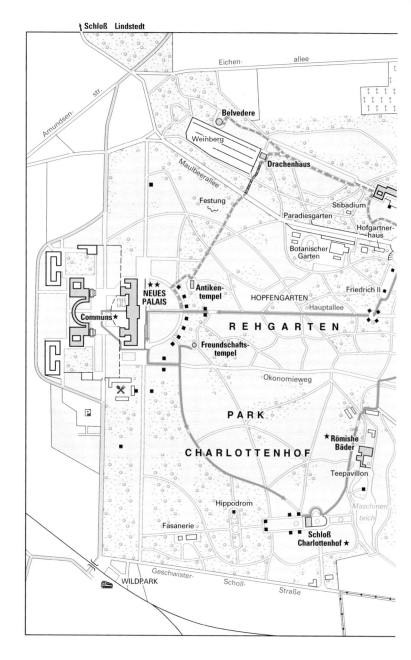

★★★ PARK SANSSOUCI

BUS *612, 614, 650, 695 Am Obelisk. A la sortie de la gare* Ⓢ *Potsdam-Stadt, un*
BUS *dessert les curiosités du parc de Sans-Souci.*

Le **parc de Sans-Souci** (290 ha) est un domaine enchanteur. Dès l'entrée, la succession de petits jardins apportent le charme de la variété. La mise en situation
pittoresque de bâtiments divers qui se dévoilent à l'improviste au détour d'une
allée, près d'un étang, au sommet d'une colline, la découverte de jardins secrets,
réguliers à la française, d'un parc à l'anglaise accentuent le ravissement de ce
domaine qui compte de très nombreuses curiosités.

« Am Obelisk » – Les hiéroglyphes de l'**obélisque** (1748) sont purement décoratifs.
Les grilles du portail d'entrée respectent, par leurs dimensions, l'échelle modeste
du château. L'allée principale, majestueuse, mesure 2,5 km et s'étend jusqu'au
Nouveau Palais.

Friedenskirche (Église de la Paix) – *A droite, après l'entrée de l'Obélisque.*

Une jolie vue accueille le visiteur, dès l'entrée du parc, car l'art, à Potsdam, est
d'avoir su lier intimement les édifices à la nature.

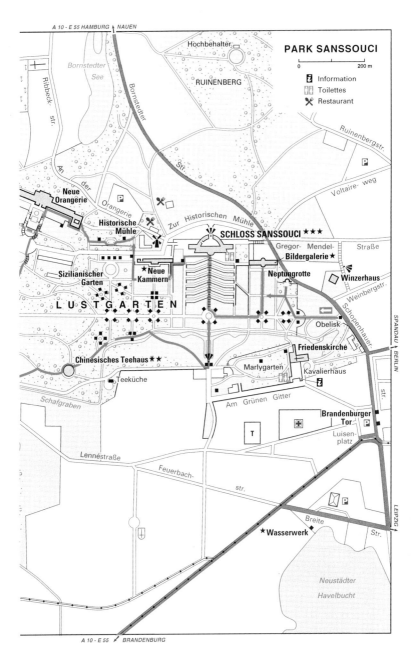

Le chevet de l'**église de la Paix** (1844-1854), son campanile, la colonnade et le petit dôme du mausolée de l'empereur Frédéric III se reflètent dans l'étang. Frédéric-Guillaume IV admirait le style des basiliques paléochrétiennes (c'est-à-dire remontant aux premiers temps du christianisme). Cette église, inspirée de St-Clément à Rome, lui sert de sépulture. Ce n'est pas le seul souvenir de l'Italie, puisque l'abside est ornée d'une magnifique **mosaïque**★ (1re moitié du 18e s.) de Murano, île de la lagune vénitienne. Remarquer les colonnes du baldaquin surmontant l'autel et les copies de chandeliers antiques. Le **mausolée** abrite les gisants de l'empereur Frédéric III, qui ne régna que trois mois (de mars à juin 1888) entre Guillaume Ier et Guillaume II, de son épouse et, depuis, 1995, le sarcophage du « Roi-Sergent ». A travers le cloître, jolie vue sur le jardin de Marly, varié et intime, conçu par Lenné.

Le long des bâtiments italianisants qui bordent l'église de la Paix au Sud, l'allée *Am Grünen Gitter* (« aux grilles vertes » qui, élégantes, ferment l'allée) conduit à un point de **vue**★★ très majestueux sur les terrasses où s'élève le château de Sans-Souci.

Continuer le long de l'allée centrale.

Neptungrotte (Grotte de Neptune) – C'est le dernier travail (1751-57) de Knobelsdorff qui ne le vit pas achevé (il mourut en 1753). La fontaine, tapissée de coquillages dans le goût baroque, ne fonctionna qu'au 19ᵉ s.

★**Bildergalerie (Galerie de Tableaux)** ◷ – Sa construction (1755-1763) fut terminée par **Johann Gottfried Büring** qui remplaça Knobelsdorff comme architecte du roi.
C'est l'un des premiers musées d'Allemagne, car il a été créé uniquement pour abriter une collection de tableaux. Il abrite 124 œuvres de maîtres italiens, flamands et hollandais (Caravage, Guido Reni, Rubens, van Dyck), toutes achetées par Frédéric II. Jolie vue, en contrebas, sur le jardin Hollandais.

★★★**Schloß Sanssouci** – A gauche de l'allée, surgit la vision de ce château dominant les six terrasses où alternent des serres et des espaliers soutenant la vigne. C'est en se promenant à cheval sur le *Wüster Berg* que **Frédéric II**, séduit par la vue sur la ville et les collines avoisinantes, décida d'agrandir le jardin modeste laissé par son père. De 1744 à 1747, il ordonne le déblaiement et le creusement de terrasses semi-circulaires. Le roi ne voulait pas d'un nouveau Versailles, mais d'une retraite modeste réservée aux arts et aux réunions privées entre amis. Il fournit les plans lui-même à son architecte et ami **Georg Wenzeslaus von Knobelsdorff** et demanda que le château fût en retrait par rapport à la terrasse supérieure qui devint l'un de ses lieux de promenade favoris.
Le château de Sans-Souci est vraiment le domaine de Bacchus et de la joie de vivre. Le roi y mène une existence simple : il se lève très tôt, traite des affaires de l'État, déjeune frugalement, lit et joue de sa chère flûte traversière (il est le compositeur de plus de cent sonates), accompagné au clavecin par **Carl Philipp Emanuel Bach**, fils de Jean-Sébastien. Il soupe en petit comité. Ces « soupers philosophiques » que le roi, despote éclairé, affectionne réunissent, dans la salle de marbre, de fins esprits s'exprimant exclusivement en français. Les conversations y sont fort libres. Les années qui précèdent la guerre de Sept Ans sont les plus heureuses du règne de Frédéric II. Le château est rempli d'invités : diplomates, philosophes, artistes, écrivains.

Adolf von Menzel, *Le concert de flûte* (1850-52)

Extérieur – Le parc a été réaménagé au 19ᵉ s. par le grand paysagiste **Peter Joseph Lenné**. De beaux groupes sculptés des frères Adam et de Jean-Baptiste Pigalle (*Vénus* et *Mercure attachant sa sandale*) entourent le bassin, au pied des terrasses, dont le jet d'eau s'élève à 38 m. Des perspectives s'ouvrent vers la Maison de thé chinoise, le moulin historique au-dessus des arbres, les faîtes dorés de la galerie de Tableaux et des Nouvelles Chambres.
Depuis la terrasse supérieure, la vue est gâtée par les tours bâties au temps de la RDA. Des termes *(voir ABC d'ARCHITECTURE)*, bacchantes et satires souriants, ornent gracieusement la façade, accentuant la légèreté de celle-ci. Remarquer aussi les petits pavillons en treillage, de chaque côté du château, avec l'emblème du soleil qui se décroche.

Dans l'élégante **cour d'honneur,** autrefois l'entrée principale du château, la colonnade en hémicycle paraît supendue au-dessus des arbres. Elle offre une vue sur le **« Mont des Ruines »** (Ruinenberg), qui dissimule un grand réservoir. Celui-ci devait alimenter les pièces d'eau du parc et lui-même était rempli à l'aide de pompes actionnées par des moulins à vent. Mais, les canalisations éclatant sous la pression de l'eau et faute de personnel compétent, les fontaines de Sans-Souci se turent au temps de Frédéric II.

Le retour du corps du « Grand Frédéric »

C'est au sommet de son vignoble, sur la plus haute terrasse de Sans-Souci, que Frédéric II désirait être enterré. Sa dépouille et celle de son père, placées dans la crypte de l'église de la Garnison, furent évacuées en 1943 pour éviter leur destruction sous les bombardements. Elles furent déposées dans le château familial de Hohenzollern, dans le Jura souabe. Elle reviendront en 1991 dans un wagon ayant appartenu à Guillaume II. 50 000 personnes se recueillirent devant les sarcophages. Frédéric-Guillaume Ier est enterré dans le mausolée de l'empereur Frédéric III ; Frédéric II repose enfin, selon son souhait, près de ses chiens dans un caveau construit de son vivant sur la terrasse de son palais (plaque funéraire à côté de l'exèdre Est).

Visite guidée *(1h)* ⏱

Vestibule – Décor élégant et sobre, gris et or (les dessus-de-porte en stuc représentent des *Bacchanales*). Plafond peint par le Suédois Johann Harper en 1746.

Petite galerie – Peintures françaises du 18e s. de Pater et de Lancret et, sur la cheminée, bustes de Frédéric II et de son frère Henri.

Bibliothèque – Accessible seulement par un couloir, c'est la pièce la plus intime du château, en forme de rotonde. Elle contient 2 200 ouvrages d'auteurs français. Les très belles boiseries en bois de cèdre sont ornées de bronzes dorés ; le soleil resplendit au plafond.

Chambre et cabinet de travail de Frédéric II – Le décor de cette pièce a été modernisé par Frédéric-Guillaume II dans le style néo-classique. Portraits de la famille royale et table de Frédéric II, ainsi que le fauteuil dans lequel il mourut.

Salon de Musique – C'est l'un des chefs-d'œuvre du rococo germanique et la pièce préférée de Frédéric II. Sur les murs, peintures de Pesne sur le thème des *Métamorphoses* d'Ovide. Un tableau d'**Adolf von Menzel** représente Frédéric II jouant de la flûte traversière dans ce salon.

Salle d'audience – Plafond réalisé par Pesne *(Zéphir et Flore)* ; tableaux de Coypel et de Van Loo *(Médée et Jason).*

Salle de marbre – C'est là, dans ce lieu ouvert sur la terrasse par de grandes portes-fenêtres et coiffé d'un dôme, qu'avaient lieu les « soupers philosophiques » donnés par Frédéric II (en hiver, les convives se réfugiaient dans le vestibule, équipé d'une cheminée). Le pavement en marbre de Silésie et de Carrare est splendide. On remarque la statue de Richelieu du Bernin et le buste de Charles XII de Suède, admiré par Frédéric, de Jacques-Philippe Bouchardon. Des figures allégoriques en stuc *(La Musique, L'Architecture, L'Astronomie, La Peinture)* et un treillage doré ornent le plafond. Statues d'*Apollon* et de *Vénus* par **François-Gaspard Adam** (1710-1761).

Chambres d'hôtes – Les lits paraissent petits dans les alcôves, mais ils mesurent entre 2 m et 2,20 m. La « chambre de Voltaire » est délicieuse : les murs sont jaunes avec des oiseaux, des fleurs et des fruits (que l'on cultivait en grand nombre à Sans-Souci) peints « au naturel » ; on y voit la réplique du buste du philosophe par Houdon (1774). Voltaire aurait séjourné au château de ville *(voir ci-devant).*

Des convives spirituels

Frédéric II et Voltaire se livraient à des jeux de mots. Un jour, le roi aurait invité le philosophe en lui faisant porter le billet suivant :

P	à	6
-------		-----
venez		100

Voltaire aurait répondu par le billet suivant :

G		a

La solution de l'énigme :

Voltaire : « J'ai grand appétit » (« G » grand « a » petit).

Frédéric II : « Venez souper à Sans-Souci » (Venez sous P à 100 sous 6).

Damenflügel (Aile des Dames) ⏱ – Frédéric-Guillaume IV fit de Sans-Souci sa résidence d'été sans toucher aux appartements de Frédéric le Grand. Il fit construire par Persius, au début de son règne, deux ailes très sobres et s'installa dans les chambres d'hôtes de l'aile Ouest. La **chambre du Rêve** (Traumzimmer), qui était apparue au roi dans un songe, fut décorée selon la description qu'il en fit.

★**Neue Kammern** (Nouvelles chambres) ⏱ – Visite guidée 1 h. L'ancienne Orangerie, construite sur les plans de Knobelsdorff en 1747, fut transformée en appartements pour les invités du roi entre 1771 et 1775 par **Georg Christian Unger**. Quand les portes cintrées sont ouvertes, c'est la plus belle enfilade de pièces de Potsdam. La décoration rococo est claire et élégante : la salle à manger ronde avec le buffet et les vases sur consoles ; la **Galerie d'Ovide**★, dont les boiseries dorées, inspirées des Métamorphoses du poète latin, sont d'un érotisme étonnant ; la salle de Jaspe ornée de bustes provenant du château de Berlin (les marbres viennent de Silésie). Les chambres d'hôtes sont ornées de Vues de Potsdam que le roi avait spécialement commandées. Les précieux panneaux en bois marqueté de la 3e chambre d'invités représentent des fleurs et des fruits.

Historische Mühle (Vieux Moulin) – Ce moulin est le sujet d'une anecdote célèbre qui illustre à merveille le sens de l'État de Frédéric II. Le cliquetis du moulin agaçait le roi. Il essaya de convaincre le meunier de cesser son activité ou de quitter l'endroit. Les bonnes paroles, les dédommagements, les menaces : rien n'y fit. Frédéric intenta un procès au meunier et le perdit : « Dans les tribunaux, ce sont les lois qui doivent parler et le roi qui doit se taire. »

Sizilianischer Garten (Jardin sicilien) – Cet ensemble charmant est agrémenté de tonnelles, balustrades, statues, petits palmiers, parterres et de différentes essences d'arbres (palmiers, agaves, bigaradiers).

Neue Orangerie (Nouvelle orangerie) ⏱ – Le projet fut dessiné par Frédéric-Guillaume IV, et inspiré, pour le corps central, des villas de la Renaissance italienne, comme la villa Médicis à Rome. Elle est plus belle vue de loin, dans la perspective du jardin et du double escalier, que de près, où son gigantisme (la façade mesure 330 m de long) laisse une impression de froideur. Les appartements du tsar Nicolas Ier et de sa femme, sœur du roi de Prusse, sont somptueux, notamment la **salle de Malachite**, qui appartient à l'appartement de la tsarine. Mais la **salle des Raphaël**★, qui expose 47 copies des œuvres les plus célèbres de ce maître, est plus originale et correspond au goût du 19e s. en matière d'aménagement de musée.

Les curiosités décrites dans le paragraphe ci-dessous, de moindre importance, figurent sur le plan en pointillé. Elles sont destinées au visiteur moins pressé.

Drachenhaus (Pavillon des Dragons) – Cette petite pagode (seize dragons en cuivre doré ornent le faîte du toit) est désormais un salon de thé. Elle a été bâtie en 1770 par Karl von Gontard à proximité du vignoble planté l'année précédente sur le versant Sud de la colline (Drachenberg). C'était la maison du vigneron.

Belvedere – Cet édifice charmant et aérien, restauré après de longues années d'abandon, est la dernière construction, bâtie sur la hauteur du Klausberg, du Potsdam de Frédéric II (1770-1772). Celui-ci n'en fut pas pleinement satisfait. Avant d'arriver au Nouveau Palais, l'on passe devant le **temple antique** (Antikentempel) qui devait abriter une partie des collections du roi.

★★**Neues Palais** (Nouveau Palais) – Frédéric II voulait montrer au monde que la Prusse, sortie victorieuse de la guerre de Sept Ans (1757-1763, voir l'INTRODUCTION, Le poids de l'histoire), n'était nullement éprouvée par ce long conflit. Cette « fanfaronnade », comme la qualifiait le souverain, qui donna ainsi du travail à des milliers d'artisans, est le plus grand palais de Potsdam. Il était destiné à recevoir des membres de la famille royale. Bâti dans un rococo qui commençait à dater (et qu'il avait choisi déjà « cinquante ans trop tard » selon Voltaire), mais que Frédéric II aimait, c'est une construction extravagante et affétée. L'obsession de ne pas passer inaperçu est poussée ici à son paroxysme, conformément à la devise qu'on peut lire sur le fronton principal où l'aigle porte : « Non Soli Cedit » (« Il ne le cède pas au soleil »). Tout, dans ce bâtiment, est ostentatoire : les 428 sculptures, le dôme central, surmonté des trois Grâces portant la couronne de Prusse, les **communs**★ (1766-1769), œuvre de Jean Laurent Le Geay et de Karl von Gontard, qui sont peut-être la partie la plus réussie de l'ensemble. On y logeait le personnel et les cuisines et ils composent un décor de fête exubérant destiné, aussi, à masquer des marécages. On imagine très bien **Guillaume II** et sa cour en train de parader aux abords du château qu'il fit aménager (les lampadaires et les rampes d'accès datent de son époque), installant l'électricité dans les pièces grandioses et inconfortables. C'était, jusqu'en 1918, sa résidence préférée.

Visite ⏱ – On ne visite, au rez-de-chaussée et au 1er étage, que les appartements de l'aile Nord.

La **grotte** (Muschelsaal) offre un curieux décor de murs incrustés de coquillages, de minéraux, de coraux et de verre. Le château, contrairement à la tradition baroque et selon la volonté de Frédéric II, est dépourvu de grand escalier d'apparat et

Une architecture de parade : Le Nouveau Palais

comprend quatre escaliers modestes qui desservent les appartements princiers. Dans les chambres, à l'étage, remarquer les boutons pour appeler les domestiques : « Bettfrau » (domestique préposée au lit), « Kammerfrau » (femme de chambre), « Garderobefrau » (domestique chargée de la garde-robe), « Schneiderin » (tailleur). Deux très belles peintures d'enfants d'Antoine Pesne ornent la chambre de damas vert : *Le prince Auguste-Ferdinand de Prusse en costume de Hussard* et *Le prince Henri de Prusse*. La **salle de marbre** *(Marmorsaal)*, occupant la hauteur de deux étages et décorée de grands tableaux de peintres français du 18ᵉ s., est impressionnante : le sol est une marqueterie de marbre, comme dans la grotte.

Le **théâtre**, bâti sur un dessin de Knobelsdorff pour une salle similaire dans le château de ville, possède un décor gracieux, blanc et or, avec des Hermès supportant les arcades du balcon et des colonnes en forme de palmiers encadrant la scène. Il est visible lors d'une représentation. Frédéric II n'occupait pas de loge, mais une place au 3ᵉ rang de l'orchestre.

Le château de Lindstedt (1858-1860)

Bien qu'en dehors du domaine de Sans-Souci *(Lindstedter Chaussee ; prendre le chemin à gauche)*, ce petit château, construit à la demande de Frédéric-Guillaume IV qui voulait y passer sa vieillesse, n'est pas très éloigné du Nouveau Palais. C'est une curiosité mineure, mais jolie pour son jardin, conçu par Lenné, son péristyle et son portique. Le bâtiment, asymétrique, étend ses bras comme pour multiplier les points de vue variés sur la nature.

Après avoir vu le **Temple de l'Amitié** *(Freundschaftstempel,* 1768), dédié à la sœur chérie de Frédéric II, Wilhelmine, margravine de Bayreuth, morte dix ans plus tôt, le visiteur parvient au château de Charlottenhof. Si l'on dispose d'un peu de temps, l'on peut voir le charmant jardin de l'hippodrome, qui offre une perspective sur le château de Charlottenhof, et la faisanerie construite dans le style d'une villa italienne.

★**Schloß Charlottenhof (Château de Charlottenhof)** ⊙ – *Visite guidée 1 h. Accès à la caisse façade Sud ; la visite commence par le vestibule, façade Ouest.*

Le nom du domaine de *Charlottenhof* vient d'une précédente propriétaire. Le prince héritier, futur Frédéric-Guillaume IV, le reçut en cadeau de Noël en 1825 et il l'appelait son « Siam » (ancien nom de la Thaïlande). L'achat de cette terre par la couronne permit l'extension du parc de Sans-Souci. **Peter Josef Lenné** en fit un splendide parc à l'anglaise, vaste pelouse parsemée de boqueteaux. Le petit château néo-classique (1826) est une création complexe et raffinée de **Schinkel** et de son élève Persius, destiné à servir de résidence d'été pour le prince et son épouse, une princesse bavaroise. Une jolie vue sur le dôme du Nouveau Palais et le parc s'offre depuis l'hémicycle, autrefois tendu d'une toile blanc et bleu, couleurs de la Bavière. Une pergola à l'italienne court entre l'hémicycle et le château et borde un jardin.

Visite ⊙ – L'intérieur, à l'échelle humaine, s'inspire des peintures de Pompéi. Des fenêtres en verre coloré laisse le grand vestibule dans la pénombre ; on remarquera l'élégance de la fontaine, sortie de la fonderie royale, et de la balustrade qui ne faisaient pas partie de la décoration d'origine. Les meubles (fauteuils, bureau de la princesse héritière, table d'apparat de la salle à manger) ont été dessinés par Schinkel. La **salle à manger**, aux niches repeintes en rouge sur ordre du prince, est la plus belle pièce, la **« chambre de la tente »** *(Zeltzimmer)*, réservée aux dames d'honneur de la princesse, la plus originale.

Römische Bäder (Thermes romains) ⊘ – Dans l'harmonie d'un parc aux essences diverses apparaît cet ensemble composite, conçu par **Schinkel** et exécuté par son élève Persius de 1829 à 1844. Une maison de campagne italienne, où résidait le jardinier chargé de réaliser l'aménagement des jardins de Lenné, est réunie par un jardin, des arcades, une pergola à des thermes antiques et à un temple romain : « diverses pensées idylliques [...] devaient s'y combiner au sein d'un style pittoresque et former un groupe d'objets architecturaux diversifiés qui se fondraient agréablement avec la nature environnante » (Schinkel). L'**intérieur**★ des thermes est d'un grand raffinement : statues, mosaïques, mobilier métallique gracile, peintures murales ornent le sol et les murs, percés pour créer l'effet illusionniste propre à l'architecture romaine. Le **vestibule** (la grande baignoire en jaspe vert est un cadeau du tsar Nicolas Ier) précède l'**atrium** et son *impluvium*, bassin central recueillant les eaux de pluie, et le **caldarium**, orné de la mosaïque d'Alexandre conservée au musée de Naples et de caryatides précédant la piscine creusée en forme de niche. On ne se baignait jamais dans ces thermes qui étaient un souvenir de l'Italie que le prince héritier avait visitée en 1828. Par la pergola couverte de vigne vierge, on gagne le **pavillon de thé** en forme de temple, salle unique, bleue, d'une sobriété exquise, regardant vers l'étang et le jardin...

Ph. Gajic/MICHELIN

Maison de thé chinoise, groupe de personnages préparant le thé

★★ **Chinesisches Teehaus (Maison de thé chinoise)** – Toute dorée après sa restauration, c'est une « folie » telle qu'on les aimait au 18e s., inspirée d'un pavillon du parc du château de Lunéville, et conçue par Johann Gottfried Büring, l'architecte de la galerie de Tableaux. De ravissants petits cabinets s'ouvrent sur la salle ronde, ornée de peintures « chinoises » ; des consoles rocailles supportent des porcelaines ; un mandarin trône sous un parasol au faîte du toit. Le portique de colonnes en forme de palmiers, près desquelles sont assis des personnages exotiques grandeur nature, qu'on croirait avoir été figés, est l'élément le plus fascinant de cet extraordinaire ensemble.

★★ **NEUER GARTEN** **(NOUVEAU JARDIN) ETU**

Visite 2 h 30 – 🚌 *695 Birkenstraße/Alleestraße.*

Aménagé à la fin du 18e s., autour du *Heiliger See*, par Lenné pour Frédéric-Guillaume II, qui se passionnait pour les jardins anglais, il devint le domaine du dernier prince héritier (1882-1951) et de son épouse Cécile de Mecklembourg-Schwerin. Le jardin est parsemé de fabriques : l'**Établissement néerlandais** *(Holländische Etablissement)*, où logeait la domesticité ; l'**Orangerie**, dissimulée derrière une maison *(Damenhaus)* de l'établissement néerlandais et bordée par un joli jardin ; la **Pyramide**, qui servait à l'origine de glacière ; les cuisines, que Langhans a cachées sous l'aspect d'une ruine antique juste à côté du **palais de marbre★** *(Marmorpalais)*. Celui-ci, résidence d'été de Frédéric-Guillaume II, bâtie (1787-1791) par Karl von Gontard et aménagé par Carl Gotthard Langhans, est en cours de restauration. C'est l'un des premiers bâtiments néo-classiques de la région de Berlin. Il abritera un musée. Depuis la « **Maison verte** », vue sur le lac, le palais de Marbre et l'église St-Nicolas. Au Nord du lac, au bord de la Havel *(Quapphorn)*, la **vue★★**, d'une calme beauté, s'étend du campanile carré, noyé dans la verdure, de l'église de Sacrow et du château de l'île aux Paons jusqu'au parc de Klein-Glienicke (le Casino, le pont de Glienicke, *voir WANNSEE*) et à la tour de télé-communication du Schärferberg.

★**Schloß Cecilienhof (Château de Cecilienhof)** ⊘ – Immense cottage (plus d'une cen-taine de pièces !) construit durant la Première Guerre mondiale (1914-1917), le château du prince héritier et de son épouse Cécile a été transformé en hôtel de luxe. On visite le **cabinet privé** de la princesse héritière, décoré comme une cabine de navire, la salle de travail de la délégation russe, le salon blanc néo-classique, la salle de conférences (la table, d'un diamètre de 3,05 m, fut fabriquée spéciale-ment à Moscou), les salles des délégations américaine et anglaise *(les explications sont en anglais, allemand et russe)*.

La conférence de Potsdam

Préparée par les précédentes conférences de Téhéran (28 novembre-1er décembre 1943) et de Yalta (4-11 février 1945), elle se déroula dans le grand salon de réception du château de Cecilienhof, du 17 juillet au 2 août 1945. **Winston Churchill** (qui sera remplacé par Clement R. Attlee après la vic-toire des Travaillistes en Angleterre) et **Harry S. Truman** (Franklin D. Roosevelt venait de décéder en avril) se rencontrèrent à Potsdam dès le 15 juillet. Du fait d'un léger accident cardiaque, **Joseph V. Staline** arriva avec un jour de retard. Comme il craignait les vols en avion, il parcourut l'Est de l'Allemagne en wagon blindé, selon un itinéraire tenu secret, mais gardé, à chaque kilomètre, par des groupes de soldats ! Le chef du Kremlin pouvait se permettre ce retard. Il était le seul des « trois Grands » de Téhéran et de Yalta encore en place ; il avait en face de lui des interlocuteurs encore peu rompus aux affaires et qui avait accepté d'évacuer les régions à l'Est de l'Allemagne (Thuringe, Saxe) qu'ils avaient libérées, mais qui faisaient partie de la zone d'occupation soviétique. La conférence décida des frontières entre l'Allemagne et la Pologne, de l'établissement d'un Conseil de contrôle et d'une *Kommandantur* alliés, du problème des réparations et de la comparution devant les tribunaux des criminels de guerre. Les traités étaient parsemés de termes comme « démocratique », « pacifique », « dans le respect du droit », mais le nombre de points abordés ne donnait pas une impression de clarté et laissait nombre d'incertitudes qui seront exploitées, selon les occasions, pendant la guerre Froide.

Gotische Bibliothek – Bâtie de 1792 à 1794, elle est en cours de reconstruction.

AUTRES CURIOSITÉS *voir plan Potsdam et environs*

★**Russische Kolonie Alexandrowna (Colonie russe Alexandrovna)** (**DEU**) – *Prendre le* 🚋 *92 ou 95 sur la Friedrich-Ebert-Straße et descendre à Puschkinallee.* Frédéric-Guillaume III fit construire ces charmantes maisons en bois sculpté sur le modèle des villages russes. Les douze derniers chanteurs d'un chœur militaire fondé pendant les guerres napoléoniennes y logeaient. Au sommet du Kapellenberg, la **Chapelle Alexandre-Newski★** *(terminus du* 🚋 *92, monter le chemin sur la colline),* dédiée à la mémoire du défunt tsar Alexandre Ier, a été joliment restaurée.

Pfingstberg (Mont de la Pentecôte) (**ET**) – *Prendre le petit chemin qui longe, à droite, le cimetière juif (Puschkinallee 25), en face du panneau Russische Kolonie 14 et du chemin qui descend de l'église St-Alexandre-Newski.*
Le mont de la Pentecôte était le mont des Juifs *(Judenberg)* au début du 19e s., car le cimetière juif de Potsdam s'y trouvait. Frédéric-Guillaume II avait prévu d'y faire bâtir une tour néo-gothique de 45 m de haut. Le **Belvédère** est encore une ruine au milieu de la végétation. Il a été conçu par Frédéric-Guillaume IV, à partir de 1849, pour offrir aux visiteurs une **vue★★** sur presque tous les parcs environ-nants et le centre de Potsdam, dominé par le dôme de St-Nicolas et entouré par la verdure. On distingue, depuis le portique du petit **temple de Pomone** (1800), situé un peu en contrebas, première création architecturale de Schinkel qui l'exécuta à l'âge de 19 ans, la *Maschinenhaus* et le Casino du parc de Klein-Glienicke *(voir WANNSEE)*.

★ **« Einsteinturm »** (**EV**) – *Entrer dans le « Wissenschaftspark A. Einstein » et s'annoncer auprès du gardien dans sa guérite. A gauche, en haut ; suivre les flèches « Einsteinturm ». Plusieurs observatoires. Compter 5 à 10 mn de marche.*
C'est une œuvre d'Erich Mendelsohn (1920-24).

★ **Glienicker Brücke** (**Pont de Glienicke**) (**FU**) – 🚌 *116,* 🚋 *93 Glienicker Brücke. Voir WANNSEE.*

SAKROW *Voir plan Potsdam et environs* **FT**

Voir **HAVEL★★**, **WANNSEE★★**.

★ BABELSBERG *Voir plan Potsdam et environs* **FGUV**

★ **Schloß Babelsberg** (**Château de Babelsberg**) ⊘ – *voir plan Potsdam et environs.* 🚈 *3, 7 Babelsberg, puis* 🚌 *691 Babelsberg Nord.*
Frédéric-Guillaume III avait longuement hésité avant d'offrir le terrain, vierge encore de toute construction, à son fils cadet Guillaume, le futur empereur. L'épouse de celui-ci, la princesse Augusta de Saxe-Weimar avait, comme sa sœur Marie *(voir WANNSEE, parc de Klein-Glienicke)*, reçu une excellente éducation et aimait les châteaux anglais. La première demeure néo-gothique a été conçue par Schinkel en 1833, puis agrandie. Le goût de la maîtresse de maison pour les décors chargés entraîna une brouille avec l'architecte qui préférait les décors clairs, ouverts sur le paysage, comme celui de la **salle à manger** octogonale, qui deviendra salon de thé. Il n'assista pas à la fête d'inauguration en 1835. Le château fut agrandi après 1840, Guillaume devenant prince-héritier, avec un architecte correspondant mieux aux désirs du couple princier. La belle **salle de bal** *(Tanzsaal)* termine la visite.

★★ **Park** – Le parc, conçu par Lenné à flanc de coteau, est romantique, traversé de sentiers sinueux, parsemé de fabriques néo-gothiques, telle la *Matrosenhaus* où habitait le matelot s'occupant de la flotte du roi, ou authentiquement médiévale comme la galerie du Tribunal *(Gerichtslaube)*. Cette petite construction cubique fut construite avec les pierres de l'ancien hôtel de ville de Berlin et servait de salon de thé. De tous côtés, le visiteur jouit d'agréables vues sur la Havel, en particulier le **pont de Glienicke** et le rendez-vous de chasse de Glienicke *(Jagdschloß Glienicke, voir WANNSEE)*. Depuis la **Flatowturm**, donjon isolé qui sert de belvédère (1856) et dont la pointe est surmontée d'un aigle doré, vue sur Potsdam et les immeubles qui la défigurent.

Studio Babelsberg – 🚈 *3, 7 Babelsberg, puis (par la Großbeerenstraße)* 🚌 *690, 692 Ahornstraße.*
Le **Studiotour Babelsberg** ⊘ , installé sur les terrains des anciens studios de l'Ufa et de la DEFA *(voir l'INTRODUCTION, Le cinéma)*, est une attraction décevante et chère. Le numéro de cascades est une sorte d'adaptation de *Mad Max*. L'histoire des studios est retracée pour un film de qualité médiocre, mais précédé de deux splendides publicités ! La *Caligarihalle*, qui se réfère au décor du célèbre film de Robert Wiene, propose un extrait de *Metropolis* et abrite des monstres et des personnages de films de science-fiction. Elle plaira aux nostalgiques du maître des effets spéciaux **Ray Harryhausen**, qui signa les animations du *Choc des Titans*, *Les Aventures de Sinbad* et *Jason et les Argonautes*. A noter, également, une salle consacrée au petit **marchand de sable** *(« Das Sandmännchen »)*, inspiré d'un conte d'Andersen et apparu à la télévision de la RDA en 1959. Il jetait une poignée de sable à la fin de chaque émission. Tous les enfants connaissent le « petit gars à la barbe pointue ».

★★ KLEIN-GLIENICKE

Voir **WANNSEE★★**.

Chefs-d'œuvre à ne pas manquer à Berlin :

Château de CHARLOTTENBOURG et environs – Le buste de Néfertiti ; les Watteau de Frédéric II ; les toiles de Caspar David Friedrich.

DAHLEM – La collection d'art précolombien et les catamarans d'Océanie du musée d'Ethnographie ; L'Homme au casque d'or et autres chefs-d'œuvre de la galerie de tableaux ; les serres du jardin botanique.

KÖPENICK – Le grand buffet en argent des Hohenzollern.

KULTURFORUM – Dix et Grosz, les peintres expressionnistes et de la Nouvelle Objectivité ; le trésor des Welf.

MUSEUMSINSEL – Le grand autel de Pergame et la porte du marché de Milet ; le double portrait des princesses Louise et de Frédérique de Prusse ; Le concert de flûte d'Adolf von Menzel.

ZOOLOGISCHER GARTEN – Le jardin zoologique.

Le « Landwehrkanal » à Kreuzberg

Renseignements
pratiques

Avant le départ

Formalités – Un passeport en cours de validité ou une carte d'identité (pour les ressortissants de l'Union européenne) suffisent pour pénétrer en République fédérale d'Allemagne.

Assurance – Les pays de l'Union européenne ayant conclu des arrangements réciproques, demander le formulaire **E111** auprès de l'organisme de Sécurité sociale avant le départ en Allemagne. En échange de ce document, l'**AOK**, caisse d'Assurance-maladie allemande, remettra au malade un formulaire qui lui permettra de recevoir les soins gratuitement. Le règlement s'effectue directement entre le médecin traitant et la Caisse d'Assurance-maladie.

Le E111 ne couvrant pas tous les frais médicaux, il est recommandé de souscrire également une assurance privée.

Offices allemands du Tourisme

Belgique – Office National Allemand du Tourisme, 23, rue du Luxembourg, B-1040 Bruxelles ; ☎ (02) 245 97 00, fax : (02) 245 39 80.

Canada – German National Tourist Office, 175 Bloor-street-East, North Tower, suite 604, Toronto, Ontario M⁴W3R8 ; ☎ 416 968 15 70, fax : 416 968 19 86.

France – Office national Allemand du Tourisme, 9, boulevard de la Madeleine, F-75001 Paris ; ☎ 01 40 20 01 88.

Suisse – Deutsches Verkehrsbüro, Talstraße 62, CH-8001 Zurich ; ☎ (01) 221 13 87, fax : (01) 212 01 75.

> ### Quelques mots utiles :
>
> **Bahnhof** : gare.
> **Brücke** : pont.
> **Platz** : place.
> **Straße** : rue.
> **DM** : Deutsche Mark.
>
> Pour chaque adresse, l'**arrondissement** (Charlottenburg, Mitte, Wilmersdorf, etc.) est indiqué entre parenthèses.

Centres culturels allemands – Ils disposent d'une bibliothèque et dispensent des cours de langues.

Goethe Institut Bordeaux – 16 ter, rue Boudot ; ☎ 05 56 44 67 06, fax 05 56 48 03 77.

Goethe Institut Lille – 98, rue des Stations ; ☎ 03 20 57 02 44, fax 03 20 42 81 45.

Goethe Institut Lyon – 16-18, rue François-Dauphin ; ☎ 04 78 42 88 27, fax 04 72 40 91 55.

Goethe Institut Marseille – 171, rue de Rome ; ☎ 04 91 18 40 69, fax 04 91 42 18 57.

Goethe Institut Nancy – 39, rue de la Ravinelle ; ☎ 03 83 35 44 36, fax 03 83 32 43 45.

Goethe Institut Paris – 17, avenue d'Iéna ; ☎ 01 44 43 92 30, fax 01 44 43 92 40.

Goethe Institut Toulouse – 6 bis, rue Clémence-Isauré ; ☎ 05 61 23 08 34, fax 03 61 21 16 66.

Goethe Institut Bruxelles – 58, rue Belliard ; ☎ (2) 230 39 70, fax (2) 230 77 25.

QUAND PARTIR ?

Un climat de transition – La ville se situe à la frontière entre climat océanique (entre 500 et 600 mm de précipitations) et continental, ce qui explique des influences contradictoires. Le vent, qui souffle la plupart du temps de l'Ouest, apporte un temps variable : l'influence continentale creuse les écarts, apportant chaleur en été, froid et glace en hiver. La température moyenne oscille entre 7,7 °C et 9 °C. Ces dernières années, on observe des étés secs et caniculaires et des hivers doux et sans neige. Le Nord-Est de l'agglomération est d'ailleurs légèrement plus froid et venteux que le Sud-Ouest. La différence de température entre le centre-ville et la périphérie peut atteindre 10 °C la nuit. Du fait du relief, les orages se concentrent en été le long de la vallée (Charlottenbourg, Tiergarten, Mitte, Treptow) et les précipitations sont plus importantes sur les contreforts des plateaux (Neukölln) que sur les plateaux proprement dits. Il n'est pas rare, en automne et en hiver, de ne plus voir la sphère de la tour de la Télévision, alors que celle de la Radio est dégagée.

« Die Berliner Luft, luft, luft : die hat einen schönen Duft, Duft, Duft » (Paul Lincke) – Les chansons du début du siècle célèbrent la qualité de l'air de Berlin. De fait, qu'il souffle de l'Est ou de l'Ouest, il est des plus toniques. D'un froid mordant en hiver, qui recouvre la ville d'une chape grise et glacée, il est étonnamment agréable l'été qui peut être chaud, mais qu'un souffle tempère toujours (avec des risques de baisse subite de températures). Le centre de Berlin étant dans une vallée, la pollution n'est pas rare, comme dans toutes les métropoles. On parodie alors la chanson en parlant du *« Berliner Dunst »*, les « émanations berlinoises ».

Comment se rendre à Berlin ?

EN VOITURE

Itinéraires – Le **3615 Michelin** donne l'itinéraire favorisant les autoroutes, celui évitant les péages, l'itinéraire le plus rapide et le plus court, celui conseillé par Michelin. Hambourg et Rostock, Bonn, Cologne et Hanovre, Francfort-sur-le-Main et Brunswick, Dresde, Francfort-sur-l'Oder, Szczecin/Stettin sont reliés par autoroutes à la rocarde autoroutière entourant Berlin *(Berliner Ring)*, à partir de laquelle il est possible de joindre plusieurs points du centre-ville.

Circulation automobile – La vitesse maximale autorisée en agglomération est de 50 km/h, 100 km/h sur route. Sur les autoroute, la vitesse n'est pas limitée, mais il est recommandé de ne pas dépasser les 130 km/h.
La **ceinture de sécurité** est obligatoire pour les passagers, à l'avant comme à l'arrière du véhicule. Se munir d'un triangle réglementaire, signalant son véhicule à l'attention des autres conducteurs, en cas d'arrêt forcé en bordure de la route.

Assurance – Se munir d'une carte verte internationale.

Secours routier – Il est assuré sur les autoroutes et les routes principales par l'**ADAC** (« Allgemeiner Deutscher Automobil-Club »). Le dépannage sur place est gratuit ; seules les pièces de rechange sont à payer.

Centrale de dépannage de l'ADAC – ☎ (01 30) 81 92 11. Le **guide Rouge Deutschland** indique le numéro de téléphone du service ADAC des principales villes.

Carburant

Super Verbleit : essence Super.

Super Bleifrei : essence sans plomb, indice d'octane 95.

Super Plus Bleifrei : essence sans plomb, indice d'octane 98.

Mitfahrtzentrale
Des particuliers proposent leur véhicule à une ou plusieurs personnes qui partagent les frais du voyage.

City-Netz – Kurfürstendamm 227, 3ᵉ étage du Ku'damm Eck (Charlottenburg) : ☎ (030) 194 44 ; **U** 9, 15 Kurfürstendamm.

Mitfahrzentrale am Alex – Station de U-Bahn Alexanderplatz, dans le hall entre les lignes 8 et 2 (Mitte) ; ☎ (030) 241 58 20 ; **S** + **U** Alexanderplatz.

Mensa (Restaurant universitaire) – Hardenbergstraße. Pour les étudiants.

Avertissements routiers importants :
Anfang : début
Ausfahrt : sortie
Baustelle : chantier
Einbahnstraße : rue à sens unique
Ende : fin
Einfahrt : entrée
Gefährlich : dangereux
LKW : poids lourds
PKW : voiture de tourisme
Rechts einbiegen : tourner à droite
Links einbiegen : tourner à gauche
Rollsplitt : gravillons
Stau : bouchon
Unfall : accident
Umleitung : déviation
Verengte Fahrbahn : rétrécissement
Vorfahrt : priorité
Vorsicht : attention

EN AUTOCAR

Gare routière – Messedamm 8 (Charlottenbourg), en face de la tour de la Radio et du Centre international des Congrès (ICC) ; **S** 45 Witzleben, **U** 2, 12 Kaiserdamm ; ☎ (030) 301 80 28.

Zentraler Omnibusbahnhof (ZOB) – Masurenallee ; **S** 45, 46 Witzleben/**U** 2 Kaiserdamm ; ☎ (030) 301 80 28. Liaisons par autocars en direction des grandes villes allemandes et des lieux de séjour dans le Harz, la Franconie, la Forêt-Noire.

Berlin Linien Bus – Mannheimer Straße 33-34 (Wilmersdorf) ; **U** 1, 7 Fehrbelliner Platz ; ☎ (030) 86 00 9 692.

EN TRAIN

Un train de nuit part de la **gare du Nord**, à Paris, aux alentours de 21 h et arrive vers 9 h à la gare Zoologischer Garten. Le terminus est le même au départ de Bruxelles-Midi et de Genève.

Renseignements téléphoniques des chemins de fer allemands (Deutsche Bahn – Zentrale Zugauskunft) – De 6 h à 23 h tous les jours, ☎ (030) 194 19.

Bureau d'information des chemins de fer allemands (Deutsche Bundesbahn Auskunftstelle) – Hardenbergstraße 20 ; **S** + **U** Zoologischer Garten ; ☎ (030) 312 10 42 ; ouvert du lundi au vendredi de 8 h 30 à 18 h 30, le samedi de 8 h 30 à 13 h.

Le train à grande vitesse ICE dans la gare Zoo

Les gares

Bahnhof Zoologischer Garten ou **Bahnhof Zoo** (Charlottenbourg) – Ⓢ + Ⓤ Zoologischer Garten ; ☎ (030) 29 76 13 41 ; ouvert tous les jours de 5 h 30 à 23 h. Liaisons avec les anciens *Länder* et l'Europe de l'Ouest ; les trains en provenance du Nord s'arrêtent également à la gare de **Spandau**, ceux en provenance du Sud et de l'Ouest à la gare de **Wannsee**.

Hauptbahnhof – Ⓢ + Ⓤ Hauptbahnhof. Trains en direction des nouveaux *Länder*, de l'Europe de l'Est (Budapest, Prague, Varsovie, Vienne) et de la CEI.

Bahnhof Lichtenberg – Ⓢ + Ⓤ Lichtenberg. Desserte régionale et trains en direction du Nord de l'Europe.

Informations utiles

Numéros utiles :

SAMU et pompiers – ☎ 112.

Police – ☎ 110.

Urgences médicales – ☎ 31 00 31 ; ☎ 260 91 28 (Est de Berlin) ; ☎ 61 00 61 (pour les enfants) ; ☎ 42 21 14 37.

Urgences empoisonnement – ☎ 192 40 ; ☎ 45 05 35 55.

Renseignements pharmacie, dentiste, vétérinaire – ☎ 0 11 41 ; ☎ 42 21 14 37.

Télégramme par téléphone – ☎ 0 11 31.

Renseignements – ☎ 011 88.

Renseignements internationaux – ☎ 0 01 18.

Objets trouvés (« Fundbüro ») :

Zentrales Fundbüro – ☎ (030) 69 95.

BVG – Lorenzweg 5 (Tempelhof) ; ☎ (030) 751 80 21 ; Ⓤ 6 Ullsteinstraße ; Ouvert de 9 h à 15 h les lundi, mardi, jeudi, de 9 h à 18 h le mercredi, de 9 h à 14 h le vendredi.

Fundbüro der Polizei – Platz des Luftbrücke 6 ; ☎ (030) 69 90 ; Ⓤ 6 Platz der Luftbrücke.

Deutsche Bahn – ☎ (030) 29 72 96 12.

Ambassades :

Belgique – Esplanade 13 ; ☎ (030) 445 91 88.

Canada – Friedrichstraße 95 ; ☎ (030) 261 11 61.

France – Rue Montesquieu 31 ; ☎ (030) 414 30 72.

Suisse – Fürst-Bismarck-Straße 4 ; ☎ (030) 394 40 21/22.

Liaisons Berlin-Aéroports

AÉROPORTS

Depuis l'unification, les principales villes d'Allemagne et d'Europe sont reliées directement à Berlin. Les compagnies **Lufthansa** et **Air France** assurent la liaison depuis Lyon, Marseille, Nice, Paris, Strasbourg, Toulouse ; des vols quotidiens relient également Genève et Bruxelles.

Informations et réservations Air France

France – ☎ 01 44 08 22 22.

Belgique – 48-50, boulevard Adolphe-Max, 1000 Bruxelles ; ☎ (2) 220 08 00.

Suisse – 3, rue du Mont-Blanc, 1200 Genève ; ☎ (22) 731 33 30 ; Réservation centrale ☎ (22) 798 05 05.

Québec – 2000, rue Manfield, 15ᵉ étage, Montréal H3A-3A3 ; ☎ 514 847 11 06 ; Réservation centrale pour le Canada ☎ 800 667 27 47.

Informations et réservations Lufthansa

France – Informations et réservations **Numéro Azur** (prix appel local) ☎ 08 01 63 38 38 du lundi au vendredi de 8 h 30 à 18 h 30, le samedi de 8 h 30 à 13 h ; fax 01 42 68 07 01 ; Minitel **3615 LH** (2,23 F/mn).

Bruxelles – Fax (2) 218 25 21.

Genève – ☎ (22) 929 51 51 ; fax : (22) 929 51 44.

Québec – ☎ (n° vert) 1 800 563 59 54.

Berlin-Tegel (TXL) – ☎ (030) 410 11 ; Informations ☎ (030) 41 01 23 06 ; 🚌109 (arrêts : [U] + [S] Zoologischer Garten, [U] 9, 15 Kurfürstendamm, [U] 7 Adenauerplatz, [S] 3, 5, 7, 9, 75 Charlottenburg, [U] 7 Jakob-Kaiser-Platz), 128 (arrêt : [U] 9 Osloer Straße), 🚌 express X9 (arrêt : [S] + [U] Zoologischer Garten). Un trajet en taxi centre-ville-aéroport coûte environ **30 DM**.

Berlin-Tempelhof (THF) – ☎ (030) 695 10 ; Informations ☎ (030) 62 51 22 88 ; [U] 6 Platz der Luftbrücke ; 🚌 119 (arrêt : Kurfürstendamm).

Berlin-Schönefeld (SXF) – ☎ (030) 609 10 ; Informations ☎ (030) 60 91 51 12/51 66 ; [S] 9 (arrêts : Alexanderplatz, Friedrichstraße, Zoologischer Garten) et [S] 45 Flughafen Berlin-Schönefeld (arrêt : Witzleben, près du parc des Expositions) ; 🚌171 vers la station [U] 7 Rudow ; 🚌 N 46 (seulement la nuit) vers [U] + [S] Zoologischer Garten. Des 🚌 relient toutes les 30 mn les aéroports de Tegel et Schönefeld. Un trajet en taxi jusqu'à la gare Zoo coûte environ 55 DM. Liaisons ferroviaires nationales et vers Bâle, Budapest, Prague, Vienne.

Compagnies aériennes :

Air Canada (SXF) – ☎ Réservation (030) 882 58 79.

Air France – ☎ Réservation (030) 01805 36 03 70 ; ☎ TXL (030) 41 01 27 15 ; ☎ THF (liaison avec Strasbourg) (030) 69 51 28 53/32.

> **Pour nos amies les bêtes...**
>
> Un certificat de vaccination antirabique de plus d'un mois et de moins d'un an et un certificat de bonne santé datant de moins de dix jours (pour les pays européens) doivent être accompagnés d'une traduction allemande certifiée conforme.

Lufthansa City Center – Kurfürstendamm 220 ; ☎ Réservation (030) 88 75 88 ; ☎ TXL, SXF, THF (030) 88 75 63 33.

Sabena – ☎ THF (030) 69 51 38 50/51.

Swissair – ☎ Réservation (030) 883 90 01, ☎ TXL (030) 41 01 26 15/16.

Hébergement

HÔTELS

Les hôtels, à Berlin, sont assez chers. Le guide Rouge Michelin *Deutschland* propose une sélection d'hôtels et de restaurants établie après visites et enquêtes sur place.

ADZ (Allgemeine Deutsche Zimmerreservierung) – Corneliusstraße 34, D-60 325 Frankfurt am main ; ☎ (069) 74 07 67, fax (069) 75 10 56. La Centrale allemande de réservation hôtelière permet de réserver facilement dans tous les hôtels, auberges et pensions d'Allemagne.

Hôtel réservation service – Drususgasse 7-11, D-50667 Köln ; ☎ (0221) 207 70, fax (0221) 207 76 66. Accueil en langues française et anglaise. Réservation immédiate.

Berlin Tourismus Marketing GmbH, réservation et informations ☎ (030) 25 00 25, fax (030) 25 00 24 24.

HÉBERGEMENT POUR JEUNES

Pour obtenir la liste des auberges de jeunesse, demander la brochure *Preiswerte Pensionen, Jugendherbergen und Campingplätze in Berlin (Hôtels bon marché, auberges de jeunesse et campings à Berlin)* dans les Offices de Tourisme. Pour acquérir la carte internationale, s'adresser à **Deutsches Jugendherbergswerk,** Hauptverband : Bismarckstraße 8, D-32756 Detmold ; ☎ (05231) 740 10.

On peut contacter :

Jugendhotel Berlin – Kaiserdamm 3 (Charlottenburg) ; ☎ (030) 322 10 11, fax (030) 322 10 12.

Jugend- und Sporthotel Genslerstraße – Genslerstraße 18 (Hohenschönhausen) ; ☎ (030) 976 58 01, fax (030) 976 45 12.

Jugendgästehaus der Deutschen Schreberjugend – Franz-Künstler-Straße 4 (Kreuzberg) ; ☎ (030) 614 66 01.

Sportler-Übernachtungsstätte Kreuzberg – Adalbertstraße 23b (Kreuzberg) ; ☎ (030) 25 88 24 47.

Jugendgästehaus Tegel – Ziekowstraße 161 (Reinickendorf) ; ☎ (030) 433 30 46, fax (030) 434 50 63.

Jugendherberge Ernst-Reuter – Hermsdorfer Damm 48-50 (Reinickendorf) ; ☎ (030) 404 16 10.

Jugendgästehaus Berlin – Kluckstraße 3 (Schöneberg) ; ☎ (030) 262 30 24, fax (030) 262 95 29.

Jugendgästehaus Feurigstraße – Feurigstraße 63 (Schöneberg) ; ☎ (030) 781 52 11.

Studentenhotel – Meiniger Straße 10 (Schöneberg) ; ☎ (030) 784 67 20.

Karl-Renner-Haus – Ringstraße 76 (Steglitz) ; ☎ (030) 833 50 29, fax (030) 833 91 57.

Touristenhaus Grünau – Dahmestraße (Treptow) ; ☎ (030) 679 92 30.

Jugendgästehaus Koloniestraße – Koloniestraße 23-24 (Wedding) ; ☎ (030) 439 50 75/76.

Jugendgästehaus Nordufer – Nordufer 28 (Wedding) ; ☎ (030) 451 70 30.

Haus Vier Jahreszeiten – Bundesallee 31a (Wilmersdorf) ; ☎ (030) 873 20 14, fax (030) 87 82 23.

Jugendgästehaus Central – Nikolsburger Straße 2-4 (Wilmersdorf) ; ☎ (030) 873 01 88, fax (030) 861 34 85.

Studentenwohnheim Hubertusallee (Wilmersdorf) – ☎ (030) 891 97 18.

Jugendgästehaus Am Wannsee – Badeweg 1 (Zehlendorf) ; ☎ (030) 262 30 24, fax (030) 262 95 29.

Renseignements Camping :

Camping & Zeltplätze – ☎ (030) 218 60 71.

*Avant de prendre la route,
consultez **3615 MICHELIN** (1,29 F/mn) sur votre Minitel :
votre meilleur itinéraire,
le choix de votre hôtel, restaurant, camping,
des propositions de visites touristiques.*

Comment se déplacer à Berlin ?

POUR LES PROMENEURS

Le **Plan Falk** (**Falkplan**, 9,80 DM) est pratique par son système de pliage qui le rend moins encombrant. Il en existe une version (13 DM) regroupant Berlin et Potsdam. Le tracé des rues et le réseau du U-Bahn et du S-Bahn y sont bien indiqués ; le réseau des bus est moins lisible. la clef pour ne pas se perdre à Berlin est l'**Atlas** de l'agglomération berlinoise (jusqu'à Potsdam) publié par la **BVG**. Bien que de format moins pratique que le *plan Falk*, cet Atlas, d'un prix modique (3,50 DM), allie le détail des rues à l'indication exacte du réseau des transports urbains. Celui des bus, indiquant l'emplacement et le nom des stations, est très clair et permet d'atteindre n'importe quelle curiosité isolée.

BICYCLETTE

Voir la rubrique VIVRE A BERLIN.

TAXI

Stations de taxis :
Zoo Station, Hardenbergplatz (Charlottenbourg).
Savignyplatz (Charlottenbourg).
Bien disséminées dans la partie Ouest de Berlin, les stations de taxi se concentrent, dans la partie Est de la ville, sur l'Alexanderplatz, à l'entrée de la gare de S-Bahn, devant le *Palasthotel*, sur l'Unter den Linden, au Sud du Weidendammerbrücke, sur la Rosenthaler Platz et près de la Volksbühne.

Numéros d'appel : ☎ (030) 690 22   ☎ (030) 26 10 26   ☎ (030) 21 02 02
☎ (030) 691 50 59   ☎ (030) 21 01 01   ☎ (030) 96 44
Prix de départ : 14 DM (+ 6 DM pour un taxi appelé par téléphone) ; de nombreux taxis acceptent la carte de crédit.

TRANSPORTS EN COMMUN

L'organisme des transports urbains se nomme **BVG** *(Berliner Verkehrsbetriebe)*.

Renseignements :
BVG-Pavillon Hardenbergplatz, devant la gare Zoo – Ouvert de 8 h à 20 h tous les jours. On peut y acheter l'*Atlas* de la BVG *(voir ci-devant)*.
Service Clientèle (Kundendienst) – Ouvert de 6 h à 23 h ; ☎ (030) 752 70 20.

Visitez Berlin avec les transports en commun !

Le parcours en **S-Bahn** entre la gare Zoologischer Garten et l'Alexanderplatz équivaut presque à une visite de la ville. Le train longe le Tiergarten au Nord, permettant de voir les immeubles modernes qui bordent la Spree à Moabit, le chantier de la gare de Lehrte et celui, immense, du quartier gouvernemental, les pavillons néo-gothiques de l'hôpital de la Charité (qui appartenaient au secteur Est), le Reichtag (le Mur passait juste derrière), la gare de Friedrichstraße, l'île des Musées et la cathédrale, la tour de la Télévision.

Bus 100

Au retour, le bus **100**, relie Alexanderplatz et la gare Zoologischer Garten en passant devant de nombreuses curiosités : la cathédrale et le Vieux Musée, Unter den Linden, la porte de Brandebourg, le château de Bellevue, la colonne de la Victoire et l'église du Souvenir.

Deux parcours aériens sont intéressants en **U-Bahn** : **Ⓤ** 1 et 15 entre Gleisdreieck et Möckernbrücke, passant au-dessus des voies désaffectées de la gare d'Anhalt (à la hauteur du musée des Transports et des Techniques), permettent de voir la forêt de grues du chantier de la Potsdamer Platz, et **Ⓤ** 2 à partir de Senefelderplatz.

Tarifs

U-Bahn, S-Bahn, bus et tramway sont inclus dans la même tarification. Un simple ticket est valable pour l'ensemble des moyens de transport **pour une durée de 2 h.**

On peut acheter son ticket dans les distributeurs auto-

Un service de taxis est joignable à partir des gares de U-Bahn, le soir à partir de 20 h et jusqu'à la fermeture du réseau, pour les femmes seules et les personnes handicapées. S'adresser au chef de la station au milieu du quai pour qu'il téléphone en précisant la destination et le mode de paiement.

matiques jaunes ou orange à l'entrée des stations de U-Bahn et de S-Bahn. Les distributeurs acceptent les billets non froissés et rendent la monnaie. Le titre de transport doit être validé dans les boîtes rouges, situées généralement avant les escaliers mécaniques, et à l'intérieur des bus. Les contrôles de billets sont fréquents (contrôleurs en civil), en particulier pendant les week-ends.

Trajet unique *(Normaltarif)* – 3,70 DM sur l'ensemble du réseau des transports publics ; valable pendant 2 h.

Trajet court *(Kurzstreckentarif)* – 2,30 DM ; valable pour trois stations de U-Bahn ou de S-Bahn et pour six stations de bus sans correspondance.

Carte 4 trajets *(Sammelkarten)* – 12 DM ; 7,80 DM pour les trajets courts. Les cartes s'achètent dans les distributeurs automatiques ; elles doivent être validées à chaque voyage dans les stations de U-Bahn, de S-Bahn, les trams ou les bus.

Carte hebdomadaire *(Wochenkarte)* – 40 DM. La solution la plus économique pour ceux qui restent 4 ou 5 jours à Berlin (ne pas oublier que le réseau s'étend jusqu'à Potsdam-Stadt). La **Berlin Potsdam WelcomeCard** (29 DM), permet, pour un adulte et trois enfants (jusqu'à 15 ans), l'utilisation de tout le réseau de transports en commun, sur deux jours, à Berlin et à Potsdam. De nombreuses réductions, valides trois jours, pour les musées, les théâtres et les visites de la ville en autocars sont proposées avec cette carte. Pour les visiteurs disposant de moins de temps, la **24-h WelcomeCard** offre les mêmes avantages sur 24 h. Les deux cartes s'achètent dans les gares de U-Bahn et de S-Bahn et dans de nombreux hôtels.

Quelques stations de U-Bahn ou de S-Bahn remarquables

[U] 2 Bülowstraße (Schöneberg) – station aérienne Jugendstil qui a perdu beaucoup de ses ornements en ferronnerie.

[U] 1 Dahlem-Dorf (Zehlendorf) – Pittoresque.

[S] Friedrichstraße (Mitte) – Gare aérienne, principale station de correspondance du centre-ville.

[S] 1 Mexikoplatz (Zehlendorf) – La plus jolie station Art nouveau de Berlin.

[S] 1, 3, 7 Nikolasee (Zehlendorf) – En gothique en briques de la Marche.

[U] 1, 12, 15 Schlesisches Tor (Kreuzberg) – Néo-Gothique.

[S] 1, 3, 7 Wannsee (Zehlendorf) – Expressionniste.

[U] 1, 2, 12, 15 Wittenbergplatz (Charlottenburg) – La première station de métro, sur la ligne qui reliait le pont de Varsovie *(Warschauer Brücke)* à l'actuelle Ernst-Reuter-Platz. Néo-classique (1911-13), elle constituait une porte pour les nouveaux quartiers de l'Ouest.

[S] Zoologischer Garten (Charlottenburg) – Plus une gare aérienne qu'une station.

U-Bahn

C'est l'équivalent berlinois du métro. Les stations sont signalées par le panneau bleu marqué d'un « U » blanc. Le réseau fonctionne de 4 h à minuit/1 h du matin. Le week-end, les lignes **[U]** 1, 15 et 9 fonctionnent toute la nuit.

S-Bahn

Le réseau est en cours de rénovation. Il correspond au **RER parisien**. Les gares de S-Bahn sont signalées par le panneau vert marqué du « S » blanc.

Les trains se suivent en général à 10 mn d'intervalle.

Bus

A deux étages dans la partie Ouest de Berlin, ils circulent de 4 h 30 à 1 h. L'entrée s'effectue toujours à l'avant, la descente au milieu. On paye son ticket auprès du conducteur ou dans les distributeurs automatiques orange ou jaunes du U-Bahn. Bus de nuit sur les lignes importantes.

Tramway

Toutes les lignes se situent à l'Est et pourraient, dans un proche avenir, s'étendre à l'Ouest de la ville.

Regionalbahn

Le réseau fait le tour de l'agglomération berlinoise ; ticket valide pendant 2 h.

Transports nocturnes

Le réseau opère entre 1 h et 4 h. Les 🚌 et les 🚋 ont alors un « N » devant leur numéro. Le prix du billet est le même que pendant la journée.

N 16 en direction de Potsdam : Toutes les heures.

Ⓤ **1** et Ⓤ **9** : Seulement les vendredi et samedi soir.

Ⓢ **3 à 10** : Toutes les heures.

N 11 et **N 41** : Des taxis assurent le service pour le prix habituel.

Les parkings

Autour de l'église du Souvenir (parkings ouvert 24 h sur 24 tous les jours) :

Am Zoo – Budapester Straße 38 ; 305 places ; 3 DM par heure.

Central-Garagen – Kantstraße 158 ; 600 places ; 2,50 DM par heure.

Europa-Center – Nürnberger Straße 5-7 ; 910 places ; 3 DM par heure.

Knesebeckstraße 72-73 – 287 places ; 2 DM.

Ku'damm Karree/Uhlandstraße – Uhlandstraße 30-32 ; 914 places ; 3 DM par heure.

Los-Angeles-Platz – Augsburger Straße 30 ; 130 places ; 2 DM par heure.

Meinekestraße 19 – 1010 places ; 3 DM par heure (2,50 DM après deux heures).

Uhlandstraße 190/Kantstraße/Fasanenstraße – 503 places ; ouvert de 6 h à 24 h ; 1,50 DM par heure.

Dans le centre historique, parkings de grands hôtels accessibles au public :

Berlin Hilton – Mohrenstraße (Mitte) ; 387 places ; ouvert de 6 h à 23 h ; 1 h 3,50 DM, 2 h 5 DM.

Forum Hotel Berlin – Alexanderplatz (Mitte) ; 186 places ; ouvert 24 h sur 24 ; 1 h 3 DM, 2 h 5 DM.

Grand Hotel Esplanade – Lützowufer (Tiergarten) ; 125 places ; ouvert 24 h sur 24 ; 1 h 4 DM, 2 DM par heure supplémentaire.

Hotel Berlin – Kurfürstenstraße ; 220 places ; ouvert 24 h sur 24 ; 1 h 4 DM, 3 DM par heure supplémentaire.

Maritim Grandhotel – Behrenstraße (Mitte) ; 476 places ; ouvert de 5 h à 1 h ; 2 DM par heure.

En bordure de rues commerçantes, parkings de grands magasins :

Hertie – Turmstraße (Moabit) ; 115 places ; ouvert du lundi au vendredi de 9 h à 19 h ; 1 h 3 DM, 2 h 5 DM, 2 DM par heure supplémentaire.
Wilmersdorfer Straße (Charlottenbourg) ; 260 places ; ouvert du lundi au vendredi de 8 h à 19 h ; 3 DM par heure.
Karl-Marx-Straße (Neukölln) ; 410 places ; ouvert du lundi au vendredi de 8 h 30 à 19 h ; 3 DM par heure.

Leffers – Wilmersdorfer Straße (Charlottenbourg) ; 304 places ; ouvert du lundi au vendredi de 8 h 30 à 19 h ; 2 DM par heure.

Karstadt – Hermannplatz (Neukölln) ; 810 places ; ouvert du lundi au samedi à partir de 8 h ; 3 DM par heure.

KaDeWe P1 et P2 – Passauer Straße ; 893 places ; ouvert du lundi au vendredi de 8 h 30 à 19 h ; 3 DM par heure.

Où se garer pour aller au concert ou à une exposition ?

Deutsche Oper – Bismarckstraße (Charlottenbourg) ; 350 places ; ouvert 24 h sur 24 ; gratuit.

Martin-Gropius-Bau – Stresemannstraße (Kreuzberg) ; 230 places ; ouvert 24 h sur 24 ; 2 DM par heure.

Philharmonie – Potsdamer Straße (Tiergarten) ; 103 places ; ouvert 24 h sur 24 ; gratuit.

Parkings de gares de S-Bahn :

Ⓤ **8 Gesundbrunnen** – 63 places. Pour visiter Wedding et le parc Humboldthain.

Ⓤ **7 Rathaus Spandau** – 105 places. Tout près de la vieille ville de Spandau (marché de Noël).

Ⓢ **1, 3, 7 Wannsee** – 85 places. Pour aller se baigner à la plus grande plage intérieure d'Europe.

Ⓢ **1** + Ⓤ **9 Rathaus Steglitz** – 264 places. Schloßstraße très commerçante.

Ⓢ **3 Friedrichshagen** – 150 places. Pour visiter la centrale hydraulique.

Ⓤ **6 Alt-Tegel** – 290 places. Lieu de villégiature à partir duquel on peut faire des promenades en bateau.

Ⓢ **1 Frohnau** – 107 places. Pour visiter la ville-jardin de Frohnau.

Tous ces parkings sont gratuits.

EN VOITURE

L'emplacement des principaux parkings est indiqué sur le plan du centre de Berlin, en début de guide. La liste des agences de location se trouve dans les pages jaunes, rubrique *Autovermietung.* Le **guide Rouge Michelin « Deutschland »** donne de nombreux renseignements : parkings, agences de location, garages, principales stations-service.

ADAC Berlin-Brandenburg – ADAC Haus, Bundesallee 29 (Wilmersdorf) ; ☎ informations (030) 868 60, fax (030) 861 60 25.

En cas de panne :
ACE (Autoclub Europa) – ☎ (0 18 02) 34 35 36.
ADAC – ☎ (0 18 02) 22 22 22.

Vie pratique

ARGENT ET MOYENS DE PAIEMENT

La monnaie nationale allemande est le **Deutsche Mark (DM)**, divisé en 100 **Pfennig**. Les paiements s'effectuent le plus souvent en liquide (surtout à l'Est), mais aussi par chèques de voyage ou « **Euro-Cheks** ». Les chèques émanant de banques de l'Union européenne et les cartes de crédit ne sont pas toujours acceptés. Veillez à avoir suffisamment d'argent liquide, notamment pour payer la note d'hôtel, car le plafond est vite atteint avec la carte !

BANQUES ET BUREAUX DE CHANGE

Les banques sont ouvertes de 8 h 30 à 12 h 30 et de 14 h 30 à 16 h (18 h le jeudi). Elles sont fermées le samedi et le dimanche. Les **bureaux de change** offrent généralement des taux plus intéressants que les banques. Certaines restent ouvertes tard le soir ou pendant les week-ends.

American Express, Friedrichstraße 173 ; ☎ (030) 20 17 40 11 – Ouvert du lundi au vendredi de 9 h à 17 h 30, le samedi de 10 h à 13 h.

Commerzbank
Kempi-Plaza, Uhlandstraße 181-183 – Ouvert du lundi au jeudi de 9 h à 13 h 30 (et les mardi et jeudi de 15 h 30 à 18 h 30), le vendredi de 9 h à 13 h.
Guichets automatiques : Europa Center, Friedrichstraße 130, Kurfürstendamm 59 et 102.

Berliner Sparkasse
Alexanderplatz 2 – Ouvert du lundi au vendredi de 9 h à 18 h, le samedi de 10 h à 13 h.
A l'angle de la Kantstraße et de la Wilmersdorfer Straße – Ouvert du lundi au vendredi de 9 h à 18 h.
ICC Berlin – Ouvert du lundi au vendredi de 9 h à 18 h, le samedi de 9 h à 13 h.
Rankestraße 33-34 – Ouvert du lundi au vendredi de 9 h à 18 h, le samedi de 10 h à 13 h.
Savignyplatz 9-10 – Ouvert du lundi au vendredi de 9 h à 18 h.

Deutsche Bank
Otto-Suhr-Allee 6-16 – Ouvert les lundi et mercredi de 9 h à 15 h 30, les mardi et jeudi de 9 h à 18 h, le vendredi de 9 h à 12 h 30.
Guichets automatiques : Alexanderplatz 6, Bismarckstraße 68, Hardenbergstraße 27 (Charlottenburg), Karl-Marx-Allee 60-62, Kurfürstendamm 28 et 182, Tauentzienstraße 1.

Deutsche Verkehrsbank
Wechselstube am Bahnhof Zoo – Ouvert du lundi au samedi de 7 h 30 à 22 h, les dimanche et jours fériés de 8 h à 19 h ; guichet automatique.
Wechselstube im Hauptbahnhof – Ouvert du lundi au vendredi de 7 h à 22 h, le samedi de 7 h à 18 h, le dimanche de 8 h à 16 h.

POSTE ET TÉLÉPHONE

Les **bureaux de poste** sont ouverts du lundi au vendredi de 8 h à 18 h, le samedi jusqu'à 12 h.

Bureaux de poste ouverts tard le soir :

Postamt 120, à la gare Zoologischer Garten – Ouvert du lundi au samedi de 6 h à 24 h, les samedi et jours fériés de 8 h à 24 h (ajouter la mention *Hauptpostlagernd ou Bahnhofpostlagernd* sur le courrier) ; ☎ (030) 311 00 20.

Postamt 519, à l'aéroport de Tegel – Ouvert du lundi au vendredi de 7 h à 21 h, les samedi, dimanche et jours fériés de 8 h à 20 h ; ☎ (030) 417 84 90.

Indicatif téléphonique – L'indicatif de Berlin est le **030**. Ne pas faire le 0 lorsque l'on appelle depuis la Belgique, la France ou la Suisse.

Exemple :

De la France vers Berlin : ☎ 00 49 30 + le numéro du correspondant.

De Berlin vers la France : ☎ 00 33 + 1/2/3/4/5 + le numéro du correspondant.

Indicatif pour la Belgique : 00 32.

Indicatif pour la Suisse : 00 41.

HORAIRES ET CALENDRIER

Horaire – Berlin se situe dans le même fuseau horaire que Paris, Bruxelles et Genève, + 6 h par rapport à Québec.

Les jours fériés – 1ᵉʳ janvier, Vendredi saint (précédant Pâques), lundi de Pâques, 1ᵉʳ mai, Ascension, lundi de Pentecôte, Fête nationale (**3 octobre**, jour de l'unification), un mercredi de novembre (*Buß- und Bettag* : jour de la Pénitence et de la Prière), les 25 et 26 décembre.

VOYAGEURS HANDICAPÉS

Telebus-Zentrale – Esplanade 17 (Pankow) ; **Ⓤ** 2 Vinetastraße ; ☎ (030) 47 88 20 ; ouvert de 9 h à 15 h du lundi au vendredi. Service de 🚌 spécialisé dans le transport des personnes handicapées et fonctionnant de 5 h à 1 h du matin. Contacter l'agence deux semaines avent le départ pour Berlin pour obtenir le pass.

Informations pour les handicapés

Landesamt fur Zentrale Soziale Aufgaben – W-1000 Berlin 31, Sächsische Straße 28-30, ☎ (030) 867 61 14.

Service-Ring Berlin e.V. – Renseignements, conseils, aides, ☎ (030) 322 40 20.

Telebus – Participations aux manifestations culturelles, ☎ (030) 880 031 13.

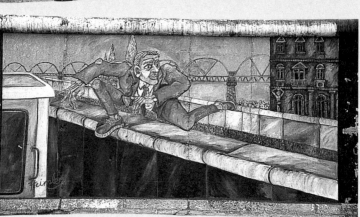

Manifestations

Demander *Berlin Turns On*, guide des manifestations berlinoises.

Informations :

AMK (Ausstellung- und Messekongreß) – Messedamm 22 (Charlottenbourg) : Ⓢ 45 Witzleben ou Ⓤ 2 Kaiserdamm ; ☎ (030) 30 380 ; Informations par téléphone sur les foires, salons, expositions en plusieurs langues et fonctionnant 24 h sur 24.

Bureau d'Information des Festivals de Berlin (Berliner Festspiele GmbH) – Budapester Straße 48-50 ; ☎ (030) 25 48 90 ; fax : (030) 25 48 91 11 ; Ouvert du mardi au vendredi de 12 h à 18 h.

Billets

☎ (030) 229 17 50.

Manifestations touristiques

Janvier

Internationale Grüne Woche – ☎ (030) 303 80. Ce salon de l'Agriculture et du Jardinage est l'occasion de savourer les spécialités allemandes et les cuisines exotiques.

Février

Internationale Filmfestspiele Berlin (Festivals internationaux cinématographiques).

Mars

Internationale Tourismus-Börse (ITB, Foire Internationale du Tourisme) – La plus grande agence de voyages du monde.

Musik-Biennale Berlin – Staatsoper Unter den Linden. ☎ (030) 20 35 44 81.

Mai

Theater Treffen Berlin (Rencontres théâtrales) – Pendant deux semaines, une sélection des meilleures pièces de langue allemande.

Juin

Open Air Classique – Concert de musique classique à la Waldbühne ; ☎ (030) 230 88 230.

Christopher Street Day Parade – La grande parade de la communauté gay de Berlin (samedi le plus proche du 27 juin).

Deutsch-Französisches Volksfest, Kurt-Schumacher-Damm (Tegel) : Ⓤ 6 Kurt-Schumacher-Platz ; ☎ (030) 401 38 89 – La plus grande fête foraine de Berlin, de mi-juin à mi-juillet.

Juillet

Bach Tage (Journées Bach) – ☎ (030) 301 55 18.

Love Parade, traditionnellement le long du Kurfürstendamm depuis la Wittenbergplatz jusqu'à l'Adenauerplatz et inversement ; ☎ information (030) 617 93 70 – parade accompagnée de musique techno/house.

Août

Tanz im August (Festival international de la Danse à Berlin) – Hebbel-Theater. ☎ (030) 259 00 40.

Septembre

Berlin Marathon – ☎ (030) 302 53 70.

Berliner Festwochen – Pendant tout le mois de septembre : Opéra, ballet, théâtre, concerts, expositions artistiques.

Internationale Funkaustellung (Exposition internationale d'électronique) – La nouveauté des produits attirent près de 400 000 personnes. Les prochaines en 1997 et 1999.

Octobre

JazzFest Berlin – *Haus der Kulturen der Welt*, John- Foster-Dulles-Allee 10 (Tiergarten) : Ⓤ 100 Kongresshalle ; Internet : http ://members.aol.com/PMIler/jazzfest.htm – Ce festival renommé (en octobre ou en novembre) est accompagné de manifestations secondaires : expositions de photos, concerts de musique contemporaine.

Novembre

Treffen Junge Musik-Szene

Décembre

Marchés de Noël – *Voir VIVRE A BERLIN.*

Nuit de la St-Sylvestre – A minuit, les Berlinois montent sur le Teufelsberg et le Kreuzberg pour admirer le feu d'artifice et sabler le champagne.

Conditions de visite

Les tarifs, horaires, jours et périodes de fermeture des musées et monuments décrits dans ce guide s'appliquent à des touristes **voyageant isolément** et **ne bénéficiant pas de réduction**. La fermeture des caisses s'effectue en général une demi-heure avant celle du monument ou du musée. Les groupes constitués peuvent généralement obtenir des conditions particulières concernant les horaires ou les tarifs, avec un accord préalable. Les églises sont ordinairement fermées en dehors des offices.

Dans la partie descriptive du guide, les curiosités soumises à des conditions de visite sont signalées au visiteur par le signe ⊘.

Jours fériés – Téléphoner à l'avance pour vérifier si musées et monuments sont ouverts.

Visites commentées – Des visites thématiques sont organisées par le *Kulturbüro Berlin*. Prendre le dépliant « **Stadt(ver)führung** » dans les musées et les institutions culturelles *(visites uniquement en allemand)*.

Où trouver quoi ?

Les musées de Berlin sont en plein redéploiement jusqu'au début du prochain millénaire.

Château de CHARLOTTENBOURG et environs

Galerie de Peinture romantique *(Galerie der Romantik)* – Elle devrait rejoindre l'ancienne Galerie nationale, après rénovation de celle-ci.

Musée de la Préhistoire et de la Protohistoire *(Museum für Vor- und Frühgeschichte)* – Dans le théâtre de Langhans, au bout de l'aile Ouest.

Musée égyptien *(Ägyptisches Museum)*, **collection Berggruen** *(Sammlung Berggruen)*, **musée Bröhan** *(Bröhan-Museum)* – Ces musées se trouvent à l'entrée de la Schloßstraße, en face du château.

DAHLEM

Galerie de Peinture *(Gemäldegalerie)* – Fermeture progressive à partir de juillet 1997 en prévision du déménagement vers le Kulturforum. Elle voisine avec la **galerie de Sculpture** *(Skulpturengalerie)*.

Musée d'Ethnographie *(Museum für Völkerkunde)* – L'un des plus riches d'Europe, il regroupe les cultures extra-européennes (Amérique précolombienne, Inde, Extrême-Orient, Afrique, Océanie).

Musée des Arts et Traditions populaires *(Museum für Deutsche Volkskunde)* – Il prendra la section « européenne » du musée d'Ethnologie.

KULTURFORUM

Le Kulturforum reprend l'idée de Wilhelm von Bode de créer un musée de la Renaissance en face de l'ancien musée des Arts décoratifs, alors dans le Martin-Gropius-Bau.

Musée des Arts décoratifs *(Kunstgewerbemuseum)* – Très grande collection d'objets d'art, du Moyen Âge à aujourd'hui.

Musée d'art européen *(Museum für Europäische Kunst)* – Déjà ouvert pour les expositions temporaires, il regroupe le cabinet des Estampes et la bibliothèque des Beaux-Arts. Il accueillera, à partir de 1998, la galerie de Peinture.

Nouvelle Galerie nationale *(Neue National Galerie)* – Elle est consacrée à l'art du 20ᵉ s. L'art contemporain se trouve à la gare de Hambourg, dans le quartier de MOABIT.

MUSEUMSINSEL

L'île des Musées sera consacrée principalement à l'archéologie.

Vieux Musée *(Altes Museum)* – Il accueille des expositions temporaires et une sélection des collections du 19ᵉ s. de l'**ancienne Galerie nationale**, en attendant la réinstallation de la collection d'objets d'art de l'Antiquité *(Antikensammlung)* et du cabinet de numismatique.

Nouveau Musée *(Neues Museum)* – En cours de reconstruction, il accueillera l'ensemble de la collection égyptienne.

Ancienne Galerie nationale *(Alte Nationalgalerie)* – Elle devrait regrouper l'ensemble des collections de peinture allemande du 19ᵉ s.

Musée de Pergame *(Pergamonmuseum)* – Il abrite les collections d'art antique (principalement des sculptures), islamique et du Proche-Orient.

Musée Bode *(Bodemuseum)* – En attendant d'être entièrement consacré à la sculpture, il abrite des collections égyptiennes ayant trait à la vie quotidienne et à la religion, la collection d'art paléochrétien et byzantin et une très belle galerie de sculptures et de peintures de la Renaissance au 18ᵉ s. Fermeture progressive à partir de janvier 1997.

A

ABGUSSSAMMLUNG ANTIKER PLASTIK

Ouvert du jeudi au dimanche de 14 h à 17 h ; fermé à Noël ; ☎ (030) 342 40 54.

ÄGYPTISCHES MUSEUM

Ouvert du mardi au jeudi de 9 h à 17 h, les samedi et dimanche de 10 h à 17 h ; fermé le 1er janvier, le mardi après Pâques et à la Pentecôte, le 1er mai, les 24, 25 et 31 décembre ; 8 DM.

ALTE NATIONALGALERIE

&. Ouvert tous les jours sauf le lundi de 9 h à 17 h ; fermé le 1er janvier, le mardi après Pâques et à la Pentecôte, le 1er mai, les 24, 25, 31 décembre ; 8 DM ; ☎ (030) 20 35 54 44.

ALTES MUSEUM

&. Ouvert lors des expositions temporaires ; horaires variables. Informations auprès du bureau des renseignements du musée de Pergame, ☎ (030) 20 35 54 44.

ARBORETUM DES MUSEUMS FÜR NATURKUNDE

Ouvert tous les jours sauf lundi de 10 h à 18 h (dernières entrées à 16 h 30) ; fermé du 1er novembre au 30 avril.

B

BAUHAUS ARCHIV

Ouvert tous les jours sauf le mardi de 10 h à 17 h ; fermé les 24 et 31 décembre ; 4 DM ; ☎ (030) 254 00 20.

BERLINER DOM

Ouvert tous les jours de 9 h à 12 h et de 13 h à 18 h ; entrée libre les jours de fêtes ; ☎ (030) 20 26 91 33.

BERLINER KINOMUSEUM

Projections les mardi, mercredi et vendredi à 20 h 30 et 22 h 30, le samedi à 18 h, 20 h 30, 22 h 30.

BERLINER PANOPTIKUM

Ouvert de 10 h à 23 h tous les jours ; 7 DM ; ☎ (030) 883 90 00.

BERLINISCHE GALERIE

Voir MARTIN-GROPIUS BAU

BLUB (Berliner Luft und Bade paradies)

Parc aquatique ouvert du lundi au samedi de 10 h à 23 h, à partir de 9 h les dimanche et jours fériés ; 18 DM (1 h 30), 21 DM (4 h), 26 DM (forfait pour la journée) ; ☎ (030) 606 6060.

BODEMUSEUM

&. Ouvert du mercredi au dimanche de 10 h à 18 h ; 4 DM (forfait Museumsinsel 8 DM).

BOTANISCHER GARTEN BERLIN-DAHLEM

&. Ouvert tous les jours à partir de 9 h, l'heure de fermeture variant selon les saisons (20 h de mai à août, 19 h en avril et en septembre, 17 h en mars et en octobre, 16 h de novembre à février). Les serres sont ouvertes tous les jours de 9 h à 17 h 15 d'avril à septembre, de 9 h à 16 h 15 en mars et en octobre, de 9 h à 15 h 15 de novembre à février (à partir de 10 h le dimanche et les jours fériés) ; ☎ (030) 83 00 61 77.
Botanisches Museum – Ouvert tous les jours sauf le lundi de 10 h à 17 h ; fermé les 24 et 31 décembre ; entrée libre ; ☎ (030) 83 00 61 77.

BRECHT-WEIGEL-GEDENKSTÄTTE

Visites guidées les mardi, mercredi, vendredi à 10 h, 10 h 30, 11 h, 11 h 30, le jeudi à 10 h, 10 h 30, 11 h, 11 h 30, 17 h, 17 h 30, 18 h, 18 h 30, le samedi à 9 h 30, 10 h, 10 h 30, 11 h, 11 h 30, 12 h 30, 13 h, 13 h 30 ; fermé les jours fériés ; 4 DM ; ☎ (030) 282 99 16.

BRÖHAN-MUSEUM

Ouvert tous les jours sauf le lundi de 10 h à 18 h ; fermé les 24 et 31 décembre ; 5 DM ; ☎ (30) 321 40 29.

BRÜCKE-MUSEUM

♿. Ouvert de 11 h à 17 h tous les jours sauf le mardi ; fermé le 1er janvier durant la matinée, les 24 et 31 décembre ; 6 DM ; ☎ (030) 831 20 29.

BUDDHISTISCHES HAUS

Ouvert tous les jours en été de 8 h à 20 h, en hiver de 8 h à 18 h ; 3 DM ; ☎ (030) 401 55 80.

C

Musée Bröhan – Lustre en ferronnerie Art déco

Schloß CHARLOTTENBURG

Ouvert du mardi au vendredi de 9 h à 17 h, les samedi et dimanche de 10 h à 17 h ; fermé les 24 et 31 décembre ; ☎ (030) 32 09 11. Le forfait 8 DM comprend la visite des appartements d'État, du pavillon Schinkel, du Belvédère et du Mausolée.

Historische Räume – Visite guidée, toutes les 50 mn, du mardi au vendredi de 9 h à 17 h, les samedi et dimanche de 10 h à 17 h ; fermé le 1er janvier, le mardi après Pâques, à la Pentecôte, les 24, 25 et 31 décembre.

Schinkel-Pavillon – Ouvert tous les jours sauf le lundi de 9 h à 17 h ; fermé les 24 et 31 décembre ; 2,50 DM.

Mausoleum – Ouvert du mardi au vendredi de 9 h à 17 h, de 10 h à 17 h les samedi et dimanche ; fermé les 24 et 31 décembre ; 1 DM.

Belvedere – Ouvert du mardi au vendredi de 9 h à 17 h, de 10 h à 17 h les samedi et dimanche ; fermé les 24 et 31 décembre ; 2,50 DM.

Knobelsdorff-Flügel – Ouvert du mardi au vendredi de 9 h à 17 h, les samedi et dimanche de 10 h à 17 h ; fermé les 24 et 31 décembre ; 3 DM.

Galerie der Romantik – Ouvert du mardi au vendredi de 9 h à 17 h, les samedi et dimanche de 10 h à 17 h ; fermé les 24 et 31 décembre ; 4 DM ; ☎ (030) 32 09 11.

Museum für Vor-und Frühgeschichte – Ouvert du mardi au vendredi de 9 h à 17 h, les samedi et dimanche de 10 h à 17 h ; fermé les 24 et 31 décembre ; 4 DM ; ☎ (030) 32 09 12 33.

D

Musées de DAHLEM

Voir MUSEUM DAHLEM

DEUTSCHER DOM

Exposition « Interrogeons l'histoire allemande » – Ouvert tous les jours sauf le lundi de 10 h à 17 h ; fermé les 24 et 31 décembre ; entrée libre ; ☎ (030) 22 73 61 41.

DEUTSCHES HISTORISCHES MUSEUM

Voir ZEUGHAUS.

DEUTSCHES RUNDFUNK MUSEUM

Ouvert tous les jours sauf le mardi de 10 h à 17 h ; fermé le 1er mai, le jour de l'Ascension, les 24, 25 et 31 décembre ; 3 DM ; ☎ (030) 302 81 86.

DOMÄNE DAHLEM LANDGUT UND MUSEUM

Ouvert tous les jours sauf le mardi de 10 h à 18 h ; fermé le matin du 1er janvier, les 24, 25 et 31 décembre ; 3 DM ; ☎ (030) 832 50 00.

E

EPHRAIM-PALAIS

. Ouvert tous les jours sauf le lundi de 10 h à 18 h ; fermé le matin du 1er janvier, les 24, 25 et 31 décembre ; ☎ (030) 238 09 00.

F

FERNSEHTURM

Étage panoramique accessible tous les jours de 9 h (10 h les dimanche et jours fériés) à 1 h (fermeture des caisses à minuit) de mai à octobre, de 10 h à minuit (fermeture des caisses à 23 h) de novembre à avril ; 8 DM ; ☎ (030) 242 33 33.

Renseignements pratiques

Museumspädagogischer Dienst Berlin, Chausseestraße 123 (Mitte), 10115 Berlin ; ☎ 282 49 41 – Activités proposées par le Service pédagogique des Musées de Berlin.

Informationszentrum im Pergamonmuseum, Bodestraße 1-3, 10178 Berlin (Mitte) ; ☎ 20 35 54 44 – Visites guidées et informations sur les Musées nationaux de Berlin/Patrimoine culturel prussien.

Zoopädagogische Beratungsstelle, Hardenbergplatz 8, 10787 Berlin (Tiergarten) ; ☎ 21 23 33 00 – Visites guidées du parc zoologique.

FRANZÖSISCHER DOM

Huguenottenmuseum – Ouvert du mardi au samedi de 12 h à 17 h ; les dimanches et jours fériés de 11 h à 17 h ; fermé les 1er janvier, 24 et 31 décembre ; 3 DM ; ☎ (030) 229 17 60.

Ascension du dôme – Tous les jours 10 h à 18 h (fermeture des portes à 17 h 15) ; 3 DM.

Carillon automatique – Tous les jours à 12 h, 15 h et 19 h.

Église – Mêmes conditions de visite que le musée des Huguenots.

Schloß FRIEDRICHSFELDE

Ouvert du mardi au samedi de 10 h à 18 h et le dimanche d'avril de 13 h à 18 h jusqu'au 5 octobre, de 10 h à 17 h en mars et du 6 au 31 octobre, de 10 h à 16 h de novembre à février ; ☎ (030) 51 38 14.

FRISEUR MUSEUM

Ouvert tous les jours sauf le lundi de 10 h à 18 h ; 2 DM ; ☎ (030) 541 02 31.

FUNKTURM

Étage panoramique accessible tous les jours de 10 h à 23 h ; 5 DM ; ☎ (030) 30 38 39 99.

G

GALERIE DER ROMANTIK

Voir SCHLOSS CHARLOTTENBURG.

GEDENKSTÄTTE BERLIN-KARLSHORST

Ouvert tous les jours sauf lundi de 10 h à 18 h ; fermé les jours fériés ; entrée libre ; ☎ (030) 509 86 09.

GEDENKSTÄTTE DEUTSCHER WIDERSTAND

Ouvert du lundi au vendredi de 9 h à 18 h, les samedi et dimanche de 9 h à 13 h ; visites guidées tous les dimanches à 11 h ; films sur la résistance à 10 h chaque 1er dimanche du mois ; fermé les 1er janvier, 24, 25, 26 et 31 décembre ; entrée libre ; ☎ (030) 26 54 22 02.

GEDENKSTÄTTE PLÖTZENSEE

Ouvert tous les jours, de 8 h à 18 h, de mars à septembre, de 8 h 30 à 17 h 30 en février et en octobre, de 8 h 30 à 16 h 30 en janvier et novembre, de 8 h 30 à 16 h en décembre ; fermé les 24, 25, 26, 31 décembre et 1er janvier ; entrée libre ; ☎ (030) 344 32 26.

GEHEIMES STAATSARCHIV

Ouvert du lundi au vendredi de 8 h à 15 h 30 (le jeudi jusqu'à 19 h 30) ; fermé les jours fériés ; ☎ (30) 839 01 00.

GEORG-KOLBE-MUSEUM

Ouvert tous les jours sauf le lundi de 10 h à 17 h ; fermé le Vendredi saint, les 24 et 31 décembre ; 5 DM ; ☎ (030) 304 21 44.

GIPSFORMEREI STAATLICHE MUSEEN PREUSSISCHER KULTURBESITZ

Ouvert du mardi au vendredi de 9 h à 17 h, les samedi et dimanche de 10 h à 17 h ; fermé le 1er janvier, le mardi après Pâques et le lundi de Pentecôte, les 1er mai, 24, 25, 26 décembre. Visite guidée chaque mercredi ; s'informer au ☎ (030) 321 70 11.

Jagdschloß GRUNEWALD

Ouvert tous les jours sauf le lundi de 10 h à 17 h de mi-mai à mi-octobre, les samedi et dimanche de 10 h à 13 h et de 13 h 30 à 16 h de mi-octobre à mi-mai ; fermé les 24 et 31 décembre ; 2,50 DM ; ☎ (030) 813 35 97.

GRUNEWALDTURM

Ouvert de 10 h à la tombée de la nuit ; 1,50 DM ; ☎ (030) 304 12 03.

H

HANDWERKMUSEUM

Ouvert tous les jours sauf le lundi de 10 h à 18 h ; fermé les 1er mai, 3 octobre, 24, 25 et 31 décembre ; 2 DM ; ☎ (030) 541 02 31.

HAUS AM CHECKPOINT CHARLIE

♿. Ouvert tous les jours de 9 h à 22 h ; 7,50 DM ; ☎ (030) 251 10 31.

HAUS DER KULTUREN DER WELT

♿. Expositions temporaires ouvertes tous les jours sauf le lundi de 8 h à 18 h.

HAUS DER WANNSEE KONFERENZ

Ouvert du mardi au vendredi de 10 h à 18 h, les samedi et dimanche de 14 h à 18 h ; ☎ (030) 805 00 10.

HEIMATMUSEEN

Les 23 musées suivants illustrent, à l'aide de reconstitutions d'intérieur (Tempelhof), d'expositions à thèmes (Mitte), de photos, d'articles de presse, de plans, de cartes et de maquettes (Charlottenbourg), l'histoire, l'urbanisme et la vie quotidienne de chacun des 23 arrondissements de Berlin. Ils ne sont pas tous cités dans la partie descriptive du guide.

Heimatmuseum Charlottenburg

Ouvert du mardi au vendredi de 10 h à 17 h, le dimanche de 11 h à 17 h ; entrée libre ; ☎ (030) 34 30 32 01.

Heimatmuseum Friedrichshain

Ouvert les mardi et jeudi de 11 h à 18 h, le samedi de 13 h à 18 h ; fermé les jours fériés et de janvier à mars ; entrée libre ; ☎ (030) 279 68 75.

Bezirkskronik Hellersdorf

Ouvert du mercredi au dimanche de 14 h à 18 h ; fermé de Noël au jour de l'An ; entrée libre ; ☎ (030) 99 20 41 70.

Heimatmuseum Hohenschönhausen

Ouvert les mardi et jeudi de 9 h à 12 h et de 14 h à 17 h, le dimanche de 11 h à 16 h ; fermé les jours fériés ; entrée libre ; ☎ (30) 982 73 78.

Heimatmuseum Köpenick

Seules les archives sont ouvertes le temps de la rénovation du musée ;
☏ (030) 65 84 45 51.

Kreuzberg-Museum

Ouvert du mercredi au dimanche de 14 h à 18 h ; entrée libre ; ☏ (030) 62 31 33.

Heimatmuseum Lichtenberg

Ouvert les mardi et jeudi de 11 h à 18 h, le mercredi de 13 h à 19 h, les samedi et
dimanche de 13 h à 18 h ; fermé les jours fériés, en juillet et en août ;
☏ (030) 55 04 27 21.

Heimatmuseum Marzahn

Ouvert les mardi et jeudi de 10 h à 16 h, le dimanche de 14 h à 18 h ; entrée libre ;
☏ (030) 542 40 53.

Heimatmuseum Mitte

Ouvert du lundi au jeudi de 10 h à 12 h et de 13 h à 17 h, le dimanche de 13 h à
18 h ; entrée libre ; ☏ (030) 282 03 76.

Heimatmuseum Neukölln

Ouvert le mercredi de 12 h à 20 h, du jeudi au dimanche de 11 h à 17 h ; entrée
libre ; ☏ (030) 68 09 25 35.

Heimatmuseum Pankow

Ouvert les mardi et dimanche de 10 h à 17 h, les mercredi et jeudi de 8 h à 12 h ;
fermé de mi-juillet à début août et de Noël au jour de l'An ; entrée libre ;
☏ (030) 489 40 47.

Prenzlauer Berg Museum

Ouvert les mardi et mercredi de 10 h à 12 h et de 13 h à 17 h, le jeudi de 10 h à
12 h et de 13 h à 19 h, les dimanche et jours fériés de 13 à 17 h ; entrée libre ;
☏ (030) 42 40 10 97.

Heimatmuseum Reinickendorf

Ouvert du mercredi au dimanche de 10 h à 18 h ; fermé les jours fériés ; entrée libre ;
☏ (030) 404 40 62.

Schöneberg Museum

Ouvert du mardi au jeudi de 10 h à 13 h et de 16 h à 20 h ; fermé pendant les
vacances scolaires, le 1er janvier, à Pâques, à la Pentecôte, Noël, Saint-Sylvestre ; entrée
libre ; ☏ (030) 78 76 22 34.

Stadtgeschichtliches Museum Spandau

Voir ZITADELLE SPANDAU.

Museum und Archiv des Heimatvereins für den Bezirk Steglitz

Ouvert le mercredi de 15 h à 18 h, le dimanche de 10 h à 12 h (Musée), le mercredi
de 15 h à 18 h (Archives).

Heimatmuseum Tempelhof

Ouvert les lundi, mardi, jeudi et vendredi de 9 h à 14 h, les dimanche et jours fériés
de 11 h à 15 h ; fermé à Pâques, à la Pentecôte et à Noël ; entrée libre ;
☏ (030) 75 60 74 65.

Heimatmuseum Tiergarten

Expositions temporaires aux horaires variables ; ☏ (030) 39 05 27 28.

Heimatmuseum Treptow

Ouvert du jeudi au dimanche de 14 h à 18 h ; entrée libre ; ☏ (030) 53 31 56 30.

Stadtgeschichtliches Museum Weißensee

Ouvert du mercredi au jeudi et dimanche de 14 h à 18 h. Les archives ne sont accessibles que sur rendez-vous ; ☏ (030) 965 05 49.

Heimatmuseum Wedding

Ouvert les mardi et jeudi de 12 h à 18 h, le mercredi de 10 h à 16 h, les dimanche
et jours fériés de 11 h à 17 h ; fermé du 16 juillet au 1er août et du 23 décembre au
1er janvier ; entrée libre ; ☏ (030) 45 75 41 58.

Wilmersdorf Museum

Expositions temporaires ; ☎ (030) 86 41 30 80.

Heimatmuseum Zehlendorf

Ouvert les lundi et jeudi de 16 h à 19 h ; fermé en juillet et les jours fériés ; entrée libre ; ☎ (030) 802 24 41.

HUGENOTTENMUSEUM

Voir FRANZÖSISCHE KIRCHE.

I

INFO BOX

Visite tous les jours de 9 h à 19 h (le jeudi jusqu'à 21 h) ; 2 DM ; ☎ (030) 226 62 40.

L'Infobox renseigne sur tous les projets du Berlin de l'an 2000

J

JÜDISCHER FRIEDHOF Prenzlauer Berg

Ouvert du lundi au jeudi de 8 h à 16 h, le vendredi de 8 h à 13 h ; fermé lors des fêtes juives (et ouvert jusqu'à 13 h la veille) ; ☎ (030) 441 98 24.

JÜDISCHER FRIEDHOF Weissensee

Ouvert du dimanche au jeudi de 8 h à 16 h, le vendredi de 8 h à 15 h (mêmes conditions que ci-dessus pour les fêtes juives) ; ☎ (030) 965 33 30.

K

KAISER-WILHELM-GEDÄCHTNIS-KIRCHE

Ouvert tous les jours de 9 h à 19 h ; ☎ (030) 218 50 23.

KÄTHE-KOLLWITZ-MUSEUM

Ouvert tous les jours sauf le mardi de 11 h à 18 h ; fermé les 24 et 31 décembre ; 6 DM ; ☎ (030) 882 52 10.

KINOMUSEUM

Voir BERLINER KINOMUSEUM.

KIRCHE AM HOHENZOLLERNPLATZ

Ouvert les mardi et jeudi de 14 h à 18 h, les mercredi et samedi de 11 h à 13 h, le vendredi de 14 h à 18 h 30 ; fermé entre le 1er dimanche de l'Avent et Pâques, le lundi de Pentecôte ; dons souhaités ; ☎ (030) 873 10 43.

Schloß und Landschaftsgarten KLEIN-GLIENICKE

Ouvert les samedi et dimanche de 10 h à 17 h de mi-mai à mi-octobre ; 3 DM ; ☎ (030) 805 30 41.

KLOSTERKIRCHE DER FRANZISKANER

Exposition ouverte tous les jours de 10 h à 18 h.

KNOBLAUCHHAUS

Ouvert tous les jours sauf le lundi de 10 h à 18 h ; fermé le matin du 1er janvier, les 24, 25 et 31 décembre ; ☎ (030) 238 09 00.

KUNSTBIBLIOTHEK

♿. Ouvert du mardi au vendredi de 9 h à 20 h, le lundi de 14 h à 20 h, les week-ends, lors des expositions temporaires, de 10 h à 17 h ; fermé les jours fériés ; ☎ (030) 266 20 53.

KPM (Königliche Porzellan Manufaktur)

Visites guidées (1 h 30 mn) du lundi au jeudi pour les groupes à 9 h 30/10 h, le 1er jeudi du mois, pour les visiteurs individuels, à 10 h ; 5 DM ; ☎ (030) 39 00 92 41.

KUNSTGEWERBEMUSEEN

Kulturforum – ♿. Ouvert du mardi au vendredi de 9 h à 17 h, les samedi et dimanche de 10 h à 17 h ; fermé le 1er janvier, le mardi après Pâques et à la Pentecôte, les 1er mai, 24, 25 et 31 décembre ; 4 DM ; ☎ (030) 266 29 02.

Schloß Köpenick – Ouvert du mardi au dimanche de 10 h à 17 h ; fermé le 1er janvier, le mardi après Pâques et à la Pentecôte, les 1er mai, 24, 25 et 31 décembre ; 4 DM ; ☎ (030) 657 26 51.

KUPFERSTICHKABINETT

♿. Ouvert du mardi au vendredi de 9 h à 17 h, les samedi et dimanche de 10 h à 17 h ; fermé le 1er janvier, le mardi après Pâques et à la Pentecôte, les 1er mai, 24, 25 et 31 décembre ; 8 DM ; ☎ (030) 266 20 01.

KUNSTAMT KREUZBERG

Ouvert du mercredi au dimanche de 14 h à 19 h ; fermé les 25 décembre et 1er janvier ; entrée libre ; ☎ (030) 61 69 03 15.

L – M

LUISENKIRCHE

Ouvert seulement au moment des offices (le dimanche à 10 h, 11 h 30 et 14 h 30). Clef à la maison du pasteur, Gierplatz 4 ; ☎ (030) 341 90 61.

MARIA REGINA MARTYRUM

Ouvert du lundi au samedi de 9 h à 16 h, les dimanche et jours fériés de 11 h à 14 h ; ☎ (030) 382 60 11.

MARIENKIRCHE

Ouvert, en été, du lundi au jeudi de 10 h à 12 h et de 13 h à 17 h, le samedi de 12 h à 16 h 30 , le dimanche de 12 h à 17 h ; en hiver, du lundi au jeudi de 10 h à 12 h et de 13 h à 16 h, le samedi de 12 h à 16 h 30, le dimanche de 12 h à 16 h ; Vêpres accompagnées de l'orgue chaque samedi à 16 h 30 ; ☎ (030) 242 44 67.

MÄRKISCHES MUSEUM

Ouvert tous les jours sauf le lundi de 10 h à 18 h ; fermé les 1er mai, 3 octobre, 24 et 31 décembre ; 3 DM ; ☎ (030) 30 86 60.

MARTIN-GROPIUS-BAU

♿. Ouvert tous les jours sauf le lundi de 10 h à 20 h ; fermé à Pâques, le 1ᵉʳ mai, à la Pentecôte, le 24 décembre ; 6 DM ; ☎ (030) 25 48 60.

MÜGGELTURM

Ouvert de mai à octobre tous les jours de 8 h à 18 h ; 2,50 DM.

MUSEUM DAHLEM

Ouvert du mardi au vendredi de 9 h à 17 h, les samedi et dimanche de 10 h à 17 h ; fermé le 1ᵉʳ janvier, le mardi après Pâques et à la Pentecôte, le 1ᵉʳ mai, les 24, 25 et 31 décembre ; 4 DM (8 DEM pour l'ensemble des musées de Dahlem) ; ☎ (030) 830 13 61.

Museum für Völkerkunde – ♿. Ouvert du mardi au vendredi de 9 h à 17 h, les samedi et dimanche de 10 h à 17 h ; 4 DM ; ☎ (030) 830 14 38.

Gemäldegalerie – Ouvert du mardi au vendredi de 9 h à 17 h, les samedi, dimanche et jours fériés de 10 h à 17 h ; fermé les 1ᵉʳ janvier, 24, 25 et 31 décembre, le mardi après Pâques et la Pentecôte ; 8 DM ; entrée libre le 1ᵉʳ dimanche du mois ; ☎ (030) 266 21 01. Déménagement prévu vers le Kulturforum en 1998.

Skulpturensammlung – Ouvert du mardi au vendredi de 9 h à 17 h, les samedi, dimanche et jours fériés de 10 h à 17 h ; fermé les 1ᵉʳ janvier, 1ᵉʳ mai, 24, 25 et 31 décembre ; ☎ (030) 20 35 55 03 ; 8 DM.

MUSEUM FÜR DEUTSCHE VOLKSKUNDE

♿. Ouvert du mardi au vendredi de 9 h à 17 h, les samedi et dimanche de 10 h à 17 h ; fermé les 1ᵉʳ janvier, 1ᵉʳ mai, 24, 25 et 31 décembre (et fermeture partielle jusqu'en 1998) ; 4 DM ; ☎ (030) 83 90 12 74.

MUSEUM FÜR GEGENWART-BERLIN

Ouvert du mardi au vendredi de 9 h à 17 h, les samedi et dimanche de 10 h à 17 h ; 8 DM ; ☎ (030) 397 83 40.

MUSEUM FÜR NATURKUNDE

Ouvert tous les jours sauf le lundi de 9 h 30 à 17 h ; fermé les 1ᵉʳ janvier, 24, 25 et 31 décembre ; 5 DM ; ☎ (030) 20 93 85 91.

MUSEUM FÜR POST UND TELEKOMMUNIKATION

♿. Ouvert du lundi au jeudi de 9 h à 17 h, les samedi et dimanche de 10 h à 17 h ; fermé les 1ᵉʳ janvier, 1ᵉʳ mai, 3 octobre, 25 et 31 décembre ; entrée libre ; ☎ (030) 75 01 68 90.

MUSEUM FÜR VERKEHR UND TECHNIK

Ouvert du mardi au vendredi de 9 h à 17 h 30, les samedi et dimanche de 10 h à 18 h ; fermé les 1ᵉʳ mai, 24, 25 et 31 décembre ; 5 DM ; ☎ (030) 25 48 40.

STAATLICHF MUSEEN ZU BERLIN

Département d'Océanie : Les catamarans

MUSEUM FÜR VÖLKERKUNDE

Voir MUSEUM DAHLEM.

MUSEUM FÜR VOR- UND FRÜHGESCHICHTE

Voir SCHLOSS CHARLOTTENBURG.

WASSERWERK BERLIN-FRIEDRICHSHAGEN

Ouvert du mercredi au vendredi de 10 h à 16 h d'avril à fin octobre, les samedi et dimanche de 10 h à 17 h ; du mercredi au dimanche de 10 h à 15 h de novembre à fin mars ; fermé du 24 décembre au 1er janvier ; 4 DM ; ☎ (030) 86 44 76 52.

MUSEUMSDORF DÜPPEL

Ouvert le jeudi de 15 h à 19 h (fermeture des caisses à 18 h), les dimanche et jours fériés de 10 h à 17 h (16 h) ; fermé d'octobre à mars ; 3 DM ; ☎ (030) 802 33 10.

MUSIKINSTRUMENTEN-MUSEUM

Ouvert du mardi au vendredi de 9 h à 17 h, les samedi, dimanche et jours fériés de 10 h à 17 h ; fermé le 1er janvier, à Pâques, le 1er mai, à la Pentecôte, les 24, 25 et 31 décembre ; 4 DM (gratuit les dimanches et jours fériés) ; ☎ (030) 25 48 11 78.

N

NEUE NATIONALGALERIE

&. Ouvert du mardi au vendredi de 9 h à 17 h, les samedi et dimanche de 10 h à 17 h ; fermé le 1er janvier, le mardi après Pâques et à la Pentecôte, les 1er mai, 24, 25 et 31 décembre ; 8 DM ; ☎ (030) 266 26 51.

NEUE SYNAGOGE

Voir STIFTUNG « Neue Synagoge Berlin ».

NIKOLAIKIRCHE

&. Ouvert tous les jours sauf le lundi de 10 h à 18 h ; fermé le matin du 1er janvier, les 24, 25 et 31 décembre ; 3 DM ; ☎ (030) 23 80 90 82.

O - P

OLYMPIA-STADION

Ouvert de 8 h à 20 h en été, jusqu'à 15 h en hiver ; 1 DM. Le stade est souvent fermé à la visite pour cause de travaux dus aux manifestations qui s'y déroulent ; se renseigner préalablement au ☎ (030) 30 06 33.

Glockenturm – Ouvert tous les jours de 9 h 30 à 17 h 30 d'avril à fin octobre ; 3 DM ; ☎ (030) 305 81 23.

PAROCHIALKIRCHE

Ouvert tous les jours de 11 h à 19 h de mai à octobre, de 11 h à 17 h de novembre à avril ; entrée libre ; ☎ (030) 24 75 95 22.

PERGAMONMUSEUM

&. Ouvert du mardi au vendredi de 9 h à 17 h ; les samedi et dimanche de 10 h à 17 h ; fermé le 1er janvier, le mardi après Pâques, à la Pentecôte, les 1er mai, 24, 25 et 31 décembre ; 8 DM ; ☎ (030) 20 35 54 44.

Schloß und Landschaftgarten PFAUENINSEL

Ouvert tous les jours sauf le lundi de 10 h à 13 h et de 13 h 30 à 17 h de mi-mai à mi-octobre ; 3 DM ; ☎ (030) 805 30 42.

POLIZEIHISTORISCHE SAMMLUNG

Ouvert du lundi au mercredi, de 9 h 30 à 11 h 30 et de 13 h à 15 h les jeudi et vendredi pour les groupes sur rendez-vous ; fermé les jours fériés ; entrée libre ; ☎ (030) 69 93 50 50.

PUPPENTHEATER MUSEUM

Ouvert du lundi au vendredi de 9 h à 17 h, les samedi et dimanche de 11 h à 17 h ; 5 DM ; ☎ (030) 687 81 32.

Château de l'île des Paons, Le salon de thé

R

REICHSTAG

En travaux. La réouverture du Parlement est prévue pour 1999.

ROBERT-KOCH-MUSEUM

Ouvert mardi et jeudi sur rendez-vous ; ☎ (030) 20 93 47 19.

S

ST. MATTHÄUS-KIRCHE

Ouvert du mercredi au dimanche et tous les jours fériés de 12 h à 18 h ; entrée libre ; ascension de la tour 1 DM ; ☎ (030) 261 36 76.

SAMMLUNG BERGGREI

Ouvert du mardi au vendredi de 9 h à 17 h, les samedi et dimanche de 10 h à 17 h ; 8 DM ; ☎ (030) 20 35 54 44.

SCHINKEL-MUSEUM

Schinkel museum – Ouvert tous les jours sauf le lundi de 9 h à 17 h ; 4 DM ; ☎ (030) 208 13 23.

SIEGESSÄULE

Ouvert du mardi au dimanche de 9 h à 18 h, le lundi de 13 h à 18 h ; 2 DM ; ☎ (030) 391 29 61.

SKULPTURENSAMMLUNG

Voir MUSEUM DAHLEM.

SOPHIEN KIRCHE

Ouvert le mercredi de 15 h à 18 h et le dimanche de 9 h à 13 h, de mai à fin septembre ; d'octobre à avril, visite sur rendez-vous et ouvert pendant les offices ; entrée libre ; ☎ (030) 282 32 32.

SPREEPARK

Ouvert tous les jours de 9 h à 19 h ; 28 DM (26 DM pour les enfants) ; ☎ (030) 53 33 50.

SPANDAU ZITADELLE

Stadtgeschichtliches Museum – &. Ouvert du mardi au vendredi de 9 h à 17 h, les samedi et dimanche de 10 h à 17 h ; fermé les 1er mai et 3 octobre ; 1,50 DM ; ☎ (030) 339 12 00.

STAATSBIBLIOTHEK PREUSSISCHER KULTURBESITZ

Unter den Linden – Ouvert du lundi au vendredi de 9 h à 21 h, le samedi de 9 h à 17 h ; fermé les jours fériés ; ☎ (030) 201 50.

Kulturforum – Ouvert du lundi au vendredi de 9 h à 21 h, le samedi de 9 h à 17 h ; fermé les jours fériés ; ☎ (030) 26 61.

Ancien quartier général de la STASI

Voir FORSCHUNGS – und GEDENKSTÄTTE NORMANNENSTRASSE.

STIFTUNG « Neue Synagoge Berlin » – CENTRUM JUDAICUM

&. Ouvert du lundi au jeudi de 10 h à 18 h, le vendredi de 10 h à 14 h, les dimanche et jours fériés de 10 h à 18 h ; fermé les jours de fêtes juives et certains jours fériés ; entrée libre ; ☎ (030) 280 13 16.

T

Schloß TEGEL

Visite guidée (45 mn) le lundi de 10 h à 12 h et de 15 h à 17 h de mai à septembre ; 12 DM ; ☎ (030) 434 31 56.

TIERPARK BERLIN-FRIEDRICHSFELDE

Ouvert tous les jours de 9 h à 18 h d'avril au 5 octobre, en mars de 9 h à 17 h et du 6 au 27 octobre ; de 9 h à 16 h du 28 octobre jusqu'à fin février ; 10 DM ; ☎ (030) 51 53 10.

« TOPOGRAPHIE DES TERRORS »

Ouvert tous les jours sauf le lundi de 10 h à 18 h ; entrée libre ; ☎ (030) 25 48 67 03.

W – Z

Visite guidée les samedi, dimanche et jours fériés à 11 h, 13 h et 15 h. Ouvert du mercredi au vendredi de 10 h à 16 h. Samedi, dimanches et jours fériés de 10 h à 17 h. Du 1er nov. au 31 mars : de 10 h à 15 h.

Z

ZEISS-GROSSPLANETARIUM

Représentations du lundi au vendredi à 10 h 30 ; séances supplémentaires le mercredi à 14 h, 15 h 30, 17 h et 20 h ; le vendredi, séance supplémentaire à 20 h ; le samedi, séances à 14 h, 15 h 30, 17 h, 18 h 30, 20 h ; le dimanche à 14 h, 15 h 30 et 17 h. Pour les enfants, séances le mercredi et le samedi à 14 h et 15 h 30, le dimanche à 14 h ; 6 DM ; ☎ (030) 42 18 45 12.

ZEUGHAUS

Deutsches Historisches Museum – Visite tous les jours de 10 h à 18 h ; entrée libre ; ☎ (030) 21 50 20.

Portail des Éléphants

ZOOLOGISCHER GARTEN

Ouvert tous les jours de 9 h à 18 h 30 d'avril à septembre, de 9 h à 17 h d'octobre
à mars ; 11 DM (17 DM avec l'aquarium) ; ☏ (030) 25 40 10.

ZUCKERMUSEUM

Ouvert du lundi au mercredi de 9 h à 17 h, le dimanche de 11 h à 18 h ; visite guidée
gratuite le dimanche à 11 h 30 et 14 h 30 ; 4,50 DM ; ☏ (030) 31 42 75 74.

POTSDAM

BABELSBERG STUDIOTOUR

Ouvert tous les jours de 10 h à 18 h d'avril à octobre, sur demande de novembre à
mars ; visite guidée également sur rendez-vous (comptez 2 à 3 h) ; 25 DM (il faut
parfois repayer pour certaines attractions : 5 DM pour le cinaxe/*Abenteuer Simulator*) ;
☏ (0331) 721 27 50.

FILMMUSEUM POTSDAM

Ouvert du mardi au vendredi de 10 h à 17 h (fermeture des caisses à 16 h 30), les
samedi, dimanche et jours fériés de 10 h à 18 h (17 h 30). Lorsque le jour férié tombe
un lundi, le musée est fermé le mardi ; 4 DM ; ☏ (0331) 27 18 10.

POTSDAM MUSEUM

Ouvert les mardi et mercredi de 9 h à 19 h, du jeudi au dimanche de 9 h à 17 h ;
gratuit le premier lundi du mois de 9 h à 17 h ; fermé les 24 et 31 décembre ; 3 DM ;
☏ (0331) 289 66 00.

Schloß und Park BABELSBERG

Ouvert tous les jours sauf le lundi de 9 h à 12 h et de 12 h 30 à 17 h d'avril au
15 octobre ; de 9 h à 12 h et de 12 h 30 à 16 h en février, mars et du 16 au
31 octobre ; de 9 h à 12 h et de 12 h 30 à 15 h de novembre à fin janvier ; fermé
les 24 et 31 décembre ; 3 DM (4 DM pour la visite guidée du parc).

Schloß und Park CECILIENHOF

Ouvert tous les jours sauf mardi de 9 h à 17 h ; fermé les 24 et 31 décembre ; 5 DM ;
☏ (0331) 969 42 02.

Schloß und Park SANSSOUCI

Schloß Sanssouci (Château de Sans-Souci) – Visite guidée (40 mn) tous les jours sauf lundi
de 9 h à 17 h d'avril à septembre ; de 9 h à 16 h en février, mars et octobre ; de 9 h
à 15 h de novembre à janvier ; fermé les 24 et 31 décembre ; ☏ (0331) 969 42 02.

Stiftung Schlösser und Gärten Potsdam-Sanssouci

(Fondation des châteaux et jardin de Potsdam-Sans-Souci), Postfach 60 14 62, 14414 Potsdam ; ☎ (0331) 969 43 00 ou 969 43 01.

Accueil des visiteurs, Am Grünen Gitter 2 ; ☎ (0331) 969 42 00 ou 969 42 01.

Damenflügel (Aile réservée aux dames d'honneur) – Ouvert les samedi et dimanche de 9 h à 11 h 45 et de 12 h 30 à 17 h du 11 mai au 13 octobre ; 3 DM.

Bildergalerie (Galerie de Peinture) – Ouvert tous les jours sauf lundi de 9 h à 12 h et de 12 h 30 à 17 h du 30 juin au 13 octobre ; 4 DM ; ☎ (0331) 96 94 202.

Neue Kammern (Nouvelles chambres) – Mêmes conditions de visite que le château de Sans-Souci ; fermé le vendredi ; 5 DM ; ☎ (0331) 96 94 202.

Neue Orangerie – Ouvert du vendredi au mercredi de 9 h à 12 h et de 13 à 17 h du 11 mai au 13 octobre ; 4 DM.

Neues Palais (Nouveau Palais) – Ouvert tous les jours sauf lundi de 9 h à 12 h 45 et de 13 h 15 à 17 h d'avril au 15 octobre, de 9 h à 12 h 45 et de 13 h 15 à 16 h en février, mars et du 16 au 31 octobre ; ☎ (0331) 96 94 202.

Römische Bäder (Thermes romains) – Ouvert du vendredi à mercredi de 9 h à 12 h et de 12 h 30 à 17 h du 11 mai au 13 octobre ; 3 DM.

Schloß Charlottenhof (Château de Charlottenhof) – Ouvert de 9 h à 12 h 30 et de 13 h à 17 h du vendredi à mercredi du 11 mai au 13 octobre ; 6 DM.

WASSERWERK

Visite guidée (20 mn) les samedi et dimanche de 9 h à 12 h et de 13 h à 17 h de mi-mai à mi-octobre ; les samedi et dimanche de 9 h à 12 h et de 13 h à 16 h de mi-octobre à mi-mai ; fermé les 24 et 31 décembre ; 2 DM ; ☎ (0331) 969 42 48.

Pavillon en treillage sur la terrasse du château de Sans-Souci

Index

A

Masques de guerriers mourants dans la cour de l'Arsenal

Ph. Gajic/MICHELIN

C

D

E

M

Chevaux marins du pont du Château (Schloßbrücke)

W

Y – Z

MANUFACTURE FRANÇAISE DES PNEUMATIQUES MICHELIN

Société en commandite par actions au capital de 2 000 000 000 de francs

Place des Carmes-Déchaux – 63 Clermont-Ferrand (France)

R.C.S. Clermont-Fd B 855 200 507

© Michelin et Cie, Propriétaires-Éditeurs 1997

Dépôt légal juin 1997 – ISBN 2-06-050201-2 – ISSN 0293-9436

Printed in the EU 06-97/1

Composition : NORD COMPO, Villeneuve-d'Ascq

Impression et brochage : I.F.C., St-Germain-du-Puy

Illustration de la couverture par Nathalie BENAVIDES

BERLIN – TRANSPORTS URBAINS

Indication des gares sans spécifier si celles-ci font partie de la zone de tarification de Berlin ou de Potsdam

RE **RB** Region Berlin
S **U**

Information :

Services d'information aux usagers :
Société des transports berlinois (BVG)
☎ (030) 19 449

**SA des chemins de fer allemands
(Deutsche Bahn AG)** Département transports
urbains Région Berlin/ Brandebourg Roschestr. 59,
10365 Berlin ☎ (030) 297 24 319

**SARL du Réseau Express Régional Berlinois
(S-Bahn Berlin GmbH)**
Bureau des usagers Invalidenstr. 130/131,
10115 Berlin ☎ (030) 297 19 843

**SARL des Transports de Potsdam
(ViP GmbH),** 14467 Potsdam, Holzmarktstr. 6-7
☎ (0331) 237 52 75/76

SARL des Transports Urbains (NVGmbH)
14467 Potsdam, Am Bassin 7,
☎ (0331) 29 29 66

332

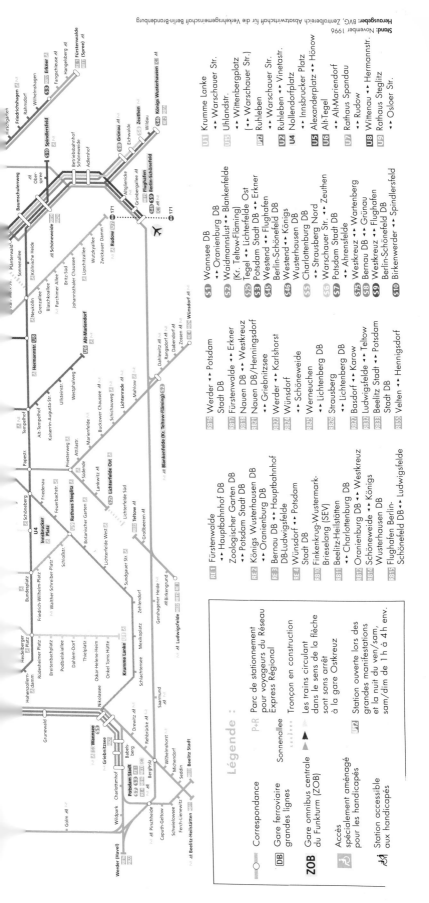

Notes

Voyagez avec Michelin

Cartes, Plans et Atlas

Le savoir-faire cartographique Michelin, c'est toute l'information routière et touristique avec une grande clarté de lecture. Mais c'est aussi un niveau de précision du graphisme, un respect de la réalité du terrain et une actualisation annuelle des données qui font de cette collection l'indispensable compagnon de route de tout automobiliste.

Guides Rouges

Cette collection de 12 ouvrages, remis à jour chaque année, propose pour chacune des destinations couvertes, une sélection rigoureuse d'hôtels et restaurants classés par catégorie de confort. De l'auberge rustique à l'hostellerie de grand confort, chaque voyageur est sûr d'y trouver l'établissement qui lui convient.
Titres disponibles : Benelux, Deutschland, España/Portugal, Europe, France, Great Britain and Ireland, Ireland, Italia, London, Paris, Portugal, Suisse.

Guides Verts

Riche de plus de 160 titres répartis sur l'Europe et l'Amérique du Nord, la collection des Guides Verts Michelin propose au voyageur indépendant une approche culturelle, descriptive et sélective d'une ville, d'une région ou d'un pays : la hiérarchisation des principales curiosités, la précision de la cartographie, les itinéraires proposés, permettent de préparer son séjour à l'avance; la description détaillée des sites, illustrée de nombreuses photos, les renseignements pratiques, remis à jour régulièrement, donnent sur le terrain toutes les informations nécessaires à la visite.

Guides Escapade

Conçue pour les voyageurs en escapade qui disposent de peu de temps pour découvrir l'essentiel d'une destination en France ou dans le monde, cette nouvelle collection en format de poche, offre une vue synthétique et efficace des sites et expériences à ne pas manquer. Abondamment illustrés, sympathiques et pratiques à utiliser, les Guides Escapades donnent toutes les informations utiles sur les plans culturel et pratique pour un séjour riche et agréable. La collection bénéficie, en outre, de la fiabilité du système de cotation et de la cartographie Michelin. Cette collection est disponible en anglais sous le titre "In your pocket".

3615, 3617, 3623 et Internet

Sur le 3615 Michelin comme sur Internet, il vous suffit d'indiquer vos lieux de départ et d'arrivée et votre route est tracée… En France et dans toute l'Europe, vous obtenez en quelques secondes : le temps de parcours, les distances, les routes à suivre, les tarifs de péage… Les 3617 & 3623 Michelin vous permettent d'obtenir ces éléments reproduits sur fax ou imprimante. Adresse site Internet Michelin : http://www.michelin.travel.com

MICHELIN

Collection *Guides Verts*
Michelin

Titres France

MICHELIN